Anette Dietrich
Weiße Weiblichkeiten

Anette Dietrich (Dr. phil.) arbeitet als Lehrbeauftragte an verschiedenen Berliner Universitäten. Ihre Forschungsschwerpunkte sind Postkoloniale Theorien, Critical Whiteness Studies, Rassismusforschung, deutscher Kolonialismus, Geschlechterforschung, Antisemitismus sowie Nationalsozialismus.

Anette Dietrich

Weiße Weiblichkeiten

Konstruktionen von »Rasse« und Geschlecht im deutschen Kolonialismus

[transcript]

Diese Dissertation wurde finanziell ermöglicht durch ein Stipendium der Rosa-Luxemburg-Stiftung und des Berliner Programms zur Förderung der Chancengleichheit von Frauen in Forschung und Lehre.

D188

Bibliografische Information der Deutschen Bibliothek
Die Deutsche Bibliothek verzeichnet diese Publikation in der Deutschen Nationalbibliografie; detaillierte bibliografische Daten sind im Internet über http://dnb.ddb.de abrufbar.

Umschlaggestaltung & Innenlayout: Kordula Röckenhaus, Bielefeld
Umschlagabbildung: © akg-images, »Antilopenjagd in Transvaal«, Reklamebild der Schokoladenfabrik Hartwig & Vogel, Dresden, um 1900
Lektorat & Satz: Alexander Schudy, Anette Dietrich
Korrektorat: Jennifer Niediek, Bielefeld
Druck: Majuskel Medienproduktion GmbH, Wetzlar
ISBN 978-3-89942-807-0

Gedruckt auf alterungsbeständigem Papier mit chlorfrei gebleichtem Zellstoff.

Besuchen Sie uns im Internet: *http://www.transcript-verlag.de*

Bitte fordern Sie unser Gesamtverzeichnis und andere Broschüren an unter: *info@transcript-verlag.de*

Inhalt

EINLEITUNG

„Ich hatte eine Farm in Afrika", erzählt Tania Blixen alias Meryl Streep in „Jenseits von Afrika" wehmütig. Die weiße Frau im (post-)kolonialen Setting hat Hochkonjunktur und erobert nun auch die deutschen Bildschirme: Zahlreiche deutsche Kino- und Fernsehproduktionen, wie z.B. die „Weiße Massai", „Momella – eine Farm in Afrika", „Afrika, mon Amour", „Kein Himmel über Afrika" usw., spielen z. T. sogar in der lange unbearbeiteten deutschen kolonialen Vergangenheit, im ehemaligen sog. ‚Deutsch-Ostafrika', dem heutigen Tansania. Diese Filme sind jedoch weit davon entfernt, die deutsche Kolonialgeschichte aufzuarbeiten, sondern reproduzieren altbekannte Klischees, koloniale Bilderwelten und rassistische Stereotype.[1] Die einheimische Schwarze Bevölkerung ist die Kulisse für weiße Liebes- und Abenteuergeschichten, deren wichtigster Bildhintergrund jedoch wilde Tiere und afrikanische Landschaften sind.[2]

In allen genannten Beispielen geht es um eine starke weiße Frau, die z.T. aus der Enge Deutschlands bzw. dem Deutschen Reich flieht und in Afrika nach einem neuen Leben, einem neuen (weißen) Glück, größerer

1 Der deutsche Afrika-Film beruft sich auf eine lange Tradition von Tarzan-Filmen aus den 1930er und 40er Jahren. Kurz vor dem Ende des Zweiten Weltkriegs entstand „Quax in Afrika" mit Heinz Rühmann im Auftrag von Joseph Goebbels, der von den Alliierten verboten wurde und daher erst 1953 in die deutschen Kinos kam.

2 ‚Schwarz' bezeichnet hier eine politische und soziale Konstruktion. In Anlehnung an die Black-Power-Bewegung in den USA wurde die Bezeichnung ‚Schwarz' zu einem Symbol für den Widerstand gegen Rassismus, das auf die gesellschaftliche Konstruktion von Hautfarbe als Differenzierungsmerkmal hinweist (vgl. Oguntoye et al. 1986). Die Großschreibung weist zudem auf eine Strategie der Selbstermächtigung hin.

Freiheit und Abenteuer sucht. Sie baut dort z.B. eine Farm oder ein Geschäft auf und setzt sich gegen die widrigen Verhältnisse vor Ort durch (Kämpfen gegen dortige Geschlechterverhältnisse, gegen ‚Traditionen' etc.) – oder sie scheitert an ihnen.

Das Bild der starken weißen Frau in der Fremde besaß schon im historischen Kontext des deutschen Kolonialismus eine enorme Anziehungskraft für Frauen unterschiedlicher politischer Couleur: von kolonialistisch-nationalistisch organisierten Frauen bis hin zu Protagonistinnen der radikalen Frauenbewegung. Die Kolonien boten Anknüpfungspunkte für unterschiedlichste Projektionen, auch für die Emanzipation der weißen Frau.

Die Verbindung der Emanzipation der Frau mit kolonialen und rassistischen Politiken und Diskursen mag zunächst überraschen: Insbesondere die radikale Frauenbewegung Anfang des 20. Jahrhunderts ist für ihren Antimilitarismus, Pazifismus, Internationalismus und für weitreichende Forderungen bezüglich der Geschlechterverhältnisse bekannt. Welches Verhältnis diese weißen Frauen zur deutschen Kolonialgeschichte hatten und welche politischen Interessen sie damit verbanden, ist weitgehend unbekannt. Der Zusammenhang zwischen der ersten Frauenbewegung und dem Kolonialismus ist wenig erforscht, da die europäische Kolonialgeschichte bis vor kurzem als eine männliche Eroberungsgeschichte galt; zudem wurde die deutsche Kolonialgeschichte in der Öffentlichkeit lange als marginal und unbedeutend angesehen.

Diese Arbeit analysiert den deutschen Kolonialismus aus einer postkolonialen rassismuskritischen Perspektive, insbesondere im Hinblick auf die Geschlechtergeschichte. Neben der Bedeutsamkeit der Kategorie Geschlecht werden Formen der Partizipation weißer deutscher Frauen an der Kolonialpolitik herausgearbeitet. Im Fokus der Untersuchung stehen vor allem die Positionen und Motivationen der bürgerlichen Frauenbewegung im 19. und beginnenden 20. Jahrhundert. Dafür werden Diskurse der bürgerlichen Frauenbewegung in den Kontext des Kolonialismus gestellt und analysiert, inwieweit damalige emanzipative frauenrechtlerische Konzepte mit kolonialen Diskursen korrespondierten und Vorstellungen weißer Weiblichkeit konstruierten bzw. verstärkten. Für diese Analyse sind zunächst die Entstehungsgeschichte und Wirkungsweise der Nation und des Rassismus bzw. der Kategorie ‚Rasse' relevant, um die Wirkungsmächtigkeit des deutschen Kolonialismus und Rassismus für das Deutsche Reich zu klären.

Die Einschätzung der kolonialen Erfahrung Deutschlands als marginal prägt das öffentliche Bewusstsein bis heute. Die Verdrängung der kolonialen Vergangenheit erfolgt aus vielerlei Gründen: Deutschland wurde nie richtig dekolonisiert; zudem lassen der Nationalsozialismus und die Shoah sowie die Dauer und das Ausmaß der europäischen Kolonialherrschaft den deutschen Kolonialismus als nebensächlich erscheinen. So wird die Geschichte des Rassismus in Deutschland häufig auf den Nationalsozialismus reduziert und der Kolonialismus lediglich als Vorläufer des Nationalsozialismus betrachtet. Dieser verengte Blick auf den deutschen Kolonialismus und auf die Geschichte des Rassismus in Deutschland führt zu weitreichenden Ausblendungen. „The postcolonial, post-Nazi German identity includes a repudiation or at least a forgetting of German's older imperial reach or ambition – a repudation or amnesia so strong that it can posit a provintial twenty-first-century Germany" (Wildenthal 2003: 145).

Die Wiedergutmachungsforderungen der Herero im Anschluss an die „Weltkonferenz gegen Rassismus, rassische Diskriminierung, Fremdenfeindlichkeit und damit verbundene Intoleranz" der UNO in Durban im Jahre 2001 haben der europäischen resp. Deutschen Öffentlichkeit den Kolonialismus in Erinnerung gerufen.[3] Eine öffentliche Entschuldigung für die deutschen Kolonialverbrechen war bis dahin nicht erfolgt bzw. wurde sogar bewusst vermieden, um keine entschädigungsrelevanten Äußerungen zu machen (vgl. Melber 2003).[4] Erst allmählich

3 Die *Herero People's Reparations Corporation* unter Führung von Paramount Chief Riruako hat im Anschluss an die Konferenz im September 2001 eine Klage über vier Milliarden Dollar gegen drei deutsche Firmen, darunter die Deutsche Bank, in Washington eingereicht (vgl. van der Heyden 2003a: 421). Die Klage gegen die deutsche Regierung wurde vorerst zurückgezogen. Juristisch problematisch gestaltet sich der Nachweis der Beteiligung der Firmen an dem Völkermord sowie der Umstand, dass Völkermord erst 1948 zu einem juristischen Tatbestand wurde.

4 Selbst ein Beschluss zum Gedenken, der zum hundertsten Jahrestag des Völkermordes an den Herero von 1904 vom Bundestag verabschiedet wurde, enthielt keine Entschuldigung. Bereits 1995 und 1998 wurde anlässlich der Staatsbesuche des damaligen Bundeskanzlers Kohl und des Bundespräsidenten Herzog eine finanzielle Wiedergutmachung von Deutschland seitens der Herero-Vertreter gefordert. Auch die namibische Regierung unterstützte die Forderungen der Herero nicht. Beide ablehnenden Parteien unterstützen die Fortsetzung der Entwicklungshilfe für ganz Namibia. Eine Entschädigung wurde bisher auch mit dem Verweis auf die hohe Entwicklungshilfe, die die BRD seit der Unabhängigkeit Namibias 1989 aufgrund der besonderen historischen Verantwortung zahlt, abgelehnt. Zudem solle, so das Auswärtige Amt, eine ethnische Spaltung verhindert und der gesamte Staat Namibia unterstützt werden. Kritisiert wird seitens der Herero-Vertretung, dass die Entwicklungshilfe an den namibischen Staat und nicht an die Opfer des Kolonialismus oder deren Nachkommen ausgezahlt wird, obwohl die unterschiedlichen namibischen Bevölkerungsgruppen ungleich vom Kolonialismus betroffen waren. Die namibische Regierung, die seit der Unabhängigkeit von der SWAPO gestellt wird, unterstützt die Forderungen der Herero nicht, sie setzt sich für

kommt es zu einer öffentlichen Thematisierung der deutschen Kolonialgeschichte und -verbrechen, wie z.B. des Genozids an den Herero.

Zum 120. Jahrestag der Berliner Afrikakonferenz 2004, der an die ‚Aufteilung' des afrikanischen Kontinents 1884 unter den europäischen Kolonialmächten erinnerte, gelangte der verdrängte deutsche Kolonialismus in den Blick einer breiteren Öffentlichkeit. Selten zuvor gab es so viele Veröffentlichungen, Veranstaltungen, Tagungen und Fernsehbeiträge, die den deutschen Kolonialismus thematisieren.[5] Im Januar 2004 jährte sich zum hundertsten Mal der Widerstand der Herero gegen die deutsche Kolonialmacht, dessen Niederschlagung mittlerweile als Völkermord anerkannt wird. Die deutsche Entwicklungsministerin Heidemarie Wieczorek-Zeul bat im Namen der Bundesregierung bei den öffentlichen Feierlichkeiten in Namibia im August 2004 „im Sinne eines gemeinsamen ‚Vater unser' um Vergebung unserer Schuld" (zitiert nach Jaguttis 2005: 121), vermied jedoch „entschädigungsrelevante Formulierungen" (damaliger Außenminister Joseph Fischer). Auch *Der Spiegel* nahm sich der Kolonialgeschichte an und schrieb von einem „dritten Tabuthema" neben „Luftkrieg und Vertreibung" (*Der Spiegel* 3/2004: 102). Diese Aufzählung ordnet den Völkermord an den Herero jedoch bezeichnenderweise in Diskurse ein, die vor allem auf den vermeintlichen Opferstatus der Deutschen im bzw. nach dem Zweiten Weltkrieg verweisen und gerade nicht auf ihre Verstrickung und Partizipation.

Der Maji-Maji-Krieg[6] im ehemaligen ‚Deutsch-Ostafrika' jährte sich Mitte 2005 zum hundertsten Mal und erlangte weniger mediale Auf-

---

die bisherige Politik der Bundesregierung der Entwicklungshilfe für ganz Namibia ein. Die Regierung ist zuständig für die Verteilung der Entwicklungshilfegelder, und deren Verteilungspraxis wird u.a. von den Herero-Vertretern als ungleich kritisiert. Zudem stehen die Herero eher den oppositionellen Parteien nahe, sodass unterschiedliche politische Interessen eine Einigung verhindern.

5 Mittlerweile werden in Berlin und Hamburg antikoloniale Spaziergänge organisiert, und es erschienen Publikationen zu den Kolonialmetropolen Berlin (vgl. van der Heyden/Zeller 2002 und 2005) und Hamburg (vgl. Möhle 1999). Diverse Internetseiten informieren über die Verbindung einzelner deutscher Städte zum Kolonialismus wie z.B. www.hamburg-postkolonial.de, www.afrika-hamburg.de, www.koloniale-spuren.de (Hannover) oder www.freiburg-postkolonial.de.

6 Zimmerer (2003: 32) weist darauf hin, dass der Begriff ‚Aufstand' irreführend und unpassend sei, da er die Wahrnehmung der Kolonialmacht wiedergebe. Aus Sicht der afrikanischen Chiefs seien z.B. die Schutzverträge weniger eine direkte Unterwerfung unter einen abstrakten deutschen Staat gewesen, sondern Teil eines taktischen Schmiedens von Allianzen und entsprächen daher eher zwischenstaatlichen Bündnissen. Daher sei es angemessener, von einem Krieg zu sprechen (vgl. auch Becker/Beez 2005a: 12f).

merksamkeit, obwohl es sich um einen der größten antikolonialen Aufstände in der Geschichte Ostafrikas handelt. Bis heute sieht die Bundesregierung keinen Anlass, sich mit der kolonialen Vergangenheit in Tansania zu befassen oder sich zu entschuldigen. Mittlerweile gehen HistorikerInnen davon aus, dass die Zahl der Opfer des Maji-Maji-Krieges die des Herero-Krieges sogar noch übersteigt (vgl. Witte 2005).

Trotz der zunehmenden Erinnerung an die deutsche Kolonialgeschichte gilt Deutschland in der öffentlichen Wahrnehmung nicht als postkoloniale Gesellschaft, und es ist zu befürchten, dass das Interesse an diesem Teil der deutschen Geschichte jenseits der Jahrestage eher gering ist. Die vorherrschende Meinung besagt, der Kolonialismus sei zu kurz gewesen, um sich im Selbstverständnis der Deutschen niederzuschlagen. Daher dominiert weiterhin der Glaube, „that ‚Germandom' has survived ‚untouched' by Africans, Asians, and Pacific Islanders, among others. That, in turn, is a key part of the image of the aryan German." (Wildenthal 1997: 281) Der Kolonialismus hat jedoch weitreichende Spuren hinterlassen: in Afrika-Diskursen, in der sog. Entwicklungspolitik, in den medial und alltagsweltlich reproduzierten rassistischen Stereotypen, in der Ausländergesetzgebung und in den Debatten über das Zuwanderungsgesetz wie in der Ignoranz gegenüber den eigenen Privilegien und in der Konstruktion einer weißen Superiorität.

Bereits in den 1950er und 60er Jahren begannen insbesondere ostdeutsche HistorikerInnen mit der Aufarbeitung des Kolonialismus. Sie analysierten den Kolonialismus als Teil der kapitalistischen und imperialistischen Geschichte Deutschlands (vgl. Wildenthal 2003: 145).[7] Die Kolonialismusforschung entwickelte sich in den beiden deutschen Staaten in gegenseitiger Abgrenzung. Viele westdeutsche HistorikerInnen verteidigten die koloniale Expansion und bemühten bis Anfang der 1980er Jahre die schon in der Kolonialzeit gängigen Legitimationsstrategien, um die vermeintlich positiven Effekte des Kolonialismus hervorzuheben.[8] Der Fokus der westdeutschen Kolonialismusforschung lag auf der Außenpolitik, insbesondere der Diplomatiegeschichte, den außen-

7 Zur Imperialismusforschung vgl. auch Fuhrmann (2006: 11ff).

8 Der Historiker Gerhard Ritter, der sich mit der Kolonialpolitik Deutschlands identifizierte, dominierte vor allem in den 1950er Jahren die westdeutsche Geschichtsschreibung. Die marxistischen HistorikerInnen der DDR thematisierten in Anlehnung an Lenins Imperialismustheorie vor allem den engen Zusammenhang zwischen Kapitalismus und Kolonialismus sowie den Widerstand gegen die Kolonialherrschaft. In Westdeutschland wurde die bis dahin formulierte Kolonialismuskritik z.B. aus Afrika nicht zur Kenntnis genommen. Dies geschah u.a., um sich von der DDR-Forschung abzugrenzen, die sich des kolonialen Widerstands schon Ende der 1950er Jahre angenommen hatte (vgl. van der Heyden 2003a: 404ff).

politischen Beziehungen sowie der Position Bismarcks zu den Kolonien. Die deutschen Kolonien erschienen dabei als Zufallsprodukt einer bestimmten außenpolitischen Konstellation (vgl. Kroboth 1984: 153). Ab 1969 spielte in der westdeutschen Kolonialismusforschung die von dem Historiker Hans-Ulrich Wehler formulierte Sozial-Imperialismus-These, die den Blick auf die innenpolitische Bedeutung des Kolonialismus lenkte, eine große Rolle.[9]

Mit dem *cultural turn* und dem damit verbundenen Fokus auf die kulturellen Dimensionen des Kolonialismus endete seit den späten 1970er Jahren zunächst im englischsprachigen Raum die alleinige Zuständigkeit der Geschichtswissenschaften für die wissenschaftliche Aufarbeitung der Kolonialgeschichte. Sie wurde von interdisziplinären und kulturwissenschaftlich ausgerichteten Ansätzen, wie den *Postcolonial Studies*, abgelöst, die die kulturellen Dimensionen und die Ebene der Repräsentation in den Blick nahmen. Hatten bisherige Forschungen vor allem den wirtschafts- und gesellschaftshistorischen sowie außenpolitischen Kontext untersucht, setzt sich mit den *Cultural* und *Postcolonial Studies* eine überwiegend interdisziplinäre, rassismuskritische und gendersensible Ausrichtung durch, die das Erkenntnisinteresse auf die Kulturgeschichte und das Imaginäre des Kolonialismus richtet und die Auswirkungen des Kolonialismus auf die Metropole herausstellt (vgl. Berman 2003: 19ff). Dieser Paradigmenwechsel erfolgte im deutschen akademischen Diskurs nur zögerlich. *Postcolonial Studies* wurden erst in den 1990er Jahren vermehrt rezipiert, selten jedoch auf den historischen und aktuellen politischen deutschen Kontext übertragen. Ein weiterer wichtiger Impulsgeber für die kulturgeschichtliche Auseinandersetzung mit dem deutschen Kolonialismus waren Forschungsarbeiten aus den *German Studies* (vgl. Friedrichsmeyer et al. 1998; Zantop 1999). Mittlerweile sind einige Arbeiten zum deutschen Kolonialismus erschienen: zu Rassismus, Kolonialkrieg und Völkermord im damaligen ‚Deutsch-Südwestafrika' (vgl. z.B. Krüger 1999; Zimmerer 2001; Zimmerer/Zeller 2003) sowie im damaligen ‚Deutsch-Ostafrika' (vgl. Becker/Beez 2005). Aus unterschiedlichen Blickrichtungen wird die koloniale Rassenpolitik (vgl. Kundrus 2003 und 2003c; Becker 2004), die

9 Erst mit dem Erscheinen der ersten umfassenden Darstellung des deutschen Kolonialismus seit 1923, „Bismarck und der Imperialismus" von Hans-Ulrich Wehler, vollzog sich 1969 ein Paradigmenwechsel in der deutschen Geschichtswissenschaft. Wehler stellte die Funktionen des Kolonialismus für die Innenpolitik in den Vordergrund seiner Arbeit. Der Kolonialismus erscheint hier als imperialistische Stabilisierungsstrategie von wirtschaftspolitischer Relevanz, als nationales und soziales Integrationsmittel und als Instrument der Verteidigung traditioneller Sozial- und Machtstrukturen des preußischen Staates (vgl. Kroboth 1984: 157ff).

Schnittstelle von deutschem Kolonialismus und eugenisch geprägter kolonialer Rassenpolitik (vgl. Grosse 2000) sowie der Zusammenhang von Rassenkonstruktionen mit der nationalen Identität (Geulen 2004) beleuchtet. Die Geschichte Schwarzer Deutscher wird im Kontext des deutschen Kolonialismus und Rassismus untersucht (vgl. El Tayeb 2001; Campt 2004) sowie die Kulturgeschichte des deutschen Kolonialismus (vgl. Kundrus 2003 und 2003a) dargestellt. Koloniale weiße Männlichkeitskonstruktionen analysiert Sandra Maß (2006) anhand der kriegerischen Auseinandersetzungen in den Kolonien und im Ersten Weltkrieg.

Die Relevanz der Geschlechterfrage für den Kolonialismus ist in diesen neueren Arbeiten der Kolonialismus- und Rassismusforschung mittlerweile anerkannt. Die erste Frauenbewegung als koloniale Akteurin wurde bisher jedoch kaum berücksichtigt.

Frauenbewegung und Kolonialismus

Die deutsche Kolonialgeschichte wurde im feministischen Kontext lange nicht als Teil der eigenen (Herrschafts-)Geschichte thematisiert. Ebenso wenig und damit korrespondierend wurde die Einbindung in die Nation und die damit verbundenen Machtverhältnisse diskutiert, sodass von einer „Unsichtbarmachung des Deutschseins" (Stötzer 2004: 43) in akademischen feministischen Diskursen gesprochen werden kann. Die antistaatliche Ausrichtung der zweiten deutschen Frauenbewegung ab den 1970er Jahren und die Thematisierung der Ausgrenzung von Frauen suggerierte, dass die Frauenbewegung nichts mit dem patriarchalen Staat zu tun habe und damit auch nicht in dessen Machtverhältnisse eingebunden sei. Die Verstrickung in Herrschaftsverhältnisse wurde von der frühen Frauenforschung wie auch von der Frauenbewegung ausgeblendet und ließ die ‚Frau' in der Opferperspektive verharren, wodurch die eigene Position universalisiert und nicht als partikulare weiße Mittelschichtposition gekennzeichnet wurde. Die Vernachlässigung von Nationalismus, Antisemitismus und Rassismus stellte jedoch keinen blinden Fleck dar, sondern entsprach einer spezifischen Denkweise, die Schultz (1990, zitiert nach Stötzer 2004: 43) als „weißen Solipsismus" bezeichnet. Die massiven Rassismusvorwürfe von Schwarzen Frauen, Jüdinnen und Migrantinnen verdeutlichten, dass diese Ausblendungen Teil einer rassistischen Struktur und Denkweise waren und sind. Die Unsichtbarmachung und Verschleierung der eigenen hegemonialen gesellschaftlichen Positionierung ist eine gängige und stabilisierende (Herrschafts-)Praxis. Die Auseinandersetzungen innerhalb der Zweiten Frauenbewegung um deren Verstrickung in Rassismus und Antisemitismus in Deutschland begannen Anfang der 1980er Jahre.[10] Erst Anfang der 1990er Jahre reagierte die deutschsprachige Frauenforschung auf die Kritik und setzte sich mit den Rassismusvorwürfen auseinander.[11]

Der weiße Solipsismus der Frauenforschung und der Frauenbewegung drückte sich insbesondere im Primat des Patriarchats, das vor andere Herrschaftsverhältnisse gesetzt wird, in der homogenen Konstruktion der Frau als Opfer, in der Gleichsetzung von Rassismus und Sexismus und in der universalistischen Konzeption der Kategorien Frau bzw. Geschlecht aus.

Diese Strukturen prägten auch die feministische Auseinandersetzung mit dem Kolonialismus. Die sich in den Kolonialdiskursen offenbarende Verbindung zwischen Rassismen und Sexismen stellt einen zentralen Anknüpfungspunkt für die feministische Auseinandersetzung mit dem Kolonialismus dar. Zunächst nahm die Frauenforschung die Herstellungsmechanismen männlicher weißer Herrschaft in den Blick. Die weiße Frau blieb dabei unmarkiert und passiv in ihrer Opferrolle. Feministinnen kritisierten die Herstellung inferiorer Weiblichkeit innerhalb eines dualistischen Systems der Zweigeschlechtlichkeit, in dem Männlichkeit mit Vernunft und Intelligenz assoziiert wurde, während Weiblichkeit als naturverbunden und emotional abgewertet wurde. Analoge Bilder wurden auch Schwarzen zugeschrieben. Diese Parallele führte oftmals – z.B. in manchen ökofeministischen Ansätzen – zu einer Gleichsetzung von Sexismus und Rassismus.[12] Die Ausbeutung und Unterwerfung der Kolonien und der Frau unterliegen demnach ein und derselben Herrschaftslogik und die Frau wurde zum universalen Patriarchatsopfer stilisiert. Frauen wurden als „Neger aller Völker und der kollektiven Geschichte" (Schrader-Klebert 1967, zitiert nach Eichhorn 1994: 95) bezeichnet und der Kolonialismus mit der patriarchalen Unterdrückung von weißen Frauen gleichgesetzt. Ausgeblendet wurde dabei, dass weiße Frauen innerhalb eines Herrschaftsverhältnisses sowohl gegenüber Schwarzen Männern als auch Schwarzen Frauen positioniert

---

10 Zur Geschichte der Auseinandersetzung innerhalb der Frauenbewegung und Frauenforschung in Deutschland vgl. Lennox (1995). Sie beschreibt wichtige Entwicklungen der Rassismusdebatten, das Erscheinen relevanter Bücher, die afro-deutsche Selbstorganisierung und Konferenzen.

11 1990 erschien ein Schwerpunktheft der *beiträge zur feministischen theorie und praxis* unter dem Titel „Geteilter Feminismus", 1991 ein Heft der *Feministischen Studien* zu „kulturellen und sexuellen Differenzen".

12 In patriarchatskritischen Texten war häufig von der ‚Kolonisierung der Frau' im Patriarchat die Rede. Frauen wurden als gleichermaßen unterdrückt wie Natur und Kolonisierte begriffen. Diese Argumentation findet sich z.B. noch in einem Aufsatz von Albrecht-Heide (1991: 111). Weitere Beispiele zu dieser Gleichsetzung vgl. Lennox (1995: 482ff).

sind, und „mit der Gleichsetzung von weißen Frauen mit Schwarzen das Geschlechterverhältnis nur als ein weißes gesetzt und den Schwarzen das Geschlecht genommen wird“ (Rommelspacher 1997: 35).

Durch die Interventionen Schwarzer Frauen, Jüdinnen und Migrantinnen geriet die weiße Frau als Teil der rassistischen Gesellschaft in den Blick. Diese trugen maßgeblich zu einem Perspektivwechsel in der feministischen Geschlechterforschung bei, in der das Zusammenwirken unterschiedlicher Herrschaftsmechanismen und deren Relationalität in den Vordergrund rücken. „Frauen der hegemonialen Kultur sind also diskriminiert und dominant zugleich. In ihrer Person kommen verschiedene, auch gegensätzliche Positionen gleichermaßen zum Tragen“ (Rommelspacher 1997: 35). Der Opfer-Täter-Dualismus der Frauenbewegung gilt mittlerweile als überholt; Geschlecht wird überwiegend als eine sozial und kulturell geformte relationale und kontextspezifische Strukturkategorie betrachtet, deren Funktionsweise immer nur im Zusammenwirken mit anderen Strukturkategorien wie Klasse, Ethnizität/‚Rasse‘[13], aber auch sexuelle Orientierung oder Konfession zu verstehen ist.[14] Auch die Kategorie Frau ist durch die massive Kritik an ihren Ausschlüssen und durch poststrukturalistische, dekonstruktivistische Ansätze hinterfragt und dezentriert worden (vgl. Raab 1998; Dietrich 2000). Dennoch bleiben bestimmte Ausblendungen der Geschlechterforschung bestehen: Nach wie vor herrscht das Primat der Kategorie Geschlecht; die eigene rassifizierte[15] Position als Weiße bleibt meist unberücksichtigt.[16]

Die historische Geschlechter- bzw. Frauenforschung hat bisher vor allem das direkte Verhältnis von Frauen und der Frauenbewegung zum Nationalsozialismus, Antisemitismus, Kolonialismus und Rassismus un-

13 Der Begriff ‚Ethnie‘ dient in den Sozialwissenschaften als Ersatz für die problematischeren Begriffe ‚race‘ oder ‚Rasse‘, da er deutlicher die historische, kulturelle und politische Konstruiertheit jeglicher Gemeinschaften betont (vgl. Hall 1994: 21). Allerdings ersetzt der Begriff ‚Ethnie‘, so die Kritik, den Begriff der ‚Rasse‘ lediglich, weshalb ‚rassische‘ Deutungsmuster erhalten bleiben und Ethnizität quasi als Äquivalent für ‚Rasse‘ benutzt wird: Der synkretische Kern bleibt erhalten (vgl. Amesberger/Halbmayr 2005: 136).

14 Die Debatte um Interdependenzen wird momentan unter Rückgriff auf das im englischsprachigen Kontext schon länger diskutierte Konzept der Intersektionalität geführt.

15 Rassifizieren bezeichnet den Prozess des Markierens über Rassenkonstruktionen.

16 Noch 1995 konstatierte Birgit Rommelspacher, es gebe keine feministische Rassismusforschung in Deutschland. In den Gender Studies wird Weiß-Sein und damit die Einbindung in ein rassistisch strukturiertes System häufig nicht thematisiert, sondern reproduziert, indem z.B. Schwarze TheoretikerInnen lediglich als ExpertInnen zum Thema Rassismus zitiert werden (vgl. Wollrad 2005a).

tersucht, wobei bestimmte Äußerungen, Vorfälle und historische Entwicklungslinien kontrovers diskutiert wurden und eine konkrete Beteiligung herausgearbeitet wurde (vgl. z.B. Mamozai 1989; Kohn-Ley/Korotin 1994; Bereswill/Wagner 1998; Walgenbach 2003; Kundrus 2004).

Wenig erforscht ist bisher die Partizipation der Frauenbewegung an der Formierung antisemitischer, rassistischer und kolonialer Diskurse und deren Schnittmenge mit emanzipativen Motiven. Der Pionieraufsatz „Im Dienste des Gemeinwohls. Frauen und Nationalstaat" von Cornelia Eichhorn (1994) belegt nicht nur den Anteil der Frauenbewegung an der Formierung der Nation, sondern begreift Diskurse der Frauenbewegung als grundlegend für die Nationalisierung der Gesellschaft und relativiert damit den Ausschluss von Frauen aus der Nation. Diese Thesen unterstützt und erweitert der 2000 erschienene Sammelband von Ute Planert zu Frauenbewegungen und Nationalismus in der Moderne. Susanne Omran (2000) untersucht in ihrer Diskursanalyse von Schriften der bürgerlichen Frauenbewegung, inwieweit diese an der Formierung der sog. Judenfrage beteiligt waren und belegt Schnittstellen frauenrechtlerischer und antisemitischer Diskurse. Hannelore Bublitz (2000) analysiert den Zusammenhang von ‚Rasse' und Geschlecht bzw. von Diskursen der Frauenbewegung und dem Sozialdarwinismus.

Die Beteiligung von weißen, deutschen Frauen am Kolonialismus ist mittlerweile hinreichend belegt. Pionierarbeiten auf diesem Feld sind die Publikationen von Marta Mamozai (1989), die das Verhältnis weißer deutscher Frauen zum Kolonialismus breit untersucht hat, sowie von Karen Smidt (1995), die die Auswanderung weißer Frauen in die Kolonien beleuchtet. Birthe Kundrus konstatiert 1997, die Geschlechtergeschichte des deutschen Kolonialismus sei noch nicht geschrieben, und noch 2004, das Verhältnis der Frauenbewegung zum Imperialismus sei noch nicht erforscht (Kundrus 2004: 235, Fn. 59). Am umfassendsten hat bisher Lora Wildenthal (2001) die Rolle weißer Frauen im deutschen Kolonialismus analysiert, sie nimmt auch Protagonistinnen der bürgerlichen Frauenbewegung in den Blick. Anhand der Darstellung asiatischer Frauen in einschlägigen Zeitschriften der bürgerlichen Frauenbewegung untersucht Alexandra Lotz (1998) das Verhältnis der bürgerlichen Frauenbewegung zum Imperialismus von 1894 bis 1933 und arbeitet rassifizierte Bilder heraus. Unterschiedliche Konstruktionen von ‚Rasse' und Geschlecht identifiziert Rosa Schneider (2003) in der deutschen kolonialen Afrika-Literatur u.a. von weiblichen Autorinnen. Katharina Walgenbach (2004) hat in ihrer Diskursanalyse der Zeitschrift des *Frauenbundes der Deutschen Kolonialgesellschaft*, *Kolonie und Heimat* die Positionen des kolonialen Frauenbundes zum Kolonialismus, zur Geschlechterfrage und zur Frauenbewegung untersucht.

Wenig hinterfragt bleibt aber, inwieweit der Kolonialismus als identitätsstiftendes Moment wirkte und sich deutsche Frauen – auch innerhalb der bürgerlichen Frauenbewegung – über die Kolonialfrage als weiße bürgerliche Subjekte konstituierten. In den Standardwerken zur Geschichte der Frauenbewegung findet der Kolonialismus bislang kaum Erwähnung. Die Kolonial- und Rassismusgeschichte ist somit noch nicht als Teil der Geschichte der deutschen Frauenbewegung anerkannt.

Die zentrale Fragestellung dieser Arbeit lautet, inwieweit Diskurse der Frauenbewegung mit kolonialen Diskursen korrespondierten und sich wechselseitig formten. Dabei wird untersucht, wie emanzipative Konzepte in rassifizierte und koloniale Strukturen eingebunden waren und dadurch bestimmte Identitätsangebote bereitstellten. Zudem geht es darum, wie rassenhygienische und frauenrechtlerische Motive sich im Rahmen einer kolonialen Bio-Politik verbanden und rassifizierte Körpervorstellungen herstellten. Der Körper ist der elementare Ort der Einschreibung bzw. Materialisierung rassifizierender, kolonialer, vergeschlechtlichter und klassisierter Herrschaftspraxen, weshalb ein besonderes Augenmerk auf den Körper als zentrales „Paradigma der Moderne" (Lorey 2006: 76) gerichtet ist.

Der weibliche Körper war und ist zudem zentraler Bezugspunkt für die (weiße) feministische Theoriebildung und spielte in den feministischen Auseinandersetzungen um mehr Selbstbestimmung eine wichtige Rolle. Er war und ist ein Kampfplatz gegen Entfremdung oder gar ‚Kolonisierung' – durch Technik, das Patriarchat, inzwischen die Biotechnologie – der (deutsche) Kolonialismus wurde dabei jedoch nicht mitgedacht.

Seit ihrer Entstehung kritisierte die Frauenbewegung die Reduzierung von Frauen auf Körper und ihre damit verbundene gesellschaftliche Abwertung. Zugleich blieb der Körper ein wichtiger Ort, Weiblichkeit, Sexualität und das ‚Private' politisch zu besetzen und positiv umzudeuten. Die Geschlechterdifferenz wurde dabei positiver Bezugspunkt und der Körper in seiner differenten Materialität biologisch vorausgesetzt. Lorey (2006: 63) bezeichnet ihn sogar als „Fetisch" innerhalb der dominanten deutschsprachigen Theoriebildung.

Körper werden in der feministischen Forschung u.a. im Anschluss an Foucault zunehmend politisiert und historisiert. Die Materialität des Körpers steht damit zur Disposition; ihm wird die biologistische Grundlage entzogen. Die Materie des Körpers gilt in dekonstruktivistischen Theorien als von Herrschaftsmechanismen durchzogen und geformt, als eine Wirkung von Machtdynamiken. Es sind „die regulierenden Normen des ‚biologischen Geschlechts', die in performativer Wirkungsweise die Materialität der Körper konstituieren und, spezifischer noch, das biologische Geschlecht des Körpers, die sexuelle Differenz im Dienste der Konsolidierung des heterosexuellen Imperativs materialisieren“ (Butler 1997: 22).[17] Auffällig in der beschriebenen Historisierung und Politisierung des Körpers jedoch ist die Beschränkung auf die Geschlechterdifferenz: Problematisiert wird ausschließlich die Produktion der gesellschaftlichen Zweigeschlechtlichkeit und die daran gebundenen vereindeutigten Geschlechtsidentitäten sowie die zugrundeliegende heteronormative Matrix. Die Rassifizierung von Körpern bleibt jedoch unberücksichtigt. Diese Prioritätensetzung bringt folgenreiche Verdrängungen, Ausschlüsse und ‚weiße Flecken‘ in der feministischen Theoriebildung mit sich, denen diese Arbeit theoretisch und historisch nachgeht.

Vorgehensweise und Struktur der Arbeit

Bei der rassismuskritischen Analyse der Geschichte der Frauenbewegung und der Geschlechtergeschichte des Kolonialismus ist meine Vorgehensweise eine dekonstruktivistisch-diskurstheoretische (vgl. Raab 1998; Hark 2001; Nünning/Nünning 2003). Diese geht in Anlehnung an Foucault und Derrida davon aus, dass Sprache kein Abbildungsverhältnis, sondern eine soziale Praxis darstellt, die Realität konstituiert.[18] Eine diskurstheoretische Herangehensweise, die die sprachvermittelte Konstruktion von Wirklichkeit betont, stellt dabei weniger eine bestimmte Methode dar, sondern vielmehr eine Forschungsperspektive auf als Diskurse begriffene Forschungsgegenstände (vgl. Keller 2004: 8). Diskurse können nach Foucault als regulierte Formationen von Aussagen begriffen werden, die ein bestimmtes Wissen bereitstellen und vorgeben, was in einer Gesellschaft gedacht oder welches Wissen wirkungsmächtig werden kann. Diskurse überschreiten die gängige Trennung von Sprechen und Handeln und beziehen sich daher nicht ausschließlich auf Sprache, sondern entstehen in bestimmten gesellschaftlichen Institutionen und werden durch soziale Praxis hervorgebracht. Diskurse und die mit ihnen verbundenen Praktiken erzeugen gesellschaftliche Realität und ‚Wahrheit‘.

17 Sprachtheoretische und diskursanalytische Ansätze waren in der feministischen Theorie anfangs umstritten, da sie körperliche Erfahrungen als zentralen Ausgangspunkt feministischer Politik und Theorie ausblenden (vgl. Lorey 2006: 61f). Nach heftigen Auseinandersetzungen haben sich die polaren Positionen angenähert (vgl. Butler 1997; Heldhuser et al. 2004).

18 Der Diskursbegriff ist allerdings umstritten und hat vielfältige Verwendungen, theoretische Ursprünge und Kontexte. Auch bei Foucault beruht die Diskursanalyse auf keinem klaren Methodenkonzept. Vielmehr veränderte sich sein Ansatz von einem rein sprachtheoretisch begründeten zu einem auf gesellschaftliche Praktiken bezogenen (vgl. Keller 2004; Stäheli 2000; Raab 1998: 26ff).

„Diskurse können also gewissermaßen als ‚Substrat‘ gesellschaftlicher Prozesse, als in sich heterogene Produktions- und Konstitutionsbedingungen einer – gesellschaftlichen – Wirklichkeit gelten, von der angenommen wird, dass sie auf der Verselbständigung konstruktiver Prozesse und subjektloser Operationen sowie ihrer Performanz beruht und dass sie sich in materiellen Anordnungen, Technologien und Praktiken manifestiert.“ (Bublitz 2003: 9)

Die Materialität der Diskurse bringt heterogene Wirklichkeitskonstruktionen hervor: Diskurse basieren auf einem polysemen Zeichensystem, weshalb sie wandelbar und widersprüchlich sind (vgl. Dietrich 2000: 26ff; Stäheli 2000; Sarasin 2003: 37ff). Das Bedingungsverhältnis von Macht und Wissen ist Gegenstand diskurstheoretischer und dekonstruktivistischer Ansätze.[19] Die Produktion von Wissen und wie dieses Wissen in Institutionen und Subjekten verankert wird, rückt in den Mittelpunkt des Erkenntnisinteresses. Diskurstheorien und dekonstruktivistische Ansätze wurden vor allem in den Kulturwissenschaften, der Genderforschung und in Postkolonialen Theorien rezipiert. Dadurch gerieten die diskursiven Herstellungsprozesse der Geschlechterdifferenz, der Materialität der Körper wie auch der ‚Rassen‘[20] erstmals in den Blick. Mit dieser Perspektive können als ‚natürlich‘ geltende Dinge als diskursiv erzeugt analysiert werden, sodass eine Historisierung, Entnaturalisierung und Dezentrierung scheinbar unumstößlicher Naturgesetze möglich ist.

---

19 Das von Jacques Derrida entwickelte Verfahren der Dekonstruktion ist ein sprachtheoretischer Ansatz und stellt eine Art kritisches Gegen-den-Strich-Lesen dar, das auf Dezentralisierung, Verschiebung und Pluralisierung beruht (vgl. Dietrich 2000: 26ff).

20 Auch wenn Rassenkonzepte nach wie vor wirkungsmächtig sind, ist in biologischer und genetischer Hinsicht längst erwiesen, dass es keine ‚Rassen‘ gibt (vgl. Miles 1991: 94; Becker 2005: 10ff). Molekularbiologische Erkenntnisse über die genetische Vielfalt der Menschen schließen Rassenkonzepte aus. Cavalli-Sforza (1994), einer der bedeutendsten Genetiker, erachtet die Einteilung von Menschen in ‚Rassen‘ für wissenschaftlich unhaltbar. Die genetischen Unterschiede innerhalb einer Gruppe sind ihm zufolge größer als die zwischen verschiedenen Bevölkerungsgruppen. Auch in der Biologie ist die Einteilung in ‚Rassen‘ sowohl für Menschen als auch für Tiere unzureichend und fragwürdig. Die sichtbaren Unterschiede beruhen nicht auf genetischen Unterschieden (vgl. Kattmann 1999: 78ff). Die Versuche einer systematischen Einteilung in ‚Rassen‘ sind demnach von den jeweiligen kulturellen und sozialen Alltagsvorstellungen einer Gesellschaft geprägt. ‚Rassen‘ sind folglich ein Produkt historischer Prozesse und sozialer gesellschaftlicher Konstruktionen und keine biologischen Tatsachen. Dennoch bleibt die Existenz von ‚Rassen‘ umstritten bzw. wird sie z. T. mit neuen Begrifflichkeiten wie z.B. Metapopulation oder Ethnie in Ansätzen wie dem *Human Genome Project* oder der sog. ethnischen Medizin zugrundegelegt und wieder eingeführt.

Dies bedeutet zugleich, dass es keine sprachunabhängige Gegenständlichkeit und Wirklichkeit gibt.

Für die Auseinandersetzung mit dem Kolonialismus rücken mit einer diskursiven Herangehensweise die kulturellen Dimensionen des Kolonialismus in den Vordergrund. Postkoloniale Theorien haben den Begriff der Konstruktion für den kolonialen Diskurs angewandt, um (post-) koloniale Herrschaftsbeziehungen zu analysieren. Der koloniale Diskurs produziert durch die Konstruktion von Fremdheit, das *othering,* seine Subjekte. Dieser Konstruktionsprozess dient nicht nur der Herstellung des Anderen, sondern vielmehr der des weißen Selbst.

Im ersten Kapitel der Arbeit werden die theoretischen Grundlagen – Postkoloniale Theorien und *Critical Whiteness Studies* – vorgestellt. Diese theoretische Positionierung beinhaltet einen Blick auf den deutschen Kolonialismus, der die Wechselwirkungen zwischen Kolonie und Metropole analysiert und kolonialen und rassistischen Spuren in der Metropole nachgeht. Weiterhin wird die Übertragungsmöglichkeit der zunächst im vor allem englischsprachigen Kontext entwickelten Theorien auf den deutschen Kontext diskutiert.

Das zweite Kapitel eröffnet die Debatte, welche Wirkungsmächtigkeit der Kolonialismus für die deutsche Nationsbildung und die Herstellung einer nationalen Identität hatte. Mit den Konstruktionsmechanismen der Nation und ihren Aus- und Einschlüssen gerät das Verhältnis von Nation und ‚Rasse' in den Blick. Im Anschluss wird das Verhältnis von Nation und Geschlecht untersucht und Ergebnisse der feministischen Nationsforschung dargestellt, um die Beziehung zwischen der bürgerlichen deutschen Frauenbewegung und der nationalen Frage zu klären. Hierbei steht die Partizipation von Frauen an der Nation im Vordergrund.[21]

Im dritten Kapitel werden unterschiedliche Facetten des deutschen Kolonialismus dargestellt, um die Bedeutsamkeit des deutschen Kolonialismus für das Deutsche Reich herauszuarbeiten. Dabei geht es nicht nur um die reale Kolonialherrschaft, sondern auch um die Einbindung Deutscher in die europäische Expansion, Kolonisierungsversuche und -pläne. Darüber hinaus bezieht das Kapitel die Ebene der Imagination in die Darstellung mit ein, auf der der Kolonialbesitz über Jahrhunderte verhandelt und erdacht wurde; so entstand ein koloniales Bewusstsein.

Das Verhältnis von Nation und ‚Rasse' bildet im vierten Kapitel den Hintergrund, um den Entstehungszusammenhang von Kolonialismus und Rassismus zu klären. Dabei geht es darum, die Verbindung der Ge-

21 Aufgrund des weiten thematischen Bogens dieser Arbeit stelle ich den jeweiligen Forschungsstand in den entsprechenden Kapiteln dar.

schichte des Rassismus mit der europäischen Expansion, dem Sklavenhandel und deren Legitimation aufzudecken und darzustellen, wie die entstehenden Wissenschaften und die Philosophien der Aufklärung daran beteiligt waren, die Ungleichheit der Menschen zu definieren und festzuschreiben. Dabei verdeutlicht sich der Prozess, wie unterschiedliche Rassentheorien die Ungleichheit der Menschen herstellten, formten und innerhalb einer zunehmenden Biologisierung der Gesellschaft die ‚Rassen' in den Körper verankerten.

Im Anschluss wird anhand kolonialer Rassenkonstruktionen die Entwicklung und Bedeutung der Kategorie ‚Rasse' für den deutschen Kolonialismus untersucht und herausgearbeitet, wie sich diese in zentralen Kolonialdebatten darstellte. Beispielhaft hierfür sind die Konstruktion einer weißen Siedleridentität, die koloniale Arbeitspolitik sowie die Debatten über ‚Rassenmischung' und ‚Mischehen', in denen der Zusammenhang zwischen rassifizierten Selbst- und Fremddefinitionen zum Ausdruck kommt. Zur Debatte steht dabei auch, wie sich die kolonialen Rassenkonstruktionen auf die Auseinandersetzungen im Reich auswirkten. In diesen Ausführungen verdeutlicht sich, dass die Konstruktion von ‚Rassen' in einem engen Konstitutionszusammenhang mit der Kategorie Geschlecht steht. Dieser Zusammenhang ist Inhalt der folgenden zwei Kapitel.

Im fünften Kapitel werden die Protagonistinnen des deutschen Kolonialismus vorgestellt. Darunter verstehe ich auf der einen Seite Frauen aus imperialistischen bzw. kolonialistischen Vereinen, auf der anderen Seite die bürgerliche Frauenbewegung.[22] Analysiert werden ihre unterschiedlichen Vorstellungen von einer Partizipation am Kolonialismus und inwiefern sich ihre Motivationen überschnitten oder voneinander abwichen. Dabei geraten die differierenden Frauenbilder der Protagonistinnen in den Blick. Im Zentrum des Interesses stehen hier die Bereiche,

22 Die Grenze zwischen Imperialismus und Kolonialismus ist theoretisch nach wie vor umstritten, ebenso die Definition der beiden Begriffe (zu den unterschiedlichen Ansätzen vgl. Castro-Varela/Dhawan 2005: 13ff). Die Übergänge zwischen kolonialer und imperialer Herrschaft verliefen meist fließend. Beide stellen keine monolithische Herrschaftsform dar. Ich schließe mich in dieser Arbeit der Definition Osterhammels (2002: 27) an, der den Imperialismus nicht nur als Kolonial- sondern darüber hinaus als Weltpolitik begreift, für die die Kolonien kein Selbstzweck, sondern Teil einer ökonomischen Interessenswahrnehmung waren. Daher verwende ich in dieser Arbeit z.T. auch den weiteren Begriff ‚Imperialismus', z.B. im Kontext der imperialen Verbände, die nicht auf den direkten Erwerb von Kolonien zielten. Doch auch der Begriff ‚Kolonialismus' beinhaltet aus postkolonialer Perspektive eine Vielzahl hegemonialer Praktiken mit relationalem Charakter und geht daher über die klassische Definition einer territorialen Expansion hinaus (vgl. Fuhrmann 2006: 32).

in denen die Frauen- und die Rassenfrage zusammentreffen und sich gegenseitig hervorbringen. Insbesondere werden Momente weiblicher Ermächtigung herausgearbeitet und der Frage nachgegangen, ob die Kolonien emanzipativ auf weiße Frauen und ihre Mitgestaltungsmöglichkeiten in den Kolonien gewirkt haben.[23]

Über diese Ebene der direkten Partizipation hinaus geht es im sechsten Kapitel um die Analyse einer Verschränkung frauenrechtlerischer und kolonialrassistischer Diskurse. Zentrale Fragestellung ist, wie sich die Debatten der Frauenbewegung mit kolonialen Diskursen verknüpft haben und welche Wirkungsmächtigkeit die Diskurse füreinander hatten. Die für diese Analyse beispielhaft ausgewählten Debatten um Haushalt bzw. Häuslichkeit und um Sittlichkeit waren zentrale Auseinandersetzungsfelder der bürgerlichen Frauenbewegung. Anhand der beiden Debatten wird untersucht, inwieweit die Kolonial- und die Rassenfrage die Frauenbewegung geprägt hat. Die Sittlichkeitsdebatten und seine Korrespondenzen mit Kolonialdebatten werden anhand einer an Foucaults Diskursbegriff orientierten exemplarischen themenzentrierten Analyse der Zeitschriften *Mutterschutz* und *Neue Generation* des *Bundes für Mutterschutz und Sexualreform* erforscht, ein Verein, der der radikalen Frauenbewegung zugerechnet wird. Angesichts der Produktivität von Diskursen gehe ich davon aus, dass sich die Diskurse der bürgerlichen Frauenbewegung und die kolonialen Diskurse wechselseitig formten und sich die bürgerlichen Frauen als weiße bürgerliche Subjekte eines rassifizierten Kollektivs konstituierten und in das kolonialrassistische Projekt einschrieben.

Zum Sprachgebrauch

Sprache bildet Realität nicht einfach ab, sondern stellt ein Repräsentationssystem dar, das von Herrschaftsverhältnissen durchdrungen ist (vgl. Dietrich 2000; Steyerl/Rodriguez 2003: 23ff). Insofern birgt die Verwendung kolonialer, rassistischer Sprache auch immer die Gefahr einer Reimplementierung. Gerade in der Auseinandersetzung mit der Kolonialgeschichte kann jedoch nicht gänzlich auf die kolonialrassistische Sprache verzichtet werden. Um ihren kolonialen Charakter zu kennzeichnen, sind problematische Wörter oder Kolonialbezeichnungen mit einfachen Anführungszeichen gekennzeichnet.

Während in der deutschen Rassismusforschung lange Zeit der englischsprachige Terminus *race* übernommen wurde, da der deutsche Begriff ‚Rasse' stärker biologistisch und essentialistisch konnotiert und

23 Emanzipativ verstehe ich hier im Sinne einer Erweiterung von Handlungsmöglichkeiten. Auf die besondere Problematik eines allgemeingültigen Emanzipationsbegriffs komme ich später zu sprechen.

durch den Nationalsozialismus diskreditiert ist, findet ‚Rasse' inzwischen wieder stärkere Verwendung, vor allem in der Kolonialismusforschung. Auch ich habe mich für die Verwendung des Begriffes ‚Rasse' entschieden, um die Konstruktionsmechanismen und Geschichte des Rassismus zu untersuchen. „Es gibt eine symbolische und faktische Rangordnung der Physiognomien. [...] hier gibt es nur einen Namen, der die reale Gewalttätigkeit nicht unterschlägt: ‚Rasse'. Das Wort ist böse, es sticht, es tut weh – kein anderes Zeichen, das besser passte" (Mecheril 1997: 198).

Das Konzept ‚Rasse' stellt hier eine kritische Analysekategorie dar, die insofern legitim ist, als dass sie auf ihre Historisierung, Dekonstruktion und Abschaffung hinauslaufen soll.

Problematisch bei dem Fokus auf die Herstellungsmechanismen eines weißen Kollektivs ist, dass die kolonisierten Menschen, ihre Lebensrealitäten und ihre Subjektivität sowie der antikoloniale Widerstand aus dem Blick geraten. Es besteht daher auch für diese Arbeit mit dem Fokus auf weiße Frauen die Gefahr, den Opferstatus von Kolonisierten festzuschreiben. Die *Critical Whiteness Studies* warnen zudem davor, mit dem Fokus auf die Herstellung von Weiß-Sein dieses zu reimplementieren statt zu dezentrieren. Dennoch erachte ich die Geschichte der Frauenbewegung und ihre Verbindung zum Kolonialismus und Rassismus als wichtige Lücke in der Kolonialismus-, Rassismus- und Geschlechterforschung. Diese Lücke zu füllen, ist daher trotz aller Ausschlüsse ein wichtiger Beitrag zum Verständnis der im Kontext rassistischer und kolonialer Diskurse und Praxen hervorgebrachten Geschlechtergeschichte.

POSTKOLONIALE THEORIEN/ CRITICAL WHITENESS STUDIES

Während vor allem im angloamerikanischen Raum eine unüberschaubare Anzahl an Studien zu Kolonialismus und Postkolonialismus erschienen ist, hat die Aufarbeitung des deutschen Kolonialismus und die Suche nach Kontinuitäten und Spuren der deutschen Kolonialgeschichte innerhalb der aktuellen Gesellschaftsformation nur zögerlich begonnen. Mittlerweile sind einige Studien zur deutschen Kolonialgeschichte mit postkolonialer Perspektive veröffentlicht worden (vgl. Oguntoye et al. 1986; Honold/Simons 2002; Kundrus 2003 und 2003a; van der Heyden/Zeller 2002; Fuhrmann 2006). Des weiteren erschienen Einführungen in bzw. Debattenbeiträge über postkoloniale Theorien im deutschen Kontext (vgl. Steyerl/Gutiérrez Rodríguez 2003; Castro Varela/Dhawan 2005).[1] Dennoch ist die Wirkungsmächtigkeit des deutschen Kolonialismus in einer breiteren Öffentlichkeit noch nicht anerkannt. Nach wie vor gilt die deutsche Gesellschaft daher nicht als eine postkoloniale. Zu dieser Wahrnehmung haben paradoxerweise auch postkoloniale TheoretikerInnen beigetragen (vgl. Castro Varela/Dhawan 2005: 7; Zantop 1998: 16). Mit dem Fokus auf die ‚großen' Kolonialmächte wie England wurde die deutsche Kolonialerfahrung implizit nicht thematisiert. Edward Said (1981: 16ff.) behauptete in seiner berühmten Studie „Orientalism" sogar explizit, dass Deutschlands koloniale Erfahrung – hier im Kontext des Orientalismus – im Vergleich zur englischen, ameri-

1 Einzelne einführende Aufsätze und Debattenbeiträge vgl. Küster 1998; Wolter 2000; Dietrich 2000; Ha 2003; Gutiérrez Rodríguez 2004; Wolter 2004; Dietze 2005.

kanischen und französischen marginal gewesen sei und wies daher eine Analyse des deutschen Orientalismus zurück.

Ansatzpunkte postkolonialer Theorien

Die *Postcolonial Studies* haben sich in den 1990er Jahren insbesondere in Großbritannien und den USA als Teil der *Cultural Studies* etabliert. Gemeinsamer Ausgangspunkt der *Postcolonial Studies* ist die Auseinandersetzung mit der politischen, sozialen und kulturellen Situation ehemals kolonisierter und kolonisierender Länder.

> „Postkoloniale Theorie kann man als interdisziplinäres, kritisches Forschungsunternehmen betrachten, das die komplexen Dynamiken sozio-kultureller Formation und Interaktion vor dem Hintergrund jener Länder untersucht, welche wesentlich von der Erfahrung des Kolonialismus geprägt wurden und, trotz mittlerweile gewonnener politischer Unabhängigkeit, immer noch sind." (Küster 1998: 179)

Damit stellt eine postkoloniale Kritik ein umfassendes Theorieprojekt dar, in dem Herrschaftsstrukturen, gesellschaftliche Ausschlussmechanismen, Rassismus, Identität und Widerstand untersucht und diskutiert werden. Sie haben den Blick für eurozentrische[2], universalistische[3] und rassistische Deutungsmuster geschärft, die sich durch die europäische Kolonialerfahrung herausgebildet haben.[4] Diese Deutungsmuster hinter-

---

2 Konstitutiv für den vorherrschenden Eurozentrismus ist die Vorstellung moderner Geschichte als „Ausbreitung europäischer und ‚westlicher' Errungenschaften – des Kapitalismus, politisch-militärischer Macht, von Kultur und Institutionen – [...] so daß die einzig denkbare Zukunft der Welt in ihrer fortschreitenden Verwestlichung zu bestehen scheint" (Conrad/Randeria 2002a: 12). Diesem Phänomen liegt ein Fortschrittsgedanke zugrunde, der die westeuropäischen kapitalistischen Gesellschaften als Maßstab nimmt. Europa und die außereuropäische Welt entwickelten sich in dieser Perspektive unabhängig voneinander, und Europa nahm einseitig Einfluss auf die sog. Dritte Welt. Dass sich eine europäische Moderne nur in komplexen wechselseitigen Austauschprozessen herausbilden konnte, wird ausgeblendet. Der Verweis auf einen gegenseitigen Konstitutionsprozess soll jedoch keine egalitären Beziehungen suggerieren, sondern die eurozentrische westliche Deutungshoheit in Frage stellen.

3 In universalistischen Deutungsmustern wird das hegemoniale Partikulare als das Universelle gesetzt. Zu Derridas Kritik an der westlichen Metaphysik und dem mit der abendländischen Wissenschafts- und Kulturtradition verbundenen Universalismus vgl. Dietrich (2001: 23ff.).

4 Bereits vor dem Beginn der europäischen Expansion 1492 gab es Formen der Gewaltherrschaft und Besatzung, dennoch gilt der europäische Kolo-

ließen Spuren in der europäischen Moderne, der europäischen Identität und der Ideengeschichte Europas. Postkoloniale Theorien kritisieren die Vorstellung einseitiger kultureller, ökonomischer, vermeintlich ‚zivilisatorischer' Hinterlassenschaften der westlichen Kolonialmächte und verweisen auf die wechselseitige Konstituierung von Kolonie und Metropole. Die Nationalstaaten Europas können in diesem Sinne nicht nur als Grundlage und Ausgangspunkt der kapitalistischen und kolonialen Ausbeutung betrachtet werden, sondern zugleich auch als ihr Produkt. Stuart Hall (2002: 231) bezeichnete den Kolonialismus als „konstitutive Außenseite der europäischen und dann der westlichen kapitalistischen Moderne nach 1492".[5]

In ihrer Kritik an der traditionellen Kolonialismusforschung sowie an marxistischen, politikwissenschaftlichen und sozialwissenschaftlichen Ansätzen, die vor allem die ökonomischen und politischen Dimensionen des Kolonialismus betrachten, rücken postkoloniale Theorien die kulturellen und diskursiven Dimensionen des Kolonialismus in den Vordergrund.

Aus postkolonialer Perspektive wird ein traditioneller Kulturbegriff, der von abgegrenzten, authentischen und einheitlichen Kulturen ausgeht, in Frage gestellt und die Widersprüchlichkeit kultureller und identitärer Praxen betont. Dieser Kulturbegriff wendet sich zugleich gegen eine Einordnung von Gesellschaften in binäre Schemata wie z.B. Okzident und Orient.[6] „Die postkoloniale Perspektive widersetzt sich solchen Versuchen ganzheitlicher Gesellschaftserklärungen. Sie setzt sich nachdrücklich dafür ein, anzuerkennen, daß die Grenzlinien entgegengesetzter politischer Sphären meist viel komplexer und widersprüchlicher sind." (Bhabha 1996: 346) Der Blick auf die wechselseitigen kulturellen und identitären Konstituierungssprozesse im kolonialen Gefüge stellte zugleich die dualistische Trennung zwischen Kolonisator und Kolonisiertem in Frage. Die Begriffe Identität und Kultur rückten damit als

nialismus aufgrund seiner geographischen und historischen Ausmaße und seiner Gewalt als einzigartig (vgl. Castro Varela/Dhawan 2005: 12).

5 Die Moderne beginnt demnach mit Kolumbus' ‚Entdeckung' Amerikas. Die koloniale Ausbeutung war eine wichtige Voraussetzung für die Herausbildung des modernen Kapitalismus (vgl. Rommelspacher 2002: 26f.).

6 Die abendländische Kulturtradition ist geprägt von Dualismen wie Körper/Geist, Mann/Frau, Kultur/Natur etc., die zugleich eine Hierarchisierung beinhalten und damit in ein Macht- und Beherrschungssystem eingebettet sind bzw. es produzieren. Eine Zweiteilung in eindeutige Dichotomien verursacht künstliche Trennungen und verschleiert Uneindeutigkeiten. Dichotomes Denken ist nach Derrida tief in der europäischen Kulturtradition verankert und institutionalisiert (vgl. Dietrich 2001: 23).

Austragungs- und Herstellungsorte kolonialer Verhältnisse in den Fokus der Analyse.

„Zentral für diesen theoretischen Zugriff sind die Begriffe ‚Identität', verstanden als kollektive Sinnkonstruktion mit handlungsleitender Absicht, und ‚Kultur'. ‚Kultur', als System von Selbst-/Fremd-Deutungen gedacht, scheint am besten den Konstruktions- und Inszenierungscharakter von Differenz, Rasse, Geschlecht zu markieren und gleichzeitig – verstanden als ‚set of practices' – die strukturellen und sozialen Hervorbringungen dieser Vorstellungswelten zu berücksichtigen." (Kundrus 2003b: 8)

Postkoloniale Theorien sind stark kultur- und literaturwissenschaftlich ausgerichtet. Auch die Untersuchungsmethoden sind sprach- und literaturwissenschaftlich geprägt (vgl. Loomba 1998: 70ff.).[7] Viele postkoloniale TheoretikerInnen arbeiten mit Textanalysen und -interpretationen[8] und knüpfen damit an die wissenschaftlichen Traditionen nach dem *linguistic turn*[9] an, um auf bisher aus dem hegemonialen Diskurs ausgegrenzte Stimmen und Sichtweisen hinzuweisen und damit hegemoniale eurozentrische Deutungsmuster und Erzählungen zu unterminieren.

Die Auseinandersetzung mit den kulturellen Bedingungen des Kolonialismus hat die westliche Wissensordnung einer kritischen Hinterfragung unterzogen. Die europäische Expansion ging seit dem späten 18. Jahrhundert mit einem wachsenden Interesse am ‚Fremden' und der Erforschung der außereuropäischen Welt einher und zog die Begründung neuer Wissensgebiete nach sich. Die außereuropäische Welt wurde so in die eurozentrische Wissensordnung integriert und durch wissenschaftliche Beurteilung und Klassifizierung verfügbar gemacht. Im Anschluss

7 Zur theoretischen Verortung der *Postcolonial Studies* vgl. Loomba (1998: 20ff.). Postkoloniale Theorien stützen sich u.a. auf eine an Lacan angelehnte Psychoanalyse und auf sprach- bzw. diskursanalytische Verfahren von Foucault und Derrida, wobei vor allem der von Derrida entwickelte Begriff der Dekonstruktion für fast alle postkolonialen TheoretikerInnen von zentraler Bedeutung ist. Zu nennen sind als einer der Vorläufer postkolonialer Studien zudem die *Commonwealth Literary Studies*, die ursprünglich die Literatur des ehemaligen britischen Empires als gemeinsamen Erfahrungsraum untersuchten (vgl. Castro Varela/Dhawan 2005: 22f.).

8 Dieses Vorgehen provozierte den Vorwurf, das Festhalten an den westlichen Meistererzählungen und der Versuch ihrer Dekonstruktion wiederhole die Ausschlüsse z.B. afrikanischer TheoretikerInnen (vgl. Hall 2002: 229).

9 Der *linguistic turn* wird als eine Verschiebung der Blickrichtung von der Analyse gesellschaftlicher Prozesse auf ökonomischer Grundlage hin zur Bedeutung von Sprache und Diskursen im Konstituierungsprozess von Wirklichkeit verstanden (vgl. Dietrich 2000: 23ff.).

an Foucault decken postkoloniale Theorien den Zusammenhang von Macht und Wissen auf und ordnen die Wissensproduktion des Westens in den Kontext der gewaltvollen kolonialen Erfahrung ein, die dieses Wissen produziert und strukturiert hat. „Modernes Wissen war nicht nur Instrument und Waffe, sondern selbst Produkt eines Kontextes diskursiver Praktiken. Die kulturellen und sozialen Zusammenhänge der kolonialen Epoche hatten daher in den Produkten der europäischen Wissensordnung ihre Spuren hinterlassen." (Conrad/Randeria 2002a: 34) Das asymmetrische Machtverhältnis des kolonialen Vermächtnisses setzt sich in der Wissensvermittlung bis heute fort.

Zur Infragestellung und Dezentrierung bisheriger Wissensproduktionen gehört z.B. auch, die koloniale Geschichte in die nationale Geschichtsschreibung der ehemaligen Kolonialmächte einzubeziehen und auf die wechselseitigen Hinterlassenschaften hinzuweisen. Dadurch wird der Zusammenhang zwischen der europäischen Nationsbildung und dem Kolonialismus deutlich (vgl. Gutiérrez Rodríguez 2004: 239). Die deutsche Nationsgründung wurde bislang selten in Hinblick auf die Kolonialerfahrung betrachtet.

Kritik an postkolonialen Theorien

Die Fokussierung auf kulturwissenschaftliche und literaturwissenschaftliche Verfahren und die Parallelen zu poststrukturalistischen Theorien (vgl. Küster 1998) haben immer wieder Kritik hervorgerufen. Vor allem marxistische TheoretikerInnen werfen postkolonialen Theorien die Ausblendung materieller Formen und Auswirkungen kolonialer Herrschaft vor und betrachten sie daher als mit dem Neoliberalismus kompatibel. Die Privilegierung kultureller Faktoren innerhalb postkolonialer Ansätze kritisieren insbesondere Arif Dirlik (1997) und Aijaz Ahmad (1992) als Verdrängung struktureller Ursachen sozialer Ungleichheit. Kapitalistische Verhältnisse werden nach Dirlik (1997: 347) durch diesen Kulturalismus verschleiert, der selbst als Effekt der globalisierenden kapitalistischen Strukturen zu betrachten sei. Zudem würden postkoloniale Lebensbedingungen, Exil und Migration in poststrukturalistischen Ansätzen wie z.B. von Homi Bhabha verklärt und romantisiert. Die „Gewaltförmigkeit der Wirkungsmächtigkeit von Grenz- und Migrationsregimen" (Gutiérrez Rodríguez 2003: 29) gerate dabei aus dem Blick. Allerdings wirken materielle Verhältnisse und diskursive Machtgeflechte zusammen, wie die Ansätze von Gayatri Spivak und Edward Said verdeutlichen. Kulturelle Praxen sind eine der wichtigsten Säulen kolonialer Herrschaft und Ausbeutung, sodass beide Ebenen für eine Analyse (post-)kolonialer Verhältnisse relevant sind.

Der Begriff ‚postkolonial' ist ebenfalls umstritten. Kritisiert wird das Präfix ‚post', das suggeriert, es ginge um eine vergangene und abgeschlossene historische Phase. Außerdem würden unter dem Begriff alle kolonisierten Länder vereinheitlicht und somit die reiche Tradition dieser Länder vor dem Kolonialismus verleugnet. Loomba (1998: 17) weist darauf hin, dass diese Länder nicht erst durch den Kolonialismus hervorgebracht worden seien, sondern über eine vorhergehende Geschichte verfügten. Der Kolonialismus brachte zudem widersprüchliche Erfahrungen, weshalb es „keine Geschichte *des* Kolonialismus" gebe, sondern von einer „Vielzahl von Geschichten einzelner Kolonialismen" auszugehen sei (vgl. Osterhammel 2001: 29). Stuart Hall (2002: 224ff) verteidigt den Begriff ‚postkolonial', wenngleich er für eine differenzierte Anwendung und Berücksichtigung der verschiedenen kulturellen und sozialen Formationen der Kolonisierung plädiert. Das Präfix ‚post' verweise gerade auf das über das Koloniale Hinausgehende (vgl. ebd.: 236f.). Insofern geht es den *Postcolonial Studies* weniger darum, den Kolonialismus als vergangene historische Epoche zu analysieren, sondern die anhaltende Präsenz kolonialer Strukturen und die daran geknüpfte Hegemonie der ehemaligen Kolonialmächte zu kritisieren (vgl. Conrad/Randeria 2002a: 24; Ha 1999: 84). Postkolonialismus ist demnach auch „ein Set diskursiver Praxen [...], die Widerstand leisten gegen Kolonialismus, kolonialistische Ideologien und ihre Hinterlassenschaften". (Castro Varela/Dhawan 2005: 25)

Postkoloniale Perspektiven

Wer oder was als postkolonial zu verstehen ist, lässt sich schwer auf einen Nenner bringen und ist inhaltlich und methodisch sehr verschieden und z. T. widersprüchlich, wie sich in der genaueren Betrachtung verschiedener Ansätze zeigt. Bereits in den 1930er und 1940er Jahren entwickelte die Bewegung der *Négritude* eine Kritik an der kulturellen Hegemonie des Westens und setzte ihr eine eigenständige Schwarze Kulturtradition und -produktion entgegen.[10] Der Psychoanalytiker und Be-

10 Der Begriff *Négritude* entstand im Zuge der Dekolonisierungsbewegungen in den 1930er Jahren und wurde von frankophonen Intellektuellen geprägt, darunter Aimé Césaire und Léopold César Senghor, dem ersten Präsidenten des Senegals. Die *Négritude*-Bewegung wandte sich gegen die Assimilierungspolitik Frankreichs und stellte der weißen kulturellen Hegemonie ein Konzept der kulturellen Selbstbehauptung Schwarzer entgegen.

freiungstheoretiker Frantz Fanon (1925-1961) legte mit seiner 1952 erschienenen Studie „Peau noire, masques blancs" eine Grundlage für die postkoloniale Theoriebildung.[11] Er untersuchte darin die psychischen Auswirkungen der kolonialen rassistischen Herrschaft auf das Schwarze Subjekt und machte auf die wechselseitigen Identifizierungsprozesse und das Abhängigkeitsverhältnis zwischen weißem Kolonisator und Schwarzem Kolonisierten aufmerksam.[12] Diese bedeutsame Erkenntnis Fanons stellt die binären und oppositionellen Strukturen des Rassismus und Kolonialismus in Frage und verdeutlicht nicht nur die Affekte des Kolonialismus auf Kolonisierte, sondern zeigt auf, dass der weiße Kolonisator ebenso von diesen Strukturen geprägt ist. Die weitreichenden Folgen und Spuren des Kolonialismus werden so offenbar. Der Fokus seiner Rassismusanalyse auf den Schwarzen Mann und dessen Begehrensstruktur zur weißen Frau blendet jedoch die Schwarze Frau aus und setzt eine heterosexuelle Begehrensstruktur voraus (vgl. Gutiérrez Rodríguez 2003: 22; Wolter 2003: 46ff.).[13]

Die *Négritude* ging von einer grundsätzlichen Differenz zwischen Weißen und Schwarzen aus und versuchte, der behaupteten Kulturlosigkeit Afrikas eine Schwarze, eigenständige Kulturproduktion entgegenzusetzen und die rassistischen Stereotype gegen Schwarze positiv umzudeuten. Besonders Aimé Césaires „Discourse on Colonialism" von 1955 stellt einen Beginn postkolonialer Kritik dar, der späteren Ansätzen wie Edward Saids „Orientalism" und Argumenten Homi Bhabhas viel vorwegnahm (vgl. Castro Varela/Dhawan 2005: 127). Frantz Fanon setzte sich in „Peau noire, masques blancs" mit dem *Négritude*-Konzept auseinander und kritisierte dessen Essentialismus, der einer kolonialen Logik verhaftet bliebe (vgl. Wolter 2001: 21f.).

11 Fanon beschreibt in seiner Studie die psycho-soziale und sexuelle Dynamik des Rassismus und legt erkenntnistheoretische Grundlagen eines dialektischen Modells antikolonialer Befreiung. Er verbindet dabei Philosophie, Psychoanalyse, Soziologie und politische Theorie mit autobiographischen und fiktionalen Elementen. Ausgangspunkt seiner Analyse stellen seine eigenen Erfahrungen rassistischer Ausgrenzung und Diskriminierung sowohl im kolonialen Martinique als auch in der Kolonialmetropole Frankreich dar. Anhand der Kategorien Sprache, Sehen und Begehren, Körperlichkeit und Sexualität, die nach wie vor zentral in der Rassismusforschung sind, analysiert Fanon identifizierende Prozesse von Dominanz und Rassifizierung.

12 Ausgangspunkt des Werkes ist Fanons Erfahrung als Psychiater im kolonialen Algerien und die Auseinandersetzung mit der kolonialen Psychiatrie der französischen Kolonialadministration. In Abgrenzung dazu wandte er Methoden der modernen Reformpsychiatrie an und berücksichtigt die kolonialen und rassistischen Strukturen, innerhalb derer seine PatientInnen lebten.

13 Die Vielschichtigkeit des Werkes erklärt die widersprüchliche Rezeptionsgeschichte und macht seine heutige Aktualität aus. Ende der 1980er Jahre endete mit dem Rückgang antiimperialistisch inspirierter Gesellschafts-

Als bekannteste zeitgenössische postkoloniale TheoretikerInnen, auf die im deutschen Kontext meist verwiesen wird, gelten Edward Said, Homi Bhabha und Gayatri Chakravorty Spivak, die jeweils unterschiedliche Positionen und Methoden vertreten.

Edward Said, ein US-amerikanisch-palästinensischer Theoretiker, gilt als wichtigster Impulsgeber des postkolonialen Diskurses. 1978 erschien seine diskursanalytische Studie „Orientalism. Western Concepts of the Orient", in der er die Konstruktion des Orients als das imaginäre inferiore Andere des Westens beschreibt. Der ‚Orient' wurde dabei als irrational, feminin und primitiv im Gegensatz zum rationalen, maskulinen und fortschrittlichen Westen entworfen. In Anlehnung an Foucault weist Said nach, dass die vermeintlich neutralen Wissenschaften, wie z.B. die Orientwissenschaften, eng an die koloniale Expansion und die Ausbeutung durch den Westen gebunden waren und diese legitimierten. Er zeigt auf, wie diskursive Gewalt soziale Realitäten strukturiert. Kolonialismus begreift er deshalb als epistemisches Gewaltsystem und als Begehrensökonomie. Die epistemologische Unterscheidung zwischen dem ‚Orient' und dem ‚Okzident' trug nach Said zur Konstruktion des ‚orientalischen' bzw. kolonisierten Anderen und des Kolonisators selbst bei. „Der Begriff Orientalismus wurde im Folgenden zu einem Schlüsselwort dafür, dass die Figur des kolonisierten Anderen eine europäische Erfindung ist, die als Negativfolie zur Konstruktion einer weißen Zivilisationsmission diente." (Dietze 2005: 309) Diese Erkenntnisse ermöglichten eine radikale Kritik an den hegemonialen westlichen Wissensproduktionen, an ihren Ausschlüssen und ihrer Repräsentationspolitik. Saids Arbeit wird nach wie vor kontrovers diskutiert und rief eine Vielzahl unterschiedlicher Kritiken hervor.[14] Ein Vorwurf lautet, der ‚Orient' und der ‚Okzident' würden in Saids Darstellung homogenisiert und essentialisiert. Dadurch gerate die Widersprüchlichkeit orientalistischer und kolonialistischer Diskurse aus dem Blick. Zudem sei in dieser totalisierenden Darstellung kein Widerstand und keine Handlungsfähigkeit denkbar. Die einseitig dem Westen zugeschriebene (diskursive) Macht reproduziere zugleich einen überholten Täter-Opfer-Dualismus. Dane-

kritik die Rezeption Fanons zunächst. Mit dem Aufstieg der *Cultural Studies*, insbesondere der *Postcolonial* und *Critical Whiteness Studies* kam es in den 1990er Jahren zu einem Revival von „Schwarze Haut, weiße Masken". Diese überwiegend poststrukturalistische und transdisziplinäre Lesart wendet sich den psychoanalytischen Erkenntnissen Fanons zu, die eine Kritik an herrschenden Binarismen ermöglichte und die Ambivalenzen der kolonialen Situation und Subjektkonstitution betont.

14 Seine Thesen wurden inzwischen weiterentwickelt. Said selbst hat sein Konzept des Orientalismus in „Culture and Imperialism" (1994) weiter ausgearbeitet.

ben wurden ihm Einseitigkeit und Lücken – wie z.B. das Fehlen einer Genderperspektive – bzw. zahlreiche Paradoxien und Widersprüche vorgehalten (vgl. Castro Varela/Dhawan 2005: 38).[15]

Der indisch-amerikanischer Theoretiker Homi Bhabha beschäftigt sich mit seinen Konzepten der *Hybridität*[16] und der *Mimikry*[17] mit dem Verhältnis zwischen Kolonisator und Kolonisiertem und verweist in Anlehnung an Frantz Fanon und an die *différance* von Jacques Derridas auf die Unmöglichkeit ‚reiner' Identitäten (vgl. Dietrich 2000: 63ff).[18] Durch den Bezug auf psychoanalytische Ansätze wird die Wechsel-

15 Feministische KritikerInnen wiesen auf den vergeschlechtlichten Charakter orientalistischer und kolonialer Diskurse hin (vgl. McClintock 1995). In Anknüpfung daran wurden europäische Sexualitäts- und Geschlechternormen reflektiert. Phantasien einer ‚orientalischen' freizügigen Sexualität und die scheinbare Unterdrückung der muslimischen Frau dienten als Projektionsfläche für europäische Sexualitätsnormen und stärkten die damit verbundenen Geschlechtscharaktere.

16 Bhabha beschreibt damit das gescheiterte Kolonisationsprojekt, in dem keine klare Trennung zwischen Kolonisator und Kolonisiertem möglich ist. *Hybridität* unterläuft die Vorstellung ‚reiner', abgeschlossener Identitäten und betont die permanente Instabilität von Bedeutungen, Repräsentationen und Identitäten (vgl. Castro Varela/Dhawan 2005: 89ff.; Dietrich 2000: 63ff.). „Hybridity is the sign of the productivity of colonial power, its shifting forces and fixities; [...] If the effect of colonial power is seen to be the production of hybridization rather than the noisy command of colonialist authority or the silent repression of native traditions, then an important change of perspective occurs. The ambivalence at the source of traditional discourses on authority enables a form of subversion, founded on the undecidability that turns the discursive conditions of dominance into the grounds of intervention." (Bhabha 1994: 112) Bhabhas Versuch, den Begriff *Hybridität* positiv zu besetzen und umzudeuten ist umstritten, vor allem, da er ursprünglich aus der Botanik stammt und im eugenischen Rassendiskurs des 19. Jahrhunderts zur Kritik ‚rassischer' Vermischung und Unreinheit verwandt wurde (vgl. Wolter 2000: 101f.; Ha 2003; Dietrich 2000: 63).

17 Der Begriff *Mimikry* zeigt eine Möglichkeit der Subversion innerhalb der kolonialen Herrschaft auf: In ihrer ‚Zivilisierungsmission' wollte die weiße Kolonialherrschaft die kolonisierte Bevölkerung zwar zu westlichen Sitten ‚erziehen', beharrte aber zugleich auf einer grundlegenden, unüberwindbaren Differenz. Die kolonisierte Bevölkerung sollte einerseits den Habitus der weißen Kolonisierenden übernehmen und dennoch von ihr unterscheidbar bleiben. Die *Mimikry* schwankt zwischen der Imitation der Herrschenden und der Möglichkeit ihrer Umdeutung und Parodie (vgl. Dietrich 2000: 64ff.).

18 Bhabha kritisiert die ihm zufolge bei Fanon verbleibende unüberwindliche Gegenüberstellung von Kolonisiertem und Kolonisator als oppositionelles Verhältnis und stellt die Widersprüchlichkeit der Beziehung durch wechselseitige Identifikationen in den Vordergrund. Zu Bhabhas Lesart Fanons und deren Kritik siehe Wolter (2001: 36ff.).

seitigkeit und Unabschließbarkeit von Identifizierungsprozessen verdeutlicht und die Einheitlichkeit und Abgeschlossenheit von Identität sowohl auf individueller als auch auf gesellschaftlicher Ebene in Frage gestellt. Diese ist immer uneindeutig, hybrid und ‚unrein', sowohl im kolonialen als auch postkolonialen Kontext, in der sog. Dritten Welt wie auch in den Metropolen. Damit stellt Bhabha den Einfluss der kolonialen Expansion auf die westlichen Gesellschaften heraus. Er weicht nicht nur das traditionelle Verständnis von Kultur auf, sondern begründet zugleich einen von ethnozentristischen Vorstellungen befreiten Begriff von Subjektivität und Identität. Die postkoloniale Analyse der gesellschaftlichen und kulturellen Konstruktionsprozesse bewegt sich weg von fixierten Identitätsvorstellungen hin zu der Verschränkung widersprüchlicher Erfahrungen und Unterdrückungsmechanismen.

Insbesondere Bhabha mit seiner poststrukturalistisch-literaturwissenschaftlichen Herangehensweise wird immer wieder vorgeworfen, er romantisiere postkoloniale Verhältnisse und blende ihre gewaltförmigen und materiellen Hintergründe aus (vgl. Castro Varela/Dhawan 2005: 100ff.; Young 1995: 10ff.; Loomba 1998: 178ff.; Parry 2004: 59ff.).

Eine feministische Kapitalismus- und Imperialismuskritik entwickelt die indisch-amerikanische Theoretikerin Gayatri Chakravorty Spivak, indem sie marxistische und feministische mit dekonstruktivistischen Grundannahmen verbindet (vgl. Wolter 2000: 106f.). Spivak kritisiert z.B. die eurozentrischen Leerstellen des Marxismus, der in der Werttheorie die unbezahlte Arbeitskraft der Frauen des Südens ausblende (vgl. Castro Varela/Dhawan 2005: 63). Sie arbeitet mit dem von Derrida entwickelten Verfahren der Dekonstruktion, um essentialisierende und universalisierende Zuschreibungen zu unterlaufen. Dabei kritisiert sie u.a. den weißen Feminismus und die Ausblendungen und Rassismen der Einheitskategorie ‚Frau'. Trotz dieser Kritik setzt sie sich für einen ‚strategischen Essentialismus' ein, der eine Identitätspolitik in Form befristeter politischer Bündnisse zulässt (vgl. Dietze 2005: 311f.).[19] Einige Aspekte Spivaks werden im folgenden Abschnitt zu einer feministischen Lesart postkolonialer Kritik weiter vertieft.

19 Kritik erntet Spivak vor allem für ihre schwer verständliche Sprache, die gesellschaftliche Ausschlüsse über eine elitäre Schreibweise reproduziere. Viel Widerspruch hat ihr Aufsatz „Can the Subaltern speak?" von 1988 hervorgerufen, in dem sie danach fragt, ob Subalterne für sich selbst sprechen könnten oder darauf angewiesen seien, dass für sie gesprochen werde. Spivaks provokatives Verneinen der ersten Frage rief massive Kritik und Missverständnisse hervor. Spivaks Absicht war es, darauf hinzuweisen, dass hegemoniale Repräsentationsstrukturen Subalternen die Stimme nehmen (vgl. Gutiérrez Rodríguez 2003: 25ff.).

Feministische postkoloniale Theorien

Postkoloniale Theoretikerinnen kritisieren die häufig androzentrische Ausrichtung postkolonialer Theorien. Der weiße Mann bleibe das dominante Subjekt und die weiße Frau im kolonialen Gefüge unsichtbar. Theoretikerinnen wie z.B. G.C. Spivak (1993) oder C.T. Mohanty (1991) untersuchen das Verhältnis und die Verschränkung unterschiedlicher Strukturkategorien wie Geschlecht und ‚Rasse' in einem gesellschaftlichen Machtgefüge. Sie betonen die Widersprüchlichkeit von Erfahrungen und betrachten Unterdrückungsmechanismen als miteinander verschränkt. Die jeweiligen Strukturkategorien sind in ein komplexes Herrschafts- und Machtverhältnis eingebettet und bringen vielfältige gesellschaftliche Bedeutungszuschreibungen hervor. Die Kategorien sind deshalb nicht kohärent und ahistorisch, sondern sozialen Bedeutungsverschiebungen unterworfen. Die feministische Kritik erweitert die postkoloniale Analyse des widersprüchlichen Verhältnisses von kolonialem, westlichen Selbst und seinen Anderen um geschlechtlich vermittelte Herrschaftsverhältnisse (vgl. McClintock 1995). Zentral bei Spivak ist das vergeschlechtlichte subalterne Subjekt[20], das einerseits eine koloniale bzw. imperiale ökonomische Ausbeutung und andererseits eine patriarchale erlebt (vgl. Castro Varela/Dhawan 2005: 58ff.).

Insbesondere feministische postkoloniale Theorien beschäftigen sich mit der Festschreibung von Minoritäten auf ihren Minderheitenstatus bzw. auf einzelne Strukturkategorien wie Ethnie oder Geschlecht. Ihr Ausgangspunkt ist die Kritik am weißen, bürgerlichen Feminismus, der patriarchale Strukturen als das zentrale Unterdrückungsinstrument gegen Frauen ansah bzw. z.T. immer noch ansieht. Diese Patriarchatskritik provozierte in den USA seit Ende der 1980er Jahre eine massive Kritik seitens Schwarzer Frauen, *Women of Color,* Migrantinnen und lesbischer Frauen, die sich von diesem Feminismus nicht repräsentiert sahen.

20 Das Konzept der Subalternen beschreibt eine heterogene Subjektposition, bei der es sich nicht nur um eine marginalisierte Position handelt. Es berücksichtigt die unterschiedliche gesellschaftliche Positionierung innerhalb prä- und postkolonialer Strukturen (vgl. Castro Varela/Dhawan 2005: 67). Die *South Asian Subaltern Studies Group*, eine Gruppe indischer HistoriographInnen untersuchen im Anschluss an Antonio Gramscis Gefängnishefte (1929-35) und dessen Hegemoniebegriff Perspektiven des Widerstandes der Subalternen. Subalterne sind bei Gramsci diejenigen, die politisch unorganisiert sind, keiner politisch hegemonialen Klasse angehören, über kein Klassenbewusstsein verfügen und deshalb aus der klassischen marxistischen Sichtweise herausfallen. Erst die Anerkennung der Subalternen als potenzielle revolutionäre Kraft und ihre Einbeziehung in politische Prozesse könnten ihm zufolge hegemoniale Unterdrückungssysteme stürzen.

Sie kritisierten seine rassistische und heterosexistische Grundtendenz und betrachteten ihn als Interessensvertretung der weißen westlichen Mittelschichtsfrau. „As Third World women we clearly have a different relationship to racism than white women, but all of us are born into an environment where racism exists. Racism affects all of our lives, but it is only white women who can ‚afford' to remain oblivious to these effects. The rest of us have had it breathing or bleeding down our necks." (Anzaldúa/Moraga 1983: 23) Das Frauenbild, das die weiße Frauenbewegung geschaffen hatte, wurde als ethnozentristisch und ahistorisch abgelehnt. Ignorant gegenüber anderen Strukturmerkmalen wie z.B. Klasse, ‚Rasse'/Ethnie oder Religion wurde diese universalistische Tendenz als ein Versuch gesehen,

> „nicht-westliche Kulturen zu kolonisieren und zu vereinnahmen, indem ausgesprochen westliche Konzepte von Unterdrückung vertreten wurden. Diese Konzepte tendierten gleichzeitig dazu, eine ‚Dritte Welt' oder einen ‚Orient' zu konstruieren, wobei Geschlechter-Unterdrückung subtil als symptomatisch für eine essentielle nicht-westliche Barbarei erklärt wurde." (Müller 1998: 44)

Die westliche weiße Sicht auf die Schwarze ‚Schwester' als Opfer der Verhältnisse wurde als paternalistisch zurückgewiesen, da die gesellschaftliche Diskriminierung dadurch wiederholt würde, dass Frauen sich zuerst als Frauen, und dann erst als individualisierte Subjekte begriffen. Die Konstruktion dieses gynozentrischen und ethnozentrischen Frauenbildes wurde als Ausdruck der Definitionsmacht weißer Frauen betrachtet. In dem Repräsentationsmodell der feministischen Politik und in der Kategorie ‚Frau' sind demzufolge Macht- und Ausschlussmechanismen wirksam, die eine Fortsetzung kolonialer bzw. rassistischer und heterosexistischer Diskurse bedeuten.[21]

Die Antirassismusdebatten und feministische postkoloniale Theorien stellten die bisherige Repräsentationspolitik bzw. die Kategorie ‚Frau' als vermeintlich gemeinsamen Erfahrungshintergrund und gemeinsame Identität in Frage.

21 Die Infragestellung von Repräsentation als direktes Abbildungsverhältnis entwickelte sich u. a. aus der Zeichentheorie. Dort wird die Vorstellung negiert, Sprache bilde Wirklichkeit ab oder repräsentiere eine dem Zeichensystem vorgängige Natur. In der politischen Auseinandersetzung bedeutet Repräsentationskritik, dass mittels der Bezeichnungspraxen fixe, natürlich scheinende Zuschreibungen und Kategorien entstehen, welche vereinheitlicht und abgeschlossen werden und damit Ausschlussmechanismen reproduzieren.

Postkoloniale Perspektiven für den deutschen Kontext

Postkoloniale Theorien wurden im deutschsprachigen Kontext zunächst von der neuen Literaturwissenschaft, der Rassismus- und der Genderforschung aufgegriffen (vgl. Wolter 2000: 92). Die Rezeption postkolonialer Theorien im akademischen Rahmen blendet den deutschen Kontext mit seiner Kolonialgeschichte und seinem Rassismus jedoch häufig aus. „Postkoloniale Theorien zu thematisieren bedeutet heute, auch immer über Rassismus zu sprechen. [...] Dieser Aspekt ist in der deutschsprachigen Rezeption unterbelichtet geblieben". (Gutiérrez Rodríguez 2000) Der Fokus auf Prozesse der Globalisierung und auf eine vermeintliche Hybridisierung als Folge globaler Austauschprozesse führt zu einer Romantisierung von ‚Differenzen' und der Glorifizierung einer Kreolisierung als *Lifestyle*. So reduzieren Elisabeth Bronfen und Benjamin Marius (1997: 8) das Untersuchungsfeld postkolonialer Theorien in Deutschland auf „die Effekte der Massenmigration von Menschen und der globalen Zirkulation von Zeichen, Waren und Informationen". Die politisch-kritischen Impulse postkolonialer Ansätze bleiben dabei jedoch außen vor.

Nur wenige setzen sich mit der Kolonialgeschichte Deutschlands auseinander und verorten sich innerhalb einer antirassistischen Praxis (vgl. Steyerl/Gutiérrez Rodríguez 2003). Insbesondere Schwarze deutsche Feministinnen begannen Mitte der 1980er Jahre, aktuelle Rassismen und Stereotype von Schwarzen (Frauen) in den Kontext der kolonialen Vergangenheit Deutschlands zu stellen und damit eine postkoloniale Perspektive zu eröffnen (vgl. Oguntoye et al. 1986). Einige Schwarze und migrantische feministische Theoretikerinnen übernahmen Impulse postkolonialer Theorien, um sich mit Migration und Rassismus in der zeitgenössischen deutschen Gesellschaft auseinander zu setzen (vgl. Gutiérrez Rodríguez 1999; Gelbin et al. 1999). Auch die Arbeiten angloamerikanischer AutorInnen mit postkolonialer Ausrichtung (Friedrichsmeyer et al. 1998; Zantop 1999; Stoler/Cooper 1997a) analysierten den verdrängten deutschen Kolonialismus als wirkungsmächtig. „Für die deutsche Geschichte war erst aus dem internationalen und interdisziplinären Vergleich die Einsicht zu gewinnen, daß sich die Phänomene kolonialer Kultur keineswegs auf die vermeintlich kurze und folgenlose Episode der politischen Kolonialmacht des Deutschen Reiches beschränkten." (Honold/Simons 2002a: 10)

Die Rezeption postkolonialer Theorien in Deutschland hat nach und nach dazu beigetragen, die Geschichte und Spuren des Kolonialismus sichtbar zu machen. Inwieweit postkoloniale Theorien auf den deutschen Kontext übertragen werden können, bleibt jedoch umstritten.

Hito Steyerl weist auf die Problematik der komplexen Geschichte der deutschen Gesellschaft hin, die postkolonial, postnationalsozialistisch und postsozialistisch geprägt ist.

> „In diesem Palimpsest überblenden sich Geschichten, laden sich auf, hallen ineinander wider und löschen sich gegenseitig aus. Gleichzeitig verweist dieses komplizierte, großteils aus Leerstellen bestehende Konstrukt jeweils auf mehrere Schichtungen von Geschichten, die zwar in verschiedenen Konstellationen der Macht produziert wurden, aber dennoch auf jeweils mehr als auf sich selbst verweisen." (Steyerl 2003: 39)

Steyerl beschreibt verschiedene Formen biopolitischer Paradigmen, die rassistisch, antisemitisch und eugenisch geprägt waren und die Gesellschaft hierarchisierten. Diese weisen Verbindungslinien und Kontinuitäten, aber auch Brüche und Diskontinuitäten auf. Das Konzept der Bio-Macht reicht allerdings m.E. nicht aus, um das komplexe Verhältnis unterschiedlicher rassifizierender Praxen und Herrschaftsverhältnisse zu fassen.

Mit einer vergleichenden oder postkolonial inspirierten Analyse des Nationalsozialismus, der in der Kolonialismusforschung oft als logische Konsequenz des vermeintlichen Sonderwegs der kolonialen Herrschaft des Deutschen Reiches gilt, besteht die Gefahr der Relativierung der nationalsozialistischen Verbrechen.[22] So sieht Mark Terkessidis (1998: 178) die antisemitische Vernichtungspraxis in den nationalsozialistischen Konzentrationslagern als extreme Fortsetzung des deutschen Kolonialrassismus.[23] Udo Wolter (2000: 93) hingegen besteht auf einer Unterscheidung der kolonialen Praxis vom antisemitischen Vernichtungswahn. Dennoch plädiert auch er dafür, die Verbindungslinien vom deutschen Kolonialrassismus zum Antisemitismus offen zu legen und ihre Folgen für die aktuelle Gesellschaftsformation zu untersuchen. Eine Gefahr sieht er darin, die faschistische Vernichtungspolitik in eine „allgemeine Geschichte der Gewalt und des Ausschlusses des ‚Anderen'" (Wolter 2000: 94) einzubetten und damit in ihrer Einzigartigkeit auszublenden.

---

22 Diese Debatte werde ich in der Auseinandersetzung mit der kolonialen Rassenpolitik des Deutschen Reichs aufgreifen.

23 Er bezieht sich auf die Verwertung der Arbeitskraft, die in den Kolonien in eine „Vernichtung durch Arbeit" mündete und sieht das nationalsozialistische Konzentrationslager als Fortsetzung dieser Entpersönlichung (Terkessidis 1998: 178).

Der ausschließlich positive Bezug auf antikoloniale Proteste und Bewegungen erweist sich als problematisch, da diese z. T. reaktionär waren, mit den Nationalsozialisten kollaborierten und radikal antisemitische Positionen vertraten (vgl. Steyerl 2003: 48). Auch Wolter (2004) warnt vor einer Rückkehr zu vereinfachenden antiimperialistischen Thesen, die sich in postkolonialen Theorien trotz ihrer Kritik an den binären Zuschreibungen durch die Hintertür wieder einzuschleichen drohen. Einige postkoloniale Ansätze beruhen zudem auf einer verkürzten Kapitalismuskritik und reproduzieren damit antiamerikanische und antisemitische Stereotype.[24]

Trotz dieser berechtigten Kritik erachte ich eine postkoloniale Perspektive für den deutschen Kontext als unerlässlich, um rassistische Strukturen und rassifizierende Praxen in Deutschland historisieren und kritisieren zu können. Auf den Punkt bringt dies Diedrich Diederichsen (1996: 101f.), der eine Auseinandersetzung mit postkolonialen Theorien wegen des „deutschen Erschauderns vor dem Fremden" fordert, das „nie auch nur aus der Ferne von einem dekolonialisierenden Gedanken angeweht" wurde. Eine postkoloniale Perspektive eröffnet den Blick auf bislang unberücksichtigte wechselseitige Korrespondenzen. Denn darin geht es nicht nur darum, den Zustand der Kolonisierten zu betrachten, sondern vor allem auch den Zustand derjenigen, die zur Kolonisierung beigetragen haben (vgl. Gutiérrez Rodríguez 2000). Postkoloniale Ansätze sind daher auch eine Art Spurensuche nach Effekten und Hinterlassenschaften der kolonialen Geschichte, die das gesellschaftliche Bewusstsein durchziehen. Das Vermächtnis der Vergangenheit ist in das gesellschaftliche Gedächtnis der Gegenwart eingeschrieben. Diese Vergangenheit sichtbar zu machen, ist eine Voraussetzung, um in der Gegenwart intervenieren zu können. Die von postkolonialen Theorien vollzogene Veränderung der Blickrichtung wird ebenfalls von den *Critical Whiteness Studies* vollzogen.

24 Wolter bezieht sich vor allem auf Interpretationen fast aller dem postkolonialen Spektrum zugeordneten TheoretikerInnen im Anschluss an die Anschläge des 11. September 2001 wie Said, Spivak, Shohat oder Gilroy. Auch die von ihnen formulierte Globalisierungskritik greift auf vereinfachende binäre Zuschreibungen zurück.

Critical Whiteness Studies

Poststrukturalistische, dekonstruktivistische und postkoloniale Ansätze, *Queer Theories* sowie *Disability-Studies* haben bereits die undefinierte gesellschaftliche Norm, also die privilegierten Machtzentren, in den Fokus gerückt. Auch *Critical Whiteness Studies* drehen die Blickrichtung vorherrschender Rassismus-Analysen um, indem gerade die Herstellungsmechanismen der scheinbar unsichtbaren, unmarkierten Norm – die des weißen Kollektivs – untersucht werden, um die Produktion von rassistischen Strukturen und Praxen im Alltagshandeln aufzuspüren und dagegen zu intervenieren.[25] Weiße als die Subjekte des Rassismus sind demnach ebenso rassifiziert wie die rassifizierten Objekte: Auch Weiß-Sein ist eine Konstruktion, die eine rassifizierte, partikulare Position herstellt, die als Norm erscheint. Bel hooks (1994: 19) zeigt auf, wie sich der Rassismus auf Schwarze auswirkt, „wie die weiße Vorherrschaft auf unsere kollektive Psyche wirkt, wie sie unseren Alltag gestaltet und bestimmt, wie wir essen, träumen und einander ansehen". Für Weiße bleibt ihr Weiß-Sein – und die daran gebundenen Privilegien – jedoch meist unsichtbar. Es wird somit als neutrale Norm gesetzt: Weiße sind *unmarked marker* (vgl. Dyer 1997: 3f).

Im angloamerikanischen Raum, insbesondere in den USA, haben sich die *Critical Whiteness Studies* seit den 1990er Jahren u.a. aus den *Black Studies* und den *Cultural Studies* heraus entwickelt. Anfänge der Analyse von Weißsein finden sich u.a. bei dem Sozialwissenschaftler, Journalisten und führenden Vertreter der Schwarzen Bürgerrechtsbewegung W.E.B. Du Bois (1868-1963), der bereits in der ersten Hälfte des 20. Jahrhunderts die Herstellungsmechanismen von *Whiteness* in den USA untersuchte. Zudem problematisierten viele Schwarze TheoretikerInnen in ihren Publikationen die Konstruktion von *Whiteness* und zeig-

25 Rassismus begreife ich mit Stuart Hall (1994) als ideologischen Diskurs. Seit den 1980er Jahren hat sich ein Theorieansatz entwickelt, der Ideologietheorie und Diskursanalyse miteinander verbindet. Insbesondere poststrukturalistische Ansätze haben die Diversität von Ungleichheitsverhältnissen sowie deren Verschränkung verdeutlicht (vgl. Weiß 2001: 35ff.; Morgenstern 2002: 9). Neben der Naturalisierung und Hierarchisierung vermeintlicher ‚Rassen', Ethnien oder Kulturen ist für die Definition von Rassismus als Konstruktion wie auch immer begründeter Gruppen die Frage der (weißen) Definitionsmacht entscheidend. Mittlerweile wird in der Rassismusforschung bzw. -theorie von einem „Rassismus ohne Rassen" gesprochen, da kulturalistische Zuschreibungen biologistische abgelöst haben (vgl. Balibar 1990a). Allerdings basieren angebliche kulturelle oder ethnische Differenzen oftmals auf denselben Vorstellungen wie die vormals biologischen Rassenkonstruktionen, weshalb sie sich oft überschneiden bzw. decken.

ten den Zusammenhang mit der langen Geschichte und den Erfahrungen Schwarzer mit Sklaverei, Ausbeutung, Rassismus und Ausgrenzung auf.[26] Als zentral für die Entwicklung der *Critical Whiteness Studies* gelten auch die *Slave Narratives*, in denen Schwarze ihr Wissen über Weiße austauschten, um Alltags- und Überlebensstrategien zu entwickeln (vgl. hooks 1994: 204).

Toni Morrison forderte 1992 in ihrer Auseinandersetzung mit klassischer US-amerikanischer Literatur einen Perspektiv- und Blickwechsel in der Erforschung des Rassismus. „My project is an effort to avert the critical gaze from the racial object to the racial subject; from the described and imagined to the describers and imaginers; from the serving to the served." (Morrison 1992: 90) Morrison will *Whiteness* als unsichtbare Norm innerhalb einer rassistischen Gesellschaftsstruktur sichtbar machen und die Auswirkungen des Rassismus auf diejenigen untersuchen, die ihn perpetuieren.

In diesem Sinne entstanden seit Anfang der 1990er Jahre vor allem in den angloamerikanischen Geschichtswissenschaften, der Soziologie, den Kulturwissenschaften, den Erziehungswissenschaften, den *Gender Studies* sowie den Literaturwissenschaften Arbeiten, die die Formierung von *Whiteness* auf unterschiedlichen Analyseebenen untersuchen (vgl. Frankenberg 1999: 2ff.). Die Forschung zur Herstellung von Weiß-Sein ist auch Gegenstand vieler postkolonialer Theorien (vgl. Hacker 2005: 18). Viele Studien über *Whiteness* wurden im Kontext feministischer Theoriebildung oder der *Gay and Lesbian Studies* bzw. *Queer Studies* entwickelt (vgl. Jungwirth 2004: 78; Dyer 1997; Frankenberg 1993: 1997). Sie verdeutlichen, dass die Konstruktionen von Geschlecht auch über Rassifizierungsprozesse erfolgen.

Durch die Rassismusvorwürfe an die weiße Frauenbewegung wurden in den feministischen Rassismusdebatten vermehrt Auseinandersetzungen über die weiße Verstrickung in rassistische Gesellschaftsverhältnisse, über Privilegien und eigene Rassismen geführt (vgl. Rich 1979; McIntosh 1997). *Whiteness* hat sich dabei als eine historisch gewachsene, veränderbare relationale Konstruktion[27] erwiesen, die von anderen Strukturkategorien wie Klasse und Geschlecht durchzogen ist, sodass von *Whitenesses* gesprochen wird (vgl. Dyer 1997: 19; Doane 2003: 18). *Whiteness* ist nicht objektiv vorgegeben, sondern wird durch unterschiedliche Praktiken hervorgebracht.

26 Zur Vorgeschichte der *Critical Whiteness Studies* vgl. Hacker (2005: 20f.) sowie hooks (1994: 19ff.).

27 Relational bedeutet, dass sie nur in Abgrenzung von einem konstitutiven Außen Gestalt annimmt, also in Relation zu anderen Achsen der Macht und in Abhängigkeit von Zeit und Raum (vgl. Wollrad 2005: 127).

Historische Studien arbeiten heraus, wie sich *Whiteness* in den USA im Zusammenhang mit der Konstruktion einer US-amerikanischen Identität entwickelte. Die US-amerikanische Identität wurde durch die rechtliche Gleichsetzung von ‚weiß' und ‚für die Staatsbürgerschaft geeignet' als weiß imaginiert (vgl. Barrett/Roediger 2005: 15; Jacobson 1998: 22ff.). Die Studien belegen, dass es sich bei der weißen ‚Rasse' um eine soziale Konstruktion handelt, die durch soziale Kämpfe hergestellt und reproduziert wurde (vgl. Allen 1998; Jacobson 1998; Ignatiev 1995; Roediger 1991: 181). Die unterschiedlichen europäischen ImmigrantInnen galten nicht von vornherein als Weiße, sondern mussten diesen Status erst erlangen. „Even at the end of the nineteenth century, whiteness was not necessarily linked with Europeans or even with race." (Teo 2003: 287) Im Prozess des Weiß-Werdens der irischen EinwanderInnen forderten irische Hafenarbeiter im 19. Jahrhundert, nur mit Weißen zu arbeiten und wollten daher deutschstämmige Arbeiter ausschließen. Erst im Zuge gewaltvoller Auseinandersetzungen und Ausgrenzungsprozesse etablierten sich die EinwanderInnen als Weiße, vor allem durch Gewalt gegen Schwarze und die indigene Bevölkerung Amerikas. Juden galten in den USA partiell als Weiße (vgl. Sacks 1999), während sie in Rassentheorien als Schwarz imaginiert wurden (vgl. Jacobson 1998: 171ff.; Gilman 1992: 284). *Whiteness* stellt sich in diesen Kämpfen als instabil und brüchig dar, als etwas, das immer wieder neu hergestellt werden muss. *Whiteness* war und ist ein politischer, ökonomischer und sozialer Prozess der Kategorisierung.

> „Whiteness […] is fundamentally unstable, not tied in any logical or visible way to race, ethnicity, or even skin color. The fantasy of whiteness was hegemonic precisely because, to a certain extend, whiteness was a quality that could be accumulated, depending on social attributes and cultural capital." (Teo 2003: 287)

Im Kapitel zur Entstehung des Rassismus wird deutlich, wie die Vorstellung verschiedener Hautfarben entstanden ist und wie diese innerhalb historischer und sozialer Zuschreibungsprozesse hierarchisiert wurden. Die binäre Opposition zwischen Schwarz und Weiß entstand jedoch nicht erst durch die seit dem 18. Jahrhundert entstehenden Rassentheorien, sondern hat eine lange Tradition im Christentum (vgl. Dyer 1997: 16ff.; Wollrad 2005: 19) sowie im mittelalterlichen Komplexions-Modell, einer Säftelehre des Körpers in der abendländischern Medizin zwischen dem 13. und 15 Jahrhundert. Die Vorstellungen von Weiß-Sein sind demnach im historischen Kontext verortet und wandelbar. Danach lässt sich Weiß-Sein definieren als

„ein System rassistischer Hegemonie, eine Position strukturell verankerter Privilegien, einen Modus von Erfahrung, eine spezifische und wandelbare Identität, die zugesprochen, erkämpft und verloren werden kann. Schließlich ist Weißsein nicht nur Bestandteil von Rassifizierungsprozessen, sondern gleichzeitig Initiator und Motor dieser Prozesse." (Wollrad 2005: 21)

Kritisiert wird an den *Critical Whiteness Studies*, dass mit der Thematisierung von Weiß-Sein, d.h. mit dem Bezug auf ein rassistisches Herrschaftssystem, das auf der Zuschreibung und der Hierarchisierung von Hautfarben basiert, diese Klassifizierung reproduziert und festgeschrieben werden könnte (vgl. Frankenberg 1999: 1). Zudem besteht die Gefahr, die Definitionsmacht der mit symbolischer Macht ausgestatteten Position zu reproduzieren.

„Anders als bei sozialen Bewegungen, wo die Umkehrung der Bedeutungen von Bezeichnungen wie ‚Frauen', ‚Schwule', Lesben', ‚Schwarze' eine ermächtigende Wirkung hat, erfordert eine kritische Auseinandersetzung mit ‚whiteness' oder ‚Weiß-Sein', dass die Macht einer derart bezeichneten sozialen Position *gegen sie gewendet* wird: dass sie unterminiert statt gestärkt wird." (Jungwirth 2004: 78)

Insofern erfordert die Beschäftigung von Weißen mit *Whiteness* eine kritische (Selbst-)Positionierung innerhalb eines rassistischen Diskurses.

Critical Whiteness Studies in Deutschland

Wollrad (2005: 48f.) konstatiert für die Auseinandersetzung mit Weiß-Sein in Deutschland das Fehlen von *Black Studies* und postkolonialen Theorien als Referenzrahmen, weshalb die Gefahr einer Perpetuierung und Resignifizierung von Weiß-Sein größer sei als in den USA und Großbritannien. Diese Leerstellen finden sich auch in der bundesdeutschen Rassismusforschung. Der in Deutschland immer noch vorherrschende Blick auf die Konstruktion von Fremdheit und damit des Anderen schreibt Fremdheit fort und lässt die Subjekte des Rassismus unmarkiert. Dieser Fokus auf das Andere bedeutet zugleich eine politische Positionierung, die das Andere als das ‚Problem' und different und die weiße Mehrheitsgesellschaft als die Norm darstellt. Dies zeigt Encarnación Gutiérrez Rodríguez (1999: 26ff.) anhand der Rassismusforschung, der Migrationsfoschung und den Erziehungswissenschaften auf.[28] Erst Ende der 1980er, Anfang der 1990er Jahre erhielt Rassismus als Analysekategorie überhaupt Einzug in die deutsche Forschung. Der Rassismusbegriff wurde dabei lange ausschließlich im Zusammenhang mit Antisemitismus und der Shoah diskutiert. Aus dem Blick geriet, dass Rassismus ein strukturierendes Merkmal der europäischen resp. deutschen (Kolonial-)Geschichte ist. Der Begriff ‚Rassismus' galt als von der nationalsozialistischen Rassenpolitik besetzt und wurde, um ihn nicht inflationär und verharmlosend zu benutzen, für die aktuelle politische Situation in Deutschland durch die Begriffe ‚Ausländerfeindlichkeit' oder ‚Fremdenfeindlichkeit' ersetzt (vgl. Gutiérrez Rodríguez 1999: 31; Tißberger 2004). Nach wie vor hält sich der Glaube im öffentlichen Bewusstsein, aufgrund der vermeintlich fehlenden Kolonialgeschichte und der nur unwesentlichen Präsenz Schwarzer bzw. postkolonialer Migration in Deutschland sei das Phänomen Rassismus wenig relevant.[29] Zudem – so der Tenor der öffentlichen Debatte über Rassismus in Deutschland – existierten ‚Rassen' und Rassismus unabhängig voneinander und Rassismus sei eine quasi-natürliche Erscheinung, die es schon immer gegeben habe und die mit zunehmender Zivilisiertheit und Aufgeklärtheit moderner Gesellschaften abnehme (vgl. El-Tayeb 2001: 7f.). Die konstatierte ‚Fremdenfeindlichkeit' vor allem bei Neonazis und Rechten blendet zudem den Rassismus der Mehrheitsgesellschaft und dessen Historizität aus. Aus vielerlei Hinsicht gestaltet sich diese Perspektive als problematisch. Innerhalb der Rassismusforschung wird zunehmend die Verstrickung der gesamten deutschen Gesellschaft in den rassistischen Diskurs untersucht (vgl. Arndt 2001a: 22). Auch wird nach dem Beitrag deutscher PhilosophInnen und ForscherInnen zur Konstruktion von ‚Rassen' und ihrer Hierarchisierung gefragt (vgl. z.B. Hentges 1999). Dennoch bleiben die weißen Subjekte des Rassismus oft ungenannt. „In gängigen Rassismusdefinitionen ist diffus von Ideologien, Zuschreibungen und Diskriminierungen die Rede [...], ohne dass benannt wird, *wer* zuschreibt, diskriminiert und Vorherrschaft will. Auf diese Weise behält Weißsein seinen aparadigmatischen Status und bleibt über ein völkisch repräsentiertes Deutschsein kodifiziert." (Wollrad 2005: 50) Ein Perspektivenwechsel für die deutsche Rassismusforschung

28 Gutiérrez Rodríguez (1999: 29) konstatiert erst in den 1990er Jahren einen Paradigmenwechsel mit der Etablierung der Interkulturellen Frauenforschung, die die widersprüchlichen und vielfältigen Lebensrealitäten eingewanderter Frauen in den Blick nimmt und den Paternalismus vorherrschender Deutungsmuster kritisiert, in denen Migrantinnen als defizitäre Andere Frauen objektiviert wurden.

29 Zur historischen und aktuellen Präsenz Schwarzer in Deutschland vgl. Ayim (2001).

scheint überfällig. Der Transfer der *Critical Whiteness Studies* auf den deutschen Kontext ist jedoch umstritten.

Insbesondere der Schwarz-Weiß-Dualismus, der den *Critical Whiteness Studies* zugrunde liegt, wird als problematisch bezeichnet, da sich die gesellschaftlichen Verhältnisse Deutschlands grundlegend von denen der USA oder Großbritannien unterscheiden. Gabriele Dietze zeigt auf, dass sich die Entstehungsgeschichten des Rassismus in den USA und in Europa unterscheiden: Während Rassismus in den USA auf dem Erbe der Sklaverei und der damit verbundenen weißen Suprematie beruht, die die befreiten Sklaven auf dem gleichen Territorium in einer gesellschaftlich untergeordneten Position halten sollte, also nach ‚Hautfarbe' unterscheidet, bildete sich in Europa durch den Kolonialismus eher das Prinzip des Territoriums heraus. Die dadurch hergestellte vermeintliche zivilisatorische Überlegenheit erneuert sich nach Dietze über die postkoloniale Migration von ‚Fremden', die sich in Deutschland nicht direkt an die wenig präsente Kolonialherrschaft anschließt. Hierbei sind jedoch „weder ‚Farbe' noch Territorium wörtlich zu verstehen [...], sondern als ideologische Großformationen kultureller und zivilisatorischer Überlegenheits-Phantasmen". (Dietze 2006: 221) Griffin und Braidotti (2002: 226f.) kritisieren in ihrer Auseinandersetzung mit der Übertragung von *Critical Whiteness Studies* auf den europäischen Kontext, die Schwarz-Weiß-Dichotomie verhindere und verlagere die Auseinandersetzung mit Eugenik, Antisemitismus, dem Holocaust und dem gegenwärtigen Rassismus. Außerdem wird die mangelnde Präsenz Schwarzer aufgeführt; die Einwandererstruktur sei u.a. durch die türkischen MigrantInnen anders. Zudem seien Konzepte wie ‚Nation' für die BRD relevanter.

Walgenbach (2005a: 377) wendet dagegen ein, *Critical Whiteness Studies* ließen sich „nicht auf einen Schwarz-Weiß-Binarismus reduzieren, denn es gehe ihnen um Dominanz und nicht um rassifizierte Merkmale wie ‚Hautfarbe'. Dies impliziert, dass sich *Critical Whiteness Studies* nicht auf sozial konstruierte Schwarz-Weiß-Relationen reduzieren müssen, sondern weitere Relationen in den Blick nehmen können". Das Potenzial des Ansatzes liege in dem Perspektivwechsel, der die Herstellungsmechanismen der weißen Mehrheitsgesellschaft in den Blick nimmt. Zudem beinhaltet das Konzept der Nation ebenso rassifizierte Zuschreibungen, wie im anschließenden Kapitel zur Nationsgründung deutlich wird.

Die Annahme, die Differenz zwischen ‚Inländer' und ‚Ausländer' sei relevanter für den deutschen Kontext (Stichwort ‚Ausländerfeindlichkeit'), blendet aus, dass sich Rassismus nicht grundsätzlich gegen Menschen anderer Staatsbürgerschaft richtet, sondern gegen Menschen, die nach rassistischen Kriterien als Andere definiert werden: weniger gegen weiße EU-BürgerInnen oder weiße SüdafrikanerInnen, sondern z.B. gegen Schwarze Deutsche, die nach dem deutschen Selbstverständnis als weiße Nation noch immer nicht denkbar sind und meist als ‚Ausländer' angesehen werden. Die deutsche Gesellschaft gilt immer noch als weiß und Deutschland nach wie vor als ein Nichteinwanderungsland (vgl. Ha 2003). Diese Grundannahmen basieren auf rassistischen Ausschlüssen, die in den Konzepten von nationaler Identität, Staatsbürgerschaft und im Verständnis der Nation verankert sind. Die Perspektive der *Critical Whiteness Studies* lenkt den Blick auf den Prozess der Herstellung eines weißen Nationenprinzips.

In den letzten Jahren entstanden Arbeiten zur historischen Dimension von Weiß-Sein in der Philosophie, in Rassentheorien und in der Geschichte.[30] Die ersten Adaptionen der *Critical Whiteness Studies* für den deutschen Kontext entstanden oft in der Auseinandersetzung mit der Kategorie Geschlecht (vgl. Wachendorfer 2001; Tischleder 2001; Walgenbach 2003, 2004 und 2004a; Tißberger 2004; Dietrich 2005; Wollrad 2005; Dietze 2006). *Whiteness* als Analysekategorie hat mittlerweile zaghaft Eingang in einige Universitäten gefunden.[31]

Schon die Schreibweise und Wortwahl ist umkämpft: Weißsein oder Weiß-Sein, so die Kritik, habe einen essentialistischen Beiklang und erinnere zu sehr an die Rhetorik von Neonazis, die sich positiv auf Weiß-Sein beziehen. Während Walgenbach (2005: 48) daher den Begriff *Whiteness* beibehält, da er vielschichtiger und weniger essentialisierend sei, plädiert Wollrad trotz der ontologisierenden Komponente für das deutsche Wort Weiß-Sein, um die explizit deutsche Dominanzstruktur, den deutschen Rassismus, die deutsche Geschichte und Kultur zu benennen (vgl. Wollrad 2005: 21). Während einige ‚Weiß' – in Anlehnung an ‚Schwarz', dessen Großschreibung sich mittlerweile durchgesetzt hat – groß schreiben, um auf den Konstruktionscharakter hinzuweisen, plädieren die Herausgeberinnen eines Sammelbandes zur Weiß-

30 Zu Weiß-Sein und den historischen Bezügen zum Nationalsozialismus, zum Ariermythos sowie zum Kolonialismus und der Philosophie der Aufklärung vgl. Wachendorfer (2001: 91). Zur Bedeutung der Farbsymbolik in den historischen Anfängen der Rassentheorien vgl. Husmann-Kastein (2003). Zum deutschen weißen Nationskonzept und dessen Vorläufer im NS und Kolonialismus vgl. Walgenbach (2005a). Zum ‚Race'-Begriff Immanuel Kants und zur Aufklärung im Zusammenhang mit der Zentrierung des weißen Subjekts vgl. Piesche (2005). Zur Konstruktion weißer Körper im Kolonialismus vgl. Dietrich (2005). Zu Frauen in der Kolonialbewegung und deren weißer Selbstaffirmation vgl. Walgenbach (2004).

31 Neben der theoretischen Auseinandersetzung wird noch nach Übertragungsmöglichkeiten und Anschlüssen für die pädagogische und antirassistische Praxis gesucht (vgl. Hacker 2005: 16; Wollrad 2005: 40; Aveling 2004; Pech 2006).

seins-Forschung in Deutschland dafür, *weiß* klein und kursiv zu schreiben, „um den Konstruktionscharakter markieren zu können und diese Kategorie ganz bewusst von der Bedeutungsebene des Schwarzen Widerstandspotenzials, das von Schwarzen und People of Color dieser Kategorie eingeschrieben worden ist, abzugrenzen". (Eggers et al. 2005a: 13) Ich schreibe ‚weiß' klein, um es von der Kategorie ‚Schwarz' zu unterscheiden, und benutze weiß in Anlehnung an Lorey (2006: 61, Fn. 1) äquivalent zu männlich oder weiblich und setze es daher auch nicht in Anführungszeichen. Auf den Konstruktionscharakter von weiß und Weiß-Sein habe ich bereits hingewiesen.

Die Thematisierung von Weiß-Sein löst oft Widerstände aus und wird aus unterschiedlichen Gründen zurückgewiesen. Weiß-Sein gehört für die meisten weißen Deutschen nicht zu ihrer Selbstbeschreibung; oft wird diese Kennzeichnung sogar als rassistisch zurückgewiesen. Diese *color-blindness*, sogar aus dezidiert antirassistischer Motivation, beruht, so haben die *Critical Whiteness Studies* herausgearbeitet, auf einer privilegierten Position und der Ausblendung rassistischer Strukturen und ist Teil der Funktionsweise von *Whiteness*, in der die weiße Position als neutral und ‚normal' erscheint. Weiße haben demnach die Wahl, ob sie sich mit Rassismus auseinander setzen oder nicht, während Schwarze permanent mit Schwarz-Sein und Weiß-Sein konfrontiert werden und Rassismus- und Diskriminierungserfahrungen zu ihrem Alltag gehören. Weiß-Sein wird von Weißen in der Regel nicht als gesellschaftliche Position mit bestimmten Zuschreibungen betrachtet. Nur Schwarz-Sein scheint besonders und bedeutungsvoll zu sein.

„Weiß-Sein entleert sich seines Inhaltes, seiner historischen Bedeutungs- und Wirkgeschichte, unterliegt einer ‚soziohistorischen Amnesie', bei der die Ungerechtigkeit in der Beziehung zwischen Weißen und Schwarzen zum Schweigen gebracht wird, und verwandelt sich unter der Hand unbemerkt zu einem unbestimmten, neutralen Referenzort. An und von diesem Ort aus spricht, fühlt und denkt nicht mehr eine Weiße Person, sondern der Mensch schlechthin." (Wachendorfer 2001: 89)

Ziel kritischer Forschung zu Weiß-Sein ist es demnach, die Konstruktionsprozesse von rassifizierten Subjektpositionen, gesellschaftliche Dominanzstrukturen und deren Verschleierung sichtbar zu machen, um sie kritisieren und bekämpfen zu können.

Auch der weiße Feminismus perpetuiert mit der Privilegierung der Kategorie Geschlecht die Vorstellung, dass es gesellschaftliche Bereiche gibt, die nicht rassistisch codiert und markiert sind, sondern nur von der Geschlechterdifferenz – die so als eine weiße gesetzt wird – als elementar zugrunde liegender Struktur geformt sind. Damit schreibt der weiße Feminismus nach wie vor rassistische Prämissen fort: Weiß-Sein bleibt unmarkiert und stellt keine Form rassistischer Differenz dar.[32] Der Körper – als gesellschaftliches Symbol – wird selten im Zusammenhang mit rassifizierenden Praxen gesehen, jedenfalls solang es sich um den weißen Körper handelt.[33] Schwarze Körper werden als sexualisiert und rassifiziert analysiert, während der weiße (weibliche) Körper lediglich als sexualisiert betrachtet wird. Der weiße Körper erscheint dabei farblos: Er bleibt unmarkiert, unangetastet, das definierende Zentrum, eine Leerstelle. So reproduziert die feministische Forschung in der Fokussierung auf die Kategorie Geschlecht die Annahme, weiße Körper seien die Norm, der Andere Körper die Devianz. Wollrad (2004: 192) kritisiert die Ausblendungen der Genderforschung, in der Weiß-Sein als Positionierung diskursiv ausgelöscht wird und die von einem Rassismus ohne handelnde Subjekte ausgeht. „Die Unterschlagung dieser Fabrikation als Produkt der eigenen partikularen und innerhalb der Matrix rassistischer Dominanz privilegierten Position ermöglicht es den Weißen Forschenden [...], sich selbst als objektiv Analysierende und neutral Außenstehende zu platzieren." Zwar hat sich die Einsicht in die ‚Differenzen' unter Frauen und die Verstrickung weißer Frauen in Rassismen mittlerweile durchgesetzt – different sind allerdings immer nur die Anderen. Dass Deutschland, und damit auch weiße deutsche Feministinnen eine Kolonialgeschichte haben, bleibt meist ausgeklammert bzw. wird ignoriert. Die bisherige Unsichtbarkeit von Weiß-Sein für Weiße verschleiert und sichert zugleich Macht und die daran geknüpften Privilegien. „Bei der Beschäftigung mit *whiteness* ergibt sich nicht nur die Schwierigkeit, daß sich der weiße Körper als Norm hartnäckig der Betrachtung und

32 So z.B. in der feministischen Psychoanalyse, die die sexuelle Differenz allem Sprechen als Grammatik zugrundelegt und sie somit als elementarer ansieht als eine rassifizierende Markierung. „Dieses Geltendmachen des Vorrangs der sexuellen Differenz vor der rassischen Differenz hat den psychoanalytisch geprägten Feminismus in weiten Teilen als weißen Feminismus ausgewiesen, denn hier wird nicht nur davon ausgegangen, daß die sexuelle Differenz grundliegender ist, sondern daß es eine ‚sexuelle Differenz' genannte Beziehung gibt, die selbst von der Markierung durch Rasse frei bleibt. Daß das Weiß-Sein von einer solchen Perspektive nicht als eine rassische Kategorie verstanden wird, ist eindeutig; es ist noch eine weitere Macht, die ihren Namen nicht zu nennen braucht. Zu behaupten, die sexuelle Differenz sei grundlegender als die rassische Differenz, bedeutet letzten Endes, davon auszugehen, daß die sexuelle Differenz eine weiße sexuelle Differenz ist und daß das Weiß-Sein keine Form einer rassischen Differenz ist." (Butler 1997: 251)

33 Einen Überblick über aktuelle Forschung zu Körpertheorien gibt die Sammelrezension von Ellerbrock (2004).

somit einem kritischen Diskurs entzieht, sondern daß *whiteness* nur implizit zu existieren scheint, das heißt, daß ihre Qualität nur im Kontrast zu dem in Erscheinung tritt, was sie nicht ist." (Rosenthal 2001: 98)

Auch Toni Morrison verweist auf die zentrale Bedeutung Schwarzer Repräsentation für die Konstruktion weißer Identität. Die koloniale Bilderwelt liegt den Repräsentationen von Weiß-Sein daher immer zugrunde. Dyer (1997: 13f) warnt jedoch davor, das nicht-weiße Subjekt nur in dessen Funktion für das weiße Subjekt zu betrachten. „Yet this emphasis has also worried me, writing from a white position. If I continue to see whiteness only in texts in which there are also non-white people, am I not reproducing the relegation of non-white people to the function of enabling me to understand myself?" In seiner Untersuchung weißer Repräsentationen im Film versucht er, das Andere nicht nur als unbekanntes, „forbidden self" weißer Identität zu Grunde zu legen, denn „it is not the whole story and may reinforce the notion that whiteness is only racial when it is ‚marked' by the presence of the truly raced, that is, non-white subject." (Dyer 1997: 13f) Die Konstruktionen weißer Repräsentationen sind demnach auch ohne Nicht-Weiße möglich. Dennoch bleibt die koloniale Bilderwelt – auch ohne direkte Bezugnahme – in die weiße Identität eingeschrieben. Die kolonialen Spuren in der Geschichte der Frauenbewegung und frauenrechtlerischer Diskurse werde ich in dieser Arbeit herausarbeiten.

Critical Whiteness Studies können einen Beitrag dazu leisten, die „stubborn white identity" (Wildenthal 2003: 151) in Deutschland zu identifizieren und zu unterlaufen. Zusammen mit einer postkolonialen Perspektive verdeutlichen sie, in welchem Maße die Konstruktion nationaler Identität von der Geschichte des Rassismus und Kolonialismus beeinflusst und durchzogen ist und dezentrieren zugleich diese historischen Konstruktionen von Weiß-Sein.

Die vorgestellten Ansätze bilden einen Rahmen, um die deutsche Kolonialgeschichte und die Geschichte der ersten Frauenbewegung zu analysieren und dabei die Konstruktionsprozesse einer weißen, rassifizierten Position zu untersuchen. Postkoloniale Theorien mit ihrer Betonung einer wechselseitigen Konstituierung von Metropole und Kolonie und *Critical Whiteness Studies* mit dem Blick auf das weiße Subjekt des Rassismus eröffnen einen neuen Blick auf die deutsche Geschichte. Sie reduzieren die Analyse kolonialer Erfahrungen nicht länger auf die Konstruktion des Anderen, sondern begreifen die Selbst-Konstituierung des weißen Subjekts als diesem Prozess inhärent.

Im folgenden Kapitel werden diese Erkenntnisse auf den Nationsbildungsprozess angewendet, um im Anschluss das Verhältnis zwischen Nation, Rassismus, Kolonialismus und Geschlecht zu diskutieren.

Die Nation

Postkoloniale Perspektiven auf die Nation

Nach Etienne Balibar ist jede moderne Nation ein Produkt des Kolonialismus. Bereits Frantz Fanon begriff Europa als „literally the creation of the Third World." (zitiert nach Burton 2003a: 1) Während im angloamerikanischen Raum der Zusammenhang zwischen Kolonialismus und europäischer Nationsbildung seit langem diskutiert wird und breit anerkannt ist (vgl. Friedrichsmeyer et al. 1998a), spielt der deutsche Kolonialismus in der deutschen Nationsforschung nur eine marginale Rolle. Die deutsche Nation wird nicht als von seinen Kolonien beeinflusst betrachtet; diese hätten lediglich eine innenpolitische Funktion bzw. Auswirkungen auf außenpolitische Strategien und Konstellationen gehabt.

Von den Geschichtswissenschaften gehen mittlerweile Impulse aus, die Nationalgeschichten nicht mehr ausschließlich im nationalen Rahmen zu analysieren, sondern Nationen als transnationale Gebilde zu begreifen, die sich im Kontext anderer Nationen sowie der kolonialen Expansion Europas herausgebildet haben (vgl. Conrad/Randeria 2002; Conrad/Osterhammel 2004; Budde et al. 2006).[1] Obwohl „die Kolonialherrschaft nationalstaatlich organisiert war, und obwohl die imperiale Aufteilung der Welt im Zeitalter des Imperialismus so etwas wie die Kehrseite der Herausbildung von modernen Nationalstaaten war, [...] war der Kolonialismus ein gemeinsames euro-amerikanisches Projekt mit tief reichenden Wurzeln in der europäischen Moderne". (Eckert/Pe-

---

1 Damit gerät der institutionelle und konzeptionelle Nationalismus und Eurozentrismus der Geschichts- und Sozialwissenschaften in die Kritik. Für den deutschen Kontext steht die Einbettung in die europäische Geschichte noch am Anfang (vgl. Conrad/Randeria 2002a: 12).

sek 2004: 90) Conrad und Osterhammel (2004a: 10f.) zeigen auf, dass seit den 1890er Jahren im Deutschen Reich der Bezug auf andere Kontinente zunahm, die Nation stärker in ‚Welt'-Kategorien beschrieben wurde und die eigene politische Situation zunehmend im Verhältnis zu anderen Nationen und Kontinenten und im Rahmen der Weltpolitik, der Weltmächte und der Weltwirtschaft definiert wurde. Die zunehmende innereuropäische Konkurrenz sowie sozialdarwinistische Deutungsmuster spitzten die Deutung der nationalen Selbstbehauptung im Deutschen Reich auf die Optionen „Weltmacht oder Untergang" (Neitzel 1999) zu, sodass der Besitz von Kolonien zunehmend als Bedingung für das Überleben der Nation gesehen wurde.

Zur transnationalen Geschichtsschreibung trägt auch die Kolonialismusforschung mit postkolonialer Perspektive bei, die die Kolonien nicht mehr nur als Randbereich der Außenpolitik betrachtet, sondern die Wechselwirkungen zwischen Kolonie und Metropole in den Blick nimmt. Postkoloniale Theorien verweisen auf das Koloniale in den Metropolen und liefern damit wichtige Impulse zum Verständnis der Herstellung nationaler Identität. Postkoloniale Theorien und *Cultural Studies* betonen – in Abgrenzung zur Vorstellung von der Nation als homogener Gemeinschaft – die Komplexität und Vielschichtigkeit der nationalen Identität sowie den hybriden Charakter der Nation, in deren Narrationen viele Stimmen und Geschichten ausgeschlossen werden und ungehört bleiben. „Wo immer in der neueren Geschichte ‚Deutschlands' Grenzen auch immer verliefen: Stets waren sie keine abschließenden Barrieren, sondern Grenzzonen, in denen die heute viel diskutierte ‚Hybridität' zum Alltag gehörte: Mehrsprachigkeit, Polykonfessionalität, multiple Loyalitäten und Identitäten." (Conrad/Osterhammel 2004a: 7f.; vgl. Ther 2004: 133)[2] Die Konstruktion von Fremdheit und die Markierung von Differenz spielen im Zuge der Selbst- und Fremddefinition eine zentrale Rolle und sind wesentliches Merkmal bei der Definition kollektiver Identitäten. Nationen sind jedoch kulturell uneindeutig und ambivalent, sodass ihre behauptete Souveränität scheitert, da sie auf ihr Anderes angewiesen bleiben (vgl. Bhabha 1990a und 2000a: 209ff.). Dem inneren und äußeren Anderen kommt eine wichtige Funktion bei der kontinuierlichen Reproduktion der Nation zu. Kulturelle und sprachliche Diversität stellen ein Bedrohungspotenzial für homogen gedachte Nationalkulturen dar.

2 Philipp Ther (2004: 129f.) plädiert dafür, das Deutsche Reich weniger als Nationalstaat, sondern vielmehr als Reich oder Empire zu betrachten („preußisch-deutsches Empire"), da es ein staatliches Gebilde war, das sich über ein weites Gebiet erstreckte und über diverse Minderheiten und größere nicht-‚deutsche' Bevölkerungsgruppen verfügte.

Bevor das Deutsche Reich im Hinblick auf seine Kolonien und die konstitutive Wirkung des deutschen und europäischen Kolonialismus auf den deutschen Nationsbildungsprozess betrachtet wird, stellt das Kapitel zunächst grundsätzliche Erkenntnisse der Nationsforschung dar und zeichnet die Ein- und Ausschlussmechanismen der Nation nach, da sich an diesen Schnittstellen Vorstellungen von der eigenen (nationalen) Identität herausbilden. Dabei wird das Verhältnis von Nation und Rassismus diskutiert, um in den folgenden Kapiteln die Auswirkung der kolonialen Rassenpolitik untersuchen zu können.

Zentral für die Konstruktion der Nation ist auch die Kategorie Geschlecht, deren enges Wechselverhältnis feministische Ansätze verdeutlichen. In diesem Zusammenhang wird die Geschichte der Frauenbewegung im Verhältnis zur Nation beschrieben. Die leitende Frage dabei ist, wie sich das Verhältnis zwischen gesellschaftlichem Aus- und Einschluss von Frauen gestaltete.

Konstruktionen nationaler Identität

Die Nationsforschung hat herausgearbeitet, wie sich Nationen über Inklusions- und Exklusionsmechanismen herstellen.[3] Sie hat sich dabei überwiegend von Vorstellungen einer ‚natürlichen Gemeinschaft' als Basis einer Nation verabschiedet; vielmehr hat sich die Einsicht in den konstruktiven Charakter der Nation durchgesetzt. Die Nation muss diesem Verständnis nach historisch, politisch und sozial hergestellt und durchgesetzt werden, denn „Gruppen und ‚Gemeinschaften' sind ideologische und materielle Konstruktionen, deren Begrenzungen, Strukturen und Normen Ergebnis eines andauernden Prozesses von Auseinandersetzungen und Verhandlungen, oder umfassenderer gesellschaftlicher Entwicklungen sind". (Yuval-Davis 2001: 122) Dieser Prozess wird durch Homogenisierung nach Innen und Abgrenzung nach Außen bzw. gegen sog. innere Feinde der Nation vorangetrieben. Zentral für die Ausformung nationaler Identitäten sind Feindbilder, Krieg und Gewalt; sie

3 In der Nationsforschung ist umstritten, wann die Zeit der Nationenbildung begann – ob die Nation ausschließlich als Phänomen der Moderne betrachtet werden sollte, oder ob sich bereits im Mittelalter nationale bzw. nationalistische Strukturen herausgebildet haben (vgl. Plessner 2001: 19; Engel 1998: 11ff.; Möbius 2003: 29ff.; Langewiesche 1995). Ein modernes Verständnis der Nation setzte sich jedoch erst mit der französischen Revolution durch und veränderte die Vorstellungen von der Gesellschaftsordnung radikal und nachhaltig. Mittelalterliche Auffassungen der Nation sind daher nicht mit denen der modernen Nation nach der französischen Revolution zu vergleichen.

sind ein konstitutives Merkmal der Entstehung von Nationalstaaten und nicht als Degeneration oder Sonderfall des Nationalismus zu betrachten (vgl. Buschmann 2003; Jeismann 1992).[4]

Zur Denaturalisierung der Nation hat der sog. *cultural turn* beigetragen, der sich auch in der Nationsforschung niedergeschlagen hat. Kulturelle Prozesse der Nationsbildung und die diskursive Produktion nationaler Identität stehen inzwischen im Vordergrund (vgl. Planert 2000b: 15). Kultur gilt dabei nicht mehr als statische, homogene Größe, sondern wird in Anschluss an Gramsci und Foucault als dynamischer, veränderlicher und umkämpfter gesellschaftlicher Prozess betrachtet (vgl. Bhabha 2000; Dietrich 2000: 52ff.; Yuval-Davis 2001: 68ff.). Der von Benedict Anderson (1993) geprägte Begriff der *imagined communities*, der vorgestellten Gemeinschaften, ist in diesem Verständnis der Nation zum häufig zitierten Schlagwort geworden.

Ursprungsmythen, die die ‚Nation' historisch begründen und mit einem wesenhaften Charakter ausstatten – einer vorher existenten nationalen Identität oder einem nationalem Wesen, einer konsistenten Geschichte bestimmter ‚Stämme', oder ‚Völker', die als Konsequenz in einem homogenen Nationalstaat münden – werden dabei als Teil des Nationsbildungsprozesses begriffen und zurückgewiesen. Die Homogenität einer nationalen Gemeinschaft oder eines ‚Volkes' ist nichts historisch Vorangestelltes, etwas, was ‚schon immer da gewesen' ist, sondern muss erst hergestellt werden, um die bestehenden regionalen, konfessionellen, sozialen und politischen Spaltungen zu überwinden. Die nationale Gemeinschaft muss auf unterschiedlichen Ebenen zusammengeführt werden, über eine gemeinsame Sprache, Kultur und Geschichte bis hin zu Vorstellungen gemeinsamer Ethnizität bzw. ‚Rasse'. Mittels die-

4 Manche Ansätze in der Nationsforschung, wie z.B. der von Otto Dann (1994), trennen zwischen Nation und Nationalismus, wobei die negativen Seiten, z.B. Ausgrenzungsmechanismen, dem Nationalismus zugeschrieben werden und die positiven Aspekte der Integration und Partizipation bei der Nation verbleiben. Den Nationalsozialismus klammert Dann sogar aus der Geschichte der deutschen Nation aus, da er den NS-Staat nicht als Nationalstaat begreift (vgl. Langewiesche 1995: 195). Doch auch die frühe Nationalbewegung war von Gewalt und Abgrenzung geprägt. Das Bestimmen jeder Gemeinschaft setzt eine Grenzziehung voraus, ein Vorgang, der immer schon die Vorstellung eines Außen in sich birgt. Die vorgebliche ursprüngliche Progressivität des ‚Patriotismus' bzw. Nationalismus Anfang bis Mitte des 19. Jahrhunderts im noch nicht existenten Deutschen Reich wird damit in Frage gestellt. Das historische liberale und aufklärerische Denken beinhaltete von Anfang an Tendenzen der Abgrenzung nach innen (z.B. von JüdInnen) und nach außen (z.B. von Frankreich und Polen).

ser scheinbar naturhaften Fundamente der Gemeinschaft wird der konstruktive Charakter der Nation verschleiert (vgl. Hoffmann 1991: 200).

Der Bezug auf ein ‚Volk' liefert der Nation eine wesentliche Legitimation: das ‚Volk' wird als deckungsgleich mit der Nation konstruiert und so die Nation naturalisiert – sie bekommt eine „fiktive Ethnizität". (Balibar 1990: 118) Die Vorstellung einer gemeinsamen Identität bzw. Ethnizität schafft ein Gefühl der Zugehörigkeit, sodass man „als Individuum *im Namen* des Kollektivs angerufen werden kann, dessen Namen man trägt". (Balibar 1990: 119) Die Zugehörigkeit zu einer ethnischen Gemeinschaft ist jedoch ein Produkt gesellschaftlicher Kämpfe um Partizipation und Ausschluss. Eine nationale Gemeinschaft muss sich in diesem Sinne permanent selbst als Gemeinschaft herstellen und reproduzieren.

Statt einer konsistenten nationalen Erzählung treten zur Erklärung des Phänomens der Nation Entwicklungen der modernen europäischen Geschichte in den Vordergrund der Nationsforschung. Als zentral gelten die ökonomischen, politischen, technischen und sozialen Umbrüche im Übergang zur bürgerlich-kapitalistischen Gesellschaft und der Zerfall alter feudaler Gesellschaftsstrukturen (vgl. Hobsbawm 1989; Gellner 1991) [5]

Die Industrialisierung und Kapitalisierung beförderten die Nationalisierung und die sprachliche und kulturelle Homogenisierung. Die kulturellen Vereinheitlichungsprozesse ermöglichten eine Entwicklung von Verwaltung und Wirtschaft, die wiederum die Produktion intensivierte. Mit der Entwicklung der Produktivkräfte und im Zuge technischer Innovationen bildeten sich neue Möglichkeiten übergreifender Kommunika-

5 Nach Anderson wurde die Nationalisierung durch den Zerfall tradierter gesellschaftlicher Bindungen und Gewissheiten möglich (vgl. auch Hobsbawm 1989: 189). Der Nationalismus ist allerdings nicht durch den Wegfall der Religion entstanden oder hat sie abgelöst (vgl. Anderson 1988: 20). Das Konzept der Nation konnte die Religion und Konfession nicht verdrängen; vielmehr traten Konfessionen in ein positives bzw. negatives Wechselverhältnis mit der Nation. Die deutsche Nation beispielsweise trat als protestantisch-nationale Dominanzkultur auf und grenzte sich vom Katholizismus ab. Erst später nationalisierte sich auch der Katholizismus. Es besteht eine enge Verbindung zwischen und eine wechselseitige Durchdringung von Nationen und Konfessionen. Die Sakralisierung der Nation war von einer Nationalisierung christlicher Glaubensinhalte begleitet (vgl. Langewiesche 1995: 214f.; Haupt/Lange-wiesche 2004). In der Ausgestaltung der Nation stellte die christliche Religion eine reichhaltige Symbolik, Werte, Rituale und Deutungsmuster zur Verfügung, welche der Nation Substanz verliehen. Die Vergöttlichung der Nation und die daran geknüpfte Legitimation von Krieg und Gewalt trug zur hohen Aggressionsbereitschaft des modernen Nationalismus bei (vgl. Haupt/Langewiesche 2001).

tion heraus, die die Vorstellungen einer nationalen Gemeinschaft verstärkten.[6] Moderne Vorstellungen von einem einheitlichen, linearen und fest abgegrenzten Raum, einer gleichförmigen und kontinuierlichen Zeit und einem Bewusstsein für Kausalität schufen eine „Auffassung der Welt als ein homogenes Kontinuum von Tatsachen, als eine Welt, die systematischen, gleichförmigen Gesetzen unterworfen ist". (Gellner 1991: 39; vgl. Hirsch 1995: 38) Eine zentralisierte politische Gewalt setzte sich gegenüber den traditionellen feudalen und religiösen Ordnungen durch und entwickelte sich zu einem kollektiven Bezugspunkt, wodurch zugleich die Machtverhältnisse anonymisiert wurden.

Der Nationalismus, der jeder Nation immanent und ihr Antriebsmotor ist, breitete sich im Laufe des 19. Jahrhunderts von den bürgerlichen Eliten auf alle Bevölkerungsschichten aus und wurde ein hegemoniales Konzept.[7] Seit Beginn des 19. Jahrhunderts konnte der Nationalismus zur Massenbewegung, zu einem „diesseitigen Glaubensbekenntnis" (Mosse 1976: 15) werden. Über Männerchorvereinigungen, Schützengesellschaften, Turnvereine, nationale Feiern, Denkmäler etc. wurden brei-

6 Die Verbreitung von Landessprachen und die Ablösung des Lateinischen als Schriftsprache durch Säkularisierungsprozesse in Europa stellten eine Grundlage für die Herstellung einer vorgestellten homogenen nationalen Kultur, Kommunikation und Gemeinschaft dar. Das Nationalbewusstsein bildete sich insbesondere über eine nationalisierte Sprache und Bildung heraus, die auch mittels Schulzwang und Sprachverboten durchgesetzt wurde. Zur Nationalisierung der ethnischen Minderheiten Preußens bzw. deren ‚multikultureller' Vielfalt vgl. Walser Smith (2004). Der Nationalstaat erscheint folglich als machtgestützte kulturelle Homogenisierungsinstitution (vgl. Langewiesche 1995: 194).

7 Konstitutiv für das Entstehen einer Nation sind Nationalbewegungen, deren Aktivitäten, Ideologeme und Organisationsformen in hohem Maße die Gestalt der sich formierenden Nationalstaaten prägen. Wichtigster sozialer Träger dieses Prozesses war das städtische Bürgertum, das sich mit Vereinen ein Medium der Selbstverständigung und zugleich der Propagierung seiner Zielvorstellungen schuf. Der Verein wurde nicht nur zur zentralen Organisationsform der deutschen Nationalbewegung, sondern war auch ein konstitutives Strukturmerkmal der bürgerlichen Gesellschaft. Nationalbewegung und Vereinswesen waren eng miteinander verknüpft und stellten wirkungsmächtige Faktoren im Übergang von der ständischen zur bürgerlichen Gesellschaft dar (vgl. Gürtler 2003). Hobsbawm (1991: 23) unterscheidet drei unterschiedliche Phasen derNationalbewegungen, wobei sich der Nationalismus in der ersten Phase „rein kulturell, literarisch und volkskundlich" ausdrückte und von nur wenigen getragen wurde. In der zweiten Phase etablierten sich „Gruppen von Vorkämpfern und militanten Wortführern der ‚nationalen Idee'", meist Intellektuelle. In der letzten Phase erlangte der Nationalismus eine politische Wirkungsmacht und die Unterstützung breiter Bevölkerungsschichten.

te Bevölkerungsschichten jenseits der manifesten sozialen Barrieren von Klasse und Geschlecht in das Konzept der Nation eingebunden.

Während Anderson die kulturellen Aspekte nationaler Gemeinschaften und damit die inklusiven Momente des *nation-buildings* betont, kritisiert Rosaldo (1994: 247), ein Fokus auf die inklusiven horizontalen Momente der Nation lasse die sozialen, politischen, geschlechtsspezifischen und rassifizierten Ausschlüsse, die mit der Nationsbildung verbunden sind, unberücksichtigt. Die Zugehörigkeit zur Nation sei nicht nur eine gemeinsame kulturelle Fiktion, sondern eine Arena der Ausschlüsse, Aushandlungen und Konflikte.[8] Diese Ausgrenzungsprozesse werden im Folgenden anhand der deutschen Nationsbildung nachgezeichnet.

Die Deutsche Nationsgründung

Der deutschen Nationsgründung ging eine lange Suche nach einer nationalen Identität voraus, die aufgrund der fehlenden staatlichen Einheit als Kulturnation imaginiert wurde. Auf ‚deutschem' Boden bedurfte es einer Selbstbestimmung jenseits der politischen Realität, die aus territorialer, sprachlicher und regionaler Zersplitterung bestand. Nach der Auflösung des Heiligen Römischen Reichs Deutscher Nation 1806, das nur über eine schwache rechtlich-politische Bindungskraft verfügte, fand eine Selbstbestimmung jenseits des Politischen statt (vgl. Jeismann 1992: 27). Der Rekurs auf eine gemeinsame Kultur als identitätsstiftendes Merkmal konnte die Zersplitterung Deutschlands, die eine Herausbildung des Nationalbewusstseins über ein gemeinsames Territorium ausschloss, ideologisch kitten. So lässt sich auf der diskursiven Ebene eine Einheit Deutschlands bereits vor der Reichsgründung feststellen. „Die Reichsgründung von 1871 mag in der internationalen Politik eine große Bedeutung gehabt haben – für den nationalen Diskurs stellte sie jedoch viel weniger eine Zäsur dar. Der neugegründete Nationalstaat generierte nicht erst das Gefühl der Überlegenheit – vielmehr bestätigte

8 Auch Ruth Roach Pierson (2000: 44) kritisiert Anderson für das Ausklammern der Gewalt im Kontext der Nation und Nationsbildung. Sie verweist auf Foucaults „Überwachen und Strafen" (1975), in der dieser die Strategien normalisierender Macht herausgearbeitet hat. Die normalisierende Macht erhält die Nation aufrecht und organisiert Differenzierung, Ausschluss, Hierarchisierung und Homogenisierung. Zentral bei der Herstellung von Subjektivität ist die Disziplinierung, die auf den Körper und die Psyche einwirkt. Ab Beginn der Neuzeit wird die menschliche Subjektivität reguliert und normalisiert und Wissensdisziplinen und Disziplinartechniken unterworfen (vgl. Seifert 2002: 60f.).

und verstärkte er es dort, wo es bereits vorhanden war.“ (Pleitner 2001: 403) Schon lange vor der Gründung der Nation war von Deutsch-Sein und Deutschland die Rede; es gab jedoch kein Bewusstsein einer deutschen Nation im modernen Sinne.[9] Zudem existierte keinerlei Einigkeit über die Form und Größe des angestrebten Nationalstaats und auch keine geschlossene nationale Bewegung (vgl. Goltermann 1998: 30).[10]

Die deutsche Nationsgründung und die Nationalisierung der deutschen Bevölkerung haben sich vor allem in Abgrenzung zur französischen Besatzung unter Napoleon vollzogen. Die Einheit der deutschen Nation galt als zwingende Voraussetzung für die Möglichkeit des sog. Befreiungskrieges (1813-1815) gegen Napoleon.[11] Der nationale Gedanke, die Forderung einer nationalen Einheit und das Bekenntnis zu einer gemeinsamen nationalen Identität erfassten breite Bevölkerungsschichten über regionale, konfessionelle und soziale Spaltungen hinaus (vgl. Frevert 2001: 59). Die nationale Gemeinschaft entwickelte sich so zu einem militaristischen Kampfverband.[12] Die antinapoleonische Bewegung kann als Schlüsselmoment der modernen deutschen Nationalgeschichte betrachtet werden, da erstmals ein nationales Kollektiv gemeinsam handelte. In Abgrenzung zu Frankreich und dem französischen Nationenprinzip kristallisierten sich positive Selbstzuschreibungen heraus, die auf einer stereotypisierten Negativbeschreibung der Anderen beruhte

9 Etwa seit dem 11. Jahrhundert setzte sich die Bezeichnung „Reich der Deutschen“ durch. Die Bevölkerung wurde seit dieser Zeit als ‚deutsch‘ bezeichnet. Seit dem 16. Jahrhundert bürgerte sich die Bezeichnung Deutschland ein (vgl. Brockhaus 2005).

10 Umstritten war lange, wer dem zu gründenden Deutschen Reich angehören sollte. Konkurrierende Modelle waren die sog. „Kleindeutsche Lösung“ der Deutschen Frage, ein von der Frankfurter Nationalversammlung diskutiertes und verabschiedetes Modell, das die Mitgliedsstaaten des Deutschen Bundes unter Ausschluss des Kaiserreiches Österreich vereinigen wollte, und die „Großdeutsche Lösung“, die sich auf den gesamten deutschen Sprachraum und die deutschsprachige Bevölkerung des Habsburger Reiches bezog.

11 Traf der französische Nationsbildungsprozess in Deutschland zunächst auf begeisterte Zustimmung insbesondere bei Intellektuellen, veränderte sich die Stimmung spätestens mit dem Sieg Napoleons in den Revolutionskriegen und mit der Besetzung deutscher Gebiete ab 1806; ein aggressiver anti-französischer Nationalismus entstand.

12 Freiwilligenverbände gründeten sich, um gegen Napoleon zu kämpfen. Es kam zu einer überregionalen Vernetzung und Kooperation zwischen den unterschiedlichsten Verbänden (z.B. den eingezogenen Soldaten und den patriotischen karitativen Frauenverbänden). Zentral für den Nationsbildungsprozess sowie die Nationalisierung der männlichen Bevölkerung war der Militärdienst als „Schule der Nation“ (vgl. Frevert 2001: 65ff.). 1814 wurde in Preußen die allgemeine Wehrpflicht eingeführt.

(vgl. Pleitner 2001: 397).[13] Diese Abgrenzungsmuster finden sich auch in der Haltung gegenüber Polen und Russland, wobei diese mit den rassistischen Deutungsmustern der entstehenden Rassentheorien, dem Antislawismus, einhergingen.[14]

Im Prozess der deutschen Nationsgründung zeigt sich die Suche nach authentischen ‚Wurzeln' und einer historischen Kontinuität der ‚fiktiven Ethnizität' (Balibar) auf unterschiedlichen Ebenen. Der Begriff ‚Volk' hatte zunächst vielfältige Bedeutungen und wurde erst seit Beginn des 19. Jahrhunderts nationalistisch und völkisch aufgeladen.[15]

„Der Wandel vom Volk als neutrale Gruppenbezeichnung im Sinne des Idealismus des späten 18. und frühen 19. Jahrhunderts zum ‚Völkischen' als einem chauvinistisch belasteten Begriff ist ein schleichender Prozeß, ein Weg hin zum neo-romantischen-völkischen Irrationalismus, bis am Ende völkische

13 Dieses Selbstbild basierte auf bürgerlichen Tugenden, z.B. auf dem Klischee der vernunftbegabten deutschen Dichter und Denker in Abgrenzung zur französischen Leidenschaft und Unmoral. Auf der Grundlage einer zugeschriebenen Leidenschaft, Zügellosigkeit und Unmoral anderer Nationen, vor allem Frankreichs und Polens, bildeten sich Bilder deutscher Reinheit, Moral, Bescheidenheit heraus (vgl. Mosse 1987: 15).
In der Forschung wird meist das deutsche und französische historische ‚Vorbild' genutzt, um verschiedene Varianten der Nationsbildung zu veranschaulichen: Die französische Nation dient als Beispiel für eine politische Nation, d.h. eine Zugehörigkeit auf der Basis eines gemeinsamen Territoriums (*ius solis*) und damit einer gemeinsamen politischen Willensbildung, während die deutsche Kulturnation sich über das Prinzip des ‚Blutes' (*ius sanguinis*) und damit der Abstammung herausgebildet hat. Dadurch etablierte sich in Deutschland ein völkisches Nationenprinzip, weshalb der deutsche Nationsgedanke von Anfang an antiwestlich und antiaufklärerisch geprägt war (vgl. Wiegel 1995: 12ff.; Möbius 2003: 56; Langewiesche 1995: 195). Gellner (1991) und Hobsbawm (1991) stellen jedoch die gängige Trennung zwischen ‚gutem' und ‚bösem' Nationalismus in Frage. Kritisiert wird auch die Unterscheidung eines linken oder rechten, eines westlichen oder östlichen, eines integrativen oder ausschließenden Nationalismus, weil Partizipationsverheißung und Gewaltbereitschaft als „zwei Seiten ein und derselben Medaille zu betrachten sind". (Goltermann 1998: 13) Jedem nationalen Gedanken ist ein Feindbild und damit eine aggressive Komponente inhärent.

14 Der imaginierte Zivilisationsvorsprung gegenüber den Slawen legitimierte territoriale Eroberungspläne im Osten (vgl. Buschmann 2003; Ther 2004).

15 Der Begriff ‚Volk' bezeichnete zunächst untere Schichten bzw. Untertanen eines Fürstentums. In den Befreiungskriegen war die Rede von der ‚Befreiung der deutschen Völker' (vgl. Dann 1994: 17). Der Begriff konnte zudem unterschiedlichste Bedeutungsfelder besetzen, von militärischen oder sozialen bis zu kulturellen oder biologischen (vgl. Walgenbach 2005: 390 Fn. 17).

Ideologie und völkische Rassenideologie nur im Zusammenhang von Antisemitismus denkbar waren." (Steuer 2004: 394)[16]

Die Begriffe ,Volk' und ,Stamm' suggerieren eine biologische und historische Verwandtschaft, stellen jedoch eine Erfindung des 19. Jahrhunderts dar. Erst rückwirkend wurden die unterschiedlichen ,Stämme', wie z.B. die Franken oder Sachsen, zu ,deutschen Stämmen' gemacht, um eine kohärente germanisch-deutsche Basis und ein urwüchsiges ,Volk' zu erlangen. Ausgeblendet wurde dabei, dass diese ,Stämme' auch Basis und Mitbegründer anderer Nationen wie Frankreich oder England waren (vgl. Walgenbach 2005a: 390, Fn. 20).[17]

Ein ,deutsches Volk' und ,Wesen' begründeten sich im Rückgriff auf romantisches Denken mit seinem Bezug auf Innerlichkeit und Natürlichkeit (vgl. Wodak et al. 1998: 23; Hoffmann 1994: 154). Das roman-

16 Die völkische Bewegung entstand Ende des 19. Jahrhunderts. Sie war eine heterogene Sammelbewegung. Sie schuf im Kaiserreich ein Netzwerk, das das ganze Deutsche Reich überzog, und betrieb zielgerichtete aggressive nationalistische und expansionistische Agitation. Der *Alldeutsche Verband* (1891-1939) war einer der einflussreichsten Verbände der völkischen Bewegung (vgl. Puschner 2001: 12ff.). Er wurde zur Förderung deutschnationaler Interessen im In- und Ausland mit expansionistisch-imperialistischer, pangermanischer, minderheiten-, insbesondere polenfeindlicher, rassistischer und später dezidiert antisemitischer Einstellung gegründet (vgl. Koch 2004: 204). Der Verband trug wesentlich zur ideellen Vorbereitung auf den Ersten Weltkrieg bei. 1918 verfügte er über 36.000 Mitglieder. Nach dem Krieg konnte er sich als Sammelbecken völkisch-monarchistischer Kreise etablieren. Er stand für den Wiederaufbau der Monarchie, die Rückgewinnung ,verlorener' Gebiete, die Durchsetzung des völkischen Gedankens und eine ,rassisch' reine Gesellschaft. Antisemitismus und völkische Rassentheorien waren konstitutive Elemente der völkischen Bewegung. Ideologische Koordinaten waren Sprache, ,Rasse' und Religion; Sprache ist damit Trägerin der ,Rasse' und Nation, daher propagierten die Völkischen die ,Reinhaltung der Sprache'. Der biologistische Rassenbegriff setzte sich in der Bewegung nach der Jahrhundertwende durch, wenngleich unterschiedliche Rassentheorien konkurrierten. Der Germanenmythos war zentraler Referenzpunkt der völkischen Bewegung. Elementar wurden eugenische Konzepte. Rassenpolitische Maßnahmenkataloge der völkischen Bewegung sollten eine ,rassische' Degeneration der Deutschen, den ,Rassenverfall', ein ,Blutchaos' durch ,Rassenmischung' verhindern. Die völkische Bewegung gilt als Vorläufer des Nationalsozialismus (vgl. Hering 2003: 491).

17 In Deutschland gelten die germanischen Stämme nach wie vor als der Ursprung der nationalen Identität, wodurch eine ungebrochene Kontinuität vorgetäuscht wird. Mittlerweile herrscht weitgehend Einigkeit darüber, dass eine kontinuierliche Identität unhaltbar und irreführend ist, diese wird als Fortführung eines Irrtums und völkischen Denkens kritisiert (vgl. Beck et al. 2004).

tische Denken, das sich gegen die rationale Aufklärung wandte, war maßgeblich daran beteiligt, Vorstellungen von Deutsch-Sein zu füllen. Nach Hoffmann (1994: 110) haben die Romantiker das Deutsch-Sein überhaupt erst hervorgebracht. Romantische Schlüsselbegriffe wie Organismus, Innerlichkeit und Gemeinschaft schufen ein ‚Volk' als organische Einheit (vgl. Rommelspacher 2002: 104; Stauth 1993).

„Als wahre, ursprüngliche, organisch mit dem Boden verwurzelte und biologisch festgelegte Abstammungs- und Schicksalsgemeinschaft wurde das ‚deutsche Volk' Gegenstand sowohl der nationalistischen wie der rassistischen Ideologie des neunzehnten Jahrhunderts. Die Verbindung des eher romantisierenden, mythologisierenden völkischen Nationalismus mit dem rational, physiologisch definierten Begriff ‚Rasse' verlieh dem Wort ‚Volk' in der deutschen Sprache die Bedeutung einer im Blut verankerten biologischen Reproduktionsgemeinschaft, während die Kategorie ‚Rasse' im gleichen Prozess eine ‚unergründliche', mystisch-seelische Komponente erhielt." (Morgenstern 2002: 156)

Um die gemeinsame Abstammung und einen organisch gewachsenen Volks- bzw. Nationalcharakter zu belegen, begann mit dem Aufstieg des modernen Nationalismus Ende des 18. Jahrhunderts die Suche nach gemeinsamen historischen bzw. ethnischen und ‚rassischen' Wurzeln. Diese im 19. Jahrhundert breiter werdenden Debatten wurden von der Anthropologie, der Philosophie, der Altertumsforschung, den Sprach- sowie den Kulturwissenschaften vorangetrieben (vgl. Morgenstern 2002: 156; Müller 1995: 39; Mosse 1990: 58f.).[18]

18 Die Rolle der Intellektuellen in der Phase der Konstruktion einer nationalen Gemeinschaft wurde immer wieder hervorgehoben. Johann Gottlieb Fichtes „Reden an die deutsche Nation" von 1807/08 gilt als das erste Manifest eines völkischen Nationalchauvinismus (vgl. Müller 1995: 65; Räthzel 1997: 71f.; Jeismann 1992: 70ff.). Auch Johann Gottfried Herder konzipierte das Volk als Einheit und Organismus und schuf die Voraussetzungen für ein romantisches Germanenbild (vgl. Steuer 2004: 374f.). Herders Volksbegriff bezog sich auf die Sprache, den Geist und den Charakter des Volkes („Volksgeist"), der nicht verfälscht werden dürfe (vgl. Morgenstern 2002: 156ff.). Ebenso zentral für die Suche nach einer Selbstdefinition waren Friedrich von Schlegel, Wilhelm von Humbold sowie die Grimmbrüder (vgl. Morgenstern 2002: 160; Murti 2001: 11). Die Gebrüder Grimm bürgerten die Bezeichnung ‚deutsch' im Sinne von germanisch ein (vgl. Steuer 2004: 395). Die auf den Humanismus zurückgehende Gleichsetzung von deutsch und germanisch erhielt im 19. Jahrhundert durch die Philosophie der Romantiker von Herder bis Grimm neuen Aufschwung. Sie war mit den Sprachwissenschaften und den entstehenden Rassentheorien verknüpft. Zum historischen Bezug auf die Germanen

Den Sprachwissenschaften kam eine zentrale Bedeutung bei der Erforschung bzw. Konzeption einer gemeinsamen Kultur zu; sie verknüpften die Sprache mit Vorstellungen eines nationalen Charakters und Blutes. Sprachwissenschaftler versuchten, die ‚arischen' Wurzeln der Deutschen zu belegen.[19] Der Ariermythos verlieh der deutschen Nation eine bis in Vorzeiten zurückreichende Tradition und den Anschein einer ethnischen und kulturellen Homogenität (vgl. Morgenstern 2002: 162). Die Kontinuität von zeitgenössischen Deutschen zu den alten Germanen sowie der germanisch-deutschen Volksgeschichte über Jahrtausende hinweg zählt zu den wirkungsmächtigsten Elementen des kollektiven Gedächtnisses der Deutschen und stellte sich als nützliches Instrument zur nationalen Identitätsbildung heraus (vgl. Ehringhaus 1996: 164). Der Germanenmythos diente zudem als Instrument der Abgrenzung gegenüber anderen Nationen, ‚Rassen' bzw. inneren nationalen Feinden und bot der völkischen Bewegung Anknüpfungspunkte.[20]

Auch die aufkommenden Rassentheorien (wie z.B. die von Arthur de Gobineau, 1816-1882) behaupteten eine Kontinuität einer ‚weiße arische Rasse', die auf die Germanen zurückgehe, um eine ‚arische' Überlegenheit zu proklamieren (vgl. Puschner 2004: 117; Morgenstern 2002:

von Humanisten, Romantikern bis hin zu den Nationalsozialisten vgl. Ehringhaus (1996: 14ff.).

19 Deutsche Philosophen, Historiker, Indologen und Anthropologen suchten nach einer Verbindung zwischen Sprache und ‚Rasse'. Der Mythos des ‚Arischen' als Wurzel der Deutschen sowie die altindische Schriftsprache Sanskrit als Ursprung der deutschen Sprache wurde insbesondere von den im 19. Jahrhundert entstehenden vergleichenden Sprachwissenschaften erforscht. Das ‚arische Volk' erschien dabei als „vollkommen organisiert, unternehmend und schaffend, das sich von den unedleren Unterworfenen ferngehalten habe, um diese Eigenschaften und die eigene Überlegenheit zu erhalten". (Morgenstern 2002: 161) Die europäischen Sprachen wurden fortan als indogermanisch oder indoeuropäisch bezeichnet. Ein gemeinsamer arischer Ursprung wurde für die vermeintliche Überlegenheit Europas, insbesondere des Deutschen genutzt (vgl. Murti 2001: 4f.). Vormals religiöse Definitionen der Bedeutung und Entstehung von Sprachen wurden nun als naturgesetzliche Fähigkeit und als Bindung an einen ‚Volksgeist' interpretiert.

20 Der völkische Nationalismus wurde neben Liberalismus, Säkularismus und Wissenschaftsgläubigkeit unter der ökonomischen und politischen Führung des Bürgertums zu weit verbreiteten ideologischen Formationen. Als ‚innere Feinde' des Nationalstaates galten zunächst Sozialdemokraten, Katholiken und Partikularisten, die den Nationalstaat und den völkischen Nationalismus ablehnten. Nach dem Ende des Kulturkampfes und der Ära Bismarck wurden politische Zugeständnisse gemacht, und es erfolgte eine Eingliederung dieser ‚inneren Feinde' in die ökonomischen, politischen und sozialen Strukturen der nationalstaatlich formierten bürgerlichen Gesellschaft (vgl. Morgenstern 2002: 175).

163).[21] Die ‚Entdeckung' der arischen ‚Rasse' und der indogermanischen Sprachfamilie trug entscheidend zur rassistischen Differenzierung innerhalb Europas bei. Der ‚Arier' wurde zum Kulturträger, andere EuropäerInnen, aber auch Juden zu einer anderen ‚Rasse' konstruiert.[22]

Der Gegenpol und das zentrale nationale Feindbild des ‚Germanischen' wurde das ‚Semitische'. Der sich durchsetzende moderne Antisemitismus entwickelte sich nach Shulamid Volkow (1990: 23) zum „kulturellen Code", und damit zum konstitutiven Element der nationalen Gemeinschaft des Kaiserreichs. Der Antisemitismus wurde in der zweiten Hälfte des 19. Jahrhunderts zu einer identifikatorischen Integrationsideologie des deutschen ‚Volkes', um die gravierenden sozialen Differenzen sowie konfessionelle, politische und regionale Unterschiede zu überbrücken. Juden wurden in antisemitischen Stereotypen mit der Moderne, mit Kapitalismus, Demokratie, Sozialismus, Aufklärung und Emanzipation, also mit Einheit zersetzenden Strömungen verbunden. Der Antisemitismus in Deutschland und die nationale Idee erstarkten nicht zufällig zeitgleich, denn über die Ausgrenzung der Juden als Fremdkörper der nationalen Einheit entstand ein konsistentes Bild vom deutschen ‚Volk' (vgl. Hoffmann 2001: 47f.).[23] Im antisemitischen Weltbild entsprechen Juden jedoch weder der Konstruktion des ‚äußeren' noch der des ‚inneren' Feindes, da sie die Position des Nicht-Identischen, Ambivalenten besetzen und somit eine Gemeinschaftsbildung im nationalistischen Sinne unterlaufen. Dieser Vorstellung entsprechend können Juden nicht Teil des als ethnisch-homogen vorgestellten nationalen Kollektivs, des ‚Volkes' oder der Nation werden (vgl. Holz 2001: 96). Der den Juden unterstellte abstrakte kosmopolitische Univer-

21 „Die Germanenideologie ist ein Eckstein der auf dem Primat der Rasse aufbauenden völkischen Weltanschauung mit ihrem antidemokratischen, ständisch-autoritären Gesellschaftskonzept, mit ihrem antiegalitären Menschenbild und mit ihrem Ziel, ‚Deutschlands Wiedergeburt' ins Werk zu setzen [...]. Die völkische Germanenideologie stand auf drei Säulen: der Prädestination der germanischen bzw. nordischen Rasse, deren Superiorität über andere Rassen und Völker und der unmittelbaren Blutsverwandschaft von Germanen und Deutschen." (Puschner 2004: 106f.)

22 Beim Ausbruch des Ersten Weltkriegs hatte sich der rassistische Nationalismus so weit verbreitet, dass ‚Volk', ‚Rasse' und ‚Nation' teilweise synonym gebraucht wurden (vgl. Wiegel 1995: 85). In dieser Logik wurde der Erste Weltkrieg zum ‚Rassenkrieg' zwischen den Slawen und Germanen stilisiert (vgl. Geiss 1988: 277).

23 Klaus Holz (2001: 165ff.) zeigt in seiner Analyse eines der Schlüsseltexte des nationalen Antisemitismus von Heinrich von Treitschke aus dem Jahr 1879, der zum sog. ‚Berliner Antisemitismusstreit' führte, wie dieser den Antisemitismus mit der Ideologie des deutschen Nationalismus verknüpfte.

salismus stellt das Nationenprinzip überhaupt in Frage, weshalb Juden in antisemitischen Stereotypen als Feinde, als innere Zersetzer der Nation dargestellt wurden. Das ordnende Prinzip der Moderne schien durch die vermeintliche Heimat- und Wurzellosigkeit von Juden in Frage gestellt zu werden.[24]

Die Zugehörigkeit zur Nation wurde zudem über Staatsbürgerschaftsrechte geklärt.[25] Die Staatsbürgerschaft stellte das zentrale Ein- und Ausschlusskriterium dar und war daher gesellschaftlich umkämpft.[26]

---

24 Der Antisemitismus entwickelte sich in der modernen Gesellschaft zu einer Weltanschauung, durch die gesellschaftliche, ökonomische und kulturelle Krisen scheinbar erklärt werden konnten, indem die ‚Judenfrage' zum Kern aller Probleme stilisiert wurde. Die Lösung der ‚Judenfrage' konnte so als Schlüssel zur Lösung aller sozialen Probleme gedeutet werden. Daher wird Antisemitismus in der Antisemitismusforschung als Krisenphänomen beschrieben (vgl. Hoffmann 2001: 51f.).

25 Das *ius sanguinis* steht für die Annahme einer ethnischen Gemeinschaft als Basis der Nation. Die Zugehörigkeit kann nicht erlangt werden, sondern ist angeboren und verbunden mit einem bestimmten dazugehörigen Nationalcharakter. Nation wird damit an eine Ethnie gebunden. Das *ius sanguinis* sollte auch als Bollwerk gegen die propagierte „Flut aus dem Osten" dienen (vgl. Bade 2002: 215). Schon das 1848 durch Preußen eingeführte Staatsbürgerschaftskonzept orientierte sich nicht am Wohnort, sondern an der Abstammung. Mit Gründung des Kaiserreiches 1871 unter preußischer Führung galt das *ius sanguinis* im gesamten Reich. Nur wer die Staatsbürgerschaft eines Einzelstaates innehatte, wurde deutscher Staatsbürger. Diese Regelung wirkte sich vor allem für nationale Minderheiten negativ aus: Juden, Roma und Sinti, ArbeitsmigrantInnen, die schon seit Jahren auf dem Gebiet des Deutschen Reiches lebten, ohne Deutsche zu sein (vgl. Wippermann 1999). Zum Umgang mit den Minderheiten (Dänen, Franzosen, Polen) vgl. Goltermann (1998: 206ff.), zur Migration im Deutschen Reich und dem verschärften Assimilationsdruck, dem Zugewanderte seit der deutschen Nationsgründung ausgesetzt waren, vgl. Hoerder (2003) und Hobsbawm (1989: 193ff.). Das Blutrecht wurde zur rechtlichen Grundlage für eine rassistisch motivierte Diskriminierung der ethnischen Minderheiten im Kaiserreich. Insbesondere von den etablierten Mittelschichten gingen Initiativen zur Beschränkung der Einwanderung aus, eine antipolnische preußische Migrations- und Beschäftigungspolitik setzte sich vor dem Ersten Weltkrieg durch (vgl. Bade 2002: 186).

26 Das ethnische Nationenverständnis des Deutschen Reiches und die ‚verspätete' Nationsgründung wurden als „deutscher Sonderweg" bezeichnet und als Erklärung für die Entwicklung des Deutschen Reiches im und nach dem Ersten Weltkrieg hin zum Nationalsozialismus herangezogen (vgl. Smith 2004a: 35ff.). Diese These wird mittlerweile meist als überholt angesehen. Schon Anfang der 1980er Jahre kritisierte u.a. Geoff, dass es keinen ‚Normalverlauf' der Modernisierung in Europa gegeben habe und damit die Abweichung der Deutschen gegenstandslos sei (vgl. Geoff/-Blackbourn 1984; zur Kritik vgl. auch Estel 2002: 16; Holz 2001: 111ff.). Demzufolge hat jede Nation ihren spezifischen Entwicklungsverlauf und ‚Sonderweg' (vgl. Grosse 2000: 42). Auch in der Kolonialismusforschung

Über sie wird das Verhältnis der Nation zu Geschlecht und ‚Rasse' bzw. Ethnizität geregelt.

Das Verhältnis von Nation und ‚Rasse'

In den vorangegangenen Abschnitten wurde das Bedingungsverhältnis von Nation und ‚Rasse' deutlich. Unklar und umstritten bleibt jedoch, wie sich dieses Verhältnis gestaltet. In den einflussreichsten Arbeiten zur Nation wie z.B. Anderson, Hobsbawm und Gellner findet keine systematische Analyse von Rassismus statt. Benedict Anderson geht sogar davon aus, Rassismus stünde mit Nationalismus in keinem strukturellen Zusammenhang (vgl. Räthzel 1997: 15; Wiegel 1995: 96).[27]

In Teilen der Nationsforschung gilt Rassismus als Grundlage für die zunehmende Radikalisierung und Ethnisierung der Nation. „‚Nation' und ‚Rasse' sind nicht nur Äquivalente, sondern letztere kann und wird als ‚semantische Verschärfung' der *Ethnisierung* von ‚Völkern' zu Abstammungsgemeinschaften eingesetzt. Der Rassismus erzeugt die Vorstellung von die Weltgeschichte fundierenden ‚Rassen', die sich als ‚Völkerfamilien' zu einzelnen ‚Nationen' besondern" (Holz 2001: 109). Die Konstruktion von ‚Rassen' schaffte eine Legitimationsbasis für den Nationalismus und die Nation, da sie Merkmale zur Konstitution der Gemeinschaft bestimmt, die so als eine ursprüngliche und naturwüchsige dargestellt werden kann. Der Begriff ‚Rasse' wurde im deutschen Kontext oft synonym mit dem stark von der Romantik geprägten naturalisierenden und zugleich mystifizierenden Begriff ‚Volk' verwendet und lieferte so ein plausibles Deutungsangebot für die vermeintliche Homogenität des ‚deutschen Volkes' (vgl. Morgenstern 2002: 169; Goltermann 1998: 204; Rürup 1976: 31ff).

Für den Zusammenhang von Rassismus und Nationalismus nennt Wiegel (1995: 83f.) einerseits die ökonomische Durchdringung der außereuropäischen Welt und den Kolonialismus als entscheidend, anderer-

(vgl. z.B. Berman 2003) wird der ‚Sonderweg' auf den deutschen Kolonialismus übertragen, um eine Entwicklungslinie vom Genozid an den Herero und den dortigen Konzentrationslagern bis zur Vernichtungspraxis im Nationalsozialismus zu ziehen.

27 Andersons Vorstellung, dass Rassismus nach innen gerichtet sei und daher eher auf die Ideologie der Klasse als die der Nation verweise, blendet eine rassistische Abgrenzung nach Außen aus. Anderson (1998: 150) geht noch weiter, indem er Rassismus als Gegensatz zum Nationalismus begreift, da Ersterer in seiner Argumentation einer „rassischen Verunreinigung" außerhalb der Geschichte stehe, während Letzterer in „historisch-schicksalhaften Begriffen" denke.

seits die Abgrenzung innerhalb Europas im Zuge der kapitalistischen Konkurrenz. Der wissenschaftliche Rassismus begründete eine vermeintliche europäische Überlegenheit u.a. in kultureller Hinsicht und stellte zugleich die eigene Nation als anderen überlegen dar. Der ‚Rasse'-Begriff wurde demnach nicht nur auf den außereuropäischen Kontext angewendet, sondern diente auch der Differenzierung und Abgrenzung innerhalb Europas (vgl. Miles 1991: 150). Mit der Nationalisierung Europas entwickelte sich die Vorstellung einer jeweils abgegrenzten nationalen Geschichte, Kultur und Sprache, womit die Etablierung einer Konzeption von ‚Volk' als ethnisierte Gemeinschaft einherging, die die Grundlage für rassistische Definitionskriterien einer jeden Nation bildete.

> „Die mythologischen und geistigen Ursprünge der Rasse wurden mit der nationalen Herkunft gleichgesetzt: Die Vergangenheit einer Rasse und ihre Geschichte war mit der des Volkes identisch. [...] Sprache und Geschichte eines Volkes wurden, insbesondere in Mitteleuropa, dazu benutzt, seine rassischen Ursprünge zu erforschen, und die Tugenden einer Rasse wurden der Qualität seiner Ursprünge zugeschrieben." (Mosse 1990: 118)

Rassismus und Nationalismus haben sich demnach in der Geschichte wechselseitig hervorgebracht und gestärkt.

Geulen (2004) kritisiert die gängige Erklärung einer Radikalisierung des Nationalismus durch den Rassismus. Die Nation erscheint in dieser konstruktivistischen Herangehensweise als eine leere Hülle, die rassistisch aufgeladen wird. Geulen hingegen verweist auf das Konkurrenzverhältnis der Deutungsmuster ‚Rasse' und Nation. Rassendiskurse seien im Gegensatz zum Nationalen als transnationale Macht zu begreifen, während Nationalismus sich als ein politisches Projekt darstelle, das sich auf ein bestimmtes eigenes Territorium beziehe. Vorstellungen von ‚Rasse' beschränkten sich nicht auf ein begrenztes Gebiet, sondern seien grenzüberschreitend, da sie eine generelle Überlegenheit einer ‚weißen Rasse' postulierten. Allerdings stellt eine ‚weiße Rasse' kein einheitliches transnationales Konstrukt dar, wie es in der Argumentation Geulens erscheint, sondern muss mit dem Nationalen rückgekoppelt werden, sodass es zu einer Hierarchisierung innerhalb einer konstruierten ‚weißen Rasse' kommt. Bei einigen Rassentheoretikern wird sogar jeder Nation eine ‚Rasse' zugeordnet.

Geulen spricht in Anlehnung an Hannah Arendt (1986) von einem grundsätzlichen Strukturwandel des Nationalismus im späten 19. Jahrhundert, den er mit Foucault als einen biopolitischen begreift. Die Verschränkung von Nationalismus und Rassismus erklärt er über diesen biopolitischen Strukturwandel. Er betont, dass durch die Rassifizierung des Nationalen keine Intensivierung oder Verengung des Nationalen stattfand, sondern dass „seine Radikalität gerade in der Freisetzung des Nationalen von hergebrachten Bindungen bestand, in der radikalen Umdeutung der Nation zu einem biopolitischen Programm jenseits jeder partikularen Identität". (Geulen 2004: 30) Die maßgeblich an der Biologisierung des Nationalen beteiligten Theorien, wie z.B. der Sozialdarwinismus und die Eugenik bzw. Rassenhygiene, überschritten explizit die Grenzen des Nationalen und gingen von einer universalen und schrankenlosen Konkurrenz aus. In diesem Sinne kam es zu einer „umfassenden Globalisierung des nationalen Imaginationsraums" (ebd.), der mit einer Globalisierung und Transnationalisierung von Wirtschaft und Politik sowie mit dem europäischen Kolonialismus und Expansionsdrang zusammenhing.[28]

Im Zuge dessen kam es zu einer Verschmelzung von Politik und Biologie und zu einer semantischen und diskursiven Verknüpfung nationalistischer und sozialdarwinistischer Deutungsmuster (vgl. Walkenhorst 2002: 146). Die biopolitische Umdeutung, Neudefinition und Reorganisation der Nation ging mit der imperialistischen Expansionspolitik einher (vgl. Geulen 2004: 314). Die Biologisierung der Nation und das Verhältnis zum Rassismus und Kolonialismus werden im Rassismus-Kapitel vertieft und im Kontext der kolonialen Expansion diskutiert.

Zunächst geht es jedoch um die Relevanz der Kategorie Geschlecht und ihrem Verhältnis zur Nation. Im Vordergrund steht dabei das Verhältnis von weiblichem Ausschluss und Partizipation anhand der Organisierung von Frauen im Vereinswesen und der entstehenden Frauenbewegung.

---

28 Geulen beruft sich in der beschriebenen Entgrenzung des Nationalen auf die wachsende Internationalisierung von Wirtschaft und Politik, nennt als Beispiele die Arbeiterbewegung, Teile der Frauenbewegung, der Lebensreformbewegung usw. (vgl. Geulen 2004: 28f.) und begreift dies als Beleg für ein Lösen vom nationalstaatlichen Rahmen. Diese Schlussfolgerung teile ich nicht: Trotz eines postulierten Internationalismus bleibt ein starker Bezug auf das Nationale erhalten. Das nationale „Wohl" bleibt dem Internationalismus inhärent. Die Arbeiterbewegung hatte ein Interesse daran, die nationale Ökonomie zu stärken, um ihre Arbeits- und Lebenssituation zu verbessern. Der größte Teil der Arbeiterbewegung sprach sich z.B. vor allem nach 1900 für den Kolonialismus aus, wenngleich sie die Ausprägung der deutschen Kolonialherrschaft kritisierten. Es besteht also meist eine feste Anbindung bzw. Rückbindung des Internationalismus an den Nationalismus; diese nationale Verhaftung bei gleichzeitiger internationaler Vernetzung lässt sich ebenso an der Frauenbewegung beobachten.

Nation und Geschlecht

Feministische Wissenschaftlerinnen kritisieren die Geschlechterblindheit anerkannter Nationstheorien, wie z.B. der von Gellner, Hobsbawm oder Anderson (vgl. Yuval-Davis 2001: 11f.; Appelt 1999: 134ff.; Pierson 2000: 41). Dualistisch und hierarchisch strukturierte Geschlechterverhältnisse waren für den Aufbau der europäischen Nationalstaaten von elementarer Bedeutung. Es waren Frauen, „welche Nationen biologisch, kulturell und symbolisch reproduzieren". (Yuval-Davis 2001: 12)

Vorstellungen von moderner Männlichkeit und Weiblichkeit konstituierten sich innerhalb nationaler Diskurse. „Dabei war die *Erfindung* der Nation sozialgeschichtlich eng mit der *Erfindung* einer öffentlichkeitsorientierten Männlichkeit verknüpft, die ihr Gegenstück in der in die Welt der Häuslichkeit verwiesenen Weiblichkeit hatte." (Appelt 1999: 135) Seit Ende des 18. Jahrhunderts kristallisierten sich mit den ökonomischen und technischen Umbrüchen der Kapitalisierung und Industrialisierung neue polarisierte Geschlechtercharaktere heraus, die psychosozial und biologisch definiert und naturalisiert wurden (vgl. Süchting-Hänger 2002: 18f.; Wenk 2000: 70f.; Hagemann 2000a: 191).

Die Konstruktion der heterosexuellen Zweigeschlechtlichkeit war eng mit der Konstitution moderner Nationalstaaten verbunden. Soziale Differenzen zwischen den Geschlechtern wurden mit Hilfe der entstehenden Wissenschaften zunehmend biologisiert und naturalisiert.[29] Die Nation wurde u.a. durch die duale Geschlechterordnung symbolisiert und repräsentiert. Die differenten vergeschlechtlichten Räume stellten dabei die Grundvoraussetzung für die kapitalistische Produktionsweise dar. Nation und Staat erschienen als männliche Projekte der Moderne. Die Ausgrenzung aus der männlich konnotierten öffentlichen, politischen Sphäre wurde durch die Verweigerung des Bürger- und Wahlrechts für Frauen festgeschrieben. Frauen wurde der Zugang an Stellen konkreter politischer, ökonomischer oder auch symbolisch-kultureller (Definitions-)Macht verwehrt bzw. erst nach Kämpfen allmählich zugestanden (vgl. Boukrif et al. 2002: 5).

---

29 Erst im späten 18. Jahrhundert wurden der Körper und das Geschlecht zu den primären Determinanten des Sozialen. Die Konzeptionen des Körpers, insbesondere des weiblichen, veränderten sich mit den entstehenden Wissenschaften Ende des 17., Anfang des 18. Jahrhunderts. Der Körper wurde zunehmend sexualisiert, pathologisiert und medizinischer Kontrolle und Intervention unterworfen. Die ausgemachte ‚Natur' des Körpers determinierte das soziale Verhalten. Bis Mitte des 19. Jahrhunderts konstituierte sich innerhalb wissenschaftlicher, politischer und ökonomischer Diskurse die heteronormative Zweigeschlechtlichkeit (vgl. Laqueur 1992).

Die Trennung eines öffentlichen, politischen, Männern vorbehaltenen Raums von einer bürgerlichen, weiblich konnotierten Privatsphäre erfolgte über das neuzeitliche Konzept des männlichen Staatsbürgers.[30] Das Staatsbürgerschaftsrecht institutionalisierte die Dichotomie öffentlich/ privat als gesellschaftliches Fundament. Vom Prozess der Ausweitung und Demokratisierung städtischer bürgerlicher Rechte blieben Frauen weitgehend ausgeschlossen. Das Verhältnis von Frauen zur Nation und ihr Beitrag zur Nationsgründung wurden erst spät in den Blick genommen (vgl. Eichhorn 1994: 77; Reder 1998: 34; Yuval-Davis 2001: 11). Die aktive Teilhabe der bürgerlichen Frauenvereine am deutschen Nationalstaat und ihre Verbindung zum völkischen Nationalismus blieb lange Zeit ausgeblendet.

Wegen des eingeschränkten, über die Wehrfähigkeit definierten Staatsbürgerschaftsrechts thematisierte die feministische Forschung zunächst vor allem den Ausschluss von Frauen aus den gesellschaftlichen Machtpositionen und verengte damit das neuzeitliche Staatsbürgerkonzept zu einem „Kampf zwischen Männern und Frauen [...], bei dem männlicher Chauvinismus den Sieg davon getragen hatte". (Appelt 1999: 68) Das Recht von Frauen auf Partizipation an der öffentlichen politischen Sphäre war zwar stark eingeschränkt, doch können die Kämpfe um die Staatsbürgerschaftsrechte und die Einbindung in die Nation nicht auf die Geschlechterfrage reduziert werden. Mit dem Versuch, ‚männliche' Geschichtsschreibung zu kritisieren und zu korrigieren und den Ausschluss von Frauen sichtbar zu machen, entstand in der neuen Frauenbewegung und feministischen Forschung ein Bild von Frauen als Opfer des weltumspannenden Patriarchats. Die Reduktion auf zwei gesellschaftliche Interessenspole in einer feministischen Herangehensweise, die lediglich die Kategorie Geschlecht untersucht, zeigt sich auch im Bild der Abgrenzung nach außen und innen. Im ‚Inneren' der Nation scheint es nur Frauen als ausgegrenzte Andere zu geben. Wenig berücksichtigt werden innergesellschaftliche Ausgrenzungsprozesse jenseits der Geschlechterverhältnisse; verbreiteter Mechanismus ist dabei auch die Gleichsetzung der Ausschließungsmechanismen, wobei die gesellschaftliche Positionierung der Frau innerhalb gesellschaftlicher Ungleichheit kaum Beachtung findet.

30 Zur Geschichte der feministischen Kritik an der hierarchisierten Dichotomie privat/öffentlich vgl. Wischermann (2003). Allerdings zeigten sich die Dichotomien privat/weiblich und öffentlich/männlich in der sozialen Realität weniger klar als in der Theorie und in politischen Texten. Seit den späten 1980ern wurde daher die klare Trennung der Sphären auch in der feministischen Geschichtswissenschaft als zu unpräzise kritisiert, um die komplexe Geschichte der Geschlechterverhältnisse zu analysieren (vgl. Harvey/Abrams 1996a: 18).

Diese Vorstellung weiblicher Ausgrenzung schließt die nationalstaatliche Einbindung der Frauenbewegung in die nationale Gemeinschaft aus. Cornelia Eichhorn (1994: 77) kritisiert diese „scheinbare Abwesenheit des Nationalstaats im feministischen Diskurs".

Mit der Trennung zwischen öffentlicher und privater Sphäre bildeten sich weibliche Zuständigkeitsbereiche, Räume und Identitäten heraus, die zu den männlich konnotierten komplementär waren und diese funktional ergänzten (vgl. Planert 2000b: 19). Die Parallelisierung von Haus und Staat stellte eine Beziehung zwischen der häuslich-familiären und der öffentlichen Sphäre her, sodass der ‚private' Handlungsrahmen von Frauen politisiert war und die normativen Grenzlinien permanent überschritt. Die Trennung zwischen privater und öffentlicher Sphäre ist ein normativer Entwurf der bürgerlichen Gesellschaft, der nicht mit der Wirklichkeit gleichgesetzt werden kann.

Zwar haben sich, wie aufgezeigt, hierarchische Geschlechterverhältnisse innerhalb der nationalen Formierung herausgebildet und verfestigt, diese müssen jedoch im Kontext der Formierung eines völlig neuen Gesellschaftssystems betrachtet werden. Yuval-Davis (2001: 17) kritisiert die feministische Reproduktion der Aufteilung in private und öffentliche Sphäre und beschreibt diese als unzureichend, da so das Öffentliche als politisch begriffen wird, während das ‚Private' unpolitisch und passiv bleibt (vgl. Yuval-Davis 2001: 131). Wie vor allem Foucault herausgestellt hat, sind gerade die Sphären des Privaten durchzogen von Machtbeziehungen und Politik. Zudem spielen die vermeintlich privaten Anforderungen an die Frau eine wichtige Rolle für die Ausgestaltung eines nationalen (sowie kolonialen) Projekts. Der Haushalt war der zentrale Ort für deutsche Frauen, am Prozess der nationalen Identitätsfindung zu partizipieren (vgl. Reagin 2007).

Die private Sphäre kann daher nicht nur als Ausgrenzung von (bürgerlichen) Frauen aus dem politischen Leben interpretiert werden. Der Ausschluss und die Passivität von Frauen werden in dieser Betrachtung perpetuiert. Die Etablierung einer neuen ‚Privatheit' beinhaltete u.a. die Selbstaffirmation bürgerlicher gegenüber proletarischen Frauen und spielte in der Konstruktion einer angeblichen ‚Zivilisiertheit' auch im kolonialen Kontext eine wichtige Rolle.

Der Fokus der feministischen Forschung auf die Ausschlussmechanismen der bürgerlich-patriarchalen Herrschaft verschleiert die gesellschaftliche Positionierung von Frauen, die zwar qua Geschlecht aus bestimmten gesellschaftlichen Bereichen ausgeschlossen wurden, aber aufgrund ihrer Klasse und der Zugehörigkeit zum nationalen Kollektiv bzw. zur weißen ‚Rasse' eine privilegierte gesellschaftliche Stellung inne hatten.

„Anderson's thesis on the imagined community of the nation has been widely accepted but it has been much harder to persuade historians of nations and nationalisms that those communities are gendered. Meanwhile, historians influenced by feminism and open to the significance of gender as a category of analysis have often been reluctant to take on other axes of differenciation such as race or ethnicity. However, nations and national identities are not only gendered – they are also raced and racialized identities are central to the construction of imagined communities." (Hall 2000: 108)

Erst in den letzten Jahren wurde systematisch die Mitwirkung der Frauenbewegung an der Nationsgründung untersucht. Durch die Forschungsergebnisse zur frühen Organisierung von Frauen innerhalb der Befreiungskriege und den Positionen der entstehenden Frauenbewegung stellt sich die Frage nach der Bewertung des gesellschaftlichen Ausschlusses von Frauen neu.

Die Anfänge der nationalen Organisierung von Frauen

Frauen organisierten sich erstmals während der antinapoleonischen Kriege 1813-15 in patriotischen Vereinen. Sie leisteten Kriegsfürsorge und rüsteten Freiwilligenverbände für den Krieg aus (vgl. Reder 1998: 15ff.; Frevert 2001: 35ff.; Hagemann 2000: 90ff.).[31] Die patriotischen Frauenverbände schlossen die Versorgungslücken der überforderten Militär- und Zivilbehörden. Die patriotischen Tugenden weiblicher Wohltätigkeit und Sozialfürsorge speisten sich aus den in der Spätaufklärung entwickelten Modellen einer weiblichen Caritas und wurden nun auf die Verwundetenfürsorge im Krieg und die Unterstützung der Soldaten übertragen. Damit wurde die Enge und Beschränkung der Häuslichkeit auf ein durch Vaterlandsliebe legitimiertes öffentliches Handeln ausgedehnt, da die Nation den patriotischen Frauenvereinen als erweiterte Familie galt. „In den napoleonischen Kriegen verschmolzen die Traditionsstränge von patriotischer Wohltätigkeit, der Politisierung des Häuslich-Familialen und des nationalisierten Weiblichkeitsideals zu einem Verhaltensrepertoire, das noch bis ins 20. Jahrhundert hinein für die Situierung von (bürgerlichen) Frauen im nationalen Raum paradigmatisch werden sollte" (Planert 2000b: 28). Andere Mitwirkungsmöglichkeiten waren aufgrund der Verbindung von Staatsbürgerschaft und Wehrfähigkeit, d.h. des Ausschlusses von Frauen aus dem Militär, nicht mög-

31 Im Anschluss an die Kriegserklärung Preußens an Napoleon 1813 entstanden in den Kriegsjahren 573 patriotische schicht- und konfessionsübergreifende Frauenvereine, um im Rahmen ihrer begrenzten Möglichkeiten den Krieg zu unterstützen (vgl. Reder 1998: 15).

lich. Die Frauenverbände entwickelten sich dennoch zur größten nichtmilitärischen Organisation zur Unterstützung des Krieges. Sie sahen sich als Pendant zu den patriotischen Freiwilligeneinheiten (vgl. Frevert 2001: 56). Die Komplementarität der nationalen Geschlechtercharaktere – einer wehrfähigen Männlichkeit und einer fürsorglichen Weiblichkeit – ermöglichte als Ganzes erst den (arbeitsteiligen) Verlauf des nationalen Krieges. Von einem Ausschluss von Frauen vom (nationalen) Krieg kann deshalb keine Rede sein: Frauen leisteten einen großen Beitrag zum Beginn einer nationalistischen Artikulation und Organisation.

Die Komplementarität der Geschlechter

Zentral für die Herausbildung, Stabilisierung und Verstärkung der polaren Geschlechtercharaktere sind Krieg und Militär. Die Einführung der allgemeinen Wehrpflicht[32] gilt daher als entscheidend für die Nationsbildungsprozesse bzw. für die Formierung eines Staatsbürgerverbandes (vgl. Frevert 2001: 15).[33] Als ‚Schule der Nation' hatte das Militär großen Einfluss auf die Erweiterung und Sicherung des nationalen Gebietes und diente zugleich der nationalen Identitätsstiftung. Mit der Einführung der Wehrpflicht im Zuge der nationalen Verteidigung gegen Napoleon setzte sich ein Männlichkeitsideal der Wehrhaftigkeit und ein Männlichkeitskult durch, die sich über die Bildung von Freiwilligenkorps und vormilitärischen Vereinen wie der Turnerbewegung stark verbreiteten.[34]

32 1814 wurde in Preußen die allgemeine Wehrpflicht eingeführt; fortan war jeder Bürger Preußens Soldat. „Die preußischen Militärreformen sollten die Männer des gehobenen Bürgertums in den Krieg einbeziehen und ihre Identifikation mit dem ‚Vaterland' stärken. Bürger und Soldat verschmolzen in der Gestalt des ‚nationalen Kriegers'." (Reder 1998: 24) Zu der Zeit herrschte noch kein eindeutiges Nationalgefühl, auf das eine Mobilisierung für den Krieg hätte zurückgreifen können. Dies gilt auch für die Anfänge des patriotischen Engagements von Frauen, das oft eher regionalistisch als nationalistisch motiviert war (vgl. Frevert 2001: 130).

33 Der Militärdienst galt nicht nur als staatsbürgerliche Pflicht, sondern auch als Bürgerrecht, da die Wehrpflicht als Inklusions- und Exklusionsmechanismus angelegt war: Personen ohne Staatsbürgerschaft, Zugewanderte und Frauen sowie Männer, die ihre bürgerlichen Ehrenrechte verloren hatten, waren von ihr ausgeschlossen. Für Männer der unterschiedlichen sozialen Positionen und Konfessionen stellte die Wehrpflicht eine politisch-gesellschaftliche Partizipationsmöglichkeit dar, die die sozialen Differenzen zumindest ansatzweise überwölbte.

34 Die Turnerbewegung gilt in der geschichtswissenschaftlichen Forschung als ein zentraler Bestandteil des organisatorischen Rückgrats der deutschen Nationalbewegung bis Mitte der 1860er Jahre. Das Turnen diente als national-erzieherisches Mittel, das maßgeblich von dem nationalistisch und antisemitisch eingestellten Friedrich Ludwig Jahn („Turnvater Jahn")

Das Militär trug massiv zur Ausbildung der polarisierten nationalen Geschlechtercharaktere bei. Insofern muss das Militär auch als „Schule der Männlichkeit" begriffen werden. Im Militär bildete sich eine spezifische, für alle verbindliche nationale Männlichkeit heraus, wurde dort institutionalisiert, vermittelt und körperlich verankert.[35] Der zwangsförmige und gewaltsame Zugriff auf den Körper generierte dabei Vorstellungen militarisierter Männlichkeit und verankerte sie im männlichen Körper.

> „Nicht vorgängig vorhandene ‚männliche' Eigenschaften, die im Militär von besonderem Wert sind, haben dafür gesorgt, dass das Militär männlich ist, sondern umgekehrt: Durch die kulturelle Verquickung von männlichen und militärischen Eigenschaften wurde die Illusion von der Naturgegebenheit der Männlichkeit des Militärs erzeugt. Zugleich wurden im Zuge dieser Prozesse auch Männlichkeit und Nation in eine besondere strukturelle Nähe gebracht." (Seifert 2002: 63)

Das Gegenbild wehrhafter Männlichkeit wurde einerseits auf die Frau projiziert, andererseits wurden ‚weibische' Attribute inneren und äußeren Feinden der Nation zugeschrieben, denen eine minderwertige Männlichkeit unterstellt wurde. Dadurch wurde das ‚Deutsche' durch die Abwertung einer als minderwertig definierten ‚Rasse' oder Nation erhöht.[36] In dieser Verknüpfung von Nation und Männlichkeit war die Stabilität

entwickelt und als vormilitärische Ausbildung zur Vorbereitung auf den Befreiungskrieg, also als nationalpolitische Erziehung gedacht worden war. Die Turnerbewegung wurde mit dem Aufbau eines vielschichtigen Kommunikations- und Organisationssystems bis zum Vormärz zu einer der drei größten Massenorganisationen und zu einem der wichtigsten Sammelpunkte der Nationalbewegung. Das Turnen blieb jedoch ein männlich konnotierter Bereich. „Männlichkeit und Wehrfähigkeit, Sittlichkeit, Ordnung und Disziplin – das waren zunächst nur einige der wesentlichen Autostereotype im turnerischen Diskurs. In ihnen verbanden sich individuelle Selbstzuschreibungen und Wertvorstellungen mit kollektiven Vorstellungsbildern, die einer Identität von individuellem und gemeinschaftlichem Bewusstsein Vorschub leisteten." (Goltermann 1998: 68) Durch die Turnerbewegung wurden die Ideale und Ziele des nationalen Strebens greifbar und die Kriterien zur Zugehörigkeit zur Nation fassbar. Zum modernen Männlichkeitsdiskurs und zu Männerbünden vgl. Brunotte (2004).

35 Die körperliche Unterwerfung und Disziplinierung des Soldaten als Technik der militärischen Gehorsamsproduktion ist insbesondere von Michel Foucault in „Überwachen und Strafen" (1977) detailliert untersucht worden.

36 Dies ist im Besonderen an den antisemitischen Stereotypen des weibischen, schwächlichen jüdischen Mannes abzulesen (vgl. A.G. Gender-Killer 2005a: 40ff.). Der jüdische Mann wurde zudem wegen seines vermeintlich anderen Körperbaus, wie z.B. Plattfüße, als nicht geeignet für den Militärdienst diffamiert.

von Männlichkeit zum Erhalt der Nation unabdingbar. „Jedes wahrgenommene Defizit an ‚Männlichkeit' mußte dann jedoch auch die Verwundbarkeit, wenn nicht sogar auf den drohenden Untergang der ‚Nation' verweisen, die umgekehrt, so wie sie wahrgenommen wurde, den Maßstab für die vorhandene ‚Männlichkeit' abgab." (Goltermann 1998: 304) Militär und Krieg waren jedoch – wie bereits angedeutet – keine rein männlichen Sphären, sondern beruhten auch auf der Mitarbeit von Frauen. Obwohl Frauen nicht aktiv an den kriegerischen Auseinandersetzungen beteiligt waren, war ihre (geschlechtsspezifische) Mitwirkung notwendig für den Sieg. Die darüber erlangte öffentliche Wertschätzung stärkte zugleich die Identifikation der Frauen mit der nationalen Bewegung. Ihre besondere Verantwortung bestand darin, die Ehre der Nation und den Nationalcharakter zu bewahren und zu erneuern. Die Konstruktion männlicher gesellschaftlicher Bereiche und Sphären funktionierte jeweils nur mittels einer komplementären Weiblichkeit.

> „Blieben die Frauen auch aus den nationalen Vereinigungen der Schützen, Turner, Burschenschaftler und vielfach auch der Sänger ausgeschlossen, so kam doch kein National- und Vereinsfest, keine Volksversammlung, kein Aufmarsch einer Bürgerwehr und auch kaum eine Gerichts- und Kammerverhandlung ohne die sichtbare und unsichtbare Präsenz von Frauen aus." (Planert 2000b: 41)

Dadurch manifestierte sich die Notwendigkeit des asymmetrischen Geschlechterverhältnisses. Die als weiblich konnotierten Bereiche und Tätigkeitsfelder waren Bestandteil einer politischen Geschlechtergemeinschaft. Die klar abgegrenzten vergeschlechtlichten gesellschaftlichen Bereiche griffen Hand in Hand und bedingten sich wechselseitig.

> „Im nationalen Diskurs kam der Entwurf deutscher Männlichkeit ohne die Konzeption seines weiblichen Gegenpols in der Figur des ‚deutschen Weibes' nicht aus. Nur beide zusammen bildeten die deutsche Familie, die Basis des nationalbürgerlichen Projekts, die nicht umsonst vieltausendfach zum Kern der ‚Volksfamilie' und zur ‚Keimzelle des Staates' deklariert wurde. [...] Nation, Staat und Volk im Sinne einer ethnisch-kulturellen, zunehmend auch rassistisch definierten Größe bilden in der Familie als gemeinsamer kultureller, ökonomischer und bevölkerungspolitischer Reproduktionsbasis eine unentwirrbare Einheit." (Planert 2000b: 21)

Die Volksfamilie wurde somit als organische Einheit und symbolische Verwandtschaft gefasst.

Korrespondierend zu den beschriebenen Männlichkeitsidealen bildeten sich Konzepte ‚deutscher' Weiblichkeit heraus. Diese speisten sich nicht ausschließlich aus der Geschlechterdichotomie, sondern grenzten sich von konkurrierenden liberaleren Weiblichkeitskonzepten ab, die zunehmend als die Nation gefährdend begriffen wurden, und sollten gegen eine emanzipatorische, als frivol und oberflächlich verworfene Unzucht gesetzt werden. Die Abgrenzung von der Frivolität und Unsittlickeit u.a. französischer, polnischer, jüdischer und auch Schwarzer Frauen schuf eine Folie für die Etablierung eines anti-emanzipatorisch ausgerichteten nationalen Charakters der Frau, der sich aus Tugenden wie Treue, Moral und Sitte speiste und sich auf sämtliche (alltägliche) Lebensbereiche bezog.[37] Die Nationalbewegung und der Geist der Romantik wirkten insofern gegen die emanzipatorischen Tendenzen, die die Aufklärung mit sich gebracht hatte. Die vermeintlich ‚privaten' Ideale der bürgerlichen Frau verkörperten übertragen auf die geschlechtsspezifischen Nationalcharaktere die Moral der Nation. Die Konstruktion der nationalen Geschlechtscharaktere zog somit zugleich die Grenzen der nationalen Zugehörigkeit und Identität.

Durch die Übertragung der Geschlechterzuschreibungen auf die ‚Nation' erhielten die Begriffe ‚deutsch' und ‚national' eine mit der Geschlechteridentität eng verwobene Bedeutung. So wurde über die Geschlechteridentität eine Erfahrung ‚nationaler Eigenschaften' und eines ‚nationalen Verhaltens' möglich. Die Verbindung von Nation und Geschlecht gestaltete sich daher komplex: Geschlechtliche und politische Identitäten, religiöse Bezüge etc. standen in Wechselwirkung oder auch im Widerspruch zueinander.

Die ‚verkörperte' Nation

Die Verbindung von Nation und Geschlecht kommt zugleich in der Metapher des Körpers zum Ausdruck. Der Körper ist die älteste und bekannteste Metapher für politische Gemeinschaften. Im 19. Jahrhundert wurde sie für die Repräsentation des ‚Volkskörpers' relevant. „Solche Metaphern des Körpers gehen konstitutiv in Entwürfe und Konstruktionen von Geschlecht bzw. Geschlechterdifferenz ein, und diese wiederum in Repräsentationen des Politischen, die mit Körperbildern ope-

37 Das Bild der Französin und Polin als verführerisch herrscht in den Stereotypen des nationalen Diskurses vor (vgl. Pleitner 1998: 215). Frivolität und Unsittlichkeit wurden aber auch jüdischen Frauen zugeschrieben (vgl. Omran 2000: 54ff.). Die Distinktion der bürgerlichen Frauen von französischen ‚Unsitten', z.B. über die Bereiche Sprache, Mode und Konsum, verhalf zur Konstruktion einer dezidiert deutschen Weiblichkeit, die sich seit dem späten 18. Jahrhundert herausbildete (vgl. Planert 2000b: 34f.; Hagemann 2000a: 101; Planert 2000c: 118f.).

rieren.“ (Härtel/Schade 2002a: 73)[38] Der individuelle Körper steht in einer engen Wechselbeziehung zum Gemeinschaftskörper und geht als ‚nationaler Körper‘ darin auf. Die Verschränkung von Körper(politik) und Nation vermittelt zwischen Ideologie und Alltag und verankert die Nation in den Körpern, im Geschlechterwissen und im ‚Privaten‘.[39] Der Körper ist ein Medium der Einprägung und Manifestation vermeintlich natürlicher nationaler Eigenschaften. Er stellt jedoch nicht ein passives Medium der Einschreibung kultureller Bedeutung dar, sondern ist zugleich ein aktiver und damit produzierender Bestandteil des fortlaufenden Konstruktionsprozesses.

Der männliche und der weibliche Körper nehmen in der Konstruktion nationaler Körper unterschiedliche Funktionen wahr. Der gesunde, trainierte, sportliche Körper des Mannes entwickelte sich seit Anfang des 19. Jahrhunderts zur Metapher für die Stärke und Ganzheit der nationalen bzw. nach ‚rassischen‘ Prinzipien konstruierten Gemeinschaft. Der weibliche Körper wurde hingegen zu einem sozialen Territorium; er verkörperte den moralischen und sittlichen Zustand der Nation. Er stellte eine symbolische Repräsentation der Gemeinschaft, des Volkskörpers dar (vgl. Seifert 1995: 21). Durch die Verletzungsoffenheit des weiblichen Körpers war dieser zugleich eine potenzielle Bedrohung für die Gemeinschaft. Der Zugriff auf den Frauenkörper sollte bereits im Kaiserreich – u.a. über die entstehenden Bevölkerungswissenschaften, den Sozialdarwinismus und die Rassenhygiene – eine Regulierung des Volkskörpers ermöglichen (vgl. Bergmann 1992; Usborne 1994). Weibliche Reproduktion, Moral und Hygiene wurden relevant für die Zukunft und den Bestand der Gemeinschaft.

Das Sexualleben verknüpfte sich in der Vorstellung eines Volkskörpers mit dem Wohl der Nation. Die Hygiene des Individuums sicherte daher die Hygiene der Nation und ‚Rasse‘ (vgl. Sarasin 2001). Sexualität ist der Punkt, an dem sich die Disziplinierung des individuellen Körpers mit der Regulierung des Gesellschaftskörpers verbindet. Foucault hat auf die Verbindung von Körper und Sexualität mit Wissen und Macht

38 Über den Körper wurde das sich entwickelnde ‚nationale Verhalten‘, Stereotype der Männlichkeit und Wehrhaftigkeit, Disziplin und Ordnung bzw. Stereotype nationaler Weiblichkeit eingeübt und ‚einverleibt‘.

39 Ideologie begreife ich im Sinne der *Cultural Studies* als Vergesellschaftung, als soziale und kulturelle Praxis, als ein auf Erfahrung basierendem Wissen, das das Selbst- und Weltverhältnis der Individuen organisiert und ihnen Orientierung und Handlungsfähigkeit innerhalb gesellschaftlicher Kämpfe ermöglicht. Damit grenzen sich die *Cultural Studies* von einem Ideologiebegriff konkurrierender marxistischer Schulen ab, die zwischen ‚wahr‘ und ‚unwahr‘ unterscheiden und von einem ‚falschen Bewusstsein‘ ausgehen (vgl. Hall 1994: 152f.).

hingewiesen. Sexualität, so Foucault, war ein Produkt des Bürgertums, das seit dem 18. Jahrhundert damit beschäftigt war,

> „sich eine Sexualität zu geben und sich von da aus einen spezifischen Körper, einen ‚Klassenkörper' mit einer eigenen Gesundheit, einer Hygiene, einer Nachkommenschaft, einer Rasse zu erschaffen: Selbstsexualisierung seines Körpers, Inkarnation des Sexes in seinen eigenen Körper, Endogamie zwischen dem Sex und dem Körper." (Foucault 1977: 149)

Die Sorge um das Überleben des Volkes überlagerte die Sorge um sich – die Selbsttechniken bekamen eine „Funktion biopolitischer Strategien". (Sarasin 2001: 259) Mit dem Entwurf eines Bevölkerungskörpers gelang es, den individuellen Körper und die Bevölkerung politisch zu besetzen und zu durchdringen. Die Geschlechterbeziehungen und die Sexualität haben demnach eine zentrale Bedeutung für die kulturellen Vorstellungen von Identität und Differenz. Diese Aspekte ziehen sich auch durch die sog. Frauenfrage.

Nationale Artikulation der bürgerlichen Frauenbewegung

Die Ambivalenz des gesellschaftlichen Aus- bzw. Einschlusses von Frauen wurde bereits in den Anfängen der nationalen Organisierung und der Herausbildung von Geschlechtscharakteren als Entwürfe nationaler Identität deutlich. Frauen und weiblich konnotierte gesellschaftliche Räume und Handlungsfelder hatten eine wichtige Funktion sowohl für die Nation als auch für zentrale nationale Instanzen wie das Militär und damit für kriegerische Auseinandersetzungen. Der Bezug der patriotischen Frauenverbände auf die Nation ermöglichte es den engagierten Frauen, jenseits der ihnen zugeschriebenen Räume und Möglichkeiten aktiv zu werden und sich als Teil der nationalen Bewegung zu begreifen. „Das Engagement für den ‚heiligen' Wert der Nation eröffnete Frauen neue Handlungsspielräume und Partizipationschancen und ermöglichte ihnen Erfahrungen von Selbstständigkeit und Autonomie, an die sie, wie die Kontinuität der Aktionsformen zeigt, auch nach 1815 anknüpfen konnten." (Planert 2000b: 28) Nach dem Krieg von 1813-15 benötigten die Frauenvereine eine neue Legitimationsbasis, weshalb sie sich der Wohltätigkeitsarbeit zuwandten und sich um die gravierenden sozialen Probleme kümmerten, die vor allem mit der aufkommenden Industrialisierung und dem Bevölkerungswachstum zunahmen. Auch in der versuchten bürgerlichen Revolution von 1848 übernahmen Frauen eine wichtige Rolle (vgl. Frevert 2001: 173). In den für Frauen legitimen Handlungsfeldern erfolgte in den 1860er Jahren der organisierte Aufbruch von Frauen in Bereichen wie der Wohltätigkeit, Erziehung usw. In diesem Zuge entstanden zahlreiche politisch unterschiedlich ausgerichtete Vereine (vgl. Planert 2000b: 42).[40]

Die in diesem Kontext entstehende Frauenbewegung artikulierte sich bewusst in nationalen Kategorien bzw. machte die nationale Frage auch zur Frauenfrage. Im Oktober 1865 fand die erste gesamtdeutsche Frauenkonferenz auf Initiative des *Leipziger Frauenbildungsvereins* in Leipzig statt. Während der Konferenz gründeten Louise Otto-Peters und Auguste Schmidt den *Allgemeinen Deutschen Frauenverein* (ADF).[41] Einerseits ging es auf der Konferenz um die Verbesserung der sozialen und wirtschaftlichen Lage der Frauen, andererseits bildete die nationale Frage den Hintergrund: mit der Wahl des Ortes wurde ein klarer Bezug zu den Befreiungskriegen hergestellt, da 52 Jahre vorher die entscheidende Schlacht gegen Napoleon in Leipzig stattgefunden hatte (vgl. Planert 2000b: 42f.). Der Verein unterstützte durch patriotische Aktivitäten und Hilfsdienste die Kriege von 1866 und 1870/71, wie auch der 1866 von Wilhelm-Adolf Lette gegründete *Lette-Verein,* der ganz ähnliche Ziele wie der ADF vertrat. Beide äußerten sich zunehmend kriegsbegeistert (vgl. Bussemer 1985: 170ff.).

Der Kampf der bürgerlichen Frauen um Bildung und standesgemäße Arbeit, die zentralen Felder der bürgerlichen Frauenbewegung, ist ein Beleg für die unterschiedlichen Lebensrealitäten von Frauen:[42] Der

40 Der *Vaterländische Frauenverein* wurde 1866 von der preußischen Königin Augusta im Anschluss an den preußisch-österreichischen Krieg gegründet, um die freiwilligen Helferinnen auch in Friedenszeiten zusammenzufassen. Der Verein schuf eine ‚weibliche Gegenwelt', die „analoge Strukturen zur männlich geprägten politischen Öffentlichkeit aufwies" (Süchting-Hänger 2000: 131). Er war patriotisch und bis zum Ersten Weltkrieg königstreu ausgerichtet.

41 Louise Otto-Peters (1819-1895) gilt als Begründerin der bürgerlichen Frauenbewegung. Sie gab die erste politische deutsche Frauenzeitung der Revolution von 1848/49 unter dem Motto „Dem Reich der Freiheit werb' ich Bürgerinnen" heraus. Zu ihrem Verhältnis zur Nation als Grundlage ihres politischen Handelns vgl. Planert (2000c: 113f.). Auf der ersten Frauenkonferenz wurde, insbesondere von Luise Otto-Peters, die „Großdeutsche Lösung" vertreten, die Österreich einschloss, um ein deutliches Zeichen für die deutsche Einheit zu setzen (vgl. Reder 1998: 418).

42 Die ökonomische Situation der unteren Schichten des Bürgertums hatte sich Ende des 19. Jahrhunderts verschlechtert. Entgegen dem Ideal des Müßiggangs der bürgerlichen Frau mussten diese nun durch meist zu Hause stattfindende Erwerbsarbeit Geld dazu verdienen. Unverheirateten, verwitweten bürgerlichen Frauen war es kaum möglich, ihren Lebensunterhalt selbstständig zu verdienen, da es wenig standesgemäße Berufsmöglichkeiten für sie gab, außer als Gouvernante, Gesellschafterin oder Lehrerin (vgl. Walgenbach 2004: 160). Durch diese ökonomische Situation erlangte die Idee der standesgemäßen außerhäusigen Erwerbsarbeit für die

Großteil der weiblichen Landbevölkerung, der Arbeiterinnen und Dienstmädchen lebte in sozialer Not und war schlechten Arbeitsbedingungen unterworfen.[43] Die proletarische Frauenbewegung nahm die Interessen der Arbeiterinnen wahr und verstand sich als Bestandteil der sozialistischen Bewegungen.[44] Bei dem Zusammenschluss der Frauenverbände zum *Bund Deutscher Frauenvereine* (BDF) 1894 war die Aufnahme der sozialistischen Frauenvereine umstritten; auch die Themen Prostitution, Mutterschutz, Frauenwahlrecht und Homosexualität waren umkämpft.[45] Mit der sog. Sittlichkeitsdebatte um Prostitution und Sexualmoral kam es daher in den 1890er Jahren innerhalb der bürgerlichen Frauenbewegung zur Formierung eines radikalen Flügels um Antita Augspurg und Minna Cauer.[46]

bürgerliche Frau immer mehr an Bedeutung. Die Forderung nach Bildung und Arbeitsmöglichkeiten standen in einem engen Zusammenhang mit der sozialen Lage bürgerlicher Frauen. Deshalb forderte die bürgerliche Frauenbewegung die Verbesserung der Bildung für bürgerliche Frauen und eine darauf aufbauende Berufsqualifizierung (vgl. Smidt 1995: 17).

43 In der ersten Hälfte des 19. Jahrhunderts gab es erste Ansätze einer Organisierung von Arbeiterinnen in gewerkschaftlichen Zusammenhängen. Die Entstehung der proletarischen Frauenbewegung ist eng mit der Entstehung der Arbeiterbewegung verbunden. In den 1860er Jahren formierte sich schließlich eine proletarische Frauenbewegung (vgl. Hervé 1982: 22ff.).

44 Clara Zetkin gilt als bedeutendste Vertreterin der proletarischen Frauenbewegung. Sie begriff die Frauenfrage jedoch als Nebenwiderspruch des Klassenkampfes.

45 Der BDF grenzte sich von Anfang an von der proletarischen Frauenbewegung ab und versuchte vergeblich, die extrem konservativen vaterländischen Frauenverbände zu integrieren (vgl. Schenk 1990: 44). Der Ausschluss ‚unweiblicher' sozialdemokratischer Frauen bei der Gründung weist auf eine zunehmende Militanz der bürgerlichen Frauenbewegung gegen ‚Reichsfeinde' hin (vgl. Sandkühler/Schmidt 1991: 247). Die explizite Spaltung zwischen den proletarischen und bürgerlichen Frauen vollzog sich im Jahre 1896 (vgl. Eichhorn 1994: 79). 1901 hatte der BDF etwa 70.000 Mitglieder, 1914 bereits 250.000. In der proletarischen Frauenbewegung waren 1901 etwa 25-30.000 und 1914 geschätzte 320.000 (ohne Doppelmitgliedschaften) Frauen organisiert (vgl. Wurms 1982: 41).

46 Konkreter Anlass waren Regierungspläne zur Verschärfung der Reglementierung der Prostitution. Der radikale Flügel der bürgerlichen Frauenbewegung wurde um die Jahrhundertwende tonangebend und wies auf neue gesellschaftliche Probleme wie die Situation der Prostituierten, die Sittlichkeitsfrage, die gesellschaftliche Stellung lediger Mütter, die Sexualmoral sowie das Frauenstimmrecht hin (vgl. Schenk 1990: 22). 1888 gründete Minna Cauer den Verein *Frauenwohl.* 1899 wurde der *Verband Fortschrittlicher Frauenverbände* als Dachverband radikalerer Frauenverbände gegründet, denen der BDF zu konservativ war; im Vorstand saß Minna Cauer. 1907 trat der Verband dennoch dem BDF bei. 1905 entstand der *Bund für Mutterschutz und Sexualreform* um Helene Stöcker, der

Die Ziele und deren Umsetzung unterschieden sich innerhalb der organisierten Vereine erheblich.[47] Die Mehrheit der organisierten bürgerlichen Frauen wollte keine rechtliche Gleichstellung mit Männern. So forderte z.B. nur ein kleiner radikaler Flügel das Stimmrecht für Frauen.[48] In der bürgerlichen Frauenbewegung wurden Dienen und Pflichterfüllung zentrale Topoi der Aufgaben der Frau. Die Frauenrechtlerinnen kämpften für eine stärkere Integration in die Nation, wozu auch die nationalistisch bis anti-emanzipatorisch ausgerichteten Verbände beitrugen.

Um 1900 setzte eine Politisierung und Organisierung immer größerer Teile der wilhelminischen Gesellschaft ein. Das Vereinswesen gilt als ein Strukturmerkmal der bürgerlichen Gesellschaft, als Ort der gesellschaftlichen Emanzipation und Partizipation und als fester Bestandteil des bürgerlichen Lebens. Es fußte auf dem Ausschluss von Frauen, die eigenständige, meist karitative Vereine gründeten (vgl. Süchting-Hänger 2002: 24). In den 1890er Jahren erlebte auch die Organisierung von Frauen einen erheblichen Anstieg. Kundrus (2004: 213f.) erklärt die zunehmende Organisierung mit einer umfassenden gesellschaftlichen Politisierung im Reich sowie mit den Dynamiken des Geschlechterverhältnisses, die von der Frauenfrage sowohl als „Motor als auch Ausdruck internationalen gesellschaftlichen Wandels" angeschoben wurden.

Der Zulauf von Frauen reichte von der Frauenbewegung bis zu nationalistischen, protestantischen, karitativen und Hausfrauenvereinen, deren Mitgliederzahlen die des Dachverbandes der bürgerlichen Frauenbewegung BDF sogar noch übertrafen (vgl. Streubel 2003: 4; Chickering 1988: 158).[49]

---

eine ‚neue Ethik' der Geschlechter vertrat. Nach 1908 verloren die radikalen Frauen wieder an Einfluss und die Gemäßigten setzten sich durch.

47 Differenzen ergaben sich vor allem aus dem angestrebten Ziel: Die radikalen Frauen forderten eine staatsbürgerliche Gleichberechtigung, während die gemäßigten Frauen sich auf Mütterlichkeit und weibliche Fähigkeiten bezogen, die die männliche, auch in der Öffentlichkeit, als explizit „weibliche Staatsbürgerschaft" ergänzen sollte. Diesen zwei Modellen lag ein unterschiedliches Politikverständnis und Geschlechtermodell zugrunde (vgl. Lotz 1998: 71f.).

48 Die klare Aufteilung der Frauenbewegung in eine radikale und eine gemäßigte bzw. eine linke und eine konservative Richtung wird inzwischen jedoch in Frage gestellt, da viele Projekte der Frauenbewegung, wie z.B. die sozialreformerischen, quer zu diesen Flügelkämpfen verliefen (vgl. Schröder 2001: 14). Dennoch behalte ich die Bezeichnungen bei, da sich trotz aller Gemeinsamkeiten meist eine politische Ausrichtung feststellen lässt.

49 Als wichtigste und größte rechte Frauenorganisationen protestantischer Prägung mit karitativer und politischer Zielsetzung nennt Süchting-Hänger (2002: 25) den *Vaterländischen Frauenverein*; 1914 hatte der Verein über 590.000 Mitglieder. Der 1899 gegründete *Deutsch-Evangelische Frauen-*

Auch anti-emanzipatorisch ausgerichtete Verbände öffneten sich für die Mitgliedschaft von Frauen oder ließen eigene Frauenabteilungen zu, da die Frau als zunehmend wichtig für den Erhalt der Nation und als Kulturträgerin betrachtet wurde.

„Es waren nicht zuletzt die nationalen Verbände des späten Kaiserreichs, die durch die Beeinflussung der öffentlichen Meinung über die Zugehörigkeit zur ‚Nation' befanden und definierten, was unter ‚deutsch' zu verstehen war. Indem sich die Emanzipationsgegnerinnen an diesem Prozeß beteiligten, trugen sie auf ihre Weise dazu bei, Frauen in die ‚Nation' zu integrieren." (Planert 1998: 271)

So hatte der *Alldeutsche Verband* seit 1905 eine Frauenvereinigung, und sogar der 1912 gegründete *Bund zur Bekämpfung der Frauenemanzipation* öffnete sich für Frauen (vgl. Hering 2003; Planert 1998: 118ff.). Die Integration von Frauen in die Nation ging damit paradoxerweise häufig von erklärten Emanzipationsgegnern aus.

„Im Namen der Nation wurde gegen die Frauenemanzipation gekämpft, doch diese Kämpfer (und Kämpferinnen) konnten unbeabsichtigt eine Emanzipation der Tat fördern. So engagierten sich z.B. im wilhelminischen Antifeminismus Frauen, die das taten, was Emanzipationsgegner verurteilten: Sie schrieben und redeten, traten öffentlich auf, gingen gar auf Vortragsreisen, handelten selbständig, maßten sich Urteile außerhalb von Haus und Familie an." (Langewiesche 1995: 217)

Das Engagement der rechten, konservativen organisierten Frauen jenseits der Frauenbewegungen bezog sich jedoch nicht auf die Geschlech-

---

bund hatte 1914 15.600 Mitglieder. Er trat 1908 unter starken Protesten des rechten Lagers sogar dem BDF bei. Die *Evangelische Frauenhilfe* wurde 1899 gegründet und besaß 1912 fast 25.0000 Mitglieder. Wichtig für die weibliche Organisierung und Partizipation waren auch die Ableger von nationalistischen Vereinen, wie der 1896 gegründete *Deutsche Frauenverein für die Ostmarken* mit 3400 Mitgliedern (1914), der 1905 gegründete *Flottenbund deutscher Frauen* mit 60.000 Mitgliedern (1913), sowie der 1905 gegründete *Deutsch-Koloniale Frauenbund*, der sich 1907 als *Frauenbund der deutschen Kolonialgesellschaft* der *Deutschen Kolonialgesellschaft* anschloss, mit 17.800 Mitgliedern (1914) (vgl. Streubel 2003: 4). Zudem gab es den *Ring Nationaler Frauen* (1920), die *Vereinigung evangelischer Frauenverbände Deutschlands* (1918) und den *Deutschen Frauenbund.* Sie waren die Antwort der konservativen Seite, um den neuen gesellschaftlichen Herausforderungen wie z.B. der Frauenfrage zu begegnen. 1903 gründete sich der *Katholische Frauenbund Deutschlands* als organisatorischer Kern der bürgerlich geprägten katholischen Frauenbewegung (vgl. Sack 2000: 292ff.).

terfrage; vielmehr drückten sie ihren Willen zur Partizipation am nationalistischen, imperialistischen Vereinsziel aus. Sie waren daher ein Teil der politischen Rechten, die zum Wohl der Nation beitragen wollten.[50] Die Organisierung der konservativen Frauen geschah daher nicht aus (geschlechter-)emanzipatorischen oder demokratischen Motiven, sondern aus der Einsicht, dass die deutsche Frau ein unverzichtbarer Bestandteil des nationalen oder imperialen Projektes war. Durch die patriotische Pflichterfüllung trugen diese Frauen so zu ihrer Integration in den monarchischen Nationalstaat bei (vgl. Süchting-Hänger 2000: 131). Obwohl sie keine frauenrechtlerische Ausrichtung hatten, waren sie massiv daran beteiligt, die Handlungsfelder von Frauen auszudehnen und die private häusliche Sphäre zu überschreiten. Im Laufe ihrer öffentlichen Arbeit verließen diese Frauen häufig die von ihnen vertretenen und mit der bürgerlichen Geschlechterideologie zu vereinbarenden Spielräume, drängten schließlich auf stärkere Mitwirkungsmöglichkeiten und weiteten ihre Arbeitsbereiche auf nicht-weiblich konnotierte Bereiche aus.[51] Das Spannungsverhältnis zwischen konservativem bzw. rechtem Frauenengagement mit einem dezidiert anti-emanzipatorischen Frauenbild und der gleichzeitigen Infragestellung des klassischen Geschlechterdualismus durch ihr politisches Engagement zieht sich durch die gesamte Geschichte der konservativen, rechten und nationalistischen Frauenverbände bzw. auch der Männervereine, die das Engagement von Frauen in einem nicht-frauenrechtlerischen Rahmen unterstützten oder zuließen (vgl. Chickering 1988: 158ff.).[52] Ein dezidierter Antifeminis-

50 Die rechten Frauenorganisationen des Kaiserreiches sind erst in den letzten Jahren verstärkt in den Blick geraten und von der historischen Geschlechterforschung als Teil der politischen Rechten in das oftmals geschlechterblinde Geschichtsbild eingefügt worden (vgl. Süchting-Hänger 2002; Streubel 2003).

51 Eine größere Selbstständigkeit führte oft zu Konflikten mit den männlichen Vereinsmitgliedern (vgl. Süchting-Hänger 2000; Chickering 1988: 185ff.). Die *Evangelische Frauenhilfe* war die einzige rechte Frauenorganisation, die nie ein größeres Mitspracherecht einforderte (vgl. Streubel 2003: 6).

52 Das konservative, rechte Lager konnte sich oftmals nur schwer dazu durchringen, Frauen in ihren Reihen zuzulassen. Erst 1912 öffneten sich die Deutsch-Konservativen, die größte Partei des rechten Lagers, für Mitarbeiterinnen (vgl. Heinsohn 2000: 217ff.). 1913 wurde die *Vereinigung Konservativer Frauen* gegründet, in der von Anfang an Funktionärinnen des *Deutsch-Evangelischen Frauenbundes* (DEF) vertreten waren. Den Deutsch-Konservativen galten die sich organisierenden konservativen Frauen als große Gefahr: Dem DEF, aber auch anderen protestantischen Frauenvereinen, die keine Mitglieder im BDF waren, wurde z.B. vorgeworfen, nicht konsequent genug gegen die radikalen Frauenrechtlerinnen innerhalb des BDF und das Frauenstimmrecht vorzugehen. Die Nähe zum

mus konnte demnach mit der Akzeptanz von Frauen in den eigenen Reihen einhergehen.

Diese Ausweitung weiblicher Handlungsfelder durch antiemanzipatorisch ausgerichtete, imperialistische und rassistische Verbände spielte auch im kolonialen Kontext des Deutschen Reiches eine wichtige Rolle. Der Handlungsradius der Frauen dehnte sich parallel mit der Expansion des Deutschen Reiches aus. „Weiblicher Kulturimperialismus wurde zum unverzichtbaren Bestandteil imperialistischer Expansion und stützte die militärische und wirtschaftliche Eroberungspolitik nicht nur im Kaiserreich, sondern auch im Nationalsozialismus." (Planert 2000b: 31f.) Frauen wurden Wächterinnen der deutschen Kultur und Hüterinnen der deutschen ‚Rasse'. Sie hatten einen zentralen Anteil an der Begründung einer nationalen Identität. Das Konzept des Weiblichen repräsentierte die Kontinuität der Nation, das Erhaltende und Stabilisierende. Frauen fiel die Aufgabe der Traditionspflege und nationalen Erziehung zu. Der Aspekt der (nationalen) Bildung konnte dabei mit emanzipatorischen Zielen der Frauenbewegung verknüpft werden (vgl. Planert 2000b: 30f.). Die nationale Ausrichtung der (bürgerlichen) Frauenbewegung kommt dementsprechend auch in tragenden Diskursen der Frauenbewegung zum Ausdruck.

BDF war sehr umstritten. Eine eigenständige konservative Frauenpolitik entwickelte sich vor allem nach dem Ersten Weltkrieg (vgl. Heinsohn 2000: 229). Auch in der völkischen Bewegung war die Mitgliedschaft von Frauen umstritten (vgl. Puschner 2000: 167ff.). Im Kern der völkischen Bewegung gab es keine weiblichen Filialvereine wie bei den nationalistischen oder kolonialistischen Verbänden. Der *Deutsche Ostmarkenverein* und der *Flottenverband* werden zwar dem völkischen Denken zugerechnet, Puschner siedelt sie allerdings eher an der Peripherie der völkischen Bewegung an. Erst ab 1916/17 gab es die ersten dezidiert völkischen Frauenvereinigungen. 1916 gründete sich die *Neulandbewegung*, eine protestantische Organisation für die weibliche Jugend, die sich in der Weimarer Republik der völkischen Bewegung zuwandte und ab 1929 eine Pro-NS-Politik betrieb. Die Frauenbewegung war in ihren Augen ein Symptom für den ‚Rassenverfall'. 1923 entstand der *Bund Königin Luise,* der Frauenbund des *Stahlhelm*. Es gab nur wenige am völkischen Diskurs teilnehmende völkische Frauen. Diese fügten sich dem antiegalitären Frauenbild, transformierten jedoch die postulierte „Pflicht zur Mutterschaft" in ein „heiliges Recht" und leiteten daraus und in Abgrenzung zur „volks- und rasseverderblichen" Frauenbewegung ihren Anspruch ab, die wahren Repräsentantinnen der deutschen Frauenbewegung zu sein (vgl. Puschner 2000: 176).

‚Geistige Mütterlichkeit' und der weibliche Kulturauftrag

Der Diskurs um Mütterlichkeit entwickelte sich im Kontext breiterer gesellschaftlicher Debatten um Kindererziehung, Familie und Staat. Für die entstehende Frauenbewegung waren diese Debatten ein zentraler Artikulationsrahmen. Die Welt als Mutter-zentrierter Haushalt stellte eine dominante Metapher deutscher Frauenrechtlerinnen seit dem 19. Jahrhundert dar – nicht nur der gemäßigten, sondern auch der radikalen und einiger sozialistischer Feministinnen (vgl. Allen 1991: 1). Innerhalb der frühen Frauenbewegung vollzog sich damit ab den 1860er Jahren ein Umschwung von egalitären zu geschlechterdifferenten Emanzipationskonzepten. Waren anfangs die Verfechterinnen einer egalitären Geschlechtertheorie in der Mehrheit, setzten sich nach wenigen Jahren Vertreterinnen des Konzeptes der ‚geistigen Mütterlichkeit' durch. „Der neuen Ideologie der ‚geistigen Mütterlichkeit' [...] gelang es innerhalb weniger Jahre, die feministische Kritik am ‚Weiblichkeits'-Begriff in Vergessenheit geraten zu lassen und durch eine Neuinterpretation der traditionellen Frauenrolle zu ersetzen." (Bussemer 1985: 244f.) Mitte der 1870er Jahre waren die meisten kritischen Stimmen der Frauenbewegung verstummt (vgl. Eichhorn 1994: 80).[53]

Angelehnt an Mütterlichkeitsvorstellungen der Pädagogen Fröbel und Pestalozzi sowie an den Simmelschen Kulturbegriff wurde Ende des 19. Jahrhunderts die Idee der ‚geistigen Mütterlichkeit' entwickelt und daraus eine ‚Kulturaufgabe der Frau' abgeleitet. Die ‚geistige Mütterlichkeit' ging von einer positiven Geschlechterdifferenz aus. Das Konzept wertete die in der Privatsphäre entwickelten sozialen Kompetenzen von Frauen auf und stellte sie in den Dienst der Gesellschaft.

> „Wie in der privaten Familie wurde die Frau auch in der ‚Volksfamilie' zur Personifikation dieser emotionalen Qualitäten, symbolisiert in der Mütterlichkeit. Als ‚geistige Mütterlichkeit' war diese Qualität nicht mehr an die biologische Mutterschaft gebunden oder auf eine bestimmte Lebensphase beschränkt; sie verband instinkthaftes ‚angeborenes' Verhalten mit erworbenem Wissen und hielt die Definition der Frau durch ihre familiale Rolle aufrecht, ohne ihre Funktion auf die Institution der Familie einzuengen." (Bussemer 1985: 246)

Die ‚geistige Mütterlichkeit' übertrug weiblich konnotierte Werte auf die Nation, die als Familie oder als großer Haushalt betrachtet wurde. Damit erweiterte sich der Aktionsradius von Frauen; ihre emotionalen

53 Zum Wandel des Gleichheitsbegriffs vom 15. bis zum 19. Jahrhundert von der *Querelle des Femmes* bis zur modernen Frauenbewegung vgl. Spitzer (2002).

und moralischen Fähigkeiten wurden auf die ‚Volksfamilie' und den eigentlich Männern vorbehaltenen außerhäuslichen Bereich übertragen. Die ‚geistige' bzw. ‚soziale Mütterlichkeit' war eine der Grundlagen für die soziale Arbeit, ihre Professionalisierung und ihre Etablierung als wichtiges Feld der bürgerlichen Frauenbewegung. Die ‚geistige Mütterlichkeit' legitimierte die weibliche Berufstätigkeit im sozialen Bereich (vgl. Sandkühler/Schmidt 1991: 244). Allen (1991: 112) betont, dass die Entstehung des Konzeptes der ‚geistigen Mütterlichkeit' im Kontext der sozialen Frage ein „gender-specific approach to social reform" war, der sich von den Entwürfen der Männer in der Politik unterschied.[54] Die bürgerlichen Frauen drückten damit ihre Fürsorge, aber auch ihre hegemoniale Position gegenüber proletarischen Frauen und Männern aus. Weibliche Bildung wurde ein gesellschaftlicher Aufgabenbereich und Bezugspunkt der Politisierung von Frauen zur Übermittlung nationaler Werte. Diese Politisierung stellte eine Grundvoraussetzung für die Erweiterung des weiblichen Handlungsspielraums dar, ermöglichte jedoch noch keine gleichberechtigte Partizipation.

Erst in den 1890er Jahren tauchte mit den Radikalen innerhalb der bürgerlichen Frauenbewegung eine innerfeministische Kritik an der angepassten Politik der Frauenvereine auf, die Gleichheitsforderungen erneut in den Raum stellten und beispielsweise das Stimmrecht für Frauen einforderten. Dennoch richteten sich die Partizipationsforderungen der Frauenbewegung zunehmend auf die Prinzipien weiblicher Fürsorge und Mütterlichkeit im öffentlichen Bereich. Die Emanzipationsforderungen, z.B. nach einem Zugang zum Bildungssystem und Möglichkeiten der Berufstätigkeit für Frauen (insbesondere in der entstehenden sozialen Arbeit), wurden vermehrt in den Kontext des Wohls der nationalen Gemeinschaft gestellt. Selbst die Forderungen nach weiblicher Berufstätigkeit stimmten mit den Idealen von Weiblichkeit überein, so z.B. der Kindergärtnerinnenberuf. Die national ausgerichtete Frauenbewegung überbrückte soziale Kluften und stabilisierte den Nationalstaat. Durch den Bezug auf vornehmlich weibliche Kompetenzen und Bereiche entschärften sich zugleich die Gegensätze zwischen feministischen Partizipationsforderungen und bürgerlich-patriarchaler Geschlechterordnung, da die Geschlechterverhältnisse mit klar verteilten gesellschaftlichen Aufgabenbereichen der nationalen Gemeinschaft untergeordnet wurden.

Das feministische Engagement in Fragen der gesellschaftlichen Moral und Sitte hatte einen großen Stellenwert für die nationale Gemeinschaft. Initiativen gegen Prostitution beispielsweise stärkten die Rolle

54 Das Konzept der ‚geistigen Mütterlichkeit' war zugleich ein Entwurf weiblicher Staatsbürgerschaft im neuen Nationalstaat (vgl. Allen 1991: 111).

der Frau als Hüterin der gesellschaftlichen Ordnung. „Feminismus und Reinlichkeit verbanden sich gleichermaßen mit nationaler Einsatzbereitschaft.“ (Mosse 1987: 134) Die Respektabilität der Frau war verantwortlich für das Wohl der ‚Rasse‘ und der Nation. Die Nationalisierung und der Bezug auf den weiblichen Kulturauftrag gingen zunächst und vor allem von konservativen Organisationen aus und erfassten im letzten Drittel des 19. Jahrhunderts den Großteil der bürgerlichen Frauenbewegung. Der von der ‚geistigen Mütterlichkeit‘ abgeleitete Kulturauftrag der Frau ist ein Beispiel dafür, wie sich konservative Tendenzen mit emanzipativen Zielen mischten, die auch von radikalen und sozialistischen Feministinnen aufgegriffen wurden. Zudem ging davon ein massiver Nationalisierungsschub aus, der bis ins sozialistische Lager reichte. Diskurse der Frauenbewegung waren demnach daran beteiligt, die dualistischen Geschlechterverhältnisse zu verfestigen und mit dem Bezug auf eine ‚weibliche Natur‘ zu essentialisieren. Eichhorn (1994: 80) bezeichnet Diskurse der Frauenbewegung wie die ‚geistige Mütterlichkeit‘ sogar als „Motor der Nationalisierung“ der Gesellschaft.

„Als Frauen sich in der Mitte des 19. Jahrhunderts zusammenschlossen, um ihre liberalen Ideen und ihre emanzipativen Forderungen durchzusetzen, gehörten sie zu den Außenseiterinnen der Gesellschaft. Liberalismus, Internationalismus und Emanzipation wurden im Kaiserreich zunehmend zu Schimpfworten und galten als Gefahren für die Nation. Je mehr aber Frauenrechtlerinnen ihr ‚weibliches Wesen‘ und ihre ‚geistige Mütterlichkeit‘ für das Allgemeinwohl der Gesellschaft in den Mittelpunkt ihrer Theorien und ihrer Praxis stellten, desto mehr näherten sie sich den nationalistischen, imperialistischen und rassistischen Ideologien dieser Nation an.“ (Wawrzyn 2000: 191)

Der weibliche Kulturauftrag diente der Erhaltung des ‚Deutschtums‘ und wurde sogar von der politischen Rechten aufgegriffen, die einer weiblichen Emanzipation im Sinne einer weiter reichenden Partizipation am öffentlichen Leben ablehnend gegenüberstanden.

„Die Definition der Frauen als ‚Kulturträgerinnen‘ qualifizierte sie so nicht nur für die nationale Erziehung des eigenen Nachwuchses und für die interne Homogenisierung einer als ‚deutsch‘ verstandenen Nationalkultur, sondern machte sie darüber hinaus zu berufenen Verfechterinnen des nationalisierten Kultur- und Wertesystems überall dort, wo es darum ging, die politische und wirtschaftliche Dominanz der deutschen Nation durch kulturelle Hegemonie abzusichern.“ (Planert 2000b: 31)

Das Jahr 1908 gilt als „Wendepunkt in der Entwicklung der bürgerlichen Frauenbewegung nach rechts“. (Wawrzyn 2000: 189) Mit dem Reichsvereinsgesetz von 1908 wurde das in weiten Teilen des Deutschen Reichs geltende Verbot für jegliche Vereins- und Versammlungstätigkeit von Frauen aufgehoben. In der Folge organisierten sich viele konservative Frauen und rechtsgerichtete Gruppen im BDF und förderten zunehmend eine nationalistische und imperialistische Ausrichtung des Dachverbandes.

Politische Partizipation galt in der Mehrheit der bürgerlichen Frauenbewegung immer weniger als Menschenrecht, sondern wurde mehr und mehr als „Belohnung für nationale Einsatzbereitschaft" (Planert 2000b: 43) betrachtet. Eine nationalistische Haltung setzte sich zunehmend in progressiveren Frauenvereinen durch und verbreitete sich bis zum Ersten Weltkrieg auch im sozialdemokratischen Lager. Militaristische Positionen verdrängten die wenigen pazifistischen Stimmen in der bürgerlichen Frauenbewegung. Der ADF und der BDF unterstützten die Flottenrüstungsprogramme der Regierung, nahmen imperialistische Frauenorganisationen in ihren Reihen auf und „befürwortete[n] das Recht des Reichs, seine nationale Unabhängigkeit militärisch zu behaupten". (Frevert 2001: 286)[55] Der Bezug auf eine positive Geschlechterdifferenz und der daraus abgeleitete Kulturauftrag der Frau beförderten ein weibliches Engagement für den Nationalismus, für ein zu erhaltendes ‚Deutschtum', für deutsche Großmachtinteressen und Expansion. Das nationalistische Engagement mündete im Ersten Weltkrieg in den *Nationalen Frauendienst.* Selbst die Forderungen der radikalen Stimmrechtsbewegung wurden darüber legitimiert; das Stimmrecht galt schließlich als Belohnung für den Dienst an der Heimatfront (vgl. Süchting-Hänger 2002: 93f.).

Die bürgerliche Frauenbewegung und die Nation

Der positive Bezug der ersten Frauenbewegung auf die Nation und das Konzept der ‚Mütterlichkeit' wird in der Forschung ebenso widersprüchlich interpretiert wie die Frage des gesellschaftlichen Aus- und Ein-

55 Die Begründerin des *Alldeutschen Frauenvereins* (ADF), Luise Otto-Peters, rief bereits 1900 alle deutschen Frauen dazu auf, den Flottenbau zu unterstützen: „Vom Meer von Adria bis auf zum Sunde/Dasselbe fordert all' mit einem Munde/Legt Hand ans Werk/baut nicht an alten Trümmern/Die deutsche Art soll deutsche Schiffe zimmern." (Otto-Peters, *Die Frau*, 1900, zitiert nach Wawrzyn 2000: 182) Der Aufruf enthielt einen Bezug auf das Wohl der Nation, um den Eintritt von Frauen in die öffentliche Sphäre zu rechtfertigen, und beruhte auf dem Konzept der ‚geistigen Mütterlichkeit' und der daran gebundenen Geschlechterdifferenz, um die Emanzipations- und Partizipationsforderungen der bürgerlichen Frauenbewegung zu legitimieren.

schlusses von Frauen. In der Forschung wird der Bezug von Frauen auf die Nation häufig lediglich als Legitimationsmöglichkeit ihres politischen, öffentlichen und die Geschlechtergrenzen überschreitenden Handelns und damit als strategisch dargestellt.

> „Wo die einen die Erweiterung von Handlungsspielräumen und Partizipationschancen sehen und emanzipative Tendenzen erkennen, sprechen andere von einer bloßen Instrumentalisierung weiblicher Hilfsdienste unter nationalem Vorzeichen und verweisen darauf, dass im Rahmen des nationalen Modells die politischen Mitwirkungsmöglichkeiten unter den Geschlechtern höchst einseitig verteilt waren und sind." (Planert 2000a: 10)

Ein originäres Interesse der Frauen an der Nation und ihrer Ausgestaltung scheint in dieser Perspektive undenkbar. Richard J. Evans (1976) war einer der ersten, der die Verbindung der historischen Frauenbewegung mit der Nation(sbildung) aufgriff. Er beurteilte den Bezug auf ‚Mütterlichkeit' und damit auf die Geschlechterdifferenz als konservativ, reaktionär und als Ausdruck der politischen Rückständigkeit des Deutschen Reichs.[56] Andere Autorinnen betonen, Frauen hätten ihre Verbannung in die häusliche Sphäre aufgrund ihrer machtlosen Position akzeptieren müssen und den Bezug auf ‚Mütterlichkeit' lediglich strategisch genutzt, um ihren Handlungsradius zu erweitern (Wobbe 1989; Meyer-Renschhausen 1989; Reder 1998: 26; Schröder 2001).[57] Allen (1991) beharrt in Abgrenzung zu Evans auf der Vielschichtigkeit des

56 Schröder (2001: 16f.) kritisiert die Bewertung der ‚geistigen Mütterlichkeit' als konservativ. Sie betont das permanente Oszillieren zwischen Differenz und Gleichheit in der Frauenbewegung.

57 Richard Evans geht von einer radikalen Wende der Frauenbewegung zu sozialdarwinistischen und rassenhygienischen Positionen im Jahre 1908 aus. Greven-Aschoff (1981: 103ff.) erachtet den Bruch nicht als radikal, da die Denkweisen schon vorher vorhanden waren. Liberale und sozialdarwinistische Argumente schließen sich ihr zufolge nicht aus. Der Druck auf die Frauenbewegung, Loyalität zur Nation beweisen zu müssen, erhöhte sich ihrzufolge. Die antisemitischen und rassistischen Denkweisen verstärkten sich zu dieser Zeit im Deutschen Reich, und auch die Frauenbewegung war antisemitischer Propaganda ausgesetzt. Ein Vorwurf lautete, sie sei ‚jüdisch unterwandert'. Allerdings galten in der bürgerlichen Frauenbewegung Konzepte der Gleichheit und der Menschenrechte, mit denen sie ursprünglich angetreten war, schon in den 1880er Jahren als veraltet. Mit der zunehmenden Abwendung von diesen Konzepten stieg auch die Ausgrenzung von Jüdinnen aus den eigenen Reihen. Als problematisch erachte ich jedoch die Tendenz, die rassistischen, antisemitischen und antiegalitären Überzeugungen und Tendenzen lediglich mit dem Druck von außen zu erklären. Vielmehr standen die Frauenbewegungen nicht außerhalb der Diskurse, sondern produzierten sie mit.

Konzeptes der ‚geistigen Mütterlichkeit', das zwar den Ausschluss von Frauen aus einigen gesellschaftlichen Bereichen verfestigte, auf der anderen Seite aber auch neue Möglichkeiten für Frauen erschloss.[58]

> „Its ethical rather than biological emphasis and its conception of maternal behaviour as learned rather that instinctiual challenged the biological determinism (based on theories of brain size and other innate characteristics) that had become fashionable among opponents of feminism in the 1870s. Most important, this argument asserted the ethical autonomy of women against conservative polemicists who still contended that women's true virtue lay in obedience and deference to men." (Allen 1991: 114)

Diese Frage ist nach wie vor umstritten, da das Verhältnis der Frauenbewegung zur Nation weitreichende Konsequenzen für die Bewertung der Positionierung von Frauen innerhalb gesellschaftlicher Machtverhältnisse jenseits der Kategorie Geschlecht hat, wie in der Auseinandersetzung mit Rassismus und Kolonialismus noch deutlicher wird. Das Konzept der ‚geistigen Mütterlichkeit' mag vielschichtig gewesen sein, bot aber trotz seiner antiessentialistischen Elemente Anschlussmöglichkeiten an nationalistische, rassistische und koloniale Diskurse. Es hat dazu beigetragen, biologistische, rassistische und nationalistische Diskurse in die Gesellschaft zu tragen und in ihr zu verankern. Die weiblich konnotierte Privatsphäre wurde auf diesem Wege politisiert, nationalisiert und rassifiziert.

Die Behauptung eines rein instrumentellen Verhältnisses zur Nation kann den fortgesetzten Bezug von Frauen auf nationale Belange – selbst nach der Erlangung des Stimmrechts – nicht erklären. Ein Großteil der Frauen im Kaiserreich glaubte an das Partizipationsversprechen des modernen Nationalismus. Das politische Anliegen der Frauen und deren (nationalistische) Interessen und Motivationen werden in einem lediglich als instrumentell gedachten Verhältnis zur Nation ausgeblendet und nicht ernst genommen.

Die aktive Beteiligung von Frauen an den Anfängen der nationalen Bewegung bzw. die tragende Rolle bei der Erhaltung der Einheit des durch soziale Konflikte und Gegensätze geprägten Deutschlands verdeutlicht die Partizipation von Frauen an der Ausformung des ‚Nationalcharakters' und der nationalen Identität. Mit der Einsicht in die Beteili-

58 Zu den Debatten über die Bewertung des Konzeptes vgl. auch Sandkühler/Schmidt (1991: 238f.). Allen (1997: 115) unterteilt die Entwicklung der ‚Mütterlichkeit' innerhalb der Frauenbewegung in drei Phasen: Die Ursprünge 1800-1860, einen damit verbundenen Aktivismus 1860-1900 sowie den Einfluss der Eugenik 1900-1914.

gung von Frauen bzw. der Frauenbewegung am nationalen Projekt kann nicht mehr lediglich von einem politischen Ausschluss von Frauen gesprochen werden, sondern es wird möglich, „die Frage nach der weiblichen (Mit-)Täterschaft in Bezug auf die Herstellung gesellschaftlicher Ungleichheit und Ausgrenzung neu zu stellen". (Planert 2000a: 10) Diese Erkenntnis stellt sich zugleich als grundlegend für eine Analyse weiblicher Partizipation am Kolonialismus dar.

Die Nation als „vorgestellte Gemeinschaft" ist nicht nur als äußerliche Ideologie zu verstehen, sondern als eine Vergesellschaftungsform, die sämtliche Bereiche des gesellschaftlichen Lebens durchdringt. Die ‚Nation' ist dabei untrennbar mit den Strukturkategorien Geschlecht, Klasse, und ‚Rasse' verknüpft, die sich wechselseitig hervorbringen. In dieser Durchdringung der Gesellschaft erklärt sich die Wirkungsmächtigkeit nationaler Konzepte.

> „‚Nation' ist keine natürlich gegebene, sondern eine diskursiv konstruierte und unter sich ändernden historischen Bedingungen jeweils re-konstruierte Vorstellung von Gemeinschaft. Die Re-Konstruktion von Gemeinschaft als ‚Nation' betrifft das Selbstverständnis und die selbstverständlichen Praktiken der Mitglieder, ihr Identitätsgefühl, ihre Körper, ihre Sexualität und die Konstruktion und Re-Konstruktion der ‚Anderen'." (Engel 1998: 15)

Die Nation bleibt auf ihr Anderes angewiesen. Welche Rolle der Kolonialismus bzw. die kolonisierten Anderen für die Nation spielten und inwieweit sich die deutsche Kolonialpolitik auf Konzepte nationaler Identität auswirkte, wird in den folgenden Kapiteln näher beleuchtet. Um dieses Wechselverhältnis zu klären, stellt sich zunächst die Frage nach der Wirkungsmächtigkeit des deutschen Kolonialismus. Bevor die deutsche Kolonialpolitik in Hinsicht auf ihre Rassenpolitik und ihre Wechselwirkung mit dem Deutschen Reich und der nationalen Identität untersucht werden kann, stellt das folgende Kapitel die unterschiedlichen Facetten des deutschen Kolonialismus dar.

DER DEUTSCHE KOLONIALISMUS

Die Bedeutsamkeit des Kolonialismus in Deutschland wird aufgrund seiner vergleichbar kurzen Dauer meist als marginal eingeschätzt. Dreißig Jahre Kolonialismus in Afrika, China und im Pazifik erscheinen gegen die Jahrhunderte währende Kolonialzeit anderer europäischer Kolonialmächte mit riesigen Kolonialreichen nahezu unbedeutend. Der deutsche Kolonialismus erweist sich jedoch als vielschichtiges Phänomen, das über den tatsächlichen formalen Kolonialbesitz hinausgeht. In den folgenden Ausführungen wird die Bandbreite der deutschen Kolonialerfahrungen aufgezeigt, die die reale Kolonialherrschaft überschreiten. Dazu werden zunächst die deutsche Beteiligung an der europäischen Expansion und die ersten Kolonisierungsversuche und Handelshäuser dargestellt. Bevor das Kapitel den realen deutschen Kolonialbesitz behandelt, stehen die zahlreichen Kolonialphantasien im Fokus, die die europäische Expansion diskursiv begleiteten bzw. vorbereiteten.

Der deutsche Kolonialismus im Kontext der europäischen Expansion

Der Kolonialismus ist ein europäisches bzw. euro-amerikanisches ‚Projekt', das trotz der Konkurrenz und Differenz zwischen den einzelnen Nationalstaaten gemeinsame Strukturen hervorbrachte.[1] Der deutsche Kolonialismus steht im Kontext der gesamteuropäischen Expansion. Die deutsche Beteiligung an anderen europäischen Kolonialprojekten lässt

1 Die Vorstellung von Europa als Entität geht auf das 8. Jahrhundert zurück (vgl. Miles 1991: 22).

die territorialen Grenzen des Kolonialismus in Europa verschwimmen. „Die deutsche Kolonialexpansion in den achtziger Jahren und ihre Fortsetzung in der ‚Weltpolitik' seit den neunziger Jahren [des 19. Jahrhunderts, A.D.] sind eingebettet in einen beinahe fünf Jahrhunderte währenden komplexen Prozeß frühneuzeitlicher Expansion, der die Kontinuität sowie die Einheit der westlichen Kolonialgeschichte unterstreicht." (Gründer 2000: 15)[2] Diese Einheit und Kontinuität der westlichen Expansion gilt nach Gründer (2004: 27) auch für die „westlichen rassischen und rassistischen Vorstellungen und Konzepte, die *algemeiner* konstitutiver Bestandteil der abendländischen-westlichen Expansionsgeschichte waren".[3]

Zahlreiche Kolonisierungsversuche seit dem 16. Jahrhundert hielten das deutsche Kolonialstreben wach, und auch Projekte zur Vorbereitung und Einleitung von Kolonialbesitz oder flankierende und substituierende Aktivitäten müssen als Teil der deutschen Kolonialgeschichte betrachtet werden. Dazu gehören z.B. technische Unternehmungen wie die Planung und der Bau der Bagdad-Bahn, außenpolitische und wirtschaftliche Projekte, in demographischer Hinsicht die verschiedenen Auswanderer-Bewegungen und die kirchlichen Missionen, die massiv an der Einleitung von Kolonialbesitz beteiligt waren (vgl. Honold/Simons 2002a: 11; Tschapek 2000: 16).[4] In der Kultur- und Wissenschaftsgeschichte finden

2 Die ‚Weltpolitik' trat an die Stelle der begrenzten Kolonialpolitik Bismarcks. Der Begriff Weltpolitik kreiste vor allem um die Rolle des Staates, der durch eine Expansionspolitik außerhalb und innerhalb Europas die ökonomische Expansion des Deutschen Reiches sichern sollte. Die imperiale ‚Weltpolitik' bezog sich vor allem auf den Erwerb von Kolonien, auf den Flottenbau und die ‚Orient'-Politik und ging mit ihrem Weltmachtstreben und Nationalismus auf Konfrontationskurs zu den anderen (imperialistischen) Nationalstaaten. In einer Rede zum 25. Jahrestag der Reichsgründung 1896 kündigte Wilhelm II. den Eintritt des Deutschen Reiches in die Weltpolitik und eine daran geknüpfte neue Flottenpolitik an. Reichskanzler von Bülow prägte die imperialistische ‚Weltpolitik' maßgeblich. In den ersten Jahren seiner Amtszeit (1900-1912) erreichte er den Erwerb eines pazifischen Inselreiches (Samoa, Mariannen, Karolinen, Palau-Inseln) und den Baubeginn der Bagdad-Bahn (vgl. Fesser 2005: 28).

3 Zunächst wurde die europäische Expansion und Herrschaft durch die christliche Kirche legitimiert. Mit Ende des Feudalismus verlor diese jedoch an Einfluss; Biologie, Medizin und Philosophie wurden neue Legitimationsinstanzen, die Deutungsmuster zur Erklärung sozialer Ungleichheit anboten.

4 Seit dem 18. Jahrhundert setzte eine massive christliche Missionarstätigkeit seitens deutscher MissionarInnen ein. Die Mission war ein mächtiger Protagonist der Kolonisierung bzw. integraler Bestandteil des Expansionsprojekts (vgl. van der Heyden/Becher 2000; Osterhammel 2001: 101). Die Missionsgesellschaften hatten eine wichtige Funktion für den später einsetzenden Kolonialismus (vgl. Ustorf 1987: 48ff.). Die Missionen standen

sich zahlreiche Entwürfe kolonialer Expansion bis weit in das 18. Jahrhundert hinein. Die Gründung neuer wissenschaftlicher Disziplinen in der zweiten Hälfte des 19. Jahrhunderts wie beispielsweise die Kolonial-Linguistik, Tropenmedizin und Ethnographie auf dem Gebiet des Deutschen Reiches belegen kolonialistische Bestrebungen. „Jenseits des realen Kolonialreichs haben koloniale Phantasien und der Drang, das Fremde zu erforschen, sich in den neu entstehenden oder nach 1871 aufblühenden deutschen Wissenschaften niedergeschlagen." (Conrad/Osterhammel 2004a: 22)[5] Kulturelle Aktivitäten an den Universitäten, die Gründung von (völkerkundlichen) Museen oder (geographischen) Zeitschriften stehen dabei in einem direkten Zusammenhang mit den kolonialen Interessen des entstehenden Deutschen Reiches und der europäischen Expansion.

Imaginationen und Repräsentation als Teil des Kolonialismus

Insbesondere postkoloniale und kulturwissenschaftliche Ansätze betrachten kulturelle Praxen und die Ebene der Imagination und Repräsentation als einen zentralen Teil der kolonialen Bemächtigungsgeschichte. Edward Said (1981: 15) weist auf ein „Arsenal von Wünschen, Repressionen, Investitionen und Projektionen" hin, das zusammen mit

zwar nicht immer in Einklang mit der Kolonialverwaltung und -politik oder kritisierten sie sogar, waren aber dennoch wichtig für die Vermittlung und Aufrechterhaltung einer weißen ‚Zivilisation' und Herrschaft. Im späteren ‚Deutsch-Südwestafrika' waren seit Anfang des 19. Jahrhunderts Missionare tätig, die eine wichtige ökonomische und politische Rolle spielten. Die Missionsstationen entwickelten sich zu neuen internen Machtzentren mit unterschiedlichen Funktionen: Sie waren ein Umschlagplatz von Konsumgütern, Waffen, Pferden, Rindern und Jagdprodukten und eine Drehscheibe der Kommunikation. Dieser politische Einfluss verstärkte sich mit der Gründung der *Missions-Handels-Actien-Gesellschaft* durch die *Rheinische Mission* 1870 und dem Ausbau und der Befestigung von Missionarsstationen. Die *Rheinische Mission* trug einen beachtlichen Teil dazu bei, aus der losen Schutzherrschaft ein stabiles Kolonialregime zu schaffen (vgl. Krüger 1999: 30ff.).

5 Dazu zählen die Autoren auch die Völkerkunde und Ägyptologie sowie andere altorientalische Disziplinen, die Indologie, Sinologie, Japanologie, Archäologie, Arabistik, Turkologie, Zentralasienforschung, Islamwissenschaften, Altamerikanistik, vergleichende Religionswissenschaften, Musikethnologie, Kolonialgeographie u.a.
Disziplinen wie Geographie und Anthropologie halfen, die expandierende Welt intelligibel und bewältigbar zu machen (vgl. Stoler/Cooper 1997a: 14).

Wissenschafts- und Wirtschaftsinteressen zur Entstehung einer kolonialistischen Geisteshaltung[6] beitrug. Imagination, Plan und expansionistische Praxis waren im europäischen Kolonialismus eng miteinander verwoben. Das kolonialistische Denken bildete sich daher nicht ausschließlich über tatsächlichen Kolonialbesitz heraus, sondern auch über eine diskursive Ebene und kulturelle Praxen, über die Auseinandersetzung mit dem Kolonialismus anderer europäischer Nationen (z.B. über die Diskussionen um Sklaverei und Menschenrechte)[7] sowie über Kolonialphantasien, die sich in der Literatur, der Kunst etc. niedeschlugen.[8] Koloniales Denken schrieb sich so in den gesellschaftlichen Alltag und in die Geisteshaltung der Kolonialmächte ein. Die Ebene der Imagination steht daher nicht im Gegensatz zur politischen Realität und Praxis, sondern ist Teil der kolonialen Expansion und Bemächtigung.

Kolonialphantasien: Wegbereiter des deutschen Kolonialismus

Insbesondere in der Auseinandersetzung mit dem deutschen Kolonialismus erweist sich die diskursive Ebene als produktiv, da sich der deutsche Kolonialismus aufgrund der nationalen Schwäche vor der Reichsgründung vor allem auf der Ebene des Imaginären abspielte (vgl. Berman 2003: 23).

„To understand how ‚real‘ and long-lived German colonialism was – not just for the colonized, but for German society itself – it is necessary to go beyond historical facts and programmatic statements to investigate the mentalities and imaginary configurations that persisted throughout the colonial period and lingered long after.“ (Friedrichsmeyer et al. 1998a: 18)

6 Jürgen Osterhammel (2002: 113) beschreibt drei Grundelemente des kolonialistischen Denkens, die für koloniale Situationen elementar sind. „Die Idee der unversöhnlichen Fremdheit, der Glaube an die höheren Weihen der Kolonisation und die Utopie der reinigenden Verwaltung.“

7 Eine der zentralen Legitimationen der deutschen Expansion stellte die Kritik an der Sklaverei anderer Kolonialmächte bzw. der arabischen Sklaverei in Afrika dar.

8 In Kolonialphantasien identifizierten sich Deutsche mit den kolonialen Eroberern. Dadurch konnten eigene Vorstellungen von einer kolonialen Herrschaft entworfen werden. Diese Entwürfe entstanden aufgrund des fehlenden Kolonialbesitzes oft aus einem Gefühl der moralischen Überlegenheit heraus, belegten die imaginierte Kolonialherrschaft mit spezifischen Eigenschaften und identifizierten diese als deutsch (vgl. Zantop 1999: 16).

Zantop (1999: 16) begreift die deutschen Kolonialphantasien in ihrer für die deutsche Kolonialismusforschung grundlegenden Untersuchung als imaginäre Versuchsorte, mittels derer sich die Deutschen in einen „kolonialen Text“ der europäischen Kolonialmächte einschreiben konnten.[9] Die Sehnsucht nach kolonialem Besitz bezog sich zunächst auf Lateinamerika und die Karibik, die auch kolonialer Wunsch-Raum blieben, als das Deutsche Reich bereits aktive Kolonialexpansion in Afrika betrieb. Die deutschen Phantasien richteten sich jedoch auch auf Indien, Zentralasien und den sog. Vorderen Orient, wie ich später ausführen werde. Während Said davon ausgeht, dass der deutsche Kolonialdiskurs aufgrund der fehlenden Kolonien abstrakter, wissenschaftlicher und daher weniger machtorientiert gewesen sei, entgegnet Zantop (1999: 17), gerade dieses Fehlen habe den Wunsch nach Kolonialbesitz verstärkt. Schon um 1770 bildet sich aufgrund der fehlenden Zentralmacht ein diffuses Kolonialstreben heraus, das in nationalistischen Kreisen ab Mitte des 19. Jahrhunderts zu einer regelrechten Kolonialbesessenheit wurde. Der Wunsch nach einem ‚Platz an der Sonne‘ drückte sich u.a. in Kolonialphantasien aus, die vom 16. Jahrhundert an in Romanen, philosophischen Schriften, Kinderbüchern sowie zahlreichen Kolonialtheorien das kollektive Imaginäre prägten.[10]

„Der Drang nach kolonialer Besitzergreifung – und damit meine ich Verfügungsgewalt über fremde Ländereien, Bodenschätze und, nicht zuletzt, Menschenkörper und Menschenarbeit – drückte sich [...] nicht so sehr als bewußte Absicht aus, sondern eher in unbewußt geäußerten Kolonialphantasien: Geschichten von sexueller Eroberung bzw. Willfährigkeit, von Liebe und gesegnetem häuslichen Einvernehmen zwischen Kolonisator und Kolonisierten auf gemeinsamem Boden – Geschichten, die das Fremde vertraut und das Vertraute familiennah, ‚familiär‘ machten.“ (Zantop 1999: 10)

9 Zantops Phantasiebegriff beschreibt diese als „nationalkulturelle kollektive Bewusstseinslage“. (Zantop 1999: 12) Sie benutzt psychoanalytische Anleihen, indem sie von zwei Funktionen der Phantasien ausgeht: die Wunscherfüllung und die Verbindung von sexuellem Begehren mit einem Machtbedürfnis und territorialen Besitzansprüchen.

10 Ein wichtiges Genre der Kolonialliteratur ist die Reiseliteratur, die mit der Erfindung des Buchdrucks eine weite Verbreitung erfuhr. Forschungs- und Entdeckungsreisen nährten Texte über das ‚Fremde‘, andere Länder und Kulturen und schufen ein koloniales Begehren (vgl. Warmbold 1982: 15ff.). Das 18. Jahrhundert wird auch als „Jahrhundert des Reisens“ beschrieben (vgl. Zantop 1999: 49ff.). Durch die Verbürgerlichung des Reisens und dem Ausbau von Verkehrsnetzen konnten breitere gesellschaftliche Schichten reisen. Reiseliteratur wurde zur wichtigsten Bilder- und Informationsquelle über andere Länder, Menschen und Kulturen. Die im 18. Jahrhundert aufkommenden Rassentheorien bezogen sich auf diese Reiseberichte, um Menschen einzuteilen und zu hierarchisieren.

In den kolonialen Bildern und Geschichten drücken sich nicht nur Vorstellungen über das ‚Fremde' aus. In ihnen spiegeln sich auch gesellschaftliche Probleme und Prozesse wider, durch die rassifizierte, nationale, geschlechtliche und Klassen-Identitäten verhandelt und (re-)produziert wurden. Der deutsche Kolonialdiskurs diente daher als „mythische Klammer, die die eigene kollektive Vorstellungswelt zusammenhielt". (Zantop 1999: 17) Der Kolonialismus erscheint als umfassendes kulturelles Projekt, da kulturelle Faktoren Teil und Voraussetzung der territorialen Expansion sind. Nach Foucault produziert die moderne Macht neue Formen der Subjektivität. Der Kolonialismus kann daher als subjektkonstituierendes Projekt angesehen werden (vgl. Walgenbach 2004: 55). Zahlreiche Kolonialphantasien drückten die Sehnsucht nach nationaler Größe, Identität und ‚Vervollkommnung' aus. Der Besitz von Kolonien versprach den Fortbestand und die Größe einer eigenen Nation. Bereits vor der deutschen Nationsgründung erschien der Besitz von Kolonien daher relevant für eine (vereinigte) nationale Zukunft. Die deutschen Kolonialphantasien bezeichnet Zantop (1999: 21) in Anlehnung an Saids Orientalismus als „deutschen Okzidentalismus".[11]

Die Kolonialphantasien verstärkten die Herausbildung eines maskulinistischen bürgerlichen Bewusstseins. Anders als in England oder Frankreich wurde die Kolonialbegeisterung eher von den Mittelschichten, dem Bildungsbürgertum, getragen – in Opposition zur ‚aristokratischen Dekadenz' – und standen im Zusammenhang mit der Formierung eines nationalen Bewusstseins. Aus- und Eingrenzungsphantasien zeugten von der Sehnsucht nach einem klar umrissenen Staatsgebilde, hierarchischen Ordnungen, Einheit und interner Kontrolle. Die darin gezogenen Grenzen zwischen dem Selbst und dem Anderen/Fremden schufen den Rahmen für eine nationale Identität, die auf Differenzen aufbaute. Trotz der noch fehlenden Nation hatten sich längst Vorstellungen nationaler Identität herausgebildet.

„And because German colonialism as an intellectual concern developed toward the end of the eighteenth century at about the same time that the French revolution was reinvigorating the desire for German nationhood, the dream of nation and the dream of colonial possession became inextricably intertwined.

11 Dieser Begriff wurde von Fernando Coronil und Walter Mignolo, zwei postkolonialen Autoren aus Südamerika, aus Kritik am Begriff Orientalismus heraus entwickelt, um den zu engen, zu territorial und historisch begrenzten Orientalismus auszuweiten. Sie wendeten ihn gegen den ‚Orientalisierer' (vgl. Dietze 2006: 232ff.). Okzidentalismus („Abendländischkeit") beschreibt also – analog zu den Critical Whiteness Studies – die Konzeptionen des Westens, die den Repräsentationen des Anderen zugrunde liegen.

[...] Like patriotism, and linked to it, colonialism developed, then, as an imaginary, phantasmagoric configuration, a discourse of the intellectual elite who engaged in the construction of a symbolic national-colonial identity as it confronted a deficit in real political power." (Friedrichsmeyer et al. 1998a: 19)

Positive Eigenschaften der Deutschen als imaginierte Kolonialmacht bzw. als noch unschuldige potentielle Kolonialmacht entstanden in Abgrenzung zu den anderen europäischen Kolonialmächten. In diesem Sinne spiegelte sich in den Phantasien die innereuropäische Konkurrenz um politische, ökonomische, aber eben auch moralische Vorherrschaft wider. Deutsche Kolonialphantasien nahmen daher aus der Warte kolonialer Enthaltsamkeit und nationaler Schwäche oft kolonialkritische Positionen ein, von denen aus die negativen Seiten der kolonialen Herrschaft auf andere Kolonialmächte projiziert wurde, sodass die positive Andersartigkeit, die moralische Stärke der Deutschen hervorgehoben werden konnte.[12] Im Sinne Andersons konnten darüber nationale Eigenschaften und die nationale Gemeinschaft imaginiert werden.

„Moreover, predating German colonialism by centuries, colonial fantasies generated a colonialist predisposition and the ‚colonial legend' of the moral, hard-working German colonizer of superior strength and intelligence who – unlike other colonizers – was loved like a father by his ever grateful native subjects." (Friedrichsmeyer et al. 1998a: 20)

Zantop geht davon aus, dass, hätte es früher einen deutschen Staat gegeben, diese Phantasien früher in eine politische Praxis umgesetzt worden wären und in diesem Sinne als Handlungsersatz zu verstehen seien. Murti (2001: 7f.) kritisiert die aus seiner Sicht künstliche Trennung zwischen Phantasie bzw. Gedanke und Tat. Die deutsche Parti-zipation an der kolonialen Agenda sei nicht nur als Handlungsersatz, sondern als „active collusion to further colonial ambition in all its brutality" zu verstehen. Er verweist auf die Verwicklung der Deutschen in die Kolonialpolitik anderer, wie z.B. deutsche Missionare in den britischen Kolonien.[13]

12 Die Kolonialkritik äußerte sich dabei nicht immer progressiv, sondern häufig reaktionär, indem sie Ängste vor einer ‚Rassenmischung' schürte und für eine nationale Reinheit und weiße Überlegenheit plädierte. Zur Kolonialkritik und antikolonialem Denken in Europa vgl. Schwarz (1999: 34ff.). Schwarz' Sprache ist z.T. jedoch höchst problematisch, da sie koloniale und rassistische Begrifflichkeiten und Strukturen reproduziert.

13 Vor 1914 wurde viel deutsches Kapital in das britische Empire investiert (vgl. Osterhammel 2001: 30). Deutsche waren an der Erschließung der europäischen Kolonien auf allen Ebenen beteiligt: deutsche Auswanderer

Auch Russel A. Berman (2003: 23) wendet sich gegen Zantops aus seiner Sicht höchst spekulative These und schlägt als mögliche Interpretation des Fehlens eigener Kolonien und eines Staates, der sie hätte errichten können, „die Verzichtsleistung einer politischen Kultur, die Expansion ablehnte“ vor. Die zahlreichen Kolonialversuche seit dem 16. Jahrhundert widerlegen jedoch diese These einer nicht-expansiven Kultur. Zudem kann nicht von einer homogenen Kultur gesprochen werden; vielmehr war die Kolonialfrage ein gesellschaftlich umstrittener Aushandlungsprozess zwischen Kolonialbegeisterten, -skeptikern und -kritikern. Die spätere Entwicklung des Deutschen Reiches hin zu einem aggressiven Nationalismus und aggressiver Expansionspolitik entkräftet ebenfalls die Annahme einer nicht-expansiven Kultur. Die Rede von *dem* Kolonialismus suggeriert zudem eine einheitliche historische Wirkung kolonialer Herrschaft, doch: „Colonial regimes were neither monolithic nor omnipotent“. (Stoler/Cooper 1997a: 6) Auch innerhalb der einzelnen Kolonien und Kolonialmächte existierten „unterschiedliche Kraftfelder, die jeweils einen anderen gesellschaftlichen bzw. politischen Schauplatz behaupten und sich verschiedener Methoden der Machtäußerung und der Repräsentation bedienen“. (Pakendorf 1995: 418) Der Kolonialismus ist daher kein stringentes, einheitliches Projekt, sondern ist geprägt von Widersprüchen und Brüchen.

„[...] imperialism emerged as a contradictory and ambiguous project, shaped as much by tensions within metropolitan policy and conflicts within colonial administrations – at best, ad hoc and opportunistic affairs – as by the varied cultures and circumstances into which colonials intruded and the conflicting responses and resistances with which they were met.“ (McClintock 1995: 15)

Zudem spielten nicht nur widersprüchliche wirtschaftliche und politische Interessen eine Rolle. Auch Klassen- und Geschlechterdifferenzen durchzogen die Kolonialgesellschaften und bildeten unterschiedliche Motivationen des Engagements für bzw. gegen koloniale Projekte heraus. Die Widersprüchlichkeit kolonialer Projekte zu betrachten, heißt jedoch nicht,

„[...] to diminish the brute domination suffered by the colonized peoples of the modern world, or to deny the Orwellian logic on which imperial projects are founded. Nor is it to deconstruct colonialism as a global movement. It is, instead, to broaden our analytic compass; to take in its moments of incoherence and inchoateness, its internal contortions and complexities. Above all, it is to

vertrieben und ermordeten auch die indigenen Bevölkerungen in der ‚Neuen Welt‘.

treat as problematic the *making* of both colonizers and colonized in order to understand better the forces that, over time, have drawn them into an extraordinarily intricate web of relations.“ (Comaroff 1997: 165)

Geschlechterverhältnisse in den Kolonialphantasien

Die Kategorie Geschlecht spielte eine zentrale Rolle für die Repräsentation kolonialer Beziehungen und die Etablierung kolonialer Macht (vgl. Sinha 1995: 11). Der koloniale Raum wurde rassifiziert, feminisiert und als weiblicher Körper dargestellt und hierarchisiert.[14] „Women are the earth that is to be discovered, entered, named, inseminated and, above all, owned“ (McClintock 1995: 31). Der europäische Eroberer drang in dieser Vorstellung in ein als jungfräulich und leer imaginiertes Land ein, das als Frau symbolisiert wurde, die den weißen Kolonialherren bzw. die männliche Penetration passiv erwartet. Koloniale Landkarten zeichneten koloniale Räume als weibliche Körper. Der Körper als Austragungsort rassifizierender, klassifizierender und vergeschlechtlichter kolonialer Herrschaftspraxen wird im Kapitel zur Rassenpolitik der deutschen Kolonialmacht noch eine wichtige Rolle spielen.

Die vergeschlechtlichten Metaphern naturalisierten, legitimierten und verharmlosten die koloniale Gewalt. Über die hierarchisierten Geschlechterbilder wurden zudem Ängste und Sehnsüchte ausgedrückt.[15] Außereuropäische, als ‚Wilde‘ dargestellte Indigene in den kolonisierten Gebieten wurden in Kategorien beschrieben, die in den Metropolen weiblich konnotiert waren, und somit in die kulturelle Position des Untergeordneten bzw. Unterzuordnenden als Gegenpol des männlichen weißen Subjekts gedrängt. Sie verkörperten folglich innereuropäische Weiblichkeitszuschreibungen. Diskurse über die natürliche Unterlegenheit der Frau waren mit der vermeintlich naturgegebenen Inferiorität nicht-weißer ‚Rassen‘ verbunden, wenngleich sich auch das Verhältnis zwischen weißen Frauen und indigenen Männern und Frauen hierarchisiert und rassifiziert darstellte.

Die von Zantop untersuchten (deutschen) Kolonialphantasien stellten das imaginierte Kolonialverhältnis oft als Liebesverhältnis oder als sexuelle Beziehung dar, wobei die Kolonie als weiblicher, zu erobernder

14 Francis Bacon konzeptionierte bereits im 16. Jahrhundert Frau und Raum als Ähnlichkeitsbeziehung (vgl. Schneider 2003: 60).

15 Fremde Kulturen und Länder wurden mit überdimensionierten monströsen Geschlechtsteilen assoziiert. In diesem Kontext ist auch der Kannibalismus zu sehen, der die Angst vor dem Verlust der eigenen körperlichen und identitären Integrität ausdrückte.

Körper allegorisiert war (vgl. auch Uerlings 2001: 49ff.).[16] Die Allegorie des weiblichen Körpers changierte dabei zwischen anziehend-verführender und bedrohlich-verschlingender Weiblichkeit. McClintock (1995) hat für den britischen Kolonialismus herausgearbeitet, dass Sexualität einen zentralen Stellenwert in Kolonialphantasien hat, da gerade diese eng mit Rasse-Diskursen verknüpft ist.[17] Hier wird der – historische wie strukturelle – Zusammenhang zwischen modernen Geschlechterverhältnissen und modernen Rassismen deutlich. Dieser Zusammenhang kommt auch in den deutschen Kolonialphantasien zum Ausdruck:

> „Diese Konstruktion eines modernen Rasse-Geschlechts-Modells zwischenmenschlicher Beziehungen fand in einem ausdrücklich ‚kolonialen' Kontext statt: erst durch den Rückgriff auf kolonisierte Völker, auf ‚anziehende' oder ‚abstoßende' Menschen anderer Kultur und Hautfarbe, die sie begehrten oder von ihrem angestammten Platz vertrieben, konnten weiße europäische Männer sich als ‚der Europäer', ‚der Deutsche' oder ‚der Engländer' behaupten, der biologisch zur körperlichen und kulturellen Vorherrschaft prädestiniert sei." (Zantop 1999: 15)

Die Rassifizierung, Sexualisierung und Hierarchisierung der Phantasien dienten der Herstellung des Selbst: des männlichen, weißen, deutschen Subjekts. Zentral in diesem Prozess ist die Zuordnung zu bzw. Abgrenzung von scheinbar ‚rassischen', sexuellen, geschlechtlichen oder nationalen Eigenschaften. Koloniale Diskurse über Sexualität verhandelten dabei nicht nur die Klassen-, ‚Rassen'- und Geschlechterverhältnisse der Metropole, sondern brachten sie mit hervor. Problematisch an Zantops Untersuchung erscheint mir eine Reduzierung auf homogene, eindeutige Geschlechterbilder. Insbesondere in der Literatur – ein Beispiel ist die prominente Kolonialliteratin Frieda von Bülow (1858-1909) – sind die Geschlechterverhältnisse ein umstrittenes Feld, auf dem, wie später noch ausführlicher dargestellt wird, widersprüchliche Männlichkeits- und Weiblichkeitsentwürfe in den Kolonien und in der Metropole verhandelt

16 Die Vergeschlechtlichung des Kolonialismus nahm in verschiedenen historischen Phasen und an verschiedenen geographischen Orten unterschiedliche Formen an. Zur Feminisierung Südamerikas vgl. Zantop (1999: 22ff.). Indien wurde selten als jungfräuliches Territorium dargestellt, die Frauen in Nordafrika anders gezeichnet als in südafrikanischen Ländern (vgl. McClintock 1995: 31).

17 In Michel Foucaults Konzept der Bio-Macht ist Sexualität ein besonders dichter Durchgangspunkt für Machtbeziehungen. Das Konzept wurde inzwischen produktiv auf den kolonialen Kontext bezogen, worauf ich im nächsten Kapitel ausführlich eingehe (vgl. auch Stoler 1995).

wurden.[18] Die sexuellen und vergeschlechtlichten Repräsentationen der Kolonien im Westen waren vielschichtig und beinhalteten mehr als die Darstellung und Begründung kolonialer (männlicher) Dominanz. Auch weiße Frauen waren an der Produktion kolonialer Imaginationen beteiligt. Weiße (meist bürgerliche) Frauen begleiteten Forschungsexpeditionen, reisten in Gruppen, aber durchaus auch alleine, in fremde (kolonisierte) Länder und stellten damit herrschende Geschlechtermodelle in Europa in Frage. Daher wurden reisende Frauen vorschnell mit Emanzipation und Offenheit für andere ‚Kulturen' in Verbindung gebracht. Auf ihren Reisen entstanden Reiseliteratur, Kolonialromane und wissenschaftliche Abhandlungen. Darin wurden nicht nur fremde Kulturen beschrieben, sondern auch die Geschlechter- und Klassenverhältnisse in Europa verhandelt sowie Vorstellungen der Überlegenheit der weißen Zivilisation und Kultur reproduziert. Weiße Frauen reisten als Repräsentantinnen der westlichen Eroberungskultur im Kontext des europäischen Kolonialismus. In ihrer Analyse der Reiseliteratur von Frauen im 19. Jahrhundert kommt Ulla Siebert (2000: 33) zu folgendem Ergebnis: Sie „[...] reproduzierten den westlichen, männlich konnotierten Eroberungsanspruch in ihren Texten und drückten ihren Anspruch auf Weltaneignung – auch als Frauen – explizit aus". Insofern sind die Kolonialphantasien nicht nur vom Anspruch weißer männlicher Dominanz geprägt; auch Frauen repräsentierten sich in Texten als weiß, deutsch und als Teil der europäischen zivilisatorischen Überlegenheit.

Historischer Wandel der Kolonialphantasien

In Bezug auf die Kolonialphantasien lassen sich unterschiedliche Phasen differenzieren, die im jeweiligen historischen politischen Kontext der europäischen Kolonialgeschichte, bzw. einer präkolonialen, einer kolonialen und einer postkolonialen Situation der deutschen Geschichte stehen. Dabei wird deutlich, dass die kolonialen Phantasien in einem direkten Zusammenhang zum faktischen Kolonialismus und zu den Kolonialplänen stehen.

In der Frühaufklärung im 18. Jahrhundert dominierte das assimilatorische koloniale Erziehungsmodell (wie z.B. in Daniel Defoes Erzählung von Robinson und Freitag). Darin wurden die Kolonien als perfekte und idealisierte Ableger der deutschen Gesellschaft gezeichnet, in der Frauen und Männer, Europäer und der Kolonisierte „were inevitably governed

18 Männlichkeit begreife ich als Konstrukt und soziale Praxis und als relationale Kategorie, die sich in Abgrenzung von anderen Männlichkeitsformen und mit der Abwertung von Weiblichkeit konstituiert.

by enlightened rule, creating a ‚familial' order that nevertheless affirmed ‚natural' hierarchies". (Friedrichsmeyer et al. 1998a: 21)

Während der drohenden Dekolonisierung und der Sklavenaufstände in Amerika Ende des 18. Jahrhunderts tauchten in den Kolonialphantasien erotisierte Darstellungen interkultureller Beziehungen und Bilder von Heirat, nach dem Zusammenbruch der spanischen Kolonialherrschaft Motive der Scheidung auf. Vor dem Hintergrund eines zunehmend radikalen Imperialismus und Nationalismus, der sog. zweiten Eroberung Anfang des 19. Jahrhunderts, wandelten sich die kolonialen Phantasien in Vergewaltigungs- und Raubmetaphern (vgl. Zantop 1999: 25f.).

„These fantasies of a ‚Second Discovery' emerged in a context of rapid industrial-capitalist expansionism and the rise of the colonial movement in Germany after the 1850s, which writers reproduced by returning often to somewhat anachronistic, preindustrial forms of conquest." (Friedrichsmeyer er al. 1998a: 22) Die Literatur der tatsächlichen deutschen Kolonialzeit idealisierte das Verhältnis zu den Kolonisierten nicht mehr. Die Aneignung eigener Kolonien und das aktuelle Geschehen wurden literarisch verarbeitet: Auseinandersetzungen um Deutsch-Sein, Weiß-Sein, um ‚Rassentrennung' und eine ‚Ethik des Kolonialherren' rückten in den Mittelpunkt der kolonialen Erzählungen. Der deutsche ‚Nationalcharakter' schlug sich im Bild der patriarchalen Bauernfamilie nieder, die tief verbunden mit Land und Scholle den trägen, faulen einheimischen Gesellschaften der Kolonien mit gutem Beispiel voran ging. So verbanden sich ‚traditionelle deutsche Werte' zunehmend mit der Blut-und-Boden- und Lebensraumideologie.

Die Kolonialphantasien endeten weder mit dem Eintritt in den Status einer Kolonialmacht noch mit dem Ende der deutschen Kolonialzeit im Ersten Weltkrieg. In den 1920er, 30er und 40er Jahren waren die Kolonien ein zentrales Thema in der Belletristik: die Kolonialzeit wurde als sog. deutsche Pionierzeit verklärt und wieder angestrebt (vgl. Benninghoff-Lühl 1984: 13ff.). Auch der Mythos einer besonderen Befähigung der Deutschen zur Kolonialmacht hielt sich – trotz der radikalen Kritik der anderen europäischen Kolonialmächte – zäh in der gesellschaftlichen Vorstellung. Darin zeigt sich die Bedeutung der Kolonien für die deutsche Weltmachtpolitik, für das Bewusstsein von nationaler und kultureller Stärke und Überlegenheit.

„‚Postcolonial' German texts, that is, literature and film produced after the Germans has been forced to relinquish their colonies to the victors of World War I, continued this obsession with Germanness as masculinity, strength, and superior civilization. If the colonial latecomer had earlier wanted to prove to the world his national maturity by exhibiting greater colonial prowess, now the disappointment over having been deprived of that opportunity translated into fantasies of past glory and imaginary restitution.“ (Friedrichsmeyer et al. 1998a, 24)

Bilder und Metaphern der Kolonialphantasien blieben selbst nach 1945 und dem Holocaust wirkungsmächtig, obwohl der reale deutsche Kolonialismus aus dem gesellschaftlichen Gedächtnis zunehmend ausgeblendet wurde. Der in den Imaginationen gezeichnete gute, hart arbeitende Deutsche, der Afrika Infrastruktur und Zivilisation gebracht hatte, blieb lebendig. Auch die deutsche sog. Entwicklungspolitik und die nach dem Zweiten Weltkrieg entstandenen Entwicklungsinitiativen zementierten diese Bilder und schrieben koloniale Strukturen und Repräsentationen fort: Sie sind „Kinder des Spätkolonialismus“ (Eckert/Wirz 2002: 377).[19]

Deutscher Orientalismus

Neben den Kolonialphantasien, die sich auf Nord-, Süd- und Mittelamerika bezogen, war auch der deutsche Orientalismus und die damit verbundenen Kolonialphantasien relevant für die Konstruktion einer nationalen Identität und die Imagination als Kolonialmacht. Den deutschen Orientalismus beachtet Said in seiner Untersuchung des europäischen Orientalismus kaum, weil ihm zufolge Orientalismus an Kolonialbesitz geknüpft sei. Da weder das Deutsche noch das Habsburger Reich Kolonien im sog. Nahen Osten oder in Nordafrika besaßen, schätzt er diesen Orientalismus als weniger wirkungsmächtig ein bzw. sieht keine nationalen Interessen, die sich auf die deutsche Orientforschung ausgewirkt haben könnten.[20]

19 Auch nach dem Zweiten Weltkrieg war der Traum von deutschen Kolonien nicht ausgeträumt. Konrad Adenauer setzte sich für die Rückgabe der Kolonien ein (Baer/Schröter 2001: 175f.). Noch 1967 stellte das Auswärtige Amt die Herero als kolonisierungs- und führungsbedürftig dar: „Die Bevölkerungsunterschiede in Südwestafrika sind so groß, dass eine Regierung, die nicht von der höchstentwickeltsten Bevölkerungsgruppe getragen wird, nicht funktionieren kann.“ (zitiert nach Böhlke-Itzen 2005: 113) Zu den Kontinuitäten kolonialer Deutungsmuster und Strukturen in der Entwicklungshilfe vgl. Engelhardt (1999: 131) und van Laak (2004a: 354ff.). Erst 1974 wurden die letzten 20 Kolonialgesellschaften vom Deutschen Bundestag per Gesetz abgeschafft (vgl. Djomo 1992: 270).

20 Lewis (2000: 258ff.) kritisiert Saids Konzentration auf den britischen und französischen Orientalismus und erachtet den deutschen und österreichischen, aber auch russischen Orientalismus (als Zentren orientalistischer Studien) als mindestens ebenso wichtig. Spivak (1999: 8f.) weist darauf

Obwohl keine Kolonien gegründet wurden, ist der politische und ökonomische Einfluss deutschsprachiger Gebiete auf den sog. Orient insbesondere im 19. Jahrhundert nicht zu unterschätzen.[21] „Since the Middle-Ages, German-speaking countries had maintained strong and continuous political and economic ties to the Middle East; the Crusades and the expansion and then the fall of the Ottoman Empire were also of crucial political, economic, and ideological importance." (Berman 1998: 52) Die ökonomischen und politischen Interessen am Osmanischen Reich konzentrierten sich vor allem auf Militärberatung, Waffenhandel, Verkehrstechnik, Archäologie und Geschäfte deutscher Finanzunternehmen. Sie können als Teil einer imperialistischen Strategie und Vereinnahmung, als indirekt mit dem politischen Kolonialismus assoziiert betrachtet werden. Der Traum vom ‚Orient' als Teil eines zukünftigen deutschen Weltreichs führte viele Deutsche ins Osmanische Reich. In Makedonien und Westanatolien errichteten sie Handelskolonien, Landwirtschaftssiedlungen, Schulen und Kirchen (vgl. Fuhrmann 2006). Der Traum von einer Einverleibung realisierte sich zwar nicht, hinterließ aber in beiden Kulturen bis heute sichtbare Spuren.[22]

Das wirtschaftliche und politische Engagement im Osmanischen Reich begann bereits vor der deutschen Nationsgründung. Ende der 1880er Jahre entwickelten sich das Deutsche Reich und Österreich-Ungarn zu dessen wichtigen Handelspartnern. Insbesondere die Deutsche Bank verfolgte dort eine Vielzahl von Projekten und Aktivitäten. Orientalistische deutsche Texte wurden bislang selten im Kontext dieser politischen und ökonomischen Machtbeziehungen zwischen Deutschland und dem Mittleren Osten, Asien und Nordafrika betrachtet (vgl. Honold 2002: 144). „Diese anderen Formen der Abhängigkeit und Dominanz produzierten und produzieren kulturelle Diskurse, die strukturelle und funktionale Ähnlichkeiten zu der Art des kolonialistischen Orientdiskurses, den Said analysiert, aufweisen." (Berman 1996: 18)

---

hin, dass Deutschland im 19. Jahrhundert ein Zentrum der kulturellen und intellektuellen Produktionen orientalischen Wissens war, zu dem Persönlichkeiten und Philosophen wie Kant, Hegel und Marx zählten.

21 Zur westlichen geographisch-diskursiven Konstruktion des ‚Orients' gehörten auch China, die Türkei und Indien (vgl. Lotz 1998: 41).

22 Während Zantop wie erwähnt ab 1770 von einem Eintritt in eine Phase des latenten Kolonialismus spricht, führt Fuhrmann (2006: 385) aus, dass man in Bezug auf den ‚Orient' nur bis 1820 von einer reinen Latenz sprechen kann. Der Ausbruch des griechischen Sezessionskriegs läutete eine aktivere Phase ein. Auch die Reichsgründung und der damit verbundene Nationalismus schufen einen Antrieb für die Handelskolonien und sorgten für einen Prestigegewinn für Deutsche in Übersee.

Die Hochzeit des deutschen Orientalismus ist das Jahrzehnt nach dem Regierungsantritt Kaiser Wilhelms II. Seine legendäre Orientbegeisterung äußerte sich u.a. in seinen Reisen, die ausführlich in der Presse dargestellt und begleitet wurden.[23] 1898 wurde die *Deutsche Orient-Gesellschaft* zur Förderung der Forschung und des öffentlichen Interesses am ‚Orient' gegründet. Ein deutsches Konsortium unter Führung der Deutschen Bank errichtete von 1890-1896 eine Bahnverbindung durch Anatolien; eine Verlängerung bis Bagdad war geplant.[24] Zur Diskussion standen immer wieder Pläne, entlang dieser Bahnstrecke deutsche Siedlungskolonien zu errichten und dort bis zu zwei Millionen deutsche Kolonialisten anzusiedeln. Die Idee der Gründung einer deutschen Siedlungskolonie im ‚Orient' blieb dadurch präsent.

Der ‚Orient' nahm als phantasmatische Figur einen wichtigen Platz in den kulturellen Produktionen und dem gesellschaftlichen Imaginären des entstehenden Deutschen Reichs ein.[25]

> „Verführerisch-erotische Gestalten aus 1001 Nacht vermischen sich mit den Figuren aus Abenteuergeschichten von Karl May und aus Opern, etwa aus der ‚Entführung aus dem Serail'. In der Literatur wie in der damals außerordentlich beliebten Orient-Malerei wiederholen sich geradezu stereotyp einige wenige Themen, vor allem Sklavenmarkt, türkisches Bad und Haremsszenen." (Pinn/Wehner 1995: 13)

Diese Darstellungen waren geprägt von sexualisierten, vergeschlechtlichten Stereotypen über ‚orientalische' Männer und Frauen.[26]

23 Diese Reisen 1888 und 1889 waren ein symbolisches Unternehmen, da der Nahe Osten seit der Antike für Europa als verloren galt (vgl. van Laak 2004a: 150ff.).

24 Die Erschließung von Räumen durch Verkehrs- und Kommunikationsnetze hat einen hohen symbolischen Gehalt (‚Nervensystem'). An den Bau der Bagdad-Bahn waren Erschließungserwartungen geknüpft (vgl. van Laak 2004a: 159).

25 Das Bild des ‚Orients' wandelte sich mit historischen Ereignissen wie den Kreuzzügen und changierte zwischen der Angst vor dem expandierenden Osmanischen Reich und einem erstarkenden Selbstbewusstsein bei dessen Untergang.

26 Die ‚fremde orientalische Frau' wurde zum Inbegriff des Begehrens. Die Faszination einer angeblich unbeherrscht ausgelebten Sexualität im ‚Orient' muss im Kontext der damaligen europäischen Sexualitätsnormen sowie den Disziplinierungsprozessen der Modernisierung gesehen werden. Eine freizügigere Sexualität konnte phantasmatisch in den ‚Orient' verlagert und abgespalten werden. Weiße Männlichkeit zeichnete sich auf diese Weise durch Selbstkontrolle, Disziplin und Stärke aus. Das Ideal der weißen europäischen Frau als keusch, zurückhaltend und kultiviert blieb so unangetastet bzw. wurde gestärkt.

Der Orientzyklus von Karl May aus dem Jahre 1880 erfreute sich großer Beliebtheit in der deutschen Bevölkerung. May verband darin nationalistische, orientalistische und kolonialistische Aspekte: „It becomes evident that the author was participating in dominant discourses that aimed at defining and ultimately controlling Oriental cultures." (Berman 1998: 65)

Auch Frauen beteiligten sich an der Produktion orientalistischer Diskurse: Der Harem ist auch in kulturellen Produktionen von Frauen ein zentrales Motiv (vgl. Lewis 1996: 33f.). Frauen konnten den geheimnisvollen, mystifizierten Harem im Gegensatz zu den männlichen Reisenden mit eigenen Augen betrachten und sogar betreten. Ihre Repräsentationen des Harems reichen von einem gewaltvollen, angstbesetzten Raum der Unterdrückung der orientalisierten Frau bis hin zu einem widerständigen (homoerotischen) Ort gegen patriarchale Unterdrückung. Zur Repräsentation der orientalisierten Frau gehört u.a. die symbolische Sichtbarkeit ihrer Unterdrückung durch das Kopftuch oder den Schleier.[27] Europäische Frauen nutzten das Motiv des Harems als Metapher für die Darstellung der eigenen Diskriminierung und der europäischen Geschlechterverhältnisse.[28] Dieser feministische Orientalismus trug dazu bei, die ungleichen Geschlechterverhältnisse des Westens auf den Orient zu projizieren. Diese Projektionen abendländischer Werte und Gefühle schufen das Bild der unterdrückten Muslimin. Die Befreiungsphantasien standen somit im Kontext von Dominanz und westlicher Überlegenheit.

Der deutsche Orientalismus spielte zugleich eine wichtige Rolle für die Verhandlung nationaler Identität, wie sich bei einer näheren Betrachtung der orientalistischen Studien und Wissenschaften zeigt. „Es war im 18. Jahrhundert zunächst eine philologisch und historisch argumentierende Subdisziplin der Theologie, die in Deutschland ‚Orientalistik' betrieb. Im Laufe des 19. Jahrhunderts machen die klassische Altertumswissenschaft und die Archäologie die Erforschung des Orients zu ihrem Thema." (Honold 2002: 143f.) Auch in den Geisteswissenschaften etablierten sich orientalistische Deutungsmuster. Max Weber versuchte in seiner Religionssoziologie zu ergründen, warum Kapitalismus und Demokratie nur im christlichen Europa entstanden waren und stellte dabei

27 Dieses Orientalismusparadigma hat an Erklärungspotenzial und Aktualität bis heute nicht verloren. Orientalismus steht dabei für die fundamentale Andersartigkeit des ‚Orients' gegenüber dem Westen. Der Islam wird zu einem dominanten Erklärungsprinzip für die Unterdrückung der Frau erhoben, wobei implizit und explizit die christliche, westliche Kultur den unmarkierten Maßstab bildet. Der Schleier bzw. das Kopftuch gilt nach wie vor als Metapher der Frauenunterdrückung.

28 Z.B. die Schriftstellerin Charlotte Brontë in „Jane Eyre" von 1847.

eine okzidentale Dynamik der orientalischen Stagnation gegenüber (vgl. Rommelspacher 2002: 102).

Der deutsche Orientalismus als ein Komplex von Macht und Wissen wirkte nach innen, „er zielte darauf, den Begriff eines historischen deutschen Wesens zu konstruieren und den Platz Deutschlands in Europa zu definieren". (Pollock 2002: 342) Er stand in enger Verbindung mit der deutschen Romantik und ihrem Konzept der Innerlichkeit (vgl. Stauth 1993). Als Gegenbild zur deutschen Innerlichkeit galt der Islam als oberflächlich und äußerlich.

Pollock (2002) begreift die deutsche Indologie als bedeutende Form des deutschen Orientalismus.[29] Die für die indologische Forschung im 19. und Anfang des 20. Jahrhunderts vom deutschen Staat bereitgestellten Gelder übertrafen die anderer europäischer Länder um ein Vielfaches, ebenso der Umfang der Produktion orientalistischen Wissens. Die Indologie war an der Suche nach nationaler Identität und Souveränität in Deutschland beteiligt. Sie war im Ursprungsdenken der Romantik seit dem 19. Jahrhundert verwurzelt und gilt daher als „deutsche wissenschaftliche Romantik".[30] (Pollock 2002: 339)

Im deutschen Orientalismus verschmolzen Romantik und Wissenschaft; orientalistisches Wissen wurde zu einem Teil der offiziellen Weltanschauung. Die vergleichende Linguistik forschte nach den arischen Wurzeln der Deutschen, und deutsche Philosophen, Historiker, Indologen und Anthropologen suchten nach einer Verbindung zwischen Sprache, Kultur und ‚Rasse' (vgl. Murti 2001: 4f.). Seit dem 19. Jahrhundert entwickelte sich die Vorstellung einer genetischen Verwandtschaft zwischen Europa und Indien, dort wurde der Ursprung der europäischen Zivilisation verortet.

Der deutsche Orientalismus korrespondierte mit Rassentheorien und schuf so ein Selbstverständnis, das auf einer angeblichen Verwandtschaft auf ‚rassischer' und sprachlicher Ebene mit den ‚Indogermanen' und einer unüberwindbaren Differenz zum ‚Semiten' beruhte. Diese

29 Said berücksichtigte die Indologie als Teil des europäischen Orientalismus nicht. Zu deutschen Indienreisenden und ihren Phantasmen über das exotische Indien als Pendant zum durch Rationalität und Technik verkümmerten Europa vgl. Kamath (2000). Murti (2001: 7) geht im Gegensatz zu Honold (2002) davon aus, dass das Deutsche Reich sehr wohl koloniale Ambitionen in Indien verfolgte, im Kampf um Indien von England, Frankreich und Portugal lediglich geschlagen wurde.

30 Frühe Sanskritstudien wurden erstmals 1818 in Deutschland institutionalisiert, als August Wilhelm von Schlegel (1767-1845), der Bruder Friedrich Schlegels, an der Universität Bonn den ersten Lehrstuhl für Sanskriptologie erhielt.

konstruierte Differenz stützte sich auf antijüdische Ressentiments sowie auf den sich herausbildenden modernen rassistischen Antisemitismus.

Anfänge des deutschen Kolonialismus

Jenseits des Imaginären der deutschen Gesellschaft bzw. in direkter Korrelation zu ihnen gehören seit dem 16. Jahrhundert zahlreiche Kolonisierungsversuche sowie Projekte zur Vorbereitung und Einleitung von Kolonialbesitz zur deutschen Geschichte. Deutsche EntdeckerInnen, WissenschaftlerInnen, ForscherInnen, ÜbersetzerInnen, MissionarInnen und HändlerInnen beteiligten sich an der spanisch-portugiesischen *Conquista* und strebten in deren Gefolge an, deutsche Kolonialgebiete in der ‚Neuen Welt' zu begründen (vgl. Stoler/Cooper 1997a: 8).[31]

Kaiser Karl V. erteilte den Welsern die Erlaubnis, in Südamerika weite Gebiete zu erobern und zu erforschen. Bereits 1499 finanzierten die Welser und Fugger Expeditionen und transportierten deutsche Arbeiter und afrikanische Sklaven nach Südamerika.[32] Die Welser besaßen im 16. Jahrhundert das erste Monopol im transatlantischen Sklavenhandel. Sie beteiligten sich überwiegend an ausländischen Handelsflotten und richteten zunächst keine eigenen Handelsniederlassungen in Übersee ein; im 16. Jahrhundert verlieh ihnen die spanische Krone jedoch das Recht zur Kolonisation in Südamerika. Zwischen 1528 und 1555 etablierten sie im heutigen Venezuela die erste deutsche Handelskolonie (‚Klein-Venedig'). „Als mindestens ebenso einflussreich wie deutsches Kapital erwies sich im frühen Kolonialismus deutsches Know-How." (Schneider 2003: 22) Die Welser waren aufgrund diverser Fehlentscheidungen und langer Gerichtsverhandlungen schließlich gezwungen, ihre Besitztümer an Spanien zurückzugeben. Dieses gescheiterte Unternehmen, Kolonien in Südamerika zu erwerben, war ein traumatisches „koloniales Urerlebnis" (Zantop 1999: 24), das noch lange im gesellschaftlichen Bewusstsein verhaftet blieb.

31 Seltsam muten die Versuche an, den deutschen Kolonialismus bereits mit den Eroberungen der Germanen vor 2000 Jahren beginnen zu lassen und damit die lange Präsenz des deutschen Kolonialismus zu belegen, wie z.B. bei Friedrichsmeyer et al. (1998a: 8). Die Vorstellung, die Germanen seien die direkten Vorgänger der Deutschen, wird meist ethnisch begründet und steht in einer völkischen Tradition.

32 Die Patrizierfamilien der Fugger und Welser verfügten im Mittelalter in Europa über ein Handelsmonopol für Gewürze und andere überseeische Luxusimporte und hatte eine wichtige Rolle für den Welthandel inne. Zur Bedeutung der Welser und Fugger für den weltweiten Handel vgl. Martin (1993: 51).

Es folgten weitere vergebliche Versuche, Kolonialbesitz zu erwerben, wie beispielsweise der versuchte Kauf der niederländischen Kolonie ‚Neu-Amsterdam', dem späteren New York, im Auftrag der Bayern (vgl. Gründer 2000: 15ff.).[33] Eine Zeitlang befanden sich die Insel Tobago, in Westafrika Landstriche in Gambia sowie die Andreas-Insel im Besitz des Herzogs Jakob von Kurland, eines Schwagers und Nachbarn des Großen Kurfürsten. Auch Preußen entwickelte seit dem späten 17. Jahrhundert koloniale Absichten. Höhepunkt der kolonialen Bestrebungen stellte die 1683 vom Großen Kurfürsten Friedrich Wilhelm I. (1620-1688) errichtete ‚Groß-Friedrichsburg' an der westafrikanischen Küste im heutigen Ghana sowie weitere Forts und Niederlassungen dar (vgl. van der Heyden 2001).[34] Diese Form der Küstenkolonie zum Zweck des Tauschhandels ist nicht mit der späteren imperialistischen Kolonialherrschaft zu vergleichen, leitete sie jedoch ein bzw. bereitete sie vor. Wirtschaftlich war die Expansion allerdings relevant: Die 1682 gegründete *Brandenburgisch-Afrikanische Kompanie* stieg in das Geschäft des transatlantischen Sklavenhandels ein (vgl. Koltermann 1999: 6).[35]

33 Bereits 1657 rief der bayerische Finanzier Johann Joachim Becher zur Gründung deutscher Überseekolonien auf, was jedoch ohne Resonanz blieb. 1675 schlug auch sein Versuch fehl, im Auftrag Bayerns ‚Neu-Amsterdam' zu erwerben.

34 Nach dem Ende des 30jährigen Krieges wuchs und verteuerte sich der Staatsapparat. Auf der Suche nach Geldquellen erfolgten erste Versuche, nach dem Vorbild anderer europäischer Mächte Kolonien und Handelsposten für den Überseehandel zu erwerben. Der große Kurfürst rief zu diesem Zweck eine seefahrende Handelsgesellschaft, die *Ostindische Kompanie*, ins Leben und erwarb 1651 erste Gebiete an der indischen Küste von Dänemark. Aufgrund mangelnder privater Geldgeber und Unterstützung in den Hansestädten wurde der Vertrag 1653 annulliert; die Handelskompanie scheiterte. Der Aufbau einer Kriegsflotte im Krieg zwischen Schweden und Pommern 1675 brachte den Großen Kurfürsten seinen kolonialen Träumen näher. 1680 erfolgte die erste koloniale Expedition, die erste Fregatte lief in Richtung der westafrikanischen Küste aus. Das Jahr 1681 gilt als Ausgangspunkt der brandenburgisch-preußischen Kolonialerwerbungen. Zur Absicherung wurde die *Handels-Compagnie auf denen Küsten von Guinea* gegründet, bis dann schließlich die Festung ‚Groß-Friedrichsburg' errichtet wurde. Nach Schätzungen wurden zwischen 1681 und 1698 etwa 30.000 afrikanische Sklaven auf karibischen Märkten verkauft. Die Handelsgesellschaft ging jedoch schließlich bankrott und wurde 1711 vom König aufgelöst. Weitere geplante Forts konnten wegen des Widerstands der Niederländer nicht errichtet werden (vgl. van der Heyden 2001: 9ff.).

35 1682 erließ der Große Kurfürst einen Schutzbrief für eine zu gründende afrikanische Handelsgesellschaft. Daraufhin wurde die *Brandenburgisch-Afrikanische Kompanie* gegründet, die auf 30 Jahre den kurfürstlichen Freibrief erhielt, unter der brandenburgischen Flagge Handel zu betreiben. Mit dem Verkauf von Sklaven nach Westindien nach der Gründung von

Friedrich III. (1657-1713), Sohn und Nachfolger des Großen Kurfürsten, hielt an einigen der kolonialen und maritimen Träume fest.[36] Auch er profitierte zunächst vom Sklavenhandel. „Da sich die Brandenburger und später die Preußen nicht unmittelbar an den Sklavenjagden beteiligten, sondern ‚lediglich' die Beute den Menschenfängern abkauften, transportierten und weiterverkauften, sahen selbst Freigeister an diesem Geschäft nichts Ehrenrühriges." (van der Heyden 2001: 51) Innereuropäische Konkurrenzen und Kriege hemmten den Ausbau der kolonialen Pläne. Der ab 1713 regierende König Friedrich Wilhelm (1688-1740) verfolgte keine kolonialen Ambitionen, sondern verkaufte 1717 die afrikanischen Besitzungen.[37]

Während England und Frankreich im späten 18. Jahrhundert ihre Kolonialreiche massiv ausbauten, verfolgten die deutschen Gebiete kaum konkrete Kolonialpläne. „While little colonial activity can be noted in the years from 1750 to the 1850s, a number of famous and not-so-famous Germans – encluding Georg Forster and Alexander von Humboldt – undertook voyages of scientific discovery to Africa, South America, China, Australia, and New Zealand." (Friedrichsmeyer et al. 1998a: 9)

Im 19. Jahrhundert kam es im Zuge der Industrialisierung und Pauperisierung zu einer verstärkten Auswanderung aus Deutschland und zu deutschen Niederlassungen in Nord- und Südamerika.[38] Im Zuge der massiven Auswanderung von Deutschen in die sog. Neue Welt waren

‚Groß-Friedrichsburg' als sicherem Umschlagplatz stellte sich der erhoffte Gewinn ein. Mit der Insel Arguin als größtem Stapelplatz für den Gummihandel erlangte Brandenburg ein Weltmonopol (vgl. van der Heyden 2001: 39).

36 Joachim Nettelbeck (1738-1824), der sich bereits zuvor am Sklavenhandel beteiligt hatte, wollte z.B. eine Pflanzungskolonie in Südamerika zum Anbau von Zucker, Kaffee und anderen Kolonialwaren errichten und plante zur Lösung der ‚Arbeiterfrage' die Wiederinbesitznahme der Kolonien des Großen Kurfürsten an der Küste von Guinea. Seine Anfrage ließ der König jedoch unbeantwortet.

37 Er versuchte jedoch, Afrikaner für den Dienst in der preußischen Armee zu rekrutieren, und afrikanische Musiker sollten der preußischen Armee einen exotischen Glanz verleihen. Er verfügte über eine große Garde afrikanischer Spielleute (vgl. Koltermann 1999: 26).

38 Vor allem ab der 1820er Jahre wanderten viele Deutsche in Richtung Amerika aus. 90 Prozent gingen allerdings in die USA, in den 1880er Jahren bis zu 250.000 Menschen jährlich. Zwischen 1820 und 1920 wanderten 35 Millionen Europäer in die USA aus. Van Laak (2004a: 70) begreift dies als europäisches Projekt der Erschließung.

diese an der Unterwerfung, Vertreibung und Ermordung der einheimischen Bevölkerung beteiligt (vgl. Eckert/Wirz 2002: 378).[39]

Bevor das Kapitel auf die Anfänge der nationalistisch argumentierenden Kolonialagitation zu sprechen kommt, wird zunächst auf die Expansionsversuche in Richtung Osten als ‚Kontinentalkolonialismus' eingegangen, die neben den Expansionsbestrebungen in die ‚Neue Welt' bestanden und sich bis zum Vernichtungskrieg der Nationalsozialisten durch die deutsche Geschichte ziehen.[40] Dieser Kontinentalkolonialismus ist relevant für das Verständnis der deutschen Kolonialgeschichte, da er auch als Alternative für überseeische Kolonien diskutiert und umgesetzt wurde.

Der ‚Drang nach Osten'

Jenseits der Kolonialversuche in Süd-, Mittel- und Nordamerika prägte die Expansion in den Osten die Kolonialpläne der Deutschen.[41] Bereits im Mittelalter – seit dem 9. Jahrhundert und mit einer Hochzeit im 14. Jahrhundert – begann die deutsche Ostsiedlung und die sog. Ostkolonisation, die mit z.T. gewaltsamer Christianisierung und ‚Germanisierung' einherging.[42]

Philipp Ther (2004: 131) betont, die deutsche Geschichte sei über große Strecken der Moderne eine imperiale Geschichte – spätestens seit der Bestätigung der Teilung Polens auf dem Wiener Kongress 1815.[43]

39 Die Beteiligung der Deutschen an Massakern an der südamerikanischen Bevölkerung wurde verdrängt und den spanischen Eroberern zugeschrieben (vgl. Zantop 1998: 24).

40 Propaganda wird herkömmlich als massenorientiert, demokratiefeindlich und ideologisch definiert, Maß (2006:19) erweitert diese Definition um die gegenseitigen Konstitutionsbedingungen von Propaganda und dem Subjekt. Danach bringt eine Aussage eine Erfahrung, eine Mentalität oder einen Subjektstatus hervor. Propaganda kann somit als aktiver Prozess der Selbstbezeichnung und -verortung, der sinnhaften Interpretation von Erfahrung und als Form politischen Handelns beschrieben werden.

41 Das Schlagwort ‚Drang nach Osten' tauchte erstmals Mitte des 19. Jahrhunderts auf und steht für die wilhelminische Expansionspolitik. Seit Jahrhunderten war der Osten mit dem Mythos eines ‚weiten Landes' belegt, aus dem als barbarisch bezeichnete Kriegergruppen aufbrechen, um das Abendland zu verwüsten.

42 Nach dem Scheitern der Kreuzzüge im Heiligen Land im 13. Jahrhundert zogen Fürsten und Kreuzritter gen Osten. Maßgeblich beteiligt an der Ostkolonisation war der *Deutsche Orden*, ein während der Kreuzzüge gegründeter Ritterorden. Die Kreuzritter dienten den Nationalsozialisten als Vorbilder für ihre Expansion gen Osten.

43 Mit der ersten Teilung Polens 1772 sicherte sich Friedrich II. erstmals ein größeres geschlossenes Staatsgebiet. Durch die Expansion in Richtung Os-

Nach dem Januaraufstand in Polen 1863 wurde die Herrschaft zunehmend direkt und formell und nahm unter rassistischen Vorzeichen einen kolonialen Charakter an. Die Herrschaft über große Teile Ostmitteleuropas dauerte wesentlich länger als die über die transatlantischen Kolonien. Die deutschsprachige Siedlungsbewegung im Osten wurde später in Preußen, insbesondere unter Friedrich II. gefördert.[44] Die Ostbesiedlung wurde – ebenso wie die Kolonisierung Afrikas – seit Mitte des 19. Jahrhunderts durch die Vorstellung einer Mission als ‚Kulturträger', ein zentrales Moment deutschen Selbstverständnisses, legitimiert. Polen bzw. Slawen wurden als primitiv, faul und kulturlos dargestellt, die der preußisch-deutschen Herrschaft und Zivilisation bedürften.[45] Die Konstruktionen vermeintlicher kultureller Fremdheit wurden zunehmend rassifiziert. Ther (2004: 139) vertritt die These, „dass die Siedlungsgebiete der Polen in Preußen für das deutsche Kaiserreich mental zu einer Kolonie wurden", auch wenn es zentrale Unterschiede zum transatlantischen Kolonialismus gab.[46] Die kolonialen Phantasien über den Osten während des Ersten Weltkrieges, nach denen weite Teile Ostmitteleuropas der direkten oder indirekten Herrschaft des Deutschen Reiches unterworfen worden wären, wurden von den militärischen Erfolgen 1917

---

ten wurde Preußen quasi zu einem deutsch-polnischen Staat (vgl. Ther 2004: 135). Die deutsche Einheit von 1871 beruhte auf der fortbestehenden Teilung Polens.

44 1886 wurde das „Reichsansiedlungsgesetz" erlassen. Dieses Gesetz sollte die Ansiedlung Deutscher im Teilungsgebiet fördern und die Polen auch dort zu einer Minderheit machen. 1908 wurde ein Gesetz zur Enteignung polnischer Landbesitzer beschlossen, das gegen die Reichsverfassung verstieß.

45 Slawen wurden im antislawischen rassistischen Weltbild als geschichtslose Völker dargestellt. Während der Industrialisierung wurde der Arbeitskräftemangel durch polnische und russische Wanderarbeiter gedeckt, die in Karenzzeiten zurückgeschickt wurden. Die Rekrutierung von ArbeiterInnen nahm gewalttätige Formen an; es etablierte sich ein regelrechter Menschenhandel. Die polnische Sozialstruktur galt als rückständig. In diesem Kontext etablierte sich seit dem 18. Jahrhundert der Begriff der ‚polnischen Wirtschaft' als Redensart, der mit Chaos, Desorganisation und ökonomischer Unfähigkeit assoziiert wurde (vgl. Rommelspacher 1995: 43ff.; Ha 2003: 82f.).

46 Mit dem Erwerb der überseeischen Kolonien verschärfte das Deutsche Reich die Politik gegenüber den Polen. Das Reichsansiedlungsgesetz sollte die Germanisierung der polnischen Gebiete vorantreiben. Zwar war das polnische Teilungsgebiet administrativ und juristisch nie eine Kolonie, nach Ther jedoch mental. Insbesondere während der deutschen Besatzung im Zweiten Weltkrieg galt die polnische Bevölkerung als ‚Untervolk', und es entwickelte sich ein koloniales Verhältnis heraus. Ther (2004: 148) weist auf Wechselwirkungen des transatlantischen und des kontinentalen Kolonialismus im Deutschen Reich hin.

und vom Zusammenbruch des Zarenreiches angetrieben und platzten schließlich wegen der Verluste im Westen. Im nationalsozialistischen Eroberungs- und Vernichtungskrieg im Osten wurden große Gebiete besetzt und sollten ‚germanisiert' werden (vgl. Harvey 2003). Der Nationalsozialismus tradierte und radikalisierte den Antislawismus im rassistischen Eroberungskrieg durch den „Generalplan Ost" der SS, der zunächst die Vertreibung von PolInnen anstrebte. In einer zweiten Phase sollte der Osten besiedelt und germanisiert werden, zugleich sollte der Großteil der polnischen Bevölkerung umgesiedelt oder getötet werden. Lediglich 20 Prozent der Bevölkerung sollten als Arbeitssklaven für die ‚germanische Herrenrasse' zur Verfügung stehen (vgl. Rommelspacher 1995: 44).

Zimmerer (2004: 43) plädiert sogar dafür, die nationalsozialistische Politik im Osten nicht als Besatzung zu bezeichnen, sondern als Kolonialherrschaft, da viele gemeinsame Strukturen zu finden seien.[47] Er kritisiert den Begriff Besatzung als eurozentrisch, da der Begriff Kolonialherrschaft nur für außereuropäische Länder verwendet wird. „Eine wirklich globale Geschichte militärischer oder politischer Fremdherrschaft sollte die eurozentrische Unterscheidung zwischen Besatzung in Europa und Kolonialherrschaft in Übersee aufgeben und die nationalsozialistische Politik in den eroberten Gebieten Polens und der Sowjetunion in der Tradition sehen, in der sie in globalgeschichtlicher Perspektive ebenfalls steht: derjenigen der Kolonialherrschaft." (Zimmerer 2004: 43) Auch Sobich (2006: 392f.) stützt diese These, da die Eroberung des Ostens nicht nur als eine Fremdherrschaft auf Zeit, sondern als eine Dauerangliederung der entsprechenden Gebiete bei gleichzeitiger ‚rassischer' Privilegiengesellschaft geplant war.[48] Trotz einiger Parallelen erachte ich eine (begriffliche) Gleichsetzung jedoch als problematisch, da sich beide Herrschaftssysteme grundlegend unterschieden.

47 Eine der wichtigsten Parallelen sei die biologistische Interpretation der Weltgeschichte und die Forderung nach Raum für die eigene Bevölkerung. Zudem führt Zimmerer personelle und organisatorische Überschneidungen der Kolonial- und NS-Herrschaft an. Die Untersuchung der Parallelen und Überschneidungen kolonialer und nationalsozialistischer Herrschaft ist für das historische Verständnis wichtig, allerdings werden Brüche und Differenzen in dieser Sichtweise leicht ausgeblendet. In diesem Sinne sind direkte Rückschlüsse vom Kolonialismus auf den eliminatorischen Antisemitismus und den Völkermord der Nationalsozialisten zurückzuweisen (vgl. Kundrus 2003c).

48 Diese innereuropäischen Kolonialpläne des Deutschen Reiches sieht Sobich trotz aller Differenzen bereits im Ersten Weltkrieg, im Osten und im Westen.

Trotz der rassistischer Ausrichtung lag dem Kolonialismus kein grundsätzlicher Vernichtungsplan zugrunde.

Erst nach dem verlorenen Zweiten Weltkrieg endeten die deutschen Kolonialbestrebungen und -phantasien für den Osten.

Nationalistische Kolonialagitation im entstehenden Deutschen Reich

Ab den 1840er Jahren begannen planmäßige deutsche überseeische Kolonisierungsversuche auf der Basis einer nationalen Argumentation. Handelsinteressen und die Angst, die eigene Nation könne bei der fortschreitenden ‚Aufteilung der Welt' zu kurz kommen, lösten eine Welle der kolonialen Begeisterung aus, die sich in der Presse niederschlug (vgl. Gründer 2000: 17). Im Fokus der Kolonialbegeisterten standen vor allem Nord- und Südamerika, wohin bereits viele Deutsche ausgewandert waren, aber auch das Osmanische Reich und Afrika waren im Gespräch.[49] In vielen Städten entstanden ab den 1840er Jahren Kolonialvereine, die versuchten, Kolonialland zu erwerben, wie z.B. in Texas.[50] Unterschiedliche Pläne für mögliche Kolonialgebiete wurden im Umfeld nationalistischer Agitation ausgearbeitet. Während der bürgerlichen Revolution von 1848 wurde der Wunsch nach Kolonialbesitz vom liberalen Besitz- und Bildungsbürgertum getragen und dem Wohl der Nation angedient. Relevant für die kolonialen Ambitionen waren zudem die Flottenpläne Preußens – die Flottenpolitik war an das nationale und koloniale Projekt gebunden. Bereits vor der Gründung des Deutschen Reichs wurde in der Presse lebhaft über Flotten diskutiert, die mit der Freiheit und Einheit der Nation assoziiert wurden. 1898 gründete sich der *Deutsche Flottenverein*, der eng mit der Kolonialbewegung verbunden war und in den Dienst der deutschen Kolonialpolitik gestellt wurde. Die Flotte wurde zu einem Instrument deutscher Weltmachtpolitik und war damit an nationale Großmachtträume gebunden (vgl. Djomo 1992: 103ff.).

---

49 Unter dem Aspekt der ‚Erhaltung des Deutschtums' entstanden zu Beginn der 1840er Jahre konkrete Pläne zur Besiedelung Palästinas und der Vorherrschaft in dieser Region. Auch Gebiete in Syrien standen zur Debatte. Der Nationalökonom und Publizist Friedrich List (1789-1846) als namhaftester Vertreter forderte zur gleichen Zeit eine deutsche Auswanderung in die Gebiete der Donau und darüber hinaus in den sog. Nahen Osten.

50 Zur organisierten Kolonialbewegung und deren Vorläufer vgl. Gründer (2000: 39ff.). Einige der Verbände der Kolonialbewegung werden im Zusammenhang mit den imperialen Frauenvereinen ausführlicher vorgestellt.

Seit Ende der 1860er Jahre spielte die pazifische Inselwelt – wenn auch in geringerem Maße – eine Rolle in der Kolonialbewegung: Bereits in den 1850er Jahren hatten sich dort etliche hanseatische Firmen niedergelassen (vgl. Gründer 2000: 90). Erst in den 1870er Jahren richteten sich der Kolonialdrang und die Propaganda neben Lateinamerika, Ostasien, dem Nahen Osten und der Pazifischen Inselwelt auf Afrika. Schon vor den Friedensverhandlungen 1871 stand der französische Kolonialbesitz als Kriegsentschädigung für das sich konstituierende Deutsche Reich zur Debatte.

Die Kolonialbewegung formierte sich in den 1880er Jahren in engem Kontakt zur Nationalbewegung; auch der *Alldeutsche Verband* entstand innerhalb des imperialistischen Kontextes (vgl. Chickering 1984: 59).[51]

Die Kolonien im Deutschen Reich

Die Kolonien dienten als Projektionsfläche (männlich konnotierter) nationaler Stärke, weshalb sich an sie Hoffnungen auf eine (Wieder-)Erstarkung nationaler Männlichkeit knüpften. Das Streben nach einer Weltmachtpolitik konnte der Kolonialpropaganda zufolge erst durch den Erwerb von Kolonien umgesetzt werden. Wirkungsmächtig erwiesen sich dabei sozialdarwinistische Deutungsmuster, die auf die Konkurrenz zwischen den Nationalstaaten übertragen wurden. „Die deutsche Kolonialagitation resultierte folglich aus einem Bündel von Motiven, wobei sozialökonomische, nationalideologische, sozialdarwinistische und kulturmissionarisch-sendungsideologische Argumente nebeneinander standen." (Gründer 2000: 31) Durch die über einen langen Zeitraum kontrovers geführten Debatten, ob Kolonien zum ‚nationalen Wohl' beitragen würden, zog sich die Hoffnung, deutsche Kolonien könnten die mit der Industrialisierung einhergehenden sozialen und ökonomischen Probleme – Arbeitslosigkeit, Klassenkonflikte, Urbanisierung, Pauperisierung – lösen oder zumindest abfedern (vgl. Kundrus 2003: 2f.). Auch die Bevölkerungs- und Auswanderungssituation in den 1870er und 80er Jahren war ein Thema der Kolonialdebatten: Die zunehmende Auswanderung wurde als ein Verlust nationaler Kräfte wahrgenommen; diese sollten in

51 Ideologisch und personell geht der *Alldeutsche Verband* zurück auf den von Carl Peters 1886 gegründeten *Allgemeinen deutschen Verband zur Förderung überseeischer deutsch-nationaler Interessen*. Das zentrale Anliegen des Vereins war der Schutz deutscher Kolonialinteressen.

deutsche Siedlungskolonien gelenkt werden, damit sie dem Deutschen Reich nicht verloren gingen (vgl. Grosse 2000: 25).[52]

Das zunehmende Selbstbewusstsein der Arbeiterklasse weckte zudem schon 1848 massive Ängste einer Revolution ‚von unten', weshalb die Möglichkeit einer Auswanderung diskutiert wurde.

> „Vorschläge und Projekte von der ‚organisierten' Auswanderung sozial unruhiger Elemente in abseits gelegene ‚Siedlungskolonien' bis zur Deportation politischer Agitatoren in sogenannte Verbrecherkolonien nach dem Vorbild Englands in Australien und Russlands in Sibirien gehörten immer wieder zu dem Arsenal kolonial-propagandistischer Argumente." (Gründer 2000: 30)

Die koloniale Begeisterung erfasste zwar breite Teile der Bevölkerung, insbesondere in den Jahren 1884/85, eine gewisse Skepsis blieb jedoch bestehen. Einzelne Kaufleute waren am Erwerb von Handelsposten beteiligt, doch die meisten hanseatischen Kaufleute und die mit ihnen verbundenen Bankhäuser blieben bis Mitte der 1880er Jahre Anhänger des Freihandels und Gegner von Kolonialbesitz. Auch das deutsche Finanzkapital gab seine zögerliche Haltung zum Erwerb von Kolonien erst nach der Kolonialkrise von 1907 auf. Dennoch herrschte gesellschaftlich ein großes Interesse vor, die deutsche Großmachtpolitik auszubauen. Breite gesellschaftliche Schichten beteiligten sich an der Kolonialbewegung.

> „So gesehen artikulierten sich im ‚Kolonialrausch' der beginnenden 1880er Jahre sowohl die subjektiven Existenzängste unterschiedlicher sozialer Schichten sowie die Machterhaltungsbestrebungen gesellschaftlich und ökonomisch führender oder privilegierter Gruppen als auch das Prestige- und Identitätsbedürfnis breiterer Bevölkerungskreise mit dem imperialen Nationalstaat." (Gründer 2000: 48)

Deutschlands Kolonialgeschichte

Nachdem sich Bismarck jahrelang gegen Kolonien ausgesprochen hatte, entschied er sich 1884 für den Wechsel vom informellen indirekten Freihandelsexpansionismus seit den 1860er Jahren zu einem formellen di-

52 Auch mit dem Erwerb von Kolonien änderte sich das Ziel der Auswanderung nur marginal. Die meisten Deutschen wanderten weiterhin in die USA aus. Zur Hochzeit des Deutschen Kolonialismus lebte die im Vergleich zu den USA vergleichsweise geringe Zahl von 20.000 weißen deutschen Siedlern in Afrika (vgl. Friedrichsmeyer et al. 1998a, 11).

rekten Kolonialbesitz.[53] Mit der sog. ‚Kongo-Konferenz' von 1884 in Berlin reihte sich das Deutsche Reich in die europäischen Kolonialmächte ein.[54] Die ‚Aufteilung Afrikas' war ein einzigartiger Vorgang der „zeitlich konzentrierten Enteignung eines Kontinents". (Osterhammel 2001: 40).[55] Die ‚Aufteilung Afrikas', die in der *Times* vom 15. September 1884 erstmals als „*Scramble for Africa*" bezeichnet wurde, bedeutete, dass mehr als zehn Millionen Quadratmeilen Afrikas und über eine Milliarde AfrikanerInnen in gut zwei Jahrzehnten der europäischen Herrschaft unterworfen wurden (vgl. Gründer 2002: 19).

Während der deutschen Kolonialherrschaft hielten sich Hoffnungen auf einen weiteren Kolonialerwerb und auf eine Vergrößerung der bestehenen Kolonien. Insbesondere gab es Pläne für ein erweitertes ‚Mittel-

53 Zu Deutungsversuchen der Bismarck'schen Entscheidung für den Eintritt in die Reihe der europäischen Kolonialmächte vgl. Gründer (2000: 51ff.). Die Gründe für Bismarcks Gesinnungswandel sind in der Forschung nach wie vor umstritten (vgl. Kundrus 2003: 27).

54 Auf der ‚Kongo-Konferenz'" trat Otto von Bismarck offiziell als Vermittler zwischen den konkurrierenden Kolonialmächten auf. Auf der Konferenz ging es zunächst darum, den freien Zugang zum Handel und die Missionierung Afrikas für alle Nationen vertraglich abzusichern und Kriterien zur völkerrechtlichen Anerkennung von Kolonialbesitz festzulegen.

55 Der späte Eintritt des Deutschen Reichs in die Reihe der europäischen Kolonialmächte wird gerne mit der im Zusammenhang der deutschen Nationsgründung beschriebenen Sonderweg-These verbunden. Sie dient auch als Erklärung für den dabei behaupteten extremen Rassismus der deutschen Kolonialmacht sowie für den späteren Nationalsozialismus und die Judenvernichtung. Gründer (2004: 27) verwehrt sich gegen die Konstruktion eines deutschen Sonderwegs, da die koloniale „Verspätung" ebenso für Belgien, USA und Italien gelte. Ein deutscher Sonderweg jenseits national zu differenzierender historischer Kontexte und Entwicklungen ist nach Grosse (2000: 22ff.) bis zum Ersten Weltkrieg nicht erkennbar. Als deutsche Besonderheit begreift er lediglich die Entwicklungen in der Rüstungspolitik des Ersten Weltkriegs. Deutschland bezog im Gegensatz zu England und Frankreich seine Kolonien nicht oder nur marginal in das Rüstungs- und Kriegsgeschehen ein. Hieraus ergaben sich Konsequenzen für die Interpretationen von ‚Rasse', die sich in der rassistischen Kampagne nach der ‚Schwarzen Schmach am Rhein' 1923, der Niederlage gegen die Schwarzen Kolonialtruppen Frankreichs auf deutschem Boden, zuspitzten. Zudem war der deutsche Kolonialismus, anders als in England oder Frankreich, vor allem ein Mittelschichtphänomen (vgl. Friedrichsmeyer et al. 1998a, 19). Eckert (2003: 263) verweist zudem auf das generelle Gewaltpotenzial kolonialer Siedlergemeinschaften, ohne den deutschen Völkermord an den Herero und Nama relativieren zu wollen. Während in den 1970er Jahren in der Kolonialismusforschung die unterschiedlichen europäischen Kolonialdoktrinen untersucht und die Herrschaftsformen verglichen wurden, betont die neuere Kolonialismusforschung eher Ähnlichkeiten, da sich die jeweilige Herrschaft weit mehr ähnelte, als die Doktrinen es erwarten lieen.

afrika', das die deutschen Kolonien in Afrika zu einem großen ,Deutsch-Mitelafrika' zusammenführen sollte. „Portugiesisch-Ost und Westafrika waren Ziele deutschen Imperialismus' seit dem letzten Jahrzehnt des 19. Jahrunderts. In beiden Kolonien gelang es deutschen Bankkonsortien, mit massiver Hilfestellung des Auswärtigen Amts und des Reichskolonialamts, in den letzten Jahren vor Ausbruch des Ersten Weltkriegs erhebichen Einfluß zu gewinnen." (Tschapek 2000: 15)[56] Neben den Plänen für ein ,Deutsch-Mittelafrika' wurde über mögliche Kolonien im sog. Nahen Osten nachgedacht.[57] Auch Südamerika, vor allem Brasilien, blieb als potenzielles Ziel kolonialer Bestrebungen im Blick. Dieses Konzept konnte sich aber nie als offizielle Politik durchsetzen und ging nicht über ein wirtschafts- und militärpolitisches Engagement hinaus. Daneben blieben auch Visionen für Mitteleuropa in den Koloialplänen präsent.

Exkurs: Hochimperialismus

Trotz der Kontinuitäten des europäischen Kolonialismus konstatiert Osterhammel (2001: 40) eine Epochenzäsur mit dem Hochimperialismus um 1870/1880. Gründe dafür sieht er im Strukturwandel der Weltwirtschaft und des Weltstaatensystems. Der Hochimperialismus des späten 19. Jahrhunderts steht zudem in enger Verbindung mit der Durchsetzung der bürgerlichen Herrschaft. „The ,new' colonialism of the nineteenth century certainly built on the experience of rule and the construction of cultural difference of the old empires. Its newness was part of the making of bourgois Europe, with its contradictions and pretensions as much

56 Ende der 1890er Jahre unternahm das Deutsche Reich einen Versuch, seine Stellung in ,Mittelafrika' auszubauen. In einem deutsch-englischen Geheimvertrag, der jedoch scheiterte, wurde bis 1913 über die Aufteilung der portugiesischen Kolonien verhandelt. Diese Projekte wurden durch den Kriegsausbruch und den Verlauf des Ersten Weltkriegs zerstört. Erst 1929 endete der letzte Versuch Deutschlands, ein ,afrikanisches Reich' zu erwerben (vgl. Gründer 2000: 102).

57 Im Zusammenhang mit der Planung der Bagdad-Bahn tauchten (publizistisch) Forderungen nach einer deutschen Kolonisation des heutigen Syriens und des Iraks auf; entlang der Bagdad-Bahn sollten Siedlungen entstehen (vgl. Neitzel 1999: 124). Erst 1940 erreichte die Bahn Bagdad. Der zur Zeit des Baus der Bagdad-Bahn verübte Genozid an den Armeniern, die auch als Zwangsarbeiter am Bau beteiligt waren, korrelierte mit den imperialistischen Interessen der europäischen Großmächte. Diese waren an einer Zerstückelung des Osmanischen Reichs interessiert und schürten die Stimmung gegen die armenische Bevölkerung. Wolter (2005) weist auf die bis heute verdrängte Mitverantwortung des Deutschen Reiches und seiner Generalität am Genozid an den Armeniern hin.

as its technological, organizational, and ideological accompliments.“ (Stoler/Cooper 1997a: 2) Die bürgerliche Identität der Kolonialherren wurde in der Metropole und der Kolonie gleichermaßen konstruiert. Die Ambivalenzen und Ängste der kolonialen Erfahrung waren konstitutiv für die Herausbildung des modernen bürgerlichen Individuums sowie für die sozialen und kulturellen Formationen in Europa. „The ‚embor-geoisement‘ of imperialism in the late nineteenth century enhanced expectations of hard work, managed sexuality, and racial distancing among the colonizing agents while opening a more intimate domane for condemnation and reform within societies being colonized.“ (Stoler/Cooper 1997a: 31)

Das deutsche Kolonialreich

Das deutsche Kolonialreich war zwischen 1884-1900 etwa eine Million Quadratkilometer groß und umfasste etwa 12 Millionen EinwohnerInnen. Damit war es territorial das drittgrößte und nach Bevölkerungszahl das fünftgrößte nach den britischen, französischen, niederländischen, belgischen, US-amerikanischen, portugiesischen, italienischen und spanischen Kolonialreichen (vgl. Wildenthal 2003: 145). Die heutigen Staaten Namibia, Tansania, Togo, Kamerun, Nigeria, Ghana, Ruanda, Burundi, Papua Neuguinea, die Republik der Marshall-Inseln, die Republik Nauru, die nördlichen Marianeninseln, Palau, die Föderierten Staaten von Mikronesien und West-Samoa standen ganz oder teilweise unter deutscher Kolonialherrschaft.[58] Die Aneignung von ‚Deutsch-Südwestafrika‘ als erstes ‚Schutzgebiet‘ erfuhr die meiste Aufmerksamkeit in der deutschen Öffentlichkeit und wurde als „zweite Reichsgründung“ in Übersee gedeutet (vgl. Kundrus 2003: 8). Die kleineren Kolonialbesitzungen im Pazifik erlangten vergleichsweise wenig Aufmerksamkeit. Bis auf Samoa und ‚Kiautschou‘ waren sie zudem ein finanzielles Verlustgeschäft für das Deutsche Reich. Togo und ‚Kiautschou‘ stellten ‚Musterkolonien‘ im Kleinen dar. Vor allem mit dem Erwerb des chinesischen Pachtgebietes ‚Kiautschou‘ mit der Stadt ‚Tsingtau‘ (dem heuti-

58 Nach Verhandlungen über die unterschiedlichen Inselgruppen im Pazifik zwischen den Kolonialmächten gingen das ‚Kaiser-Wilhelms-Land‘, das ‚Bismarck-Archipel‘ einschließlich der Salomon-Inseln, die Karolinen mit den Palau-Inseln, die Marshall-Inseln und die deutschen Landronen, Samoa und die Marianen in den Besitz des Deutschen Reichs über. 1887 wurde ‚Kiautschou‘ in China erworben. 1911 erhielt die Kolonie Kamerun territorialen Zuwachs von ‚Französisch-Äquatorialafrika‘ (‚Neukamerun‘) in Folge des deutsch-französischen Marokko-Vertrages, der die zweite Marokko-Krise beendete. Zur Geschichte der einzelnen Kolonien vgl. Gründer (2000: 79ff.).

gen Quingdao) 1897 zeichnete sich ein Durchbruch der deutschen Weltmachtpolitik ab (vgl. Lotz 1998: 29). Die sich allmählich etablierende Kolonialherrschaft[59] stieß auf erheblichen Widerstand in einigen Gebieten, sodass es zu etlichen bewaffneten Auseinandersetzungen und Kriegen kam: 1888-90 an der Küste Ostafrikas, 1891-92 in ‚Deutsch-Ostafrika',[60] 1893 und 1896 in ‚Deutsch-Südwest-Afrika', 1896 und 1905 in Kamerun. Des Weiteren wären der Krieg in ‚Deutsch-Süd-

59 Zum Aufbau einer bürokratischen Ordnung und eines Verwaltungsapparates in den Kolonien vgl. Eckert/Peseck (2004). Die Wirksamkeit des bürokratischen Verwaltungsstaates in ‚Deutsch-Südwestafrika' trug in kürzester Zeit zur kolonialen Entrechtung und Unterdrückung der kolonisierten Bevölkerung bei, sodass aus freien, selbstständig Wirtschaftenden besitzlose, auf abhängige Arbeit angewiesene Untertanen des Deutschen Reiches wurden (vgl. Zimmerer 2001: 1). Allerdings gab es in den unterschiedlichen Behörden und Verwaltungen divergierende und plurale Interessen. Mit dem Aufbau einer kolonialen Verwaltung und der administrativen Erschließung sollte zum einen die kolonisierte Bevölkerung diszipliniert und unterworfen, zum anderen sollten aber auch die Kolonisierenden an eine feste Ordnung ‚angepasst' werden. Auf diese Aufgabe war der deutsche Staat institutionell kaum vorbereitet, da Kolonialpolitik bis dato nur Außenpolitik gewesen war. Erst 1890 richtete Reichskanzler von Caprivi eine eigenständige Kolonialabteilung im Auswärtigen Amt ein. Sie unterstand direkt dem Reichskanzler, verwaltete die gesamten deutschen Kolonien in Afrika und in der Südsee und hatte die Aufsicht über all ihre Behörden und Beamten (vgl. Sippel 2002a: 29). 1907 wurde unter Bernhard Dernburg ein eigenständiges Kolonialministerium, das Reichskolonialamt, gegründet. Bis 1908 existierte der Kolonialrat, bestehend vor allem aus Mitgliedern der DKG, der als beratendes Gremium einen erheblichen Einfluss auf die Kolonialabteilung und die Kolonialpolitik generell ausübte. Wenig Mitspracherechte hatte hingegen der Deutsche Reichstag. Dem Gouverneur jeder Kolonie unterstanden sowohl Exekutive als auch Legislative in der Kolonie, weshalb er eine machtvolle Position besetzte.

60 In ‚Deutsch-Ostafrika' gab es bereits zu Beginn der Kolonisierung Aufstände, die zunächst von der arabisch-suahelischen Führungsschicht getragen wurden, die ihre Position bedroht sah. Unterschiedliche Bevölkerungsgruppen und befreite Sklaven schlossen sich diesen Aufständen gegen die Deutschen an (vgl. Baer/Schröter 2001: 37ff.). Während der gesamten Kolonialzeit der Deutschen kam es immer wieder zu Widerstand, der blutig niedergeschlagen wurden. Um die deutsche Herrschaft in Ostafrika zu etablieren, baute man ein Verwaltungssystem auf, das die einheimische Bevölkerung teilweise integrierte. Die deutsche Herrschaft in ‚Deutsch-Ostafrika' musste immer wieder mit Waffengewalt durchgesetzt und verteidigt werden. Zwischen 1891 und 1897 führten die ‚Schutztruppen' 61 größere, ‚Strafexpeditionen' genannte Feldzüge zur Niederschlagung der kolonialen Aufstände durch (vgl. Baer/Schröter 2001: 80).

westafrika' von 1904-07[61] und der Maji-Maji-Krieg von 1905-06 zu nennen (vgl. Wildenthal 2001: 38; Baer/Schröter 2001: 37ff.).[62] Die deutschen Kolonialtruppen, bezeichnenderweise ‚Schutztruppen' genannt, gingen mit äußerster Härte gegen den Widerstand vor. Insbesondere die sog. Politik der ‚verbrannten Erde' im Zuge des Maji-Maji-Krieges und der Genozid an den Herero hatten verheerende Auswirkungen auf die afrikanischen Bevölkerungen.

Exkurs: Krieg, Widerstand und Konzentrationslager

Auch wenn der Umgang mit der Schwarzen Bevölkerung vor allem während der kriegerischen Auseinandersetzungen auf Kritik seitens der Missionen, der Sozialdemokratie, reformierten Kräften und sogar Teilen des Militärs stieß, die eine humanere Behandlung der einheimischen Bevölkerung vor allem aus nationalökonomischen Interessen heraus forderten, galt der Krieg gegen die Herero als eine notwendige Konsequenz der deutschen Kolonialpolitik. Insbesondere der Einsatz von General Lothar von Trotha (1848-1920)[63], der noch während seiner Anreise das Kriegsrecht über ‚Deutsch-Südwestafrika' verhängte und die standesrechtliche Erschießung aller bewaffneten ‚Aufständischen' befahl, führte zu einer Radikalisierung des Kriegsverlaufs, der in dem berüchtigten Erschießungsbefehl und dem Völkermord an den Herero mündete.[64]

Im Deutschen Reich erschienen nach 1904 zahlreiche Publikationen und Texte über den Herero-Krieg. Die Vernichtung der Herero wurde darin weder bestritten noch bagatellisiert, sondern „als sinnvoller und

61 Offiziell endete der Krieg am 31. März 1907, die Konzentrationslager wurden jedoch erst im Januar 1908 aufgelöst, weshalb häufig auch das Jahr 1908 als Ende des Krieges angegeben wird.

62 Das Deutsche Reich war 1900 zudem an der Niederschlagung des Boxeraufstands in China beteiligt. Sobich (2006) verweist darauf, dass es bereits hier zu Massakern an der einheimischen Bevölkerung und genozidalen Tendenzen kam.

63 Von Trotha hatte bereits während der Kolonialkämpfe in ‚Deutsch-Ostafrika' (1894-1897) und China (1900) den Ruf eines besonders erbarmungslosen Militärs erworben. Er war direkt dem Kaiser unterstellt.

64 Bei der entscheidenden Schlacht am Waterberg am 11. August 1904 siegten die deutschen Kolonialtruppen. Ein Großteil der Herero konnte jedoch entkommen und floh in die Omaheke-Wüste. Die deutschen Truppen trieben die bereits besiegten Herero in Richtung Omaheke, ließen sie dort verdursten und erschossen die Überlebenden willkürlich. Anfang Oktober ordnete von Trotha die Erschießung aller aus der Wüste zurückkehrenden Herero, auch der Frauen und Kinder, an. Der Schießbefehl von Trothas wurde nach einigen Wochen von Kaiser Wilhelm II. aus Angst vor antideutscher Propaganda seitens der anderen europäischen Kolonialmächte aufgehoben.

gerechtfertigter Beitrag im Vollzug – und als Vollziehen! – eines allgemeinen Prozesses der Entwicklung einer Weltkultur gedeutet und als legitimes Mittel in einer als unausweichlich angenommenen Auseinandersetzung zwischen ‚Weißen' und ‚Schwarzen', zwischen ‚Kultur' und ‚Unkultur' beschrieben". (Brehl 2004: 7) In den Berichten über den Krieg wurde immer wieder von angeblichen Gräueltaten der Herero berichtet, die als ‚Bestien' oder ‚Schwarze Teufel' dargestellt wurden (vgl. Koller 2001: 109; Krüger 1999: 69ff.). In der Kolonialpropaganda wurden den Herero Gewalttaten und Morde zugeschrieben und damit die repressive Gewalt der Kolonialtruppen und -politik legitimiert. Die Aggressivität der Kolonialpropaganda nahm mit der Radikalisierung der Kriegshandlungen zu.

> „Wie ein Lauffeuer verbreiteten sich die Gerüchte von der Ermordung und Verstümmelung hunderter Männer, Frauen und Kinder und trugen nicht unerheblich zur Radikalisierung des Krieges bei. Später sollte sich herausstellen, dass insgesamt 123 Deutsche bei den ersten Überfällen ums Leben gekommen waren, die Herero auf Befehl ihrer Führung jedoch Frauen und Kinder sowie Missionare bewusst geschont und diese teilweise selbst bis zu deutschen Siedlungen geleitet hatten." (Zimmerer 2003a: 45f.)

Im Mittelpunkt der Kriegspropaganda standen sowohl weiße als auch Schwarze Frauen. Schwarze Frauen tauchten in der deutschen Kriegsberichterstattung vor allem als „Schwarze Bestien" im Zusammenhang mit angeblichen Verstümmelungen und Misshandlungen weißer Soldaten in den Kolonien auf, während weiße Frauen als Opfer behaupteter Schwarzer Gewalt dargestellt wurden. Diese Repräsentationen dienten einerseits der Legitimation des brutalen Vorgehens der weißen Truppen sowie der Untermauerung eines vermeintlichen ‚Rassenkrieges' und der Notwendigkeit einer eindeutigen getrennten ‚rassischen' Ordnung. Eigene Taten wurden durch die Behauptung von Massakern seitens der Herero verleugnet. Obwohl bekannt war, dass die Herero Frauen, Kinder und Missionare verschonten, benutzte die Propaganda im Reich das angeblich harte Schicksal der weißen deutschen Frauen in den Kolonien und behauptete die Ermordung und Vergewaltigung zahlreicher weißer Frauen – entgegen deren tatsächlicher relativer Sicherheit selbst im Krieg (vgl. Krüger 2003: 147f.). Die weiße Frau als Symbol weißer Reproduktion und Herrschaft diente der Stimmungsmache in der deutschen Öffentlichkeit. Das Bild der Krieg führenden Schwarzen Frauen beschäftigte die weiße deutsche Öffentlichkeit und deren Phantasie besonders stark.[65]

1904 traten die Nama ebenfalls in den Krieg ein und begannen einen zunächst erfolgreichen Guerilla-Krieg gegen die deutsche Kolonialmacht.[66] Auch gegen die Nama griffen die deutschen Truppen hart durch; zugleich begann die Internierung in Konzentrationslager.[67] Die Lager symbolisierten die später erfolgende vollständige Unterwerfung der Herero und Nama.[68]

65 Die Anwesenheit von Herero-Frauen bei Gefechten mit den Deutschen – aber wohl ohne Waffen – war besonders irritierend für die Kolonialtruppen und die deutsche Öffentlichkeit. Die Presse berichtete häufig darüber und nutzte es zu Propagandazwecken.

66 Bis zur Schlacht am Waterberg waren Teile der Nama noch an die sog. ‚Schutzverträge' und damit Waffenhilfe für die deutschen Truppen gebunden. Die Siedler forderten, auch die Nama zu entwaffnen und endgültig zu unterwerfen. Sie vermieden eine offene Feldschlacht aus den Erkenntnissen der bisherigen Erfahrungen und begannen einen Guerillakrieg, auf den die deutschen Truppen mit brutaler Härte antworteten. Zudem gab es Masseninternierungen. Der Guerillakrieg und Widerstand wurde auch nach dem Tod des berühmten Chiefs Hendrik Witbooi bis 1908 weiter geführt (vgl. Zimmerer 2003a: 54ff.). Nur die Hälfte der Nama überlebte.

67 Insgesamt gab es etwa 21.000-24.000 gefangene Herero in den Lagern. Sie dienten auch als Arbeitslager, um den massiven Arbeitermangel in der Kolonie auszugleichen. Schwarze Frauen waren aufgrund ihres Geschlechts spezifischen Formen der Gewalt ausgesetzt. Gefangene Herero-Frauen wurden zur Zwangsarbeit beim Militär, in Gefangenenlagern und privaten Unternehmen und Haushalten verpflichtet, wobei es zu sexualisierter Gewalt kam. Darüber hinaus waren sie Zwangsuntersuchungen ausgesetzt (vgl. Krüger 1999: 117).

68 Der Begriff ‚Konzentrationslager' wurde 1896 erstmals von den Spaniern während des Krieges auf Kuba und im gleichen Jahr während des amerikanischen Krieges auf den Philippinen verwendet. Durch den Südafrikanischen Krieg 1899-1902 wurde er schließlich weltweit bekannt (Zimmerer 2001: 42, Anm. 132).
Die Missionen beteiligten sich am Betrieb der Lager und richteten aus Kritik an der bisherigen Praxis unbewachte Lager ein (vgl. Krüger 1999: 126ff.). Die Todesrate in den Konzentrationslagern betrug etwa 45 Prozent; etwa 14.000 Herero kamen darin um. Diese Vorläufer waren den Nationalsozialisten bekannt. Schon 1921 hatte Hitler erklärt, sie würden deutsche Juden in KZs nach Vorbild der englischen Lager im Burenkrieg einsperren. Bereits in der Verfassung, die die Nationalsozialisten nach dem erfolgreichen Kapp-Putsch 1923 einführen wollten, war geplant, „sicherheitsgefährliche Personen und unnütze Esser" in Sammellager zu sperren und zur Arbeit zu zwingen. Die nationalsozialistischen Konzentrationslager waren demnach von langer Hand geplante Maßnahmen (vgl. Evans 2005: 485). Die kolonialen und nationalsozialistischen Konzentrationslager sind jedoch trotzdem nicht in eins setzbar.

1905 begann der Maji-Maji-Widerstand in ‚Deutsch-Ostafrika' auf einer Baumwollplantage. Der gesamte Süden, ein Drittel der Kolonie, schloß sich dem Widerstand an. Damit war der Maji-Maji-Widerstand eine der größten antikolonialen Bewegungen in der Geschichte Ostafrikas. Er traf die weißen deutschen Kolonialherren völlig unerwartet, sie standen der breiten Erhebung zunächst machtlos gegenüber. „In Deutschland stand man noch ganz unter dem Eindruck des Aufstandes der Herero und Nama in Südwestafrika, dessen Niederschlagung schließlich mehrere zehntausend Menschen das Leben und den deutschen Steuerzahler 585 Millionen Mark gekostet hatte." (Baer/Schröter 2001: 97) Der Widerstand in ‚Ostafrika' ging in einen Guerilla-Krieg über, der mit der Politik der ‚verbrannten Erde' beantwortet wurde. Diese Politik bedeutete, dass alles rücksichtslos niedergebrannt und nicht zwischen Zivilisten und Kriegern unterschieden wurde. Die Gefangenen mussten Strafarbeit leisten oder wurden hingerichtet (vgl. Baer/Schröter 2001: 100; Krüger 1999: 62ff.).[69]

Die Kolonialkriege zielten nach Krüger (1999: 62) auf die „Vernichtung der wirtschaftlichen, wie auch der sozialen und politischen Grundlagen der zu unterwerfenden Gesellschaft". Nach den Kriegen konsolidierte sich die Herrschaft der weißen deutschen Kolonialmacht; die anschließenden Dernburg'schen Kolonialreformen sollten die Kolonialherrschaft zum einen humanisieren, um weitere Aufstände zu verhindern, und zum anderen ökonomisieren, um mehr von den Kolonien zu profitieren. Die Hoffnung, das bestehende Kolonialreich zu vergrößern, blieb bestehen.

Der Kolonialbesitz in der deutschen Bevölkerung

In der deutschen Bevölkerung breiteten sich schon kurz nach dem Erlangen der Kolonien Enttäuschung und Desinteresse aus, da die Kolonien nicht die auf sie gerichteten Erwartungen und Hoffnungen erfüllten. Die vorherrschende, jedoch schwankende Kolonialbegeisterung der Gesellschaft lässt sich nicht nur an den Mitgliederzahlen der Kolonialvereine ablesen, da auch andere Vereine wie der *Flottenverein*, der *Ostmarkenverein*, der *Alldeutsche Verband* u.a. koloniale Ziele propagierten.[70] Zu-

69 1908 wurden die letzten beiden aufständischen Anführer Ngozingozi und Mpangire hingerichtet. Nach Schätzungen kamen 120.000 bis 300.000 Angehörige der Schwarzen Bevölkerung in ‚Deutsch-Ostafrika' um, vor allem durch die Politik der ‚verbrannten Erde'. Unter den weißen Soldaten gab es nur geringe Opferzahlen.

70 Als die koloniale Euphorie von 1884/85 einer wachsenden kolonialen Desillusionierung wich, schlossen sich Ende 1887 die *Gesellschaft für deutsche Kolonisation* und der *Deutsche Kolonialverein* zur *Deutschen*

dem gelangten die Kolonien über viele andere Schauplätze in das Bewusstsein der deutschen Gesellschaft: über Wissenschaften, Belletristik, Medien, Vorträge und Veranstaltungen, Museen, Ausstellungen, insbesondere auch Völkerschauen, Völkerkundemuseen, Werbung, Konsumverhalten etc.[71] Afrika als Projektionsfläche nahm eine zentrale Stellung im öffentlichen Bewusstsein des deutschen Kaiserreichs ein (vgl. Schneider 2003: 41). Diese Projektionen auf Afrika als das Andere Europas bezeichnet Toni Morrison (1994: 27) in Anlehnung an Said als „Afrikanismus". Diese koloniale Konstruktion ist zentral für das Selbstbild des weißen Subjekts, für die Konstruktion eines weißen Europas und einer weißen Nation (vgl. auch Mbembe 2001).

In der deutschen Bevölkerung herrschte ein ‚kolonialer Konsens' vor; es gab wenig öffentliche Kritik am Erwerb von Kolonien. Bis zur Jahrhundertwende formulierten Teile der Liberalen und der Sozialdemokraten Kolonialkritik. Die Liberalen kritisierten den deutschen Kolonialismus vor allem aus wirtschaftspolitischen Gründen als anachronistisch. Ihre Kolonialskepsis äußerte sich jedoch vor allem an der Form der Kolonialpolitik, nicht an einer Expansion an sich.[72]

Die Sozialdemokraten vertraten die kolonialkritischsten Positionen, sie lehnten den Erwerb von Kolonien zunächst ganz ab. Sie solidarisierten sich z.T. mit den Opfern des Kolonialismus, allerdings ging ihr Internationalismus mit einem eurozentrischen Standpunkt einher. Die

Kolonialgesellschaft (DKG) zusammen. Publikationsorgan war die Wochenzeitschrift *Deutsche Kolonialzeitung*. Bis zum Ersten Weltkrieg wuchs die Mitgliederzahl auf 42.000 an. Die DKG als dominierender Dachverband der deutschen Kolonialbewegung war wesentlich daran beteiligt, die Kolonialpolitik zu einem zentralen Bestandteil des wilhelminischen Kaiserreichs zu machen.

71 Das damalige Alltagsleben der Deutschen war durch die aufkommenden Massenkulturen und ein verändertes Konsumverhalten zutiefst von der europäischen Kolonialerfahrung, von Visualisierungen des Fremden und des Eigenen, von weiß und Schwarz, Exotik und Vertrautem geprägt (vgl. Ciarlo 2003). Rassifizierte und exotisierte Bilder von Schwarzen in der Werbung, auf Lebensmitteln, Luxusgütern wie Seife und in Kolonialwarengeschäften brachten die Kolonien in die Haushalte und machten sie ‚konsumierbar'.

72 Zu den unterschiedlichen Strömungen liberaler Kolonialkritik siehe Schwarz (1999: 47ff.). Noch 1870 scheiterte eine Petition zur Übergabe des französischen Flottenstützpunktes Saigon als Entschädigung nach dem deutsch-französischen Krieg am Widerstand der Fortschrittspartei und der Sozialisten. Teile der Liberalen schlossen sich der Kolonialbegeisterung an. Auch die DVP stimmte trotz ihrer Kolonialkritik einer friedlichen Kolonialpolitik grundsätzlich zu und sah den Kolonialismus als eine ‚zivilisatorische Mission'. Sie setzte sich für die Rechte der indigenen Bevölkerung ein und forderte klare juristische Verhältnisse.

‚Wilden' aus den Kolonien galten als Opfer, solange sie der Befreiung des Proletariats nicht im Weg standen. Die Sozialdemokraten setzten sich für ihre ‚Entwicklung' und ‚Zivilisation' ein. Sie plädierten für Siedlungs- und gegen Ausbeutungskolonien. Die sozialdemokratische Kolonialkritik richtete sich vor allem gegen die Form und Brutalität der Kolonialherrschaft. Der Herero-Krieg wurde allerdings widersprüchlich bewertet. Außerdem wurden die Inrentabilität der Kolonien, die Verschärfung der internationalen Konflikte durch die deutsche Expansion und die Verlängerung des Kapitalismus durch Kolonialbesitz kritisiert. Die Kolonialskandale um die Jahrhundertwende sowie die Auseinandersetzungen um den Nachtragshaushalt 1906, die zur Auflösung des Reichstags führten, verschärften die sozialdemokratische Kolonialkritik.[73] Diese Kritik wurde ihnen als Verrat der eigenen Bevölkerung vorgeworfen, der sog. ‚Hottentottenwahlkampf' hatte eine stark antisozialistische Stoßrichtung. Nach der Wahl gaben auch die Liberalen ihre kritische Distanz zur Weltpolitik auf, sodass es keine bürgerliche Kolonialopposition, sondern nur noch bürgerliche Kolonialkritik gab. Erst 1914 kam es zum sog. Burgfrieden; die Sozialdemokraten wurden 1917 zu vehementen Verfechtern der Rückgabe der Kolonien an die Deutsche Republik.

Die Sozialdemokratie konnte sich nicht als konsequente antikoloniale Kraft etablieren, sondern vertrat vor allem die Interessen der deutschen Arbeiter (vgl. Smith 1996: 440).[74] Insbesondere mit der Jahr-

---

73 Die Sozialdemokraten und das Zentrum hatten sich geweigert, den Nachtragshaushalt für den Kolonialetat während des Krieges gegen die Herero und Nama zu bewilligen. Wilhelm II. löste den Reichstag darauf hin auf. Die sog. ‚Hottentottenwahlen' waren begleitet von einer nationalistischen Mobilisierung fast aller bürgerlichen Parteien gegen die kolonialkritische Sozialdemokratie und in abgeschwächter Form gegen die Zentrumspartei (vgl. van der Heyden 2003: 97; Sobich 2006: 19). Die Sozialdemokratie verlor fast die Hälfte ihrer Sitze. Nach den Wahlen verfügten der Kanzler und Wilhelm II. über eine große Mehrheit (mit dem konservativ-liberalen „Bülow-Block") im Reichstag, während es vorher eine kolonialismuskritische Mehrheit gegeben hatte. Dernburg konnte mit dieser Unterstützung im Reichstag sein Reformprogramm verwirklichen und weitere Investitionen für die Kolonien gewinnen. Als Leiter der Kolonialabteilung verlegte er diese Stelle vom Auswärtigen Amt in ein eigenes Ressort, dem Reichskolonialministerium (vgl. van der Heyden 2003: 100).

74 Zur Kolonialpolitik und -kritik der Sozialdemokratie vgl. Schubert (2004: 50), Schwarz (1999) und Sobich (2006: 190ff). Die meisten Sozialisten lehnten den Kolonialismus zunächst als klassenfeindlich ab, dennoch finden sich kolonialismusfreundliche Tendenzen, vor allem für Siedlungskolonien. Ihre Kolonialkritik richtete sich vor allem gegen die herrschende Form der bürgerlichen Gesellschaft. Karl Marx und Friedrich Engels als sozialistische Vordenker entwickelten keine antikoloniale Imperialismus-

hundertwende kam es zu einer Nationalisierung der Sozialdemokratie und zu einer Öffnung für völkische Argumentationen (vgl. Sobich 2006: 190). Sie stellte sich zunehmend als kolonialinteressiert dar, diese Wende zeigt sich bei dem sozialdemokratischen Abgeordneten August Bebel in der Reichstagssitzung vom 1. Dezember 1906:

„Meine Herren, dass Kolonialpolitik getrieben wird, ist an und für sich kein Verbrechen. Kolonialpolitik zu treiben kann unter Umständen eine Kulturtat sein, es kommt nur darauf an, wie die Kolonialpolitik betrieben wird. Es ist ein großer Unterschied, wie Kolonialpolitik sein soll, und wie sie ist. Kommen die Vertreter kultivierter und zivilisierter Völkerschaften, wie es zum Beispiel die europäischen Nationen und die nordamerikanischen sind, zu fremden Völkern als Befreier, als Freunde und Bildner, als Helfer in der Not, um ihnen die Errungenschaften der Kultur und Zivilisation zu überbringen, um sie zu Kulturmenschen zu erziehen, geschieht das in dieser edlen Absicht und in der richtigen Weise, dann sind wir Sozialdemokraten die ersten, die eine solche Kolonisation als große Kulturmission zu unterstützen bereit ist.“ (zitiert nach Melber 2002: 68)

Auch die Kritik an bestimmten Ausprägungen des Kolonialismus von missionarischer, sozialistischer oder linksliberaler Seite war von einer rassistischen Semantik und paternalistisch-sozialdarwinistischer Überlegenheitsrhetorik geprägt und reproduzierte das Bild von Afrika und seinen BewohnerInnen als ‚wild‘ und ‚kulturlos‘ (vgl. Schubert 2001: 369).[75] Die Aussage Bebels verdeutlicht die Positionen der Sozialdemo-

theorie, mit der gegen die geforderte Kolonialexpansion hätte agiert werden können. Der Imperialismus galt ihnen als Beschleuniger des Kapitalismus, als Stadium vor der Revolution (vgl. Schubert 2001: 39). Karl Kautsky sprach sich gegen Kolonien aus, da sich Kolonialismus und zivilisatorische Politik gegenseitig ausschlössen. Er ernannte sich und die Sozialdemokratie 1907 zum „Erzieher und Ratgeber der unterentwickelten Völker“. (Mamozai 1989: 216) Kautsky wandte sich gegen das Auswanderungsargument der Kolonialpublizisten. Er ging davon aus, dass die Auswanderer auch in eigenen Kolonien für das Deutsche Reich verloren gingen. Zudem vertrat er die These, dass Kolonien den Kapitalismus verlängern würden. Mit seiner Kolonialismuskritik konnte er sich innerhalb der Sozialdemokratie nicht durchsetzen (vgl. Schubert 2003: 49ff.). Obwohl Kautsky die Grundlage einer Kolonialkritik formulierte und die gängige Kolonialpropaganda als Ideologie darstellte, blieb er kolonialer Rhetorik und den Interessen des deutschen Arbeiters verhaftet.

75 Mitte der 1890er Jahre vollzog sich ein Paradigmenwechsel der Kolonialpolitik, insbesondere wegen der ungedeckten Ausgaben, hin zur vollen Unterstützung. 1906 schwenkte auch die letzte der linksliberalen Parteien auf diesen Kurs ein. Danach waren pazifistische, militär- und/oder kolonialkritische Positionen in diesem politischen Spektrum absolut marginalisiert.

kratie zwischen Kolonialkritik, Zivilisationsmission und Rassismus. Die Sozialdemokraten waren in der Kolonialfrage bemüht, nicht (mehr) als ‚Vaterlandsverräter' dazustehen. Bis auf wenige Ausnahmen wurde die Arbeiterbewegung zunehmend in das nationale imperiale Projekt integriert und war von der Notwendigkeit von kolonialem Besitz zur Verbreitung der ‚Zivilisation' und der Sicherung des eigenen Lebensstandards überzeugt. Rosa Luxemburg, eine der wenigen, die sich gegen den Kolonialismus aussprach, beschrieb 1916 das Verhältnis der ArbeiterInnen zur Kolonialpolitik: „Nirgends ist die Organisation des Proletariats so gänzlich in den Dienst des Imperialismus gespannt [...]" (zitiert nach Mamozai 1989: 215).[76] Die Deutsche Delegation sprach sich noch 1919 auf dem Kongress der Arbeiterinternationale in Bern für das Recht Deutschlands auf Kolonialbesitz aus, da ein sozialistischer Staat sonst abhängig von kapitalistischen Staaten sei.

Der Verlust der Kolonien

Mit den Niederlagen im Ersten Weltkrieg verlor das Deutsche Reich auch seine Kolonien. 1914 gingen die Pazifischen Kolonien an die Briten und Australier, ‚Kiautschou' an Japan, Togo übernahmen die Briten und Franzosen, wie auch 1916 Kamerun. ‚Deutsch-Südwestafrika' wurde 1915 von Südafrika übernommen. Lediglich in ‚Ostafrika' gab es Kämpfe und Widerstand der deutschen ‚Schutztruppen' zum Erhalt der Kolonie, aus denen die Briten 1918 siegreich hervorgingen. Auch Belgien und Portugal übernahmen Teile der ehemaligen deutschen Kolonie (vgl. Friedrichsmeyer et al. 1998a: 15).

Der Verlust der Kolonien wurde neben dem verlorenen Krieg als nationale Demütigung empfunden. Vor dem Hintergrund dieses „kolonialen Entzugsschocks" (Rogowski 2003: 243) konnten breite Bevölkerungsschichten für die koloniale Sache mobilisiert werden: So fanden z.B. prokoloniale Massenkundgebungen statt.[77] Die Kolonien gewannen im Bewusstsein der deutschen Gesellschaft nach ihrem Verlust wieder an Bedeutung.[78] Mit Empörung wandte sich die Öffentlichkeit gegen die

76 Sie dachte die Befreiung jedoch vom imperialistischen Zentrum, vom Proletariat der westlichen kapitalistischen Länder aus. Das koloniale Subjekt hatte Luxemburg zufolge kein revolutionäres Potenzial.

77 Nach dem Verlust der Kolonien initiierte Wilhelm Solf, ehemaliger Gouverneur ‚Deutsch-Samoas', eine Unterschriftensammlung, um gegen die Wegnahme der Kolonien zu protestieren. Er sammelte 3,8 Millionen Stimmen (vgl. Baer/Schröter 2001: 146).

78 Dies äußerte sich auch in dem Erscheinen zahlreicher Werke der Kolonialliteratur. Die weitverbreitete Kolonialnostalgie spiegelte sich auch in der Reproduktion kolonialer Bilder, die zugleich für intensive Werbebemü-

Vorwürfe der anderen europäischen Kolonialmächte, die Deutschen hätten in ihren Kolonien eine Gewalt- und Willkürherrschaft errichtet und seien unfähig zur Kolonisierung.[79] Das „Blaubuch", eine 1918 erschienene britische Dokumentation, die die Vergehen der deutschen Kolonialherren und ihre brutalen Methoden dokumentierte, rief empörte Proteste in der deutschen Öffentlichkeit hervor.[80] „Nichts traf die Deutschen nach 1919 so empfindlich ins Gemüt wie die Behauptung der Alliierten, dass sie sich kolonisatorisch als *unfähig* erwiesen hatten, verstieß sie doch massiv gegen das Ethos gründlicher, ja ‚wissenschaftlicher' Organisation, auf das man sich vor Ausbruch des Krieges in den Kolonien so viel zugute gehalten hatte." (van Laak 2003: 74) Das Reichskolonialamt veröffentlichte umgehend ein „Weißbuch", das wiederum die Misshandlungen der Engländer dokumentierte.

Die deutsche Propaganda der ‚Kolonialschuldlüge' war argumentativ an die der ‚Kriegsschuldlüge' gekoppelt und richtete sich gegen den als ‚Schmach' empfundenen Versailler Vertrag. „Die Energie, die innerhalb eines ‚Revisionssyndroms' entwickelt wurde, trug mitunter deutlich pathologische Züge. Die deutsche ‚Kultur der Niederlage' scheint das Verlusttrauma zunächst weitgehend dadurch verarbeitet zu haben, dass sie den verlorenen Krieg und dessen Ergebnisse meistenteils einfach leugnete." (Rogowski 2003: 245)

Der Anspruch auf deutschen Kolonialbesitz wurde immer wieder (auch vom Auswärtigen Amt) im internationalen Kontext formuliert. Die Rückgabe der ehemaligen Kolonien blieb auch im außenpolitischen Programm Gustav Stresemanns – einem der aktivsten Verfechter kolonialer Interessen unter den Politikern – verankert. Die verbliebene Kolonialbewegung versuchte diesen Anspruch in der Öffentlichkeit wieder populärer zu machen und wurde dabei von der Regierung finanziell unterstützt. Anfang der 1920er Jahre ging es vor allem darum, die ‚Kolonialschuldlüge' und die behauptete Unfähigkeit Deutschlands als Ko-

hungen für das deutsche Kolonialprojekt benutzt wurden. Zahlreiche Produkte wie z.B. der ‚Sarotti-Mohr' (vgl. Ciarlo 2003: 148f.), der 1918 als Markenzeichen erschien, Kaba 1929 und Afri-Cola 1931, wurden auf den Markt gebracht.

79 Diese Anschuldigungen wurden auf der Locarno-Konferenz 1925 weitgehend zurückgenommen (vgl. Speitkamp 2005: 58). Die Rehabilitation verstärkte die koloniale Agitation der Kolonialverbände. Es regte sich die Hoffnung, die kolonialen Ansprüche Deutschlands nun doch noch gegen die anderen europäischen Staaten durchsetzen zu können.

80 Die in dem Blaubuch dokumentierten Vergehen legitimierten die Aneignung der deutschen Kolonien mit dem Argument, die Deutschen hätten bei der kolonialen Zivilisierung versagt.

lonialmacht zu widerlegen und das Klischee der harten aber gerechten Kolonialherrschaft aufrecht zu erhalten (vgl. Zantop 1999: 227).[81]

Kolonialrevisionismus nach dem Ersten Weltkrieg

Nach dem Ersten Weltkrieg strebte das Deutsche Reich die Neuorganisation eines kolonialen Apparates an. 1919 wurde das Reichskolonialamt in das Reichskolonialministerium umgewandelt, das die ehemaligen Kolonien abwickeln sollte. 1920 wurde es aufgelöst, jedoch zugleich eine Kolonial-Zentralverwaltung im Ministerium für Wiederaufbau gegründet. 1924 wurde eine neue Kolonialabteilung im Auswärtigen Amt eingerichtet. Kolonien blieben in allen politischen Kreisen der Weimarer Republik ein wichtiges Thema (vgl. Baer/Schröter 2001: 150ff.).[82]

Der Kolonialrevisionismus wurde hauptsächlich von drei gesellschaftlichen Gruppen getragen: von der nichtamtlichen Kolonialbewegung als radikalem Flügel, von der Reichsregierung, die versuchte, den Forderungen und dem Druck der Kolonialverbände gerecht zu werden und das Misstrauen der anderen europäischen Mächte zu zerstreuen, und von der deutschen Wirtschaft (vgl. Rogowski 2003: 243; Schubert 2001: 307ff.).[83] Direkt nach Kriegsende war der Kolonialrevisionismus in der Bevölkerung weit verbreitet.

Die Besetzung des Rheinlands durch die Franzosen mit Hilfe Schwarzer Kolonialtruppen nach 1920 verstärkte das Gefühl einer nationalen Demütigung. Deutschland schien dadurch von einer Kolonialmacht zu einem kolonialisierten Land degradiert worden zu sein, das von den anderen ‚Kulturnationen' abgespalten worden war (vgl. Rogowski 2003: 246). In der rassistischen Propaganda gegen die ‚Schwarze Schmach am Rhein' wurden zentrale rassistische Deutungsmuster der Kolonialdebatten reproduziert, vor allem das der Schwarzen Männlichkeit und Sexualität, die als eine Bedrohung der weißen Frau und damit der weißen Kulturnation gedeutet wurden.

---

81 „Die koloniale Schuldlüge" war eine vom Außenministerium geförderte Schrift von Heinrich Schnee, dem ehemaligen Gouverneur ‚Ost-Afrikas', die zum Standardwerk des Kolonialrevisionismus avancierte. 1920 veröffentlichte er ein dreibändiges Koloniallexikon, ‚Kolonialllüge' war sogar ein Eintrag ins Wörterbuch (vgl. van Laak 2003: 71ff.).

82 Allerdings gab es kaum noch eine gemeinsame politische Organisierung der Kolonialbefürworter. Viele gingen in die nationalistischen Parteien.

83 In der Kolonialbewegung engagierten sich zahlreiche prokoloniale Vereine, ehemalige SiedlerInnen, in den Kolonialismus verwickelte Beamte und Offiziere sowie Vertreter von Banken und Firmen, die ein Interesse an der Rückgabe der Kolonien an Deutschland hatten.

Auch wenn die Kolonialbegeisterung in der Bevölkerung vor allem ab Mitte der 1920er Jahre abnahm, versuchte die Kolonialbewegung immer wieder, das Vermächtnis des deutschen Kolonialismus am Leben zu erhalten. In allen Parteien außer der kommunistischen gehörten Kolonialbegeisterte zur Führungsriege, die den Kolonialismus im Reichstag immer wieder zur Sprache brachten.[84] So nahm die Kolonialpropaganda Mitte der 1920er Jahre im Rahmen eines Vorstoßes der Reichsregierung zur Formulierung kolonialer Ansprüche erheblich zu.[85]

In der Zwischenkriegszeit hatte die Vision vom Besitz afrikanischer Kolonien größere Bindungskraft als die Option einer Expansion nach Osteuropa (vgl. van Laak 2003: 79). Darin unterschied sich der bürgerliche Kolonialrevisionismus vom Kolonialrevisionismus der erstarkenden Nationalsozialisten, die nur ein geringes Interesse an Kolonien in Afrika hatten und sich hauptsächlich auf den Osten konzentrierten.

Kolonialpropaganda und -revisionismus hinterließen auch ihre Spuren in der Literatur: zahlreiche Bücher handelten von den Heldentaten der Deutschen während der Kolonialzeit.[86] Zu einer der erfolgreichsten Schriften entwickelte sich Hans Grimms völkisch-politisches Werk „Volk ohne Raum" (1926), dessen These vom mangelnden Lebensraum

84 Wichtige Stationen des Kolonialrevisionismus waren 1919-1920 der Widerspruch gegen die Verfügungen des Versailler Vertrages, 1924-1926 die Verhandlungen um den deutschen Beitritt zum Völkerbund und 1928-1930 der Wunsch Englands, sein Mandatsgebiet ‚Tanganjika', das vormalige ‚Deutsch-Ostafrika', enger an seine Kolonien anzubinden. Mit dem Beginn der Weltwirtschaftskrise 1929 verstärkte sich die Kolonialpropaganda abermals.

85 Begleitend dazu wurde der vierzigste Jahrestag der Gründung der Kolonien gefeiert. 1924 fand der Deutsche Kolonialkongress statt, der an die Tradition der großen Kongresse 1902, 1905 und 1910 anknüpfte. Kolonialdenkmäler wurden errichtet, Völkerschauen veranstaltet. Auf den Kolonialschauen und Handelsmessen, auf denen koloniale Produkte ausgestellt wurden, sollte der wirtschaftliche Verlust durch den Wegfall der Kolonien vor Augen geführt werden. 1925 fanden die Berliner Kolonialwoche und die Kolonialausstellung statt, begleitet von Großkundgebungen der kolonialen Verbände. Unterschiedliche Zeitschriften sollten das Interesse an den Kolonien und dessen Wiedererwerb am Leben erhalten (vgl. Rogowski 2003: 245).

86 Die Kolonialliteratur boomte unter den Nationalsozialisten. Insbesondere „Peter Moors Fahrt nach Südwest" (1907) blieb bis 1945 das meist-verkaufte Jugendbuch, und auch Grimms „Volk ohne Raum" war in den 1930er und 40er Jahren äußerst beliebt. Es galt als Klassiker und war Pflichtlektüre an den deutschen Schulen (vgl. Zimmerer 2004a: 41).

der Deutschen die revisionistischen Forderungen nach Rückgabe der Kolonien unterstrich (vgl. Gründer 2000: 226).[87]

Im Vorfeld der Genfer Verhandlungen über den Beitritt Deutschlands in den Völkerbund 1926 lehnten führende britische Politiker die vehementer werdenden Forderungen der deutschen Koloniallobby ab. Damit spitzten sich die politischen Konflikte zwischen den aggressiv auftretenden Kolonialverbänden, der Reichsregierung in Person Gustav Stresemanns und den europäischen Mächten zu. Infolgedessen spalteten sich die Kolonialverbände in ein gemäßigtes und ein radikales Lager, das von einem „kolonialen Dolchstoß" der Regierung sprach und sich zunehmend der NSDAP annäherte.[88]

Stresemann gelang es nicht, seine im Vergleich zu den Kolonialverbänden gemäßigten Forderungen gegenüber England und Frankreich durchzusetzen. Dieses Scheitern schwächte die Protagonisten des Kolonialrevisionismus. Die deutschen wirtschaftlichen, außenpolitischen und kolonialrevisionistischen Interessen ließen sich realpolitisch kaum noch vereinbaren (vgl. Rogowski 2003: 262).

Die nationalsozialistischen Kolonialpläne

Auch die Nationalsozialisten hofften auf ein Kolonialreich. Allerdings gab es in der NSDAP keine einheitliche Position zur Kolonialfrage. Auch die Forschung ist sich nicht einig über die Auslegung der nationalsozialistischen Kolonialpläne.[89] Adolf Hitler forderte bereits in „Mein Kampf" mehr Lebensraum in Europa, vor allem jedoch im Osten (vgl. Baer/Schröter 2001: 158). 1934 entstand das Kolonialpolitische Amt, von dem aus ein weltumspannendes nationalsozialistisches Kolonialreich regiert werden sollte (vgl. Sippel 2002). [90] Nach anfänglicher Zurückhaltung wegen der anderen europäischen Großmächte wurde 1936,

87 Zeitgleich gab es jedoch Debatten über einen drohenden Bevölkerungsrückgang, was den ideologischen Gehalt der kolonialen Agitation verdeutlicht (vgl. Rogowski 2003: 250).

88 In diesem brisanten politischen Klima fand 1926 die Hamburger Kolonialwoche statt, die jedoch auch von der deutschen Öffentlichkeit als unsensibel und unpassend angesehen wurde (vgl. Rogowski 2003: 251ff.).

89 Bereits 1920 enthielt das Parteiprogramm der NSDAP die Forderung nach Kolonien. Allerdings ist umstritten, ob die ‚Lebensraumpolitik' hauptsächlich auf den Osten und ein Kontinentalimperium zielte und der Erwerb von Kolonien in Afrika nebensächlich war, oder ob tatsächlich ein mittelafrikanisches Kolonialreich angestrebt wurde (vgl. Sippel 2002: 257f.). Der deutsche Traum von einem Reich in Mittelafrika bestand durchaus im Einvernehmen mit den anderen europäischen Kolonialmächten.

90 In den dreißiger Jahren verstärkten die Kolonialakteure ihre Agitation, da sie an ein stärkeres Interesse Hitlers an Kolonien glaubten.

zu Beginn der offensiven Annexionspolitik der Nationalsozialisten der *Reichskolonialbund* gegründet, in dem alle kolonialengagierten Gruppen aufgehen sollten.[91] Während Hitler sich zunächst ablehnend zu kolonialen Siedlungsplänen in Afrika äußerte, gerieten sie zu diesem Zeitpunkt ins Visier der Nationalsozialisten (vgl. Maß 2006: 221).

Unterschiedliche Arbeitsgruppen bereiteten spätestens 1938 eine koloniale Zukunft vor.[92] „Bald schon war eine eigene koloniale Währung geplant, im Post-, Verkehrs- und anderen Ministerien gab es zahlreiche Entwürfe für die praktische Arbeit in den Kolonien. Ein koloniales Beamten- und Polizeigesetz war ebenso rasch fertig wie Gesetze zum Schutz des ‚deutschen Blutes', mit denen die Koloniallobby zu erkennen gab, dass sie die Zeichen der NS-Zeit erkannt hatten." (van Laak 2003: 83)[93] Das „Reichskolonialgesetz" von 1940 regelte bereits die rechtliche Situation und unterteilte die Bevölkerung in Deutsche, ‚Eingeborene' und Fremde, die über unterschiedliche Rechte verfügten. Es untersagte Eheschließungen und den außerehelichen Geschlechtsverkehr zwischen als ‚eingeboren' und deutsch Klassifizierten. In den Kolonien war eine strikte Trennung vorgesehen.[94] Auch die Vorbereitung des geeigneten

91 Hitler stand der gleichgeschalteten Kolonialbewegung jedoch eher skeptisch gegenüber. Der Reichskolonialbund hatte 1938 bereits 1 Million und 1941 2,1 Millionen Mitglieder.

92 Zu den Kolonialplänen und -institutionen der Nationalsozialisten vgl. Sippel (2002) und Maß (2006: 219ff.). Über die Kolonialpolitik sollte die Arbeiterklasse als Kompensation für die Zerschlagung der Arbeiterbewegung in die ‚Volksgemeinschaft' integriert werden. Insbesondere die Deutsche Arbeitsfront versprach den Arbeitern, Siedlern, Angestellten, Beamten und Soldaten einen sozialen (und ‚rassisch' begründeten) Aufstieg. Auch Frauen sollte eine stabilisierende Funktion für ein potenzielles Kolonialreich in Afrika zukommen. Diese Position knüpfte an die koloniale Tradition des Kaiserreichs an. In der 1926 gegründeten *Kolonialen Frauenschule Rendsburg*, die mit der SS zusammen arbeitete, wurden weiße deutsche Frauen bereits auf ihre Aufgaben in den zukünftigen Kolonien vorbereitet und erhielten neben hauswirtschaftlichem und handwerklichem Unterricht Unterweisungen in ‚Rassenkunde' (vgl. Linne 2004: 7ff.).

93 Die augenscheinlichen Parallelen zwischen der kolonialen und der nationalsozialistischen Rassenpolitik verleiten zu einer Vorstellung teleologischer Entwicklung „von Windhoek nach Nürnberg". Kundrus (2003b) setzt sich in ihrem gleichnamigen Aufsatz mit den Parallelen und Unterschieden der Rassenpolitiken auseinander und kommt zu dem Ergebnis, dass zwar beiden die Vision einer ‚rassischen' Ordnung zugrunde lag, dass aber der „Weg von Windhoek nach Nürnberg weit, sehr weit" war (Kundrus 2003c: 126).

94 Die Entwürfe einer kolonialen Rechtsordnung beruhten auf den Säulen Blut, Boden und Arbeit (vgl. Sippel 1992: 121). Vorgesehen war es, Eheschließung sowie jeglichen engen, auch nicht-geschlechtlichen Kontakt zwischen Weißen und sog. ‚Mischlingen' und Schwarzen zu verbieten.

Personals für die Kolonien lief bereits an.[95] Nach Beginn des Zweiten Weltkriegs und den Siegen im Westen ging man davon aus, dass die Kolonien der Besiegten automatisch dem Deutschen Reich zufallen würden (vgl. Sippel 1992: 120). Mit dem Ausbruch des Weltkriegs waren die Kolonialpläne der Deutschen in eine konkrete Phase eingetreten.[96] Die militärische Niederlage in Stalingrad beendete die kolonialen Pläne offiziell, „und dies zu einem Zeitpunkt, als das deutsche Kolonialreich auf dem Reißbrett fast fertig gestellt und perfekt organisiert war [...]“. (van Laak 2003: 83)

Deutschland als Kolonialgesellschaft

Die Beteiligung Deutscher an der kolonialen Expansion Europas seit dem 15. Jahrhundert, die fortlaufenden Kolonialisierungsversuche und der Wunsch nach eigenen Kolonien, der diese Kolonialisierungsversuche begleitete und selbst nach dem Verlust der Kolonie fortbestand, sind ein Hinweis dafür, dass die deutschen Kolonialerfahrungen weit über die 30 Jahre tatsächlichen Kolonialbesitz hinausreichen. Der Kolonialismus schlug sich im kollektiven Imaginären der deutschen Gesellschaft nieder. Völkerschauen, Gewerbeschauen, Kolonialkongresse und politische Auseinandersetzungen brachten die Kolonien und ihre Bevölkerungen ins Deutsche Reich und machten die Kolonien für die deutsche Bevölkerung greifbar.[97] Denkmäler feierten die ‚Heldentaten‘ der Kolonialtruppen (vgl. Zeller 2000; Eckert/Wirz 2002: 372ff.). Die wissenschaftlichen, politischen und medialen Debatten um die Kolonien und

---

Das 1940 im Kolonialpolitischen Amt der NSDAP entworfene „Kolonialblutschutzgesetz“ sollte das bereits 1935 verabschiedete „Gesetz zum Schutz des deutschen Blutes und der deutschen Ehre“ ergänzen. Bei Verstößen waren eine Ausweisung aus den Kolonien, Gefängnis und Zwangsarbeit vorgesehen. Für Geschlechtsverkehr mit einer weißen Frau sollte für einen Schwarzen Mann grundsätzlich die Todesstrafe gelten. Für die Schwarze Bevölkerung wurde eine Pflicht zur Arbeit eingeführt.

95 Die Vorstellungen der nationalsozialistischen Kolonialpolitik waren jedoch nicht einheitlich. Jede Behörde hatte eigene Programme, und zwischen ihnen herrschte ein Gerangel um Kompetenzen (Baer/Schröter 2001: 167).

96 Der Millionenetat der Kolonialbehörde wurde während des Zweifrontenkriegs nicht mehr tragbar; nach der Niederlage in Stalingrad wurde die Behörde aufgelöst.

97 Zu den Völkerschauen und der Reaktion der deutschen Bevölkerung vgl. Badenberg 2004 und Honold 2004. Auch in das Alltagsleben zog der Kolonialismus in Form von z.B. ‚Stummen Dienern‘, Liedern, ‚Nicknegern‘ u.v.m. ein.

die Kolonialpolitik prägten das Selbstverständnis der deutschen Gesellschaft. Diese Debatten um die Kolonien korrespondierten mit den gesellschaftlichen Auseinandersetzungen im Deutschen Reich bzw. beeinflussten sie und wurden von ihnen beeinflusst. Sie verstärkten rassifizierte Bilder und Vorstellungen von ‚Rasse' in der Metropole. Koloniale und rassistische Spuren sind bis heute in sämtlichen Wissenschaften, der bildenden Kunst (vgl. Ernst/Tischer 1984: 30ff.), in Museen[98], der Literatur, in der Werbung[99], im Film usw. zu finden.

Koloniale Bilder und Praxen sind geprägt von rassistischen Imaginationen. Das folgende Kapitel geht der Frage nach dem Verhältnis zwischen Kolonialismus und Rassismus bzw. der Konstruktion der Kategorie ‚Rasse' im kolonialen Kontext nach.

98 In der Hochphase des deutschen Kolonialismus um 1910 ist ein sprunghafter Anstieg von Museen zu beobachten. Eine sich wissenschaftlich gebende Sammelleidenschaft wurde mit der Propagierung der Kolonialidee verknüpft (vgl. Weschenfelder 1984: 82ff.).

99 Einerseits diente die Werbung mit kolonialistischen Bildern der Verbreitung von Kolonialgütern, andererseits wurde die Darstellung von Schwarzen dazu genutzt, Waren als exotisch und geheimnisvoll darzustellen. Am bekanntesten und nach wie vor präsent ist der ‚Sarotti-Mohr'. Wer nicht selbst in der Lage war, die Kolonien zu bereisen, konnte sich über die Kolonialwaren ein Stück Kolonie ins Heim holen (vgl. Held 1984: 114ff.).

Rassismus und Kolonialismus

Die Bedeutung des Rassismus für den europäischen Kolonialismus und Imperialismus wird schon lange diskutiert. Bereits Hannah Arendt bezeichnete um die Jahrhundertwende vom 19. zum 20. Jahrhundert den Rassismus als die „eigentliche Ideologie aller imperialistischen Politik". (1986: 351)[1] Der deutsche Kolonialrassismus spielte in diesen Debatten jedoch eine untergeordnete Rolle. Einige RassismustheoretikerInnen wie z.B. George L. Mosse (1990: 80) erachten den Erwerb der deutschen Kolonien als zu spät, um die Entwicklung des Rassismus in Deutschland beeinflusst zu haben.

Fatima El-Tayeb (2001: 15) betont die Bedeutung der deutschen Kolonien für die Entwicklung eines rassistischen Denksystems, „da in den dreißig Jahren deutscher Herrschaft ein perfektioniertes System der Unterdrückung und Kontrolle entstand, das ohne die ideologische Vorarbeit der Rassenforscher undenkbar gewesen wäre und das innerhalb der deutschen Gesellschaft langlebige Strukturen für den Umgang mit Angehörigen ‚niederer Rassen' etablierte". Insbesondere neuere Ansätze der postkolonialen Theoriebildung betonen die Bedeutung der Kategorie ‚Rasse' und des Rassismus für den kolonialen Kontext (vgl. Stoler 1995; Wildenthal 2001). Rassismus gelangte ihnen zufolge im modernen Ko-

1 Nach Arendt entfalteten die vorimperialistischen Rassentheorien ihre Wirkungsmächtigkeit erst im Zusammenhang mit der imperialistischen Kolonialpolitik nach 1880. Darin bekam der universalistische Anspruch des Rassenbegriffs ein ebenso universelles politisches Deutungsmuster. Der vorimperialistische Rassendiskurs hatte ihr zufolge zwar eine längere Tradition, war aber kein eigenständiges ideologisches Gedankengebäude. Erst der politische Sinnzusammenhang des Hochimperialismus verlieh dem Rassenbegriff als Ideologie seine Bedeutung (vgl. Grosse 2000: 113).

lonialismus zur nachhaltigsten Wirksamkeit. „In the nineteenth century, [...] race becomes the organizing grammar of an imperial order in which modernity, the civilizing mission and the ‚measure of man' were framed." (Stoler 1995: 27)

Im folgenden Kapitel steht zunächst die Entstehungsgeschichte des modernen Rassismus und der Rassentheorien im Kontext kolonialer Expansion und Sklaverei im Zentrum. Die historische Darstellung verdeutlicht den Bedeutungswandel der Kategorie ‚Rasse'.

Dieser Wandel zeigt sich auch in der Biologisierung des Rassenbegriffs mit den aufkommenden Bevölkerungswissenschaften und den Diskursen um Hygiene, ‚Rassenhygiene' und Sozialdarwinismus. Dargestellt wird ihr jeweiliger Beitrag zur Konstruktion von ‚Rassen', wodurch die Schnittstelle von Körper, ‚Rasse', Klasse, Sexualität und Geschlecht in den Blick rückt.

Anschließend wird die koloniale Rassenpolitik und der Rassenbegriff des Deutschen Reiches analysiert. Anhand zentraler Bereiche kolonialer Rassenpolitik wird der Frage nachgegangen, wie sich die politische Ordnungskategorie ‚Rasse' etablierte und wie sich die koloniale Rassenpolitik wiederum auf die deutsche Gesellschaftsformation auswirkte bzw. weiße Identitätskonstruktionen produzierte. Dabei werden die koloniale Arbeitspolitik, die ‚Rassengesetzgebung' sowie Debatten um ‚Rassenmischung', ‚Mischehen' und ‚Mischlinge' dargestellt und diskutiert.

Die Geschichte des Rassismus

In der Rassismusforschung ist umstritten, ob sich Rassismus erst in der Moderne, also mit dem Aufkommen wissenschaftlicher Rassentheorien entwickelte oder ob es auch vormoderne Formen des Rassismus gab.[2] Diskutiert wird auch, ob Rassismus zunächst als Rechtfertigung innergesellschaftlicher Ungleichheit, als sog. Klassen-Rassismus entstand und

2 Albert Memmi (1982) geht davon aus, dass vor der Entstehung des modernen Rassismus Xenophobie existierte. Für Robert Miles (1991) gab es schon vor der Entstehung von Rassentheorien und damit vor der Moderne eine Art von Rassismus, jedoch vermeidet auch er den Rassismusbegriff. Immanuel Geiss (1988) macht Rassismus bereits im Altertum aus und verortet ihn auch jenseits der Grenzen Europas. Dennoch betonen Memmi und Geiss die zentrale Bedeutung des Jahres 1492 für den Beginn des modernen Rassismus. Konzeptionen von Ungleichheit in der Antike, wie z.B. die Sklaverei der Römer, stimmen nicht mit dem Konzept der ‚Rasse' überein (vgl. Frederickson 2004: 21). Schwarz-Sein war in der Antike kein negatives Unterscheidungsmerkmal.

erst später ethnisiert wurde, oder ob die Vorstellung sozialer Klassen aus der Konstruktion der unterschiedlichen ‚Rassen' hervorgegangen ist (vgl. Conrad 2004: 118; Sobich 2006: 145ff.).[3] Anerkannt ist jedoch, dass der Beginn des europäischen Kolonialismus und der transatlantische Sklavenhandel zentrale Momente der Etablierung von Rassismus darstellten.

Der Begriff ‚Rasse' vollzog im Verlauf seiner Geschichte einen Bedeutungswandel[4]: Zunächst bezog er sich ausschließlich auf die Tierzucht oder den Adel und diente als ein Synonym für ‚Familie'. Erst ab dem 17. Jahrhundert wurden mit dem Begriff ‚Rasse' auch Nationen oder ‚Volksgruppen' bezeichnet (vgl. Frederickson 2004: 55). Die alten Konzeptionen von ‚Rasse', so z.B. der Topos der ‚Reinhaltung des blauen Bluts' in Adelsfamilien, dienten als eine Art „kultureller Speicher. (Becker 2004a: 16) der Interpretationsmuster zur Verfügung stellte, auf die später zurückgegriffen wurde – allerdings unter modernen Prämissen, d.h. modifiziert und angereichert mit neuem Wissen und neuen Theorien (vgl. Stoler 1995: 52). Rassismus kann demnach nicht auf seine biologistische Komponente reduziert werden; vielmehr sind vormoderne Varianten als Vorläufer zu betrachten, wenn auch nicht mit dem wissenschaftlichen Rassismus gleichzusetzen.

In der historischen Forschung gilt meist das 19. Jahrhundert mit der Etablierung des darwinistischen Denkens oder frühestens das 18. Jahrhundert mit seinen aufklärerischen Klassifikationen als Beginn des wissenschaftlichen Rassismus.[5] Husmann-Kastein (2003: 81) konstatiert bereits im 17. Jahrhundert mit dem Philosophen und Staatsmann Francis Bacon (1561-1626) eine Wende zur exakten Naturwissenschaft und begreift erste Typologisierungen „als konzeptionelle Vorlage für die späteren ‚Rassetypen', auch wenn sie ohne den Rassebegriff arbeiten und daher keine Rassentheorie im engeren Sinne darstellen. (Husmann-Kastein 2003: 81)[6]

3 Die Geburt der Schwarzen Sklaverei in Nordamerika entwickelte sich aus dem schon vorher bestehenden System der Arbeitsbeziehungen im frühen Kapitalismus heraus (vgl. Sobich 2006, 145ff.). Die Herarchie der kapitalistischen Arbeitsteilung liegt danach rassistischen Vorstellungen zugrunde. Ende des 19. Jahrhunderts überlagerte sich das Vokabular rassifizierter und sozialer Formen der Marginalisierung.

4 Zur Begriffsgeschichte von ‚Rasse' vgl. Geulen (2004: 47) und Husmann-Kastein (2003: 77ff.).

5 Zu den unterschiedlichen Datierungen vgl. Zantop (1997: 21f.).

6 Schubert (2001: 50ff.) verortet das Aufkommen der klassifizierenden Rassenkunde im 18. Jahrhundert, auch wenn es sich noch nicht um biologische Rassenentwürfe handelte. Der schwedische Naturforscher Carl von Linné (1707-1778) ordnete in seiner frühen Klassifizierung von 1735 den Menschen in die Gattung der Primaten ein. Er unterschied dabei zwischen

Im Spanien des 16. und 17. Jahrhunderts sind bereits erste Formen eines modernen Rassismus sichtbar. Allmählich setzten sich dort biologistische Differenzierungsmechanismen gegenüber religiösen durch. Die Vertreibung von Juden und Muslimen aus Spanien und ihrer Ermordung sowie die einsetzende Kolonisierung der sog. Neuen Welt sieht Frederickson (2004: 45) als „eine Art Übergang zwischen der religiösen Intoleranz des Mittelalters und dem naturalistischen Rassismus der Neuzeit". Die sog. *limpieza de sangre*, die Verordnung des ‚reinen Blutes'[7], kann als Beginn des modernen Rassismus betrachtet werden (vgl. Zantop 1997: 22; Gründer 2004: 27f.). Erstmals galt die Abstammung, die ‚Reinheit des Blutes', als Zugehörigkeitskriterium zur spanischen Gesellschaft.

„Mit der *limpieza de sangre* trat ein für den Fortgang der Geschichte zentraler Aspekt hinzu: die ‚rassische' Einschreibung von Macht und Ohnmacht, von Herrschaft und Unterwerfung auf Körper. Das Projekt der Rassifizierung erfand körperliche Merkmale, für deren Existenz weder ein bemerkbarer noch nachweisbarer Anhaltspunkt vorhanden war. Die ‚Reinheit' bzw. die ‚Unreinheit' des Blutes stellte daher das perfekte Kriterium dar, weil es wesenhaft mythologisch und vollkommen willkürlich anwendbar war. (Wollrad 2005: 58)

Das Gesetz der *limpieza de sangre*[8] wurde rasch von Ritterorden, Universitäten sowie der Kirche übernommen und schließlich auf die spanischen Kolonien übertragen. Die Rassifizierungsprozesse in Spanien dienten jedoch zunächst zur Differenzierung innerhalb Europas im Kon-

Afrikanern, Asiaten, amerikanischen Ureinwohnern (‚Indianern') und Europäern und ordnete ihnen jeweils (wertende) Eigenschaften zu (vgl. Frederickson 2004: 58; Husmann-Kastein 2003: 6; Mosse 1990: 45). Die Hautfarbe war dabei das Hauptkriterium der Differenzierung. Damit ist Linné der Begründer der modernen Hautfarbensystematik, die bis heute wirkmächtig ist.

7 Blut hatte schon im Mittelalter eine wichtige Bedeutung. Blut wurde Heilkraft, magische Fähigkeiten und Zerstörungskraft nachgesagt (vgl. Linke 1999: 162ff.). „[...] the notions of blood and the interior body dramatically shaped later social attitudes about contagion, health, and racial differences. (Linke 1999: 183)

8 1492 wurde von den Ratsherren in Toledo eine Verordnung verabschiedet, die alle Menschen jüdischen Glaubens ausgrenzte. Das Gesetz der ‚Reinheit des Blutes' löste einen Boom der Ahnenforschung aus.

text von Macht- und Verteilungskämpfen.[9] Bereits vor dem Kolonialismus galten innereuropäische Andere als ‚wild' und ‚barbarisch'.[10]

Der christlich-kulturell definierte Rassenbegriff erfuhr im Kontext des naturwissenschaftlichen Denkens der Aufklärung eine biologische Umdeutung. Die moderne Konzeption von ‚Rassen', nach denen sich Menschen nach bestimmten physischen Merkmalen unterscheiden lassen, setzte sich spätestens im 18. Jahrhundert durch. Das Denken der Aufklärung erweist sich somit als grundlegend für die Naturalisierung und Zementierung gesellschaftlicher Ungleichheit sowie für die Kategorisierung und Hierarchisierung von Menschen.

Die Aufklärung zwischen Emanzipation und Ausgrenzung

Die Aufklärung gilt als Emanzipationsprojekt, in dem die naturrechtliche Gleichheit aller Menschen und universelle Menschenrechte postuliert, feudale Abhängigkeitsverhältnisse zurückgedrängt sowie die Begriffe ‚Vernunft' und ‚Natur' gegen die Vorherrschaft metaphysischer Systeme wie der Theologie gesetzt wurden.[11] Mit dem Bezug auf einen wissenschaftlichen Naturbegriff stellte das Bürgertum zwar die Vorherrschaft der Aristokratie in Frage, schrieb jedoch die Ungleichheit der Menschen fest. Vorher wurden Hierarchien meist religiös begründet, so dass es zumindest die Möglichkeit der Christianisierung gab, die zwar oft erzwungen wurde, aber einen gesellschaftlichen Aufstieg mit sich brachte. Der Wechsel vom Glauben zum Wissen in der Aufklärung brachte einen entscheidenden Unterschied für die Hierarchisierung von

9 Auch George L. Mosse (1990: 27) interpretiert die Verordnung der ‚Reinheit des Blutes' als erste ‚rassische' Verfolgung, doch erkennt er darin keinen Präzedenzfall für das übrige Europa.

10 Mit dem Kolonialismus fanden alte Bilder vom ‚Fremden' und ‚Wilden' Anwendung, die auf die ‚Neue Welt' projiziert wurden. „Die ungezähmte Aggressivität, Sexualität und Bestialität des zuvor in den Waldgebieten am Rande (und innerhalb) Europas angesiedelten mythischen ‚Wilden' fand nun eine genauere geographische Verortung in der neuen Welt. (Miles 1991: 29)

11 Das christliche Weltbild wurde vor allem durch ökonomische und soziale Transformationsprozesse nach dem 30-jährigen Krieg erschüttert. Das rationale System der Wissenschaft sollte dazu beitragen, die Kontrolle über die Welt wiederzuerlangen (vgl. Schubert 2001: 51). Das Gleichheitspostulat richtete sich gegen die ständische Ordnung und war zugleich eine Voraussetzung für die Entstehung einer (früh-)kapitalistischen Gesellschaftsformation, weshalb es eine große „politische und ideologische Wirkungsmacht entfalten" (Hentges 1999: 6) konnte. Die Aufklärung entwickelte in Deutschland allerdings erst relativ spät, ab Mitte des 18. Jahrhunderts, eine gesellschaftliche Breitenwirkung (vgl. Hentges 1999: 30).

Menschen mit sich: Die Differenzmerkmale verlagerten sich in die Körper und wurden damit unhintergehbar.

„Erst mit dem Zerfall der christlichen Autoritäten und in engem Zusammenhang mit dem sozialen Transformationsprozeß, der den Aufstieg der bürgerlichen Klasse brachte, konnten sich seit dem 17. Jahrhundert Klassifikationssysteme durchsetzen, die die verschiedenen menschlichen Gruppen und Individuen nicht länger nach spirituellen Qualitäten, sondern nach physischen Gesichtspunkten zu ordnen versuchten." (Martin 1993: 196)

Die zentralen Kategorien der Aufklärung – ‚Natur' und ‚Vernunft' – waren elementar für eine eurozentrische, rassistische und misogyne Definition der Ungleichheit von Menschen.

Bereits in den 1940er Jahren wiesen Horkheimer und Adorno (1993) auf die Dialektik der Aufklärung und das Bedingungsverhältnis von Herrschaft, Freiheit und Barbarei hin. Später arbeiteten feministische Theoretikerinnen heraus, dass das Gleichheitspostulat der Aufklärung nur für den bürgerlichen Mann galt (vgl. Alder 1992). Doch darüber hinaus war sie nur für den weißen Mann gültig.

Den historischen Hintergrund der Aufklärung bildete der transatlantische Sklavenhandel und Kolonialismus. Toni Morrison (1992: 38) beschreibt den Zusammenhang eines aufklärerischen Begriffs von Freiheit mit der Sklaverei: Erst auf der Grundlage von gesellschaftlicher Ungleichheit konnte sich ein Konzept von Freiheit herausbilden.

„We should not be surprised that the Enlightenment could accommodate slavery; we should be surprised if it had not. The concept of freedom did not emerge in a vacuum. Nothing highlighted freedom – if it did not in fact create it – like slavery. Black slavery enriched the country's creative possibilities. For in that construction of blackness and enslavement could be found not only the not-free but also, with the dramatic polarity created by skin color, the projection of the not-me. The result was a playground for the imagination."

Der aufklärerische Freiheitsbegriff ist folglich widersprüchlich, da er neben der postulierten Egalität Strukturen der Ungleichheit implizierte.

Kolonialismus und Sklavenhandel

Im 15. Jahrhundert hatten sich die entstehenden Nationalstaaten im nördlichen und westlichen Europa als Zentren politischer, wirtschaftlicher und kultureller Macht durchgesetzt. Die frühkapitalistische Wirtschaft stand dabei im Zusammenhang mit dem Sklavenhandel und kolonialer Siedlungspolitik (vgl. Miles 1991: 8). In den europäischen Kolonien bestand ab Mitte des 16. Jahrhunderts ein enormer Arbeitskräftemangel, der zunehmend durch den Sklavenhandel gedeckt wurde. Schwarze afrikanische Sklaven wurden in die ganze Welt verschleppt (vgl. Zeuske 2004: 34ff.).[12] Die Praktiken und Strukturen des Sklavenhandels waren ein Nährboden für rassistische Ideologien, die insbesondere vor dem Hintergrund des Erstarkens der abolitionistischen Bewegungen eine Legitimationsbasis für die Sklaverei und die Ungleichheit der Menschen schufen.

Stuart Hall betont, dass nicht der Rassismus den Sklavenhandel antrieb, sondern die Sklaverei den spezifischen Rassismus der Plantagensklaverei erst hervorbrachte. Er begreift Rassismus als ein Ensemble „ökonomischer, politischer und ideologischer Praktiken. (Hall 1994: 129) Diese Praktiken setzen verschiedene soziale Gruppen zueinander in Beziehung und positionieren sie innerhalb gesellschaftlicher Herrschaftsstrukturen.

Im Zuge der Aufklärung setzte sich eine kritische bis ablehnende Haltung gegenüber der Sklaverei durch. Im 18. Jahrhundert erreichte Europas Verstrickung in den Sklavenhandel ihren Höhepunkt, wie auch die abolitionistischen Bewegungen. Die Selbstbefreiung von Sklaven[13] – wie der berühmte Sklavenaufstand im heutigen Haiti (1791-1803) –, religiös motivierte Gruppen und die Kämpfe der abolitionistischen Bewegung leiteten die Abschaffung der Sklaverei ein. Auch die zunehmende Möglichkeit, die menschliche Arbeitskraft durch Maschinen zu effektivieren und ersetzen, machten eine Freilassung der Sklaven denkbar. Ende des 19. Jahrhunderts, zur Hochzeit des wissenschaftlichen Rassismus in Europa, wurde der transatlantische Sklavenhandel schließlich verboten (vgl. Drescher 1992: 362).[14] Der sich durchsetzende Freiheits- und Gleichheitsbegriff, der Bezug auf Menschenrechte und die

12 Diese im Laufe der Jahrhunderte vorangetriebene transatlantische Verschleppung prägte nicht nur den amerikanischen Kontinent, sondern hatte auch auf die Entwicklung der afrikanischen und europäischen Kulturen und Gesellschaften einen maßgeblichen Einfluss (vgl. Zeuske 2002).

13 Deutsch betont, dass „it was not because but in spite of government policy that vast numbers of slaves gained greater control over their lives and means of social reproduction. (Deutsch 2000: 275) Diese Erkenntnis sei relevant für die Erforschung des Endes der Sklaverei in ganz Afrika und zeige den Anteil der Sklaven an der Beendigung der Sklaverei. Auch Zeuske (2002) betont die aktive Rolle der Sklaven als Akteure der Geschichte, die bislang noch nicht anerkannt worden sei.

14 Dänemark verbot den Menschenhandel bereits 1722, England folgte 1805. Die Aufhebung der Sklaverei in den Südstaaten der USA nach Ende des Sezessionskrieges (1865) markierte das Aus der institutionell legitimierten Sklaverei in den Industrienationen. Ende des 19. Jahrhunderts wurde der Sklavenhandel auch auf dem afrikanischen Kontinent formell verboten.

Abschaffung der Sklaverei bedeutetenjedoch nicht, dass alle Menschen als gleich angesehen wurden. Vielmehr bestanden Vorstellungen von Ungleichheit fort, die sich z.B. in Form von unterschiedlichen ökonomischen, politischen und sozialen Rechten anhaltenden Rassismen und Exklusionsmechanismen äußerten. So argumentierten auch Abolitionist-Innen mit der Unterschiedlichkeit der ‚Rassen' und schürten gegen Ende des 18. Jahrhunderts die Angst vor einer zunehmenden ‚rassischen' Vermischung (vgl. Rosenthal 2001: 105).

Rassenkonstruktionen der Aufklärung

Im aufklärerischen Denken wurde versucht, das Verhältnis des Menschen zur Natur zu bestimmen. Die Naturwissenschaften suchten nach dem *missing link*, dem fehlenden Glied zwischen Mensch und Tier (vgl. Martin 1999: 203f.). Erkenntnisse über Flora und Fauna sowie ihre Einteilung und Systematisierung wurden seit dem 17. Jahrhundert auf Menschen übertragen (vgl. Morgenstern 2002: 135ff.).[15] Die angenommene Kontinuität stellte eine Verwandtschaft zwischen Tier und Mensch her, die auch den Menschen, wie zuvor das Tier, zum Objekt menschlicher Untersuchungen machte.

„Der Körper des Menschen wurde auf diese Weise zum alleinigen Ausgangspunkt aller Einsicht in sein Wesen – eine Chiffre der persönlichen Begabung und selbst der gesellschaftlichen Verhältnisse, in denen jemand lebte [...]. Den Körper beschreiben in Wort und Bild; ihn zerschneiden und zerstückeln, um ihn auch innen visuell zu erfassen; wühlen in den Eingeweiden auf der Suche nach Erkenntnis und verborgenen Geheimnissen; messen, beobachten und vergleichen – dies alles wurde in der Tat die vorherrschende Methode, mit der man, wie allen übrigen Geschöpfen, am Ende auch dem Menschen in seinen verschiedenen Erscheinungsformen zu Leibe rückte, mit dem Ziel, ihm ‚wis-

15 Bereits in der ersten Hälfte des 15. Jahrhunderts wurden erstmals Affen und Menschen miteinander verglichen (vgl. Hentges 1999: 170). 1559 wurden von Papst Paul IV. klassifizierende Werke, die die Menschheit nach äußeren Merkmalen unterschieden, auf den Index gesetzt, da für die Kirche alle Menschen als Schöpfung Gottes gleichwertig waren. Über die Wertigkeit der Menschen entschied ihm zufolge lediglich das Christsein (vgl. Schubert 2001: 50f.). 1684 übertrug der französische Arzt und Reisende François Bernier (1620-1688) erstmals den bereits für die Tierwelt verwendeten Begriff ‚Rasse' auf die Unterteilung von Menschen. Die Verwendung des Rassenbegriffs und die daran geknüpften phänotypischen Rassenmerkmale blieben zunächst umstritten.

senschaftlich fundiert' den ihm angeblich von Fall zu Fall gebührenden Platz in der Great Chain of Being anzuweisen." (Martin 1993: 216)[16]

Die Menschen wurden in der angenommenen Seinskette in unterschiedliche Kultur- und Zivilisationsstufen eingeteilt.

Die Philosophen der Aufklärung verbanden Hautfarbe, Physiognomie und Anatomie mit Intelligenz und Charaktereigenschaften und ordneten diese in eine hierarchische Struktur ein.[17] Viele deutsche Philosophen[18] setzten sich mit der Konzeption von ‚Rassen' auseinander und beteiligten sich an deren Herausbildung. Immanuel Kant (1724-1804) war ein wichtiger Protagonist bei der Entwicklung und Verbreitung des Rassendenkens. Er führte in den 1770er Jahren den Begriff ‚Race' in die deutsche Wissenschaftsdebatte ein und gilt als Begründer des modernen Rassebegriffs, da er von einer Unveränderlichkeit menschlicher Unterschiede ausging (vgl. Hentges 1999: 209).[19] Diese Definition war lange

16 Noch zu Beginn des 17. Jahrhunderts wurde die Erforschung des Menschen und seines Körpers von der Kirche und weltlichen Autoritäten verfolgt, insofern war dieser naturwissenschaftliche Blick und Forschungsdrang in Bezug auf Lebewesen neu (vgl. Bergmann 1997).

17 Diese Theorien entstanden u.a. in Auseinandersetzung mit europäischen Forschungsreisen und den dabei entstandenen Reise- und Forschungsberichten. Auch die ab dem 15. Jahrhundert im Deutschen Reich lebende Schwarze Minderheit wurde zum Studienobjekt der deutschen Rassenforscher (vgl. El-Tayeb 2001: 16). So wurde Sarah Bartmann im 19. Jahrhundert als ‚Hottentottenvenus' bezeichnet und zum Gegenbild der Europäerin stilisiert (vgl. Martin 1993: 259f.). Sarah Bartman litt an Steatopygia, d.h. Fettsteiß, und Hypertropie der Labia, wurde aber als typische Afrikanerin dargestellt (vgl. El Tayeb 2001: 153). Die behauptete Hässlichkeit der Schwarzen entstand in Abgrenzung zum europäischen aufklärerischen Schönheitsideal, das sich aus antiken Vorbildern speiste. Abweichungen vom europäischen Schönheitsideal wurden zunehmend mit negativen Wesenszügen in Verbindung gebracht.

18 Der Naturforscher, Ethnologe und Begründer der modernen Reiseliteratur Georg Forster (1754-1794) war wichtiger Protagonist des aufklärerischen Rassendenkens. Georg Friedrich Wilhelm Hegel (1770-1831), ein Vorkämpfer der deutschen Gegenaufklärung und Vorgänger des romantischen Nationalismus des 19. Jahrhunderts, trieb den Rassegedanken voran. Er ersetzte die aufklärerische Vorstellung einer universellen menschlichen Natur durch unveränderliche kulturelle Wesensmerkmale und schuf somit die Grundlage für einen kulturell kodierten Rassismus. Gleichzeitig stellte er sich gegen Kolonialismus und Sklaverei. Zudem wurden die Physiognomik, die psychologische Gesichtsdeutung und die Phrenologie, die Charakterdeutung aufgrund der Schädelform, im 18. Jahrhundert maßgeblich von deutschen Wissenschaftlern entwickelt (vgl. El-Tayeb 2001: 14; Mosse 1990: 47ff.).

19 Kant entwickelte seine rassentheoretischen Positionen im Rahmen seiner Vorlesungen ab 1757 und veröffentlichte 1802 seine „Physische Geo-

umstritten und setzte sich erst allmählich im deutschsprachigen Wissenschaftsdiskurs durch. Innerhalb der wissenschaftlichen Auseinandersetzungen um den Begriff ‚Race' spielte die Debatte um die Legitimität der Sklaverei eine wichtige Rolle. Philosophen und Wissenschaftler begannen eine endlose Auseinandersetzung um die ‚wirklich' konstanten, in der Natur der ‚Rasse' festgelegten und sie kennzeichnenden Eigenschaften.[20] Dabei gab es durchaus widersprüchliche Positionen zu den Wertungen der ‚Rassen' und der sie definierenden Merkmale.

Der Philosoph und Universitätsdirektor Christoph Meiners (1747-1810) kritisierte Kants Definition von ‚Race' aufgrund ihrer Beschränkung auf körperliche Eigenschaften.[21] Er wandte sich gegen das aufklärerische Ideal der Gleichheit der Menschen und behauptete die ‚rassische' Überlegenheit der Deutschen. Mit der Konstruktion einer slawischen ‚Rasse' führte er eine Binnendifferenzierung innerhalb der Europäer ein (vgl. Wollrad 2005: 77). Meiners setzte Schönheit und Intelligenz in eine kausale Verbindung zueinander und hierarchisierte auf dieser Grundlage die Menschheit. Anhand dieser Konstruktion behauptete er die ‚natürliche' Unterlegenheit Schwarzer Menschen (vgl. Zantop 1997: 23). Er versuchte zu belegen, dass Schwarze eine Prädisposition für die Sklaverei hätten und rechtfertigte sie so (vgl. Martin 1993: 201f.; Schubert 2001: 56ff.).

---

graphie", 1775 „Von den verschiedenen Racen der Menschen" und 1785 die Abhandlung "Bestimmung des Begriffs einer Menschenrace". Darin revidierte er teilweise seine Positionen. Er verknüpfte kulturelle und biologische Rassenmerkmale und naturalisierte sie. Kant unterschied zwischen vier Rassen, wobei die weiße ganz oben und die ‚Indianer' ganz unten standen. Ausführlich zu Kants Rassenkonstruktionen und seinen Vorstellungen von Weiß-Sein vgl. Piesche (2005).

20 Eine zentrale Auseinandersetzung der damaligen Rassentheoretiker war der Streit Polygenese versus Monogenese. Er kreiste um die Frage, ob die Menschen an verschiedenen Orten entstanden und daher erblich und unveränderlich unterschiedlich seien, oder ob sie einen gemeinsamen Ursprung und unterschiedliche Entwicklungen (z.B. klimatisch bedingt) durchlaufen hätten (vgl. Schubert 2001: 56f.). Die Vorstellung der Monogenese legitimierte den Erziehungsauftrag, der der kolonialen Expansion zugrunde gelegt wurde. Der mit dem bürgerlichen Aufstieg verbundene Fortschrittsglaube stellte die starren Ordnungsprinzipien der Polygenese zunehmend in Frage (vgl. Martin 1993: 275).

21 Insbesondere die Vorstellung von einem gleichen Ursprung lehnte Christoph Meiners ab. Die Unterschiede zwischen den Menschen erachtete er als so grundlegend, dass er eine gemeinsame Herkunft der Menschen ausschloss. Die naturgegebene Inferiorität anderer ‚Rassen' rechtfertigte für ihn Sklaverei und Unterwerfung, die er als erzieherische, zivilisatorische Tat der Europäer interpretierte (vgl. Morgenstern 2002: 144ff.).

Auch Johann Friedrich Blumenbach (1752-1840), ein Mediziner an der Universität Göttingen und zeitweiliger Mitarbeiter Kants, differenzierte innerhalb der weißen ‚Rasse' (vgl. Martin 1993: 226ff.; Schubert 2001: 52ff.). Er rückte die menschliche Anatomie in den Mittelpunkt seiner Forschung, gilt als einer der Mitbegründer der modernen Anthropologie und Kraniologie (Schädelkunde) und unterschied auf der Grundlage kraniologischer Studien nationale Gemeinschaften nach äußerlichen Merkmalen.[22]

Trotz seiner Forschungen zu physiologischen Unterscheidungskriterien verschiedener ‚Rassen' lehnte Blumenbach die Auffassung ab, Menschen ließen sich in eindeutige Kategorien einteilen. Hautfarbe war für ihn nur ein wichtiges Merkmal unter vielen, das erst in der Verbindung mit anderen Merkmalen aussagekräftig wurde. Diese Merkmale erachtete er als nicht konstant, sondern als veränderbar durch Klima, Nahrung und Lebensweise. In seinem Werk findet sich keine kausale Verbindung physischer Merkmale mit geistigen, sozialen und seelischen Eigenschaften; seine Klassifizierungen galten ihm lediglich als zweckmäßige Übersicht. Er wendete sich auch gegen die Sklaverei (vgl. Morgenstern 2002: 151).

Die verschiedenen Rassenkonstruktionen, so zeigen die vorgestellten Beispiele, beinhalteten unterschiedliche Interpretationen der Konstanz und Naturhaftigkeit von ‚Rassen'. Miles (1991: 42) betont die Variabilität rassistischer Kriterien bis zum Ende des 18. Jahrhunderts, so dass sich kaum einheitliche ‚Rassen'-Kategorien ausmachen lassen. Lediglich die Höherbewertung alles Europäischen und die Darstellung des Außereuropäischen als minderwertig lag allen Rassentheorien zugrunde. Alle verband zudem, dass körperliche Merkmale zu Bedeutungsträgern innerhalb eines Diskurses der Differenz wurden. Bei der Hierarchisierung der ausgemachten ‚Rassen' wurden Schwarze auf die unterste Stufe gestellt und in der Fortschrittslogik des evolutionären Denkens zum Verbindungsglied zwischen Mensch und Tier gemacht (vgl. Mosse 1990: 40). Die weiße ‚Rasse' wurde an die Spitze der Hierarchie gesetzt und alle anderen ‚Rassen' nach ihrer Nähe zu ihr definiert und bewertet. „Von aufgeklärten Wissenschaftlern und Intellektuellen wurden die ‚Anderen' spiegelbildlich zu den bürgerlichen Werten der Vernunft, Sittlichkeit und Mäßigung als primitiv, leichtfertig und unkultiviert kon-

22 Damit begründete er insbesondere den rassistischen Antisemitismus. Er behauptete, Juden hätten eine andere Schädelform als Deutsche und konstruierte sie damit zu einem fremden ‚Volk' (vgl. Morgenstern 2002: 152f.; Mosse 1990: 46). Der Glaube an biologische Abstammungsgemeinschaften war eine Voraussetzung für den sich ausbreitenden völkischen Nationalismus.

stituiert.“ (Morgenstern 2002: 216) In der Aufklärung begann die systematische Beschreibung der weißen ‚Rasse‘ durch europäische Philosophen, die deren Überlegenheit und Herrschaftsanspruch begründeten. Sie verbanden Weiß-Sein mit Vernunft, Zivilisation, Christentum und Menschsein.

> „Die Aufklärung hat nicht den Menschen in den Mittelpunkt des Universums gestellt, vielmehr war es der Weiße, europäische, intellektuelle Mann, der sich sein Universum erschuf und sich selbst an die Spitze setzte. Weißsein war die Metapher für vollständiges und vollkommenes Menschsein, für Vernunft, Zivilisation, Christentum und die unverlierbare Macht über den Rest der Weltbevölkerung.“ (Wollrad 2005: 67)

Das Rassenmodell wurde nicht nur zu einer Rechtfertigungsideologie für Kolonialismus und Sklaverei, sondern auch zu einem Bestandteil der sich herausbildenden bürgerlichen Ordnung und einer ‚westlichen Identität‘, die sich gegen vormoderne unzivilisierte nicht-westliche Gesellschaften, aber auch gegen die eigene vormoderne Gesellschaft abgrenzte.[23]

Die Vorstellung einer Ungleichheit der ‚Rassen‘, aber auch der Geschlechter, galt mehr und mehr als anthropologische Wahrheit. Das sich durchsetzende Naturverständnis legte die Unterschiede zwischen den zunehmend einander polar gegenübergestellten Geschlechtern und die Kategorisierung in ‚Rassen‘ als naturgegeben fest. Der Bedeutungswandel des Rassenbegriffs zeigt den „Säkularisierungsprozess als Naturalisierungsprozess“. (Husmann-Kastein 2003: 128)[24] Die Naturalisierung gesellschaftlicher Unterscheidungskriterien steht allerdings in einem Spannungsverhältnis zum Fortschritts- und Erziehungsgedanken der Aufklärung, weshalb eine gewisse Durchlässigkeit der Kategorien einen potenziellen Aufstieg zuließ, was in der starren Ständegesellschaft nicht denkbar gewesen war. Dies äußert sich in der Auffassung vom Kolonialismus als Zivilisierungsstrategie. Die koloniale Rassenpolitik war somit zugleich von einer Dynamik des Rassenbegriffs und Versuchen einer Festlegung und eindeutigen Kategorisierung geprägt.

Die Hautfarbe entwickelte sich, wie beschrieben, zu einem zentralen Raster der Einteilung in unterschiedliche ‚Rassen‘. Im folgenden Exkurs

---

23 Das Kulturparadigma der Aufklärung zeigt, dass der kulturalistische Rassismus, der seit der Delegitimierung von ‚Rassen‘ nach dem Nationalsozialismus propagiert wird (vgl. Balibar/Wallerstein 1990), eine lange Tradition hat.

24 Der Säkularisierungsprozess ist nicht als Untergang der Religion, sondern als ihre Verweltlichung und Transformation zu verstehen (vgl. von Braun 2000: 172).

wird der Frage nachgegangen, wie die Hautfarbe zum wichtigsten Differenzmerkmal werden konnte.

Exkurs: Die Konstruktion von Hautfarben

Erst ab Mitte des 16. Jahrhunderts rückte die Hautfarbe als gesellschaftliches Ordnungsmuster in den Blick (vgl. Husmann-Kastein 2003: 73). Vorher spielte die Farbe der Haut, die gänzlich anders ‚gesehen' wurde als heute, nur für die Medizin und Religion eine Rolle.

Im mittelalterlichen Komplexions-Modell, einer Säftelehre in der abendländischen Medizin zwischen dem 13. und 15. Jahrhundert, wiesen unterschiedliche Farben auf bestimmte Eigenschaften des Körpers und dessen Säftemischung hin. Im Laufe des 14. Jahrhunderts setzte sich ein System durch, in dem die Farben rot, schwarz und weiß Ausprägungen menschlicher Physiologie beschrieben (vgl. Groebner 2003: 11). Ein ausgeglichener Farbtyp war das Ideal: an die Körperfarbe weiß waren vor allem negative Eigenschaften geknüpft, z.B. ein Überschuss an Feuchtigkeit, Unmännlichkeit, Unkultur und Barbarei. „Hautfarben standen bis ans Ende des Mittelalters nicht für klar voneinander abgrenzbare essentielle Kategorien, sondern waren relational. Mehr noch: Die Hautfarben, denen die Europäer im 15. Jahrhundert bei anderen begegneten, waren dieselben, die sie für die Beschreibung ihrer eigenen Epidermis gebrauchten." (Groebner 2003: 11) Noch im Mittelalter empfanden sich Europäer nicht als weiß; den EinwohnerInnen Ostasiens wurde vom 14. bis zum 17. Jahrhundert die gleiche Hautfarbe wie Europäern zugesprochen.

Erst mit dem Sklavenhandel in der zweiten Hälfte des 16. Jahrhunderts wurden die Hautfarben zu äußeren Merkmalen. Im Zuge dessen wurde die als schwarz bezeichnete Hautfarbe mit dem Sklavenstatus verbunden und in eine Hierarchie eingeordnet.[25] Die Definition von Hautfarben ist daher eng an die Geschichte des Kolonialismus geknüpft: „Die Kategorien, mit denen Hautfarben in den letzten fünfhundert Jahren beschrieben wurden, spiegeln weniger wirkliche Unterschiede als vielmehr eine Geschichte: die Geschichte der europäischen Expansion." (Groebner 2003: 11) Erst die Eroberung und Unterwerfung des afrikanischen und amerikanischen Kontinents, der beginnende europäische Kolonialismus und der transatlantische Sklavenhandel ermöglichten eine naturkundliche und anthropologische Systematisierung und Differenzierung von Menschen und veränderten die Interpretationen von und Sicht-

25 Die Sklaverei wurde zunächst eher religiös als mit hierarchisierten Rassenkonstruktionen begründet. Die Frage, wer versklavt werden durfte, hing davon ab, ob eine Missionierung für möglich gehalten wurde.

weisen auf Hautfarben. Dies zeigen die Reiseberichte und Aufzeichnungen der ersten Kolonisatoren.[26] In Christoph Kolumbus' Berichten tauchten Hautfarben und daran gebundene Wertigkeiten noch nicht auf (vgl. Wollrad 2005: 60). Bis zu diesem Zeitpunkt gab es keine Kontinuität in der Verbindung negativer Eigenschaften mit einer Hautfarbe (vgl. Miles 1991: 53).

Ab Ende des 16., Anfang des 17. Jahrhunderts wurde die Komplexion nicht mehr auf eine innere Säftemischung zurückgeführt, sondern beschrieb die äußere, sichtbare Beschaffenheit der Haut. Das Konzept ‚Rasse' hielt Einzug in die Interpretation der Beschaffenheit und Farbmischung der Haut und der inneren Säfte. „Damit war etwas entstanden, was es in dieser Form zuvor nicht gegeben hatte: eine unwiderruflich und ‚von Natur aus' auf dem Körper der Person sichtbare Kategorie, die allen individuellen Fähigkeiten der Selbstbenennung und Selbstveränderung radikal entzogen war." (Groebner 2003: 11)

Gegen Ende des 17. Jahrhunderts wurden erstmals die Bezeichnungen ‚schwarz' und ‚weiß' zur Beschreibung von Hautfarben verwendet (vgl. Benthien 1999: 172). In den innergesellschaftlichen Auseinandersetzungen Europas wurde ‚weiß' zu einem Marker für die hegemoniale Position. Mit der Mode des Weißpuderns grenzte sich der Adel vom erstarkenden Bürgertum ab. „Dem Adel ging es mit der ‚Weißung' um eine Visualisierung gesellschaftlicher Positionierung und Privilegierung. Der Adel wollte weißer, wirklich ‚richtig' weiß sein – angesichts einer zunehmenden gesamtgesellschaftlichen Bedeutung dieser Attributierung." (Husmann-Kastein 2003: 83) Hier manifestiert sich der Übergang zu einem neuen Legitimationssystem, das auf körperlichen Eigenschaften statt auf einer religiös begründeten Ständezugehörigkeit beruhte. Mit dem erstarkenden Bürgertum war ein Arbeitsethos verbunden, das den Lebenswandel und die gesellschaftliche Position des Adels in Frage stellte. Die Abgrenzung des Adels gegen das Bürgertum ist zugleich eine Weigerung, sich an den entstehenden bürgerlich konnotierten Nationalökonomien zu beteiligen (vgl. Martin 1993: 101). Die geweißte Hautfarbe symbolisierte den Willen nach ungestörtem Genuss, die Farbe der Haut stand daher in Verbindung mit Arbeit bzw. Arbeiten-Wollen.

Philosophen und Wissenschaftler der Aufklärung griffen die Farbenlehre auf und wandten sie auf die Einteilung der Menschen in ‚Rassen' an. Der schwedische Naturforscher Carl von Linné (1707-1778), der

26 Die Reiseberichte waren eine zentrale Informationsquelle für die Darstellung von Schwarzen und wurden im 18. und 19. Jahrhundert in unterschiedlichen Wissenschaften wie der Ethnographie, Völkerkunde etc. als Quellen benutzt (vgl. Husmann-Kastein 2003: 74ff.).

„Vater der biologischen Systematik" (Kattmann 1999: 73), teilte die Menschen nach Erdteilen, Hautfarben und Körpersäften ein.

„Die antike Lehre von den vier Elementen (Feuer, Luft, Erde, Wasser) führte durch die Parallele von Makrokosmos (Welt) und Mikrokosmos (Mensch) zu der Lehre von den (den Elementen entsprechenden) vier Körpersäften (Galle, Blut, Schwarze Galle, Schleim), denen im Mittelalter die Charaktere Choleriker, Sanguiniker, Melancholiker und Phlegmatiker zugeordnet wurden. Linné hielt sich also an die (physiologischen) Vorstellungen seiner Zeit, wodurch sogleich die Verbindung von ‚Rasse' und Seele (naturwissenschaftlich) elementar begründet wird." (Kattmann 1999: 73)

Die binäre Opposition von ‚schwarz' und ‚weiß' entstand allerdings nicht erst mit dem Aufkommen des Rassengedankens, sondern war bereits ein fundamentales Element des Christentums (vgl. Wollrad 2005: 19). Schon zur Zeit der Kreuzzüge existierte die Dichotomisierung von ‚schwarz' und ‚weiß', jedoch vor dem Hintergrund religiöser Deutungsmuster: Heiden waren in der christlichen Darstellung schwarz.[27]

Repräsentationen von Schwarz-Sein und Weiß-Sein

Lange vor dem europäischen Kolonialismus bestanden enge kulturelle Verbindungen zwischen weißen EuropäerInnen und Schwarzen AfrikanerInnen.[28] Schwarze galten zunächst als kultiviert und wissend. Sog. Mohren galten im 13. Jahrhundert, z.B. am Hofe Friedrichs II., als Sta-

27 Bereits in der Antike existierte ein Farbsymbolismus, bei dem schwarz negativ (Unterwelt, Tod) konnotiert war, was jedoch keine grundsätzliche Missachtung von Schwarzen oder eine Rechtfertigung ihrer Versklavung nach sich zog (vgl. Miles 1991: 23; Hentges 1999: 162f.). Zur dualistischen Farbsymbolik der Antike vgl. ausführlich Husmann-Kastein (2003: 31ff.). Auch in der germanischen Mythologie war schwarz negativ konnotiert (vgl. Martin 1993: 21).

28 Seit dem 10. und 11. Jahrhundert ist die Präsenz Schwarzer in Mitteleuropa nachgewiesen (vgl. Martin 1993: 9ff.). Ende des 17. Jahrhunderts war es üblich, dass Schwarze Musiker an den Höfen lebten, so auch an allen größeren Höfen auf deutschem Gebiet. Auch in der preußischen Armee gab es Schwarze, z.B. als Beckenschläger. Den gesellschaftlichen Status von Schwarzen in Deutschland beschreibt Martin als prekär. Sie waren zwar keine Sklaven, zugleich aber auch nicht frei. Schwarze Frauen gab es selten. Die Schwierigkeit, als Schwarze in einer weißen Gesellschaft zu leben, belegen die Krankengeschichten, die überliefert sind (vgl. Martin 1993: 153ff.). Zur Geschichte und Präsenz Schwarzer in Deutschland vgl. auch Ayim (2001), zur Geschichte des Bildes von Schwarzen vgl. Schubert (2001: 47ff.).

tussymbole der Macht.[29] Auch im deutschen Adel wurde es üblich, sich mit Schwarzen Bediensteten zu ‚schmücken'. Der ‚Mohr' diente der Selbstkonstituierung und Abgrenzung gegenüber unteren Ständen. Der Status von Schwarzen als Symbole von Genuss, Lebensart und Macht spielte somit in damalige Klassenkonflikte hinein.

Mit dem Aufkommen von Kolonialismus und transatlantischem Sklavenhandel verschoben sich die Darstellungsweisen von Schwarzen: Spätestens im 17. Jahrhundert kam es zu einem grundsätzlichen Wandel der Repräsentationen von Afrika und seinen BewohnerInnen: der ‚kultivierte Mohr' und ‚edle Wilde' galten nun als ‚wüster Wilder' und als ‚primitiv' (vgl. Martin 1993: 81).

Während in der kulturwissenschaftlichen Forschung zum Kolonialismus bislang die Repräsentation des Anderen und der Schwarze Körper im Kontext von Sklaverei im Vordergrund standen, untersuchen die *Critical Whiteness Studies* die Repräsentationen von Weiß-Sein und Europäisch-Sein und belegen, dass auch Weiß-Sein eine Rassenkonstruktion ist, an die bestimmte Normen, Werte und Eigenschaften geknüpft sind. Im 18. Jahrhundert kam es zu einer vermehrten Darstellung, geradezu einer Fetischisierung des weißen Körpers (vgl. Rosenthal 2001).[30]

Die Unterteilung von Menschen in ‚Rassen' auf der Grundlage von Hautfarben ist folglich Ergebnis eines historischen Prozesses und stellt ein soziales Konstrukt dar, da es an sich keine gelben, roten, weißen oder schwarzen Menschen gibt, auch wenn diese Rassenkonstruktionen noch heute wirkmächtig sind. „Daß wir das soziale Konstrukt der Hautfarben als mit unserer Wahrnehmung konform halten, beruht also bereits auf der Wirkung dieser Konstruktion." (Kattmann 1999: 74)

Im modernen Rassismus wurden phänotypischen Merkmalen Bedeutungen zugewiesen, wobei Inhalte und Klassifikationsschemata einem permanenten Wandel unterlagen. Ältere Vorstellungen von gesellschaftlicher Ungleichheit flossen in die modernen Rassenkonstruktionen ein. Durch die Hierarchisierung von konstruierten Differenzen konnten Ausschlüsse bzw. Einschlüsse auf politischer und ökonomischer Ebene durchgesetzt und legitimiert werden. Soziale und politische Ungleichheit wird somit naturalisiert und biologisiert. Die Biologisierung sozialer

29 Mit dem Beginn des europäischen Kolonialismus kamen mehr Schwarze nach Europa. 1466 erlaubte Friedrich III. die zollfreie Einfuhr von Sklaven im gesamten Römischen Reich. Das Bürgertum versuchte, es dem Adel gleichzutun, doch es wurde zunehmend schwerer, in den ‚Besitz' von Schwarzen zu kommen (vgl. Martin 1993: 43ff.).

30 Rosenthal untersucht anhand der Darstellung weißer Frauen in der Kunst, wie Haut ‚lesbar' gemacht wurde.

Ungleichheit setzte sich vor allem mit den aufkommenden Bevölkerungswissenschaften durch.

Die Biologisierung der gesellschaftlichen Verhältnisse

Mitte des 18. Jahrhunderts rückte im Zuge der demographischen Expansion die Bevölkerung ins Visier der Wissenschaften. Sie galt nun als ökonomisch und gesellschaftlich bedeutsame Ressource, und ihre Entwicklung wurde daher zum Objekt systematischer Beobachtung (vgl. Weingart et al. 1988: 17). Gesellschaftliche Probleme wurden auf spezifische Variablen der Bevölkerung wie Geburtenraten, Sterblichkeit, Gesundheit, Ernährung und Wohnverhältnisse zurückgeführt (vgl. Lorey 2003: 9). Damit setzte sich seit dem Ende des 18. Jahrhunderts eine neue Regierungsweise durch, die Michel Foucault als ‚Bio-Macht' bezeichnet. Er beschreibt diesen historischen Paradigmenwechsel als „Eintritt des Lebens in die Geschichte" (Foucault 1983: 169): „Statt als Ausdruck der Macht des Souveräns tritt die Bevölkerung vielmehr als Zweck und Instrument der Regierung hervor." (Foucault 2000: 61) Die Bio-Macht bezieht sich nicht mehr auf ein zu beherrschendes Territorium, sondern auf die Bevölkerung als biologische Entität. „Das Leben ist jetzt, vom 18. Jahrhundert an, ein Objekt der Macht geworden. Das Leben und der Körper. Früher hat es nur den Untertanen gegeben, Rechts-Subjekte, deren Güter, auch deren Leben im übrigen, man einziehen konnte. Jetzt gibt es Körper und Bevölkerungen." (Foucault 1999: 185) Lorey (2003: 11) bezeichnet diese neue Regierungstechnik als „bürgerliche biopolitische Gouvernementalität" und verbindet das Konzept der Bio-Macht mit der von Foucault nur ansatzweise entwickelten Gouvernementalität.[31] „Mit *Gouvernementalität* bezeichnet Foucault moderne Regierungstechniken sowohl auf staatlicher als auch auf individueller Ebene, also die Parallelen der Staats- und Selbstführung. Mit *Biopolitik* bezeichnet er

31 Diese beiden Konzepte hat er selbst nie zusammengeführt, plante dies aber wohl. Gouvernementalität stellt einen Sammelbegriff für die politischen Techniken der Regierungen und die persönlichen Techniken der Selbstführung dar (vgl. Stingelin 2003a: 9f.). „Unter Gouvernementalität verstehe ich die Gesamtheit, gebildet aus den Institutionen, den Verfahren, Analysen und Reflexionen, den Berechnungen und den Taktiken, die es gestatten, diese recht spezifische und doch komplexe Form der Macht auszuüben, die als Hauptzielscheibe die Bevölkerung, als Hauptwissensform die politische Ökonomie und als wesentliches technisches Instrument die Sicherheitsdispositive hat." (Foucault 2000: 64)

die Gleichzeitigkeit von individualisierenden und gattungsstabilisierenden Technologien.“ (Lorey 2003: 9)[32]

Die Bio-Macht ist eine produktive und lebenserhaltende Macht, die sich von repressiven, lebensunterdrückenden Regierungsformen der Dressur und Disziplinierung des 17. Jahrhunderts unterscheidet, sie jedoch nicht eliminiert (vgl. Foucault 2000: 63).[33] „Die Entdeckung der Bevölkerung ist, neben der Entdeckung des Individuums und des dressierbaren Körpers, der zweite große Kernbestand von Technologien, die zur Veränderung der politischen Verfahren im Westen führte.“ (Foucault 1999: 184) Die Disziplinierung des Individualkörpers und die Regulierung des Bevölkerungskörpers sind zwei miteinander verbundene Pole der Bio-Macht (vgl. Lemke 2003: 163). Die neue Regierungstechnik setzt sich mit der Ausweitung bürgerlicher Herrschaft durch. Damit war eine Aufwertung und Neuerfindung des (bürgerlichen) Körpers verbunden, der zugleich vergeschlechtlicht wurde.

Der Zugriff auf das Leben vollzog sich zunächst über die seit dem 17. Jahrhundert einsetzende Disziplinierung des Körpers. Ab der Mitte des 18. Jahrhunderts begann sich eine zweite Machtform zu etablieren, die auf das Leben der Menschen zielt, auf die Bevölkerung und ihre Reproduktion als Gattungswesen. Der Körper des Individuums steht in einem direkten Zusammenhang mit der Bevölkerung; der individuelle Körper wird zu einem politischen Körper. „Eine Bevölkerung regieren heißt, am Leben jedes Einzelnen und am Leben der Bevölkerung als Ganzes interessiert zu sein, es zu kontrollieren, zu regulieren und zu optimieren, es letztlich nach einem statistisch erfassbaren Normalitätsmaßstab als gesundes Leben zu klassifizieren.“ (Lorey 2003: 10) Der Körper rückte in den Mittelpunkt der Wissenschaften, und verschiedene gesell-

32 Die Unterscheidung der Begriffe Bio-Macht und Bio-Politik ist umstritten. Von Foucault selbst liegt keine Definition vor: Während sie z.T. synonym verwendet werden, unterscheiden andere AutorInnen Bio-Politik als Möglichkeit der „Widerstandskraft und Freiheit des einzelnen, sich den Zumutungen des ‚Macht-Wissen‘-Komplexes durch eine andere Selbstbestimmung als diejenige, zu der er angehalten wird, zu widersetzen. Die ‚Zugriffe der Macht‘ auf den Körper des einzelnen und der Bevölkerung, die sich vornehmlich des Sexes bedienen, nennt Foucault ‚Bio-Macht‘“. (Stingelin 2003a: 15f.) Der Begriff der Bio-Politik hat seinen Ursprung allerdings in der nationalsozialistischen Bevölkerungspolitik (vgl. Sarasin 2003: 77).

33 Die Souveränitätsmacht ist eher mit der Abschöpfung der Gesellschaft, die Disziplinarmacht mit ihrer Organisierung beschäftigt. „Die Disziplin ist im Grunde der Machtmechanismus, durch den es uns gelingt, im sozialen Körper auch die winzigsten Elemente zu kontrollieren, durch die es uns gelingt, auch die sozialen Atome selbst zu erreichen, das heißt die Individuen: Individualisierungstechniken der Macht.“ (Foucault 1999: 182)

schaftliche Diskurse formierten sich um den Körper. Der Körper wurde zu einem Knotenpunkt der Macht, der den öffentlichen und privaten Raum aufs engste miteinander verknüpfte. Das Individuum war über Techniken der Selbstregierung und -regulierung an der Bio-Macht beteiligt. Das Wissen über die Bevölkerung und deren Regulierung verzahnte sich mit den Konstruktionen der Geschlechter und der Sexualität entlang der Norm heterosexueller Zweigeschlechtlichkeit als Basis der gesellschaftlichen Reproduktion. Sexualität wurde zu einem gesellschaftlichen Austragungsort der Disziplinierung des individuellen wie des Gesellschaftskörpers (vgl. Bublitz 2000: 237). Sexualität galt zunehmend als zentrales Element der Individualität.[34]

Die Wissenschaften des ausgehenden 18. Jahrhunderts wie z.B. die Anthropologie, Medizin und Biowissenschaften produzierten gesellschaftliche Differenzen und verankerten diese im wissenschaftlich definierten und markierten Körper.

„Die Wissenschaft vom Menschen drang seit dem ausgehenden 18. Jahrhundert von der Betrachtung der Körperoberfläche immer mehr ins Innere des Körpers vor und schrieb jene soziokulturellen Hierarchien zwischen ‚Männern‘ und ‚Frauen‘, ‚Gesunden‘ und ‚Irren‘, ‚Normalen‘ und devianten ‚Kriminellen‘, ‚Zivilisierten‘ und ‚Wilden‘, ‚Schwarzen‘, ‚Juden‘ und ‚Nicht-Juden‘ in die Strukturen des Körpers ein, die sie dann dort zu ‚entdecken‘ glaubte.“ (Planert 2000d: 551)

Die entscheidende Schnittstelle zwischen dem individuellen und dem gesellschaftlichen Körper stellte die Frage der Reproduktion dar, die seit den 1890er Jahren zu einem Politikum im Deutschen Reich wurde. Die Bedeutung der gesellschaftlichen Reproduktion ging mit einer Aufwertung von Mütterlichkeit einher. Mit dem Griff des Deutschen Reiches nach Kolonien und Weltmacht häuften sich die Thematisierung der Geburtenfrage und damit die Thematisierung der Rolle der Frau. „Im Kontext von Imperialismus, völkischer Bewegung und dem Aufstieg der Rassenhygiene ging die gesellschaftliche Verbreitung bevölkerungspolitischer Forderungen staatlichen Regulierungsversuchen voran.“ (Planert 2000d: 547) Aus diesem Grund erwiesen sich bevölkerungspolitische Diskurse mit ihrer Schnittstelle zu rassentheoretischen Annahmen als ein zentrales Feld der (bürgerlichen) Frauenbewegung.

Mit dem Aufstieg der Rassenhygiene, der Erbbiologie sowie der Verschiebung vom politisch-sozialen Gesellschaftskörper zum kollektiven Gattungskörper wurde dem ‚Volkskörper‘ seit Ende des 19. Jahrhunderts der gesellschaftliche ‚Fremdkörper‘ gegenübergestellt, der nicht

34 Sexualität wurde ab Ende des 18. Jahrhunderts bis ins kleinste Detail verfolgt, bis in die Träume und Verhaltensweisen hinein.

mehr nur als krank oder minderwertig, sondern zunehmend als eine Bedrohung für die Gemeinschaft dargestellt wurde.

> „Der Aufstieg des Kaiserreichs zur Welt- und Kolonialmacht und die allmähliche Etablierung der Rassenhygiene als Wissenschaft fügten dem Deutungssystem des doppelten – des individuellen und des politisch-sozialen – Körpers dann noch eine dritte Dimension hinzu: den kollektiven Gattungskörper, für den sich die Sexualität und das Reproduktionsverhalten der Individuen als konstitutiv erwies." (Planert 2000d: 565)

Sexualität stellt das entscheidende Scharnier zwischen dem Individuum und der Bevölkerung, bzw. dem individuellen Körper und dem Gattungskörper her. „Das Geschlecht liegt [...] am Schnittpunkt von Disziplin und Regulierung, und in dieser Funktion ist es am Ende des 19. Jahrhunderts eines der wichtigsten politischen Mittel geworden, um aus der Gesellschaft eine Produktionsmaschine zu machen." (Foucault 1999: 186)

Foucault sieht einen Zusammenhang zwischen der Sorge um den Körper bzw. bürgerlicher Selbstführung und Rassismus, er begreift Rassismus sogar in die spezifischen Selbst- und Herrschaftstechnologien des Bürgertums eingeschrieben (vgl. Lorey 2003: 13). Die Bio-Macht zog im 19. Jahrhundert eine Biologisierung des Rassenbegriffs mit sich und verband sich mit Normalisierungsdiskursen. Sie setzte eine Norm des Lebens, klassifizierte Subjekte nach ihrem Wert und Nutzen und unterscheidet letztlich zwischen wertvollem und unwertem Leben.

> „It is not biopower per se that produces racism, but rather the ‚calculated management of life' consolidated in the nineteenth century bringing together the two ‚poles' of biopower that emerged separately two centuries earlier. One pole centers on the disciplining of the individual, on the ‚anatomo-politics of the human body', the second centers on a set of ‚regulatory controls' over the life of the species in a ‚biopolitics of the population.'" (Stoler 1995: 33, mit Zitat Foucault)

Foucault datiert die Formierung des modernen biologischen Rassismus erst auf die zweite Hälfte des 19. Jahrhunderts, in der die Deutungsmächtigkeit des Blutes und der Darwinismus mit seiner Thematisierung von Höherwertigkeit und Selektion aufkamen (vgl. Sarasin 2003: 63). Mitte des 19. Jahrhunderts verband sich das Sexualitätsdispositiv mit der Symbolik des Blutes. Das Bürgertum konnte sich im Gegensatz zum Adel nicht über eine Blutsverwandtschaft und Familiengeschlechter definieren, daher konstituierte es sich über den Sex: „Das ‚Blut' der Bourgeoisie war ihr Sex." (Foucault 1983: 150) Im Mittelpunk der bürgerlicher Selbstkonstruktion stand daher der bürgerliche Körper und die Sorge um die eigene Sexualität, Gesundheit und Sittlichkeit.

Bevölkerungspolitik im Deutschen Reich

Die sich im 18. Jahrhundert herausbildende Bevölkerungspolitik, mit der sich schließlich im 19. Jahrhundert (sozial-)darwinistische und rassenhygienische bzw. eugenische Deutungsmuster[35] ausbreiteten, zog eine Biologisierung gesellschaftlicher Verhältnisse nach sich. Diese Biologisierung wirkte sich auf die Interpretation sozialer Verhältnisse aus. Moderne Wissenschaften haben das Wissen über ‚Rassen' konstruiert, verhandelt und scheinbar unhintergehbare ontologische Wahrheiten geschaffen, um die Existenz von ‚Rassen' zu belegen. Zu diesem Wissen über ‚Rassen', Nationen und die Bevölkerung als ‚Volkskörper' haben die Philosophie und sämtliche Wissenschaften wie die Biologie, die Medizin, der (Neo-)Malthusianismus, der Darwinismus, der Sozialdarwinismus, die Rassenhygiene bzw. Eugenik, die Anthropologie, die Philologie, die Sozialpsychologie, Sprachwissenschaften etc. beigetragen (vgl. Saller/Kaupen-Haas 1999: 9). Sie schufen ein Wissen, das gesellschaftliche Differenzen naturalisierte, biologisierte und damit ontologisierte.

Der wachsende Einfluss der Biologie in Europa diente der „control of threatening populations at home and abroad – and, more generally, in the regulation of relations between the ‚civil' and the ‚unruly'". (Coma-

35 Der Begriff ‚Rassenhygiene' wurde im zeitgenössischen deutschen Kontext quasi synonym zu dem aus dem englischen Kontext stammenden Begriff ‚Eugenik' verwendet. Die Bezeichnung Eugenik oder Rassenhygiene wird in der Literatur jedoch unterschiedlich bewertet: einige Arbeiten unterscheiden politisch und inhaltlich zwischen beiden Begriffen. Eugenik bezeichnet demnach vor allem den sozialtechnologischen Aspekt, Rassenhygiene die Medikalisierung des generativen Verhaltens (vgl. Grosse 2000: 12, Fn. 4). Zur Begriffsverwendung vgl. auch Bergmann (1992: 58ff.). Auch Usborne (1994: 169) unterscheidet politisch zwischen Eugenik und Rassenhygiene: Rassenhygiene ordnet sie sozialdarwinistisch ausgerichteten Ansätzen zu, während ihrer Ansicht nach linksgerichtete Sozialreformer eher in Abgrenzung dazu den Begriff Eugenik benutzten und Rassenhygiene wegen des rassistischen Anklangs ablehnten. Andere betrachteten beide Begriffe als austauschbar. Weller (2002) wendet sich gegen die Differenzierung zwischen Eugenik und Rassenhygiene, da sich eine rechte und linke Strömung erst in den 1920er und 30er Jahren herausbildeten und die beiden Begriffe in den Medien lange synonym gebraucht wurden. In meiner Analyse der Zeitschrift des *Bundes für Mutterschutz* bestätigt sich diese These: beide Begriffe werden im gleichen politischen Zusammenhang verwendet. Daher benutze auch ich beide Begriffe synonym.

roff/Comaroff 1992: 215) Allerdings kam es nicht nur zu einer Biologisierung von sozialen Differenzen, sondern zugleich zu einer Soziologisierung, also zu einer soziologisierenden Betrachtung des Körper(wissen)s (vgl. Becker 2005: 31). Neben der Biologie entwickelte sich auch die Soziologie aus dem Feld der Nationalökonomie heraus. Diese beiden gesellschaftlichen Interpretationsweisen standen zwar in Konkurrenz zueinander, vernetzten sich aber auch und standen in einem wechselseitigen Dialog, der auch den Inhalten und der Stoßrichtung der Eugenik entsprach (vgl. Grosse 2000: 44ff.).[36] Während die Soziologie unter Max Weber die ökonomischen Reproduktionsbedingungen der bürgerlichen Gesellschaft als Machtbasis des Bürgertums in den Blick nahm, leiteten Eugeniker wie Alfred Ploetz die gesellschaftliche Reproduktion aus biologischen Eigenschaften ab, die auch die ökonomischen Verhältnisse bedingten.[37]

Im Folgenden werden Diskurse vorgestellt, die das Wissen über die Bevölkerung sowie den individuellen bzw. den Gattungskörper formten und zur Biologisierung beitrugen. Diese Diskurse waren auch für den Kolonialismus und die Debatten der Frauenbewegung relevant.

Die sich herausbildenden wissenschaftlichen Rassentheorien hatten für die ökonomischen, bevölkerungstheoretischen, politischen und sozialen Fragen des entstehenden Deutschen Reiches eine zentrale Bedeutung. Das biologistische Weltbild des 19. Jahrhunderts prägte maßgeblich die Wahrnehmung der politischen und sozialen Wirklichkeit.[38]

Hygiene

Die Hygiene als Wissenschaft der allgemeinen Bedingungen von Gesundheit wurde im späten 18. Jahrhundert begründet (vgl. Geulen 2004: 256).[39] Aufklärerische Mediziner machten Gesundheit zu einer zentralen

36 Die Rassenhygiene entwickelte sich u.a. auf der Grundlage bioorganischer Sozialtheorien aus der Soziologie der zweiten Hälfte des 19. Jahrhunderts (vgl. Blumentritt: o.A.).

37 Max Weber (1864-1920) sprach sich gegen Rassenkonzepte aus. Er war allerdings Mitbegründer des *Alldeutschen Verbandes* und betrieb in den 1890er Jahren antislawische Agitationen gegen die ‚slawische Flut‘ und die vermeintliche Rückständigkeit der Polen.

38 In der Rassismusforschung wird die hierarchisierende und biologisierende Logik der Rassenhygiene bzw. Eugenik auch als ein nach innen gerichteter Rassismus bezeichnet (vgl. Weller 2002: 54f.).

39 Die moderne Hygiene bezog sich seit der Aufklärung auf die antike Medizin. Sie beschrieb das Verhältnis des Menschen zu den materiellen Bedingungen seiner physischen Existenz. Gesellschaftliche Entscheidungsträger wie auch das Individuum wurden dazu angeleitet, diese Bedingungen zu regulieren (vgl. Sarasin 2001: 17).

Handlungsnorm.[40] Es entwickelte sich ein individualhygienischer Diskurs, der über Bildung, Schule und Erziehung ein Wissen über die Funktionsweisen und Gefährdungen des menschlichen Körpers verbreitete. Dieser Hygienediskurs zielte zunächst auf den individuellen Körper und trug zur Konstitution des bürgerlichen Klassenkörpers bei. Mit seinen Technologien und der „Sorge um sich" (Foucault) schuf er ein neues Selbstverhältnis.[41]

Auch ArbeiterInnen wurden Hygienenormen unterworfen. Ihre Körper wurden jedoch als fremd entworfen, als potenzielle Bedrohung und Krankheit, wie auch die von Prostituierten, Armen, Homosexuellen, Juden und Schwarzen.[42] Der Hygienediskurs war daran beteiligt, eine Körpernorm und deren rassifizierte oder pathologisierte Devianz herzustellen. „Die Verknüpfung von sozialer Angst und Angst vor Krankheiten wurde im Verlauf des 19. Jahrhunderts für den Hygienediskurs konstitutiv." (Lorey 2003: 13)[43] Das Konzept der Hygiene zielte ab Mit-

40 Mit der Hygiene verändert sich auch das Körperbild: während die Körperoberfläche im 17. und frühen 18. Jahrhundert noch als offene und poröse Fläche, als dreidimensionale und mit der Welt verwobene Schicht vorgestellt wurde, entstand im späten 18. Jahrhundert ein Hygienekonzept, das externe Ursachen einer Krankheit annahm und nicht mehr unsichtbare Mischungsverhältnisse im Inneren des Körpers. Daraus entstand das Bild eines abgeschlossenen Einzelkörpers, dessen Endpunkt die Haut darstellte (vgl. Benthien 1999: 73). Dieses geschlossene Körperbild erweist sich auch für den kolonialen Kontext als relevant.

41 Foucault ordnete den Hygienediskurs in den Normalisierungsdiskurs der Moderne ein. Gesundheit entwickelte sich seit der Aufklärung zum obersten Leitwert der menschlichen Existenz. Die internalisierte Sorge um sich nannte Foucault „Technologien des Selbst". Über diese biopolitischen Normalisierungsstrategien hinaus beinhaltete der Hygienediskurs die subjektive Freiheit, selbstverantwortlich mit sich umzugehen und zwischen unterschiedlichen Verhaltensweisen zu entscheiden und bot ein Individualisierungswissen für den Körper des Subjekts an (vgl. Sarasin 2001: 21f.). Die „Sorge um sich" betont die relative Autonomie des Selbstverhältnisses, „das zwar im selben gesellschaftlichen Raum wie die Macht-Wissens-Beziehungen entsteht und sich somit nicht in einem idealen Jenseits von Macht und Wissen entfaltet, das aber dennoch nicht einfach auf Machtbeziehungen fixiert ist". (Sarasin 2001: 256)

42 Arbeiterfamilien waren ein zentrales Ziel der „hygienischen Zivilisierung". (Frevert 1985: 421) Bürgerliche Frauen bemühten sich ab Mitte des 19. Jahrhunderts darum, proletarische Frauen in Hygieneregeln zu unterweisen.

43 Die modernen Konzeptionen von Hygiene verbanden sich mit älteren christlichen Konzepten der Reinheit und spiritueller Regeneration. „Health was percieved as goodness and purity, while sickness was identified with sin and corruption, even as the relationship between sickness and evil was being infused with medical theories of bacteriology, germs and pathogens in the last nineteenth century." (Shah 1999: 30)

te des 19. Jahrhunderts über den Erhalt des individuellen Körpers hinaus zunehmend auf die Qualität und die Pflege der nationalen Gemeinschaft und des Volkskörpers.[44] „‚Hygiene' war seit den 1850er Jahren das Zauberwort, mit dem soziale Probleme gelöst, soziale Außenseiter integriert und gesellschaftliche Verhältnisse reformiert werden sollten." (Frevert 1985: 421) Die Pflege des individuellen und des Gemeinschaftskörpers stellte einen niemals abgeschlossenen Prozess der Herstellung und Perfektionierung dar. Alle Umweltfaktoren konnten mögliche Ursachen von Krankheit und Gesundheit sein, weshalb sie in das Wissen um Hygiene einbezogen wurden: Kleidung, Ernährung, Arbeitsbedingungen, Bewegung, Nervenhygiene, Sexualität und Nachkommenschaft. Folglich umschloss die Hygiene ein riesiges Feld von „Wissen, Praktiken und Technologien". (Sarasin 2001: 17) Dieses Feld sollte die individuelle wie soziale Gesundheit, die Sittlichkeit und die ‚Hebung' des Menschen in physischer und moralischer Hinsicht sichern und Krankheitsursachen verringern. Frauen waren wichtige Protagonistinnen für die Umsetzung und Überwachung der Hygieneregeln im Alltag.

Ende des 19. Jahrhunderts entwickelte sich Hygiene zu einem populären Konzept; Reformbewegungen, völkische Erneuerungsbewegungen und Rassentheoretiker bezogen sich auf sie. Die Hygiene des individuellen Körpers war Teil der Hygiene des Bevölkerungskörpers und eugenisch motivierter Bevölkerungspolitik.

Der Hygienediskurs formte das moderne Körperverständnis und wurde auch in den Kolonien zu einem wichtigen Wissen, das der weißen Selbstaffirmation sowie der Kontrolle und Disziplinierung des Anderen Körpers diente. Der Hygienediskurs transformierte sich Ende des 19. Jahrhunderts hin zu einer expliziten Rassenhygiene, die die hygienischen Anforderungen an das Subjekt noch erhöhte (vgl. Sarasin 2001: 259).[45]

44 Die Hygieniker gehörten zu den Ersten, die Sexualität zu einem Gegenstand der Aufmerksamkeit, der Sorge und des Wissens machten (vgl. Sarasin 2001: 386ff.).

45 Dabei kam es zu einer Verbindung von Sexualwissenschaften und Sozialhygiene, wie z.B. in August Forells „Die sexuelle Frage" von 1905 (vgl. Jansen 2003: 258). Sarasin (2001: 30) konstatiert allerdings eine Diskontinuität in dieser Entwicklung, da sich der Glaube an die Unvollkommenheit des Menschen durchsetzte und das Individuum und die hygienische Sorge um sich selbst zu Gunsten der Hygiene der Bevölkerung in den Hintergrund trat.

Die Bevölkerungslehre Malthus'

Thomas Robert Malthus (1766-1834) formulierte 1798 ein Bevölkerungsgesetz, das auf seinen Beobachtungen von Armut und sozialem Elend während der Durchsetzung kapitalistischer Produktionsverhältnisse beruhte. Er suchte nach einem Naturgesetz in den gesellschaftlichen Verhältnissen und stellte eine Verbindung zwischen den ökonomischen Verhältnissen, der gesellschaftlichen Reproduktion und der Bevölkerungspolitik her. Die Pauperisierung hing ihm zufolge mit einer Überbevölkerung aufgrund einer ‚Bevölkerungsexplosion' in den meisten europäischen Ländern im 19. Jahrhundert zusammen und war für ihn ein dringliches gesellschaftliches Problem.[46] Er wandte sich jedoch gegen sozialistische Entwürfe der Reichtumsverteilung (vgl. Ferdinand 1999: 40f.; Herlitzius 1995: 35ff.; Usborne 1994: 21). Für die Aufhebung der gesellschaftlichen Ungleichheit wollte er jegliche Wohltätigkeit und soziale Fürsorge für Arme abschaffen. Seines Erachtens erhöhte die staatliche Fürsorge die Fortpflanzungsquote der Armen künstlich und produzierte damit Armut. Mit einer Abschaffung der Wohlfahrtspolitik glaubte er den Bevölkerungszuwachs stoppen und Armut beseitigen zu können. Sexuelle Enthaltsamkeit sollte das angebliche Missverhältnis zwischen den vorhandenen Ressourcen und der Bevölkerungsgröße lösen.

Die Lehre Malthus' wurde von unterschiedlichen ProtagonistInnen der bevölkerungspolitischen Debatten aufgegriffen, so auch von der bürgerlichen Frauenbewegung. Das Thema Geburtenkontrolle spielte eine zentrale Rolle bei der Suche nach einer Lösung der gesellschaftlichen Probleme. Die Geburtenrate wurde je nach politischer Gesinnung eher nach qualitativen oder quantitativen Prinzipien ausgelegt. Sie stand in einem engen Zusammenhang zur Rolle der Frau zwischen Reproduktion und Selbstbestimmung.

> „Von diesem Denkansatz ausgehend begannen im späten 19. Jahrhundert Rassenhygieniker, Eugeniker, Sozialhygieniker und Neomalthusianisten gleiche Prognosen unter dem Aspekt von ‚Qualität' aufzustellen. Wie schon Malthus strebten sie eine politische Lösung der ‚sozialen Frage' durch Geburtenkontrolle an. Alle diese Strömungen machten demographische Entwicklungen zum Anhaltspunkt ihrer Theorie und rollten die ‚soziale Frage' des 19. Jahrhunderts von Seiten der ‚Fortpflanzung' auf." (Bergmann 1992: 61)

46 Die Anzahl der in den deutschen Ländern lebenden Menschen stieg zwischen 1800 und 1900 von fast 25 auf über 56 Millionen. an. Dieses Bevölkerungswachstum überstieg die bis dahin registrierten Ausmaße um ein Weites (vgl. Usborne 1994: 21).

Das Bevölkerungswachstum wurde allerdings um die Jahrhundertwende zunehmend positiv bewertet, da es mehr und mehr mit nationalem Fortschritt und militärischer Macht verbunden wurde. Sinkende Geburtenraten wurden als Zeichen nationaler Schwäche interpretiert, und die unterschiedlichen Wissenschaften nahmen sich des Phänomens an. In diesem Kontext diskutierten sozialdarwinistisch geprägte Wissenschaftler ‚Qualität' bzw. ‚Quantität' der Bevölkerung und deren Auswirkung auf das Wohl der Nation.

Die Entstehung des Sozialdarwinismus

Die Evolutionstheorie Charles Darwins (1809-1888) wirkte sich massiv auf die Wahrnehmung und Interpretation gesellschaftlicher Prozesse aus. Sowohl die Sicht auf die Natur als auch auf die Gesellschaft wurde durch die Evolutions- und Selektionstheorie Darwins radikal verändert.[47] Darwin gilt bis heute als Hauptbegründer des modernen wissenschaftlichen Weltbilds. Er entwickelte eine Evolutionstheorie, die endgültig Vorstellungen eines ‚göttlichen Plans' ersetzte und die von einem selbstorganisierten kontinuierlichen Wandel der Natur ausging (vgl. Geulen 2004: 72ff.). Sein Werk kreiste um Begrifflichkeiten wie ‚natürliche Auslese' und ‚Überleben des Stärkeren', die er von Malthus übernahm. Zudem entwickelte er den Topos vom ‚Kampf ums Dasein', der für das sozialdarwinistische Denken ein zentrales Deutungsmuster wur-

47 Charles Darwin bezog sich u.a. auf Malthus und wandte zoologische Kategorien auf soziale Prozesse an. Seine Schriften erlangten große Popularität. 1859 erschien die erste Auflage von „On the Origin of Species". Da er auch eine Evolution von Gesellschaften postulierte, bezeichnet Geulen ihn als ersten Sozialdarwinisten. Zur Rezeptionsgeschichte Darwins vgl. Geulen (2004: 74ff.). Die Theorie Darwins wurde von sozial und politisch heterogenen Organisationen verwendet und unterschiedlich interpretiert. Auch reformistisch-demokratische Kreise zogen Darwins Theorie für ihre Liberalismuskritik und zur Legitimation sozialer Reformen heran. Die ArbeiterInnenbewegung leitete aus dem Darwin'schen Evolutionsprinzip eine Veränderbarkeit gesellschaftlicher Herrschafts- und Produktionsverhältnisse ab und legitimierte darüber den Klassenkampf und die Revolution. Ab den 1870er Jahren wurde parallel zum Machtzuwachs der ArbeiterInnenbewegung das Darwin'sche Paradigma vom rechten politischen Lager verwandt. Die Verschärfung des Klassenantagonismus bedurfte einer neuen Legitimation der sozialen und politischen Herrschaft des Bürgertums. Der entstehende Sozialdarwinismus begründete mit dem Selektionsprinzip gesellschaftliche Ungleichheit und stellte antisozialistisch-repressive Politik als „Naturgewalt" dar. Die gesellschaftlichen Hierarchien galten danach als ein gerechter ‚Kampf ums Dasein' und als naturgesetzliche Ordnung (vgl. Herlitzius 1995: 45).

de. Ernst Haeckel (1834-1919) ebnete dem Darwinismus in Deutschland den Weg.[48]

Der Sozialdarwinismus übertrug Darwins Evolutionstheorie auf gesellschaftliche, wirtschaftliche und politische Phänomene und bezog sich dabei vor allem auf Lamarck'sche Prinzipien.[49] „Der Erfolg des Sozialdarwinismus lag in seinem Anspruch begründet, gesellschaftliche und politische Entwicklungen auf vermeintlich biologische Ursachen zurückzuführen und in ein umfassendes Welt- und Geschichtsbild einzuordnen." (Walkenhorst 2002: 134) Die darwinistischen Kategorien galten nicht nur für Prozesse der Natur, sondern nun auch für Prozesse zwischen Menschen, Klassen, Nationen sowie ‚Rassen'. Der Sozialdarwinismus stellt eine „diskursive Schnittstelle der Rationalisierung von Arbeit, Sexualität und Bevölkerungspolitik [...]" dar. (Bublitz 2000: 236) Der Sozialdarwinismus bildete als einflussreichstes wissenschaftliches Weltbild der Zeit zunehmend den Hintergrund des politischen Denkens und Handelns.

Rassenhygiene

Francis Galton (1822-1911)[50], ein Vetter Darwins, gilt als Mitbegründer der Eugenik.[51] Die Eugenik wandte sich gegen die christliche Indi-

48 Ernst Haeckel war Zoologieprofessor in Jena und verknüpfte Evolutions- und Selektionstheorien mit einer detaillierten Genealogie der ‚Menschenrassen'. ‚Rassen' hatten ihm zufolge unterschiedliche Entwicklungsstufen. Er ging von einem ‚Daseinskampf der Rassen' aus und begründete den Antisemitismus mit der Konstruktion einer ‚semitischen Rasse'. In den 1860er Jahren war er der Begründer des Monismus, einer auf dem Darwinismus aufbauenden Natur- und Moralphilosophie.

49 Auch Lamarcks Entwicklungsgesetz drehte sich um den ‚Kampf ums Dasein', in dem er einen permanenten Existenzkampf um gesellschaftliche Ressourcen sah (vgl. Morgenstern 2002: 173).

50 1869 erschien in England sein Hauptwerk „Hereditary Genius. An inquiry into its laws and consequences".

51 Die Rassenhygiene wird meist ausschließlich mit dem Nationalsozialismus in Verbindung gebracht. Weingart et al. (1988: 21f.) arbeiten jedoch heraus, dass die Eugenik eine internationale Bewegung war, die bereits viel früher gesellschaftlich bedeutsam wurde und die das gesellschaftliche Bewusstsein nicht nur im Deutschen Reich prägte (vgl. auch Bergmann 1992: 59). Auch Cornelie Usborne (1994: 169) plädiert dafür, die Eugenik als eigenständige Bewegung und unabhängig von der Zeit nach 1933 zu betrachten, da sie sich schon aufgrund ihres Pluralismus von der nationalsozialistischen Rassenhygiene unterschied. Während in England die Eugenik schon in den 1860er Jahren entstand, wurde sie im Deutschen Reich erst in den 1890er Jahren relevant. Mithilfe der Eugenik wurden in England zunächst Klassenunterschiede und schließlich in Europa und den

vidualethik und den aufklärerischen Gleichheitsbegriff und betonte die Bedeutung der Erbanlagen.[52] Eugeniker glaubten an eine ‚rassische' Kontinuität in der menschlichen Erbmasse und an die Möglichkeit, die ‚Rasse' medizinisch verbessern zu können. Die Lehren Darwins und Gobineaus waren zentrale Bezugspunkte eugenischen Denkens. Comte Joseph Arthur de Gobineau (1816-1882) interpretierte seit den 1850er Jahren die Qualität der ‚Rassen' als zentrale historische Triebkraft.[53]

Im Deutschen Reich eröffnete der Mediziner Wilhelm Schallmayer (1857-1919) 1891 mit seiner Schrift „Über die drohende körperliche

USA ‚rassisch' konstruierte Unterschiede biologisch erklärt (vgl. Fredrickson 2004: 90).

52 Um die Jahrhundertwende konstituierte sich im Deutschen Reich nach den Arbeiten Galtons die moderne Genetik aus der Humanmedizin, Biologie, Physiologie und Anthropologie (vgl. Planert 2000: 566).

53 Der Comte Joseph Arthur de Gobineau ging in seinem 1855 erschienenen vierbändigen „Versuch über die Ungleichheit der Menschenracen" von der grundlegenden Verschiedenheit und Unveränderbarkeit der ‚Rassen' aus. Er gilt als einer der wichtigsten Denker des modernen Rassismus. Gobineau verwertete Elemente der Anthropologie, Linguistik und Geschichte und verband sie zu einem vollständigen Theoriegebäude, in dem die „Rasse alles und jedes in Vergangenheit, Gegenwart und Zukunft erklärte [...]". (Mosse 1990: 76) Gobineau wurde breit rezipiert: Von Rassenhygienikern und später den Nationalsozialisten, von Verteidigern der Sklaverei – obwohl er selbst die Sklaverei verurteilte – und von „Verfechtern der krudesten Untermenschentheorien in allen imperialistischen Staaten". (Geulen 2004: 63; vgl. auch Weingart et al. 1988: 93ff.) Seine Theorie gilt als der erste systematische Versuch, die Ungleichheit der Menschen zu belegen. „Was Gobineaus Rassentheorie auszeichnete, war die kunstvolle Fusion der alten Bedeutung des Rassenbegriffs als langfristige Kontinuität charakterlicher Merkmale mit dem modernen Begriff der Geschichte als zukunftsoffener Prozess kausal aufeinander einwirkender menschlicher Handlungen. Dreh- und Angelpunkt dieser Fusion war das Konzept der Rassenmischung: Erst wenn sich Rassen mischen, beginnt Geschichte; nur dort wo sich Rassen mischen, entstehen Zivilisationen und gehen sie – aus demselben Grund – auch wieder unter." (Geulen 2004: 66) Gobineau assoziierte Weiße mit Geistigkeit und Schwarze mit Körperlichkeit und verknüpft die Sexualität mit seiner Rassenlehre. Gobineaus Theorie war zentral für die Konstruktion einer ‚Germanischen Rasse', da er sich auf den Arier- und Germanenmythos bezog. Dass die ‚Germanische Rasse' trotz ihrer Überlegenheit den angemessenen Platz in der Welt noch nicht erreicht hatte, führte Gobineau auf die Degeneration zurück und nannte die Juden als mächtige Gegenmacht der ‚Germanen'. Der Degenerationsbegriff wurde ein wichtiger Angelpunkt der biologistischen Rassentheorien und erweist sich als zentral für sozialdarwinistische und eugenische Ansätze.

Entartung der Kulturmenschheit“ die Debatte um die Verbesserung einer ‚menschlichen Zuchtwahl‘.[54]

> „Erst als die Erblehre die Abstraktion vom Individuum auf dessen biologisch-materiale Erbmasse vollzogen hat, werden auch diejenigen Kalküle wissenschaftlich untermauert, politisch vertretbar und praktisch operabel, deren Bezugspunkt die Spezies oder die ‚Rasse‘ ist. Die Eugeniker [...] stellen die biologistischen Lösungen der eugenischen Bevölkerungspolitik gegen die sozial- und gesellschaftspolitischen Lösungen der ‚sozialen Frage‘ und sie geben schließlich konkrete Handlungsanweisungen für das Fortpflanzungsverhalten in Gestalt der ‚evolutionären‘ bzw. generativen Ethiken.“ (Weingart et al. 1988: 18)

Die Sicht auf die Bevölkerung als Gesellschafts- bzw. Gattungskörper war für die Eugeniker zentral. Mit der Rassenhygiene und der Sozialhygiene verband sich um die Jahrhundertwende der Begriff der Qualität mit dem des Volkskörpers (vgl. Bergmann 1992: 53).[55]

Der Arzt Alfred Ploetz (1860-1940) gilt als Begründer und wichtigster Motor der Rassenhygiene in Deutschland.[56] Ploetz’ Begriff der ‚Kontraselektion‘ wurde zum Ausgangspunkt der Forderung nach einer

54 Schallmayer wurde von Haeckel gefördert und war wie dieser Mitglied des Monistenbundes. Gemeinsam mit Ploetz gilt er als Mitbegründer der Rassenhygiene in Deutschland. Er verortete sich politisch im linken Lager und verstand sich selbst als internationalistisch, demokratisch und pazifistisch. Er wandte sich jedoch gegen einen egalitären Sozialismus.

55 Die Sozialhygiene entwickelte sich parallel zur Rassenhygiene seit Ende der 1880er Jahre. Ab 1900 entstand eine sozialhygienische Bewegung, deren Lehre sich mit der Rassenhygiene berührte, von dieser jedoch bekämpft wurde. Die Sozialhygiene-Bewegung war eher neomalthusianisch ausgerichtet (vgl. Reulecke 1997: 22). Pioniere wie Alfred Grotjahn, Ignaz Kaup und Alfons Fischer legten den Grundstein für die Sozialhygiene, die den Einfluss der sozialen Umgebung auf die Gesundheit betonte und damit eine neue Sicht der Medizin anregte. Daher wurden die Hygiene der Armen und die Volksgesundheit wichtige Handlungsmaxime der Sozialhygieniker (vgl. Usborne 1994: 142ff.). Alfred Grotjahn versuchte, Sozialhygiene und Eugenik zu verbinden und war Mitglied in der *Gesellschaft für Rassenhygiene*. Die Grenzen zwischen Sozialhygienikern und Rassenhygienikern waren fließend. Auch Grotjahn sprach vom „Standpunkt des Herrenvolkes“ aus (1912, zitiert nach Bergmann 1992: 162).

56 Zu Alfred Ploetz als zentraler Figur der Rassenhygiene vgl. Weingart et al. (1988: 92f und 189) und Bergmann (1992: 57ff.). 1895 veröffentlichte Ploetz „Die Tüchtigkeit unserer Rasse und der Schutz der Schwachen. Ein Versuch über Rassenhygiene und ihr Verhältnis zu den humanen Idealen, besonders zum Socialismus.“ ‚Rasse‘ verwandte er synonym zu ‚Volk‘. Ploetz wurde als Ideengeber der nationalsozialistischen Rassenlehre verehrt. Er begrüßte die Machtergreifung Hitlers 1933.

staatlichen Geburtenkontrolle von Seiten der Rassenhygieniker (vgl. Bergmann 1992: 67).

Die Rassenhygiene war eine breit rezipierte Wissenschaft, die nicht ausschließlich von radikalen Rassisten und völkischen Nationalisten aufgegriffen wurde, sondern auch von progressiven gesellschaftlichen Kreisen aller politischen Lager genutzt wurde, um die eigenen Utopien zu begründen und umzusetzen und gesellschaftliche Probleme und Konflikte zu lösen.[57] Um die Jahrhundertwende institutionalisierte sich die Rassenhygiene im Deutschen Reich in Form von Zeitschriften, Gesellschaften, Archiven und Ausstellungen. So bekam die Bewegung eine Breitenwirkung (vgl. Weingart et al. 1988: 204ff.).[58] Eugenisch orientierte Organisationen wurden zudem staatlich subventioniert (vgl. Usborne 1994: 26).

Theoriegeschichtlich basiert die Rassenhygiene auf unterschiedlichen Fachdisziplinen wie z.B. der Rassenanthropologie, der Rassentheorie, der Malthusianischen Bevölkerungslehre, dem Darwinismus, dem Sozialdarwinismus[59] und der klassischen Vererbungslehre (vgl.

---

57 Die meisten Rassenhygieniker sahen sich als progressive Kämpfer für ein liberales Deutschland (vgl. Usborne 1994: 26). Die Rassenhygiene wird heute meist als pseudowissenschaftlich abgetan. Bergmann (1992: 17) kritisiert diese Einschätzung als ein Festhalten an einer angeblichen wissenschaftlichen Objektivität und Wahrheit. Rassenhygieniker hätten „moderne Herangehensweisen" an gesellschaftliche Fragen gehabt und unter Berücksichtigung des aktuellsten wissenschaftlichen Standes versucht, ihre Thesen zu erforschen und belegen.

58 Im Januar 1904 erschien die erste Nummer der Zeitschrift *Archiv für Rassen- und Gesellschaftsbiologie*. 1905 wurde sie das Organ der 1905 in Berlin gegründeten *Gesellschaft für Rassenhygiene*. Ploetz versuchte, mit der Gesellschaft ein Verbindungsglied zwischen den radikalen Flügeln der Rassenlehre und den Anhängern der Sozialhygiene im sozialistischen Lager zu schaffen. Die Internationale Hygiene-Ausstellung 1911 in Dresden verschaffte der rassenhygienischen Bewegung eine größere Breitenwirkung. 1913 entstand die *Ärztliche Gesellschaft für Sexualwissenschaft und Eugenik*, 1915 wurde das *Archiv für Frauenkunde und Eugenik* gegründet. Die Rassenhygiene wurde unter dem Dach der 1911 gegründeten angesehenen *Kaiser-Wilhelm-Gesellschaft*, die heutige *Max-Planck-Gesellschaft*, institutionalisiert.

59 In der Forschung sind die Trennlinien bzw. die Parallelen zwischen Sozialdarwinismus und Rassenhygiene umstritten. Nach Herlitzius werden beide oft gleichgesetzt. Andererseits gilt die rassenhygienische These der ‚Kontraselektion' als anti-darwinistisch: „Während die Sozialdarwinisten im unbeschränkten ‚laissez faire' der gesellschaftlichen Konkurrenz den Motor eines evolutionären Aufwärtstrends erblickten, sei die rassenhygienische These der ‚Auslesehemmung' und der damit einhergehenden Abwärtsentwicklung (Degeneration) geradezu als Negation oder Revision des Darwinismus aufzufassen." (Herletius 1995: 47) Der sozialdarwinistischen Forderung nach einer Wiedereinsetzung der freien Konkurrenz steht dem-

Herlitzius 1995: 19).[60] Rassenanthropologie und Rassenhygiene etablierten sich seit den 1890er Jahren auf den Grundlagen des sozialdarwinistischen Paradigmas als neue wissenschaftliche Disziplinen (vgl. Walkenhorst 2002: 138). Die Rassenhygiene kreiste um die Frage der Kontrolle der Fortpflanzung im Sinne einer Vererbung von seelischen und körperlichen Eigenschaften einer ‚Rasse'.[61] Das Vererbungswissen in Anlehnung an die Evolutionslehre Darwins war ein zentraler Inhalt der Rassenhygiene (vgl. Bublitz 2000: 258). Diskutiert wurde die Vererbung innerhalb einer Gesellschaft und, damit verbunden, die ‚Hygiene der Nation' bzw. der ‚Rasse' (vgl. Bergmann 1992: 57). Die Eugenik konnte insbesondere deshalb eine große Wirkung erzielen, weil sie anschlussfähig für politische, wissenschaftliche und soziale Fragen war, wie z.B. Fragen der Sozial-, Wohlfahrts-, Bevölkerungs- und Gesundheitspolitik. Sie fand Eingang in staatliche Vorsorgepolitik, um die Gesundheit und die Reproduktion der Bevölkerung zu gewährleisten.[62] Mit eugenischen Deutungsmustern konnten gesellschaftliche Verhältnisse und Probleme naturalisiert werden.

„Die Eugenik verfolgte das Ziel, eine rassische Ordnung zu etablieren und deren Reproduktion unter dem Gesichtspunkt der biologischen Leistungsmaximierung steuernd zu organisieren. Dies war der Kern des eugenischen gesellschaftspolitischen Konzepts." (Grosse 2000: 12) Die Eugenik schuf eine wissenschaftliche Fundierung und Legitimation der Kategorie ‚Rasse' sowie „zahlreiche Anknüpfungspunkte für eine Neuausrichtung der Gesellschaft nach Leistungs- und Effizienzkriterien, durch welche die Zielutopie der homogenen ‚Volksgemeinschaft' verwirklicht werden sollte." (Walkenhorst 2002: 139)

---

nach die Forderung einer rassenhygienischen staatlichen Regulierung der Fortpflanzung gegenüber.

60 Die Vererbungslehre bildete sich parallel zur Rassenhygiene heraus. 1900 wurden die Mendelschen Regeln neu entdeckt und weiterentwickelt. Darwin und Johann Gregor Mendel (1822-1884) formten das klassische Evolutionsmodell (vgl. Herlitzius 1995: 48ff.). Die Entdeckung der unterschiedlichen Blutgruppen 1901 und ihrer Vererbbarkeit 1910 wurde als Beweis der klaren Rassengrenzen gedeutet (vgl. El-Tayeb 2001: 57, Fn. 76).

61 Im Kontext des Geburtenrückgangs im Deutschen Reich gab es 1910 die erste große geburtenpolitische Debatte, in der die Frage nach Qualität und Quantität der Bevölkerung aufgeworfen wurde (vgl. Bergmann 1992: 12). Der Geburtenrückgang wurde den emanzipativen Auswirkungen der Frauenbewegung angelastet.

62 Die Rassenhygiene wandte sich dabei gegen die Individualisierung der Geschlechterbeziehungen und die Geburtenregelung, wie Teile der Frauenbewegung sie forderten (vgl. Bublitz 2000: 277). Dennoch überschnitten sich rassenhygienische und frauenrechtlerische Positionen auch.

Die Gesellschaft wurde nach Nützlichkeitsprinzipien betrachtet und ausgerichtet. Die sich durchsetzende Vorstellung von einer ‚rassischen' Grundlage der Deutschen und der mit der Rassenhygiene verbundene Schutz und Erhalt dieser Grundlage richteten sich nach Walkenhorst nicht nur gegen äußere bzw. innere ‚Feinde' der Gesellschaft, sondern beinhalteten zudem eine soziale und politische Ausgrenzung gegenüber sozialen Randgruppen, Kranken und Behinderten. Dazu gehörten auch Forderungen nach einem ‚Fortpflanzungsrecht' der ‚Höherwertigen' und Fortpflanzungsverboten für als gesellschaftlich ‚minderwertig' Angesehene (vgl. Usborne 1994: 25).[63] Die Rassenhygiene ordnete Menschen in soziale Werthierarchien ein und bewertete sie nach ihrem gesellschaftlichen Nutzen. Als eine zentrale Argumentationsfigur der Rassenhygiene erachtet Bublitz (2000: 259) die „Gefährdung des ‚Höherwertigen' durch den Schutz des ‚Minderwertigen'", die mit rassenhygienischen Maßnahmen aufgehoben werden sollte. Die Grundlage hierfür war die Degenerationshypothese. Der Degenerationsbegriff war im sozialdarwinistischen und eugenischen Denken zentral, obwohl er bereits vorher nicht ausschließlich biologisch, sondern auch politisch im Kontext kulturpessimistischer, gesellschaftskritischer Auseinandersetzungen verwendet wurde, insbesondere von Rassentheoretikern wie z.B. Gobineau und Houston Steward Chamberlain (1855-1927) (vgl. Weingart et al. 1988: 66ff.).[64]

Die Degenerationsthese

Die Degenerationsthese ging von einem gesellschaftlichen Verfall (bzw. des ‚Volkes', der ‚Rasse', der ‚Nation', der ‚Kultur') durch die Folgen der Zivilisation aus und wurde von Biologen, Psychiatern, Medizinern, Philosophen, Anthropologen etc. vertreten. Sie gilt als eine der ideengeschichtlichen Wurzeln der Rassenhygiene (vgl. Herlitzius 1995: 27). „Der rassenhygienische Diskurs steht in enger Beziehung zur Diagnose

63 In den Debatten ging es um Zwangssterilisierung, -kastration und -asylierung ‚Minderwertiger' sowie um Heiratsverbote und Ehezeugnisse. Eugeniker entwarfen dabei kein ‚Züchtungsprogramm', sondern konzentrierten sich auf eine ‚Negativauslese'. Das Ziel des rassenhygienischen Denkens war die Rationalisierung der menschlichen Fortpflanzung (vgl. Bergmann 1992: 69; Usborne 1994: 25).

64 Chamberlain veröffentlichte 1899 „Die Grundlagen des Neunzehnten Jahrhunderts". Er setzte ‚Rasse' und Nation weitgehend gleich (vgl. Schubert 2001: 63) und verband den ‚Daseinskampf' mit dem modernen Antisemitismus, der Arier- und Germanenmythologie, einem völkischen Nationalismus und Gobineaus Rassismus zu einem populärwissenschaftlichen historischen Szenario. Den drohenden Untergang wollte er durch die Entwicklung einer Handlungsperspektive abwenden.

des ‚Kulturverfalls', der hier, in Anlehnung an den psychiatrischen und medizinisch-biologischen Diskurs, als ‚Degeneration' und ‚Entartung' erscheint." (Bublitz 2000: 258) Deutungsmuster der ‚Rasse' und ‚Kultur' und deren ‚Qualität' speisten sich aus der Degenerationsthese. Frauen kam dabei ein zentraler Stellenwert sowohl für den Erhalt der ‚Rasse' über die Reproduktion als auch für den der Kultur zu. Der diagnostizierte ‚Kulturverfall' der Gesellschaft wurde auf eine mangelnde ‚Bevölkerungsauslese' zurückgeführt. Die Degenerationsthese biologisierte die historisch gewachsene gesellschaftliche Ungleichheit im Zuge der Bevölkerungsexplosion, Verstädterung und Pauperisierung. Soziales Elend, Kriminalität und Alkoholismus galten als Folge der Degeneration des Erbguts (Weingart et al. 1988: 18).

Die Rassenhygiene und die Vorstellungen nationaler, ‚rassischer' oder kultureller Degeneration entstanden im Kontext eines gesellschaftlichen Wandels und ökonomischer, sozialer und politischer Umbrüche der modernen Industriegesellschaft. Die damit einhergehenden Lebensbedingungen, Arbeitsbedingungen und sozialen Verhältnisse lösten eine Verfalls- und Untergangsstimmung aus.[65] Herlitzius (1995: 15) charakterisiert daher die Rassenhygiene als „sozialtechnologische Strategie der Rationalisierung des Produktionsfaktors Arbeitskraft", mit der der Prozess der kapitalistischen Produktion kontrolliert und optimiert werden sollte.[66] Dabei betont sie die herrschaftslegitimierende Funktion der Degenerationsthese für das durch die aufsteigende Arbeiterklasse bedrohte Bürgertum. Verschiedene Ansätze in unterschiedlichen politischen Kontexten hatten den Anspruch, die sozialen und politischen Probleme der Gesellschaft zu lösen und das ‚Volk' oder die ‚Rasse' zu verbessern.

„Im Zusammenhang dieser Verfallstheorien konstituierten sich um die Jahrhundertwende sozialpolitische oder medizinisch-hygienisch orientierte Re-

65 Auch die Lebensreformbewegung (wie z.B. die FKK-Kultur, Naturheilkunde, Körperkultur, Ernährungsreform etc.) wies große Schnittmengen mit der Rassenhygiene auf, da sie die Gesundung des ‚Volkskörpers' betreiben und damit gegen Degeneration vorgehen wollte (vgl. Weingart et al. 1988: 68ff.). Insofern ist die Rassenhygiene von vielen unterschiedlichen politischen Spektren aufgegriffen worden, von antikommunistischen Strömungen bis hin zu antikapitalistischen, volkstümlerisch-nationalistischen, sozialistischen etc. Linke Anknüpfungspunkte ergaben sich über die soziale Frage, das Verhältnis gestaltete sich jedoch konfliktreich (vgl. Bergmann 1992: 125ff.).

66 Das darwinistische Ausleseprinzip stand im Kreuzungspunkt von Arbeit, Sexualität und Fortpflanzung: der Taylorismus propagierte die Auslese des Tüchtigsten, die Rassenhygiene die Fortpflanzung im Sinne einer ‚Rassengesundheit' und ‚Erbgesundheit'. Zum tayloristischen Diskurs der Rationalisierung der Arbeit vgl. Bublitz (2000: 241ff.).

formbewegungen aller politischer Couleur, die Programme zur körperlichen und geistigen Verbesserung der Gesellschaft oder ,Rasse', zur Gesundung des ,Volkskörpers' entwarfen. Zeitgleich entwickelte sich auch die deutsche Rassenhygienebewegung, die die krisenhaften Begleiterscheinungen der Industrialisierung als allgemeine biologische Entartung der Gesellschaft klassifizierte." (Herlitzius 1995: 56)

Die Rassenhygiene sollte die degenerativen Tendenzen abwehren und bezog sich bis zum Ersten Weltkrieg hauptsächlich auf eine positive Eugenik, d.h. eine ,Rassenaufwertung'. Die Rassenhygiene setzte dem Pessimismus des Degenerationsdiskurses einen Fortschrittsoptimismus entgegen.[67] Einen Ansatzpunkt für die ,Rassenaufwertung' fand man vor allem in den Körpern, in der Sexualität und dem ,Fortpflanzungsverhalten' der Bevölkerung. Diese waren Schlüssel für die Kontrolle der künftigen Generationen und der gesellschaftlichen Reproduktion.

„Die sozialdarwinistischen Entwicklungsethiken, die von den Rassenhygienikern angeboten wurden, waren vor allem auf die mit der eugenischen Programmatik implizierten Veränderungen individueller Verhaltensmuster gerichtet, und zwar dort, wo die zu erwartenden Widerstände am größten waren: im Bereich des Fortpflanzungsverhaltens und der dieses steuernden Werte von Individualität und Privatheit." (Weingart et al. 1988: 142)

Die Ehe sollte der Hauptansatzpunkt für die sexuelle ,Auslese' einer rassenhygienischen Politik werden.[68] Mit der Rassenhygiene ging somit eine Verwissenschaftlichung und Reglementierung des ,Privaten' der Gesellschaft einher: der Sexualität, Fortpflanzung, Ehe und Familie.[69]

Der Neomalthusianismus

Die neomalthusianische Bewegung wurde im Deutschen Reich seit den 1880er Jahren vor allem von ÄrztInnen und SexualreformerInnen getragen und 1911 von Hermann Rohleder im *Deutschen Neomalthusianer*

67 Die negative Eugenik konnte sich erst mit und nach dem Ersten Weltkrieg durchsetzen und kulminierte im Nationalsozialismus. Zur Entwicklung der Eugenik nach dem Ersten Weltkrieg, deren Integration in die staatliche Verwaltung und der Eugenik im Nationalsozialismus vgl. Weingart et al. (1988: 268).

68 Die Institutionalisierung von Heiratszeugnissen war eine der wichtigsten Forderungen einer ,qualitativen' Bevölkerungspolitik. Die Fokussierung auf die Institution Ehe geschah jedoch erst im Verlauf der rassenhygienischen Formierung (vgl. Bergmann 1992: 133).

69 Die Sexualwissenschaften waren von Anfang an eugenisch geprägt (vgl. Bergmann 1992: 78f.).

Komitee zusammengeführt.[70] Zwischen Rassenhygiene und Neomalthusianismus bestand ein enger Zusammenhang, insbesondere in der Befürchtung einer Verschlechterung der ‚Rasse'.[71] Diese Gefahr drohte im neomalthusianischen Denken jedoch nicht durch ‚minderwertige Anlagen' wie bei den Rassenhygienikern, sondern in Anschluss an Malthus durch Überbevölkerung (vgl. Usborne 1994: 26). Auch im neomalthusianischen Ansatz war die Geburtenkontrolle demnach ein zentraler Topos. Jedoch forderten NeomalthusianerInnen – statt Abstinenz wie bei Malthus – einen freien Zugang zu Verhütungsmitteln, um die materielle Not kinderreicher Arbeiterfamilien zu bekämpfen. Die Geburtenkontrolle galt dabei als das Mittel gegen wirtschaftliche Not, allerdings nur für die unteren Schichten (Herlitzius 1995: 38; Bergmann 1992: 316, Anm. 48; Usborne 1994: 24).

Die Auseinandersetzung mit der Kategorie ‚Rasse' sowie den ‚rassischen' Grundlagen der Gesellschaft spielte eine große Rolle.

> „Die entscheidende Denkfigur des Neomalthusianismus bestand in der Individualisierung des Rassebegriffs, in seiner Rückübersetzung von einem deskriptiven Konzept der physiologischen Art in die qualitative Kategorie physiologischer Eigenart. ‚Rasse' war nicht mehr ein anderer Name für ein gegebenes Volk oder eine gegebene, irgendwie zusammengehörende Population, sondern ‚Rasse' war nur mehr Summe bestimmter Wesensmerkmale, die in einer gegebenen Bevölkerung vorhanden sein konnten oder auch nicht." (Geulen 2004: 243)

Damit unterschieden sich neomalthusianische von rassenhygienischen Ansätzen. Rassenhygiene bestand für Neomalthusianer nicht in Maßnahmen, die der Art als Ganzes Überleben und Höherentwicklung sicherten, sondern in der ‚Züchtung' bestimmter Eigenschaften. „Die Neomalthusianer verstanden sich als die ‚praktischen' Rassenhygieniker und warfen den bloßen Theoretikern der Rassenhygiene vor, nichts anderes zu tun, als immer nur den Verlust eines echten Daseinskampfes in der modernen Kultur zu beklagen." (Geulen 2004: 242) Aufgrund der Forde-

70 Diese nach Herlitzius theoriegeschichtlich sinnvolle Differenzierung verschwimmt jedoch auf praktisch-organisatorischer Ebene, auf der es viele Überschneidungen gab. So auch Helene Stöcker in einem Tagungsbericht „Vom Neomalthusianerkongreß in Dresden": „Rassenverbesserung ist das Ziel der neomalthusianischen Bewegung", in: *Neue Generation*, 1911: 481).

71 Usborne (1994: 24) führt als weitere große Bevölkerungstheorie neben der Rassenhygiene und dem Neomalthusianismus den Pronatalismus an, der davon ausging, dass die Größe der Bevölkerung die Größe der Nation ausmacht. Das Ziel der pronatalistischen Politik war daher die generelle Steigerung der Geburtenrate.

rung einer selbstbestimmten Verhütung fanden sich viele Frauenrechtlerinnen unter den AnhängerInnen des Neomalthusianismus, zudem Sexualwissenschaftler und Politiker, aber auch Rassenhygieniker. Spezifisch frauenrechtlerische Anknüpfungspunkte an sozialdarwinistische, rassenhygienische und neomalthusianische Diskurse werden später ausführlicher herausgearbeitet.

Welche Wirkungsmächtigkeit hatten die vorgestellten Ansätze im kolonialen Kontext? In den folgenden Ausführungen steht die Wechselwirkung zwischen dem Aufschwung der Wissenschaften mit der Kolonialpolitik und der Rassenpolitik des Deutschen Reichs im Mittelpunkt.

Wissenschaften zwischen Kolonie und Metropole

Die Ende des 19. Jahrhunderts entstehenden wissenschaftlichen Erklärungsansätze fanden Eingang in politische Debatten und Handlungsfelder und beeinflussten die Wahrnehmung und Interpretation kollektiver und individueller politischer Erfahrungen und Handlungen. Der Kolonialismus war dabei relevant für die Herausbildung und Weiterentwicklung der Wissenschaften. Die wechselseitige Durchdringung von Macht und Wissen äußerte sich im kolonialen Kontext nicht nur in der Wissensproduktion über Andere und damit auch über die eigene Gesellschaft, Nation und ‚Rasse', sondern auch im Zusammenhang zwischen der Entstehung der (westlichen) Wissenschaften und der kolonialen Praxis (vgl. MacLeod 2001a: 1; Conrad/Randeria 2002a: 35ff.).[72] „Colonial expansion enlarged universal knowledge. Science became a key aspect of a global intelligence system, which served best the interests of those best placed to receive its data. Science became, in turn, both a colonizing ideology and an agency of colonial self-identity." (MacLeod 2001a: 10f.) Zwischen der Expansion Europas und den Fortschritten der Wissenschaften besteht eine enge Verbindung: viele Wissenschaften entwickelten und etablierten sich erst im Kontext des Kolonialismus (vgl. Conrad/Osterhammel 2004a: 22; van Laak 2004: 277f.; Stoler/Cooper 1997a: 12f.). Aus diesem Grund wurde und wird in der Kolonialismusforschung die von Hannah Arendt geprägte These der ‚Kolonien als Laboratorien der Moderne' diskutiert.

72 „Western science was, above all, a purveyor of solutions to the needs of imperial governments; at the same time, it could be, and was, assimilated and transformed by local and indegenous peoples into a body of knowledge for local empowerment." (MacLeod 2001a: 5)

Exkurs: Die Kolonien als Laboratorien der Moderne?

Die These von den ‚Kolonien als Laboratorien der Moderne' wurde von der neueren Kolonialismusforschung aufgegriffen (vgl. Stoler/Cooper 1997a: 5). Demnach dienten die Kolonien als Testfeld für bestimmte Technologien, Verfahren und Methoden, die dann zurück in die Metropolen importiert wurden.[73] Damit hätten die Kolonien zur Herausbildung der europäischen Moderne beigetragen. Diese Sicht korrigiert zwar die vorherrschende eurozentrische Sichtweise auf die Moderne als die Ausbreitung europäischer und ‚westlicher' Errungenschaften. Allerdings wird damit zugleich das Bild der Kolonien als vermeintlich unbewohnte, kulturlose Orte verfestigt, an denen die Kolonialmacht unabhängig von den politischen und sozialen Gegebenheiten vor Ort ungehindert experimentieren konnte. Die Kolonien erscheinen somit als passive Orte westlicher Dominanz.

Van Laak (2004: 257) überprüft die These für den deutschen Kontext, geht aber zugleich davon aus, dass für die Zeit des Hochimperialismus die Differenzen zwischen den europäischen Kolonialmächten eher gering waren. Er weist den Begriff ‚Labor' insoweit zurück, als dass er kontrollierbare Laborbedingungen suggeriert, die es nie gegeben hätte, und spricht daher eher von „Experiment" und „Experimentierraum". Die Laborbedingungen existierten lediglich in den Köpfen der Kolonisierenden, die von der ‚Jungfräulichkeit' des kolonialen Territoriums ausgingen.

Als Beispiele für die Verwendung der Kolonien als ‚Testraum' werden unterschiedliche bevölkerungspolitische und Raumordnungs-Modelle aufgeführt, die in den Kolonien ‚ausprobiert' wurden – bestimmte Sozialtechniken im Kontext der sich durchsetzenden (interventionistischen) Sozialwissenschaften (vgl. Conrad/Randeria 2002a: 26) und technische und wissenschaftliche Verfahren der medizinischen Forschung (vgl. Eckert/Wirz 2002: 383).[74] Die medizinische Forschung gewann durch (erzwungene) Experimente und Feldforschungen neues Wissen. Der Mediziner und Bakteriologe Robert Koch (1849-1910) bezog seine Erkenntnisse über Malaria u.a. aus Expeditionen in die Kolo-

73 So wurde der Fingerabdruck von der englischen Kolonialverwaltung entwickelt, um die wandernde Bevölkerung zu erfassen und zu kontrollieren (vgl. Conrad/Randeria 2002a: 26).

74 Die Kolonialpsychologie ist maßgeblich in den Kolonien entwickelt worden (vgl. Grosse 1997). Das Pachtgebiet ‚Kiautschou', heute Jiaozhou, galt z.B. als ‚Musterkolonie' und Vorbild in Bezug auf die Infrastruktur und Hygiene. Insbesondere der Eisenbahnbau zählt zu den technischen Modellprojekten.

nien. Auch die Tropen- und Kolonialmedizin entstanden im Kontext der Kolonisierung (vgl. Schwarz 2004).[75]

Die Kolonialismusforschung diskutiert die Kolonialpolitik als Experimentierfeld auch im Hinblick auf die spätere NS-Vernichtungspolitik. Die Praxis der kolonialen Eroberungen wird dabei in Bezug zur nationalsozialistischen Eroberung von Lebensraum im europäischen Osten gesetzt. Auch die koloniale Rassenpolitik, Menschenversuche an der kolonisierten Bevölkerung[76] und der Genozid an den Herero sowie die Etablierung von Konzentrationslagern werden als Vorläufer und ‚Testfelder' u.a. der nationalsozialistischen Rassen- und Vernichtungspolitik betrachtet.

Auch wenn von bestimmten Kontinuitäten, Verbindungslinien und ‚Experimenten' gesprochen werden kann, erweist sich die These von den Kolonien als ‚Labor' als zu vereinfachend. Die kolonialen Modelle einer hierarchischen Raumordnung wurden bereits im europäischen Raum, insbesondere in den Großstädten ‚erfunden' und getestet. Die Kolonien waren daher eher eines von vielen Experimentierfeldern: Die Sozialtechnologien im Gefolge der sich etablierenden Sozialwissenschaften und hierarchische Raumordnungen wurden auch im Deutschen Reich entwickelt und auf soziale und ethnische Randgruppen angewandt.

Auch die Struktur der weißen Kolonialgesellschaft widerspricht der Vorstellung eines Labors oder Experimentierfeldes. Van Laak (2004: 266) betont den Konservatismus und die Rückwärtsgewandtheit der weißen Gesellschaft in den Kolonien: „Die Kolonien waren in gewisser Hinsicht gerade *keine* Laboratorien für Neues und Modernes, sondern eher Residuen für Hierarchien und Verhaltensweisen, die in den Metro-

75 Malaria stellte das größte Hindernis zur Ansiedlung Weißer in ‚Deutsch-Ostafrika' und Neu-Guinea dar (vgl. Besser 2004: 220). Die entstehende Bakteriologie und der Topos der Infektion schürten Ängste vor Krankheiten und dem ‚Fremden' und stellten den Schwarzen Körper als Überträger von Krankheiten und besonders infektiös dar. Diese Begründung der Rassenhygiene schuf einen imaginären Gegensatz zwischen Krankheit und (weißer) Kultur und sollte in eine politische Praxis überführt werden: So wurde die Enteignung und Vertreibung der Duala in ‚Deutsch-Ostafrika' 1912 medizinisch begründet (vgl. Besser 2004: 224).

76 Experimente mit Krankheitserregern, z.B. mit der Schlafkrankheit, wurden während des Herero-Krieges an den Gefangenen durchgeführt. Die Erprobung der Typhusprophylaxeimpfung schuf die Voraussetzungen der groß angelegten Thyphusschutzimpfungen im Ersten Weltkrieg (vgl. Besser 2004: 223). Mit den Metaphern von Krankheit und Schmutz wurde die zunehmende soziale Segregation in den Kolonien begründet (vgl. Eckert 1997: 17). Medizin und Hygiene sollten dazu dienen, den afrikanischen Kontinent bewohnbar und beherrschbar zu machen.

polen inzwischen als überlebt galten." Jedoch waren die Kolonien kein einheitliches Politikfeld. In Bezug auf die Geschlechterfrage, die Rassenpolitik in den Kolonien sowie die Konstruktion von ,Rasse' als zentraler juristischer, politischer und sozialer Ordnungskategorie standen widersprüchliche Konstruktionen und Ideologeme neben- und in Konkurrenz zueinander, wie die folgenden Kapitel verdeutlichen; insofern gilt die These van Laaks nur bedingt.

Die Entwicklung und Praxis biologistischer Gesellschafts- und Rassenmodelle stand in einem engen Wechselverhältnis zum deutschen Kolonialismus: Die Entwicklung der Rassenhygiene zum Beispiel ist ohne die deutsche Kolonial- und Weltpolitik nicht zu verstehen (vgl. Grosse 2000: 49). Die Rassenhygiene entwickelte sich als medizinische Praxis in den Kolonien weiter, und auch der Sozialdarwinismus entwickelte sich parallel zur europäischen Expansion in Afrika (vgl. Schubert 2001: 59). Die koloniale Expansion „wurde zum zentralen Erprobungsfeld biologistischer Gesellschaftsmodelle, die das eugenische Programm der Rassereinheit und selektiven Menschenzüchtung über das koloniale Recht in die Praxis umzusetzen versuchten". (Gosewinkel 2004: 241)

Biologistische Deutungsmuster in der deutschen Kolonialpolitik

Neben ihrer Erprobung und Entwicklung im kolonialen Kontext prägten und strukturierten sozialdarwinistische und rassenhygienische Deutungsmuster die grundsätzliche Wahrnehmung und Motivation des politischen Handelns sowie die Interpretation der kolonialen Erfahrungen. „Durch die Verknüpfung nationalistischer und sozialdarwinistischer Vorstellungen avancierten ,Nation', ,Volk' und ,Rasse' zu zentralen Bezugsgrößen des geschichtlichen Daseinskampfes. Als solche bildeten sie den Kern eines imperialistischen Welt- und Geschichtsbildes [...]." (Walkenhorst 2002: 132) Ein in sozialdarwinistischem Denken als natürliche Konstante der menschlichen Existenz verstandener organischer Lebenskampf, der auch auf ,Völker' und Nationen übertragen wurde, diente zur Erklärung und Legitimation eines ,Expansionstriebes'. Bilder des drohenden Untergangs und der Degeneration der deutschen Bevölkerung bzw. der germanischen ,Rasse' untermauerten imperialistische und expansionistische Motive.

„Die Beschwörung der biologischen Degeneration war mithin kein ideologischer Nebenkriegsschauplatz, sondern eine unabdingbare Voraussetzung für die diskursive Konstruktion einer ethnischen Nationenvorstellung. Denn erst durch die Perpetuierung der biologischen Bedrohung konnten die faktische

Unsicherheit und Instabilität der ‚Volksgemeinschaft' als dynamischer Prozeß der Vervollkommnung begriffen und ihre Verwirklichung als zentrale Zukunftsaufgabe gedeutet werden." (Walkenhorst 2002: 135)

Der Kolonialdrang und -besitz war demnach eine notwendige und natürliche Voraussetzung für den Fortbestand der Nation, die im darwinistischen Weltbild einen ‚Kampf ums Dasein' mit anderen Nationalstaaten und Kolonialmächten führte. Nur der Erwerb überseeischer Kolonien würde die Zukunft des Deutschen Reiches im Kampf gegen die anderen Weltreiche sichern. Die Weltreichstheorie beispielsweise ging davon aus, dass die Welt der Zukunft von wenigen großen Reichen dominiert würde. Um nicht unterzugehen, müsse das Deutsche Reich ebenfalls zu einem solchen Reich aufsteigen. Als Basis dafür bedürfe es zusätzlichen Raums,[77] einer wachsenden Bevölkerung und Wirtschaftsressourcen.[78] Das geopolitische Konzept des ‚Lebensraumes' untermauerte seit der Jahrhundertwende die Weltreichstheorie und begründete die Notwendigkeit einer kolonialen Expansion.[79]

77 Unter den Weltreichstheoretikern wurden unterschiedliche Modelle des Raumgewinns diskutiert: Die radikalste Variante, vor allem von Paul de Lagarde in den 1870er und 1880er Jahren vertreten, war die der Kontinentalexpansion, nach der umfassende Gebiete im Osten und Südosten Europas annektiert werden sollten (vgl. Neitzel 1999: 188ff.). Diese Vorstellungen eines mitteleuropäischen Großreiches als Gegengewicht zu den anderen Weltreichen wurden in Form eines wirtschaftspolitischen Zusammenschlusses Mitteleuropas als Zollunion diskutiert und z.T. umgesetzt.

78 Im 19. Jahrhundert wurde die Weltreichslehre sporadisch artikuliert und nach der Jahrhundertwende weiter ausformuliert. Bis zur Reichsgründung konnte sie sich nicht durchsetzen, allerdings waren bereits bestimmte Elemente wie eine Raumerweiterung als Bedingung für den nationalen Aufstieg in die Reihe der Weltmächte verbreitet. Ab Ende der 1890er Jahre war sie in der öffentlichen Meinung verankert. Ihren Höhepunkt erlangte sie um 1900, als Deutschland in die Weltpolitik und in die Konkurrenz um die Kolonien, Flotten und Weltmacht eintrat sowie während des Ersten Weltkriegs. Zu einer Weltmacht gehörten das Territorium, politischer, wirtschaftlicher und diplomatischer Einfluss, militärische Stärke, Stabilität und kultureller Einfluss. Die Theorie beschrieb daher keinen gegenwärtigen Zustand eines Staates, sondern vielmehr eine Utopie bzw. einen anzustrebenden Zustand.

79 Der Begriff wurde von Friedrich Ratzel (1844-1904), einem Professor für Politische Geographie und Mitbegründer des *Alldeutschen Verbandes*, geprägt. Ihm zufolge ging es beim ‚Kampf ums Dasein' unter ‚Völkern' ebenso wie in der Pflanzen- und Tierwelt um die Aneignung von Raum (vgl. Smith 2004a: 30; Neitzel 1999: 85).

Doch die so legitimierte Expansion stagnierte schnell, wodurch ein Bedrohungshorizont für die Nation aufgebaut wurde.[80] Die kolonialbewegten Kreise waren mit der Stagnation der Kolonialexpansion unzufrieden; zudem erfüllten die Kolonien nicht die an sie gerichteten Erwartungen. Insbesondere im Kontext der Kolonialkriege wurde der ‚Kampf ums Dasein' zudem als ein ‚Kampf der Rassen' interpretiert.

„In der Verbindung mit dem Imperialismus des Wilhelminischen Kaiserreiches wurde die These vom ‚Kampf der Rassen' im politischen Diskurs so weit durchgesetzt, daß sich letztlich die Vertreter aller etablierten Parteien auf sie bezogen. Die an diesen Begriff gebundenen rassistischen Bedeutungskonstitutionen bildeten die zentralen Ausgangspunkte der imperialistischen Ideologie, die unmittelbar an den bereits verallgemeinerten völkischen Nationalismus anknüpfte. Gegenstand dieser Ideologie war die Annahme, die besondere ‚rassische Herkunft' der ‚deutschen Nation' werde sie im ‚Daseinskampf der ‚Rassen' letztlich obsiegen lassen." (Morgenstern 2002: 220)

Diese Ideologie begründete die Rüstungs- und Kolonialpolitik des Deutschen Reiches. Insbesondere Houston Steward Chamberlains Schriften untermauerten koloniale Ansprüche, da er den ‚Rassenkampf' mit dem Arier- und Germanenmythos und dem Imperialismus verband.[81] Dieser mit rassifizierten Ideologemen aufgeladene Imperialismus wurde für die Außenpolitik, die Umsetzung der kolonialen Pläne, die Flottenpolitik, aber auch für innenpolitische Debatten wirkungsmächtig. Die Verknüpfung von Selektionstheorie und Fortschrittshoffnung lieferte eine Erklärung für die ‚natürliche Ungleichheit' der Menschen und die aus ihr abgeleitete unterschiedliche Wertigkeit verschiedener ‚Rassen'. Die im ‚Kampf ums Dasein' obsiegenden Nationen oder ‚Rassen' sicherten in dieser Logik den Fortschritt und die Zukunft der Menschheit.

Insbesondere in der Kolonialpolitik erlangte die Verknüpfung rassentheoretischer und sozialdarwinistischer Ideologeme in der wilhelmi-

80 Die Bedrohlichkeit der nicht erfolgenden Expansion ließ Rufe nach einem Krieg immer lauter werden (vgl. Walkenhorst 2002: 146).

81 Wilhelm II. ernannte Chamberlains Werk zur Pflichtlektüre an Lehrerseminaren, und für die Kolonialbewegung war es eine Offenbarungsschrift (vgl. Morgenstern 2002: 220). Der Begriff ‚Rasse' war für ihn keine rein biologische Kategorie des Blutes oder der Veranlagung, sondern er sah sie als historisch entstanden. Die Nationsbildung betrachtete er als Instrument zum Erhalt und zur Veredelung der ‚Rasse'. „Die Fähigkeit der Chamberlainschen ‚germanischen Rasse', sich Fremdes zu assimilieren, Feindliches zu vernichten, Neues hervorzubringen und gerade dadurch sich gleich zu bleiben, repräsentierte eine Form des evolutionären Biologismus, in der die Spannung zwischen nationalem ‚Eigensinn' und imperialer Expansion aufhebbar und harmonisierbar wurde." (Geulen 2004: 180)

nischen Epoche politische Relevanz. „Die Ideen des neuen wissenschaftlichen Rassismus, die sich in der akademischen Welt schnell durchgesetzt hatten, wurden insbesondere durch die Kolonialdebatten Teil eines breiten öffentlichen Konsens, der dazu beitrug, daß sich das sozialdarwinistische Ideal der praktischen Umsetzung der postulierten Theorien in den Kolonien erfüllte." (vgl. El-Tayeb 2001: 139) Die eigene superiore Stellung und die Notwendigkeit der Vorherrschaft der weißen ‚Rasse' ließ sich über diese Deutungsmuster herleiten. „Die Überzeugung von der biologisch determinierten ‚Minderwertigkeit' der indigenen Bevölkerung in den überseeischen Kolonien war die weltanschauliche Grundlage des Imperialismus schlechthin, die alle Bereiche des kolonialen Alltags durchdrang." (Walkenhorst 2002: 140)

Der Biologismus der Wissenschaften und die eugenische Ausrichtung hatten spezifische Berührungspunkte mit der deutschen Kolonialpolitik: Dazu gehörte z.B. die Akklimatisierungsdebatte.[82]

Wie sich sozialdarwinistisches Denken innerhalb der Kolonialpolitik etablierte, lässt sich vor allem an der Frage der sexuellen Beziehungen zwischen Kolonisatoren und Kolonisierten sowie den ‚Mischehendebatten' ablesen (vgl. Grosse 2000: 147; El-Tayeb 2001: 16). In den Debatten um ‚Rassenmischung' verbanden sich Vorstellungen von ‚reinem' bzw. ‚unreinem Blut', Degeneration und ‚Rassenreinheit' (vgl. Stoler 1995: 50). Die behauptete Schädlichkeit der ‚Rassenmischung' stellte einen zentralen Ausgangspunkt der Rassenhygiene dar (vgl. Weingart et al. 1988: 102). Viele RassentheoretikerInnen postulierten kulturpessimistische Thesen vom Verfall der Kulturvölker durch ‚Rassenmischung'.

Rassenhygienische und sozialdarwinistische Deutungsmuster konnten sich jedoch nicht gänzlich durchsetzen: In den gesellschaftspolitischen Auseinandersetzungen um die deutsche Kolonialpolitik blieben unterschiedliche Wissenschafts- und Politikfelder wirkungsmächtig (vgl. Grosse 2000: 41). Zudem unterschied sich die Auslegung und Interpretation des Rassenbegriffs (vgl. Becker 2004a: 12f.). Auch die kulturmissionarische Argumentationsweise blieb wirkungsmächtig: Diese betonte die ‚Last des weißen Mannes', der eine zivilisatorische, missionarische und erzieherische Aufgabe gegenüber den kolonialen Untertanen habe, und betrachtete den Kolonialismus als humanitäre Intervention. Die kulturmissionarische Argumentationsweise vertraten vor allem protestantische und katholische Missionsgesellschaften (vgl. Altena 2004). Sie war jedoch auch mit sozialdarwinistischen Elementen ver-

82 Die Akklimatisierungsdebatte beschäftigte sich mit der Frage, ob und wie weiße Kolonisten und SiedlerInnen in den Kolonien unter völlig anderen klimatischen Bedingungen als in ihren Herkunftsländern leben könnten.

woben, die insbesondere nach dem Krieg in ‚Deutsch-Südwestafrika' überwogen.

Bevor es um die Umsetzung der vorgestellten Ideologeme bei der Interpretation und Auslegung des Rassenbegriffs in der Kolonialpolitik geht, wird zunächst noch einmal auf die Debatte um die Bedeutsamkeit der Kategorie Raum eingegangen, die in darwinistischen Interpretationen des Kolonialismus eine wichtige Rolle spielten.

Die Lebensraumideologie: Raum und ‚Rasse'

Die bereits erwähnte Lebensraumideologie sah Geschichte als ‚permanenten Kampf um Lebensraum' und wurde daher im Kontext von Forderungen nach expandierender Weltpolitik benutzt. Ihr zufolge dienten die Kolonien vor allem zur Auswanderung. Siedlungskolonien galten als lebensnotwendige kulturelle und menschliche Grundlagen der neuen deutschen Nation. Walkenhorst (2002: 144) sieht darin einen Wandel der imperialistischen Semantik:

> „An die Stelle von Kolonien als Gegenstand nationalstaatlicher Machtentfaltung trat nunmehr der abstrakte Begriff des ‚Raumes'. Auf diese Weise wurde die Notwendigkeit territorialer Expansion von einer konkreten historischen und geographischen Konstellation gelöst und zu einem grundliegenden machtpolitischen Faktum im Zeitalter imperialistischer Rivalität verallgemeinert. Territoriale Ausdehnung wurde so zu einem Axiom nationalistischer Machtpolitik und ‚Raum' zu einer Chiffre für nationale Größe."

Aufgrund der Bedeutsamkeit der Lebensraumideologie geht Russel A. Berman (2003) davon aus, dass die Kategorie ‚Raum' mehr Wirkungsmächtigkeit für den Kolonialismus hatte als die der ‚Rasse', und fordert eine stärkere Beachtung des Raums in der Kolonialismusforschung.

Zu Zeiten des Imperialismus, der Weltaufteilung und der Erschließung vermeintlich ‚weißer Flecken' auf der Landkarte wurde die Kategorie Raum besonders relevant.[83] Mit den entstehenden Nationalstaaten

---

83 Der sog. *spatial turn* richtete den Fokus vor allem seit Mitte der 1990er Jahre auf den Raum als historische Kategorie und löste geradezu einen Boom der wissenschaftlichen Auseinandersetzung mit dem Raum aus. In dieser Forschung werden raumkonstituierende Praktiken untersucht (vgl. Schröder/Höhler 2005a: 9). An den *spatial turn* anknüpfend konstatiert Sigrid Weigel einen *topographical turn* in den deutschsprachigen Kulturwissenschaften, in denen Repräsentationstechniken und -formen von Raum untersucht werden. Kartographische Verfahren konstruieren demnach eine Wirklichkeit, die sie vorgeben, nur abzubilden. Es besteht also ein enger Zusammenhang zwischen der Konstruktion von Räumen und deren Kartierung. Insbesondere im kolonialen Kontext hatte die Kartogra-

und den sich verfestigenden Grenzen kam es im 19. Jahrhundert zu einer Politisierung des Raumes.[84] Räume entstanden und verfestigten sich durch Bilder, Texte und Landkarten.[85] Ihre Markierung war ein zentraler Bestandteil der kolonialen Inbesitznahme und Herrschaft.[86]

„Die Herrschaft des Nordens und Westens hat sich in den Gebieten des Südens und Ostens als Definitionsmacht in die elementare Gliederung des Raumes eingeschrieben: Grenzziehungen, Städtegründungen, die Linienführungen von Eisenbahntrassen und Straßenrouten, die Anlage von Hafenstädten oder Staudämmen – allesamt tragen sie die Handschrift kolonialer und neokolonialer Erschließungskonzepte." (Honold/Simons 2002a: 9)

Das europäische Kolonialprojekt ging von einer veränderten Konzeption des Raumes aus, die die Welt „auf eine homogene Geometrie, die nun offen wurde für ein beharrliches Reisen, einen rationalisierten Handel und eine militärische Strategie," reduzierte.[87] „Diese Rekonstruktion des Raumes war die Vorbedingung der globalen Expansion und überragt in ihrer Bedeutung die Geschichte des Rassendenkens." (Berman 2003: 27)

Die Lebensraumideologie wurde in der Tat um die Jahrhundertwende zu einer zentralen Legitimationsstrategie des Kolonialismus (vgl. Walkenhorst 2002: 142ff.). Die Forderung nach einer räumlichen Ausdehnung stand im direkten Zusammenhang zur ‚Lebensfähigkeit' der

---

phie einen wichtigen Anteil an der Erschließung und Konstruktion des kolonialen Raumes (vgl. Schröder/Höhler 2005a: 26; Rottland 2003).

84 „Zeit und Raum werden eng aufeinander bezogen, um die Weltgeschichte des Jahrhunderts als eine politische Geschichte der Auseinandersetzung um Raum zu charakterisieren und zu verstehen." (Schröder/Höhler 2005a: 27)

85 Die Geographie erschloss überseeische Räume und trug zu den praktischen wie mentalen Voraussetzungen für deren imperiale Durchdringung bei. „So bereiteten sie [die Geographen, A.D.] ein eigenes deutsches Kolonialreich mit vor, dem sie dann sowohl durch Forschung wie durch Politikberatung dienten." (Zimmerer 2003b: 129f.)

86 Auch die Kategorie Geschlecht funktioniert als eine räumliche Strukturkategorie; Geschlechterdifferenzen artikulieren sich räumlich. Der Raum ist weiblich und passiv konnotiert, wie sich an vergeschlechtlichten Kolonialphantasien ablesen lässt, in denen die Kolonialmacht in ‚jungfräulichen' Raum eindringt.

87 Geulen (2004: 50) weist auf den engen Zusammenhang zwischen der Herausbildung des modernen Rassenbegriffs und den Veränderungen in der Wahrnehmung von Zeit und Raum hin. Die europäische, lineare Zeitvorstellung ist verbunden mit einem Forschrittsgedanken (vgl. McClintock 1995: 11). In der Moderne entstand die Vorstellung einer evolutionären Welt- und Menschheitsgeschichte als vermeintlich zeitliche und räumliche Entwicklung (vgl. Schneider 2003: 206). Die moderne Zeit wurde dabei nicht nur säkularisiert und naturalisiert, sondern auch verräumlicht.

‚germanischen Rasse‘ (vgl. Neitzel 1999: 82ff.). Das Argument des vermeintlich ‚fehlenden Raums‘ der deutschen Bevölkerung wurde zwar immer wieder im Zusammenhang mit eigenen Kolonien angeführt, gleichzeitig kursierten jedoch Ängste vor einem Bevölkerungsrückgang. Das Kolonialprojekt sollte die Auswanderung vieler Deutscher in Richtung USA und Süd- wie Mittelamerika stoppen bzw. umleiten. Die massenhafte Auswanderung löste Ängste vor einer Schwächung der Nation und der nationalen Identität im Vergleich zu den anderen imperialen Großmächten aus. Die Auswanderung in eigene Kolonien sollte die Auswandernden an die alte Heimat binden und als ‚Deutsche‘ erhalten. Daher lässt sich der deutsche Expansionswille nicht auf die Kategorie Raum beschränken: der Raum stand in einem engen Deutungszusammenhang mit dem Wohl der Nation und der ‚Rasse‘.

Die Lebensraumideologie erlangte erst in den 1920er Jahren ihre stärkste Verbreitung (vgl. Smith 2004a: 30f.). Nach dem Verlust der Kolonien erlangte die Denkfigur Raum noch mehr Popularität. Hans Grimms Roman „Volk ohne Raum“ (1926) untermauerte die Propaganda eines vermeintlich fehlenden ‚Lebensraums im Osten‘, die zentrale Ideologie der Nationalsozialisten wurde (vgl. Günzel 2005: 1).[88]

Raum und ‚Rasse‘ waren demnach keine isolierten Kategorien, sondern miteinander verschränkt, wie Grosse (2000: 94f.) anhand der kolonialen Akklimatisierungsdebatten verdeutlicht, da die Entwicklung und die Lebensbedingungen der ‚Rasse‘ vom Raum abhingen.

Rassenkonstruktionen in den deutschen Kolonien

In den europäischen Kolonien wurden ethnisch begründete Differenzen eingeführt, die eine angebliche Nähe bzw. Ferne zu den Kolonialmächten definierten.

> „Die wahrgenommenen ethnischen Unterschiede sind anschlussfähig für Interessenspolitik. Die ethnischen Differenzen werden in das Wahrnehmungsmuster eines Zivilisationsgefälles eingeordnet, weswegen man bestimmte Gruppen als zivilisatorisch näher bei den Weißen und damit als potenzielle Verbündete sieht [...]. Durch eine Form der Teilprivilegierung versuchten die Kolonialherren, diese Gruppen auf Distanz zu sich selbst zu halten, und sie

88 Zum wachsenden Einfluss völkischer Lebensraumvorstellungen in den 1930er Jahren vgl. Schubert (2001: 358ff.). Der Begriff des Lebensraums blieb vor allem mit der Expansion gen Osten assoziiert (vgl. Van Laak 2004a: 224ff.).

gleichzeitig dem kolonialen Herrschaftssystem zu verpflichten.“ (Marx 2004: 94)

Auch in den deutschen Kolonien variierten die Rassenkonstruktionen der Kolonialbevölkerungen: Die chinesische Bevölkerung im deutschen Pachtgebiet ‚Kiautschou‘, dem heutigen Jiaozhou, wurde trotz der rassistischen kolonialen Ideologie und der damit verbundenen Rassifizierung als Vertreterin einer alten Hochkultur angesehen. China galt als ‚Kulturvolk‘, das jedoch den rassenideologischen Gedanken zufolge einer politisch-kulturellen Stagnation unterlag und daher als degeneriert und minderwertig angesehen wurde. Die koloniale Herrschaft der Deutschen legitimierte sich über diese attestierte Stagnation (vgl. Gründer 2004: 30f.). Das Pachtgebiet galt als Brückenkopf zur ökonomischen Erschließung des Hinterlandes der Provinz Shandong. Ab etwa 1905 wandelte sich das wirtschaftliche Interesse und die Stadt ‚Tsingtau‘ wurde als „Schaufenster deutscher Kultur“ (Klein 2004: 306) angesehen. ‚Kiautschou‘ war die zweitkleinste, aber am dichtesten besiedelte Kolonie, in der von Anfang an eine Politik der Segregation herrschte.[89]

SamoanerInnen dienten in den Rassenkonstruktionen der deutschen Kolonialmacht als Projektionsfläche für das Stereotyp des ‚Edlen Willden‘. Mit dem ‚Mythos Südsee‘ verband sich im Kontext einer Zivilisationskritik der Entwurf einer idealen Gegenwelt zu Europa. Bewundert wurde die diesen Mythos begleitende Schönheit der PolynesierInnen (vgl. Wildenthal 2001: 122).[90] Rassentheoretiker attestierten PolynesierInnen in einer Verknüpfung von Anthropologie und Kultur sogar indogermanische und somit ‚arische‘ Wurzeln. Behauptet und bewundert wurde in Rassendiskursen ihre ‚Reinrassigkeit‘, weshalb Debatten darüber stattfanden, ob Polynesier nicht als weiß einzustufen seien. In diesem Kontext wurde eine körperliche und geistige Verwandtschaft zu Deutschen konstruiert; sie wurden sogar als „unsere neuen Landsleute“ (Tobin 2002: 202) bezeichnet. Eine Gleichstellung zwischen Deutschen

89 Zum Wandel des Chinabildes von Größe und Reichtum zu einem vermeintlichen Abstieg und einer Zukunftslosigkeit vgl. Stoyke (2005: 147).

90 Zum Mythos Südsee, der bis heute wirkungsmächtig geblieben ist, vgl. Samulski (2004: 332ff.). Die Bevölkerung der Südsee wurde erotisiert und sexualisiert. Bilder nackter samoanischer Frauen waren Ende des 19. Jahrhunderts im Deutschen Reich sehr begehrt. Aber auch samoanische Männer galten als schön und wurden in den Imaginationen der Deutschen feminisiert. „Die homoerotischen Begierden der europäischen Männer spielten eindeutig auch eine Rolle in der Feminisierung der samoanischen Männer.“ (Tobin 2002: 210) SamoanerInnen kam aufgrund der konstruierten Nähe zu den EuropäerInnen ein Sonderstatus in der deutschen kulturellen Imagination zu. Zur kolonialen und wirtschaftlichen Präsenz auf Samoa vgl. Tobin (2002: 198f.).

und Polynesiern beinhaltete die konstruierte Verwandtschaft jedoch nicht.

„Als Fazit bleibt die Beobachtung, dass die deutsche Kolonialverwaltung in Samoa aus einer Mischung von verklärend-romantisierenden (‚Schutz' der Samoaner und ihrer ‚naturverhafteten' Kultur), diskriminierenden (samoanische, chinesische, melanesische ‚Inferiorität', Verweigerung deutscher Rechte) und machtpolitischen Motiven (begrenzte samoanische Selbstverwaltung) Rassismus praktizierte. [...] Das kleine ferne und wirtschaftlich unbedeutende Samoa, die vielgepriesene ‚Perle der Südsee', war vor allem ein Prestigeobjekt." (Samulski 2004: 355)

Afrika stand im Mittelpunkt der deutschen kolonialpolitischen und rassentheoretischen Debatten. Schwarze befanden sich in der hergestellten ‚Rassenhierarchie' auf der untersten Stufe. Sie galten als triebhaft, naturverbunden und kulturlos. In den Kolonien überschnitten und ergänzten sich jedoch „rassische, kulturelle und soziale Komponenten in vielfältiger Weise". (Gründer 2004: 30)

Diese unterschiedlichen Entwürfe kolonialer Rassenkonstruktionen und -politik zeichnen die folgenden Abschnitte nach. Der Fokus liegt dabei auf der Rassenpolitik in ‚Deutsch-Südwestafrika', da es die einzige relevante Siedlungskolonie war und deshalb in den Auseinandersetzungen um die Ausrichtung der Kolonial- und Rassenpolitik die wichtigste Position einnahm.[91]

Die Konstruktion einer weißen Siedleridentität

Die hergestellte weiße Identität der SiedlerInnen in den Kolonien und im Deutschen Reich beruht ebenfalls auf einer Rassenkonstruktion. Wie sich diese weiße Identität gestalten sollte, war ein zentraler Bestandteil der Kolonialdebatten. Es wurde diskutiert, wie afrikanisch die Kolonie ‚Deutsch-Südwestafrika' und dessen weiße BewohnerInnen sein sollten bzw. durften und ob die Kolonie eine Verlängerung der deutschen ‚Heimat' sei oder ein anderes, besseres, freieres Land (vgl. Kundrus 2003: 136f.) Zugleich herrschte eine große Angst davor, die deutschen Siedler könnten sich in den Kolonien verändern und damit ihre nationale Iden-

91 Eckert (2003: 226ff.) warnt vor einer Reduktion des deutschen Kolonialismus auf ‚Deutsch-Südwestafrika' und die ‚Mischehendebatten' und fordert ein, die anderen deutschen Kolonien und auch andere europäische Kolonialmächte im Blick zu behalten. Auch wenn seine Warnung berechtigt ist, lege ich einen Fokus auf ‚Deutsch-Südwest', da hier die Schnittstelle von Sexualität, Rassismus und Geschlecht am deutlichsten zutage tritt.

tität verlieren. Denn es war unklar, was diese nationale Identität eigentlich ausmachte und wie stabil sie in der Ferne war. In diesen Debatten tauchte das Schlagwort des ‚Verkafferns' in den Kolonien auf, wie im Kontext der sog. kolonialen Frauenfrage weiter ausgeführt wird.[92] Weiß-Sein war folglich ein unsicherer Zustand, den die SiedlerInnen sich erkämpfen mussten und der gefährdet sein konnte.

Die Frage der nationalen Identität im Deutschen Reich korrespondierte mit den Auseinandersetzungen um die Inhalte und die Beständigkeit der nationalen, weißen Identität in den Kolonien.

> „Die kollektive Selbstidentifikation als höchst labile Nation, die deshalb nach Beweisen der eigenen Stärke suchen musste, traf mit den Kolonien auf eine Fremde, auf die einerseits alle freiheitlichen Hoffnungen projiziert werden konnten, die andererseits aber genau aufgrund dieser Grenzenlosigkeit sowie der eigenen Angst um ein kollabierendes nationales Ich als Bedrohung der physischen und psychischen Integrität gedeutet wurde. Alle Kolonialvisionen durchzog immer wieder diese Spannung zwischen Deutschtum und ‚Afrikatum', Faszination und Tilgung des Fremden." (Kundrus 2003: 282)

Diese Spannung und Brüchigkeit der weißen deutschen Identität ließen die koloniale Dominanz der Weißen als permanent bedroht erscheinen. Nach Kundrus lässt sich diese instabile Selbstauslegung an den Entwürfen kolonialer Männlichkeit ablesen. Einerseits war mit der kolonialen Männlichkeit die Hoffnung auf ein Wiedererstarken des deutschen weißen Mannes und damit der deutschen Nation verknüpft. Zugleich blieb die Angst vor einer Annäherung an AfrikanerInnen und einem damit verbundenen ‚Verkaffern', ‚Rassenverrat' und ‚Abfall vom Deutschtum' bestehen. Komplementär zu den Entwürfen einer kolonialen Männlichkeit wurde der weißen deutschen Frau eine stabilisierende und erhaltende Funktion für die Kolonien und die Kolonialherrschaft zugesprochen – wie auch für die Nation. Sie wurde als Retterin einer schwachen, krisenhaften Männlichkeit, der deutschen Kultur und der weißen ‚Rasse' gezeichnet. Trotz anfänglicher Widerstände seitens der Kolonialbewegten setzte sich das komplementäre bürgerliche Geschlechtermodell durch. „Im Kontext der Gründung eines ‚Neu-Deutschlands' in Übersee obsiegte das Rollenbild des unangefochtenen Familienoberhaupts über das des in männerbündisch strukturierter Gesellschaft lebenden Pioniers." (Kun-

92 Die Rede vom ‚Verkaffern' stellt einen zentralen kolonialen Diskurs dar, der die Angst vor dem Verlust der nationalen, weißen Identität bzw. die Annäherung an die kolonisierte Bevölkerung in den Kolonien ausdrückte. Um 1904 tauchte der Begriff ‚Verkafferung' in deutschen Kolonialzeitschriften auf (vgl. Axter 2005: 42).

drus 2003: 283) Die weiße Frau ohne frauenrechtlerische Gesinnung als Kameradin des kolonisierenden Mannes galt als Ideal.

‚Deutsch-Südwestafrika' als ‚besseres Deutschland'

Die dominante Sicht auf die Kolonien nahm diese als eine vorindustrielle Version Deutschlands wahr. Die Kolonialgesellschaften und –behörden wollten ein „zweites Deutschland" schaffen. Dieses ‚Deutschland in Afrika' sollte jenseits der Ängste und Unsicherheiten der Industrialisierung und ohne die sozialen, regionalen und konfessionellen Spaltungen des Deutschen Reichs existieren. ‚Deutsch-Südwestafrika' sollte nicht nur zu einem Modell für die Heimat werden, sondern auch als ein Exerzierfeld für die Erneuerung des ‚Deutschtums' fungieren. Die daraus abgeleiteten ‚deutschen Werte' entstanden z.T. in Abgrenzung zur Gesellschaft im Deutschen Reich, die sich im Zuge der Industrialisierung vom ‚eigentlichen Deutschtum' zu entfernen schien. Der dekadente, materialistisch ausgerichtete Lebensstil der deutschen Gesellschaft wurde kritisiert.

SiedlerInnen schufen die Konstruktion des ‚Südwesters', dem eine eigene idealisierte, an bürgerliche Werte angelehnte deutsche weiße Identität zugesprochen wurde. „For German authorities and colonial enthusiasts, it became a place to create a specific image of Deutschtum; namely, a hard-working, parsimonious, Protestant agrarian class filled with staunch, nationalist values and devotion to the emperor, with the ‚traditional' German family at the core of society." (Walther 2002: 2) Die ‚Südwester' sahen sich als Vorbilder in einer ländlich-organischen Idylle, die es im Deutschen Reich in ihren Augen nicht mehr gab. Die weißen deutschen ‚Südwester' grenzten sich von der Gesellschaft im Reich, von anderen europäischen KolonistInnen und vor allem von den kolonialen Untertanen ab. Die SiedlerInnen bildeten eine weiße Identität heraus, die sich von Schwarzen Kolonisierten abhob und ihre Privilegien verteidigte. Schwarz-Sein und Weiß-Sein waren auch in den Kolonien keine konsistenten Kategorien, sondern mussten immer wieder abgesichert, neu definiert und abgegrenzt werden.

Die SiedlerInnen galten den Kolonialbehörden als wichtige Garanten für die Entwicklung und den Erhalt eines ‚deutschen Charakters' der Kolonien, sie sollten die deutsche Herrschaft sichern. Einen ‚deutschen Charakter' in den Kolonien zu schaffen, war nicht nur wegen der Schwarzen Bevölkerung wichtig. Es galt zudem, sich gegen die nichtdeutsche weiße Bevölkerung wie z.B. Buren durchzusetzen, die in großer Anzahl in ‚Deutsch-Südwestafrika' lebte (vgl. Walther 2002: 31ff.;

Kundrus 2003: 96ff.).[93] Die Auswanderungswilligen im Reich unterlagen daher strengen Auswahlkriterien, um die Siedlergemeinschaft in den Kolonien positiv zu beeinflussen. Unterschiedliche Maßnahmen zur ‚Qualitätskontrolle' der Besiedlung ‚Deutsch-Südwestafrikas' wurden ergriffen. Die kolonialen Behörden diskutierten und praktizierten z.T. sogar die Ausweisung missliebiger Individuen aus der kolonialen weißen Bevölkerung. Diejenigen, die sich den Verhaltensnormen nicht unterwarfen, wurden als Gefahr für die deutsche Kultur in den Kolonien betrachtet, weshalb versucht wurde, diese Personen auszuschließen oder zu kontrollieren.[94] Zu den unerwünschten Personen in den deutschen Kolonien zählten gesellschaftliche Randgruppen wie Pauperisierte, Prostituierte, Kriminelle, Kranke, Nicht-Deutsche und insbesondere ausländische Juden. Gegen sie wurden Ausschluss- und Distanzierungspraktiken angewandt, um die ‚Reinheit' der weißen Siedlergemeinschaft aufrecht zu erhalten (vgl. Kundrus 2003: 292).[95] So hoffte man eine dauerhafte Präsenz und Herrschaft der Deutschen zu sichern.

93 Die sog. Burenfrage nahm eine prominente Stellung in den Debatten der Kolonialbewegten ein. Schon der Krieg Südafrikas gegen Großbritannien 1899-1902, bei dem es um die Freiheitsbestrebungen der ‚Burenrepubliken' vom Empire ging, wurde von einer großen öffentlichen Anteilnahme und Medienaufmerksamkeit im Deutschen Reich begleitet. Die Stimmung der deutschen Öffentlichkeit war geprägt von antibritischen Ressentiments und von völkischem Denken: Buren wurde z.T. eine ‚Blutsbrüderschaft' oder ‚Rassenverwandtschaft' zu den Deutschen zugesprochen (vgl. Kundrus 2003: 96f.; van der Heyden 1995: 309f.). In den Medien wurde zu einer völkischen Solidarität aufgerufen, die den fliehenden Buren eine Ansiedlung in ‚Deutsch-Südwestafrika' ermöglichen sollte. Deutsche Freiwillige beteiligten sich an den Kämpfen. In ‚Deutsch-Südwestafrika' galten die Buren jedoch als Gefahr für den deutschen Charakter der Kolonie.

94 Es gab auch Überlegungen, ‚Deutsch-Südwestafrika' nach dem Vorbild anderer europäischer Kolonialmächte als Strafkolonie einzurichten (vgl. Kundrus 2003: 104ff.), in die einerseits sozialdemokratische und andere Unruhestifter deportiert werden sollten. Gefängnisreformer brachten reformpolitische Ansätze in die Debatte ein. Statt einer Gefängnisstrafe sollten Häftlinge in der Kolonie resozialisiert werden. Allerdings lösten diese Reformvorschläge Sorgen um eine Beschädigung der ‚nationalen Ehre' aus. Die sozialreformerischen Ansätze und Ideen wurden aufgrund immenser Widerstände nicht umgesetzt (vgl. Kundrus 2003: 291).

95 Zur Immigrationskontrolle und Ausweisung aus der Kolonie, um sich vor ungewollten MigrantInnen zu schützen vgl. Kundrus (2003: 112ff.). Dem Arbeitskräftemangel in den Kolonien stand die Sorge um die ‚Qualität' und das Deutsch-Sein der Siedlergemeinschaft entgegen. Ausweisungen aus den Kolonien sind auch wegen des Vorwurfs homosexueller Handlungen mit Schwarzen dokumentiert (vgl. Kundrus 2003: 118).

‚Deutsche Kultur' und weiße Selbstaffirmation

Der Bezug auf eine ‚deutsche Kultur' blieb eine der wichtigsten Komponenten der Kolonialpolitik und der Konstruktion einer weißen Siedleridentität. Die Inszenierung einer ‚deutschen Identität' war elementar für die Demonstration deutscher Macht und Überlegenheit hauptsächlich gegenüber den Kolonisierten, aber auch gegenüber anderen Kolonialmächten.[96]

Da die deutsche ‚Kultur' ein wichtiges und zugleich fragiles Distinktionsmerkmal der weißen Deutschen war, herrschte Uneinigkeit über den Umgang mit ihr in den Kolonien. Es wurde diskutiert, ob die deutsche Kultur und Lebensart den weißen Siedlern vorbehalten bleiben sollte oder der ‚Erziehungsauftrag' in den Kolonien so konsequent anzuwenden war, dass die kolonisierte Bevölkerung durch die Vermittlung deutschen Kulturguts ‚zivilisiert' wurde.

Diese Konflikte zeigten sich zum Beispiel im Umgang mit der deutschen Sprache in ‚Deutsch-Südwestafrika'.[97] Sprache galt, wie bereits in den Ausführungen zur Nation deutlich wurde, als ein zentrales Kriterium für die Begründung nationaler Identität. Insofern stand zur Debatte, ob die Vermittlung der deutschen Sprache in der Kolonie eher der Herrschaftssicherung diene oder diese eher unterminiere.

„Die deutsche Sprache wurde dabei sowohl als symbolisches Instrument der Machtausübung verstanden als auch als Kommunikationsmedium. Für die einen sollte sie Distinktionsmerkmal sein zur Unterscheidung der Binnen- und Außengruppe, für die anderen stand das v.a. wirtschaftspolitisch motivierte

96 Nina Berman sieht den zentralen Unterschied zwischen der deutschen Kolonialpolitik und der anderer europäischer Kolonialmächte darin, dass die Deutschen nicht explizit versucht hätten, die kolonisierte Bevölkerung zu ‚germanisieren'. Bei den Deutschen habe der Schwerpunkt auf einer wirtschaftlichen Modernisierung und auf einer Christianisierung gelegen. Die Deutschen zwangen die Einheimischen nicht, Deutsch zu lernen, machten sie aber auch nicht zu Bürgern ihres Landes – wie die Briten und Franzosen – da die Deutschen an einen unaufhebbaren Unterschied zwischen Afrikanern und Deutschen glaubten (vgl. Berman 2004: 216). Die These der nicht versuchten Germanisierung stimmt allerdings nur z.T. wie die folgenden Ausführungen zeigen. Zudem ähnelte die scheinbar andere Praxis in den französischen Kolonien der deutschen doch sehr: das *ius solis* galt nicht oder nur sehr eingeschränkt in den französischen Kolonien. Insofern war die Assimilationspolitik kein Garant für eine weniger rassistische Kolonialpraxis.

97 In ‚Ostafrika' gab es Deutschunterricht für einzelne koloniale Untertanen, die für den Dienst der Kolonialbehörde vorgesehen waren (vgl. Baer/Schröter 2001: 79f.).

Argument im Vordergrund, sich im Alltag mit den einheimischen Arbeitskräften problemlos zu verständigen." (Kundrus 2003: 189)[98]

Das weiße Erziehungs- und Schulwesen war wichtiger Austragungsort deutscher Kulturpolitik, es sollte den ‚deutschen Charakter' der Kolonie stabilisieren. Die ‚Germanisierungspolitik' betraf nicht nur die weiße deutsche Bevölkerung, sondern auch andere europäische SiedlerInnen, die eine Gefahr für die deutsche Hegemonie und Herrschaft darstellten (vgl. Walther 2002: 64ff.).[99] Aus diesem Grund war ein formales Schulsystem für die weißen Kinder von großer Bedeutung, denen die ‚deutsche Kultur' und Sprache vermittelt werden sollten. Die Förderung der deutschen Sprache als wesentlicher Bestandteil der kulturellen Identität hatte in der didaktischen Zielsetzung Priorität. Die Einführung des Faches ‚Heimatkunde' sollte ein einheitliches, ‚vaterländisches' Geschichtsbild vermitteln, um die Loyalität zur deutschen Kolonie und zum Deutschen Reich zu stärken und den Bezug zur ‚Heimat' zu erhalten. Diesem Zweck diente auch die Besetzung des afrikanischen Raumes – physisch und symbolisch – durch deutsche Ordnungssysteme wie eine technische Infrastruktur, deutsche Namen für Straßen und Orte sowie eine deutsche Architektur, durch die eine deutsche Herrschaft in die ‚Wildnis' eingeschrieben wurde. Auch die zahlreich in ‚Südwestafrika' errichteten Kriegerdenkmäler fungierten als Symbole der deutschen Vormachtstellung.[100]

Von großer Bedeutung für die Konstruktion des Deutsch- und Weiß-Seins war der an den Topos der Erziehung anknüpfende Arbeitsdiskurs.

---

98 Es gab für die Schwarze Bevölkerung in ‚Deutsch-Südwestafrika' im Gegensatz zu den anderen deutschen Kolonien keine staatlichen Schulen, der Unterricht wurde von den Missionen durchgeführt. Die katholischen Missionen sahen es als ihre Aufgabe an, die kolonialen Untertanen national zu erziehen und sie damit zu treuen Untertanen zu machen (vgl. Zimmerer 2001: 243f.).

99 Zu den Kontroversen über die ‚Germanisierung' von Buren vgl. Kundrus (2003: 102f.).

100 Auch nach dem Verlust der Kolonie setzten sich die weißen deutschen SiedlerInnen für ihre Privilegien als weiße Deutsche, für den Erhalt deutscher Schulen und der deutschen Sprache ein. Auch Vereine und eine ausgeprägte Traditionspflege wie z.B. Gedenktage sollten das ‚Deutschtum' in der Kolonie erhalten. Nach der Machtübernahme der Nationalsozialisten 1933 hegten die allermeisten ‚Südwester' Sympathien für die neuen Machthaber im Reich, von denen sie sich die Lösung der offenen Kolonialfrage erhofften.

Die Konstruktion ‚deutscher Arbeit'

Seit dem 16. Jahrhundert war der Arbeitszwang ein wesentlicher Bestandteil des europäischen Kolonialismus.[101] Der Arbeitskräftemangel war auch in den deutschen Kolonien ein gravierendes Problem. Die Notwendigkeit der Beschaffung von Arbeitskräften überlagerte abolitionistische Argumentationen gegen die Sklaverei.[102] Die weißen deutschen Siedler beklagten schon lange den Arbeitskräftemangel in den Kolonien, da die einheimische Schwarze Bevölkerung von der Existenzwirtschaft lebte, sodass sie nicht auf den Hungerlohn für die Arbeit auf den Plantagen der Weißen angewiesen war. Um den Arbeitskräftemangel zu beheben, hatte die Kolonialpropaganda Ende der 1870er Jahre den Topos der ‚Erziehung des Negers zur Arbeit' eingeführt, der zum Mantra der Kolo-

101 Obwohl die Abschaffung der Sklaverei die koloniale Expansion des Deutschen Reiches maßgeblich legitimierte, waren Sklavenhandel und Zwangsarbeit während der gesamten Kolonialherrschaft in ‚Deutsch-Ostafrika' eine gängige Praxis (vgl. Deutsch 2000: 110). Die ‚arabische' Sklaverei, die publizistisch verbreitet und für eigene Interessen ausgeschlachtet wurde, sorgte für große Empörung in Europa und Deutschland. Die Antisklavereibewegung im Deutschen Reich forderte sogar einen ‚Kreuzzug', um die versklavte afrikanische Bevölkerung zu befreien. Die Antisklavereibewegung war oft direkt oder indirekt „mit der Forderung einer Aufteilung und politischen Unterwerfung des afrikanischen Kontinents als Voraussetzung einer dauerhaften Abschaffung der Sklaverei" verbunden (Harding 1995: 281). Mit der Aufteilung des Afrikanischen Kontinents auf der Afrika-Konferenz in Berlin waren diese Forderungen jedoch überholt. Der sog. Araber-Aufstand 1888 gegen die deutsche Kolonisierung Ostafrikas bewirkte eine Neuformierung der politischen Interessen im Deutschen Reich, insbesondere in Bezug auf den Stellenwert der Abschaffung der Sklaverei in der öffentlichen Meinung. Trotzdem wurden die weiteren Versuche der Inbesitznahme durch die *Deutsch-Ostafrikanische Gesellschaft* (DOAG) als Befreiung von der Sklaverei dargestellt. Der Reichstag bewilligte große Summen, angeblich um den Sklavenhandel der arabischen Sklavenhändler zu unterdrücken und die deutschen Interessen in Ostafrika zu schützen (vgl. Baer/Schröter 2001: 39). Zwischen den kolonialen Behörden und dem Reichstag gab es massive Konflikte um die Frage des Sklavenhandels. Die kolonialen Behörden weigerten sich, die Forderungen nach der Beendigung der Sklaverei zu erfüllen. Zu den Debatten über Sklaverei im Reichstag vgl. Deutsch (2000: 119ff.). Zu den Maßnamen der deutschen Kolonialverwaltung zur Abschaffung der Sklaverei vgl. Harding (1995: 283ff.).

102 Sogar die *Deutsche Kolonialgesellschaft* übernahm abolitionistische Argumente. Anfang der 1890er Jahre veranstaltete sie Anti-Sklaverei-Lotterien. Das Geld floss allerdings in die Kolonien zurück, u.a. zum Ausbau des Militärs: Es ging vor allem um die Konkurrenz zu den anderen Kolonialmächten und die Verurteilung ihrer Kolonialpolitik (vgl. Wildenthal 2001: 40).

nialbewegung wurde (vgl. Schubert 2004: 46; Schubert 2001: 65ff.). Die ,Erziehung zur Arbeit' wurde mit kulturmissionarischen, pädagogischen, rassistischen und sozialdarwinistischen Argumenten begründet und war einer der zentralen Bausteine der kolonialen Politik. Die kirchliche Kolonialpolitik in Form der Missionen sah es als ihre Aufgabe an, die kolonisierte Bevölkerung durch Arbeit kulturell zu ,heben'. Auch für sie war die ,Erziehung zur Arbeit' eines der zentralen Ziele missionarischer Arbeit (vgl. Conrad 2004: 110; Sippel 2000: 535; Schubert 2001: 120ff.).

Während des Krieges in ,Deutsch-Südwestafrika' wurde Zwangsarbeit für die Schwarzen Gefangenen in den Konzentrationslagern und Arbeitslagern eingeführt, die Teil eines rigiden Kontroll- und Unterwerfungssystems war (vgl. Krüger 1999: 24; Zimmerer 2001: 43f.).[103] In den Konzentrationslagern starben viele Schwarze Gefangene an Krankheiten und Unterernährung; auch die Zwangsarbeit forderte viele Opfer.[104] Sogar weiße Zivilisten konnten Zwangsarbeiter anfordern (vgl. Zimmerer 2001: 45ff.).

Nach dem Krieg verschärfte sich der Arbeitskräftemangel in ,Deutsch-Südwestafrika', und es gab Überlegungen, potenzielle Arbeitskräfte an Orte umzusiedeln, wo sie gebraucht wurden. „Die geplante ,Verschiebung' großer Bevölkerungsteile hatte nicht nur ökonomische Gründe, etwa potentielle Arbeiter dort anzusiedeln, wo sie gebraucht wurden, sondern verfolgte das Ziel der ,colonization of consciousness', die ein integraler Bestandteil des modernen ,consciousness of colonization' war." (Krüger 1999: 136)[105]

Exkurs: Kolonialreform und Rassenkonstruktionen

Um 1900 begann eine Wende der Kolonialpolitik vom Konzept der Assimilation zu dem der Dissimilation (vgl. Grosse 2000: 28). Die Entwicklung und Etablierung einer neuen Ordnung für die Kolonien erfolgte nach Grosse im Anschluss an die euro-amerikanische Expansion.

103 In diesem Kontext kritisiert Gesine Krüger (1999: 134) die Gleichsetzung der Konzentrationslager in den Kolonien mit den NS-Vernichtungslagern. Die Vernichtung durch Arbeit wurde in den kolonialen Lagern zwar in Kauf genommen, jedoch nicht systematisch geplant.

104 1908 wurde die Kriegsgefangenschaft und damit auch die Zwangsarbeit offiziell beendet.

105 Es gab sogar Überlegungen, Zwangsarbeiter aus den Kriegsgefangenenlagern ins Deutsche Reich zu bringen, um den Zuzug von Polen und Russen ins Deutsche Reich einzuschränken. Die Schwarzen Gefangenen galten jedoch nicht als ,wertvoller' als die Arbeitsmigranten aus dem Osten. Ihre Integration in die deutsche Gesellschaft war nicht geplant, sondern sollte unbedingt verhindert werden (vgl. Zimmerer 2001: 53f.).

Sie stand mit einer Biologisierung des Rassenbegriffs und einer zunehmenden Verflechtung der sozialen, ökonomischen und juristischen Sphären der Metropole und der Kolonie im Zusammenhang. Zudem wuchs die Angst vor einer Proletarisierung der Kolonien und einer damit verbundenen politischen Radikalisierung der kolonialen Untertanen, die sich in Widerstand und Partizipationsforderungen äußern könnte.[106] Eine zentrale Fragestellung für eine neue Kolonialpolitik stellte die ökonomische Nutzbarkeit der Kolonien dar; bislang waren sie wirtschaftlich ein teures Verlustgeschäft für das Deutsche Reich gewesen.

Die Suche nach einer modernen, rationalen Kolonialpolitik beinhaltete auch ein verändertes Verständnis der kolonialen Rassenpolitik, die sich in der „Doktrin der ‚getrennten Entwicklung der Rassen'" ausdrückte (Grosse 2000: 27). Dies bedeutete eine Abkehr vom aufklärerischen Modell der Assimilation und den damit verbundenen Topos der ‚Zivilisierung' und ‚Entwicklung' und eine Hinwendung zu einem Rassenmodell, das von den unveränderlichen und unüberbrückbaren Differenzen zwischen den kolonialen Untertanen und den weißen Kolonialherrschern ausging. Somit kam es zu einer verschärften Trennung der kolonialen Bereiche auf der rechtlichen Ebene (‚Eingeborenenrecht') und einer weitgehenden Verhinderung sozialer Kontakte. „Die Politik der Dissimilation folgte [...] der Vorstellung einer nach anthropologischen Kriterien gegliederten Ständegesellschaft mit wohlfahrtsstaatlichen Elementen", ein System, das einer „‚weißen' Oligarchie gesellschaftlichen und politischen Vorrang einräumte." (Grosse 2000: 28) Zimmerer (2004: 105) bezeichnet diese Gesellschaftsformation als „rassische Privilegiengesellschaft". Bislang hatten nur private wirtschaftliche Akteure wie Handelshäuser oder Plantagenbesitzer von den Kolonien profitiert, nicht aber der deutsche Staat und die deutsche Volkswirtschaft.

> „Die Vergesellschaftung der Kolonialpolitik wurde die dominierende rhetorische Leitfigur des neuen kolonialpolitischen Diskurses seit Mitte der 1890er Jahre. Dieser nationalpolitische Reformansatz beruhte in Deutschland auf einer Programmatik, die als Kombination von Rassen- und Wohlfahrtsstaat zu verstehen ist und sich in das Modell einer bürgerlichen Herrschaftsorganisation einfügt." (Grosse 2000: 31)

Während die deutschen Kolonien vorher als Ausland galten und als exterritoriale Gebiete der Monarchie unterstellt waren, sollten sie fortan in

106 Dieser Wandel von einer eher assimilatorisch zu einer dissimilatorisch ausgerichteten Politik vollzog sich gedanklich in fast allen Kolonialländern. Zum europäischen Vergleich vgl. Grosse (2000: 29).

den deutschen Nationalstaat integriert werden – jedoch, und das war die Voraussetzung für diese Integration, bei einer gleichzeitigen Separation der kolonisierenden weißen und der kolonisierten Bevölkerung.

Die Machtposition in den Kolonien sollte – vor allem nach dem genozidalen Krieg – durch eine ‚rationale Kolonialpolitik' stabilisiert werden.[107] Zudem bedurfte es nach der Abschaffung der Sklaverei einer Neuorganisation der kolonialen Arbeitsbeziehungen. Neben der Separation sollten in den Kolonien wohlfahrtsstaatliche Elemente eingeführt werden, um den kolonialen Alltag zu humanisieren. Dies betraf Schutzmaßnahmen im Arbeitsbereich sowie Maßnahmen im Gesundheits- und Bildungswesen, mit denen die Proletarisierung der kolonialisierten Bevölkerung unterbunden bzw. eingeschränkt werden sollte.[108] Die Gefahr weiterer Aufstände sollte bei einer gleichzeitigen Optimierung der Ausbeute gebannt werden. Die soziale Frage in Europa stand daher in einem engen Bezug zur ‚Rassenfrage' in den Kolonien. Die Kolonialreform korrespondierte mit der bürgerlichen Sozialreform im Deutschen Reich, mit deren Hilfe die gesellschaftlichen Klassenkonflikte befriedet werden sollten.[109] „Zeitgleich mit dem Aufkommen von rassen- und biopo-

107 In der Argumentation einer ‚rationaleren' Kolonialpolitik war der Topos der ‚untergehenden Naturvölker' zentral. Ein Bevölkerungsrückgang in den Kolonien regte Debatten über einen angeblichen Gebärstreik der einheimischen Frauen bzw. einen ‚Rassenselbstmord' an (vgl. z.B. Melber 1992: 106), die zu Überlegungen einer ‚Eingeborenenschutzpolitik' führten. Ein weiteres Sinken der Geburtenraten der Schwarzen und damit eine weitere Verschärfung des Arbeitskräftemangels wurde befürchtet. Der ‚Eingeborenenschutz' sollte zugleich den Frieden in den Kolonien sichern und weitere Aufstände oder Kriege verhindern. Die niederländische Politik der *ethische politiek* diente dem sozialreformerischen Ansatz des Deutschen Reiches als Vorbild, um die ökonomischen und sanitären Bedingungen der kolonisierten Bevölkerung zu stabilisieren (vgl. Grosse 2000: 100). Hier trafen sich die Interessen der Kolonialkritiker und -reformer mit denen der Eugeniker. Der Topos des ‚Aussterbens der Naturvölker' war auch an bevölkerungspolitische Anliegen geknüpft: das der Bevölkerungszunahme sowie der ‚Qualitätssteigerung' der ‚Rasse'. Alle drei Gruppen befürworteten die Umwandlung des kapitalistischen Ausbeutungssystems in den Kolonien in eine „produktive und effiziente Sozial- und Arbeitsbeziehung". (Grosse 2000: 125)

108 In diesem Kontext steht die Einführung einer kolonialen Gesundheitspolitik und Hygiene. Mit den Reformen versuchte man zudem, die Prügelstrafe der weißen Siedler zumindest zu kontrollieren (vgl. Wolter/-Kaller 1995), den Landraub der weißen Siedler einzuschränken und die Zwangsarbeit abzuschaffen, die unter anderem zum Krieg geführt hatte. Die Zwangsarbeit blieb trotz der Reformen Alltag für die Schwarze Bevölkerung.

109 Die Sozialdemokraten Karl Liebknecht und Wilhelm Hasenclever zogen die Parallele zwischen Kolonialfrage und Sozialreform (vgl. Schubert 2003: 49).

litischen Vorstellungen erfolgten in den Staaten der westlichen Welt die ersten Schritte zur Entstehung des modernen Sozialstaats." (Becker 2004a: 15) Zentral an der Wirkungsweise des Sozialstaats ist die darin präsente Logik des gesellschaftlichen Ein- und Ausschlusses. Es stellte sich die Frage, wer als legitimes Mitglied der nationalen Solidargemeinschaft anerkannt wurde und folglich von Sozialleistungen profitieren sollte und wer davon ausgeschlossen blieb, weil er die Vorstellungen einer moralischen, sittlichen und bürgerlich konnotierten Lebensführung nicht einhielt.

Die Sozialreformen waren mit der Hoffnung verbunden, die Arbeiterklasse in den Nationalstaat integrieren zu können. Die Angst vor der Proletarisierung der kolonisierten Massen wurde analog zum ,Klassenkampf' als ,Rassenkampf' thematisiert. Die Reformen sollten einen begrenzten sozialen Ausgleich schaffen, um weiteren Widerstand und kriegerische Auseinandersetzungen zu vermeiden und zugleich die weiße Vorherrschaft abzusichern. Mit den Kriegen verlor die vorher weit verbreitete kulturmissionarische Argumentationsweise ihre Deutungsmacht (vgl. Schubert 2004: 47; Schubert 2001: 227ff.). Die kolonialen Untertanen galten nun nicht mehr als ,erziehbar', sondern als gefährlich und unveränderlich, als ,wilde Bestien' (vgl. Sobich 2006: 131f.).

Erst unter der Reformpolitik des Staatssekretärs im Auswärtigen Amt, Bernhard Dernburg, verstärkte sich ab 1906/7 die kulturmissionarische Argumentationsweise wieder. „Die ,Ära Dernburg' kann somit insgesamt nicht nur als ,Ära' einer erneut massiv auftretenden Reproduktion kulturmissionarischer Koloniallegitimation verstanden werden, sondern auch als Phase einer erstmals systematisch vorgetragenen sozialdarwinistischen Rechtfertigung der Kolonialherrschaft in Afrika gelten." (Schubert 2001: 299) Sozialdarwinistisches Denken setzte sich insbesondere nach dem Krieg durch und führte zu einer Radikalisierung der Herrschaftsideologie und -praxis. Grosse (2000: 120) zufolge stabilisierte die Kolonialreform die koloniale Rassenpolitik,

> „indem sie die konventionellen legitimatorischen Rassenideologien überwand und sie in subtilere Formen einer Politik der anthropologischen Differenz überführte. [...] Die ,Rasse' wurde somit zur maßgeblichen Kategorie der kolonialen Sozialbeziehungen, die das ökonomische, rechtliche und soziale Leben organisieren sollte, als Grundlage des gesellschaftlichen Ausgleichs der Sozialpartner in den Kolonien, die über die rassische Identität ihre jeweilige kulturelle Eigenständigkeit bewahrten."

Mit der Ernennung des liberalen Bankiers Bernhard Dernburg (1865-1937) zum Direktor der kolonialpolitischen Abteilung des Auswärtigen

Amts 1906 im Anschluss an die sog. ‚Hottentottenwahlen' wurden die schon länger diskutierten Reformpläne tatsächlich umgesetzt. Dernburgs Pläne beruhten weniger auf humanitären Vorstellungen, sondern vor allem auf der ökonomischen Nutzbarmachung der Kolonien sowie auf der Festigung der politischen Herrschaft. Das liberalere Modell wirkte zugleich modernisierend und biologisierend und verfestigte die soziale und politische Ungleichheit.[110]

Insbesondere die weißen SiedlerInnen, die vor allem während und nach den Kriegen ein härteres Vorgehen einforderten, übten scharfe Kritik an den Dernburg'schen Reformen. Nach dem Krieg in ‚Deutsch-Südwestafrika' kam es unter den Siedlern zu einer Radikalisierung. „Eine anwachsende Siedlerschaft forderte harsche Maßnahmen zur Rassentrennung und fand damit seit dem Beginn des Herero-Nama-Krieges das Gehör des Gouvernements." (Becker 2004a: 20)[111] Die Unterwerfung der einheimischen Bevölkerung wurde mit den Kolonialreformen zementiert (vgl. Krüger 1999: 33).

Arbeits- und Rassenpolitik nach dem Kolonialkrieg

Die ‚Eingeborenenpolitik' des Deutschen Reichs entsprach der an der Effizienz ausgerichteten Arbeitspolitik Dernburgs. Nach dem Krieg gegen die Herero und Nama ersetzten die Kolonialbehörden direkten körperlichen Zwang und Gewalt (wie Fußfessel und Peitsche) zumindest offiziell durch gesetzliche Regelungen.

Das ‚Eingeborenenrecht' stellte die Grundlage der rassistischen Rechtsordnung in den Kolonien dar, insbesondere die drei ‚Eingeborenenverordnungen' von 1907, die einen Arbeitszwang sowie die Überwachung der Schwarzen Bevölkerung beinhalteten.[112] Die Herrschafts-

110 Dernburgs Programm basierte auf einem intensiven Einsatz von Kapital und Wissenschaften wie der Medizin, den Ingenieurswissenschaften und der Psychologie, die als ‚Negerpsychologie' am Hamburger Kolonialinstitut institutionalisiert wurde. Letztere effektivierte als soziale Technologie die koloniale Machtausübung im Sinne einer psychologischen Menschenführung (vgl. Grosse 1997).

111 Becker verwendet in seinen Ausführungen höchst problematische Begriffe aus der kolonialen Tradition, von denen er sich in keiner Weise distanziert oder sie kontextualisiert. Damit reproduziert er den kolonialen Rassismus und reimplementiert die Existenz von ‚Rassen', wenn er beispielsweise von ‚Halbblut' spricht. Er reproduziert ebenso Vorstellungen von Reinheit und den Topos vom Blut als Anzeiger der Herkunft. Dennoch benutze ich seine Ausführungen unter Vorbehalt und unter Auslassung problematischer Begrifflichkeiten.

112 Die ‚Eingeborenenverordnungen' schrieben den Arbeitszwang fest und beinhalteten zugleich Mindestrechte für die Schwarzen Arbeitenden.

beziehung zwischen Weißen und Schwarzen in den Kolonien bekam dadurch eine neue rechtliche Basis. Mit diesen Gesetzen gelang die endgültige Unterordnung der kolonisierten Bevölkerung unter deutsche Herrschaft (vgl. Schneider 2003: 45; Krüger 1999: 142; Zimmerer 2001: 68f.).[113] Dazu dienten die Kontroll-, die Pass- und die Gesindeverordnung,

> „mit denen erstmals jeder einzelne Afrikaner direkt deutschen Gesetzen und Verordnungen unterworfen und einer bürokratischen und zentralistischen Verwaltung unterstellt wurde. Damit sollte versucht werden, alle Lebensbereiche der Afrikaner zu kontrollieren und der Verwaltung einen Überblick darüber zu vermitteln, wie viele und welche Afrikaner sich zu einer bestimmten Zeit in einem bestimmten Bezirk oder Distrikt aufhielten, wo sie wohnten und ob und wo sie beschäftigt waren." (Zimmerer 2004: 113)

Ziel der Enteignungen und der Passgesetze war die endgültige Fragmentierung und Zerstörung der vorkolonialen afrikanischen Gesellschaften. Ganze Bevölkerungsgruppen wurden zwangsumgesiedelt und in das ‚Eingeborenenregister' eingetragen (vgl. Krüger 1999: 24; Zimmerer 2001: 77f.).[114] Begleitet waren diese Verordnung von sich zunehmend durchsetzenden rassenhygienischen Motiven der Dissimilation, die einen sozialen Aufstieg der Schwarzen verhindern sollte.

(vgl. Zimmerer 2001: 57ff.). Auch die weißen Siedler sollten mit den Verordnungen und Bestimmungen in einem gewissen Maß kontrolliert werden.

113 Die nach dem Krieg umgesetzte ‚Eingeborenenpolitik' ist nach Zimmerer (2001: 8) kein Neuanfang der kolonialen Beziehungen, sondern eine Vollendung der Pläne aus der Vorkriegszeit (Zimmerer 2001: 69ff.). Auch die ‚Mischehenverbote', die Landenteignung, der Arbeitszwang sowie die ‚Eingeborenenbesteuerung' waren schon unter Theodor Leutwein, dem ersten Gouverneur von ‚Deutsch-Südwestafrika', diskutiert worden. Die Besteuerung hatte allerdings wegen ihrer späten Umsetzung kaum noch Auswirkungen – ganz im Gegensatz zur direkten Besteuerung in den anderen deutschen Kolonien, wie z.B. der ‚Hüttensteuer' seit 1898 in ‚Deutsch-Ostafrika', nach der pro ‚Hütte' in den Städten ein fester Satz bezahlt werden musste. Diese Steuer provozierte Widerstand und war nur mit Waffengewalt durchsetzbar. In diesem Kontext begann 1905 der Maji-Maji-Widerstand auf einer Baumwollplantage (vgl. Baer/Schröter 2001: 85ff.).

114 Bereits Ende des 19. Jahrhunderts gab es erste Zwangsumsiedlungen afrikanischer Bevölkerungsgruppen in räumlich festgelegte Reservate durch die deutsche Kolonialverwaltung (vgl. Melber 1992: 94ff.). Bis 1913 gab es Deportationen von Kriegsgefangenen, auch in andere Länder. Krüger sieht in diesen weitreichenden Umsiedlungsplänen sogar in andere Erdteile das Ausmaß des Herrschaftsanspruchs der deutschen Kolonialherrschaft (vgl. Krüger 1999: 141f.).

Allerdings muss zwischen den deutschen Herrschaftsutopien, also der „Vorstellung von absoluter Kontrolle der afrikanischen Bevölkerung und der totalen Planbarkeit der Verwendung ihrer Arbeitskraft" (Zimmerer 2003: 36) und der tatsächlichen politischen Umsetzung unterschieden werden. Unterschiedliche Gründe führten dazu, dass die ‚Rassen'- und Kontrollpolitik nicht gänzlich umzusetzen war. Dazu gehörte vor allem die Widerständigkeit der indigenen Bevölkerung, der es immer wieder gelang, sich den Passgesetzen oder dem Arbeitszwang zu entziehen. Zudem waren viele der weißen Siedler nicht bereit, mit der staatlichen Obrigkeit zu kooperieren. Es gelang der Kolonialverwaltung nicht, die geplante Kontrolle gänzlich durchzusetzen oder den Widerstand dagegen zu bestrafen, und der koloniale Staat geriet an die Grenzen seiner Handlungsfähigkeit. „Die deutsche ‚Eingeborenenpolitik' war durch eine erhebliche Diskrepanz von normativem Anspruch und praktischer Umsetzung gekennzeichnet" (Zimmerer 2003: 40).

Die Herero und ein Großteil der Nama waren schon während des Krieges 1906/07 enteignet worden und besaßen kein Land und Vieh mehr. All ihre politischen Organisationen waren aufgelöst worden.[115] Die sozialen und politischen Strukturen wurden in Folge des Krieges zerschlagen und die Herero auf Gefangenenlager verteilt. Diese Situation der einheimischen Bevölkerung nutzten die weißen Siedler aus, besetzten das Land der Herero und Nama und trieben deren Enteignung voran.

Infolgedessen wurde für die kolonisierte Schwarze Bevölkerung die Arbeit z.B. auf Farmen oder in Diamantminen notwendig, um ihr Überleben zu sichern. Außerhalb des Arbeitsplatzes durfte sie sich nur mit einem vom Arbeitgeber ausgestellten Pass bewegen, sonst konnte sie wegen Landstreicherei bestraft werden.[116] Über Dienstbücher und

115 1905 erließ der Kaiser eine Verordnung über die „Einziehung von Vermögen Eingeborener" (vgl. Melber 1992: 103), die eine Enteignung der einheimischen Bevölkerung vorsah. Weitere Maßnahmen waren das Verbot von Landerwerb sowie der (Groß-)Viehhaltung für Afrikaner. Die weißen Siedler eigneten sich zunehmend gewaltsam bis hin zu Massakern Land der indigenen Bevölkerung an. Die Landfrage war ein Konfliktpunkt zwischen den Siedlern, dem Gouvernement, der Mission, der Kolonialabteilung und der Regierung im Deutschen Reich wie auch der *Deutschen Kolonialgesellschaft*. Nach dem Krieg wurde sämtliches Land der Herero und der Großteil des Landes der Nama offiziell enteignet. Diese Enteignungen und Konfiszierungen weiteten sich auf den Großteil der Gebiete ‚Deutsch-Südwestafrikas' aus (Zimmerer 2001: 57ff.). Auch im heutigen Namibia gehört als Folge dieser Enteignungen das meiste Farmland noch immer weißen Farmern.

116 1809 wurden Passgesetze erstmals in der Kapkolonie vereinheitlicht und auf die gesamte kolonisierte Bevölkerung angewendet. Die Einschränk-

Dienstverträge wurden ihre Arbeitsbiographien festgehalten und ihre angezweifelte Arbeitswilligkeit dokumentiert. Die freie Wohnortwahl der einheimischen Schwarzen Bevölkerung war damit aufgehoben. Die ‚Erziehung zur Arbeit' war ein fundamentaler Bestandteil der deutschen Kolonialideologie und Konsens aller kolonialen Protagonisten, bis hin zu den Kolonialkritikern der Sozialdemokratie (vgl. Gründer 2004: 34; Marx 2004: 87f.).

Die Passgesetze zwangen Schwarze ab dem Alter von sieben Jahren zum Tragen einer sichtbaren Passmarke. Die Gesetze sollten zum einen eine räumliche und soziale Kontrolle, zum anderen einen flexiblen Einsatz der Arbeitskräfte ermöglichen (vgl. Zimmerer 2001: 79; Melber 1992: 103).[117] Sie übertrugen auch den Siedlern mehr Macht und hatten eine kontrollierende und strafende Funktion gegenüber der einheimischen Bevölkerung. „Jeder Siedler hatte das Recht, einen Afrikaner, der sich nicht ausweisen konnte, kurzerhand festzusetzen. Damit ging gleichsam ein Anteil an der Staatsgewalt auf die Siedler über – der Kolonialstaat wurde mehr und mehr zum Siedlerstaat." (Becker 2004a: 20) Die Gesetze legitimierten zudem das ‚väterliche Züchtigungsrecht' der Siedler, das schon lange zur Tagesordnung der kolonialen Arbeitsbeziehungen gehörte und quasi als Gewohnheitsrecht der Siedler galt, selbst als nach den Kriegen versucht wurde, den Gewaltexzessen und der Brutalität der Siedler entgegenzutreten.[118]

---

ung der Bewegungsfreiheit fand in allen Siedlerkolonien Anwendung (vgl. Marx 2004: 87).

117 Die sog. *Rehobother Bastards*, die Nachkommen von niederländischen Einwanderern und Südafrikanerinnen, waren von der Passpflicht ausgenommen, was zu Debatten über weitere Kontrollmöglichkeiten führte (vgl. Zimmerer 2001: 89f.). Aus Sicht der Siedler war die Kontrolle der Schwarzen Bevölkerung unzureichend. Die Siedler forderten neue und radikalere Maßnahmen als Passmarken, z.B. Tätowierungen (vgl. Zimmerer 2001: 145ff.).

118 Die körperliche ‚Züchtigung' des ‚Personals' war nicht grundsätzlich verboten, sondern berief sich auf das frühneuzeitliche Gesinderecht. Das ‚väterliche Züchtigungsrecht' wurde im Reich erst im 20. Jahrhundert aufgehoben. Insofern war der Begriff der Misshandlung unscharf und rechtlich schwer greifbar. Zudem wurde eine körperliche Züchtigung auch seitens der Verwaltung nicht grundsätzlich abgelehnt. Die häufigen schweren Misshandlungen stellten jedoch die angestrebten ‚vernünftigeren' kolonialen Arbeitsbeziehungen nach dem Krieg in Frage. In diesem Kontext gab es einige Prozesse gegen Siedler, die jedoch milde oder gar keine Strafen nach sich zogen. Die Gewalt konnte nicht eingedämmt werden (vgl. Zimmerer 2001: 192ff.). Zimmerer (2003: 36) beschreibt die „rassistische Solidarität von Beamten, Richtern und Siedlern, wenn es um die Ahndung von Verbrechen und Vergehen an Afrikanern und Afrikanerinnen ging".

Rassistische Argumentationsweisen stimmten nicht zwangsläufig mit den ökonomischen Interessen überein, wie anhand eines Fallbeispiels deutlich wird: Die Überlegung, wegen des Arbeitskräftemangels die Migration auch nur eines einzigen chinesischen Arbeiters nach ‚Deutsch-Südwestafrika' zu billigen, scheiterte an der rassistischen Argumentation einer ‚Gelben Gefahr'[119] für die deutsche Kolonie. „Die für den ‚kolonialen Rassismus' gemeinhin als konstitutiv betrachtete Verbindung zur Ausbeutung von Arbeitskraft wird argumentativ überschritten: Die rassisch-ökonomische Nützlichkeitserwägung wird rassenpolitisch konterkariert." (Böttger 2004: 135)

Der zivilisatorische Auftrag, den die Weißen zu erfüllen glaubten, die ‚Erziehung zur und durch Arbeit' stand nicht im Widerspruch zu dem verordneten Arbeitszwang, sondern ergänzte ihn komplementär. Diese Arbeitspolitik stand im Zusammenhang mit Maßnahmen im Deutschen Reich.

Nationalisierung und Ethnisierung ‚deutscher Arbeit'

Zwischen der Arbeitspolitik bzw. dem Arbeitszwang in den Kolonien und der Metropole bestand ein Zusammenhang, die sozialen Praktiken konstituierten sich wechselseitig. Der Arbeitskräftemangel in den Kolonien war ein großes und viel diskutiertes Problem, das auch im Kaiserreich zunehmend debattiert und mit der angeblichen ‚arbeitsscheuen' kolonisierten Bevölkerung in Zusammenhang gebracht wurde.

1912 wurde in Preußen das ‚Arbeitsscheuengesetz' verabschiedet. Unter die Bezeichnung ‚Arbeitsscheue' fielen Obdachlose, Arbeitslose, Bettler, Wanderarme und ‚Vagabunden'.[120] Unterschiedliche Maßnahmen wurden diskutiert und eingeführt, um das Problem zu lösen. So wurden 1882 die ersten „Arbeiterkolonien" gegründet; 1890 gab es bereits 22 davon. In diesen Kolonien konnten Obdachlose und Arbeitslose bis zu 4 Monate leben, bekamen Verpflegung und Kleidung im Austausch gegen ihre Arbeitskraft. Diese Kolonien waren keine Zwangsanstalten, sondern konnten freiwillig aufgesucht werden. Conrad (2004: 113) bezeichnet sie als „Laboratorium der Bürgerlichkeit". Trotz der strukturellen Unterschiede, insbesondere in Bezug auf das rassistische

119 Das Schlagwort der ‚Gelben Gefahr' stand im Zentrum einer rassistischen Kampagne seit der Jahrhundertwende, bei der eine Bedrohung der westlichen Welt durch die Völker Ostasiens ausgemacht wurde. Spätestens seit Japans Aufstieg zur führenden pazifischen Seemacht (1905) war die ‚Gelbe Gefahr' ein verbreiteter Topos (vgl. auch Neitzel 1999: 93).

120 Etwa 400.000 Menschen, also 1 Prozent der Bevölkerung, hatten zu diesem Zeitpunkt keinen festen Wohnsitz und lebten auf der Straße.

System der Kolonien, lassen sich Parallelen in der Arbeitspolitik im Deutschen Reich und in den Kolonien ausmachen.[121] „Arbeit galt hier wie dort als zentrale Dimension des Individuums, als Ausgangspunkt der Konstituierung des Subjekts. Arbeit fungierte zugleich als Instrument der kulturellen ‚Hebung' und schied die Wilden von den Zivilisierten – oder erlaubte es gar, die Grenze zwischen beiden Gruppen zu überwinden." (Conrad 2004: 114)[122] Insofern stellte Arbeit nicht nur soziale Differenzierungen, sondern auch ethnisierende her. Daher ergeben sich Analogien zwischen innerer und äußerer Kolonisierung, die in der Kolonialismusforschung oft ausgeklammert bleiben.

„Die Analogie der inneren und äußeren Kolonisierung wurde weniger durch langfristige Planung und zielgerichtete Koordination als durch die strukturelle Logik des imperialistischen Zeitalters beeinflusst, die sich sowohl in den exterritorialen Kolonialambitionen als auch in der Migrationspolitik im ‚*inneren Ausland*' wiederfand. Wenn sich kolonialistische Politik im späten 19. Jahrhundert neben dem grundlegenden Wunsch nach wirtschaftlichen Nutzeffekten für die eigene Nationalökonomie vor allem über ein Konglomerat aus rassistisch-nationalistischen und sozialimperialistischen Ideologemen definierte, dann erscheint es aufgrund der korrespondierenden Gesellschaftspraxis ange-

121 Kien Nghi Ha (2003: 59) sieht die Anfänge der deutschen Arbeitsmigrationspolitik in der Wilhelminischen Kaiserzeit. Er zieht Verbindungslinien zwischen der historischen ‚Wanderarbeiterfrage' zur gegenwärtigen ‚Gastarbeiterfrage' und betont die Analogie der inneren und äußeren Kolonisierung im Reich. Es existierte eine zeitlich befristete Einwanderung von ArbeitsmigrantInnen ins Deutsche Reich, die bereits 1907 einem voll entwickelten restriktiven Kontrollsystem unterlag. Nach den USA war das Deutsche Reich vor dem Ersten Weltkrieg das zweitgrößte Arbeitseinfuhrland der Welt; Arbeitskräfte kamen vor allem aus polnischen Gebieten und Russland. Die Definition Deutschlands als Nicht-Einwanderungsland wurde schon damals festgesetzt. Es gab eine Anwerbepolitik von ausländischen Arbeitskräften aus ökonomischen Notwendigkeiten heraus, zugleich aber eine massenhafte Ausweisung insbesondere von PolInnen im Zusammenhang mit der antipolnischen Politik des Kaiserreichs Ende des 19. Jahrhunderts. „Die anti-polnische Migrationspolitik war eng mit kolonialistischen und nationalistischen Ideologemen verknüpft, die die andere Seite der innerpreußischen Polenpolitik bildete." (Ha 2003: 82) Diese Abwehr ist nach Ha Teil der Vertreibung und späterer Germanisierung, die im Kontext der ostkolonialen Expansionsbestrebungen als kontinentaleuropäisches Kolonialprojekt stand. In der Migrationspolitik des Kaiserreichs haben sich kolonialrassistische „Sozialtechniken und Umgangsformen herausgebildet, [die] in den gesellschaftlichen Reaktionsweisen der BRD in unbewusster, fragmentierter, modifizierter und/oder modernisierter Form präsent blieb[en]." (Ha 2003: 84)

122 AfrikanerInnen wurden in diesen Diskursen um Arbeit im Reich als ‚Wilde' bezeichnet, Landstreicher als ‚Fremde'.

> messen, von einer kolonialen Migrationspolitik im imperialen Deutschland auszugehen.“ (Ha 2003: 64)

Die im Kaiserreich wirkmächtige sozialimperialistische Arbeits(migrations)politik etablierte ein Privilegierungssystem, das auf einer Ethnisierung der Arbeit beruhte. Die Ethnisierung von Arbeit sollte innenpolitisch für sozialen Frieden in der Arbeiterklasse sorgen. „Gesellschaftliche Besserstellung als exklusives Privileg deutscher Nationalidentität intensivierte die nationalen Selbstwertgefühle und versöhnte sozial Unzufriedene, die ‚vaterlandslose Gesellen‘ zu werden drohten, mit der deutschen Nation [...].“ (Ha 2003: 74)

Zu dieser Ethnisierung bzw. Privilegierung gehörte auch die Diskriminierung und Ausgrenzung z.B. von PolInnen, Roma und Sinti und JüdInnen. Die Abgrenzungen nach innen und außen waren eine Voraussetzung für die Konstitution des bürgerlichen Selbst. Bereits im Kaiserreich waren nationalistische Sozialpolitik und Arbeitsmigration aneinandergeknüpft. Die Unterprivilegierung, die mit einer ethnisierten Arbeitspolitik verbunden war, wurde bereits damals von Kritikern mit den Verhältnissen in den kolonialen Gesellschaften verglichen.

Die Missionsgesellschaften gründeten in den Kolonien Missionsstationen nach dem Vorbild der Arbeitskolonien in der Metropole, z.T. mit gleichen Namen. Conrad (2004: 117f.) weist darauf hin, dass die Missionsstationen in den Kolonien und die Arbeitskolonien im Reich „nicht nur motivisch und organisatorisch“ miteinander in Verbindung standen, sondern auch

> „durch die Zirkulation sozialer Praktiken. Die Erziehung zur Arbeit in Ostafrika wurde in Ostwestfalen eingeübt. [...] Die Behandlung der ‚Arbeitsscheuen‘ im Deutschen Reich und die kulturelle ‚Hebung‘ der kolonialen Subjekte überlagerte und beeinflusste sich gegenseitig. Es zirkulierten Begriffe und rhetorische Topoi, leitende Motive, Geld, aber auch Akteure und Elemente der pädagogischen Praxis.“

Eine Integration in die bürgerliche Gesellschaft war jedoch für die sog. Arbeitsscheuen im Reich möglich, für die kolonisierte Bevölkerung in den Kolonien, die einer rassistischen Segregationspolitik unterlag, aber nicht.

Die Grenzen der nationalen und sozialen Gemeinschaft wurden über die ‚Arbeit‘ gezogen. Das „Preußische Gesetz über die Bestrafung der Landstreicher, Bettler und Arbeitsscheuen“ von 1843 ermöglichte es, Arbeitsunwillige in sog. Arbeitshaushaft zu schicken. Diese Arbeitshäuser gab es bereits seit dem 16. Jahrhundert in Europa; im 19. Jahrhundert erlebten sie im Rahmen des sich gesellschaftlich durchsetzenden Topos der ‚Erziehung zur Arbeit' einen Aufschwung.

Im 19. Jahrhundert bildete sich ein Diskurs über ‚deutsche Arbeit' heraus, der sich auch aus antisemitischen Stereotypen ‚jüdischer parasitärer Nicht-Arbeit' speiste. Diesen Diskursen kommt besonders im Deutschen Reich „der Ideologisierung der Arbeit als ‚deutscher' bzw. ‚nationaler Arbeit' bezüglich der Ausbildung einer deutschen nationalen Identität besondere Bedeutung zu". (Schatz/Woeldike 2001: 8)[123]

Arbeit wurde spätestens in der zweiten Hälfte des 19. Jahrhunderts zur nationalen staatsbürgerlichen Pflicht erklärt und gesamtgesellschaftlich eingeführt und ‚anerzogen', da die ‚deutsche Arbeit', so die sich durchsetzende Meinung, dem Wohl des deutschen ‚Volkes' und der gesamten Gemeinschaft diente. Arbeit galt dabei nicht mehr als Mühsal und Plage, sondern als Ausweis moralischer Lebensführung und Kultur. Die Einführung des gesellschaftlichen Arbeitsethos kann als „Prozess der Nationalisierung der Arbeit" (Schatz/Woeldike 2001: 75) verstanden werden. Mit der Nationalisierung der Arbeit waren gesellschaftliche Ein- und Ausschlussmechanismen verbunden. Einerseits vollzog sich über die ‚deutsche Arbeit' eine gesellschaftliche Integration insbesondere der Arbeiterklasse, andererseits wurden Nicht-Arbeitende oder dem Prinzip Arbeit scheinbar widersprechende Bevölkerungsgruppen, wie z.B. Juden, ausgegrenzt. Schatz und Woeldike (2001: 41) zeigen auf, dass dem Verständnis von ‚deutscher Arbeit' ein (struktureller) Antisemitismus inhärent war und dass u.a. das Konstrukt der ‚deutschen Arbeit' dazu beitrug, Antisemitismus zu vermitteln und gesellschaftlich zu verankern.[124]

---

123 Zu den gesellschaftlichen und historischen Vorbedingungen für die Herausbildung dieses Arbeitsbegriffs ab dem Mittelalter vgl. Schatz/Woeldike (2001: 15ff.). Der sich durchsetzende Topos der ‚Erziehung zur Arbeit' führte dazu, dass Nicht-Arbeit zunehmend gesellschaftlich verpönt war.

124 Die Kritik an den Begleiterscheinungen der Kapitalisierung und der kapitalistischen Vergesellschaftung war zunehmend antisemitisch geprägt. Die negativen Seiten der Moderne im 19. Jahrhundert wurden abgespalten und auf Juden projiziert, die mit parasitärer ‚Nicht-Arbeit' und der Kapitalsphäre identifiziert wurden. Mit dem Marx'schen Begriff des Fetischs erklärt Postone (1982) die Unterscheidung zwischen Wesen und Erscheinung des Kapitalismus. Innerhalb der fetischisierten Wahrnehmung ist nur die Erscheinungsebene der gesellschaftlichen Verhältnisse sichtbar, die in Abstraktes und Konkretes gespalten und verdinglicht und naturalisiert wird. Das Abstrakte wird zu einem negativen Prinzip, während die gesellschaftlichen Herrschaftsverhältnisse vom Konkreten auf das Abstrakte verschoben werden. Die konkrete Ebene wiederum gilt als natürlich und menschlich und wird positiv besetzt: die gute, organische, schöpferische deutsche Handwerks- und Industriearbeit steht in dieser

Das bürgerliche Arbeitsverständnis entwickelte sich auch im Kontext der Kolonialpolitik. Dieses beruhte auf einem ethnisierten Arbeitsverständnis, das sich durch rassistische Ausschlusspraxen im Reich und in den Kolonien vollzog. Hier zeigt sich allerdings die grundlegende Differenz zwischen Antisemitismus und Rassismus, die unterschiedliche gesellschaftliche Stereotype des ‚Juden' auf der einen und des ‚Fremden' auf der anderen Seite konstruieren.[125] In den 1890er Jahren gab es Überlegungen, sog. ‚Arbeitsscheue' aus dem Reich in die Kolonien auszuweisen. Damit sollten zugleich der Arbeitskräftemangel in den Kolonien und die sozialen Probleme der Metropole abgemildert werden. Sogar der Reichstag befasste sich 1898 zwei Mal mit diesem Vorschlag. Im Gegensatz z.B. zur Politik Frankreichs wurden sie jedoch nie realisiert. Lediglich ein Ressort für Deportationsfragen wurde im Kolonialamt eingerichtet.[126]

---

fetischisierten Wahrnehmungsweise der abstrakten Seite, dem schlechten, parasitären und unproduktiven Finanzkapital gegenüber. Die Kritik an den kapitalistischen Verhältnissen richtet sich nur auf die abstrakte Ebene, obwohl die (kritisierten) gesellschaftlichen Beziehungen ebenso der als gut und schöpferisch wahrgenommenen Arbeit inhärent sind. Im Zuge der gesellschaftlichen Kapitalisierung verändert sich der Blick auf Arbeit, wie Schatz und Woeldike anhand Marx' Kritik der politischen Ökonomie darstellen: Arbeit sei im Kapitalismus „nicht nur eine gemeinschaftliche, produktive Tätigkeit, die Stoffe in bestimmter Weise umformt (konkrete Arbeit), sondern sie ist gesellschaftlich in einem ‚zusätzlichen' Sinne, da sie gesellschaftliche Beziehungen vermittele". (2001: 36) Der Doppelcharakter der Arbeit lässt sie einmal als konkrete, dann als abstrakte Arbeit erscheinen. Arbeit vergegenständlicht sich jedoch nicht nur im Produkt, sondern auch in objektiven gesellschaftlichen Beziehungen. Während Arbeit vorher durch traditionelle Bindungen und durch offene Gewalt- und Herrschaftsverhältnisse vermittelt war, tritt sie seit der Durchsetzung des Kapitalismus an die Stelle dieser Beziehungen. Vorstellungen vom ehrlich schaffenden Deutschen wurden dem nicht-arbeitenden Juden und dem von ihm vermeintlich erwucherten und erschwindelten, an der Börse erworbenen jüdischen Kapital entgegengestellt.

125 Diese haben jeweils unterschiedliche gesellschaftliche Funktionen. Schwarze wurden als faul und unzivilisiert konstruiert, Juden wurde hingegen ein ‚zuviel' an Kultur unterstellt. Juden stellten im antisemitischen Weltbild eine machtvolle parasitäre Gefahr für die organische deutsche Volksgemeinschaft dar. In der antisemitischen Konstruktion unterlaufen sie durch das mit ihnen identifizierte wurzellose, heimatlose Kapital die nationale Gemeinschaft grundsätzlich (vgl. Holz 2001). Das Bild des rassifizierten Anderen ist jedoch auch binnendifferenziert zu betrachten.

126 Im Kontext der Ausgrenzung und Deportation wurde ab 1885 auch der ‚Madagaskarplan' debattiert, in dem Madagaskar als Ort für eine Zwangsdeportation der Juden vorgeschlagen wurde.

Die soziale Frage radikalisierte sich im Kaiserreich über die Ausschlusspraxen in den Kolonien, die dort absolut und nicht nur diskriminatorisch waren. Die Radikalisierung des Arbeitsdiskurses vollzog sich im Kontext der Radikalisierung des Antisemitismus und Rassismus zu Beginn des deutschen Kolonialismus, als die ersten Rassengesetze in den Kolonien entstanden. Erst über den kolonialen Kontext lässt sich diese Radikalisierung verstehen.[127]

„Erst die Überlagerung dieser Debatten über Arbeit mit der kolonialen Erfahrung kann die qualitative Veränderung plausibel machen, die um 1900 im Verständnis von Arbeit als Ausschließungskriterium manifest wurde. Gemeint ist eine Überblendung des traditionellen Verständnisses von sozialer Ungleichheit und Klassenunterschieden mit den grundsätzlichen Dichotomien, die das koloniale Projekt kennzeichneten. Mechanismen der Ausschließung hatte es schon früher gegeben; zu diesen konventionellen Formen der Diskriminierung zählte die Marginalisierung von Armen, Arbeitslosen und Vagabunden. Diese traditionellen Praktiken der Abgrenzung wurden nun, als Folge der manichäischen Ontologie des Kolonialismus, verabsolutiert." (Conrad 2004: 125)

Hier kommt einerseits die Verbindung zwischen der kolonialen und der Politik im Deutschen Reich zum Ausdruck. Andererseits wird deutlich, dass sich die Kategorie ‚Rasse' in den Kolonien in die sozialen Beziehungen und in die koloniale Herrschaft einschrieb. Arbeitspolitik und Zwangsarbeit standen folglich in einem wechselseitigen Konstruktionsverhältnis, auf dessen Grundlage sich Vorstellungen von weißer, deutscher Arbeit herausbildeten, die bis heute wirkungsmächtig sind.

Duales Recht in den Kolonien

Die Rassentrennungspolitik bzw. Dissimilation manifestierte sich vor allem in der dualen Rechtsordnung. In sämtlichen deutschen Kolonien herrschte ein duales Rechtssystem, also eine unterschiedliche Rechtsprechung für koloniale Untertanen und weiße SiedlerInnen (vgl. Zimmerer 2004: 105).[128] Zentral bei der Differenzierung war die Einteilung in die Kategorien ‚Eingeborene' und ‚Nicht-Eingeborene'. Diese Kategorien waren umstritten, weil sie auf keinen klaren Kriterien und Definitionen beruhten (vgl. Sippel 2004: 143f.). Da das deutsche Recht die Kategorie ‚Rasse' (noch) nicht kannte, führte diese Praxis zu einer gene-

127 Zur Arbeitspolitik der Nationalsozialisten vgl. Conrad (2004: 126ff.).

128 Erst mit dem Schutzgebietsgesetz von 1900 erklärte das Deutsche Reich seine territoriale Herrschaft über die Kolonien und setzte sich damit in eine direkte rechtliche Beziehung zu den kolonialen Untertanen (vgl. Grosse 2000: 116).

rellen Rechtsunsicherheit. Im deutschen Reich selbst gab es kein duales Rechtssystem; auch die Kategorie ‚Rasse' war noch kein gültiger Rechtsbegriff. Für die Kolonialgesetzgebung war die Kategorie ‚Rasse' jedoch zentral (vgl. Wildenthal 2001: 129).[129]

Die rechtliche Basis für eine getrennte Rechtssphäre war das 1886 erlassene „Gesetz betreffend die Rechtsverhältnisse der deutschen Schutzgebiete", das 1888 und 1890 modifiziert wurde und das die getrennten Rechtsprechungen für die gesamte Zeit der kolonialen Herrschaft des Deutschen Reiches festschrieb (vgl. Grosse 2000: 161). Das Schutzgebietsgesetz von 1886 bestimmte das Recht der Bevölkerung nach ‚rassischen' Kriterien und eröffnete damit die Möglichkeit einer „rassischen Privilegiengesellschaft": Diese „bezeichnete eine soziale Ordnung, die auf Dauer angelegt ist, und auf biologischer Hierarchisierung fußt, die alle Aspekte des Lebens umfasst. In einem Akt der sozialen Disziplinierung sollten die Angehörigen dieser ‚Rassen' dazu gebracht werden, ihre Position in dieser Hierarchie zu verinnerlichen". (Zimmerer 2004: 118)

Da die Kategorien ‚Eingeborener' und ‚Nicht-Eingeborener' unklar waren, stellten sie immer wieder einen Austragungsort für Auseinandersetzungen über gesellschaftliche Inklusion und Exklusion dar. Umstritten war, ob nur Personen mit afrikanischen Vorfahren väterlicher- und mütterlicherseits bis hin zu den Urgroßeltern als ‚eingeboren' galten, oder auch solche, bei denen dies nur bei einem Elternteil zutraf. Um diese Rechtslücke zu füllen, beschäftigten sich in ‚Deutsch-Südwestafrika' die Gerichte mit der Frage der Klassifizierung, insbesondere im Kontext der ‚Mischehendebatte'. „Im Rahmen von Entscheidungsfindungen klassifizierten sie bislang allgemein als ‚nichteingeboren' angesehene Personen beiläufig als ‚Eingeborene' und beeinträchtigten somit deren soziale und rechtliche Stellung in der nach rassischen Merkmalen ausgerichteten kolonialen Privilegiengesellschaft." (Sippel 2004: 147) Diese Rechtsprechung sollte u.a. auch, wie später noch deutlich wird, eine abschreckende Wirkung haben und koloniale ‚Mischehen' unterbinden. Die Unterscheidung und Definition der Menschen in Schwarz und Weiß geschah zunehmend mit dem Bezug auf das ‚Blut' und folgte somit der *one-drop-rule*.[130]

---

129 In den Kolonien fand weniger das bürgerliche Gesetzbuch Anwendung, sondern Verordnungen des Kaisers und des Reichskanzlers – damit wurde quasi am Reichstag vorbei regiert (vgl. Roller 2004: 248).

130 Die *one-drop-rule* bezeichnet die vor allem aus den USA bekannte rassenpolitische Praxis, nach der ein Mensch mit nur einem Tropfen ‚schwarzen Bluts', also bei jeglichen Schwarzen Vorfahren, nicht mehr als weiß, sondern als Schwarz kategorisiert wird.

Unterschiedliche Gerichtsverfahren, die im folgenden Abschnitt zu den ‚Mischehendebatten' aufgegriffen werden, sollten die rechtliche Definition der Kategorien ‚Eingeborener' und ‚Nicht-Eingeborener' bzw. Schwarz und Weiß klären (vgl. Kundrus 2003: 267ff.).

„Die Urteile hatten eine bemerkenswerte Eigendynamik, indem sich Deutsch-Südwestafrika zunehmend zu einem ‚Schnüffelstaat' entwickelte, wo bei jedem noch so belanglosen Anlass, der zu einer Gerichtsverhandlung führte, mit einer unliebsamen Aufdeckung der Abstammung des Beklagten beziehungsweise Angeklagten gerechnet werden musste." (Sippel 2004: 151)

Neben dem biologistischen Unterscheidungskriterium ‚Blut' spielte jedoch auch die ‚Kultur' als Gradmesser des Weiß-Seins eine Rolle für die Differenzierung.

Die Debatten über ‚Rassenmischung'

Ein zentraler Bestandteil der Rassenpolitik in den Kolonien waren die Debatten über die sog. ‚Mischehen' und ‚Mischlinge'. In der ‚Mischehenfrage' ging es um die Organisation der sexuellen Beziehungen zwischen weißen Männern und indigenen Frauen aus den Kolonien, vor allem um deren legitimierte Form der sog. ‚Mischehe' sowie um den Status der Nachkommen aus ‚Mischehen'.[131] Viele außereheliche ‚Beziehungen' waren jedoch nicht einvernehmlich, sondern erzwungen und gewalttätig. Vergewaltigungen und sexualisierte Gewalt gehörten zur Alltagspraxis der weißen Kolonialherren (Kundrus 2003: 224, Anm. 22; Mamozai 1989: 120ff.).

Die Institution Ehe war ein greifbarer Ansatz für Rechtsverordnungen. So konzentrierten sich die Debatten vor allem auf die Eheschließungen zwischen weißen Männern und Schwarzen Frauen in den Kolonien, da deren Nachkommen zentrale Fragen zu ‚rassenpolitischer' Einordnung und nationaler bzw. ‚rassischer' Identität aufwarfen, die mit

131 Über Verbindungen zwischen weißen Frauen und Schwarzen Männern in den Kolonien ist bis auf drei Fälle nichts dokumentiert. Über solche Verbindungen im Deutschen Reich liegt mehr Material vor (vgl. Kundrus 2003: 224, Anm. 23). Während Schwarze Frauen erotisiert wurden und ihre Wahrnehmung zwischen anziehend und gefährlich changierte, wurde Schwarze männliche (heterosexuelle) Sexualität fast ausschließlich als Bedrohung wahrgenommen. Die Beziehungen zwischen Schwarzen Männern und weißen Frauen galten als besonders unmoralisch oder gar undenkbar, vor allem wegen der symbolisch aufgeladenen Bedeutung des weiblichen Körpers als Repräsentation des Volkskörpers.

rechtlichen sowie staatsbürgerlichen Regelungen verbunden waren. Während zunächst die ‚Rassenmischung' in den USA und im Deutschen Reich diskutiert worden war, rückten allmählich die deutschen Kolonien in den Fokus der Aufmerksamkeit (vgl. El Tayeb 2001: 92ff.).[132]

Zu Beginn der Kolonisierung wurden Beziehungen zwischen weißen Kolonisten und kolonialen Untertanen noch begrüßt und gefördert, zumindest aber toleriert, denn sie galten als Erleichterung für die Akklimatisierung der Weißen und damit als wichtig für den Erhalt der Herrschaft über die Kolonien. Zudem knüpfte man an sie die Hoffnung auf eine vermeintliche ‚kulturelle Hebung' und ‚Zivilisierung' der kolonialen Untertanen.[133] Noch 1887 setzten sich Vertreter der *Rheinischen Missionsgesellschaft* und kirchenfreundliche deutsche Politiker bei Bismarck für eine Förderung von Ehen zwischen weißen deutschen Männern und kolonialen Untertanen ein, um einerseits einen kulturellen und zivilisatorischen Einfluss auf die kolonisierte Bevölkerung auszuüben und andererseits die zahlreichen nicht-ehelichen Gemeinschaften zu unterbinden (vgl. Sippel 2004: 140f.). Zu diesem Zweck sollten flächendeckend Standesämter in den Kolonien aufgebaut werden. Die kaiserliche Verordnung für ‚Deutsch-Südwestafrika' von 1892 stand einer Eheschließung zwischen europäischen weißen Männern und Schwarzen Frauen nicht im Wege. Die Kolonialverwaltung stellte sich jedoch gegen diese Verordnung. Gegner und Befürworter von ‚Mischehen' fanden sich in allen politischen, religiösen und sozialen Lagern. Die Kirche beispielsweise warnte vor der Gefahr einer Zunahme von Prostitution, Konkubinaten und Promiskuität und sprach sich daher für ‚Mischehen' aus. Sie glaubte zudem an eine missionarische Wirkung der Ehen auf die Schwarze Bevölkerung (vgl. Kundrus 2003: 250ff.).[134]

---

132 Bereits Ende des 19. Jahrhundersts wurden auch andere ‚Mischehen' als Problem betrachtet: Der preußische Minister von Gossler hatte, bevor 1885/86 zehntausende Polen mit ausländischer Staatsangehörigkeit in einer großangelegten Kampagne aus Preußen ausgewiesen wurden, eine konfessionelle und eine nationale ‚Mischehenfrage' ausgemacht (vgl. Roller 2002: 73).

133 Viele der Schwarzen Ehefrauen kamen zunächst aus wohlhabenderen Familien, sodass die Ehen wirtschaftliche Vorteile für die weißen Ehemänner boten: Viele brachten eine Mitgift mit, z.B. Grundbesitz (vgl. Zimmerer 2003: 26). Die Mitgift der Schwarzen Frau war neben der Einsamkeit der weißen Männer jedoch auch koloniale Propaganda, die die Beziehungen weißer Männer mit Schwarzen Frauen erklären sollte (vgl. Walgenbach 2004: 217).

134 Missionare und Missionsgesellschaften in den Kolonien und im Reich vertraten widersprüchliche Positionen in der Frage der ‚Mischehen' (vgl. Walther 2002: 41). Zu den Missionaren vgl. Kundrus (2003: 251ff.).

Die ‚Rassenmischung' war ein wichtiges Thema der Akklimatisierungsdebatte: In dieser Debatte war die Frage nach dem Bestand der ‚Rasse' von großer Bedeutung. Wissenschaftler beschäftigten sich damit, ob Weiße in den Kolonien überhaupt lebensfähig seien.[135] Es gab eine große Unsicherheit darüber, ob die konstruierten nationalen und ‚rassischen' Eigenschaften und Qualitäten der Deutschen in den Kolonien erhalten werden könnten, oder ob mit der Auswanderung der Weißen nach Afrika ein ‚Absinken' auf die als niedriger geltende Kulturstufe der Schwarzen verbunden sei.[136]

„Wie also würden Europäer, insbesondere weiße Deutsche, auf eine neue ungewohnte Umgebung reagieren? Konnten sie sich mit dem fremden Klima arrangieren und trotzdem ihre eigene, deutsche Identität bewahren? [...] Konnten sie als Kollektiv in der Fremde überhaupt existieren und dabei noch ihren rassen- bzw. nationalspezifischen Sozialtypus und Habitus aufrechterhalten, in die nächsten Generationen übertragen und damit der weißen, deutschen Herrschaft auch eine Zukunft geben?" (Kundrus 2003: 165)

Mediziner diskutierten widersprüchlich darüber, ob eine kulturelle ‚Essenz' oder gar ‚rassische' Qualitäten unveränderlich oder ob sie in der ‚neuen Heimat' in Gefahr seien. Die ‚Rasse' wurde in dieser Vorstellung vom Raum determiniert. Daraus ergab sich das Paradoxon, dass die im kolonialen Raum bedrohte ‚Rasse' erst durch eine ‚Rassenmischung' überlebensfähig würde, und diese daher eine notwendige Voraussetzung für eine erfolgreiche Kolonisierung sei.

Die Resultate aus der Akklimatisierungsforschung legitimierten sexuelle Beziehungen mit Schwarzen Frauen im ausgehenden 19. Jahrhundert, denn es wurde davon ausgegangen, dass sich weiße Männer zwar den klimatischen Bedingungen in den Kolonien anpassen könnten, weiße Frauen jedoch nur begrenzt (vgl. Grosse 2000: 146). Dies widersprach jedoch der sich allmählich durchsetzenden dissimilatorischen

135 Ausführlich zur Akklimatisierungsdebatte vgl. Grosse (2000: 53ff.) und Kundrus (2003: 162ff.). Die Akklimatisierungsdebatte wurde vor allem Ende des 19. Jahrhunderts in akademischen Kreisen geführt. Rudolf Virchow (1821-1902), einer der einflussreichsten Protagonisten der Akklimatisierungsdebatte, äußerte wegen der zu erwartenden ‚Rassenmischung' Vorbehalte gegen das koloniale Projekt. Mit der ‚Rassenmischung' sah er das ‚rassische' Fundament der Deutschen in Gefahr. Der damit verbundene Begriff der ‚Verkafferung' korrespondierte mit einer sich zunehmend durchsetzenden Reinheitsnorm.

136 Die Rassenforschung, die von der Monogenese, d.h. dem gemeinsamen Ursprung der Menschheit ausging, war überzeugt, dass sich die ‚Rassen' nach den klimatischen Bedingungen ausprägen. Daher schien das Weiß-Sein – und alles was daran geknüpft war – in Gefahr.

Politik in Bezug auf Kontakte zwischen Kolonisten und kolonialen Untertanen.

Erst allmählich setzte sich die Ablehnung gegen ‚Mischehen' durch. Mit dem Abschied von der assimilatorischen Politik als Mittel der ‚Europäisierung' und damit Herrschaftssicherung in den Kolonien und der sich durchsetzenden Politik der Dissimilation um die Jahrhundertwende galten die Beziehungen bzw. Ehen zunehmend als gefährdend für die Vorherrschaft der Weißen. Insbesondere nach dem Krieg gegen die Herero und Nama verstärkte sich die dissimilatorische Politik, und ‚Mischehen' galten zunehmend als Bedrohung für die Zukunft der Kolonien und die weiße Herrschaft (vgl. Grosse 2000: 147).[137]

Debatte über ‚Mischlinge'

Insbesondere die Nachkommen der ‚Mischehen' drohten, die koloniale Ordnung zu gefährden und die Grenzen zwischen Schwarz und Weiß zu unterlaufen.

Da die Staatsangehörigkeit patriliniear nach dem Prinzip des *ius sanguinis* über den weißen deutschen Vater weitergegeben wurde, konnten die Nachkommen dieser ‚Mischehen' deutsche Bürger werden. Männliche Kinder aus ‚Mischehen' waren aus juristischer Sicht wehrpflichtig und berechtigt, öffentliche Ämter zu erlangen. Zudem galt eine einheitliche – geschlechterhierarchische – Familienstaatsangehörigkeit, die über den weißen deutschen Ehemann bestimmt wurde, sodass ausländische Frauen nach der Heirat mit einem weißen deutschen Mann Deutsche wurden, während eine deutsche Frau durch die Ehelichung eines ausländischen Mannes ihre deutsche Staatsbürgerschaft verlor. Diese Rechtsprechung war ebenso für die Nachkommen dieser Ehen gültig.[138] Sie hatte Folgen für die ‚ethnische' Zusammensetzung der deutschen Nation, weshalb die ‚Mischehen' so angstbesetzt waren: Die (fragile) deutsche Identität, die an kulturalistische und rassentheoretische

137 Eines der Argumente für die Wiedererlangung der verlorenen deutschen Kolonien in den 1930er Jahren war der Erhalt der reinen ‚Rasse' der Schwarzen EinwohnerInnen. Die Politik der anderen Kolonialmächte sorgte demnach nicht für eine ausreichende Hygiene der Schwarzen und ließ eine ‚Rassenmischung' zu, sodass die Schwarze Bevölkerung in ihren Eigenheiten geschwächt und gefährdet würde (vgl. Gilman 1992: 283f.).

138 Ausnahmen bei der patrilinearen Organisation der Staatsbürgerschaft waren Kinder unverheirateter deutscher Frauen, die auch dann Deutsche waren, wenn der Vater ausländisch oder unbekannt war. Deutsche Männer konnten Kinder, die sie unehelich mit ausländischen Frauen hatten, legitimieren, sodass ihnen wiederum die Staatsangehörigkeit des Vaters zustand (vgl. auch Wildenthal 2001: 93).

Konzepte anknüpfend als weiß vorgestellt wurde, schien in Gefahr. Um das Deutsche Reich weiß zu erhalten, mussten diese Eheschließungen verhindert werden, da sich aus ihnen staatsbürgerliche Ansprüche ableiteten, aus den sexuellen Beziehungen aber nur ‚rassenmoralische' (vgl. Grosse 2000: 161f.).

Die Nachkommen standen im Zentrum der Auseinandersetzungen um die ‚Mischehen'.[139] Sie dienten als Projektionsfläche für Ängste und Mythen um ‚Rassenreinheit' und um kulturelle, nationale und ‚rassische' Identität. Sie galten als besonders gefährlich; ihnen wurde u.a. ein aufrührerisches Potenzial zugesprochen. Als kommende Generation, die ein kulturelles und ‚rassisches' Potenzial der Weißen in sich trug, könnten sie zukünftig mit den Weißen um die Herrschaft in den Kolonien konkurrieren oder sie sogar verdrängen. ‚Mischlinge' galten als Störfaktor einer klaren Rasseneinteilung und -hierarchisierung (vgl. El-Tayeb 2001: 50ff.). Zunächst wurde – insbesondere im Kontext der Akklimatisierungsdebatte – darüber diskutiert, ob eine ‚gemischte' Nachkommenschaft nicht die positiven Aspekte beider ‚Rassen' in sich vereinen würde und daher zu fördern sei und sich damit eine widerstandsfähige und intelligente ‚Rasse' heranzüchten ließe (vgl. Walgenbach 2004a: 170). Im Zuge der sich durchsetzenden dissimilatorischen Politik galten ‚Mischlinge' jedoch zunehmend als widernatürlich und wurden pathologisiert.

‚Rassenkundler', Mediziner, Ethnologen sowie Anthropologen versuchten, die Folgen der ‚Rassenmischung' zu erforschen und die Annahmen in Bezug auf ‚Mischlinge' zu belegen.[140] Ein prominenter Vertreter dieser Forschungen war der Eugeniker und Anthropologe Eugen Fischer (1874-1964), der einen großen Einfluss auf die Entwicklung der Rassenpolitik, auch während des Nationalsozialismus, ausübte.[141] Er führte

139 Nach Sippel (2004: 138f.) lebten 90 Prozent der Europäer in den Kolonien in Konkubinatsverbindungen. Grosse (2000: 151) zufolge lebten 1914 insgesamt etwa 3600 ‚Mischlinge' in den deutschen Kolonien, bei etwa 25.000 Weißen und einer nur geringen Anzahl an ‚Mischehen'.

140 Die ‚Rassenmischung' war schon vor 1900 ein vieldiskutiertes Thema, u.a. in der anthropologischen Forschung (vgl. Grosse 2000: 176ff.). Bereits in der Anthropologie der Aufklärung wurde über die Möglichkeiten und Grenzen der biologischen Reproduktion unterschiedlicher ethnischer Gruppen diskutiert (Grosse 2000: 145). In sämtlichen europäischen Kolonien war die sog. *métissage* Gegenstand von Debatten, über die verhandelt wurde, was Europäisch-Sein beinhalten, wie die Staatsbürgerschaft organisiert sein und wie die jeweilige Nationalität definiert und ausgelegt sein sollte. Für die niederländischen und französischen Debatten vor allem zu Indochina vgl. Stoler (1997: 199ff.).

141 Zu Eugen Fischer vgl. Grosse (2000: 184f.; El Tayeb 2001: 83ff.; Weingart et al. 1988: 495; Roller 2002a). Eugen Fischer begründete nach dem

1908 eine Untersuchung an den sog. ‚Rehobother-Mischlingen‘ durch, den Nachkommen von niederländischen Einwanderern und Südafrikanerinnen, die um 1870 in das spätere ‚Deutsch-Südwestafrika‘ eingewandert waren. Darin führte er bestimmte geistige und körperliche Merkmale auf unveränderliche Rassenunterschiede zurück (vgl. Gründer 2004: 37). Eugen Fischer sah in der ‚Rassenmischung‘ einen negativen Einfluss auf die menschliche Evolution.[142]

Die Kolonialverwaltung stand aufgrund der politischen Brisanz jeglicher Forschung abweisend gegenüber. Nach 1908 war keine Forschung zur ‚Rassenmischung‘ mehr erlaubt, insbesondere, als sich um 1911 die ‚Mischehendebatte‘ noch einmal zuspitzte. Die Forschungsergebnisse hätten schließlich die herrschende Kolonialpolitik und den ihr zugrunde gelegten ‚Eingeborenenbegriff‘ in Frage stellen bzw. den Interessen der Kolonialverwaltung zuwiderlaufen können.

‚Mischlinge‘ stellten in der Uneindeutigkeit ihrer Zugehörigkeit die ‚Rassenkonzepte‘ der Kolonien und die klare Separation zwischen weiß und Schwarz in Frage. Die rassentheoretischen Ordnungskonzepte waren ohnehin nicht eindeutig und variierten insbesondere in der Definition und Einordnung des ‚Mischlings‘ bei den unterschiedlichsten Interessensgruppen erheblich (vgl. Samulski 2004: 329f.).

‚Mischehen‘ und ‚Mischlinge‘ waren insofern aus machtpolitischen Gründen, seit der Jahrhundertwende auch zunehmend aus ‚rassenhygienischen‘ Motiven unerwünscht. Die Angst vor einer möglichen Verschlechterung der weißen ‚Rasse‘ durch eine ‚Mischung‘ wuchs (vgl.

Ersten Weltkrieg die Disziplin der Rassenbiologie. Er forschte zu diesem Zweck an menschlichem ‚Material‘, das ihm von Ärzten und Missionaren aus den deutschen Kolonien zugesandt wurde. Er übertrug bei Forschungen in ‚Deutsch-Südwestafrika‘ die Mendelschen Vererbungsgesetze auf den Menschen und stellte damit Rassen- als Erbmerkmale dar. Durch diese Studie, die er 1913 in seinem Hauptwerk „Die Rehobother Bastards und das Bastardisierungsproblem beim Menschen“ veröffentlichte, wurde er bekannt. Sie bildete eine Grundlage für die Rassenpolitik der Nationalsozialisten (z.B. bei der Ausarbeitung der Nürnberger Gesetze von 1935) und ermöglichte die nationalsozialistische Trennung zwischen ‚Ariern‘ und ‚Nicht-Ariern‘. Fischer galt unter den Nationalsozialisten als einer der führenden Rassenbiologen.

142 Seine Studie ergab entgegen der vorherrschenden Meinung, dass ‚Mischlinge‘ nicht nur die ‚minderwertigen‘ Merkmale beider ‚Rassen‘ erbten, sondern eine ‚Mittelstellung‘ zwischen ‚Eingeborenen‘ und Weißen einnähmen. Dennoch sprach sich Fischer strikt gegen eine ‚Rassenmischung‘ in den Kolonien aus (vgl. Roller 2002a: 131). Er beteiligte sich auch an der rassistischen Kampagne gegen die ‚Rheinlandbastarde‘, die Nachfahren weißer deutscher Frauen und afrikanischer Kolonialsoldaten der französischen Besatzungstruppen im Rheinland nach dem Ersten Weltkrieg.

Zimmerer 2004: 106). 1908 entzog die Kolonialverwaltung den Kindern die ihnen bis dahin zugestandene Staatsbürgerschaft (vgl. Carstens/-Vollherbst 2002: 51).

Die Mischehenverordnungen

Insbesondere die Kolonialverwaltung versuchte, auf gesetzlichem Wege gegen ‚Mischehen' und deren Nachkommen zu intervenieren, die Integration der ‚Mischlingsbevölkerung' zu verhindern und sie nicht mehr wie zuvor nach dem Grad ihrer Assimilation zu bewerten (vgl. Zimmerer 2001: 97). 1903 erließ Hans Tecklenburg als stellvertretender Gouverneur ‚Deutsch-Südwestafrikas' eine Verordnung, nach der alle ‚Mischlinge' als ‚Eingeborene' klassifiziert wurden, egal ob es sich um eheliche oder uneheliche Kinder handelte.[143] Ausnahmen sollten durch den Gouverneur ermöglicht werden, nach denen die ehelichen und nichtehelichen ‚Mischlinge' ein Zertifikat beantragen konnten, das ihnen einen ‚fast-weißen' Status bescheinigte. Dazu mussten sie mindestens drei Viertel ‚nicht-eingeborenes Blut' haben und „nach Erziehung, Geistesbildung, Charakter und Lebenseinstellung der Begünstigung" würdig sein (Tecklenburg 1903, zitiert nach Zimmerer 2003: 27). Tecklenburg führte die ‚Mischung' des Blutes in eine Debatte ein, die bislang vor allem um Moral, Erscheinung und Rechte kreiste (vgl. Wildenthal 2001: 93).

Mit Ausbruch des Kolonialkrieges konnte Tecklenburg die vorhandenen Widerstände seitens der Kolonialverwaltung umgehen. Er begann seine Vorstellungen von ‚Rassentrennung' mit der Verordnung gegen eine standesamtliche Heirat von – nach kolonialrassistischer Logik – ‚gemischten' Paaren umzusetzen. In der Neufassung des ‚Schutzgebietsgesetzes' von 1900 existierte zwar ein Eheschließungsrecht für die Personenkategorien ‚Eingeboren' und ‚Nicht-Eingeboren', jedoch nicht untereinander. Insofern gab es rechtlich keine Regelung für ‚Mischehen'. Diese Rechtslücke nutzten die Gouvernements einiger deutscher Kolonien, um Standesbeamte anzuweisen, solche Eheschließungen nicht mehr vorzunehmen, bis eine Entscheidung der Kolonialabteilung bezüglich der ‚Mischehenfrage' getroffen wäre.[144] Diese Weisung kam einem

143 Er war einer der ersten Kolonialbeamten, der die Beziehungen zwischen weißen Kolonisten und Schwarzen Frauen nicht im Kontext von Sexualität und Disziplin thematisierte, sondern von einer ‚Rassenmischung' sprach (vgl. Wildenthal 2001: 93).

144 Auch Dernburg setzte sich für das ‚Mischehenverbot' ein. „He was the first head of the colonial administration to try to reconcile policy on interracial sexual and familial relations in various colonies instead of

Verbot gleich, da Ehen zwischen Weißen und Schwarzen nicht mehr rechtsgültig geschlossen werden konnten.[145]

Die lokalen Kolonialbehörden erließen 1905 in ‚Deutsch-Südwestafrika', 1906 in ‚Deutsch-Ostafrika' und 1912 auf Samoa ‚Mischehenverordnungen', die jedoch unterschiedlich bewertet und umgesetzt wurden. In ‚Deutsch-Südwestafrika' wurden im Gegensatz zu Samoa auch rückwirkend Ehen, die vor 1905 geschlossen worden waren, annulliert.[146] In ‚Deutsch-Südwestafrika' gab es 1908 nach offiziellen Angaben 42 ‚Mischehen', wovon nur 20 von Angehörigen des Deutschen Reiches eingegangen wurden (vgl. Essner 1992: 145ff.). Die geringe Anzahl dieser Ehen verdeutlicht die politische Relevanz und Symbolik der Debatte für die deutsche Kolonialmacht.

Als die Verbote auf Samoa erlassen wurden, waren die Proteste der weißen Männer stärker als in den afrikanischen Kolonien, was u.a. auf die unterschiedlichen Rassenkonzeptionen zurückzuführen ist.[147] Ein

---

merly stalling and hoping things would work themselves out […]" (Wildenthal 2001: 98).

145 Die Missionare protestierten gegen die Verordnungen, da durch das Verbot einer standesamtlichen Trauung auch die kirchliche Trauung unmöglich wurde. Sie setzten sich nach wie vor für die Eheschließung Weißer mit Kolonisierten ein, da sie diese Beziehungen als kulturellen Brückenschlag verstanden, der zur ‚Hebung' der Kolonisierten beitragen würde. Lindequist bat die Missionare 1906, auch die kirchliche Trauung zu untersagen.

146 Zu den Verboten in ‚Deutsch-Ostafrika' vgl. Wildenthal (2001: 107ff.). Auch hier wurde der Kolonialkrieg als ‚Rassenkrieg' interpretiert; das Verbot wurde während des Krieges erlassen. In ‚Deutsch-Ostafrika' gab es keine frühen Eheschließungen zwischen weißen Siedlern, Missionaren oder Soldaten und afrikanischen Frauen wie in ‚Deutsch-Südwestafrika'. Dennoch waren die Debatten über ‚Rassenmischung' und ‚Mischehen' ähnlich vehement. „The German East African version of the debate over race mixing shows how, even in the virtual absence of intermarriage, the issues of race, family, and sexuality provided a language for German colonists' self-constitution as free and autonomous political subjects." (Wildenthal 2001: 109)

147 In Samoa waren ‚Mischehen' häufiger: 1913 lebten dort 227 weiße deutsche Männer und 63 weiße deutsche Frauen; es existierten 76 ‚Mischehen' (vgl. Wildenthal 2001: 121). Bis zum Ersten Weltkrieg blieben diese Ehen relativ unstigmatisiert. Die samoanische Bevölkerung verarmte unter der deutschen Herrschaft nicht so wie die der afrikanischen Kolonien. Als die Anzahl der deutschen Männer, die mit samoanischen Frauen zusammenlebten, im Deutschen Reich publik wurde, gab es einen kleinen Skandal über die scheinbare sexuelle und ‚rassische' Anarchie. Als Wilhelm Solf, bis 1911 Gouverneur Samoas und ab Ende 1911 Staatssekretär im Reichskolonialamt, 1912 die ‚Mischehenverordnung' auf Samoa erließ, verknüpfte er dies mit Definitionen, die die ‚Rasse' näher an die Staatsbürgerschaft binden sollte. Alle ‚Mischlinge',

Gesetz gegen ‚Mischehen' wurde im Kaiserreich nicht verabschiedet, sondern aus naturrechtlichen und ethisch-christlichen Motiven weitgehend abgelehnt.

Die ‚koloniale Frauenfrage'

Die ‚Mischehendebatten' 1905/1906 griffen die bereits in der Akklimatisierungsdebatte diskutierte sog. koloniale Frauenfrage wieder auf. Dabei ging es um die fehlende bzw. mögliche Anwesenheit weißer Frauen in den Kolonien und die Frage, ob sie dort überhaupt lebensfähig seien (vgl. Grosse 2000: 168ff.). Der Mangel an weißen Frauen in den Kolonien galt als Kern des Problems der ‚Rassenmischung'.

> „Das erhebliche Überwiegen der weißen männlichen über die weiße weibliche Bevölkerung ist ein Mißstand, der auch für die Lebensverhältnisse und für die Zukunft des Landes von großer Bedeutung ist. Er hat zu einer ziemlichen Anzahl von Mischverbindungen geführt, die, abgesehen von den üblichen Folgen der Rassenvermischung, vor allem deshalb zu bedauern sind, weil in Südafrika die weiße Minderheit sich durch die Reinhaltung ihrer Rasse in ihrer Herrschaft über die Farbigen zu behaupten hat." (Gouverneur Friedrich von Lindequist am 19. Sept. 1906 zitiert nach Mamozai 1989: 125)

Die Kolonialverwaltung schlug zur Erhaltung der ‚Rassenreinheit' zunächst vor, weiße Prostituierte in die Kolonien zu entsenden. In allen größeren Orten ‚Deutsch-Südwestafrikas' existierten jedoch bereits Bordelle mit weißen Europäerinnen, die von den Behörden geduldet wurden und einer sittenpolizeilichen Kontrolle unterlagen (vgl. Grosse 2000: 165f.; Kundrus 2003: 246f.).[148] Umstritten blieb jedoch, ob die Prostitution weißer Frauen die ‚Rassenreinheit' bzw. ‚-moral' sicherte oder ob sie dem Ansehen weißer Frauen, sowohl vor den Kolonisierten als auch vor den anderen Kolonialmächten, eher schadete. 1910 überlegte der Landesrat, Bordelle mit Schwarzen Prostituierten einzurichten, die es jedoch in der Realität wohl auch längst gab.

---

die außerehelich nach dem Erlass von 1912 geboren wurden, galten als ‚eingeboren'. Nachkommen einer ‚Mischehe' bzw. von einem weißen Vater legitimierte Nachkommen galten hingegen als ‚weiß' (vgl. Wildenthal 2001: 126). Für SamoanerInnen bestand die Möglichkeit, über ihre Lebensführung, gute deutsche Sprachkenntnisse oder den Nachweis einer europäischen Bildung den Rechtsstatus von weißen Europäern als ‚Kulturdeutsche' zu erhalten (vgl. Becker 2004: 25; Gründer 2004: 39).

148 Frauen, die die strengen Regulationen der sog. Sittenkontrolle nicht einhielten, konnten mit bis zu sechs Monaten Gefängnis bestraft werden (vgl. Walther 2002: 56).

Die ‚koloniale Frauenfrage' beschäftigte zunehmend breitere gesellschaftliche Kreise im Reich und wurde in wissenschaftlichen, kolonialbewegten und nationalistischen Kreisen kontrovers diskutiert. Auch progressivere, frauenrechtlerische und sozialdemokratische Kräfte im Reich setzten sich aus unterschiedlichen Motiven heraus für die Entsendung weißer Frauen in die Kolonien ein.

Die ‚koloniale Frauenfrage' bezog sich vor allem auf die Abwesenheit von weißen Frauen in den Kolonien und unterschied sich somit von der (feministischen) Frauenfrage im Reich. Die Beteiligung von Frauen am kolonialen Projekt war zunächst umstritten, vor allem bei den Kolonialgesellschaften, worauf im folgenden Kapitel ausführlicher eingegangen wird.

Ein zentrales Argument für die weibliche Partizipation stellte die Angst vor einem moralischen, kulturellen und ‚rassischen' Verfall der weißen Männer und die damit verbundene Bedrohung der weißen Vorherrschaft in den Kolonien dar. Daher verhandelte die ‚koloniale Frauenfrage' nicht nur die Stellung der weißen Frauen im kolonialen Projekt, sondern auch das männliche Sozialverhalten, die männliche Sexualität und die Reproduktion der Weißen in den Kolonien.

Die Kolonialpioniere lebten zu Beginn der Kolonisierung in Räumen ohne weiße Frauen. Dabei hatten sich Maskulinitätsformen herausgebildet, die zwar einerseits auf einer ‚Hypervirilität' und soldatischer Männlichkeit beruhten, auf der anderen Seite aber aufgrund der Abwesenheit von Frauen weibliche Tätigkeitsfelder, wie z.B. Kochen, und weiblich konnotierte Eigenschaften einschlossen.

„Das Projekt der kolonialen Unterwerfung war zwar ein männlich konnotiertes, bedurfte aber gerade im Falle von Siedlungskolonien der ethnisch und national stimmigen weiblichen Ergänzung. Schnell wurde das Bild von der Kolonie als Oase einer heroisch-kriegerischen Männlichkeit begleitet von Entwürfen, die den Kolonisten als psychisch labil, verführungswillig und gefährdet durch die afrikanische soziale wie natürliche Umgebung skizzierten." (Kundrus 2003: 79)

Die labile Männlichkeit wurde in den Diskussionen um eine vermeintliche Bedrohung durch das ‚Verkaffern' verhandelt. An die Entsendung weißer deutscher Frauen in die Kolonien knüpfte sich die Hoffnung, die vermeintlich bedrohte weiße Männlichkeit und damit die koloniale Herrschaft zu schützen und zu stabilisieren. Ein zentrales Moment der Gefährdung stellten die ‚Rassenmischung' sowie die ‚Mischehen' dar.

Zunehmend setzte sich auch in den Kolonialverbänden und -vereinen die Ansicht durch, die Anwesenheit weißer Frauen könne das Problem der ‚Rassenmischung' lösen. Umstritten blieb jedoch die Frage der Beteiligung von Frauen an der Kolonialpolitik und deren Ausgestaltung.

Mitte der 1890er Jahre entstanden die ersten Programme, mit denen weiße Frauen in die Kolonien entsandt werden sollten. Die Kolonialverwaltung arbeitete schließlich auf administrativer Ebene mit dem 1907 entstandenen *Frauenbund in der deutschen Kolonialgesellschaft* zusammen und entwarf Vermittlungsprogramme zur Ansiedlung der weißen deutschen Frau. Die ‚koloniale Frauenfrage' stellte einen zentralen Teil der kolonialen Rassenpolitik dar.

Die Entsendung der weißen deutschen Frauen flankierte die ‚Mischehenverordnungen' in den Kolonien; ihre Anwesenheit verstärkte die koloniale Rassenpolitik und stellte die weiße deutsche Frau als Symbol für den weißen deutschen Volkskörper in den Mittelpunkt rassistischer Politik. Der weißen Frau kam eine zentrale Rolle bei der Stabilisierung und Rassifizierung der deutschen Kolonien zu.

Die öffentliche Angst war jedoch groß, dass auch Frauen eine Ehe oder ein Verhältnis mit einem kolonisierten Mann eingehen könnten, falls Mischehen nicht verboten würden.[149] In Zeitungen wurde diskutiert, ob solche Frauen nicht zu ihrer eigenen Sicherheit aus den Kolonien ausgewiesen werden sollten.

„These fulminations inverted the usual relationship between the emphasis on white German women and race purity: white women could appear as the solution to race mixing or as the reason race mixing had to be stopped. In either case, the focus on German women shifted the public's attention away from the German men who were responsible for race mixing in the first place." (Wildenthal 2001: 121)

149 Eheschließungen zwischen Schwarzen Männern und weißen Frauen waren vor allem ein Ereignis der Metropolen (vgl. Axter 2005: 52). Viel Aufsehen erregte die Ehe zwischen der weißen Hamburger Arbeiterin Bertha Hilske und dem Schwarzen Suaheli-Lehrer am Seminar für Orientalische Sprachen der Berliner Universität Mtoro bin Mwinyi Bakari. Als bekannt wurde, dass er eine weiße Frau heiraten wollte, machten ihm seine Studenten, meist Kandidaten für den Kolonialdienst, die Lehre durch rassistische Beleidigungen und Angriffe unmöglich. Er erfuhr keinen Schutz von Seiten der Universität. Das Paar wollte daher nach ‚Deutsch-Ostafrika' auswandern. Ihnen wurde jedoch die Einreise verweigert, sodass sie gezwungen waren, nach Deutschland zurückzukehren. Eine weiß-Schwarze Ehe mit ‚verkehrten' Geschlechtern in den Kolonien galt als Skandal und sollte nicht als schlechtes Vorbild dienen. Bakari wurden, obwohl er Intellektueller war, Posten in Kolonialausstellungen angeboten. Er entschied sich schließlich, wieder Suaheli für eine Missionsgesellschaft zu lehren, für das halbe Gehalt, das er für die Kolonialausstellung bekommen hätte (vgl. Wildenthal 2001: 116).

Rassistischer versus patriarchaler Imperialismus?

Zunächst wurden die unehelichen Beziehungen zwischen weißen Männern und kolonisierten Frauen im Deutschen Reich als Teil der sog. Dienstmädchenfrage, also als moralisches, aber privates Problem der Sexualmoral diskutiert. Die ‚Mischehendebatten' luden die Frage der Sexualmoral rassenpolitisch auf und verbanden sie mit den Schlagworten ‚Rassenmoral', ‚Rassenehre' und ‚Rassenbewusstsein' (vgl. Grosse 2000: 157). Sie schlossen an gesellschaftliche Aushandlungsprozesse über Prostitution im Reich und in den Kolonien an. „Die gesamte Diskussion um die legalen Grenzen einer ‚Rassenmischung' war indirekt auch eine Debatte um Prostitution in den deutschen Kolonien." (Essner 1992: 156) Neben der ‚Rassen'- hatten die Debatten eine Geschlechterdimension, da bei Männern und Frauen mit zweierlei Maß gemessen wurde. Zudem standen in den Debatten die Geschlechterverhältnisse grundsätzlich auf dem Prüfstand.

Wildenthal (2001: 80) begründet die Vehemenz der geführten Debatten nicht mit der (zudem sehr geringen) Anzahl von Mischehen oder mit den (zahlreicheren) außerehelichen Beziehungen, sondern mit der „fundamentality of propertied male citizens' rights". Sie spitzt die ‚Mischehendebatten' daher auf einen Konflikt zwischen zwei divergierenden Männlichkeitskonzepten zu, dem „imperial patriarchy" und dem „liberal nationalism". Die ‚Mischehendebatte' bewegte sich damit im Spannungsverhältnis von rassistischer Ideologie und bürgerlich-christlicher Moral – dem Schutz der Institutionen Ehe und Familie – sowie von Appellen an das ‚Rasseempfinden' und dem von Männern reklamierten Recht auf sexuelle Freiheit. Besonders kontrovers wurden die patriarchalen Rechte der weißen Männer diskutiert, und es wurde versucht, diese Rechte mit dem Prinzip der ‚Rassenreinheit' in Einklang zu bringen. „A new white colonial masculinity emerged among advocates of race purity that permitted German men's sexual access to African woman while avoiding the troubling family and property issues that ordinarily accompanied long-term sexual relationships." (Wildenthal 2001: 120)

Zudem erklärt sich die Brisanz und Vehemenz der Debatten über ‚Mischehen' und ‚Rassenmischung' dadurch, dass diese „das ‚Eingeborenenproblem' in die innere Organisation der Familie und damit in die elementare reproduktive Grundlage des bürgerlichen Nationalstaates" verlegten, was zum Zusammenprall privater und öffentlicher Interessen führte (Grosse 2000: 146). Die Verbindung der Debatten über ‚Mischehen' und ‚Rassenmischung' mit der gesellschaftlichen Reproduktion und der bevölkerungspolitischen Entwicklung in den Metropolen verdeutlicht ihre Einbettung in einen „eugenischen Deutungszusammenhang“ (Grosse 2000: 147). Die eugenischen Dimensionen der Debatten zeigen sich vor allem in ihren geschlechterpolitischen Auswirkungen: im Vordergrund stand zunächst ein Verbot der ‚Mischehen‘, über die die Nachkommen den Zugang zur deutschen Staatsbürgerschaft hatten, und nicht die Verhinderung des Nachwuchses aus diesen Ehen oder Beziehungen generell. Der Fokus der Debatten richtete sich auf die Reproduktionsfähigkeit der weißen Frau und ihre Symbolik für die Reproduktion der (deutschen) Nation und weißen ‚Rasse‘. Die koloniale Rassenpolitik hat demnach eine biopolitische Dimension: Die ‚Rassenmischung‘ berührte die Sphäre des Bürgerlich-Privaten sowie einen der reglementiertesten Bereiche der bürgerlichen Gesellschaft, die Sexualität. Daher können die ‚Mischehen-‘ und ‚Rassenmischungsdebatten‘ als koloniale Biopolitik bezeichnet werden.

Innerhalb der Diskussion um die Problematik der ‚Mischehen‘ in den Kolonien bekam das Postulat der ‚Rassenreinheit‘ Priorität vor der Einheit der Familie, was eine gesellschaftliche Eingrenzung der (vormals autonomen) männlichen Sexualität bedeutete. Diese Priorität konnte sich jedoch in der Reichsgesetzgebung nicht durchsetzen, sondern blieb auf die Kolonien beschränkt: Im Konflikt zwischen männlicher sexueller Autonomie und einer ‚reinen weißen Rasse‘ setzte sich zunächst die bürgerlich-patriarchale Geschlechterordnung durch.

In der ‚Mischehenfrage‘ vermischten sich Konzepte bürgerlicher Sexualmoral mit grundsätzlichen ‚rassenpolitischen‘ Zielen. Durch die ‚Mischehenverbote‘ wurde erstmals ein Verhaltenskodex für Männer im Sinne einer ‚Rassenmoral‘ erlassen. Der Einfluss der Eugenik, die vor dem Ersten Weltkrieg immer stärker wurde, eröffnete einen „Diskurs, der die Bedeutung männlicher Sexualität im generativen Verhalten der deutschen Nation entlang ethnischer Grenzen zum Gegenstand hatte“. (Grosse 2000: 192) Die Verbote der Ehen schlossen das ‚rassische‘ Kollektiv der weißen KolonisatorInnen zumindest formal ab und verbanden Deutsch-Sein mit Weiß-Sein (vgl. Axter 2005: 43).

In den gesellschaftlichen Auseinandersetzungen über die ‚Rassenmischung‘ kulminierten Ängste vor einem politischen Kontrollverlust.

„In an imperial frame, the psychological and political anxieties attributed to European bourgeois society draw on a common vocabulary in some striking ways – that European bourgeois self defined by its interior other, those European nation-states built on their individuated and collective ‚interior frontiers‘, and these colonial empires that were the exteriorized sites where these internal borders were threatened and clarified are not part of a different order of things. Together they articulate what has made racial discourse so central – and resilient – in defining what being bourgeois and European were and continue to be about." (Stoler 1995: 193)

Weiß-Sein wurde in diesem Zusammenhang auch als eine „Form textueller, politischer und sexueller Angst" (Stokes 2001, zitiert nach Jungwirth 2004: 87) definiert, die auf den möglichen Verlust von Weiß-Sein als privilegierte Position hinweist. Vor diesem Hintergrund ist die zentrale Bedeutung der Darstellung und Thematisierung von Sexualität zwischen ‚Rassen' im Spannungsverhältnis von Angst und Begehren in den Rassentheorien und der Rassenpolitik zu erklären.[150] „Nineteenth-century theories of race did not just consist of essencializing differenciations between self and other: they were also about a fascination with people having sex – interminable, adulterating, aleatory, illicit, inter-racial sex." (Young 1995: 181) Genau dort, wo die weiße Herrschaft instabil oder gefährdet war, wurde sie zum Schauplatz ihrer (Re-)Inszenierung und Stabilisierung, indem rassistische Stereotypen reproduziert wurden. „Die Inszenierung von Weiß-Sein als Angst ist auch ein Versuch, einen drohenden Machtverlust oder Verlust von Status abzuwenden." (Jungwirth 2004: 88)[151] Rassenkonstruktionen beziehen sich auf Körper und schaffen hierarchisierte Körperkonzepte; sie realisieren sich dabei über Heterosexualität, da sie auf ihre ‚rassenreine' Reproduktion angewiesen sind. Die Heterosexualität stellt daher eine Versicherung, zugleich aber auch eine Bedrohung der Stabilität von Weiß-Sein und der (‚Rassen'-)Grenzen dar (vgl. Dyer 1997: 20).

Konstruktionen von ‚Rasse' zwischen Blut und Kultur

Die ‚Mischehenverordnungen' verhinderten nicht die ‚Rassenmischung' an sich, sondern nur Eheschließungen zwischen Kolonisierten und Kolonisten. Dennoch reicht für eine Interpretation das Primat patriarchaler gegenüber rassistischen Gesellschaftsvorstellungen nicht aus. Die Debatten um ‚Mischehen' und ‚Rassenmischung' verschwanden zwar nach den ‚Mischehenverordnungen' bis 1912 allmählich aus den Schlagzeilen der Metropole; in den Kolonien wurde jedoch weiter an einer Gesamt-

150 Von Braun (1994) weist auf die christliche Symbolik der Vorstellungen von ‚Rassenreinheit' hin: Ihr zufolge steht das christliche Opfer- und Erlösungsideal in enger Beziehung zum Ideal der ‚Reinheit'. Im Zuge der Säkularisierung der christlichen Ideale wandelte es zu einem weltlichen Ideal der ‚Reinheit des Blutes'. An Stelle der Kreuzungsmetapher tritt die ‚Rassenschande', und aus dem *Corpus Dei* wird der Volkskörper, dessen symbolische Trägerin die weiße Frau ist.

151 Die Inszenierung von Weiß-Sein als Angst wurde bislang hauptsächlich anhand von Filmen oder Literatur untersucht (vgl. Dyer 1997).

lösung für alle Kolonien gearbeitet.[152] Obwohl sich die rassenpolitischen Vorstellungen der kolonialen Protagonisten angesichts der Widerstände aus dem Reich nicht verwirklichen ließen, entwickelte sich insbesondere in ‚Deutsch-Südwestafrika' nach dem erlassenen Eheverbot eine immer deutlichere rassenpolitische Ausrichtung. Zwar stand die Verhinderung der Nachkommen im Vordergrund der Diskriminierung und nicht die der nicht-ehelichen Gemeinschaft oder des Sexualkontakts an sich. Dennoch gerieten auch nicht-eheliche Verbindungen immer mehr in den Blick der kolonialen Verwaltung und Institutionen.

Nach den Kriegen in ‚Deutsch-Südwestafrika' und ‚Deutsch-Ostafrika' ging die Kolonialverwaltung verschärft gegen ‚Mischehen' und Lebensgemeinschaften zwischen weißen Männern und Schwarzen Frauen vor. Zahlreiche Verordnungen in den Kolonien sollten Beziehungen zwischen Weißen und Schwarzen verhindern oder zumindest erschweren. Die Sanktionen reichten bis zur Drohung der Ausweisung aus der Kolonie. Ab 1907 durften in ‚Deutsch-Südwestafrika' keine Farmen mehr an Weiße verkauft werden, die mit Schwarzen Frauen – unabhängig ob verheiratet oder nicht – zusammenlebten. Ab 1908 konnten weiße Männer, die mit Schwarzen Frauen verheiratet waren oder offen zusammenlebten, die bürgerlichen Ehrenrechte verlieren. 1909 wurden diese Männer vom Wahlrecht für den Landesrat ausgeschlossen. Eine Folge konnte auch der Ausschluss aus Vereinen und damit aus dem Sozialleben der Kolonien sein (vgl. Kundrus 2003: 260; Walther 2002: 41). 1912 wurde die Einschränkung des Wahlrechts jedoch entschärft: Beim Nachweis eines ‚europäischen Lebensstils' konnten die Maßnahmen wieder rückgängig gemacht werden.

Im selben Jahr verschärfte das Gouvernement in ‚Deutsch-Südwest' sein Vorgehen gegen sexuelle Beziehungen zwischen weißen Männern und Schwarzen Frauen; die Maßnahmen zielten auf eine Kriminalisierung der Beziehungen (vgl. Zimmerer 2001: 107).[153] Einige Sanktionen waren explizit zur Vermeidung von ‚Mischlingen' gedacht: „De facto existierte also, mit Wissen von Reichsregierung, Reichstag und Öffentlichkeit, in den deutschen Kolonien bis zum Beginn des Ersten Welt-

152 Zu diesen Entwürfen vgl. Essner 1992: 157ff.

153 1911 legte das Gouvernement dem Reichskolonialamt den (zweiten) Entwurf der „Verordnung über die Mischlingsbevölkerung" vor, der eine Meldepflicht für die Geburt von ‚Mischlings-Kindern' für Schwarze Frauen bei den Verwaltungsbehörden vorsah. Die Behörden sollten zwecks Zahlung von Alimenten nach dem Vater des Kindes forschen. In der tatsächlich verabschiedeten „Verordnung über die Mischlingsbevölkerung" vom 23. Mai 1912 wurden diese geplanten Alimente gestrichen, da sie gegen Berlin nicht durchsetzbar gewesen waren (vgl. Sippel 2004: 148).

kriegs eine gegen ‚Mischlinge' gerichtete Rassengesetzgebung." (El-Tayeb 2001: 131) Bei der Geburt eines unehelichen ‚Mischlingskindes' sollte die Polizei einschreiten und das Dienstverhältnis zwischen einem weißen Mann und einer Schwarzen Frau – bzw. die nicht-eheliche Lebensgemeinschaft – wegen „Erregung öffentlichen Ärgernisses" beenden. Die Schwarze Frau konnte so ihren Arbeitsplatz verlieren (vgl. Wildenthal 2001: 105; El-Tayeb 2001: 100f.). Die Zwangsregistrierung sollte weiße Männer davon abschrecken, Beziehungen mit Schwarzen Frauen einzugehen. Damit wurde jeder Weiße

> „zur Aufsichtsinstanz über das sexuelle Verhalten seiner Mitmenschen gemacht. [...] Wenn Sexualität und Fortpflanzung zu einer Sache der Allgemeinheit, zu einem Beitrag zur Gesundheit oder Gefährdung eines abstrakten ‚Volkskörpers' wurde, dann war dies nicht länger Privatangelegenheit. Zugleich öffnete es dem Denunziantentum Tür und Tor, das nun als staatstragender Akt ausgegeben werden konnte. War im ‚Eingeborenenrecht' schon jedem Weißen eine Aufsichts- und Polizeifunktion über jeden Afrikaner und jede Afrikanerin zugeschrieben worden, so wurden nun auch die Weißen gegenseitiger Kontrolle unterworfen." (Zimmerer 2004: 108)[154]

Die Versuche, vor allem ab 1910, auch nicht-eheliche sexuelle Kontakte zwischen Schwarzen und Weißen zu verhindern, verstießen teilweise sogar gegen rechtliche Vorschriften des Deutschen Reiches. In ‚Deutsch-Südwestafrika' z.B. wurden die Schwarze Ehefrau eines deutschen Staatsbürgers und ihre Nachkommen entgegen der staatsbürgerschaftsrechtlichen Vorschriften und kolonialrechtlichen Grundsätze als ‚Eingeborene' klassifiziert. Dass Schwarze Ehefrauen und deren Nachkommen den Rechtsstatus von ‚Nicht-Eingeborenen' erlangen konnten, galt als Schreckensszenario für das Deutsche Reich. Der Boykott dieser Regelung durch die Kolonialbehörden führte zu Konflikten zwischen dem Gouvernement ‚Deutsch-Südwestafrikas', dem Reichs-Kolonialamt und dem Reichstag (vgl. Wildenthal 2001: 85). Die Pläne zur Kriminalisierung der sexuellen Beziehungen zwischen weißen Männern und Schwarzen Frauen mussten fallen gelassen werden. Während die als ‚Eingeborene' Klassifizierten mit Strenge behandelt wurden, mussten weiße Männer nicht länger mit größeren Sanktionen rechnen.

Unterschiedliche Interessen verhinderten eine Vereinheitlichung der rechtlichen Grundlagen, z.B. der Definition des ‚Eingeborenenbegriffs' bis zum Ende der deutschen Kolonialherrschaft. Die verschiedenen Be-

---

154 Über die außerehelichen Beziehungen zwischen weißen Männern und Schwarzen Frauen ist wenig bekannt, außer dort, wo die Behörden einschritten (vgl. Zimmerer 2004: 109ff.).

hörden, Kolonialbeamten und Richter legten die bestehenden Rechtslücken unterschiedlich aus; insofern existierte keine einheitliche Rechtsprechung in den Kolonien. Viele der angedachten und diskutierten Vorschriften konnten niemals in reale Politik umgesetzt und in den kolonialen Alltag eingeführt werden.

Das in allen deutschen Kolonien herrschende duale Rechtssystem zog unterschiedliche Kriterien zur Einordnung in die kolonialen Kategorien heran. Seit der Jahrhundertwende dominierte zunehmend die Vorstellung der ‚Reinheit des Blutes'. Bei der Frage nach der Einteilung in ‚Eingeborene' oder ‚Nicht-Eingeborene' gab es keine eindeutigen Vorgaben, sodass sich in den Gerichtsprozessen um den Status einer Person die künstliche Einteilung immer wieder als willkürlich herausstellte. Menschen, die als weiß galten, wurden in Prozessen plötzlich ‚Schwarz', da ein Schwarzer Vorfahre entdeckt worden war. El Tayeb (2001: 101) weist auf eine „invisible blackness" hin, die in das Innere der Körper, in das Blut verlagert wurde.[155] 1907 wurde in ‚Deutsch-Südwestafrika' erstmals die Regelung der *one-drop-rule* gerichtlich implementiert (vgl. Wildenthal 2001: 87). Das Bezirksgericht Windhoek unterstützte die Politik des Gouvernements bezüglich der ‚Mischehen' und erklärte diese auch rückwirkend für ungültig. Das Urteil wurde in der Scheidungsklage von Ada Maria Leinhos, einer Herero, getroffen, die ihre vor dem Standesamt geschlossene Ehe mit einem weißen Siedler scheiden lassen wollte. Das Gericht wies ihre Klage mit der Begründung ab, als ‚Eingeborene' sei ihre Ehe sowieso ungültig. Das Urteil dieses Verfahrens des Kaiserlichen Gerichts legte eine Definition fest, wonach

„sämtliche Blutsangehörigen eines Naturvolkes, auch die Abkömmlinge von eingeborenen Frauen, die sie von Männern der weissen Rasse empfangen haben, selbst wenn mehrere Geschlechter hindurch eine Mischung mit weissen Männern stattgefunden haben sollte. Solange sich noch die Abstammung von einem Zugehörigen eines Naturvolks nachweisen lässt, ist der Abkömmling infolge seines Blutes ein Eingeborener." (Urteil des Bezirksgerichts Windhoek, 26.9.1907, zitiert nach Zimmerer 2004: 103).

Dieses Urteil wurde zwei Jahre später vom Obergericht Windhoek bestätigt, wodurch das Abstammungsprinzip bei der Definition der ethnischen Zugehörigkeit festgeschrieben wurde. Bei jeglichen afrikanischen Vorfahren unabhängig von einer bestehenden Staatsbürgerschaft galt eine Person vor dem Obergericht in Windhoek als ‚Eingeboren'. Auch

155 Stoler (1995: 205) betont jedoch, dass Vorstellungen von ‚Rasse' zwar auf unsichtbaren Kriterien beruhten, sie aber zugleich „visual and verbal forms of knowledge at the same time" aufriefen.

in den Prozessen nach 1910 wurde zunehmend nach der *one-drop-rule* entschieden. Diese Rechtsprechung sollte als Abschreckung gegen ‚Mischehen' und ‚Rassenmischung' dienen. Das Obergericht Windhoek legte der Rechtsprechung seit dem Kolonialkrieg den bislang undefinierten ‚Eingeborenenbegriff' zugrunde. Die Gerichte in ‚Deutsch-Südwestafrika' wandten mit Unterstützung der Kolonialverwaltung eine Variante der *one-drop-rule* an, „die selbst über die in den meisten südlichen Staaten der USA praktizierte Form hinausging". (El-Tayeb 2001: 101) Zimmerer (2003: 29) sieht darin eine Abkehr von kulturellen und eine Wende hin zu biologisch-rassistischen Definitionen. Allerdings gestaltete sich die koloniale Praxis nicht eindeutig, und der Rassenbegriff blieb umstritten.

Gerade an der Frage, ob die zugeschriebene ‚Rassenzugehörigkeit' rein biologisch oder auch nach kulturellen Kriterien definiert werden sollte, zeigt sich, dass in der Kolonialpolitik kein einheitlicher ‚Rassenbegriff' durchgesetzt werden konnte, sondern dass die Umsetzung und Definition einer willkürlichen Interpretation unterlag. Während sich einerseits eugenische Denkmuster in der Kolonialpolitik durchsetzten, flossen andererseits kulturalistische Deutungsmuster in die Rechtsprechung ein bzw. galten ebenso als eine legitime Grundlage der Zugehörigkeit. Daher wurde der biologistische Rassenbegriff ergänzt durch kulturalistische Vorstellungen ‚deutscher' bzw. ‚europäischer' Lebensart, die sich am deutschen Sprachvermögen, bürgerlichen Kulturfertigkeiten oder einem bestimmten Lebensstil bemaß. Es fanden daher auch Naturalisierungen von als ‚Eingeborene' Klassifizierten statt, die über diese Fähigkeiten verfügten. Eine ‚Naturalisierung' war für koloniale Untertanen die einzige Möglichkeit der rechtlichen Gleichstellung. Dies galt nur für diejenigen, „welche nach Erziehung, Lebenshaltung und Charakter es verdienen, die Eigenschaft eines Weissen verliehen zu bekommen". (Gouverneur Seitz 1913, zitiert nach El-Tayeb 2001: 97) An diesen Einzelfällen verdeutlicht sich, dass Weiß-Sein „keine Frage der Vererbung oder Hautfarbe, sondern eine kulturelle, soziale, juristische und politische Praxis" ist (Walgenbach 2003: 48).

In dieser Frage gab es jedoch, wie bereits dargestellt, kein geschlossenes Vorgehen und keine gemeinsame Auslegungspraxis der kolonialen Akteure; dazu herrschten zu unterschiedliche Interessen innerhalb der Reichsregierung und den Kolonialbehörden (vgl. Sippel 2004: 164).[156] Die Kolonialbehörden stellten sich gegen eine kulturalistische Auslegung. Dennoch wurden um 1910 einige Einzelfälle bekannt, in denen Per-

156 Zu den unterschiedlichen Auslegungen von ‚Rasse' als Fakt (vom Gerichtshof Windhoek) und ‚Rasse' als Auslegungsfrage bzw. als Rechtsfrage (Kolonialamt Berlin) vgl. Wildenthal (2001: 106f.).

sonen als weiß klassifiziert wurden, obwohl sie ‚eingeborene' Familienangehörige hatten.[157] Die Kolonialverwaltung in Windhoek war wiederum bereit, eine ‚Rassenmischung' unter bestimmten Umständen zuzulassen.

Die unterschiedlichen Auslegungen der Kategorie ‚Rasse' führt auch in der Forschung zu unterschiedlichen Bewertungen der kolonialen Rassenpolitik. Während Zimmerer davon ausgeht, dass sich gegen die kulturalistische Auslegung von ‚Rasse' im Laufe der diskursiven und gerichtlichen Auseinandersetzungen eine biologistische, eugenische *one-drop*-Regelung durchsetzte, konstatieren Kundrus und Gosewinkel eher eine gegenläufige Entwicklung: Ihnen zufolge löste sich die Kategorie ‚Rasse' in den Versuchen, diese zu definieren, auf. Nach Kundrus vollzog sich damit einhergehend eine „Kulturalisierung von ‚Natur'". „‚Weiß' bzw. ‚schwarz' wurde weniger zu einer Frage der Hautfarbe als vielmehr eine individueller und kollektiver Überzeugungen." (Kundrus 2003: 23)

In den Kolonien zeigte sich die Schwierigkeit, die Kategorie ‚Rasse' zu definieren und anzuwenden: Es wurde versucht, mittels Forschung und Wissenschaften Instrumentarien zu entwickeln, um klare Kriterien aufzustellen. Für die koloniale Rassenpolitik wurde eine genauere Definition der ‚Rassen' nötig, um das vorher eher theoretische Modell der ‚Rasse' in die koloniale Praxis zu überführen. Die bisherigen Parameter für die geplante Rassenpolitik reichten nicht aus, sodass sowohl die Politik als auch die Wissenschaften und die Rechtsprechung versuchten, eine Antwort auf diese Fragen zu finden. Der Widerspruch zwischen Kultur und Natur konnte dabei nicht beigelegt werden, sondern blieb in allen Debatten präsent. Unterschiedliche Definitionen und Umsetzungen des Rassenbegriffs in der Kolonialverwaltung, im Deutschen Reich und im Gerichtshof von Windhoek haben gezeigt, dass zwar die Kategorie ‚Rasse' eine feste Bezugsgröße für den kolonialen Kontext und immer stärker auch für das Deutsche Reich war, dass es aber keine kollektive Definition der ‚Rassen' gab.

Die Versuche, ‚Rasse' festzulegen und zu definieren, führten vielmehr zu einer Pluralisierung der ‚Rassen'-Konzeptionen, wie auch eine Analyse der verschiedenen Definitionen von Rassenanthropologen zeigen.

157 Zu diesen Prozessbeispielen vgl. Kundrus (2003: 265ff.). Für die Kolonien war ein oberster Gerichtshof geplant, der Fragen wie die der ‚Mischehen' für alle Kolonien verbindlich regeln sollte (vgl. Essner 2002). Diese Pläne wurden vom Ausbruch des Ersten Weltkrieges durchkreuzt (vgl. Wildenthal 1997: 268).

„Der Versuch ‚Rasse' zu vereindeutigen hat auf diese Weise den gegenteiligen Effekt, nämlich die Vervielfältigung von ‚Rassen'. Wir haben es hier mit einer zirkulären Bewegung zu tun: Zum einen werden die Differenzen vervielfältigt, zum anderen ruft diese Vervielfältigung gleichzeitig Versuche der Vereindeutigung hervor, die aber wiederum weitere Differenzierungen produzieren. Dieser Prozess muss unabgeschlossen bleiben, er kann kein Ende finden." (Hanke 2000: 202)[158]

Die ‚Mischehenverbote' waren ein Versuch, klare Grenzlinien zwischen Schwarzen und Weißen zu ziehen. Die ‚Mischehen' galten als Bedrohung der weißen Privilegien und des kolonialen Herrschaftssystems und -gefüges. Im Zuge der Debatten bildeten sich jedoch zunehmend Vorstellungen davon heraus, welche Eigenschaften und Bedingungen an Weiß-Sein bzw. Schwarz-Sein gebunden waren. Walgenbach (2004a: 181) betont die Bedeutung dieser Auseinandersetzungen für die Konstruktion einer weißen Siedleridentität. Erst durch die Diskussionen um Ein- und Ausschlüsse aus der weißen Siedlergemeinschaft wurde eine einheitliche weiße Gesellschaft konstruiert und definiert, welche kulturellen bzw. biologischen Merkmale sie bestimmten oder determinierten. Ein imaginiertes weißes Kollektiv musste sozial, kulturell, juristisch und politisch überhaupt erst hergestellt werden und permanent um Stabilität und Fortbestand ringen.

Reaktionen im Deutschen Reich

Die kolonialen Debatten waren auch in der Metropole für die Konstruktion eines weißen Kollektivs relevant. „Die Kolonialdiskussionen waren ein wesentlicher Teil des zeitgenössischen umfassenden ‚Krisendiskurses' und damit Teil des Selbst-Verständigungsprozesses innerhalb des

158 Hanke (2000: 187) beschreibt, wie in den anthropologischen Versuchen, die Kategorie ‚Rasse' zu definieren, ein Missverhältnis zwischen der Selbstverständlichkeit und Evidenz der angewendeten Kategorie ‚Rasse' und der zunehmenden Ausdifferenzierung von Unterscheidungsmerkmalen und der Anhäufung von uneindeutigen und verfehlten Ergebnissen bestand. Damit blieb die Kategorie ‚Rasse' eigentlich unbestätigt und unabgeschlossen und wurde dennoch weiter vorausgesetzt. Die diversen Unterscheidungskategorien von ‚Rasse' und ihre damit verbundene Vervielfältigung und Auflösung verweisen Hanke zufolge auf die Leere des Konzepts. „Diese Leerstelle ist nicht vorgängig im Sinne eines Wissens ‚Rasse gibt es nicht', sondern entsteht gewissermaßen im Inneren des Materials. [...] Die hier fokussierte Leerstelle setzt [...] das Begehren der Erfassung in Gang. So entsteht ein heterogenes Wissensfeld, in dem die Evidenz von ‚Rasse' immer wieder neu hergestellt wird." (Hanke 2000: 226)

deutschen Bürgertums im Kaiserreich." (Kundrus 2003: 281) Die konservative Presse im Deutschen Reich verfolgte die Entwicklung in den Kolonien aufmerksam (vgl. El-Tayeb 2001: 118f.). Die ‚Mischehenverbote' lösten großen Protest und Kontroversen aus, weniger wegen ihrer rassistischen Ausrichtung, sondern weil sie als Verstoß gegen die Menschen- und Bürgerrechte betrachtet wurden, da sie den privaten Bereich der männlichen Sexualität sowie der Institutionen Ehe und Familie betrafen, regulierten und reglementierten, zugleich aber Fragen der nationalen und ‚rassischen' Identität berührten und sie mit dem privaten Bereich verknüpften. In allen gesellschaftlichen Kreisen gab es widersprüchliche Positionen zu den ‚Mischehenverboten'. Die ‚Rassenmischung' abzulehnen, war jedoch ein gesellschaftlicher und parteipolitischer Konsens (vgl. Wildenthal 2001: 128).

Das Zentrum und die Sozialdemokratie intervenierten gegen die ‚Mischehenverbote', da sie in ihren Augen gegen das Bürgerliche Gesetzbuch und gegen die Menschenrechte verstießen, wobei die Argumentationen der Verbotsgegner ebenso von rassistischem Denken geprägt waren wie die der Befürworter. Trotz der Kritik der Sozialdemokraten an der Herrenmenschenmentalität der Deutschen stellten auch sie sich grundsätzlich gegen eine ‚Rassenmischung'. Sie forderten immer noch die ‚Erziehung' und damit die ‚kulturelle Hebung' der kolonisierten Bevölkerung. D.h. auch gesellschaftlich progressivere Kreise glaubten nicht an die Gleichwertigkeit der Menschen. Die Sozialdemokraten unterstützten die Pläne, möglichst viele weiße Frauen in die Kolonien zu bringen, um so ‚Mischehen' zu verhindern (vgl. El-Tayeb 2001: 125).

Insbesondere das ausdrückliche Verbot der Ehen auf Samoa, die Kolonialstaatssekretär Solf als „Versuchsballon" (El Tayeb 2001: 124) auf dem Verordnungsweg der Regierung und damit unter Umgehung des Reichstages 1912 erlassen hatte, rief vehemente Proteste hervor – hauptsächlich bei den Abgeordneten der sozialdemokratischen[159] und der Zentrums-Fraktion – und verstärkte den Druck, den Status der Ehen im

159 Der Abgeordnete Georg Ledebour, der kolonialpolitische Sprecher der SPD, kritisierte in den Kolonialdebatten im Reichstag mit Matthias Erzberger und seinem Parteifreund Gustav Noske das ‚Mischehenverbot'. Dennoch hielten sie eine ‚Rassenmischung' für schädlich und unerwünscht (vgl. Roller 2002: 77; Essner 1997: 506ff.). Ledebour befand, dass die Eheverbote die weißen Siedler in Konkubinate mit kolonisierten Frauen trieben, und diese seien die Wurzel allen Übels. Neben den bereits genannten Gründen lautete eine Kritik an dem Erlass, Schwarze Frauen würden weißen Frauen gleichgestellt.

Reichstag zu klären.[160] Bislang spielte die Kategorie ‚Rasse' in der Gesetzgebung des Deutschen Reiches keine Rolle. „Obwohl das Staatsbürgerschaftsrecht des Deutschen Reiches ausdrücklich ‚deutsches Blut' zur Voraussetzung der automatischen Erlangung der Zugehörigkeit zum deutschen Volk machte, enthielt es keine Regelung, die einen Erwerb der Staatsangehörigkeit aufgrund von ‚Rassenzugehörigkeit' ausschloß." (El-Tayeb 2001: 122) Daher widersprachen die Eheverbote der Rechtslage des Deutschen Reiches, und es bedurfte einer grundlegenden Klärung.[161]

In einer dreitägigen Diskussion im Mai 1912 erreichten die kolonialen ‚Mischehendebatten' im Deutschen Reichstag ihren Höhepunkt (vgl. Roller 2002: 73).[162] Staatssekretär Solf eröffnete die Debatte um die Lösung der ‚Mischehenfrage' im Reichstag mit dem Appell: „Wir sind Deutsche, wir sind Weiße und wir wollen Weiße bleiben." (zitiert nach El Tayeb 2001: 127) Formuliert wurde zudem die Angst, die ‚Mischehen' könnten sich auch im Deutschen Reich ausbreiten und weiße deutsche Frauen könnten Schwarze Männer heiraten.

Der Reichstag verabschiedete schließlich 1912 eine Resolution zur Anerkennung der ‚Rassenmischehen' mit den Stimmen des Zentrums, der Fortschrittlichen Volkspartei und der Sozialdemokraten, obwohl die imperialistische und rassistische Propaganda der konservativen und nationalen Vereinigungen ihren Höhepunkt erreicht hatte und auch vom nationalliberalen Lager mitgetragen wurde. Die Resolution rief scharfe Kritik vor allem aus kolonialen und sozialdarwinistischen Kreisen hervor. Auch in den Medien, insbesondere den kolonialen Medien, stieß sie auf breiten Widerspruch (vgl. Roller 2002: 74).[163] Das öffentliche Inter-

160 Die weitere Debatte wurde in den Haushaltsausschuss, der wichtigsten Reichstagskommission, verlegt, der vom Zentrumsabgeordneten Matthias Erzberger geleitet wurde. Dieser Ausschuss verabschiedete eine Resolution an den Bundesrat, dessen Zustimmung für ein Gesetz erforderlich war. Nach langwierigen Auseinandersetzungen nahm der Reichstag die Resolution vor allem mit den Stimmen von SPD und Zentrum am 8. Mai 1912 an (vgl. Roller 2002: 73f.).

161 Essner (1992: 151f.) zufolge stellten diese Debatten eine Möglichkeit dar, eine stärkere Beteiligung des Reichstags an der Kolonialpolitik, die dem direkten Mandat des Kaisers unterstellt war, durchzusetzen. Die Forderung nach einem Reichsgesetz zur Klärung des Status der kolonialen ‚Rassenmischehen' war daher mit einem Ersuch verbunden, die Reichsgesetzgebung auf die Kolonien auszuweiten (vgl. auch Wildenthal 2001: 83f.).

162 Debatten im Reichstag hatten eine wesentlich größere Bedeutung als heute, sie wurden oft wörtlich in Zeitungen abgedruckt oder zusammengefasst (vgl. Sobich 2006: 36).

163 Insbesondere der *Alldeutsche Verband* war empört über die Reichstagsresolution. Er forderte 1912, dass sexuelle Kontakte zwischen Schwar-

esse im Reich sank nach der Reichstagsresolution, da sie kaum eine praktische Bedeutung für das Deutsche Reich hatte (El Tayeb 2001: 118ff.).

Mit der Resolution konnten als ‚eingeboren' Klassifizierte in den Kolonien weiterhin die Reichs- und Staatsangehörigkeit erlangen. In der Regel wurden jedoch nur Personen, die vormals als ‚deutsch' kategorisiert worden waren, naturalisiert und eingebürgert. Nicht-weiße Bewerber scheinen fast nie eingebürgert worden zu sein (vgl. Gosewinkel 2004: 252). Die Ehen waren folglich gesetzlich zugelassen, wurden jedoch faktisch sozial und rechtlich sanktioniert, was zu Konflikten zwischen der Kolonialverwaltung und der Reichsregierung führte (vgl. Sippel 2004: 162).

Koloniale Rassenpolitik und Staatsbürgerschaft

Gerade im rechtlichen Bereich zeigt sich die Rückwirkung der kolonialen auf die deutsche Gesellschaftsordnung. Die Definition der – geschlechterhierarchisch organisierten – Staatsangehörigkeit wurde zunehmend nationalisiert. Über den Ausschluss bestimmter Gruppen wurde die Nation und die Zugehörigkeit zu ihr definiert und verengt.[164] In den 1880er und 1890er Jahren verfestigten sich die nationalen Feindbilder, was eine politisch-parlamentarische Initiative zur Novellierung des deutschen Staatsangehörigkeitsrechts im Jahre 1895 zur Folge hatte. Hintergrund dieser Debatten war einerseits die transnationale Migration, andererseits die koloniale Expansion des Deutschen Reiches. Zudem wuchs mit diesen Entwicklungen die Bedeutung der Eugenik als Instrument der rassenpolitischen Selektion und Steuerung der Bevölkerung.[165]

Die Kolonialdebatten wirkten sich schließlich auf die Diskussion über die Neufassung des Reichs- und Staatsangehörigkeitsgesetzes in den Jahren 1912/13 aus. Ohne den kolonialen Kontext ist die Diskussion nicht zu verstehen. Relevante Neuerung im deutschen Recht war die Re-

zen und Weißen mit dem Zuchthaus bestraft werden sollten. Die Ehen sollten ihm zufolge zusätzlich durch ein Reichsgesetz verhindert werden (vgl. Kundrus 2003: 259).

164 Insbesondere PolInnen und JüdInnen standen auf der „Rangskala der Einbürgerungswürdigkeit ganz unten, während z.B. SchweizerInnen und NiederländerInnen quasi zum deutschen ‚Volksstamm' hinzugerechnet wurden" (Gosewinkel 2004: 239). Zur Geschichte des Staatsbürgerschaftsrechtes vgl. Gosewinkel (2004: 238ff.) und Wildenthal (1997: 265).

165 Zu dieser Zeit überwog die Zahl der ins Deutsche Reich kommenden ArbeitsmigrantInnen erstmals die Zahl der Auswandernden, sodass über Möglichkeiten der nationalen Abschottung und über den Schutz der vermeintlich bedrohten ‚ethnischen Substanz' nachgedacht wurde.

gelung, dass die Staatsbürgerschaft von Deutschen nicht mehr nach 10 Jahren im Ausland erlischt. Diese Änderung bezog sich auf die Auslandsdeutschen, die in den Kolonien lebten oder ausgewandert waren, da sie dem Deutschen Reich nicht ‚verloren' gehen sollten (vgl. Eckert/-Wirz 2002: 381).[166]

Die kolonialen ‚Mischehen' stellten eine Verbindung zwischen dem Kolonial- und dem Staatsrecht her (vgl. Grosse 2000: 161). VerfechterInnen der ‚Mischehenverbote' versuchten, ‚rassische' Kriterien in das deutsche Recht einzuführen und in der Staatsangehörigkeit zu verankern (vgl. Gosewinkel 2004: 242).[167] Die Agitation der Kolonialverbände zielte zunächst darauf ab, im Zusammenhang mit der Novellierung des Staatsangehörigkeitsrechts 1912/13 ‚Mischehen' zu unterbinden. Die Kolonialverwaltung war dabei jedoch generell bestrebt, die Kategorie ‚Rasse' in die deutsche Gesellschaftsordnung einzuführen bzw. die Rassenpolitik der Kolonien auf die Reichsgesetzgebung zu übertragen.[168] Insbesondere die Militarisierung und Nationalisierung der deutschen Gesellschaft vor dem Ersten Weltkrieg schaffte die politische Stimmung für eine Neudefinition des Verhältnisses zwischen Gesellschaft und ‚Rasse'. „Die Tragweite, die die Debatte um die Mischehen und die koloniale Rassenmischung hatte, ist somit nicht allein aus der kolonialen Situation heraus zu erklären, sondern sie stand im Sog der innenpolitischen Konflikte um die Frage, ob und wie die Definition der deutschen Nation rassenanthropologischen Kriterien folgen sollte." (Grosse 2000: 154f.) Die Debatten und Verordnungen zur ‚Rassenmischung' waren Bestandteil einer innovativen Rassengesetzgebung, die in Europa bis dahin unbekannt war.

Diese zielte darauf ab, die als homogen vorgestellte deutsche Bevölkerung ‚reinrassig' und weiß zu halten. In den Debatten um ‚Mischehen' zeigt sich zudem die Gleichsetzung und Vermischung der Begriffe ‚Volk' und ‚Rasse' im deutschen Kontext. In der öffentlichen Meinung hatte sich deren Einheit bereits durchgesetzt. Anhand dieser Ver-

166 Diese Regelung für die Staatsangehörigkeit gilt auch heute noch, wie z.B. bei sog. ‚Aussiedlern'.

167 Es gab einzelne Versuche, die koloniale Rechtsgrundlage auf das Deutsche Reich zu übertragen, insbesondere wenn es darum ging, den Rechtsstatus von Zugewanderten aus den Kolonien zu hinterfragen, oder wenn koloniale Untertanen im Deutschen Reich eine Familie gründeten. In der Regel war die Kolonialverwaltung für ihre rechtlichen Belange zuständig. So konnten die rassenpolitischen Konzepte der Kolonien auch auf in Deutschland geborene Afro-Deutsche angewendet werden (vgl. El-Tayeb 2001: 143).

168 Erst unter den Nationalsozialisten wurde die Kategorie ‚Rasse' klar definiert und in die Gesetzgebung eingefügt (vgl. Wildenthal 1997: 266).

knüpfung wurden Ausschlüsse aus dem Deutschen Reich gerechtfertigt, auch wenn sich die Definition des ‚deutschen Volkes' bzw. der ‚germanischen Rasse' nicht nur auf biologistische, sondern auch auf kulturelle Faktoren stützte. Dennoch war das ‚Blut' das ausschlaggebende Kriterium für die Bestimmung des Volksbegriffs in der politischen Praxis. „Auch wenn die Definition von Nationalcharakteren also explizit meist um den Begriff der Völker kreiste, implizierte ‚deutsches Blut' doch von Anfang an ‚weißes Blut'." (El-Tayeb 2001: 135)[169] PolInnen, JüdInnen und Afro-Deutsche galten nicht als Teil der imaginierten ‚deutschen Blutsgemeinschaft', während z.B. ÖsterreicherInnen dazugezählt wurden.[170] „Mit der unbedingten Bindung des ‚Deutschtums' an ‚Rasse' und ‚Blut' wurde die Kombination ‚schwarz' und ‚deutsch' zur Unmöglichkeit und zwar nicht nur in den Kolonien, sondern grundsätzlich." (El Tayeb 2001: 121)[171] Der Rassenbegriff, der zunehmend Einzug in die politischen und rechtlichen Debatten im Reich hielt, blieb jedoch bis zum Ende des Kaiserreiches ambivalent. Im deutschen Kolonialdiskurs bestand neben dem vererbungswissenschaftlichen Rassenbegriff eine „z.T. widerspruchsvolle Amalgamierung von verschiedenen Konzepten wie Nation, Rasse, Klasse, Kultur, Natur, Geschlecht, um Differenz bzw. Gleichheit herzustellen". (Kundrus 2003: 288)

In der Kolonialismusforschung verleitet der Bezug auf den vermeintlich extremen Rassismus in den deutschen Kolonien, der sich z.B. in den ‚Mischehenverordnungen' äußerte, dazu, die koloniale Rassenpolitik als einen direkten Vorläufer der Rassenpolitik der National-

169 Die meisten europäischen Verfassungen beinhalteten eine Mischung beider Ansätze, im Deutschen Reich dominierte das *ius sanguinis*, das Blutsrecht. Das Blutsrecht wurde in der ersten modernen deutsche Staatsbürgerschaftsregelung, im Preußischen Untertanen-Gesetz von 1842, festgeschrieben. Ein Recht auf Einbürgerung existierte nicht. Diese Regelung übernahm das knapp dreißig Jahre später gegründete Deutsche Reich (vgl. El-Tayeb 2001: 135f.).

170 1913 wurde das Blutsrecht vom Reichstag gegen die Stimmen der SPD fortgeschrieben. Die SPD setzte sich für die Naturalisierung von in Deutschland geborenen und aufgewachsenen Kindern von AusländerInnen ein.

171 Angehörige der Kolonien hatten keinen Anspruch auf die deutsche Staatsbürgerschaft, sondern besaßen die ‚Schutzgebietsangehörigkeit', die jedoch eher dem Status der Staatenlosigkeit entsprach. Die ‚Schutzgebietsangehörigkeit' war eine stark abgeschwächte und rechtlich minderwertigere Ausformung der Staatsangehörigkeit. Eine geplante Verordnung, die kolonialen Untertanen den Rechtsstatus eines ‚Nichteingeborenen' hätte verleihen können und einen ‚kulturellen Übertritt' möglich gemacht hätte, kam nicht mehr zustande (vgl. Sippel 2004: 159). Nach dem Ersten Weltkrieg wurden auch die in Deutschland lebenden kolonialen Untertanen offiziell staatenlos.

sozialisten zu betrachten bzw. eine direkte Verbindung zwischen kolonialer und nationalsozialistischer Rassenpolitik herzustellen (vgl. Zimmerer 2003a; Zimmerer 2005; Eckert 2003: 232).[172]

Kundrus (2004a, 2003c) weist in ihrer Untersuchung zu Parallelen der kolonialen und nationalsozialistischen Rassenpolitik eine vorschnelle Gleichsetzung zurück und konstatiert rechtsformale wie rechtswirkliche Unterschiede. Die ‚Mischehenverbote' und die koloniale Rassenpolitik können demnach nicht als direkte Vorläufer der Rassenpolitik des Nationalsozialismus gesehen werden. In den ‚Mischehendebatten' ging es weniger um die ‚Verunreinigung deutschen Blutes' als um den Erhalt der weißen Vormachtstellung in den Kolonien. Zudem galten die Verbote nie im Reich. „Im Gegensatz zum Nationalsozialismus wurde im kolonialen Diskurs die Kontaminierung nicht am weißen weiblichen ‚arischen' Körper expliziert, den das ‚fremdrassige Blut' schände, sondern an den Kindern." (Kundrus 2003: 230) Gerade der weiße weibliche Körper diente jedoch, wie im nächsten Kapitel ausführlicher dargestellt wird, als entscheidender symbolischer Ort der Grenzziehung zwischen Schwarz und Weiß.

Auch die These von der Einzigartigkeit des Kolonialrassismus der Deutschen lässt sich nicht halten. In anderen Kolonialreichen existierten ähnliche Entwürfe; z.T. dienten die kolonialpolitischen Konzeptionen des Deutschen Reiches auch als Vorbilder für andere Kolonialmächte.[173] Gosewinkel vergleicht die Maßnahmen der deutschen Kolonialpolitik in Form der ‚Mischehenverordnungen' mit den ähnlich rigiden rassenpolitischen Rechtsnormen der USA, wo es bis Mitte des 20. Jahrhunderts scharfe zivil- und strafrechtliche Restriktionen gegen ‚Mischehen' gab, und mit der Rassenpolitik anderer Kolonialmächte, die ebenfalls, wenn auch erst später, Vorschriften und Beschränkungen zu ‚Rassenmischehen' erließen, z.B. Großbritannien und Frankreich.[174] Dort waren dann

172 Die ‚Rassenmischehe' wurde erst wieder unter den Nationalsozialisten im „Kolonialblutschutzgesetz" und den „Nürnberger Rassengesetzen" zum rechtspolitischen Gegenstand.

173 Wildenthal betont, dass die Verbote im europäischen Kontext zwar einzigartig waren, allerdings den ‚Mischehenverboten' in den USA ähnelten (2001: 84f.). Über den Umgang mit Sexualität und sexuellen Beziehungen in den Kolonien („colonial sexuality") wurde in allen Kolonien erbittert gestritten. Zu den Debatten in England vgl. Tabili 2005 und Bland 2005, zu denen im kolonisierten Indonesien Stoler 2002.

174 Zu den Debatten über ‚Mischehen' sowie ‚Mischlingen' in Frankreich vgl. Schindler-Bondiguel (2004: 269ff.).

auch nicht-eheliche Gemeinschaften von den Beschränkungen betroffen (vgl. Gosewinkel 2004: 244).[175]

Zusammenfassend lässt sich sagen, dass es zwar nicht gelang, die (juristisch nicht abgesicherten) rassenpolitischen Konzepte der Kolonien ins Deutsche Reich zu transferieren oder einzupassen. Dennoch wirkten sich diese rassistisch aufgeladenen Debatten auf das Rassenverständnis im Reich aus. „The racial order of colonial space was not legally imposed on the metropole in the era of formal empire, but the question of whether or not the same racial order ought to pertain in both did arise. Thus did colonial politics affect the metropole.“ (Wildenthal 2001: 86)

Die Vorstellung von einem weißen Kollektiv wirkte sich auf die Identitätsbildung zurück und verstärkte die zunehmende Ethnisierung im Kontext eines völkischen Nationalismus und eines sich ausprägenden biologischen Rassismus.

Die Kategorie Ethnizität bzw. ‚Rasse‘ gelangte über die Kolonialdiskurse verstärkt ins nationale Bewusstsein. ‚Rasse‘ war ein visuelles Distinktionsmerkmal, das vor allem für Schwarze galt, auch wenn sich daran Konzeptionen einer weißen ‚Rasse‘ knüpften. Das Weiß-Sein war zentral für die in den Kolonien lebenden Weißen und dort bedeutsamer als in der Metropole.

> „Trotzdem trug es auch im Reich dazu bei [...], daß der Nationalismus und auch die Nation immer mehr ethnisiert wurde, Deutsch-Sein immer mehr als eine ethnische Einheit gesehen wurde, in der nicht der gemeinsame Staat, sondern das gemeinsame ‚Volkstum‘ als Grundlage der Nation galt. Antisemitische Prägungen des Nationalismus hatten schon vorher im Reich den Begriff ‚deutsch‘ im Sinne von ‚nichtjüdisch‘ verstanden. Nun fielen Deutsch-Sein und Weiß-Sein immer mehr zusammen, wurde die ethnische Eingrenzung erweitert um ‚nichtschwarz‘.“ (Kundrus 2003: 289)

‚Rasse‘ wurde als politisch und juristisch anwendbare Kategorie erst durch die Kolonialpolitik geformt. Der Rassismus diente der Rechtfertigung der Kolonisierung, strukturierte die kolonisierten und kolonisierenden Gesellschaften auf institutioneller, rechtlicher und politischer Ebene und wurde soziale Praxis. Nach Grosse (2000: 10) schuf der deutsche Kolonialismus erstmals die Voraussetzungen für die Konstituierung einer bürgerlich geprägten „rassischen Ordnung“ in der neueren deutschen Geschichte. Der moderne Rassismus in seiner biologistischen Ausrichtung wurde zum vorherrschenden Ordnungsprinzip gesellschaft-

175 In der niederländischen Kolonie Indonesien galten ‚Mischlinge‘ als Europäer, besaßen jedoch trotzdem nicht die niederländische Staatsbürgerschaft (Kundrus 2003: 235f, Fn. 62).

licher Beziehungen. ‚Rassische Ordnung' bedeutet in diesem Zusammenhang, dass „anthropologische Kriterien alle sozialen, juristischen und ökonomischen Aspekte des öffentlichen und privaten Lebens strukturieren". (Ebd.) Grosse begreift das Kaiserreich als einen ‚kolonialen Rassestaat'.[176] „Biologische Unterschiede strukturierten daher alle öffentlichen und privaten Lebensbereiche und kodifizierten ethnische Differenz als rechtliche und soziale Ungleichheit. ‚Rasse' war in diesem Sinne nicht nur ein biologischer Ordnungsbegriff, sondern beinhaltete als ‚koloniale Rassenpolitik' zugleich die gesellschaftliche Grundlage des gesamten kolonialen Staatswesens." (Grosse 2000: 49) Auch wenn die deutsche Kolonialpolitik ihre rassepolitischen Vorgaben niemals ganz umsetzte, entwarf der bürgerliche Nationalstaat im kolonialen Kontext „eine neue Herrschaftsform [...], die auf einem ‚modernen' biologistischen Gesellschaftsverständnis beruhte und eine eigene Synthese von Expansions- und Rassepolitik herstellte". (Grosse 2000: 11) Vorstellungen eines weißen homogenen deutschen Nationenkörpers verstärkten sich.

Koloniale Biopolitik

In den rassenpolitischen Diskursen des deutschen Kaiserreichs wurden allerdings nicht nur Konzepte von ‚Rassen' verhandelt; sie waren zugleich Austragungsort von Klassen- und Geschlechterkonstruktionen. Dabei ging es nicht nur um das Verhältnis zwischen Schwarz und Weiß oder Männern und Frauen, sondern vor allem darum, wie „the categories of whiteness and blackness, masculinity and femininity, labor and class came historically into being in the first place". (McClintock 1995: 16) Zugleich kam den scheinbar ‚privaten' Feldern der bürgerlichen Herrschaft, wie dem der Sexualität, ein zentraler Stellenwert für die Etablierung der kolonialen rassifizierten Ordnung zu. In ihrer kritischen Rezeption Foucaults arbeitet Stoler (1995) die Bedeutung des Kolonialismus für die Konstitution eines bürgerlichen Klassenkörpers und bürgerlicher Sexualitätsnormen seit dem 18. Jahrhundert heraus. Die bürgerliche Ordnung des 19. Jahrhunderts „was one that forged its changing and porous parameters around the biopolitics of race. Biopower may have

176 Grosse benutzt den Begriff des „kolonialen Rassestaats" in Anlehnung an den von Burleigh und Wippermann geprägten Begriff des ‚Rassestaates', mit dem sie die NS-Gesellschaftspolitik charakterisierten. Grosse grenzt sich jedoch zugleich von einer Gleichsetzung der kolonialen und nationalsozialistischen ‚Rassenpolitik' ab und weist lediglich auf eine Verwandtschaft der beiden Gesellschaftsmodelle hin, da beide eine ‚Rassenpolitik' zur Grundlage hatten (vgl. Grosse 2000: 10, Fn. 1).

been a uniquely bourgeois form of modern power, but it was also an inherently imperial one" (Stoler 1995: 207). Die bürgerliche Identität in den Kolonien und in den Metropolen war nachhaltig vom Rassendenken codiert; die Kategorie ‚Rasse' schuf einen Teil des „grid of intelligibility" (Stoler 1995: 53) des Bürgertums.

Die koloniale Praxis war für das Verständnis des Sexualitätsdiskurses im Europa des 19. Jahrhunderts zentral. Foucault berücksichtigte in seinen Analysen der Geschichte der Sexualität den kolonialen Kontext nicht, obwohl sich der Kolonialismus genau zu dem Zeitpunkt formierte, mit dem er sich in seinen Studien befasste. Damit übergeht er Stoler zufolge entscheidende Orte und Praktiken, an denen und durch die die Kategorie ‚Rasse' in die Körper eingeschrieben wurde. Die rassifizierten Vorstellungen von Weiß-Sein und Schwarz-Sein, die sich im kolonialen Kontext etablierten, waren ein wesentlicher Bestandteil des bürgerlichen Selbstverständnisses. Die Organisation von Sexualität war ein wichtiges Moment des kolonialen Diskurses des 19. Jahrhunderts. Die rassifizierte Sexualität wurde ein grundlegender Bestandteil der bürgerlichen Identität und des bürgerlichen Körpers als dependente Konstrukte (vgl. Stoler 1995: 22). Stoler warnt jedoch davor, den Kolonialismus auf die Ebene der Sexualität zu reduzieren und verweist auf dessen Vielschichtigkeit.

> „While it may be in much colonial discourse that issues of sexuality were often metonymic of a wider set of relations, and sex was invariably about power, power was not always about sex. In these colonial contexts, discourses of sexuality often glossed, colonized, appropriated, and erased a more complicated range of longings and sentiments that, boiled down to sex, were made palatable as they were served up for immediate consumption." (Stoler 1995: 170).

Insbesondere in den Versuchen, das Sexualverhalten der weißen Bevölkerung zu regulieren, z.B. in den sog. ‚Mischehenverordnungen', wurde die Kolonialmacht zur Bio-Macht (vgl. Becker 2004a: 14). Diese bringt Vorstellungen von Körperlichkeit, Sexualität und Geschlecht hervor: Die Produktion der westlichen Begehrensstruktur wurde vom Kolonialismus maßgeblich geformt, und die Herstellung des kolonialen Anderen changierte zwischen Faszination, Erotisierung und Exotisierung auf der einen und der Ablehnung, Pathologisierung und Wahrnehmung als Bedrohung auf der anderen Seite. Die Begehrensökonomie wurde von den Diskursen über Sexualität geformt und schuf neue Formen der (rassifizierten) Macht: Begehren und Sexualität, so Foucault, stehen dem Gesetz nicht entgegen, sondern werden von Verboten und Regeln angetrieben und produziert und sind somit Teil der Macht (vgl. Koch 2004:

221). Begehren stellt folglich ein soziales Produkt dar, „it permeates the infrastructure of society". (Young 1995: 168) Sexualität definiert Young dabei in Anlehnung an Deleuze und Guattari als „the libidinal unconscious of political economy". Der Kolonialismus war ein entscheidender Ort der Produktion von rassifiziertem Begehren (vgl. Teo 2003: 284). Die kolonialen Rassenkonstruktionen wurden durch die beschriebene rassifizierte Begehrensökonomie abgesichert.

Die bürgerliche weiße europäische Identität wurde in Bezug auf Sexualität als selbstdiszipliniert und selbstbeherrscht entworfen. Als Gegenentwurf dazu galten die Kolonisierten als ihren Trieben unterworfen, unkontrolliert und näher an der Natur. Diesem Bild entsprachen jedoch auch einige weiße EuropäerInnen. „The point is important because colonial enterprises produced discourses that were not only about racialized sexuality and a sexualized notion of race. These colonial discourses of desire were also productive of, and produced in, a social field that always specified class and gender locations." (Stoler 1995: 178) Klassengegensätze kreuzten sich mit Kolonialdiskursen: So wurden weiße Männer aus unteren Schichten von weißen Mittelschichtmännern unterschieden, indem ihnen ein anderes ‚Triebverhalten' unterstellt wurde.

Diskurse über Sexualität schufen Distinktionsmerkmale für das weiße bürgerliche Selbst und trugen zugleich zur Herstellung einer weißen (nationalen und ‚rassischen') Identität bei. Die Diskurse der Selbstbeherrschung („Technologien des Selbst") trugen zur Produktion von rassifizierten Unterschieden bei und schufen klarere Vorstellungen des Weiß-Seins (vgl. Stoler 2002a: 321).

Die bürgerliche Identität ist damit tief greifend von Vorstellungen von Weiß-Sein und Europäisch-Sein durchdrungen. Sexuelle Vorschriften dienten als bürgerliche Selbsttechnologien, die wiederum daran geknüpft waren, wie Privilegien innerhalb der Nation verteilt und abgesichert wurden.

„Die Diskurse über Sexualität definierten nicht nur die Distinktionsmerkmale des bürgerlichen Selbst; indem sie bestimmte Mitglieder des politischen Körpers marginalisierten, legten sie auch die moralischen Parameter der europäischen Nationen fest. Durch diese sedimentierten Diskurse über Sexualmoral konnten die ‚inneren Grenzen' nationaler Gemeinschaften neu gezogen werden, Grenzen die durch Rassenvorstellungen untermauert, aber manchmal auch konterkariert wurden. Solche nationalistischen Diskurse basierten auf kulturellen Ausschließungsprinzipien, die nicht nur einen Keil zwischen Mittelklasse und Arme trieben, sondern die auch zwischen Menschen mit berechtigten und solchen mit unberechtigten Ansprüchen auf Besitz, Staatsbürgerschaft und öffentliche Fürsorge unterschieden." (Stoler 2002a: 320)

Dem bürgerlichen Körper, den Foucault in der Hysterikerin, dem masturbierenden Kind, dem bevölkerungspolitisch kontrollierten Paar und dem männlichen Perversen ausmacht, steht demnach der kolonisierte Körper gegenüber. Ihm kam eine zentrale Bedeutung für die Konstituierung des bürgerlichen Selbst zu, insbesondere für die des bürgerlichen vergeschlechtlichten und klassifizierten Körpers. Der kolonisierte Körper diente der Konstituierung des weißen Selbst: Er wurde einerseits verachtet und als bedrohlich wahrgenommen, andererseits erotisiert und begehrt und diente somit als Folie zur Herstellung eines weißen Körpers und einer reinen weißen Sexualität. Auch die biologischen Rassentheorien sowie medizinische Diskurse dienten diesem Zweck. Sie trugen dazu bei, unterschiedliche rassifizierte Körperkonzepte herzustellen.

Der so konstruierte Schwarze Körper bedrohte die fragile koloniale Ordnung. Die in der europäischen Imagination sexualisierte Schwarze Frau, aber auch die vermeintliche Potenz der Schwarzen Männer gefährdeten den weißen ‚Volkskörper'. Dieser bedrohliche Schwarze Körper sollte durch Medizin und Hygiene diszipliniert werden, wobei Gesundheit eine „social and bodily order" war (Comaroff/Comaroff 1992: 216).

Diskurse über Hygiene unterschieden zwischen Zivilisation, Kultur, Reinheit und Hygiene auf der einen und Natur, Schmutz und Unordnung auf der anderen Seite. Metaphern von Krankheit und Schmutz dienten der Beschreibung der kolonisierten Bevölkerungen; Lektionen in Hygiene sollten ‚zivilisierte' Umgangsformen und Disziplin in die Schwarzen Körper einschreiben (vgl. Eckert 1997). Hygiene-Diskurse schrieben kulturelle und rassifizierte Differenzen in die Körper ein. Sie basierten auf Vorstellungen eines begrenzten weißen Körperkonzeptes, das sich in der westlichen Moderne durchsetzte. Demnach war der weiße, normierte (bürgerliche) Körper in seinen eindeutigen Grenzen abgeschlossen. Dieser Körper hob sich vom proletarischen und vom kolonisierten Körper ab. Körperliche Geschlossenheit symbolisierte (soziale) Kontrolle; die Trennung von innen und außen signalisiert eine individuelle, abgeschlossene Identität. Der weibliche weiße Körper wird in dieser Konstruktion aufgrund seiner Reproduktionsfähigkeit allerdings als offen gedacht. Dem weißen wurde der Schwarze kolonisierte Körper als ein kollektiver, unabgegrenzter Körper entgegengesetzt (vgl. Schneider 2003: 158ff.).

Schmutz- und Verunreinigungsbildern kommt eine zentrale Rolle bei der Herstellung einer sozialen Ordnung und der Strukturierung ungeordneter Erfahrungen zu. Hygienevorschriften und Schmutzvorstellungen sind symbolische Systeme, die die soziale Ordnung zum Ausdruck bringen. Vorstellungen von Schmutz entstehen dabei erst im Prozess des Ordnens. „Schmutz ist das Nebenprodukt eines systematischen Ordnens und Klassifizierens von Sachen, und zwar deshalb, weil Ordnen das Verwerfen ungeeigneter Elemente einschließt." (Douglas 1985: 53) Durch Verunreinigungsvorstellungen werden Grenzüberschreitungen sanktioniert und erschwert. Douglas (1985: 15f.) geht davon aus, dass

> „die Vorstellungen vom Trennen, Reinigen, Abgrenzen und Bestrafen von Überschreitungen vor allem die Funktion haben, eine ihrem Wesen nach ungeordnete Erfahrung zu systematisieren. Nur dadurch, daß man den Unterschied zwischen Innen und Außen, Oben und Unten, Männlich und Weiblich, Dafür und Dagegen scharf pointiert, kann ein Anschein von Ordnung geschaffen werden."

Dort, wo soziale Schranken umkämpft sind und aufrechterhalten werden müssen, spielt die Thematisierung des Körpers als Metapher eine wichtige Rolle. Er kann als Symbol für jedes abgegrenzte System wie z.B. die Gesellschaft oder die ‚Rasse' herangezogen werden. „Seine Begrenzungen können für alle möglichen Begrenzungen stehen, die bedroht oder unsicher sind. Der Körper ist eine komplexe Struktur. Die Funktionen seiner verschiedenen Teile und ihre Beziehungen zueinander bieten anderen komplexen Strukturen eine Fülle von Symbolmöglichkeiten." (Douglas 1985: 152) Die Grenzen zwischen innen und außen sind dabei künstlich; alles, was nicht eindeutig zugeordnet werden kann, wird mit gesellschaftlichen Tabus belegt. Die besonders fragilen Grenzregionen geben Auskunft über die der Grenzziehung zugrunde liegenden sozialen Vorstellungen. Die gesellschaftlich gezogenen (Körper-)Grenzen werden als beängstigend, durchlässig und fragil empfunden; Diskurse von Reinheit und Hygiene stabilisieren die Grenzziehung.

Als Metapher für das weiße Siedlungsprojekt in Afrika wurde der weiße, insbesondere der weibliche weiße Körper zum Austragungsort kolonialer Grenzziehungen. „Die Angst der weißen Siedler/innen besteht wesentlich darin, dass die mühsam etablierten Außengrenzen, seien sie nun körperlicher oder geographischer Natur, aufgelöst werden." (Schneider 2003: 168) Jegliche Infragestellung der kolonialen Grenzensetzungen, z.B. durch eine ‚Rassenmischung', galt als Infragestellung der gesamten kolonialen Ordnung und Herrschaft.

Eine besondere Bedeutung nahm in der Konstruktion eines weißen Kollektivs der weiße Frauenkörper ein, der auf der einen Seite die ‚Rassenreinheit' sicherte, sie aber zugleich auch gefährdete. Bevor die Konstruktion der weißen, vergeschlechtlichten Körper weiter diskutiert wird, bedarf es einer Klärung der Bedeutsamkeit der Kategorie Geschlecht und der Kategorie ‚Frau' auf unterschiedlichen Ebenen des Kolonialismus..

Frauen und Kolonialismus

Das folgende Kapitel arbeitet die Beteiligung von Frauen am deutschen Kolonialismus heraus. Zunächst werden Frauenvereine, die sich für den Kolonialismus engagierten, und die Frauenabteilungen innerhalb der Kolonialbewegung vorgestellt. Diskutiert werden ihre Motive und ihre Legitimationsstrategien für eine weibliche Partizipation am kolonialen Projekt vor dem Hintergrund ihrer geschlechterpolitischen Positionen.

Anschließend daran geht es um das Leben und die gesellschaftliche Stellung weißer Frauen in ‚Deutsch-Südwestafrika'. Geschlechtergrenzen überschreitende Aspekte verweisen auf emanzipative Momente des kolonialen Engagements. Hier geraten Verbindungslinien zwischen den Frauen in der Kolonialbewegung und der bürgerlichen Frauenbewegung in den Blick. Die Positionen der bürgerlichen Frauenbewegung als eine weitere Protagonistin des kolonialen Diskurses werden im Anschluss vorgestellt. Abschließend wird die Partizipation von Frauen am Kolonialismus anhand der in den 1980er Jahren aufgeworfene Debatte um weibliche (Mit-)Täterschaft (Thürmer-Rohr) diskutiert.

Frauen in der Kolonialbewegung

Frauen forderten die Entwicklung Deutschlands zur Kolonialmacht, die sie mitgestalten wollten, und beteiligten sich an den Kolonialdebatten der deutschen Gesellschaft. Ihr Engagement konzentrierte sich vor allem auf den Aspekt der Fraueneinwanderung, um den in den Kolonien herrschenden ‚Mangel an weißen Frauen' und damit das Problem der ‚Rassenmischung' zu beheben. Frauenverbände, insbesondere der *Frauenbund der Deutschen Kolonialgesellschaft,* entwickelten sich zu erbitterten Gegnern von kolonialen ‚Mischehen' und der ‚Rassenmischung' (vgl. Kundrus 2004: 223). Ihre Gegnerschaft zu den Ehen bzw. Beziehungen zwischen weißen Männern und kolonisierten Frauen steht u.a. im Zusammenhang mit allgemeineren Bestrebungen in kolonialbewegten Frauenkreisen, die gesellschaftliche Stellung weißer Frauen zu verbessern.

Die Beteiligung von Frauen am kolonialen Projekt war jedoch umstritten. Insbesondere die Kolonialverbände sträubten sich zunächst gegen eine Einbeziehung von Frauen in die Kolonialpolitik. Erst allmählich, auch durch das massive Engagement kolonialbegeisterter, nationalistischer Frauen, setzte sich die Überzeugung durch, dass Frauen wichtig für die koloniale Propaganda, die kolonialen Organisationen und für die Sicherung und den Erhalt der deutschen Kolonien waren. Insbesondere nach den Kolonialkriegen überwog die Meinung, dass weiße Frauen auswandern sollten, um die Herrschaft über die Kolonien zu sichern. An diesem Prozess waren auch die Frauen der imperialen (Frauen-)Vereine beteiligt, die auf die Notwendigkeit einer weiblichen Beteiligung pochten.

Bereits in der Auseinandersetzung mit den nationalistischen Verbänden im Kaiserreich hat sich gezeigt, dass konservativ bis anti-emanzipatorisch ausgerichtete Verbände die Mitgliedschaft von Frauen zuließen und damit paradoxerweise die Beteiligung von Frauen an der öffentlich-politischen Sphäre ermöglichten bzw. verstärkten und ihren Handlungsradius ausweiteten. Neben eigenständigen Frauenvereinen der politischen Rechten entstanden Frauenabteilungen in bestehenden imperialen Männerorganisationen, wie im *Flottenverein*, im *Ostmarkenverein* sowie in Kolonialvereinen. Einige der Männerorganisationen ließen die Mitgliedschaft von Frauen zu, die zunehmend als wichtige Akteurinnen zur Verbreitung der Vereinsziele, der Nationalisierung der Gesellschaft und der Verbreitung der kolonialen Idee anerkannt wurden. Diese schrittweise Integration in die politische Sphäre führte zu einer Politisierung der Frauen, denen die zugedachte Position in den Vereinen bald nicht mehr genügte.

„Der vermeintlich ungefährliche, weil unpolitische Türöffner [der Vereinsöffnung, A.D.] entpuppte sich aber als Sprungbrett für zunehmend auch allgemeinpolitisches Engagement. Manche weiblichen Mitglieder drängten auf die Anerkennung der Frauenarbeit als gleichwertig, wollten in ihren Frauenorganisationen autonom arbeiten und die Ziele und Aktionsgebiete selbständig festlegen. Auch wenn sie auf dem Differenzdenken beharrten und auf einen spezifisch weiblichen Beitrag zur Imperialbildung verwiesen: Irgendwann erlebten die Männer in diesen Organisationen die ‚Hilfsvereine' doch als ungebetenen frauenrechtlerischen Übergriff." (Kundrus 2004: 233)

Die Frauenabteilungen der Vereine vertraten in der Regel dieselben politischen Ziele wie die männlichen Mitglieder. Ein Streitpunkt blieb jedoch die Art und Reichweite der politischen Mitwirkung von Frauen, weshalb es zu Unstimmigkeiten, Konflikten bzw. Konkurrenzen kam. Diese sind besonders gut für die *Deutsche Kolonialgesellschaft* und den *Frauenbund der Deutschen Kolonialgesellschaft* dokumentiert (vgl. Kundrus 2004: 228; Walgenbach 2004: 102ff.; Süchting-Hänger 2002: 72ff.)

Zur Entstehung der imperialen Frauenverbände trugen immer auch spezifische politische Anlässe bei, wie z.B. die Erste Marokkokrise 1905 /06 für den *Frauenflottenbund.* Interesse an den Frauen seitens der männlichen Vereinsmitglieder bestand auch wegen der Finanzmittel, die sie durch karitative und kulturelle Tätigkeiten (wie Basare, Wohltätigkeitsveranstaltungen etc.) für die Vereine erwirtschafteten sowie der nicht zu unterschätzenden Propagandawirkung dieser Veranstaltungen.

Kundrus (2004: 230) hebt die Bedeutung der Vereinsarbeit der imperialen Frauenverbände für die Verbreitung der kolonialen Idee hervor. Sie ließen durch ihre Aktivitäten im Deutschen Reich „das deutsche Kolonialreich erst manifest werden". Frauen arbeiteten nicht nur karitativ oder bildungspolitisch für die Kolonialvereine und das koloniale Projekt, sondern warben bereits vor der tatsächlichen Kolonialherrschaft für die koloniale Missionstätigkeit, ohne die der Kolonialismus nicht möglich geworden wäre. Die wichtigsten Frauenkolonialvereine werden im Folgenden vorgestellt.

Der Deutsche Frauenverein für die Ostmarken

Der 1896 gegründete *Deutsche Frauenverein für die Ostmarken* war die Frauenorganisation des *Deutschen Ostmarkenvereins* (1894-1934). Diese nationalistische Organisation wollte die Germanisierung der nach der Teilung Polens von Preußen annektierten Gebiete (u.a. Posen und Westpreußen) vorantreiben und das ‚Deutschtum' gegen das vermeintlich aggressive ‚Polentum' verteidigen (vgl. Chickering 1988: 167). Er entstand trotz Leo von Caprivis kurzfristiger Versöhnungspolitik gegenüber der polnischen Minderheit im Osten des Kaiserreichs und galt als konstitutiver Teil des „deutschen Dranges nach Osten", Schlagwort des wilhelminischen Ost-Expansionismus seit Mitte des 19. Jahrhunderts.[1]

1 Von Caprivi (1831-1899) war von 1890-1894 Reichskanzler und damit der Nachfolger Bismarcks. Seine Politik war geprägt von einer neuen Ausrichtung in der Innen- und der Außenpolitik. Er betrieb eine pro-britische

Ein eigenständiger Frauenverein wurde vom Hauptvorstand beschlossen, vor allem als Reaktion auf die Mitarbeit polnischer Frauen in der polnischen Nationalbewegung, die dem *Ostmarkenverein* als die wahre Bedrohung der deutschen Vorherrschaft erschien. Deutsche Frauen sollten sich am *Ostmarkenverein* beteiligen und ihr Engagement dem der Polinnen gegenüberstellen. In den überwiegend polnischsprachigen Gebieten Preußens setzte der *Deutsche Ostmarkenverein* auf den ‚Kultureinfluss der deutschen Frau' gegen die Versuche einer kulturellen Selbstbestimmung der polnischen Bevölkerung im Osten Preußens. Die weiblichen Vereinsmitglieder sollten durch ihr Engagement die deutsche Kultur verbreiten und dadurch die „(Volks-)Gesundheit" der deutschen Nation sichern (Drummond 2000: 147). Der kulturimperialistische Auftrag der Anhängerinnen des Frauenvereins wurde mit der Vergangenheit und Tradition der deutschen Expansion gen Osten im 13. und 14. Jahrhundert legitimiert. Mit der Gründung des Frauenvereins wurden die weiblichen Mitglieder aus dem männlichen Machtzentrum ausgeschlossen und auf traditionelle, weiblich konnotierte Tätigkeitsbereiche wie Krankenpflege, Kindererziehung und Wohltätigkeit verwiesen.[2] Diese Arbeitsteilung wurde von einigen aktiven Vereinsfrauen kritisiert, die versuchten, ihren eingeschränkten Aktionsradius auszuweiten.

1914 hatte der *Deutsche Frauenverein für die Ostmarken* über 3.400 Mitglieder (vgl. Streubel 2003: 4). Mit ihren Forderungen nach Arbeits- und Ausbildungsmöglichkeiten für Frauen waren sie nicht weit von den Positionen des *Bund Deutscher Frauenvereine* entfernt. Die Ortsgruppe Posen war der größte Vereinsteil, in dem im Gegensatz zur sonstigen Vereinsstruktur vor allem Lehrerinnen und andere berufstätige Frauen organisiert waren. Diese Ortsgruppe forderte sogar die Anerkennung der Frau als Staatsbürgerin, die zwar nicht unbedingt wählen dürfen, aber zumindest einen stärkeren Einfluss in öffentlichen Angelegenheiten bekommen sollte (vgl. Chickering 1988: 169f.). Solche emanzipativen Vorstöße blieben aber die Ausnahme. PolInnen stellten ein Feindbild für den Verein dar, weshalb ‚Mischehen' zwischen PolInnen und Deutschen umstritten waren.

Eine wichtige Figur des *Ostmarkenvereins* war Käthe Schirmacher (1865-1930), eine radikale Nationalistin und Propagandistin einer rück-

---

Außenpolitik und sorgte mit dem Sansibar-Vertrag für den Austausch mit den Briten von Sansibar und Betschuanaland gegen Helgoland und den ‚Caprivi-Zipfel', was ihm Feinde unter den Kolonisten und Kolonialbegeisterten einbrachte.

2 Frauen konnten schon vor 1908 Mitglieder im *Ostmarkenverein* sein: Da der Verein keiner politischen Partei, Bevölkerungsklasse oder Glaubensgemeinschaft verpflichtet war, fand das Vereinsgesetz hier keine Anwendung (vgl. Drummond 2000: 153 ff.).

sichtslosen Germanisierungspolitik. Zugleich war sie prominentes Mitglied des *Verbandes Fortschrittlicher Frauenvereine* (VFF), der Sammelorganisation der radikalen bürgerlichen Frauenbewegung (vgl. Stoehr 1991: 213). Bis zur Jahrhundertwende blieb Schirmacher im radikalen Flügel der bürgerlichen Frauenbewegung aktiv und behielt ihre feministische Ausrichtung bei (vgl. Streubel 2003: 8).

Der Flottenbund deutscher Frauen

Der 1905 gegründete *Flottenbund deutscher Frauen* war der weibliche Filialverein des *Deutschen Flottenvereins* (1898-1931), der den Ausbau der Flotte als Grundvoraussetzung für die deutsche Weltmachtspolitik, die Kaiser Wilhelm II. 1896 ausgerufen hatte, vorantreiben wollte. Der Flottenverein hatte einen maßgeblichen Einfluss auf die Politik im Kaiserreich und machte den Flottenbau in der deutschen Öffentlichkeit populär. Der *Flottenbund deutscher Frauen* verfügte 1913 über 60.000 Mitglieder. Der Vorstand diskutierte 1913 sogar den Beitritt zum BDF, da der Wunsch nach einer Ausweitung des weiblichen Handlungsradius bestand (vgl. Süchting-Hänger 2002: 68ff.). Der Frauenflottenbund sollte nur im kleinen Kreis werben und keine öffentliche Propaganda machen; doch die Mehrzahl der Frauen wollte mehr als nur karitativ tätig sein und aktiv an der Propaganda für den Ausbau der deutschen Flotte mitwirken (vgl. Chickering 1988: 173).

Der Deutsch-Koloniale Frauenbund bzw. Frauenbund der Deutschen Kolonialgesellschaft

Die *Deutsche Kolonialgesellschaft* (1887-1943) war aus der Fusion des *Deutschen Kolonialvereins* mit der *Gesellschaft für die deutsche Kolonisation* hervorgegangen. Sie war eine der einflussreichsten Organisationen des Kaiserreichs und setzte sich für eine expansive Kolonialpolitik ein. Schon um die Jahrhundertwende hatte sich in der Kolonialbewegung eine Zusammenarbeit zwischen der *Deutschen Kolonialgesellschaft* (DKG) und kolonialbegeisterten Frauen angebahnt; Frauen beteiligten sich an der Werbung für den Kolonialismus und für die Kolonialgesellschaft. Zur offiziellen Zusammenarbeit kam es schließlich 1907 mit der Gründung des *Deutsch-Kolonialen Frauenbundes*. Ein Jahr später schloss er sich als *Frauenbund der Deutschen Kolonialgesellschaft* (FDK), hier kurz kolonialer Frauenbund genannt, der DKG an.[3] Dadurch wurden die kolonialbewegten Frauen von den männlichen Kolonialbewegten unterstützt. Der FDK bestand mehrheitlich aus Frauen von Militärangehörigen und Kolonialbeamten; auch Männer konnten

3 Zur Geschichte, den Zielen und den Vorsitzenden des FDK vgl. Walgenbach (2004: 74ff.).

Mitglieder werden.[4] Der koloniale Frauenbund organisierte einerseits die Entsendung weißer deutscher Frauen in die Kolonien, andererseits wirkte er im Reich propagandistisch für die koloniale Sache: Seine Mitglieder hielten Vorträge, veranstalteten Feste und warben mit dem Vereinsorgan *Kolonie und Heimat*. Der FDK betonte die vaterländischen und kulturellen Aufgaben der Frauen bei der Kolonisierung. Er wollte Frauen aller Schichten für die Kolonien und den Kolonialismus interessieren. Spätestens ab 1910 gab es massive Konflikte um die Praxis des kolonialen Frauenbundes und dessen Verhältnis zur DKG, z.B. um das Aufgreifen feministischer Ideen und die relativ autonome Stellung gegenüber der DKG.[5]

Zwischen 1909 und 1914 vervierfachte sich die Mitgliederzahl des kolonialen Frauenbundes auf 18.700 (vgl. Kundrus 2004: 227). Das entsprach fast der Mitgliederzahl der Männerabteilung und in etwa der des *Alldeutschen Verbandes*. Diese Zahlen sprechen für den Erfolg und den politischen Einfluss des kolonialen Frauenbundes.[6]

---

4 Einer der wichtigsten und bekanntesten war der Arzt und Professor für Hygiene Philalethes Kuhn (1870-1937), dessen Frau Maria Kuhn eine der Gründerinnen des Vereins war. „Kuhn steht exemplarisch für einige deutsche Naturwissenschaftler, die gestützt auf koloniale Erfahrungen Karrieren in der neuen Disziplin der Rassen- und Sozialhygiene machten." (Wildenthal 2003a: 209)

5 Zum Verhältnis des FDK und der DKG vgl. Walgenbach (2004: 78ff.). In der konservativen Presse gelang es dem Frauenbund, sich und seine Arbeit, wie z.B. der Vermittlung weißer Frauen, präsent zu halten und positiv darzustellen; die finanzielle Förderung der DKG kam darin nicht vor. Zudem wurde die DKG nicht über die Neugründung von Zweigvereinen unterrichtet. Da immer mehr Männer Mitglieder des FDK wurden, gab es zudem eine Konkurrenz um Mitglieder. 1909 waren nach Wildenthal (2001: 150) zehn Prozent der Mitglieder des Frauenbundes Männer, 1910 schon 17 Prozent. Der Erfolg des Frauenbundes führte zu einer Angst vor frauenrechtlerischer Konkurrenz. Walgenbach widerspricht Mamozais (1989: 138) These, der koloniale Frauenbund sei nie ein eigenständiger Verein, sondern immer Kind der männlichen DKG geblieben. In ihrer Diskursanalyse der Vereinszeitschrift *Kolonie und Heimat* konstatiert Walgenbach (2004: 106), dass der Frauenbund trotz der engen Anbindung autonom über Projekte, Finanzen und personelle Fragen entschied. Ende der 1920er Jahre gab es sogar Überlegungen, sich vollständig von der DKG zu lösen. Süchting-Hänger (2002: 73ff.) geht davon aus, dass sich der Frauenbund offiziell unterordnete, um die Konflikte mit der DKG beizulegen, trotzdem aber seine eigenen Ziele weiter verfolgte. Auch Wildenthal (2003a: 209) beschreibt den kolonialen Frauenbund als eigenständigen Verein.

6 Trotz des Verlustes der Kolonien und der Flotten durch den Ersten Weltkrieg gelang den beiden Frauenorganisationen *Flottenbund Deutscher Frauen* und *Frauenbund der deutschen Kolonialgesellschaft* eine beeindruckende Reorganisation (vgl. Streubel 2003: 21). Nach einem anfängli-

Wie wurde die Mitwirkung von weißen Frauen an der Kolonialbewegung und am kolonialen Projekt legitimiert und welche Geschlechtermodelle wurden dabei transportiert?

Weibliche Partizipation

Die Lösung der sog. kolonialen Frauenfrage wurde zunehmend als dringlich betrachtet. Die Anwesenheit von weißen Frauen galt den kolonialengagierten Frauen und den Kolonialverbänden als eine Voraussetzung, um die weiße Herrschaft in den Kolonien zu stabilisieren und das Problem der ‚Rassenmischung' zu lösen. Die vermeintlich besonderen moralischen und kulturellen Kompetenzen der Frau begründeten für unterschiedliche nationalistische und kolonialengagierte Frauenverbände die Notwendigkeit einer weiblichen Mitgestaltung der Kolonien. In einem Aufruf aus dem Jahre 1910 von Anna von Zech, der Ehefrau des Gouverneurs von Togo, heißt es:

„Zur Entwicklung unserer Kolonien ist die Mitarbeit der Frau unbedingt erforderlich, nur dadurch werden die Kolonien wirklich deutsch werden. [...] Durch die Anwesenheit einer größeren Zahl von Frauen wird gar manche Unsitte gesteuert werden, die jetzt leider noch teilweise herrschen, wird ein nicht zu unterschätzender Einfluß auf die Höherentwicklung der guten Sitten sich geltend machen." (zitiert nach Grosse 2000: 172)

Im deutschen Kontext boten die Debatten um ‚Rassenmischung' eine Möglichkeit für weiße Frauen unterschiedlicher politischer Couleur, sich verstärkt in die Kolonialdebatten einzubringen und die Bedeutung von

chen Einbruch der Mitgliederzahlen war der *Flottenbund* 1920 die größte Organisation im 1918/19 gegründeten Dachverband *Ring nationaler Frauen*, ein konservatives Gegenmodell zum BDF und *Thinktank* der konservativen Frauen. „Der Frauenbund der Deutschen Kolonialgesellschaft versuchte mit seinem Vereinsleben ein Stück Kaiserreich in die Republik hinüberzuretten und verweigerte die Anpassung an die neuen gesellschaftlichen Verhältnisse. Mit seiner dezidierten Forderung nach deutschem Kolonialbesitz geriet er in Opposition zum offiziellen Kurs der Regierung, erhielt aber dennoch die Unterstützung des Auswärtigen Amtes." (Süchting-Hänger 2002: 156) 1926 nahm der koloniale Frauenbund sein Auswanderungsprogramm mit Erfolg wieder auf und wurde dabei vom Auswärtigen Amt finanziert. Die 1926 gegründete koloniale Frauenschule in Rendsburg sollte wieder deutsche Frauen für die Kolonien ausbilden. 1936 wurde der koloniale Frauenbund wie alle anderen Kolonialverbände in den neu gegründeten *NS-Reichskolonialbund* eingegliedert (vgl. Carstens/Vollherbst 2002: 56).

Frauen für die Kolonialpolitik bzw. für die Gestaltung und Erhaltung der Kolonien hervorzuheben.

„Colonialist women did not want to repudiate the roles of marriage and motherhood to which the debate over race mixing had drawn attention. However, they did want to build on those roles in order to claim a larger social and, for the more feminist of them, political role for women. But essentialism about women's reproductive capacity always structured procolonial women's activism between the late 1890s and the First World war." (Wildenthal 2001: 132f.)

Die meisten weißen Frauen stellten sich dezidiert gegen ‚Mischehen'. Partnerschaften, (einvernehmliche) sexuelle Beziehungen oder gar Ehen zwischen weißen Männern und Frauen der kolonisierten Bevölkerung unterminierten ihnen zufolge die ‚Rassenhierarchie' und stellten die weiße Vorherrschaft in Frage. Dies verdeutlicht ein „Aufruf an alle deutschgesinnten Männer und Frauen" (1912), der überwiegend von Frauen aus der oberen Mittelklasse unterzeichnet wurde:

„Sollen deutsche Frauen und Mädchen stillschweigend dulden, daß man sie mit Angehörigen der am niedrigsten stehenden Rasse auf eine Stufe stellt? Sollen sie zusehen, wie ihre Söhne und Brüder mit Frauen dieser Rasse Verbindungen eingehen, die zwar vor dem Gesetz als Ehe bestehen können, welche aber der sittlich höher empfindende Mensch als solche nie anerkennen kann und darf." (zitiert nach Mamozai 1989: 137)

Auch in frauenrechtlerischen Kontexten wurde aus unterschiedlichen Motiven heraus für die Einwanderung weißer Frauen plädiert:

„die Einwanderung der deutschen weissen Frau ist ebenso möglich wie unbedingt notwendig. Und zwar nicht nur ganz abgesehen von ideellen Gründen, um der Rassenmischung entgegenzuwirken, sondern auch, um da, wo weisse Frauen überhaupt leben können, der Einwanderung von Frauen anderer weisser Nationen zuvorzukommen, die auf deutschem Kolonialgebiet durchaus nicht wünschenswert ist." (Niessen-Deiters 1913: 57f.)

Die Debatten um ‚Rassenmischung', ‚Mischehen' und die als Gefahr für die weiße Herrschaft angesehenen Kinder aus Verbindungen weißer Männer und Schwarzer Frauen führten dazu, dass sich die Zustimmung zur Einwanderung weißer Frauen durchsetzte. Die Begründung der Partizipation von Frauen oszillierte demnach zwischen ‚Rasse' und Kultur; in diesen Entwürfen wurden zugleich immer auch die Geschlechterverhältnisse verhandelt.

Die Frau als ‚Hüterin deutscher Art und Sitte'

Eine zentrale Begründung für die Mitwirkung von Frauen am kolonialen Projekt und am kolonialen Vereinswesen stellte der Topos der Frau als ‚Kulturträgerin' dar. Er entstand in den zeitgenössischen Konzepten der Nation und verstärkte sich vor allem dann, wenn es um die Verteidigung der Nation und des deutschen Territoriums ging. „Die allmählich in diesen Diskussionen sich herausschälende Definition der deutschen Frau als ‚Hüterin deutscher Art und Sitte' sollte die imperiale Macht der Männer in den eroberten Kolonien und deutschen Siedlungsgebieten absichern." (Kundrus 2004: 219)

Alle imperialen Agitationsverbände bezogen sich auf den zu fördernden weiblichen Kultureinfluss, um die Grenzen der Nation oder der ‚Rasse' zu stärken. „Der weibliche Kulturimperialismus war integraler Bestandteil der wilhelminischen Machtpolitik." (Drummond 2000: 147)

Die ‚Kultur' war ein wirkungsmächtiger Bezugspunkt für die Frauen, da sie als Inbegriff des ‚deutschen Wesens' und nationaler Werte galt. Der Begriff des ‚weiblichen Kulturimperialismus' ist jedoch irreführend, da er suggeriert, Frauen seien lediglich über kulturelle Tätigkeiten in den Kolonialismus eingebunden gewesen.

Der Topos der Frau als Kulturträgerin entwickelte sich vor allem mit dem sich in der bürgerlichen Frauenbewegung durchsetzenden Konzept der ‚geistigen Mütterlichkeit', das eine wichtige Funktion auch für Kolonialdiskurse hatte. Nach Walgenbach (2004: 158ff.) bot es zentrale Anschlussmöglichkeiten für die koloniale Propaganda des *Frauenbundes der Deutschen Kolonialgesellschaft*, der damit die Auswanderung der deutschen Frau legitimierte und einforderte. Die vermeintlich besondere Befähigung der Frau in moralischer, sittlicher und kultureller Hinsicht begründete die von den unterschiedlichen Frauenverbänden formulierte Notwendigkeit der weiblichen Mitgestaltung der Kolonien. Die weiße Kolonistin sollte dem Kolonialherren als kulturelle, wirtschaftliche und politische Partnerin zur Seite stehen; darin überschritt sie das Frauenbild und die Handlungskompetenzen der Missionarin und der Krankenpflegerin. Die kulturalistische Begründung weiblicher Beteiligung vermied jedoch die direkte Konkurrenz zu den Männern und griff deren Privilegien nicht an. Insofern wurde die Forderung nach Partizipation nicht politisch oder frauenrechtlich, sondern als Beitrag der Frau zum Wohl der Nation begründet. „Wenn an Stelle der einigen tausend Männer, die jetzt in den Kolonien wohnen, erst einige tausend Familien draußen eine zweite Heimat sich geschaffen haben, werden die Kolonien zu dem werden, was sie werden sollen und können, zu einem Neudeutschland."

(*Kolonie und Heimat in Wort und Bild* 1907/08, zitiert nach Carstens/ Vollherbst 2002: 51)

Eine Auswanderung in die Kolonien wurde in dieser Logik zu einer nationalen Aufgabe der Frau (vgl. Wildenthal 2003a: 207). Der besondere Kultureinfluss der Frau spielte in den Debatten um Fraueneinwanderung eine zentrale Rolle und war eng verwoben mit Rassendiskursen. Die Frau als ‚Kulturträgerin' sollte die instabilen Grenzen zwischen der kolonisierten Bevölkerung und der weißen Siedlergemeinschaft sichern.

Die ‚koloniale Frauenfrage' war demnach ein Teil der kolonialen Rassenpolitik. „Gerade die ‚koloniale Frauenfrage' mit ihrer Feminisierung des Kulturbegriffs markiert das partizipative Element des kolonialimperialen Nationalismus." (Kundrus 2003: 283) Die Partizipation von Frauen an der Kolonialbewegung wurde daher vor allem über die Kategorie ‚Rasse' legitimiert, die mit der Kategorie ‚Kultur' in Beziehung stand. Nur Frauen konnten die ‚Rassenreinheit' und damit den Fortbestand der Kolonien als Ort weißer Herrschaft gewährleisten, weshalb ihr unersetzlicher Beitrag zur ‚rassenreinen', weißen Reproduktion betont wurde.

Der Diskurs über das ‚Verkaffern'

Der Diskurs über das ‚Verkaffern' legitimierte die Anwesenheit von weißen Frauen in den Kolonien. Verhandelt wurden darin auch Vorstellungen über weiße Männlichkeiten und Weiblichkeiten.

Die Kolonien galten zunächst als frauenfreie Räume (die natürlich nur frei von weißen Frauen waren), in denen sich europäische Männer unter Beweis stellen konnten. Im Laufe der kolonialen Herrschaft wandelte sich jedoch das Bild des abenteuerlustigen, tapferen Kolonialpioniers, der das ‚jungfräuliche Territorium' und die ‚unbekannte Wildnis' eroberte und damit die Krisenphänomene der modernen Männlichkeit überwand.[7] An das Bild des unerschrockenen Kolonialhelden war zugleich die Hoffnung auf ein Wiedererstarken der Nation geknüpft.

Spätestens mit dem Bekanntwerden von Skandalen der weißen Männer in den Kolonien, z.B. im Fall Carl Peters, trat jedoch die Schwäche und Brüchigkeit der kolonialen weißen Männlichkeiten zu Tage. Die koloniale ‚Wildnis' gefährdete den weißen Kolonisten: er er-

7 Zur Krise der modernen Männlichkeit, die durch die gesellschaftlichen Veränderungen ausgelöst wurde, den Gefühlen von Entfremdung und Ohnmacht gegenüber dem industriellen und technischen Fortschritt sowie zu der sich verändernden gesellschaftlichen Position von Frauen durch die Frauenbewegung und dem Vordringen der Frauen in die Berufswelt vgl. Palm (2002: 101ff.).

schien labil und verführungswillig, was sich z.B. in Beziehungen mit einheimischen Bewohnerinnen der Kolonien äußerte. Diese vermeintliche Bedrohung äußerte sich im Diskurs des ‚Verkafferns' und korrespondierte mit Diskursen kultureller und biologischer ‚Degeneration'. Die kolonialrassistische Behauptung einer weißen kulturellen und ‚rassischen' Überlegenheit wurde damit von der kolonialen Praxis in Frage gestellt. Die Begründung der angeblich überlegenen weißen Identität schwankte zwischen der Annahme einer genetischen Grundausstattung bzw. einer bestimmten Qualität des Bluts und einer kulturellen Praxis (vgl. Kundrus 2004: 221). Der Konflikt zwischen Natur und Kultur zieht sich durch die gesamte Kolonialpolitik.

Die Konstruktion weißer (christlicher) Männlichkeit oszillierte zwischen Geist und Körper, wie später weiter ausgearbeitet wird. Der ‚verkafferte Kolonist' bedrohte

> „den zivilisatorischen Mythos, mit dem Weiße Dominanz in den Kolonien legitimiert wurde. Darüber hinaus wird mit der Figur des ‚verkafferten Kolonisten' aber auch die Möglichkeit der Grenzüberschreitung angedeutet. ‚Rasse' scheint in diesem Kontext kein primordial gegebenes Merkmal zu sein. Man kann ‚Rasse' vielmehr erwerben oder verlieren. ‚Weißsein' wird somit nicht allein zu einer Frage der Pigmentierung, sondern auch der Identifikation, Überzeugung und Lebensführung." (Walgenbach 2004: 173)

Das Phänomen des ‚Verkafferns' ist Bestandteil mehrdimensionaler und widersprüchlicher Rassifizierungsprozesse, „in denen Körper als weiße oder schwarze erst hergestellt und hierarchisch angeordnet werden" (Axter 2005: 40). Daher stellt sich bei einer Zuordnung zum konstruierten weißen Kollektiv immer auch die Frage nach dem Weiß-Bleiben.

Die weiße Frau erschien in diesem Konflikt als Retterin der weißen deutschen Kultur, der weißen Männlichkeit und der weißen Identität in den Kolonien. Der Diskurs über das ‚Verkaffern' ermöglichte ein stärkeres Engagement der weißen Frau, die eine nach eugenischen Prinzipien ‚reinrassige' Reproduktion sichern sollte.

Walgenbach (2004: 174) weist im Kontext des ‚Verkafferns' auf die klassenspezifischen Momente hin: der koloniale Frauenbund ging beispielsweise davon aus, dass vor allem proletarische Männer vom ‚Verkaffern' betroffen seien. Sexuelle Selbstkontrolle galt eigentlich als eine bürgerliche (männliche) Qualität und Fähigkeit.

> „Sowohl in der Kolonie als auch in der Metropole wurden die Bedingungen des Weiß-Werdens und Weiß-Bleibens zunehmend von der Norm der Reinheit reguliert. Die Angst vor dem *Verkaffern* – verstanden als eine übergeordnete Angst vor Berührung, Austausch und Vermischung – erweist sich folglich als

ein Programm, das die Kriterien der Zugehörigkeit definiert. Weißsein jedenfalls erscheint als das Produkt permanenter Aushandlungsprozesse, in denen die Koppelung von *Rasse,* Klasse, Geschlecht, Sexualität und Bewusstsein spezifische Wirkungen hervorzubringen vermag." (Axter 2005: 52f.)

Der Topos der Reinheit und seine Verbindung mit Sexualität verweisen auf Überschneidungen von ‚Rasse-', Kultur- und Sittlichkeitsdebatten im Deutschen Reich, die später noch ausführlich diskutiert werden.

Einige AutorInnen gehen davon aus, dass es in den Debatten um eine ‚Verkafferung' zu einer Umdeutung der Geschlechterstereotype kam: So wurden weiße Männer der Natur und weiße Frauen der Kultur zugeordnet (z.B. Walgenbach 2004: 140f.). Die ‚Kultur' der Frau wurde durch weibliche und zugleich bürgerliche Tugenden abgesichert. Während weiße Männer mit Eroberungsdrang, Aggressivität und Trieben verbunden wurden, galten bürgerliche weiße Frauen als tugendhaft und als Vertreterinnen von Moral und Disziplin. Damit wurde nicht nur die Superiorität der weißen Frau gegenüber den kolonialen Untertanen hergestellt, sondern zugleich bürgerliche Wertvorstellungen transportiert. Gleichzeitig sorgte die weiße Frau für eine Disziplinierung des weißen Mannes, der durch den kolonialen Alltag von der weißen Kultur, Nation bzw. ‚Rasse' zu entfremden drohte. Walgenbach kommt in Anlehnung an Axter zu dem Schluss, dass dem weißen Mann in den Kolonien ein Verlust weißer Männlichkeit und somit ein doppelter Statusverlust drohte, da er zugleich ein Schwarz- und ein Natur-Werden riskierte. Es drohe also ein Verlust des „ethnischen Status" (Walgenbach 2004: 235f.) bzw. eine „Entkoppelung von Hautfarbe und Zugehörigkeit" (Axter 2005: 39).[8] Erst die deutsche Frau garantiere dem Kolonialisten die Attribute weißer Männlichkeit und die Privilegien eines dominanten Subjektstatus. Walgenbach (2003: 48) sieht darin eine Konstruktion des weißen Mannes als schwaches Geschlecht, das hilflos den Reizen der Schwarzen Frau ausgeliefert war. Auch Kundrus (1997: 43) geht von einer Umdeutung von Männlichkeit aus, bei der sich die Natur-Kultur-Zuschreibung der Geschlechter umdrehte. Die Kultur der Frau stellt sich in dieser biologistischen Argumentationsweise jedoch als ‚natürlich' dar. Die Seite der Natur wurde zudem auf die kolonisierte Frau übertragen.

Die Behauptung eines doppelten Statusverlustes des weißen Kolonisten halte ich für problematisch, da der weiße Mann trotz der Brüchigkeit seiner weißen Identität und der Notwendigkeit, sie immer wieder

---

8 Nach dem Ende der Kolonialkriege 1907 kamen sogar Überlegungen auf, die sichtbar zu tragende Passmarke der kolonisierten Bevölkerung auch auf ‚verkafferte' Kolonisten auszuweiten, ein Vorschlag, der in den *Kolonialen Monatsblättern* von 1914 diskutiert wurde (vgl. Axter 2005: 46).

unter Beweis zu stellen bzw. neu herzustellen, nicht als Schwarz angesehen wurde. Insofern konnte er auch nicht seinen ,ethnischen', vielmehr rassifizierten, sondern lediglich seinen sozialen Status verlieren. Zwar konnten ihm bestimmte Privilegien aberkannt werden oder eine Zuordnung zur Kategorie der ,Eingeborenen' erfolgen. Dennoch blieben diese Siedler trotz mancher sozialer Ausschlüsse und Diskriminierungen ein Teil der weißen Gesellschaft. Ihnen drohte folglich nicht der Verlust der weißen ,Rassenzugehörigkeit', ebenso wie Schwarze trotz einer möglichen Naturalisierung nicht als Weiße betrachtet wurden, sondern in der Wahrnehmung immer noch Schwarze blieben. Obwohl ,Kultur' und ,Rasse' miteinander verknüpft sind, fallen sie daher nicht in eins. Dies verdeutlicht der Eintrag ,Verkaffern' im Deutschen Koloniallexikon von Heinrich Schnee:

„Unter V. versteht man in Deutsch-Südafrika das Herabsinken eines Europäers auf die Kulturstufe des Eingeborenen [...]. Einsames Leben im Felde, in stetem Verkehr mit Farbigen, ganz besonders aber die Mischehe mit jenen begünstigt diese bedauerliche Entartung weißer Ansiedler. Der verkafferte Europäer ist trotz bisweilen vorhandener persönlicher Intelligenz stets ein verlorenes Glied der weißen Bevölkerung, da ihm selbst in diesem besten Falle eine der wesentlichsten Förderungen der heimischen Kultur, das energische Wollen und das Festhalten an einem bestimmten Plane, völlig abgehen." (Deutsches Koloniallexikon 1920: 606)

In dem Artikel wird zwar der Verlust aus der weißen Siedlergemeinschaft beklagt, aber lediglich von einem ,Herabsinken' auf eine niedrigere ,Kulturstufe' gesprochen. Wenngleich ,entartet', bleibt er doch ein Glied der weißen Siedlergemeinschaft. Der Diskurs der ,Entartung' bezieht sich hier weniger auf ein ,rassisches', sondern vielmehr auf ein kulturelles Phänomen, wobei das Spannungsverhältnis zwischen kultureller und ,rassischer' Bestimmung weißer Identität zum Ausdruck kommt.

Zudem wurde der Kolonisator symbolisch nicht dem Bereich der Natur zugeordnet, während die weiße Frau nicht ihre Naturhaftigkeit verlor. Sie galt immer noch als schwach und den Naturkräften stärker ausgesetzt als der Mann, wie anhand der Akklimatisierungsdebatte deutlich wurde. Bereits in den Sittlichkeitsdebatten im Reich wurde männliche Sexualität kritisiert; der Mann galt auf sexuellem Gebiet als „ein Barbar und kein Kulturmensch", so die Mutterschutzbewegung aus dem radikalen Flügel der bürgerlichen Frauenbewegung 1905. „Jetzt sind große Mengen von Männern Wilde, die nur einen äusseren Anstrich von

Zivilisation und Kultur haben".[9] (Weißen) Männern wird auf sexuellem Gebiet die ‚Zivilisation' und Kulturfähigkeit abgesprochen, da sie ihren Trieben bzw. ihrer ungenügenden Sexualmoral unterworfen seien.

Die Triebhaftigkeit des weißen Mannes steht jedoch nicht nur für eine Nähe zur Natur, sondern ebenso für Handlungsfähigkeit, Unabhängigkeit und Potenz. Die Gleichzeitigkeit von (Willens-)Schwäche und Männlichkeit bildet daher keinen Widerspruch. In der Konstruktion der bürgerlichen, christlichen, weißen Frau verfügt diese über kein eigenständiges sexuelles Verlangen, insofern schien sie die geeignete Kontrollinstanz der männlichen, als ungezügelt dargestellten Sexualität zu sein. Die Konstruktion der bürgerlichen Frau als Kontrollinstanz und Kulturwesen war daher mit den bürgerlichen Geschlechterkonstruktionen konform. Männliche Verführbarkeit in den Kolonien ist also weniger als ein Zeichen von Schwäche zu betrachten, sondern ist vielmehr Teil der Konstruktion eines spezifisch männlichen Sexualverhaltens. Die den Schwarzen Männern und Frauen zugeschriebenen rassifizierten Geschlechterstereotype dienten in diesem Zusammenhang als Negativfolie zur Herstellung einer weißen (geschlechtsspezifischen) Identität. Mittels der Konstruktionen eines unterschiedlichen Sexualverhaltens bildeten sich weiße Körperkonzepte heraus, in denen sich die kolonialen Beziehungen niederschlugen.

Exkurs: Weiße Körperkonzepte

Der Körper als Knotenpunkt der Macht war zentraler Bestandteil kolonialer Politiken und kolonisierender Praxen. Vergeschlechtlichte und rassifizierte Identitäten wurden durch Prozesse negativer Differenzierung hervorgebracht. Der weiße Körper stellte sich über ein konstitutives Außen, über den Ausschluss nicht-weißer Körper her. Der Körper war eine zentrale Kategorie der bürgerlichen weißen Selbstkonstitution und wurde zum Träger von ‚Zivilisation' und ‚Kultur' stilisiert. Die Körper der rassifizierten Anderen wurden hingegen mit unterschiedlichen sexualisierten Phantasien assoziiert. Eine auf Schwarze projizierte und pathologisierte ungezügelte Sexualität galt als Bedrohung für die moderne Zivilisation. Schwarze Frauen verkörperten all das, was weiße Frauen nach der bürgerlichen Ideologie nicht waren, bzw. nicht sein durften. Diese Dichotomie rechtfertigte zum einen die Regulierung der Sexualität weißer Frauen, zum anderen die sexuelle Gewalt weißer Männer gegen Schwarze Frauen, deren ständige sexuelle Verfügbarkeit vorausgesetzt

9 Ohne AutorInnenangabe: „Dokumentation der Grundsätze der englischen malthusianischen Frauen-Liga", in: *Mutterschutz*, Jg. 1, Heft 4/5, 1905: 125-132, hier 131.

wurde. In der kolonialrassistischen Vorstellung Schwarzer Sexualität und Körperlichkeit wurde Schwarzen Männern ein ungezügelter Sexualtrieb unterstellt. Ein dabei wiederkehrendes Motiv stellt die Angst vor der Vergewaltigung weißer Frauen dar. Dadurch wurde die sexualisierte Gewalt weißer Männer an Schwarzen Frauen verschoben. „Inter-racial (non-white on white) rape is represented as bestiality storming the citadel of civilisation – but this often implies that sexuality itself is bestial and antithetical to civilisation, itself achieved and embodied by whites." (Dyer 1997: 26) Die weiße Frau nimmt dabei eine wichtige Position zur Grenzmarkierung der weißen ‚Rasse' ein. Der weiße weibliche Körper symbolisiert die Grenzen einer imaginierten Gemeinschaft und spielte in der Entstehung von Kollektivkörpern wie ‚Volk' und ‚Rasse' eine wichtige symbolische und politische Rolle. Die Aufrechterhaltung des Geschlechterdualismus und die Regulierung der Sexualität dienten auch der Reproduktion rassistischer und nationaler Gemeinschaften. Damit spielen Frauen eine zentrale Rolle für den Erhalt und die Reproduktion dieser vorgestellten Gemeinschaften. Der weibliche Körper stellt somit ein soziales Territorium dar und kann daher zugleich eine Bedrohung für die gesamte Gemeinschaft symbolisieren. Vorstellungen von weißer Weiblichkeit stellten sich über eine Abgrenzung von Repräsentationen Schwarzer Frauen als keusch, rein und zivilisiert her. Während weiße Männlichkeitskonzepte zwischen Körper und Kultur schwanken und Sexualität auf Schwarze projizieren, verfügte die weiße Frau in den Konzepten weißer Weiblichkeit nicht einmal über Triebe, die sie hätte bekämpfen müssen.

> „White identity is founded on compelling paradoxes: a vividly corporeal cosmology that most values transcendence of the body; a notion of being at once a sort of race and the human race, an individual and a universal subject; a commitment to heterosexuality that, for whiteness to be affirmed, entails men fighting against sexual desires and women having none; a stress on the display of spirit while maintaining a position of invisibility; in short, a need always to be everything and nothing, literally overwhelmingly present and yet apparently absent, both alive and dead." (Dyer 1997: 39)

Neben Kolonialismus und Rassismus benennt Richard Dyer als drittes konstitutives Element des weißen Körpers das Christentum. Diese Elemente geben dem Denken und Fühlen des weißen Körpers nicht nur ein theoretisches Gerüst, „but also their forms and structures, the cultural register of whiteness" (Dyer 1997: 14). Der Körper ist ein zentrales Konzept des Christentums. Der Dualismus zwischen Körper und Geist verdammt den Körper als minderwertig und schwach, während der Geist nach Reinheit und Transzendenz strebe. Der christlich konzeptionierte Körper geht also über den Körper hinaus: Es findet sich etwas darin, „that is in the body but not of the body“. (Ebd.) Der Geist ermöglicht es, den Körper zu transzendieren. Dieser Dualismus ist auch zentral für den Geschlechterdiskurs, wobei die Geschlechter unterschiedliche Beziehungen zu Körper und Geist haben. Während die weiße Männlichkeit um das Verhältnis zwischen Körper und Geist ringt, wie in den Auseinandersetzungen um ‚Verkaffern‘ und ‚Rassenmischung‘ in den Kolonien zu sehen war, ist die komplementäre (passive) weiße Weiblichkeitskonstruktion von triebhafter Körperlichkeit, Begehren und Sexualität bereinigt. Körper verfügen also über eine unterschiedliche ‚geistige‘ Qualität, die Dyer als zentral für die Konzeptionierung von Differenzen – vergeschlechtlichte und rassifizierte – erachtet. „All concepts of *race*, emerging out of eighteenth-century materialism, are concepts of bodies, but all along they have had to be reconciled with notions of embodyment and incarnation. The latter become what distinguish white people, giving them a special relation to race.“ (Ebd.) Schwarze Menschen werden in rassistischen Kontexten auf ihre Körper und ihre ‚Rasse‘ reduziert. In dieser Vorstellung sind sie ihren Körpern und ihrer Sexualität ausgeliefert, während Weiße über ihre ‚Rasse‘ und ihren Körper hinausgehen, ihn transzendieren und beherrschen können.

Heterosexualität ist in diesem Zusammenhang ein zentrales Konzept zur Reproduktion der imaginierten weißen ‚Rasse‘. Zugleich gefährdet es sie aber auch. Die weiße Frau stellt eine instabile Basis für die Reproduktion der weißen ‚Rasse‘ dar, weshalb ihre Position stark symbolisch aufgeladen ist. „Die ‚Frau‘ verkörpert auf ambivalente Weise das Bedrohungs- und Produktivitätspotential der Moderne.“ (Bublitz 2000a: 14) Da der Machterhalt an den Körper der weißen Frau geknüpft ist, stellt er eine Schnittstelle von tiefen Ängsten und Begehren dar.

Der Widerspruch des weißen Körperkonzepts beruht nach Dyer auf der Notwendigkeit der Reproduktion: Körperlichkeit und Sexualität, die dem rassifizierten Anderen zugeschrieben werden, sind zugleich notwendig für die eigene Reproduktion.[10] „Whites must reproduce themselves, yet they must also control and transcendent their bodies. Only by (impossibly) doing both can they be white.“ Dadurch wird die weiße Körperkontrolle und Transzendenz in Frage gestellt, denn „the means of

10 Dyer bezieht sich in seiner Untersuchung auf den US-amerikanischen Kontext. Daher müsste für die Analyse von weißen Körperkonzepten im deutschen Kontext u.a. der Antisemitismus, Antislawismus und Orientalismus stärker einbezogen werden. Eine Analyse zu ihrem Verhältnis und ihren Wechselwirkungen in Bezug auf Körperkonzepte steht jedoch noch aus.

reproducing whiteness are not themselves pure white“ (Dyer 1997: 30). Die Angst vor einer ‚Rassenmischung‘ verweist auf die Möglichkeit des Verlusts der machtvollen, privilegierten gesellschaftlichen Position des Weiß-Seins. Die ‚Mischehendebatte‘ zeugte von Ängsten vor politischem Kontrollverlust und von Untergangsphantasien.

Problematisch an Dyers Ausführungen ist jedoch die Universalisierung weißer Männlichkeits- und Weiblichkeitskonzepte. Klassenantagonismen blendet er aus, obwohl Sexualitäts- und Körperkonstruktionen eine wichtige Rolle für die Unterscheidung bürgerlicher Lebensweisen spielten.

„Discourses about sexual contagions, moral contamination and reproductive sterility were not applicable to any and all whites, nor were they freefloating, generalized pronouncements that treated all bodies as equally susceptible and the same. These discourses circulated in a racially charged magnetic field in which debates about sexual contamination, sexual abstinence or spermatic depletion produced moral clusters of judgment and distinction that defined the boundaries of middle-class virtue, lower-class immorality and the deprivations of those of colonial birth or of mixed-race.“ (Stoler 1995: 176f.)

Wie sich die Konzepte weißer Körperlichkeit und weißer Weiblichkeit im kolonialen Kontext darstellten, wird in den Ausführungen zu den unterschiedlichen Geschlechterkonstruktionen der verschiedenen kolonialen Protagonistinnen weiter vertieft.

Wie begann die Auswanderung weißer deutscher Frauen und welchen Status hatten sie in der Kolonie?

Die Auswanderung weißer deutscher Frauen

Smidt (1995: 28) benennt unterschiedliche Phasen der Auswanderung von Frauen in die Kolonien: In der ersten Phase von 1884-1892/93 gingen ausreisewillige Frauen über die Missionen in die deutschen Kolonien, um dort als Missionarinnen zu arbeiten.[11] Auch einige wenige

11 Die wichtigsten Tätigkeiten von Missionarinnen waren zunächst die Erziehung und Bildung der indigenen Frauen gemäß dem europäisch-bürgerlichen Frauenbild. Neben der Vermittlung christlicher Werte spielten auch Techniken der Haushaltsführung eine wichtige Rolle (vgl. Lotz 1998: 38f.). Lotz weist zudem auf die Verbindung zwischen westlichen frauenbewegten Reformerinnen und protestantischen Missionarinnen hin, die beide mit christlichem Hintergrund und imperialistischer Einstellung in die Kolonien gingen. Das christliche Gedankengut war mit imperialistischen Diskursen verschmolzen. Die Frauenbewegung hatte es überhaupt

Farmer- und Ansiedlerehefrauen gehörten zu dieser ersten Gruppe.[12] In der zweiten Phase ab 1892/93 begann die Besiedlungspolitik der *Deutschen Kolonialgesellschaft* und die Tätigkeit des *Deutschen Frauenvereins für Krankenpflege in den Kolonien.*[13] Zu dieser Zeit bildete sich die sog. koloniale Frauenfrage heraus. Von 1898-1907 bemühte sich die *Deutsche Kolonialgesellschaft* um die Auswanderung weißer Frauen. In der vierten Phase von 1907 bis 1914 engagierten sich auch der *Frauenbund der Deutschen Kolonialgesellschaft* und die kolonialen Frauenschulen für eine Lösung der kolonialen Frauenfrage. Von 1914-1920 musste die organisierte Frauenauswanderung wegen des Ersten Weltkrieges und des Verlusts der Kolonien eingestellt werden.

Koloniale Krankenpflege

Die Partizipation von Frauen an der Kolonialbewegung bzw. in den Kolonien begann mit der Organisation einer kirchlich ungebundenen (Kriegs-)Krankenpflege seitens der Kolonialbewegung.

„Nursing was second only to missionary work as social role for German women in the colonies, predating even marriage and motherhood. [...] Colonial nursing long dominated procolonial women's activism: for the first twenty years of Germany‘s colonial empire, that first association remained the only organized outlet for colonialist women outside church or other male-run auspices.“ (Wildenthal 2001: 13)

Wie bereits im Kapitel zu Frauen und Nation beschrieben, war die weibliche (Kriegs-)Fürsorge schon zu Beginn der nationalistischen Bewegung während der Befreiungskriege gegen Napoleon patriotisch aufgeladen. Die vermeintlichen weiblichen Fähigkeiten und Qualitäten wurden so in den Dienst der ‚Heimatfront‘ gestellt. Die (Kriegs-)Krankenpflege berief sich auf eine lange christliche Tradition und korrespondierte mit den entstehenden Ideologien von Weiblichkeit und Mütterlichkeit. Die weibliche Pflege im häuslichen Bereich verband sich so mit dem Engagement im eigentlich männlich konnotierten außerhäusigen

erst ermöglicht, dass protestantische Missionarinnen professionell arbeiten konnten (vgl. Lotz 1998: 51f.).

12 Die Lebensverhältnisse in ‚Deutsch-Südwestafrika‘ auf den Farmen in ländlichen Gebieten und in der Stadt waren sehr unterschiedlich. Auf den Farmen verrichteten die Frauen ungewohnte Haushaltstätigkeiten. Die wenigen weißen Frauen, die zu dieser Zeit in der Kolonie lebten, genossen dort ein hohes gesellschaftliches Ansehen (Smidt 1995: 179ff.).

13 1909 wurde er umbenannt in *Deutscher Frauenverein vom Roten Kreuz für die Kolonien.*

Bereich. Die Krankenpflege hatte einen hohen Stellenwert für die Lebensentwürfe bürgerlicher Frauen. Für unverheiratete Frauen war es eine der wenigen Möglichkeiten, einer bezahlten Tätigkeit nachzugehen oder sich in der öffentlichen Sphäre (unbezahlt in Form der Caritas) zu engagieren, ohne die herrschende Geschlechterordnung und ihre Respektabilität als bürgerliche Frauen in Frage zu stellen.[14]

Auch in den Kolonien spielte die Krankenpflege eine wichtige Rolle. Sie bereitete den Frauen den Weg in die bislang männliche Kolonialbewegung. Durch die Anbindung an die Missionen unterlagen die Frauen dem Zwangszölibat und waren daher entsexualisiert.[15] In diesem Rahmen durften sie – unter der Aufsicht männlicher Ärzte – weiblich konnotierte Werte und Eigenschaften in den kolonialen Raum einbringen und als koloniale Akteure in Erscheinung treten.[16]

1886 wurde die *Evangelische Missionsgesellschaft* für ‚Deutsch-Ostafrika' – das erste Ziel des kolonialen Engagements von Frauen – gegründet.[17] Frieda von Bülow (1857-1908), die bekannteste deutsche Kolonistin und Begründerin des deutschen Kolonialromans, spielte eine wichtige Rolle bei der Etablierung der kolonialen Krankenpflege in ‚Ostafrika'. Ende 1886 gründete sie den nichtkonfessionellen *Deutschnationalen Frauenbund* mit, der die Wichtigkeit der Frau für die Kolonien, insbesondere zur Erhaltung und Stärkung des ‚Deutschtums', be-

14 Die Krankenpflege in Deutschland bzw. Europa veränderte sich in der zweiten Hälfte des 19. Jahrhunderts durch eine Säkularisierung, Verbürgerlichung und Verweiblichung. Die Krankenpflege war vorher männlich besetzt (vgl. Wildenthal 2001: 14). Weibliche Qualitäten galten nun als Qualifikation für die Krankenpflege. 1800 war die Krankenpflege etwa gleich zwischen den Geschlechtern verteilt, 1909 waren 80 Prozent des Krankenpflegepersonals weiblich. Zur Geschichte der weiblichen Krankenpflege vgl. Süchting-Hänger (2002: 41ff.). Vor allem auch im Ersten Weltkrieg war sie ein wichtiger Bestandteil der sog. Heimatfront, da sie kompatibel mit Werten der bürgerlichen Weiblichkeit war (vgl. Schulte 1996: 124 ff.).

15 Die Ehelosigkeit war für viele berufstätige Frauen Pflicht, wie z.B. Lehrerinnen, Erzieherinnen, Büroangestellte, Kindergärtnerinnen, was zu großem Widerspruch von Seiten der Frauenbewegung führte.

16 Die ersten Krankenpflegerinnen gingen 1888 nach Ostafrika, 1891 nach Neu-Guinea, 1892 nach Kamerun, 1893 nach ‚Deutsch-Südwestafrika', 1894 nach Togo, 1902 nach Qindao und 1905 nach Samoa.

17 Frieda von Bülow sowie Martha und Eva von Pfeil gehörten der *Evangelischen Missionsgesellschaft* an. Die Pfeil-Schwestern waren sogar im Vorstand, was damals sehr ungewöhnlich war. Es gab auch Kontakte zu Helene Lange (vgl. Wildenthal 2001: 18f.). Von Bülow setzte sich für die Krankenpflege anstelle der Missionstätigkeit ein. Sie ging wie die Pfeil-Schwestern mit der Missionsgesellschaft nach Ostafrika, um dort ein Krankenhaus aufzubauen.

tonte und zu diesem Zweck die Errichtung von Schulen, Krankenhäusern und Kirchen forderte.[18]

Die *Evangelische Missionsgesellschaft* und der *Deutschnationale Frauenbund* konkurrierten alsbald um die Krankenpflege in den Kolonien. Auslöser dafür waren u.a. Auseinandersetzungen um die Rolle der Frau, um Konfessionalität und Nationalismus. Umstritten war insbesondere Frieda von Bülows Ablehnung des Bildes der frommen, selbstaufopfernden Krankenschwester. Sie setzte sich für eine höhere Bezahlung und geringere Arbeitszeiten ein. Krankenpflege sollte ihr zufolge nicht mehr auf der Ausbeutung und Selbstaufopferung von Frauen beruhen, sondern sie verstand sie vielmehr als eine Form des weiblichen Patriotismus und sah in ihr eine standesgemäße bezahlte Arbeit für unverheiratete bürgerliche Frauen (vgl. Wildenthal 2001: 25). Gerüchte über ihre Lebensweise und der Skandal um ihre Affäre mit Carl Peters erschwerten ihren Kampf und gefährdeten ihre Position. Auch im *Deutschnationalen Frauenbund* lösten von Bülows Positionen und ihr Drang nach Unabhängigkeit Konflikte aus. Sie verließ Afrika 1888.[19] 1888 gab Martha von Pfeil dem Frauenbund als Konsequenz der Konflikte der vorangegangenen zwei Jahre einen neuen Status und Namen: *Deutscher Frau-*

18 Von Bülow und ihre Mitstreiterinnen gründeten den Frauenbund wegen Unstimmigkeiten und Machtkämpfen mit den Geistlichen der *Evangelischen Missionsgesellschaft.* Einige diese Männer bekämpften die weibliche Führung (vgl. Wildenthal 2001: 22ff.). Unterstützt wurden sie bei der Gründung von Carl Peters. Von Bülow war eine der schillerndsten Persönlichkeiten – und eine Ausnahmefigur – der Kolonialbewegung. Bekannt wurde sie als wichtigste Koloniallliteratin und Geliebte des umstrittenen Kolonisten Carl Peters. Von Bülow war eine radikale Nationalistin, Antisemitin und Rassistin, stellte jedoch die herrschenden Geschlechterverhältnisse grundsätzlich in Frage. Sie bezog sich positiv auf lesbisch lebende Frauen, beschäftigte sich mit Themen der Frauenbewegung und kämpfte gegen herrschende Geschlechterkonventionen. Sie war daher auch unter den Frauen der Kolonialbewegung umstritten.

19 Nach ihrer Rückkehr ins Deutsche Reich schrieb sie für die Zeitung *Die Frau* diverse Artikel über das Leben deutscher Frauen in ‚Deutsch-Ostafrika': „Allerhand alltägliches aus Deutsch-Ostafrika", Jg. 2, 1894/95: 25-30 und 93-98; „Am Werkeltag in Deutsch-Ostafrika", Jg. 3, 1895/96: 740-745; „Eine deutsche Frau im Innteren Deutsch-Ostafrikas", Jg. 10, 1902/03: 647-650. Von Bülow beschäftigte sich auch mit der Rolle der Frau, mit Emanzipation und Sexualität und hatte Kontakt zu einigen Protagonistinnen der Frauenbewegung, wie z.B. Helene Lange. Zusammen mit Lou Andreas-Salomé führte sie öffentliche Debatten über ein spezifisch „weibliches Schreiben". Mutterschaft und Heirat als Lebensziel für Frauen lehnten beide ab.

enverein für Krankenpflege in den Kolonien (vgl. Mamozai 1989: 199; Rübenstahl 2002).[20]

Dieser aus zahlreichen Konflikten hervorgegangene säkulare Frauenverband beschränkte sich auf die Krankenpflege.[21] Er war die erste koloniale Frauenorganisation, die vor allem von kolonialbegeisterten Frauen gegründet wurde (vgl. Smidt 1995: 34ff.). Beim *Deutschen Frauenverein für Krankenpflege in den Kolonien* handelte es sich um einen großen einheitlichen Verein (im Gegensatz zu den zersplitterten Männerorganisationen), der nach konservativ-nationalistischen Prinzipien im Namen des Staates arbeitete.[22] Die Säkularisierung der Krankenpflege durch die weiblichen Vereinsgründungen war entscheidend, um sich von der Führung der männlichen Missionsgesellschaften zu lösen. Diese Entwicklungen standen im Kontext der sich in Europa durchsetzenden Professionalisierung der Krankenpflege als bürgerlicher Frauenberuf (vgl. Wildenthal 2003a: 203).

20 Frieda von Bülow wurde nicht mehr als Mitbegründerin genannt. Auch ohne sie gestaltete sich die Zukunft des Vereins schwierig; er blieb auf Unterstützung von Männern angewiesen. Indem Pfeil die prominente Clara von Monts de Mazin als Vorsitzende gewinnen konnte, wurde der Verein an den erfolgreichsten Frauenverein der Zeit angebunden: an den *Vaterländischen Frauenverein*, der reichlich Erfahrungen damit gesammelt hatte, eine weibliche Führung zu etablieren, ohne männliche Autoritäten in Frage zu stellen (vgl. Wildenthal 2001: 38). 1878 trat der *Vaterländische Frauenverein* dem *Deutschen Roten Kreuz* bei. 1935 wurden alle Untervereine des *Deutschen Roten Kreuzes* aufgelöst, der umbenannte *Frauenverein vom Roten Kreuz für Deutsche über See* entging der Auflösung, indem er die unabhängige *Schwesternschaft für Deutsche über See* gründete. Noch heute besteht der Verein als *Schwesternschaft Übersee e.V.* (vgl. Rübenstahl 2002: 63).

21 „The ideology of nursing offered women a rare chance to claim status as brave heroines, skilled professionals, and paragons of selfless femininity." (Wildenthal 2001: 42) Die Krankenpflegerinnen mussten unverheiratet oder verwitwet sein; teilweise wurden Jüdinnen ausgeschlossen. Ihre Sponsorinnen gehörten zur Elite des Deutschen Reiches. Der Beruf der Krankenpflege in den Kolonien war gefährlich, 7 Prozent der Krankenpflegerinnen starben an Krankheiten.
Bei den Auseinandersetzungen um eine weiße Vorherrschaft in ‚Deutsch-Südwestafrika' protestierte der *Frauenverein für Krankenpflege* 1910 gegen die Zwangsuntersuchung aller gefangenen Afrikanerinnen auf Geschlechtskrankheiten. Im Vereinsorgan *Unter dem roten Kreuz* ist jedoch eine eindeutige Ausrichtung an der kolonialen Rassen- und Bevölkerungspolitik zu finden (vgl. Rübenstahl 2003: 61).

22 1888 hatte der Verein 345, 1902 3.000 und 1912 14.000 Mitglieder. Die Vereinsfrauen aus gehobeneren Schichten gingen selten in die Kolonien. Sie trafen sich auf Veranstaltungen der Kolonialbewegung wie Völkerschauen, Bällen, Wohltätigkeitsveranstaltungen im Reich und schrieben für die Zeitschrift des *Deutschen Roten Kreuz*.

Der *Deutsche Frauenverein für Krankenpflege in den Kolonien* richtete sich zunehmend an der pronatalen Politik des kolonialen Frauenbundes aus. Beide unterstützten eine rassistisch ausgerichtete Reproduktion (vgl. Wildenthal 2001: 133). Während der deutschen Kolonialkriege und Aufstände expandierte der *Deutsche Frauenverein für Krankenpflege in den Kolonien*; er war stark nationalistisch und militaristisch ausgerichtet, bezüglich der Frauenfrage sehr konservativ und zudem darauf bedacht, Themen auszuklammern, die den Status der Frauen in der Kolonialbewegung in Frage gestellt hätte, z.B. die Emanzipation von Frauen und die sexuelle Gewalt deutscher weißer Männer in den Kolonien, mit denen Bülow sich befasst hatte.

Dennoch war ihre Arbeit z.T. anschlussfähig an frauenrechtlerische Belange, insbesondere in Bezug auf die Fragen weiblicher Bildung und Berufstätigkeit. „The Patriotic Women's Leagues and the German Women's Association for Nursing in the Colonies were not feminist organisations, but they shared with feminists the challenge of responding to a male-dominated society." (Wildenthal 2001: 39) Die frühen Feministinnen Louise Otto-Peters (1819-1895) und Lina Morgenstern (1830-1909) sahen sie z.B. als Teil der Frauenbewegung.

Organisierte Auswanderung

Ab 1897/98 wurde die sog. koloniale Frauenfrage politisch aktuell. Bereits 1898 richtete die *Deutsche Kolonialgesellschaft* (DKG) einen Fonds ein, aus dem die Überfahrt ausreisewilliger weißer deutscher Frauen bezahlt wurde. Mehrere Initiativen mit unterschiedlichen politischen Hintergründen machten sich zeitgleich Gedanken über die Lösung der Frauenfrage in den Kolonien: Im *Alldeutschen Verband* dachte man schon länger über eine Einbeziehung von Frauen nach. Minna Cauer engagierte sich bereits 1898 für die Auswanderung weißer Frauen und bat 1907 im Namen des Vereins *Frauenwohl* um ein Gespräch beim Reichskolonialamt, um über Perspektiven für Frauen in den Kolonien zu diskutieren. Sie wollte außerdem Frauen stärker für die Kolonien interessieren.[23] Zudem gab es die Überlegung, einen kolonialen Frauenausschuss zu gründen (vgl. Süchting-Hänger 2002: 71). Der *Frauenbund*

23 Der Verein *Frauenwohl* zählte zum radikalen bürgerlichen Lager. Der sozialreformerische Verein setzte sich für das Stimmrecht von Frauen und für bessere Arbeitsbedingungen und -möglichkeiten ein. Er war darüber hinaus bereit, mit sozialistischen Frauen zusammenzuarbeiten: Dies unterschied ihn von anderen bürgerlichen Frauenvereinen. Der Verein begriff Nationalismus als Basis für eine progressive soziale Veränderung (vgl. Schröder 2001).

der Deutschen Kolonialgesellschaft übernahm jedoch schließlich die Organisation der Auswanderung weißer deutscher Frauen. Zwischen 1898 und 1907 wurden 501 Frauen von der DKG bei der Ansiedlung begleitet. Über den *Frauenbund der Deutschen Kolonialgesellschaft* gingen bis 1913 1.500 weiße deutsche Frauen nach ‚Deutsch-Südwestafrika' (vgl. Carstens/Vollherbst 2002: 52).

Zu Beginn der Kolonisation wanderten zunächst die Ehefrauen und potenziellen Ehefrauen von Siedlern in die Kolonien ein, dann kamen vor allem Dienstmädchen und Hausangestellte nach ‚Deutsch-Südwestafrika', die ledig waren und potenzielle Heiratskandidatinnen für die weißen Siedler sein sollten (vgl. Smidt 1995: 205ff.).[24] Auch die Dienstmädchen und weiblichen Angestellten selbst hofften auf eine baldige Heirat, die einen sozialen Aufstieg mit sich bringen sollte. Diese war im Reich wegen der ausgeprägten Standesdünkel nicht möglich.[25] Der größte Teil der auswandernden Frauen wollte in den Kolonien heiraten und war auf der Suche nach einer Versorgungsehe, da im Reich die Bedingungen für sie schlecht waren. Die Kolonien versprachen eine größere soziale Mobilität durch den Mangel an weißen Frauen. Ungebildete wie gebildete Frauen strebten nach einer besseren sozialen Stellung und Bezahlung als im Reich.

Die Debatten und der zunehmende Einfluss der Frauenbewegung wirkten sich auf das Selbstbewusstsein von Frauen aus und veränderten ihre Herangehensweise an die eigene Lebenssituation. Schlechte wirtschaftliche und soziale Bedingungen im Reich motivierten viele Frauen, ihr Leben selbst in die Hand zu nehmen und sich eine neue Existenz in den Kolonien aufzubauen. In den Kolonien war ihr sozialer Status schon allein durch die Zugehörigkeit zur weißen Gemeinschaft höher. Die meisten Frauen suchten in den Kolonien ein besseres Leben, einen sozialen Aufstieg, ein breiteres Betätigungsfeld und z.T. die Möglichkeit, emanzipatorische Lebensziele zu verwirklichen (vgl. Smidt 1995: 226). Für viele Frauen war die Auswanderung ein Ausbruch aus den bestehenden Geschlechter- und sozialen Verhältnissen im Deutschen Reich (vgl. Kleinau 2000: 207).

Das Weiblichkeitsidealbild der Kolonialbewegung war allerdings das der Gattin, Hausfrau und Mutter. Nach den Auswahlkriterien sollten die auswanderungswilligen Frauen in heiratsfähigem Alter zwischen 20 und 35 sein. An sie wurden hohe Erwartungen bezüglich ihrer Qualifikation gestellt. Vor allem bürgerliche weibliche Tugenden wie Fleiß, Sparsamkeit etc., aber auch eugenische, soziale und moralische Kriterien

24 Weiße Angestellte konnten sich in den Kolonien nur wenige leisten.

25 Auch gesellschaftliche Außenseiterinnen, z.B. Frauen mit einem unehelichen Kind, hofften auf einen möglichen Neuanfang in den Kolonien.

sollten der weißen Siedlergemeinschaft in den Kolonien zu Gute kommen (vgl. Kundrus 2004: 223; Walgenbach 2004: 84ff.; Carstens/Vollherbst 2002: 52).[26]

Sowohl die DKG als auch der koloniale Frauenbund setzten sich daher dafür ein, dass nicht nur Dienstmädchen, sondern auch Frauen aus ‚höheren Kreisen' in die Kolonien gingen (vor allem nach ‚Deutsch-Südwest', später auch nach ‚Ostafrika'), um die Siedlerstruktur ‚positiv' zu beeinflussen.

Für gebildete Frauen aus höheren Schichten stellte sich jedoch die Frage nach standesgemäßen Berufs- und Arbeitsmöglichkeiten in der Kolonie. Die Frage der weiblichen Berufstätigkeit stellte einen Anknüpfungspunkt für die Frauenbewegung im Reich dar. Die Politik und Rhetorik der Frauenbewegung wirkte sich wiederum auf die Debatten um und die Praxis der Auswanderung weißer Frauen aus. Die bürgerliche Frauenbewegung sorgte für einen Anstieg der Auswanderung gebildeter Frauen nach ‚Deutsch-Südwestafrika' und förderte ihre Emanzipationsbestrebungen in der Kolonie (vgl. Smidt 1995: 55).

Die koloniale Frauenfrage ähnelte in einigen Punkten der Frauenfrage im Reich: Für unverheiratete Frauen gab es kaum Möglichkeiten, einen bezahlten Arbeitsplatz zu finden. Teilweise wurden sie auch explizit davon ausgeschlossen. Um sie zu unterstützen, gründete der koloniale Frauenbund zwei Einrichtungen für bürgerliche Frauen: 1910 das *Heimathaus Keetmanshoop*, wo sie einen Arbeitsvertrag für drei Monate abschließen konnten, und 1911 die Kolonialfrauenschule in Bad Weilbach als Nachfolgeprojekt der Kolonialschule Witzenhausen (vgl. Wildenthal 2003a: 214).[27]

Durch die zunehmende Verstädterung und Modernisierung in ‚Deutsch-Südwestafrika' entstanden mehr Arbeitsmöglichkeiten für ein-

26 Die DKG wollte nur eine bestimmte Klientel in die Kolonien senden und überprüfte die ausreisewilligen Frauen vorher. Die Frauen mussten ein Gesundheitszertifikat, eine Bescheinigung des Charakters, eine Empfehlung des letzten Arbeitgebers, einen Nachweis der Nationalität und Religion sowie eine Erlaubnis der Eltern oder des Vormunds vorlegen. Die Ausgewählten bekamen Zweijahres-Verträge, und nur ihnen bezahlte die DKG die Überfahrt in die Kolonie (vgl. Walther 2002: 49). Der koloniale Frauenbund übernahm die Kriterien der DKG, als er die Organisation der Auswanderung weiterführte.

27 1911 plante der koloniale Frauenbund die Ausdehnung der Ansiedlung weißer Frauen auf ‚Deutsch-Ostafrika' in der Hoffnung, dort eher Arbeitsmöglichkeiten für bürgerliche Frauen zu finden. Der Erste Weltkrieg unterbrach diese Pläne. Nach 1918 schickte der koloniale Frauenbund Frauen in das nun britische Mandatsgebiet (vgl. Wildenthal 2003a: 216).

wandernde Frauen.[28] Bürgerliche Frauen konnten als Lehrerinnen, Missionarinnen, bei Privatgesellschaften oder in Behörden arbeiten (vgl. Smidt 1995: 232).

Koloniale Geschlechterkonstruktionen

Die weiblich konnotierte private Sphäre der weißen Frau in den Kolonien war ein relevanter Bereich der kolonialen Herrschaftsdurchsetzung und -sicherung. Die kulturellen bürgerlichen Machttechnologien und Fertigkeiten erwiesen sich als zentral für die Etablierung und Sicherung der weißen Superiorität.

Die Disziplinierung und ‚Erziehung' der kolonisierten Bevölkerung war ein wichtiger Aufgabenbereich der weißen Frau: Sie sollte die ihr unterstellten kolonialen Untertanen (z.B. im Haushalt) zur Arbeit erziehen und ihnen bürgerliche Fertigkeiten und Technologien vermitteln. Auch wenn Gewalt eigentlich nicht zu den Machttechniken der Kolonialherrin gehörte, ist sie für die Kolonien überliefert (vgl. Engelhardt 1999: 128).[29]

Als Träger deutscher Kultur galten vor allem die deutsche Sprache, Ernährung und Wohnkultur (vgl. Walgenbach 2004: 248ff.). Über diese bürgerlichen Werte und kulturellen Praxen fand eine Distinktion gegenüber den kolonialen Untertanen, aber auch gegenüber den unteren Klassen statt. Vorstellungen einer europäischen bzw. deutschen Ernährungsweise, Wohnkultur, Kleidung, Erziehung etc. trugen dazu bei, eine weiße europäische und deutsche Identität herzustellen und sie mit bestimmten Codes zu füllen (vgl. Hancock 1999: 148). Weißen Frauen kam eine zentrale Rolle für die Ausgestaltung der ‚weißen Kultur' und ihrer Verankerung im Alltag zu (vgl. Niessen-Deiters 1913). Die Debatten um die eigene Kultur nahmen viel Raum in der *Kolonie und Heimat*, der Zeitschrift des *Frauenbundes der Deutschen Kolonialgesellschaft*, ein. Die Konstruktion einer eigenen Kultur pendelte dabei zwischen der Behauptung des Deutsch-Seins und dem Entwurf einer eigenständigen, leicht abweichenden ‚Südwestler-Kultur'. Die Kulturleistungen wurden

---

28 Mit einer stärkeren Besiedelung bildete sich eine hierarchische Sozialstruktur innerhalb der weißen Siedlergemeinschaft heraus, die sich an der Sozialstruktur des Deutschen Reiches ausrichtete. Mit der zunehmenden Verstädterung wandelten sich die sozialen Verhältnisse Anfang des Jahrhunderts. Zudem traten Konflikte zwischen den städtischen und ländlichen weißen SiedlerInnen zu Tage (vgl. Smidt 1995: 201).

29 Achille Mbembe (zitiert nach Eigler 1998: 72) beschreibt die geschlechtsspezifische Teilhabe der weißen Frauen am Alltag in den Kolonien daher als „intimate tyranny".

in *Kolonie und Heimat* zumeist als europäisch und als Synonym für eine weiße europäische Identität beschrieben. Spezifisch deutsch wurden sie erst durch den Einfluss deutscher Frauen (vgl. Walgenbach 2004: 277).

Das Ringen um eine deutsche bzw. europäische Kultur in den Kolonien korrespondierte mit sozialhygienischen Diskursen im Kaiserreich, nach denen schlechte Wohnverhältnisse, Gesundheitsversorgung und Arbeitsbedingungen als Ursachen für kulturellen Verfall und Degeneration galten. (Sozialhygienische) Diskurse über das Proletariat und die kolonisierte Bevölkerung weisen Parallelen auf, da beide ‚Gruppen' mit Schmutz, sexueller Ungezügeltheit und Faulheit in Verbindung gebracht wurden.

Im Kontext der sich entwickelnden Bevölkerungspolitik mit ihren eugenischen Ideologien, rassifizierten Konstruktionen von Gesundheit, Reinheit und Reproduktion geriet die weiße Mutter speziell in den Blick: „It was the duty and destiny of women to be ‚mothers of the race', but also their great reward." (Davin 1997: 91)[30] Das Konzept der Mütterlichkeit konnte mit positiven wie negativen Eigenschaften in den Kontext der jeweiligen Nation und ‚Rasse' eingebettet werden (vgl. Pettman 1996: 29). Mutterschaft und Familie wurden in den Kolonien zunehmend ‚rassisch' definiert und codiert, sowohl in den Diskursen um ‚Rassenmischung' als auch in den Diskursen um eine weiße Kultur und Identität. Dadurch verfestigte sich ein Bild weißer, reiner Weiblichkeit: In den Kolonien entstand eine ‚neue koloniale Weiblichkeit', ein rassifizierter Weiblichkeitsentwurf, in dem die weiße deutsche Frau zur notwendigen Partnerin des Kolonialherren wurde (vgl. Wildenthal 2001: 131ff.).

Emanzipative Rhetorik in der kolonialen Geschlechterideologie

Die koloniale Geschlechterideologie war in Bezug auf das Frauenbild ambivalent, da sie zwar einerseits traditionelle, konservative Geschlechtermodelle vermittelte, diese jedoch vom bürgerlichen Frauenbild im Reich abwichen und eine potenziell größere Freiheit versprachen. Die Kolonien boten z.T. neue Räume und Identitätsangebote für weiße Frau-

30 Auch in Bezug auf die kolonisierte Bevölkerung gab es zahlreiche Debatten um Kindersterblichkeit, Geburtenraten usw. Über den Import von Ideologien bürgerlicher Hygiene drangen die Kolonialmächte in die privatesten Sphären von Schwarzen Frauen ein: Sexualität, Schwangerschaft, Stillen, Hygiene etc. Solche Programme sind im Rahmen der sog. Entwicklungspolitik auch heute noch aktuell, wie Hunt am Beispiel des Kongo aufzeigt (vgl. Hunt 1997: 289f.).

en. Die Bilder kolonialer Freiheit erreichten auch Frauenrechtlerinnen im Reich (vgl. Wildenthal 2001: 104). Kundrus (2004: 230) bezeichnet die koloniale Geschlechterideologie als „Konvergenz aus Kolonialismus, Frauenpolitik, Rassismus und Nationalpathos“. Ein Beispiel, an dem sich die Vielschichtigkeit und Widersprüchlichkeit der kolonialen Geschlechterbilder ablesen lässt, ist das Motiv der ‚mutigen Farmerin‘.[31]

Die Farmerin: starke weiße Weiblichkeit

Alleinstehende Farmerinnen, meist Witwen, lösten aufgrund ihrer Selbstständigkeit und des Frauenbilds, das sie vertraten, gesellschaftliche Auseinandersetzungen nicht nur in den Kolonien aus. Das Motiv der starken, mutigen Farmersfrau oder der alleinstehenden Farmerin, die Pionierarbeit in den Kolonien leistete, spielte eine große Rolle in der Propaganda kolonialbegeisterter Frauen und hatte eine große Resonanz im Deutschen Reich (vgl. Smidt 1995: 162).[32]

Im Umfeld des kolonialen Frauenbundes erschienen nach der Jahrhundertwende zahlreiche Romane und Berichte von weißen Frauen, die in den Kolonien gelebt hatten bzw. die sich in ihren Romanen ein Leben in den Kolonien vorstellten (vgl. Noyes 2003: 223ff.; Smidt 1995: 258; Wildenthal 2001: 59ff und 152ff.; Schneider 2003: 67ff.; Mamozai 1989: 203). Ihre Texte beschrieben den Alltag in den Kolonien und spiegelten den selbstbewussten Nationalismus der kolonialbewegten Frauen. Diese Romane stellten die Fähigkeit von Frauen unter Beweis, in den Kolonien (z.T. auch alleine) zu bestehen. In diesem Zusammenhang entstand, insbesondere unter kolonialbewegten Frauen, das legendenumwobene Bild der Farmerin. Die Farmerin lebte verheiratet oder verwitwet, manchmal sogar unabhängig und unverheiratet, auf einer Farm und musste sich den Widrigkeiten der Fremde stellen. Sie repräsentierte in der Regel sexuelle Moral, Reinheit und nationale Werte. In einigen Darstellungen wurden jedoch die gängigen Geschlechtermodelle überschritten: In ihnen verknüpfte sich das Kolonialengagement und der Nationalismus mit einem ungewöhnlichen und provokativen Frauenbild.

Interessantes Beispiel für die selbstbewusste Farmerin stellt die Lebensgeschichte der Margarete Trappe dar (1854-1957), die in der Lite-

---

31 Walgenbach (2004: 162) nennt außerdem die Reisende, die ein häufiges Thema der Zeitschrift *Kolonie und Heimat* gewesen sei. Sie subsummiert die Reisende jedoch unter das Motiv der ‚mutigen Farmerin‘.

32 Elisabeth Harvey (2003) weist auf die Bedeutung der auswandernden Frau und Farmerin für die ‚Germanisierungspolitik‘ in den von den Nationalsozialisten annektierten Ostgebieten hin. Als historische Vorläufer sieht sie die Siedlerin und ihre Funktionen im deutschen Kolonialismus.

ratur als „weiße Jägerin", „weiße Königin" oder gar als „Mutter der Massai" bezeichnet und für ihren Mut und ihre ‚Heldenhaftigkeit' noch heute verehrt wird. 1907 wanderte das Ehepaar Trappe nach ‚Deutsch-Ostafrika' aus und gründete eine große Farm am Fuß des Kilimandscharo. Margarete Trappe bewirtschaftete die Farm z.T. alleine, war Großwildjägerin und bot Safaris an. Bereits Gerd von Lettow-Vorbeck schrieb eine Biographie über sie und würdigte sie als „große Jägerin".[33] Bis heute wirkt der Mythos ihrer Lebensgeschichte als weiße Frau (alleine) im heutigen Tansania nach.[34]

Für ein provokatives Frauenbild steht z.B. auch Frieda von Bülow mit ihren zahlreichen Kolonialromanen und ihrem ungewöhnlichen Leben, das sie u.a. in den deutschen Kolonien in Afrika verbrachte. In ihrem populären Roman „Raggys Fahrt nach Südwest" von 1910 beschreibt die Hauptfigur Lene Haase die Schwierigkeiten einer emanzipierten Frau in der Kolonie. Sie kritisiert die engen, starren Regeln der weißen patriarchalen Siedlergesellschaft, ihre Vorurteile und Klatschsucht.[35]. Die Verknüpfung kolonialistischer und nationalistischer Motive mit Geschlechtergrenzen überschreitenden bis emanzipativen Motiven ist ein Hinweis auf die komplexe Verschränkung von Geschlecht, Klasse und ‚Rasse'. An einzelne koloniale Motive waren emanzipative Hoffnungen geknüpft: Die Kolonien dienten auf vielschichtige Art und Weise als Projektionsfläche – auch für eine Emanzipation von Frauen. Diese Emanzipationsphantasien äußerten sich je nach politischer Herkunft unterschiedlich.

Die Attraktivität des Bildes der Farmerin erklärt sich u.a. durch die Agrarnostalgie, die eine gesellschafts-, modernitäts- und zivilisationskritische Komponente enthielt.[36] Die rassifizierte Ökonomie der Kolonien

---

33 Gerd von Lettow-Vorbeck (1957): Am Fuße des Meru. Das Leben von Margarete Trappe, Afrikas großer Jägerin, Hamburg.

34 Ihre Lebensgeschichte wurde 2007 mit dem Titel „Momella – eine Farm in Afrika" verfilmt, Rolf Ackermann schrieb ihr Leben 2006 unter dem Titel „Die weiße Jägerin" erneut auf. Auch May Sheldon veröffentlichte ihre Lebensgeschichte 2006: „Bibi Bwana. Weiße Königin des Kilimandscharo".

35 In ‚Deutsch-Südwestafrika' löste der Roman große Empörung aus, während er im Deutschen Reich eher für Belustigung sorgte (vgl. Noyes 2003).

36 Das Bild der Kolonie als ein zweites, besseres, ländlich-idyllisches Deutschland jenseits der Probleme der Industrialisierung und Modernisierung bildete den Gegenpol zum Bild der Großstadt als Sinnbild für Verfall, Krankheit, Degeneration etc. (vgl. Omran 2000: 197ff.). Diese Nostalgie mit ihrer antikapitalistischen Ausrichtung war anschlussfähig für antisemitische Stereotype, in denen die negativen Auswirkungen des Kapitalismus und der Moderne im Juden personalisiert werden. Dieser kapi-

suggerierte zugleich einen Ausweg aus den Klassengegensätzen des Reichs und versprach eine klassenlose weiße Siedlergemeinschaft (vgl. Kleinau 2000: 208). Das Bild der Farmerin erschien als (rückwärtsgewandte) Alternative zur gesellschaftlichen Realität der bürgerlichen Frau im Reich und knüpfte gleichzeitig an Motive der Frauenbewegung an. „The mystique of the farm appealed to German women in ways that were specific to their situation. Socialist and bourgeois feminists had long recognized that the shift from home to factory production had devalued women's work and accentuated their dependence on men." (Wildenthal 2001: 152) Auf der Farm basierte die Arbeitsteilung auf traditionellen familiären Strukturen; die Frau war in die Ökonomie der Farm integriert. Darüber hinaus fielen auf der Farm Reproduktion und Produktion zusammen; männliche und weibliche Tätigkeitsfelder verwischten sich und somit zugleich die Grenzen zwischen öffentlich und privat, aktiv und passiv. „Das Projekt Kolonien mit seinem Ideal-Paar von Farmer und Farmersfrau schien einen völlig anderen Frauentypus vorzusehen, als die bürgerliche Norm es vorsah: Physische, moralische und mentale Härte waren ebenso notwendig wie Führungsqualitäten gegenüber der kolonisierten Bevölkerung." (Kundrus 2004: 230)

Im kolonialen Kontext geriet das bürgerliche Geschlechtergefüge scheinbar in Unordnung, da weibliche Arbeit in Form von Feldarbeit oder Viehzucht auf der Farm sichtbare Arbeit jenseits des häuslichen Bereiches war. Diese Arbeit stellte die weiße Frau jedoch nicht auf eine Stufe mit dem weißen Mann.

Die Farmerin als Repräsentantin einer starken Weiblichkeit entsprach trotz ihrer relativen Selbstständigkeit daher nicht den Gleichheitsforderungen radikaler Frauenrechtlerinnen, sondern stand für die Anerkennung eines spezifisch weiblichen Beitrags zwischen Produktion und Reproduktion, privater und öffentlicher Sphäre. Traditionelle Konzepte von Weiblichkeit und das Verhältnis zwischen den Geschlechtern wurden bei der Aufwertung des gesellschaftlichen Beitrags der Frau von den kolonialbegeisterten Frauen meist nicht hinterfragt. Trotzdem sind immer wieder auch emanzipatorische Momente zu erkennen, die ein anderes Frauenbild und andere Lebensmöglichkeiten zeichneten.

Der Mythos der unabhängigen, mutigen Farmerin gründete auch auf der Hoffnung auf ein besseres Leben als im Reich, die der gesellschaftlichen Realität – den vorherrschenden Geschlechterverhältnissen in den Kolonien – jedoch nicht standhielt. Einige emanzipierte Frauen versuchten, in den Kolonien aus der Abhängigkeit der bürgerlichen Ehe

talismuskritische Antisemitismus findet sich z.B. auch bei von Bülow (vgl. Wildenthal 2001: 57).

und der Enge des sozialen Lebens zu entfliehen. Dort wollten sie sich eine unabhängige Existenz aufbauen und folgten u.a. dem Ideal der selbstständig wirtschaftenden Farmerin. „Einige wenige gebildete Frauen hatten gehofft, in der Kolonie über mehr politische Freiheiten zu verfügen. Die Ehe brachte in dieser Beziehung für die gebildeten Frauen in der Kolonie nicht die erhoffte Gleichstellung, sondern Unterordnung und Einengung." (Smidt 1995: 102) Den meisten alleinstehenden Frauen gelang die Umsetzung der Selbstständigkeit (als Farmerin und in der Berufstätigkeit) nicht, nur solchen mit einem soliden finanziellen Hintergrund (vgl. Smidt 1995: 250).[37] Nur wenige Frauen erreichten ihr Ziel, ein gleichberechtigteres Leben als im Deutschen Reich zu führen. Lediglich auf den weit abgelegenen Farmen gelang es manchen Frauen, eine relativ gleichberechtigte Partnerschaft zu führen. Den meisten Frauen wurde auch in den Kolonien das traditionelle Frauenbild zugewiesen. „Der weiblichen Emanzipation im kolonialen Kontext sind genau dort Grenzen gesetzt, wo die Frau droht, ihre Funktion innerhalb des weißen Diskurses zu verlassen, in dem sie zwar eine Schlüsselposition einnehmen darf, deren Gestaltung aber nicht in ihren eigenen Händen liegt." (Schneider 2003: 257) Die traditionellen Geschlechterverhältnisse setzten sich auch in den Debatten um das Frauenwahlrecht in ‚Deutsch-Südwestafrika' seit 1900 durch.

> „Sie sollte Pionierarbeit leisten und dem Mann eine treue Gefährtin sein. Widersprüchlich an dieser Auffassung war, daß während der schweren Anfangszeit der Kolonisation und des Hereroaufstandes Männer weißen Frauen Fähigkeiten wie ‚Unerschrockenheit', ‚Ausdauer' oder ‚den Mut zum Neubeginn' zugestanden hatten, die eine Gleichberechtigung rechtfertigten. Wenn es jedoch um die Gewährung politischer Rechte für die Frau ging, dann sprachen Männer Frauen diese Fähigkeiten ab." (Smidt 1995: 102f.)

Der Status der Frauen innerhalb der kolonialen Hierarchie blieb über den Status des Ehemanns definiert. Mamozai (1989: 153) betont, dass Frauen dort, wo wichtige kolonialpolitische Entscheidungen getroffen wurden, keinen Einfluss hatten. Dennoch legte es die gesellschaftliche Posi-

37 Außenseiterinnen in den Kolonien waren einerseits Frauen aus der Mittel- und Oberschicht, die sich nicht an die vorgeschriebene Geschlechterordnung der Kolonien hielten, die z.B. sogar Abenteuer suchten und Diamanten schürften, damit spekulierten und handelten, andererseits auch Frauen aus unteren Schichten, die von der Armenfürsorge lebten, ein uneheliches Kind hatten oder als Prostituierte arbeiteten, außerdem Gesetzesbrecherinnen und mit Schwarzen zusammenlebende Frauen (vgl. Smidt 1995: 257ff.).

tion weißer Frauen in den Kolonien durchaus nahe, Forderungen nach staatsbürgerlicher Gleichheit zu stellen.

Im Zuge der Neuordnung des Gemeinwesens in ‚Südwestafrika' machten der *Schlesische Verein für Frauenstimmrecht* und der *Schlesische Frauenverband*, der 41 Vereinen vorstand, 1909 eine Eingabe an den Reichskanzler, in der sie das Frauenwahlrecht für die Gemeindeverordnung forderten. Auch einzelne Frauen der Kolonialbewegung schlossen sich den Forderungen nach mehr Mitspracherechten für Frauen in den Kolonien an.

1913 beschloss der Landesrat in Windhoek mit knapper Mehrheit das Zensus-Wahlrecht für den Landrat für weiße, alleinwirtschaftende Farmerinnen. „Die Ausdehnung des lediglich restriktiven Wahlrechts auf deutsche Farmerinnen schien den Frauenverbänden vermutlich keine so schlechte Lösung, hielt es doch weiterhin die weißen Unterschichten – von der afrikanischen Bevölkerung war in all diesen Diskussionen nicht die Rede – von der Machthabe fern." (Kundrus 2004: 231; vgl. auch Smidt 1995: 244ff.; Walgenbach 2004: 183) Die Forderungen nach gleichen Rechten waren jedoch im rechten Lager umstritten; nicht alle weiblichen Vereinsmitglieder schlossen sich ihnen an.

Gesellschaftliche Position weißer Frauen in der Kolonie

Den Lebensstandard und die Stellung weißer Frauen in der Kolonie bewerten die wenigen existierenden Forschungsarbeiten widersprüchlich: Mamozai und Smidt weisen auf die Möglichkeit eines selbstständigeren Lebens von Frauen in den Kolonien hin: Sie waren als Wäscherinnen, Schneiderinnen, in der Gastronomie und sogar als Spekulantinnen an der Diamantenbörse tätig. Zudem konnten bürgerliche Frauen zumindest in geringen Zahlen als Lehrerinnen, Krankenschwestern, Büroangestellte, Köchinnen etc. arbeiten. Hierbei handelte es sich allerdings vor allem um ausgelagerte Reproduktionsleistungen (vgl. Smidt 1995: 255; Mamozai 1989: 143ff.).[38] Die Kolonien boten demnach emanzipative Anreize – bessere Lebensbedingungen und größere Handlungsspielräume – für auswandernde weiße Frauen aller Klassen, die jedoch selten eingelöst wurden.

Mit seinem Engagement erreichte der koloniale Frauenbund die stärkere Mitwirkung von Frauen an der Ausgestaltung des Kolonialprojektes und ermöglichte einigen weißen Frauen Berufstätigkeit und Selbstständigkeit. Der Einsatz des kolonialen Frauenbundes für eine ver-

38 Smidt ermittelte insgesamt 112 selbstständige Frauen und 107 landbesitzende Frauen in ‚Deutsch-Südwestafrika', von denen allerdings nur 32 das Land als ledige oder verwitwete Frauen allein bewirtschafteten.

besserte Ausbildung von bürgerlichen Frauen, wie sie in den kolonialen Frauenschulen praktiziert wurde, stellte weniger einen positiven Bezug auf Berufstätigkeit dar, sondern markierte vielmehr den Klassenstatus der Frauen. Im Deutschen Reich galt die Vermittlung bürgerlicher Praxisformen als Ansatz zur Lösung der sozialen Frage, weshalb proletarische Frauen in hauswirtschaftlichen Kompetenzen unterwiesen wurden. Die hauswirtschaftliche Ausbildung bürgerlicher Frauen durch den *Frauenbund der Deutschen Kolonialgesellschaft* beruhte daher nicht auf einer emanzipativen Einstellung zur Berufstätigkeit der Frau. Die Ausbildung sollte lediglich die hauswirtschaftlichen Qualifikationen verbessern, die als natürliche Tätigkeit der Frauen im unbezahlten Reproduktionssektor und nicht als bezahlte Lohnarbeit angesehen wurde.

Die Forderung des kolonialen Frauenbundes nach Entsendung gebildeter Frauen in die Kolonien oder die nach einer Frauenbildung interpretiert Walgenbach (2004: 174) daher nicht als Versuch, den Status von Frauen zu verbessern. Sie sollten lediglich die ‚Qualität' der weißen Siedlerschaft heben.

Zwar beschreiben auch die Autorinnen der Zeitung des kolonialen Frauenbundes *Kolonie und Heimat* ihre subjektive Wahrnehmung einer besseren Stellung von weißen deutschen Frauen in den Kolonien. Walgenbach bestreitet den sozialen Aufstieg in der Realität jedoch, da die Geschlechterverhältnisse strukturell nicht angetastet wurden. Ein gesellschaftlicher Aufstieg (von Frauen) ist m.E. allerdings nicht ausschließlich an die Geschlechterverhältnisse gebunden, sondern wurde von ihrer Position als weiße Kolonistinnen bedingt. Der Lebensstandard der Frauen war generell höher, und viele, die es sich im Reich nicht hätten leisten können, hatten Hausangestellte (vgl. Lotz 1998: 35). Damit erlangten weiße Frauen die direkte Verfügungsgewalt über Schwarze Frauen und sogar Schwarze Männer – neben den weißen Angestellten.

Der wenngleich geringe soziale Aufstieg von Frauen war mit einer sozialen und politischen Privilegierung im Verhältnis zur kolonisierten Bevölkerung verbunden. Walgenbach (2004: 185) spricht von einer diellen Aufwertung der Frau in den Kolonien, die sich vor allem über die Kategorie ‚Rasse' legitimierte, und bezeichnet die angebliche Verbesserung der sozialen Position der weißen Frau daher als „koloniale Fiktion". Die Zugehörigkeit zur vermeintlich höher stehenden Kultur und ‚Rasse' beinhaltete m.E. eine soziale Privilegierung, die sich in den Kolonien – aber auch durch Reiseberichte und Literatur im Reich – unmittelbar erleben ließ. Die formulierte und umgesetzte Notwendigkeit der Mitwirkung von Frauen am kolonialen und nationalen Projekt (in fast allen politischen Spektren der organisierten Frauen) eröffnete Möglichkeiten der politischen und sozialen Teilhabe, wenngleich vor allem auf den kulturalisierten und rassifizierten (Reproduktions-)Bereich reduziert.

Die Rhetorik des *Frauenbundes der Deutschen Kolonialgesellschaft* hinsichtlich der gesellschaftlichen Position von Frauen blieb widersprüchlich. Walgenbach (2004: 169) konstatiert eine emanzipative Rhetorik des kolonialen Frauenbundes, die viele Anschlüsse an die bürgerliche Frauenbewegung aufwies und zentrale (z.T. egalitäre) Argumentationsfiguren aufgriff, diese aber nationalistisch wendete.[39] In den kolonialen Frauenorganisationen amalgamierten Rassismus und Pronatalismus auf komplexe Weise mit Ansätzen der bürgerlichen Frauenbewegung: Der Komplementarität der Geschlechter, einer nach rassistischen Prinzipien ausgerichteten Bevölkerungspolitik sowie der Betonung der ökonomischen und kulturellen Bedeutung von Frauen für die Nation und die Kolonien. Dennoch lässt sich bei den kolonialengagierten Frauen Walgenbach zufolge keine direkte politische Auseinandersetzung mit den Geschlechterverhältnissen erkennen. Die emanzipative Rhetorik des kolonialen Frauenbundes betrachtet sie als einen Versuch, weiße Frauen zur Auswanderung in die Kolonien zu bewegen und die soziale Unzufriedenheit der Frauen im Kaiserreich zu diesem Zweck zu kanalisieren. Die Hinweise in *Kolonie und Heimat* auf ein selbstständiges, besseres Leben müssen als „schillerndes Versprechen“ (Walgenbach 2005: 65) angesehen werden, das Frauen überhaupt erst für das koloniale Projekt interessieren sollte. In ihrer Diskursanalyse der Zeitschrift *Kolonie und Heimat* findet Walgenbach (2004: 137) keine Hinweise darauf, dass die Geschlechterverhältnisse über die Partizipation am kolonialen Projekt neu ausgehandelt wurden. Vielmehr fand eine Reproduktion der bestehenden Geschlechterverhältnisse im Reich statt, in denen Frauen als „Trägerinnen deutscher Zucht und Sitte“ galten. Der koloniale Frauenbund griff einige Schlagworte der Frauenbewegung auf, ohne aber die Geschlechterverhältnisse in den Kolonien verändern zu wollen. Dennoch blieb ein Spannungsverhältnis zwischen konservativer Geschlechterpolitik und emanzipativen Anreizen bestehen, dieses zieht sich bis in organisatorische Überschneidungen mit der Frauenbewegung.

Diese organisatorischen Überschneidungen des kolonialen Frauenbundes und der bürgerlichen Frauenbewegung (bis hin zu den radikalen Frauenverbänden) verdeutlichen im Folgenden das Spannungsverhältnis und die Korrespondenzen zwischen kolonialen und frauenrechtlerischen Positionen.

39 In der Zeitschrift *Kolonie und Heimat* wurde in einem Artikel von 1908 sogar auf eine „koloniale Frauenbewegung“ rekurriert (Walgenbach 2004: 157).

Kontakte zum Bund Deutscher Frauenvereine

Die Verbindungen frauenrechtlerischer emanzipatorischer mit kolonialistischen Interessen zeigen sich auch darin, dass der *Frauenbund der deutschen Kolonialgesellschaft* ab 1911 Teil des BDF, dem Sammelbecken der bürgerlichen Frauenbewegung, war. Walgenbach (2004: 80) interpretiert den Beitritt des kolonialen Frauenbundes in den BDF jedoch nicht als Zeichen seiner progressiven Ausrichtung, sondern eher als Rechtsruck der bürgerlichen Frauenbewegung. Der BDF rückte 1908 mit der Aufhebung des Reichsvereinsgesetzes und dem damit verbundenen Eintritt konservativer Frauenvereine in den BDF nach rechts, was auch mit der gesamtgesellschaftlichen Entwicklung – also der Durchsetzung und Verstärkung rassistischer, nationalistischer und sozialdarwinistischer Denkmuster – zusammenhing.

Meines Erachtens gab es jedoch inhaltliche Anknüpfungspunkte der Kolonialbewegung an die bürgerliche Frauenbewegung bis hin zu deren radikalen Flügel, weshalb von einer wechselseitigen Annäherung des kolonialen Frauenbundes und der bürgerlichen Frauenbewegung auszugehen ist. „Die Zielsetzungen des Frauenbundes wurden durch emanzipatorische Einflüsse der deutschen Frauenbewegung sowie durch den wachsenden Einfluß des Nationalismus und Rassismus in Deutschland geprägt." (Smidt 1995: 62) Ihre Ziele überschnitten sich z.B. dahingehend, dass auch der BDF von der gesellschaftlichen Kulturaufgabe der Frau ausging und z.B. sein Engagement für Hausfrauen ab 1908 verstärkte.[40] Trotz der Annäherung blieben dezidiert emanzipatorische Positionen in rechten Frauenvereinen eher in der Minderheit, wie Roger Chickering in seiner Pionierstudie von 1988 zeigt, auch wenn sich inzwischen herausstellte, dass der Selbstbehauptungswille der Frauen größer war, als er in seiner Studie angenommen hatte (vgl. Streubel 2003: 10).[41]

Unter Freifrau Ada von Liliencron (1844-1913), Gründungsmitglied und von 1907 bis 1909 erste Vorsitzende in der Geschichte des kolonialen Frauenbunds, die aus einer berühmten, erzreaktionären, adeligen Militärfamilie stammte, bestand noch eine große Distanz zu den Zielen der Frauenbewegung. Der koloniale Frauenbund grenzte sich unter ihrer

40 Die sozialdemokratische und radikale Frauenbewegung forderten die uneingeschränkte Gleichberechtigung von Mann und Frau. Große Teile der bürgerlichen Frauenbewegung setzten sich lediglich für ihre gleichwertige Stellung neben dem Ehemann ein und wollten die patriarchalen Verhältnisse kaum verändern oder gar abschaffen (vgl. Smidt 1995: 92).

41 Zudem gab es nach wie vor eine starke Gegnerschaft zwischen antiemanzipatorischen Verbänden (wie dem *Vaterländischen Frauenverein*) und solchen, die mit Gedanken der Frauenbewegung sympathisierten (wie dem FDK).

Leitung gegen die Frauenbewegung im Reich ab und bezog sich primär auf Werte der Mütterlichkeit (vgl. Wildenthal 2003a: 207). Er sah sich als Akteur in einem ‚Rassenkrieg'. Ein weiterer zugrundeliegender Topos seiner Aktivitäten war der Kampf gegen ‚Rassenmischung'.

Unter dem Vorsitz Hedwig Heyls (1850-1934) von 1910 bis 1920 – einer der bürgerlichen Frauenbewegung zugerechneten Sozialreformerin, die dem linken Flügel der Nationalliberalen nahe stand – näherten sich kolonialistische und feministische Diskurse im Frauenbund an. Sie unterhielt Kontakte zu vielen Verbänden der bürgerlichen Frauenbewegung und war zudem im Vorstand des dem radikalen Flügel angehörenden Vereins *Frauenwohl* (vgl. Wildenthal 2003a: 211).[42] Unter Heyl entwickelte der FDK neue Projekte in Anlehnung an die Frauenbewegung im Reich, allerdings unter der Prämisse der ‚Rassentrennung' und -hierarchie. Heyl setzte sich neben der Rationalisierung der Hausarbeit – ihrem wichtigsten Projekt – für neue Arbeitsmöglichkeiten und die Anerkennung der bezahlten und unbezahlten Arbeit von bürgerlichen Frauen in den Kolonien ein. Um Arbeitsmöglichkeiten für bürgerliche Frauen zu schaffen, beriet sie sich mit Minna Cauer, die dieselben Ziele verfolgte, und setzte deren alte Forderung nach einer freien Rückfahrt für weiße Frauen bei der DKG durch, z.B. bei Misshandlungen am Arbeitsplatz (vgl. Wildenthal 2001: 162). Heyl forderte und initiierte die Gründung von Kindergärten und Schulen in den Kolonien, die ausschließlich für Weiße bestimmt waren. Auch die Vorsitzenden des *Deutsch-Evangelischen Frauenbundes* und des *Katholischen Frauenbundes,* Paula Müller und Freiin Isabella von Carnap, traten der kolonialen Frauenorganisation bei. Es gab sogar zeitweilig Überlegungen, Gertrud Bäumer, die Vorsitzende des BDF, in den Vorstand des kolonialen Frauenbundes aufzunehmen (vgl. Süchting-Hänger 2002: 74).

Zu einer direkten Zusammenarbeit kam es 1912 im Kontext der Ausstellung „Frau in Haus und Beruf" in Berlin, bei der der koloniale Frauenbund einen eigenen Ausstellungsraum hatte. Heyl hatte Kontakt zu wichtigen Protagonistinnen der Frauenbewegung wie Gertrud Bäumer und Helene Lange (vgl. Mamozai 1989: 200). Sie wirkte maßgeblich an

42 Unter Heyls Führung übernahm der Frauenbund von der DKG die Stellenvermittlung von Frauen nach ‚Deutsch-Südwestafrika', was ihre Autonomie gegenüber der DKG stärkte. Hedwig Heyl gehörte ebenso dem Deutschen Hygieneverein an (vgl. Wildenthal 2001: 160). Heyl stellte 1912 fest, dass die Werbung (Veranstaltungen, Vorträge, die Zeitschrift *Kolonie und Heimat*, Spendensammeln) erfolgreich gewesen sei und ungefähr 10.000 Frauen die kolonialen Interessen des Frauenbundes unterstützten (vgl. Süchting-Hänger 2002: 72). 1918 gründete Hedwig Heyl gemeinsam mit Gertrud Bäumer den *Nationalen Frauendienst* (vgl. Smidt 1995: 62; Schaser 2000: 260ff.).

der Organisation der Tagung mit und übernahm die Leitung des Ausstellungsschwerpunktes „Die Frau im Haus“, der der Abteilung zur Frau in den Kolonien zugeordnet war. Die Ausstellung war eine wichtige Möglichkeit der Selbstpräsentation des kolonialen Frauenbundes.[43] Heyl warb im Zentralblatt des BDF für den Kongress und betonte vor allem die hauswirtschaftliche Fachbildung als Basis für andere Frauenberufe. Die Kontakte zwischen der Frauenbewegung und dem kolonialen Frauenbund intensivierten sich: Zeitgleich fand der deutsche Frauenkongress statt, von dem aus ein Besuch der Ausstellung stattfand.

Die bürgerliche Frauenbewegung und die Kolonien

Das Kolonialengagement weißer deutscher Frauen im Kaiserreich reduzierte sich nicht auf konservative bis reaktionäre Kreise. Vielmehr erreichten die Kolonien als Handlungsfeld und Projektionsfläche für Emanzipationsbestrebungen jenseits der eingeschränkten Möglichkeiten im Reich auch die bürgerlichen Frauenrechtlerinnen.

Sowohl der gemäßigte als auch der radikale Flügel der Frauenbewegung stand hinter dem Kolonialismus. Beide gingen von einem westlichen Zivilisierungsauftrag aus, der nur durch die Beteiligung von Frauen zu realisieren wäre, und setzten sich mehrheitlich für die Auswanderung und Beteiligung weißer Frauen ein (vgl. Lotz 1998: 55ff.).

Emanzipative Hoffnungen und koloniales Engagement

Auch wenn sich die Vorstellungen und Geschlechterkonzeptionen der kolonialen und der Frauenbewegung unterschieden, gab es immer wieder Überschneidungen von frauenrechtlerischen Hoffnungen und Forderungen, die vom Reich auf die Kolonien übertragen wurden. Diese Forderungen gingen von der grundsätzlichen Überlegenheit der weißen ‚Zivilisation‘ aus und stabilisierten mit ihren rassistischen Prämissen die weiße Herrschaft in den Kolonien. Die Frauenrechtlerinnen vertraten ein evolutionistisches Weltbild, nach dem westliche weiße Frauen und die europäischen Gesellschaften die am höchsten entwickelten und zivili-

43 Anlässlich der Ausstellung brachte die u.a. in Kolonialfragen engagierte Leonore Niessen-Deiters 1913 ein Handbuch heraus, in dem sämtliche Erwerbsmöglichkeiten für Frauen im Ausland aufgelistet waren: „Die deutsche Frau im Auslande und in den Schutzgebieten. Nach Originalberichten aus fünf Erdteilen.“ Die deutschen Kolonien sind unter der Überschrift „Außereuropäisches Deutschland“ aufgeführt.

siertesten seien. Selbst bei den internationalistisch ausgerichteten Frauenverbänden aus dem radikalen Spektrum der Frauenbewegung diente die Skandalisierung der Unterdrückung anderer Frauen in ihren jeweiligen Gesellschaften der Aufwertung der eigenen gesellschaftlichen Situation (vgl. Lotz 1998: 45).

Während die Frauen um den BDF die koloniale Herrschaftspraxis in den Kolonien nicht grundsätzlich kritisierten und die Berichterstattung über die kriegerischen Auseinandersetzungen in ihren Medien kaum eine Rolle spielte, setzten sich einige der radikalen Frauen für eine humanere Kolonialpolitik ein.[44] Sie hofften, die koloniale Praxis durch die Beteiligung und Anwesenheit von weißen Frauen ‚zivilisieren' zu können. Zudem wollten sie eine den Männern gleichgestellte gesellschaftliche Position weißer Frauen (in den Kolonien) erreichen.

Die Vorstellungen von weiblicher Partizipation unterschieden sich in den verschiedenen Strömungen der Frauenbewegung. Die gemäßigten Frauen strebten keine staatsbürgerliche Gleichstellung in den Kolonien an. Weiße Frauen sollten die weißen Kolonialherren als Partnerinnen ergänzen. Dieses Ideal formulierte die ‚Kolonialpionierin' Magdalene Prince 1903 in *Die Frau*, der Zeitschrift des BDF: „Sie ist den Männern stets die kluge, verstehende Freundin, der tapfere Kamerad. Sie teilt alle Interessen ihres Gatten, hilft ihm bei seinen wissenschaftlichen Arbeiten, nimmt Anteil an allen Beratungen. Im Fall der Not greift sie auch zum Revolver und trifft mit klarer Überlegung die geeigneten Dispositionen wie ein Kriegsmann."[45] Die Geschlechterordnung an sich sollte nicht in Frage gestellt werden; vielmehr sollten die vermeintlich weiblichen Eigenschaften der Kolonialherrschaft zugute kommen. „Koloniale Frauenarbeit ist unzertrennlich von deutscher Kolonialpolitik. [...] Auch die deutsche Kolonisation kann nur auf der Grundlage deutschen Familienlebens eine gesunde Entwicklung finden. Ohne die mütterlich schirmende Hand der Frau vermag werdendes Leben sich nicht zu entfal-

44 In den Zeitschriften der radikalen Frauen wurde die militärische Gewalt der Kolonisierung, wie z.B. auch der Krieg gegen die Herero, kaum thematisiert. In der *Deutschen Hausfrauenzeitung*, herausgegeben von Lina Morgenstern, die dem radikalen Flügel der Frauenbewegung zugehörig war, erschien ein „Aufruf" (1904: 287) des *Vaterländischen Frauenvereins* zur materiellen Unterstützung der deutschen Ansiedler und Truppen während des Krieges (zitiert nach Lotz 1998: 56, Anm. 2). Allerdings gab es auch Stimmen, die das Vorgehen der deutschen Kolonialtruppen kritisierten.

45 Frieda von Bülow: „Eine Deutsche Frau im Innern Deutsch-Ostafrikas", Jg. 10, Heft 11, 1903: 647-650, hier 650.

ten."[46] Die Forderung des BDF nach einer Beteiligung von Frauen am kolonialen Projekt erfolgte vor allem aus Motiven der nationalen Machterhaltung (vgl. Lotz 1998: 63).

Der zum radikalen Flügel der bürgerlichen Frauenbewegung gehörende Verein *Frauenwohl* unter Minna Cauer und Anna Pappritz brachte bereits 1898 das Thema Fraueneinwanderung in die Kolonien auf.[47] Minna Cauer hatte sich frühzeitig an den Gouverneur von ‚Deutsch-Südwestafrika', Theodor Leutwein, gewendet und ihm Vorschläge für die Auswanderung von Frauen unterbreitet, die jedoch zurückgewiesen wurden. Leutwein hatte kein Interesse an einer besseren Position oder einem Machtzuwachs von weißen Frauen in den Kolonien. Er befand weiße Frauen in den Kolonien lediglich als Mütter weißer Kinder für notwendig: „Die sogenannte Frauenbewegung mag im alten Vaterland mit seinem Ueberschuß an Frauen einen großen Kern der Berechtigung besitzen. Sie in den Kolonien mit deren gewaltigen Minderzahl an Frauen, wo das Weib, aber dies auch nur als solches, gesucht und geschätzt ist, überzutragen, kann nur den Frauen selbst schaden. Sie trägt die Gefahr in sich, daß die Männer da drüben ehescheu werden."[48]

Der auch von Kolonialverbänden und dem Reichstag betonte „versittlichende Einfluß der Frauen in den Kolonien", so setzte Cauer dem Frauenbild Leutweins entgegen, könne nur dann wirkungsvoll werden, wenn die dafür notwendigen Bedigungen für Frauen vorhanden seien: „Als niedriges Geschlechtswesen und zur Sklavin durch ein hartes Zwangsverhältnis im Dienst verurteilt, werden die Frauen niemals eine kulturelle Aufgabe erfüllen können, und hoffentlich wird auch keine Frauenvereinigung dazu die Hand bieten, unter solchen Umständen an der Mitarbeit für die Kolonisation teilzunehmen."[49]

Das Engagement von *Frauenwohl* für die Auswanderung weißer deutscher Frauen stieß auch in den eigenen Reihen auf Kritik. In der von Minna Cauer herausgegebenen Zeitschrift *Die Frauenbewegung* bezeichneten Leserinnen die Unterstützung der Auswanderung weißer Frauen als Beihilfe zur Zuhälterei. Die Feministin Gertrud Bülow von Dennewitz kritisierte daher schon 1898, weiße Frauen würden als pas-

46 Else Frobenius: „Koloniale Frauenarbeit", in: Die Frau, Jg. 25, 1917/18: 295-298, hier 295.

47 In den Zeitschriften der radikalen Frauenvereine lässt sich eine Auseinandersetzung mit den Kolonien schon in den 1890er Jahren feststellen. 1896 organisierte eine Gruppe von Frauen auf Anregung von Lina Morgenstern den Internationalen Kongreß für Frauenwerke und Frauenbestrebungen in Berlin. Dort gab es auch zwei Vorträge zur Frauenarbeit in den Kolonien.

48 Theodor Leutwein, zitiert nach Minna Cauer: „Falscher Weg", in: *Die Frauenbewegung* 1899, Jg. 5, Heft 7, 61-63, hier 62.

49 Ebd.

sendes „Brutmaterial“ zu den verrohten Kolonisten entsendet.[50] In der Kritik stand auch die männliche Gewalt in den Kolonien wie sie z.B. der Roman „Tropenkoller“ von Frieda von Bülow von 1896 thematisierte. Männliche Sexualität in den Kolonien wurde auch im Kontext der Sittlichkeitsdebatten des Deutschen Reichs diskutiert, wie die Analyse der Zeitschrift der Mutterschutzbewegung im nächsten Kapitel weiter vertieft. Kritikerinnen der Frauenauswanderung gingen davon aus, dass auch weiße Frauen aufgrund der triebhaften männlichen Sexualität eine ‚Rassenmischung‘ in den Kolonien nicht verhindern könnten.

Trotz der Gefahr der Ausbeutung von weißen Frauen setzte sich Cauer weiterhin für ihre Entsendung ein und hoffte auf den moralischen Einfluss der (vor allem bürgerlichen) Frauen auf die Kolonialherrschaft und die Kolonien. Ihre Kritik an der Form der deutschen Kolonialherrschaft führte sie bereits 1899 unter der Überschrift „falscher Weg“ aus: „Wenn unsere deutsche Regierung, sowie unsere deutschen Kolonialgesellschaften doch endlich sich zu dem Gedanken hindurchringen wollten, daß zur Kolonisierung mehr gehört als Waffengeklirr und Gewinnsucht.“[51] Im Kontext der deutschen Beteiligung an der Niederschlagung des Boxeraufstandes in China, wurde die Vorgehensweise der deutschen Truppen von der radikalen Frauenbewegung um Minna Cauer scharf kritisiert: „Im Namen der Civilisation und des Christentums drang man in ein Land ein, das vielleicht allmählich durch ruhige Einwirkung hätte gewonnen werden können.“ Th. von Gisetzki belegt mit positivem Bezug auf Frieda von Bülows Koloniaroman „Im Lande der Verheißung“, dass dieser kriegerische Weg der Kolonisierung falsch sei, um die Aufgabe der „civilisierten Völker gegenüber den Barbaren“ zu erfüllen, nämlich die „Achtung vor unserer Civilisation den anderen Völkern einzuflößen und dadurch Gewinnung des Volkes selbst“ zu erreichen. Frieda von Bülow thematisiere mit ihrem Roman „ein großes Stück Frauenfrage“, und belege die Wichtigkeit der Mitarbeit von Frauen. [52]

Trotz ihrer Kritik an der kolonialen Praxis blieben auch die radikalen Frauen dem kolonialen Projekt weiterhin verhaftet und unterstellten ihr Handeln dem Wohl der Nation. Minna Cauer setzte sich für ein nationales Engagement von Frauen ein und hoffte auf den Kultureinfluss der Frauenbewegung auf Politik und Parteien und damit auch auf die Kolo-

50 „Noch einmal über die Frauenauswanderung nach Südwest-Afrika“, Jg. 4, Heft 14, 1898: 152f.

51 In: *Die Frauenbewegung*, 1899, Jg. 5, Heft 7, 61-63, hier 62.

52 Th von Gisetzki: „Falsche und wahre Civilisation“, in: *Die Frauenbewegung*, Jg. 6, Heft 15, 1900: 114. Bürgerliche Frauen werden in dem Artikel als „Drohnen“ beschrieben, die „unnützer Ballast im Volksleben“ seien. Diese sollten dem Artikel zufolge in den Kolonien „zu nützlichen civilisatorischen Aufgaben herangezogen werden“.

nialpolitik. Die Themen, die Cauer und Pappritz in die Debatten um Fraueneinwanderung und Kolonialismus eingebracht hatten, blieben weiter präsent.[53]

Die Radikalen aus dem Umfeld der Zeitschrift *Die Frauenbewegung* forderten die rechtliche Gleichstellung der weißen Frauen in den Kolonien und die völlige Gleichberechtigung „als Bürgerinnen des Staates".[54] Sie hofften, dass die Notwendigkeit der Ansiedlung weißer deutscher Frauen in den Kolonien ihnen die Möglichkeit geben würde, ihre Fähigkeiten unter Beweis zu stellen und so die Gleichstellung voranzutreiben – auch in der Metropole.

Für die Radikalen stellte die rechtliche Gleichstellung von Frauen auf allen gesellschaftlichen Ebenen ein primäres Ziel dar. Neben einer gleichberechtigten Teilhabe am Kolonialismus forderten sie Erwerbsmöglichkeiten insbesondere für bürgerliche Frauen, die der kolonisierten Bevölkerung eine Achtung vor der ‚Zivilisation' beibringen könnten.[55] Cauer wollte das ‚Deutschtum' in den Kolonien dabei nicht nur von Frauen niederer Schichten vertreten lassen.

Die Erwerbstätigkeit der (bürgerlichen) Frau und der damit verbundene gesellschaftliche Einfluss in den deutschen Kolonien stellten einen zentralen Anknüpfungspunkt für die radikalen Frauen dar. Cauer und Pappritz setzten sich auch für bessere Vertragsbedingungen von weißen Frauen unterer Schichten in den Kolonien ein und empörten sich über deren Status und die Arbeitsbedingungen als „Leibeigene" und ihre Reduktion auf „Geschlechtswesen".[56]

Die radikalen Frauenrechtlerinnen bezogen sich auf das Beispiel Großbritannien, um von der Frauenauswanderung zu überzeugen.[57]

53 Lediglich ihr Vorschlag einer freien Rückfahrt für ausgewanderte Frauen (bei Krankheit oder nicht erfolgter Heirat) wurde von der *Deutschen Kolonialgesellschaft* 1899 aufgenommen. Vorschläge von Cauer und Pappritz zum (arbeitsrechtlichen) Schutz der weißen Frauen wurden jedoch nicht übernommen. Cauer kritisierte dies und hoffte, dass unter diesen Umständen keine Frauenorganisation an der Kolonisierung partizipieren würde.

54 Th. Von Gisetzki: „Falsche und wahre Civilisation", in: *Die Frauenbewegung*, Jg. 6, Heft 15, 1900: 114.

55 Ebd.

56 Sie kritisiert dabei zugleich die bisherige Auswanderungspraxis, nach der die Kolonien ein „staatliches Heiratsbüro" seien. Minna Cauer: „Falscher Weg", in: *Die Frauenbewegung,* Jg. 5, Heft 7, 1899: 61-63, hier 62.

57 Die englische Regierung hätte nach Cauer längst gelernt, dass die Kolonisation eine Sache der Männer und Frauen sei. Cauer verweist auf eine Sektion zur Übersiedlung von weißen Frauen in die europäischen Kolonien auf dem internationalen Frauenkongress, wo deutlich wurde, dass in England „erfreulicher Weise" Regierung, Parlament und Frauenvereine zusammen arbeiten und „gute Erfolge dadurch erzielt haben". Minna Cau-

Nach Minna Cauer hätte sich dort längst gezeigt, „daß nur eine tüchtige Vorbereitung und Vorbildung für Kolonialarbeit eine genügende Garantie für eine ersprießliche Thätigkeit in den Kolonien geben könne".[58] Ihren Gegenentwurf einer „ersprießlichen" Kolonialpolitik, die (bürgerliche) Frauen mit ihrem kulturellen und moralischen Einfluss in die Kolonisierung einbezieht, setzt sie gegen den „falschen Weg" und gegen die „falsche Zivilisation"[59] der bestehenden kolonialen Praxis. Auch sie bezieht sich damit auf eine mögliche positive Kolonialherrschaft und die ‚Weihen' der Zivilisation, die besonders bürgerliche Frauen in die Kolonien tragen könnten.

Die Debatten um ‚Rassenmischung' und ‚Mischehen' in den Kolonien boten schließlich die Möglichkeit, sich wieder verstärkt in die Kolonialpolitik einzubringen und sich für die Ansiedlung weißer Frauen einzusetzen. Insbesondere nach den Kolonialkriegen kam es zu einer erneuten imperialen Begeisterung in der deutschen Bevölkerung, und die Kolonien standen verstärkt im öffentlichen Interesse. Da die weiße Herrschaft in den Kolonien ‚Deutsch-Südwestafrika' und ‚Deutsch-Ostafrika' nicht sicher zu sein schien, gerieten weiße deutsche Frauen als Trägerinnen der nächsten (weißen) Generationen in den Blick, um eine dauerhafte Präsenz und Vorherrschaft durch eine stärkere Besiedlung abzusichern. Kolonialistische und nationalistische Frauenverbände beteiligten sich massiv an dieser Diskussion.

Cauer lobt den neuen Kolonialdirektor Dernburg, der nach seinem Antritt mit seiner mutigen Enthüllung von Kolonialskandalen endlich eine „Eiterbeule" aufgestochen habe und bezeichnet dies als „nationale Tat". In diesem politischen „Weckruf" von 1906 appelliert sie, dass die Zukunft der Kolonien auch den Frauen nicht gleichgültig wäre, denn dort fließe „das Blut deutscher Männer im dunklen Erdteil" und dies seien schließlich die Söhne deutscher Mütter. „Ja, die Kolonialfrage ist in letzter Linie auch eine Frauenfrage, denn nur dann kann die neue

er: „Die Uebersiedlung deutscher Frauen nach den Kolonien", in: *Die Frauenbewegung*, Jg. 5, Heft 15, 1899: 129-130, hier 130.

58 Minna Cauer: „Falscher Weg", *Die Frauenbewegung*, Jg. 5, Heft 7, 1899: 61-63, hier 62. Im selben Jahr wurden konkrete „Vorschläge der Uebersiedlung von Mädchen nach deutschen Kolonien" in der Beilage zur *Frauenbewegung*, „Parlamentarische Angelegenheiten und Gesetzgebung", Jg. 5, Heft 8, 1899: 29, abgedruckt. Hier wird vor allem die Ansiedlung gebildeter und qualifizierter Frauen gefordert und die Vertragsbedingungen der in den Kolonien arbeitenden weißen Frauen untersucht (vgl. Minna Cauer: „Die Uebersiedlung deutscher Frauen nach den Kolonien", in: *Die Frauenbewegung,* Jg. 5, Heft 15, 1899: 129-130.

59 Th. von Gisetzki: „Falsche und wahre Civilisation", in: *Die Frauenbewegung*, Jg. 6, Heft 15, 1900: 114.

Welt dem deutschen Manne zur Heimat werden, wenn es gelingt deutsche Frauen dort anzusiedeln." Endlich sollten die Kolonien zu einer „Pflanzstätte deutscher Kultur und eine Heimat für überschüssige Kräfte unseres Volkes" werden.[60]

In den vorgezogenen Reichstagswahlen 1907, den sog. ‚Hottentottenwahlen', sah Minna Cauer eine neue Chance, Frauen in die Kolonialpolitik einzubeziehen. Sie hoffte, die eskalierte Situation des Krieges in ‚Deutsch-Südwestafrika' für ihre Pläne nutzen zu können und dass die Wahlen das linksliberale Lager stärken und damit die Emanzipation der Frau vorantreiben würden.

Cauer spekulierte darauf, dass die Emanzipation und politische Partizipation von Frauen in den Kolonien eher zu erreichen und zu institutionalisieren waren als im Reich. Die Partizipation am Kolonialismus sollte sich zugleich emanzipativ auf die Geschlechterverhältnisse im Deutschen Reich auswirken.[61]

Die auf die Kolonien projizierte Emanzipationshoffnung korrespondierte mit dem damals weitverbreiteten Bild der Kolonie als ‚leerer Raum', in den die Kolonialmacht eindringt, um eine ‚neue' Gesellschaft aufzubauen. Es verspricht die uneingeschränkte Kontrolle der Kolonialmacht, während die kolonisierte Schwarze Bevölkerung ausgeblendet wird. Die weißen Frauenrechtlerinnen übersahen zudem die bereits gewachsenen weißen gesellschaftlichen (Geschlechter-)Verhältnisse in den Kolonien.

Mit Bernhard Dernburg kam die Einwanderung von weißen Frauen tatsächlich auf die politische Agenda der deutschen Kolonialpolitik. Er nahm die Ansiedlung von Frauen als ein wichtiges Ziel in den Entwurf seiner Sozialreform für die Kolonien auf. Minna Cauer berichtet in ihren biographischen Aufzeichnungen von ihrer Teilnahme an einer Zusammenkunft des FDK mit Bernhard Dernburg:

„Er erhob sich zur Begrüßung des kolonialen Frauenbundes und sagte, daß drei Dinge für die Kolonien notwendig seien: Eisenbahnen, Ärzte und Frauen. Er begann dann zu erzählen, wie eine Frau ihn dringlich, aber liebenswürdig auf die Mitwirkung der Frauen am Kolonialwerk aufmerksam gemacht hätte. Plötzlich nannte er dabei meinen Namen und dankte öffentlich für diese dringliche Art, ihn auf die Frauenarbeit aufmerksam gemacht zu haben. Else traf

60 Minna Cauer: „Weckrufe", *Die Frauenbewegung*, Jg. 12, Heft 24, 1906: 185-186, hier 186.

61 Auch aus den Reihen der Mutterschutzbewegung um Helene Stöcker wurde noch 1912 die Hoffnung formuliert, die Emanzipation der weißen Frau, wenn schon nicht im Reich, dann wenigstens in den Kolonien als ‚Versuch' umzusetzen, um so das ‚Rassenproblem' der Kolonien zu lösen. Dazu ausführlich in der Analyse der Zeitschrift des BfM.

wohl das Richtige, als sie nachher sagte: ‚Es war heute die erste ‚offizielle' Anerkennung der radikalen Frauenbewegung'." (Lüders 1925: 139f.)

Doch Dernburgs Unterstützung Cauers erfolgte zu spät, da sich inzwischen bereits der FDK gegründet hatte, um die Auswanderung weißer Frauen in die Kolonien zu organisieren. An dieser Gründung waren keine Frauenrechtlerinnen beteiligt. „The Women's League participated in the planning of women's settlement, but on an entirely different basis than Cauer and Pappritz had wanted." (Wildenthal 2001: 139)

Auch wenn die Forderungen der radikalen Frauenbewegung nach einer gleichberechtigten Teilhabe am Kolonialismus bereits zu einem früheren Zeitpunkt formuliert worden waren, gelang eine partielle Umsetzung erst den konservativeren Frauenbewegten bzw. den kolonialistisch organisierten Frauen.

Als sich 1907 der *Deutsch-Koloniale Frauenbund* gründete, berichtete *Die Frauenbewegung* ausführlich und anerkennend über dessen Arbeit, ebenso wie über die Gründung von Kolonialschulen im Reich und in ‚Deutsch-Südwestafrika' (vgl. Lotz 1998: 60). Auch einige radikale Frauenrechtlerinnen traten dem kolonialen Frauenbund bei, unter ihnen Minna Cauer. Sie wehrte sich jedoch gegen das auf Reproduktion, Mütterlichkeit und Ehefraudasein reduzierte Bild der Kolonistin. Ihre Forderungen nach Arbeitsrechten und -möglichkeiten für weiße Frauen in den Kolonien standen im Kontext von Emanzipationsforderungen im Reich. Ein Anliegen, das auch die konservativen bis reaktionären Mitglieder des kolonialen Frauenbundes unterstützten, war es, neben Frauen der Arbeiterklasse zunehmend gebildete bürgerliche Frauen in die Kolonien zu senden, um den weiblichen Einfluss auf ‚Kultur' und ‚Moral' zu stärken.

Zwar verbanden die radikalen Frauen andere Zielvorstellungen mit der Beteiligung der deutschen Frauen am kolonialen Projekt, dennoch setzten sie sich für eine deutsche Expansion und die ‚Zivilisierung' der kolonialen Bevölkerung ein. Auch die Vorstellungen der radikalen bürgerlichen Frauenrechtlerinnen basierten daher auf rassistischen Prämissen. Im Bezug auf die Geschlechterverhältnisse progressive Forderungen nach Arbeitsrechten etc. wurden vom Reich auf die Kolonien übertragen und sollten dort ausschließlich für weiße Frauen gelten. Die Machtposition von weißen Frauen in den Kolonien und das Ungleichheitsverhältnis mit der kolonisierten Bevölkerung wurde nicht thematisiert oder kritisiert, auch zu einer Solidarisierung kam es nicht. Die Emanzipation deutscher Frauen sollte auf dem Rücken der kolonisierten Männer und Frauen in einem rassifizierten kolonialen Raum verwirklicht werden.

Im Denken der westlichen Frauenbewegungen verband sich die kolonialistische Grundhaltung des Deutschen Reichs mit emanzipatorischen Zielen der Frauenbewegung. Weibliche Tugenden, die u.a. von der bürgerlichen Frauenbewegung formuliert wurden, sollten die männliche ‚Verkafferung' aufhalten, eine zügellose Männlichkeit vor dem Kulturverfall retten und somit das ‚Deutschtum' bewahren. Die Forderung der bürgerlichen Frauenbewegung nach aktiver Teilnahme an der Ausgestaltung der kolonialen Gesellschaftsform muss daher auch als Versuch gesehen werden, eine hierarchische, rassistische, weiße Ordnung zu etablieren und als weiße Herrin über koloniale Untertanen an der deutschen Expansion teilzuhaben.

Die bürgerliche Frauenbewegung nach dem Verlust der Kolonien

Erst nach dem Ersten Weltkrieg klafften die Positionen der radikalen und der gemäßigten Frauen in Bezug auf eine imperialistische Herrschaft auseinander.[62] Bei ersteren setzten sich – nach wie vor unter eurozentrischen Prämissen – eher antiimperialistische Denkweisen und eine internationalistische Ausrichtung durch; viele engagierten sich für den Frieden, z.B. in der antiimperialistisch ausgerichteten *Internationalen Frauenliga für Frieden und Freiheit* (vgl. Wawrzyn 2000: 187). Minna Cauer wandte sich vom Imperialismus ab und gestand in Bezug auf den Kolonialismus Fehler ein: „Lieber ganz einsam, als nur die geringste Schuld am Militarismus und Imperialismus tragen, dieser Sucht nach Weltmacht und dem Beherrschen anderer Völker." (Lüders 1925: 209) Die Erwerbsmöglichkeiten für Frauen in den Kolonien spielten für die Radikalen zu diesem Zeitpunkt keine Rolle mehr.

Allerdings durfte noch nach dem Verlust der Kolonien die Gattin von Schnees, dem letzten Gouverneur ‚Deutsch-Ostafrikas', 1918 im Verein *Frauenwohl* über die Kolonien sprechen. In ihrem Vortrag setzte sie sich für den Wiedererwerb der Kolonien ein und betonte deren Bedeutung für das Deutsche Reich. Cauer äußert sich in ihren Aufzeich-

62 Während Minna Cauer zunächst für die restlose Hingabe ans Vaterland plädierte, wurde sie im Laufe des Krieges Pazifistin, behielt jedoch ihre patriotische Einstellung bei (vgl. Lüders 1925: 173). Sie organisierte die Kriegswohlfahrtsarbeit für den BDF. Vom *Nationalen Frauendienst* wurde sie schließlich ausgeschaltet, weshalb sie versuchte, ihr Engagement im Rahmen des *Roten Kreuzes* fortzusetzen (ebd.: 178ff.). In der Frauenbewegung gab es nur wenige Ausnahmen, die sich von Anfang an gegen den Krieg aussprachen: dazu gehörten Lida Gustava Heymann, Anita Augspurg, Clara Zetkin und Helene Stöcker (vgl. Omran 2000: 251).

nungen angetan von Frau Schnee, positioniert sich aber inhaltlich nicht zu deren Kolonialrevisionismus (vgl. Lüders 1925: 216).

Die Frauen der radikalen Strömung kritisierten viele Positionen der gemäßigten bürgerlichen Frauen, insbesondere im Zusammenhang mit Internationalismus und Frieden. Der Internationalismus der radikalen Frauen blieb jedoch dem Paradigma des Nationalen verhaftet. Sie gingen davon aus, dass

> „[...] die Forderung nach Völkerverständigung und dauerndem Frieden unter den Völkern jene für die nationale Ideologie konstitutive Vorstellung affirmiert, die jedem Individuum eine ethnische Identität und nationale Zugehörigkeit zuschreibt, zum anderen, weil sie selbst in den Dienst der Nation gestellt war, als der eigentliche Weg zum Wohle und Aufstieg unseres Vaterlandes.“ (Flugblatt des *Nationalen Frauenausschusses für dauernden Frieden* 1915)

Die radikale Frauenrechtlerin Lida Gustava Heymann, die vom Staat mit einem Redeverbot wegen ihrer Antikriegspropaganda belegt und aus dem *Bund Deutscher Frauenvereine* ausgeschlossen worden war, war wie viele ihrer Kampfgenossinnen davon überzeugt, dass „weibliches Wesen, weiblicher Instinkt [...] identisch mit Pazifismus“ sei (Heymann 1917, zitiert nach Eichhorn 1994: 85). Aus dem Glauben an die spezifischen weiblichen Eigenschaften leiteten also auch radikale Frauenrechtlerinnen einen besonderen gesellschaftlichen Auftrag ab.

In der radikalen Presse dominierte die Sicht der Gleichwertigkeit der ‚Rassen‘, wenngleich verschiedene ‚Entwicklungsstufen‘ angenommen wurden.[63] Radikale Frauen versuchten nach dem Verlust der Kolonien, eine Gegenöffentlichkeit herzustellen und eine Resolution gegen Kolonialismus und Imperialismus zu verabschieden (vgl. Lotz 1998: 131).

Die gemäßigte Frauenbewegung um den BDF engagierte sich größtenteils für die Wiedererlangung des Kolonialreiches und ging überwiegend von einer unterschiedlichen Wertigkeit der ‚Rassen‘ aus (vgl.

63 Die radikal-liberalen Feministinnen nahmen in den 1920er Jahren Anstoß an antidemokratischen, militaristischen und imperialistischen Einstellungen. Der Antisemitismus der radikalen Frauenbewegung ist nach Wawrzyn (2000: 186) schwer zu bewerten. Die Vereine standen Jüdinnen offen, und die Mitarbeit von Jüdinnen in Frauenstimmrechtsvereinen und dem *Bund für Mutterschutz und Sexualreform* ist hinreichend belegt. Allerdings tolerierten sie auch offene AntisemitInnen wie Käthe Schirmacher und Werner Sombart in ihren Reihen. Der *Bund für Mutterschutz und Sexualreform* rezipierte Gedanken der ‚Rassenhygiene‘, die insbesondere nach dem Ersten Weltkrieg zunehmend mit einem rassistischen Antisemitismus verschmolzen. Zum Antisemitismus und antijüdischen Ressentiments der bürgerlichen Frauenbewegung vgl. Wawrzyn (2000: 184ff.).

Lotz 1998: 123ff.).[64] Else Frobenius hebt in *Die Frau* die Arbeit des kolonialen Frauenbundes hervor, auch während des Krieges und nach dem Verlust der Kolonien. Sie setzt sich für die Wiedererlangung der Kolonien „zur kraftvollen Stärkung unseres Wirtschaftslebens und Volkstums" ein: „Wir müssen ein deutsches Kolonialreich haben, wenn wir als Weltmacht fortbestehen wollen; wir können es aber nicht aufbauen ohne die tatkräftige Mitarbeit der deutschen Frau."[65]

Als 1919 die ersten Frauen im Reichstag saßen, sprachen sich auch weibliche Abgeordnete der SPD noch für Kolonien aus. Maria Juchacz schrieb in einem Aufsatz über den „Friedensvertrag und Kolonialarbeit":

> „Auch in unseren Reihen rang sich der Gedanke durch, daß ein Siebzig-Millionen-Volk mit starker industrieller Entwicklung Kolonien braucht, in denen nach Gesetzen politischer Klugheit, menschlicher Gerechtigkeit und Humanität regiert und gewirtschaftet werde [...] Als Glieder des deutschen Volkes, als Mütter der kommenden Generation dürfen die deutschen Frauen nicht gleichgültig bleiben, wenn ein wesentliches Gebiet menschlicher Arbeit und menschlichen Glückes, wie es die Kolonisation darstellt, uns abgesperrt werden soll. Es handelt sich hier um Leben und Zukunft unseres Volkes, unserer Kinder." (Zitiert nach Mamozai 1989: 219)

Der *Frauenbund der Deutschen Kolonialgesellschaft*, in den 1920er Jahren immer noch Mitglied des BDF, erlebte nach einem anfänglichen Mitgliederschwund nach dem Verlust der Kolonien einen starken Aufschwung. Die kolonialbegeisterten Frauen engagierten sich stark für die verloren gegangenen Kolonien (vgl. Wildenthal 2000: 329). Als Antwort auf den Versailler Vertrag prägte Hedwig Heyl das Motto: „Wo Deutsche im Auslande sind – unbeschadet des Landbesitzes, der ihnen streitig gemacht werden kann – da wird kolonisiert." (Frobenius 1936, zitiert nach Wildenthal 2000: 329)

Frauen von der konservativen Rechten bis hin zur radikalen Frauenbewegung standen hinter der kolonialen Expansion und setzten sich für eine Beteiligung weißer Frauen beim Aufbau und Erhalt der Kolonien und – mit Ausnahme der radikalen Frauenbewegung – auch für deren Wiedergewinnung ein.

Frauen waren in imperialen und kolonialen Vereinen organisiert, trugen als Siedlerinnen, Missionarinnen und Krankenschwestern zur

64 In den 1920ern engagierte sich der BDF für die sog. Auslandsdeutschen, die nach dem „Landraub" durch das „Schmachdiktat von Versailles" im Kampf um ihr „Volkstum" steckten. In der *Frau* wurde diese Sorge breit diskutiert (vgl. Schaser 2000: 254).

65 Else Frobenius: „Koloniale Frauenarbeit", in: *Die Frau*, Jg. 25, 1917/18: 295-298, hier 297f.

Kolonisierung bei und hatten aktiv an der kolonialen Herrschaft teil. Ein Versuch, diesen Anteil von Frauen am Kolonialismus aufzuarbeiten und zu diskutieren stellt die Mittäterschaftsthese von Christina Thürmer-Rohr (1983) dar, die immer noch für Kontroversen sorgt (vgl. Thürmer-Rohr 2004).

Weiße Frauen in der kolonialen Herrschaft: (Mit-)Täterinnen?

Die Kolonialgeschichte galt lange als reine Männergeschichte: Männliche ‚Kolonialpioniere', männlich konnotierte Kolonialkriege, Männlichkeits- und ‚Rassenwahn' fügten sich zu einem Bild der Hypervirilität der männlichen weißen Akteure fern der Heimat unter Ausschluss weißer Frauen. Selbst in neueren Auseinandersetzungen mit dem Kolonialismus gilt das koloniale Projekt noch als ein männliches Unternehmen (vgl. Frevert 2003).

Der Opferdiskurs der neuen Frauenbewegung vor allem der 1970er und 80er Jahre und die Tendenz, Rassismus und Sexismus als Herrschaftsverhältnisse in eins zu setzen, nahm weiße Frauen von der Beteiligung am Kolonialismus aus oder machte sie gar selbst zum Opfer des als patriarchal verstandenen Kolonialismus und Rassismus. Margarete Mitscherlich (1987, zitiert nach Mamozai 1990: 14) betrachtete Frauen als „kolonialisiert wie andere unterdrückte Völker oder Volksteile auch". Auch Mary Daly (zitiert nach Thürmer-Rohr 1983: 22) setzte patriarchale Strukturen mit kolonialen gleich: „Die patriarchale Kolonisation hat Frauen nicht freigelassen; sie sitzt ‚als Eiterherd' in unseren Köpfen."

In diesem Bild unterliegen die Ausbeutung und Unterwerfung der Kolonien und der Frau derselben Herrschaftslogik; die Frau wird zum universalen Patriarchatsopfer stilisiert. Ihre Einbindung in rassistische, imperialistische und antisemitische Denkmuster wird ausgeblendet. Als weiße Frau bleibt sie unmarkiert und passiv in ihrer Opferrolle.

Studien wie z.B. die der Historikerin Francis Gouda (1993) über die niederländische Kolonialpolitik in Sumatra oder die von Marta Mamozai (1989) über weiße Frauen im deutschen Kolonialismus kamen zum Ergebnis, dass Frauen kaum Einfluss auf den kolonialen Diskurs gehabt hätten (Kleinau 2000: 201; Mamozai 1989: 153). Wie gezeigt, begeisterten sich jedoch Frauen aller politischen Spektren für die Kolonien und sahen sie als eine Möglichkeit, eigene politische Ziele zu verwirklichen. Die Kolonien dienten somit als Projektionsfläche sowohl für weibliche Emanzipationsbestrebungen als auch für rückwärtsgewandte antimoderne Agraridyllen eines ‚wahren Deutschtums' mit traditionellen Geschlechterverhältnissen. Sie standen für nationale Größe, Weltmachtgeltung und einen ‚Rassenkampf' ums Dasein. Selbst wenn Frauen selten als Entscheidungsträgerinnen über unmittelbare politische Macht verfügten, waren sie eng in das System rassistischer kolonialistischer Politik eingebunden.

„If white women as homemakers and mothers helped maintain and promote the empire through biological and daily reproduction of those whites who peopled it, many of the women [...] helped in the ideological reproduction of empire. [...] It is also clear, however, that despite the absence of white women in positions of power running the empire, they were to be found supporting the empire in other ways." (Strobel 1991, zitiert nach Lotz 1998: 37)

Insofern müssen auch andere Formen der Partizipation als die der politischen Entscheidungsmacht berücksichtigt und untersucht werden.

Die Mittäterschaftsthese

Der Begriff Mittäterschaft von Christina Thürmer-Rohr (1983) beschreibt die weibliche Verstrickung in (patriarchale) Gesellschaftsverhältnisse. „Die Mittäterschaftsthese verstand sich als politischer Einspruch und als gesellschaftskritischer und methodischer Versuch, den Funktionsweisen patriarchaler Kultur auf die Spur zu kommen und deren Zustimmungserfolg durchschaubar und konterkarierbar zu machen." (Thürmer-Rohr 2004: 85) Sie fand Anwendung in Debatten über Rassismus, Antisemitismus und Nationalsozialismus (vgl. Engelhardt 1999; Glietsch 2003; Bitzan 2000; Thürmer-Rohr 2004).

Ausgangspunkt der Mittäterschaftsthese waren Debatten um männliche Gewalt an Frauen. Thürmer-Rohr verfolgte das Ziel, die Anteile von Frauen an der Aufrechterhaltung, Stabilisierung und Fortsetzung von Gewaltverhältnissen und zerstörerischer Politik zu erkennen, um diese Strukturen durchbrechen zu können.[66] Die zunächst sehr allgemein gefasste These der Mittäterschaft wurde erst nach und nach weiter ausgearbeitet und konkretisiert, u.a. in Bezug auf den Nationalsozialismus.[67]

Thürmer-Rohr kritisierte den vorherrschenden generalisierenden und entlastenden Opfer-Diskurs der Frauenbewegung sowie die Vorstellung,

---

66 Dabei ging es zunächst vor allem um die atomare Bedrohung, die in den 1980er Jahren sehr präsent war.

67 Thürmer-Rohr (2004: 86f.) hat die Geschichte des Nationalsozialismus als „Subtext" der Mittäterschaftsthese bezeichnet.

Frauen lebten in einer Parallelwelt jenseits patriarchaler Taten. Die Mittäterschaftsthese war daher eine „Antwort auf die Definition aller Frauen als *kollektive Opfer*". (Thürmer-Rohr 2004: 85)

Thürmer-Rohr wies auf die alltägliche Mittäterschaft von Frauen an patriarchalen, zerstörerischen Gesellschaftsverhältnissen über den historisch und sozio-politisch gewachsenen weiblichen Sozialcharakter hin. Dieser habe sich mit der geschlechtsspezifischen Arbeitsteilung der kapitalistischen Moderne herausgebildet und sei zentral für die Mittäterschaft von Frauen. Die Konstruktion von weiblicher Fürsorge und Moral stütze die männliche Vorherrschaft und weibliche Unterordnung. Frauen hätten Männern „den Rücken freigehalten", sie unterstützt und damit indirekt die bestehenden gesellschaftlichen Verhältnisse, Zerstörung und Krieg zugelassen. Die patriarchale zerstörerische Gesellschaft sei deshalb angewiesen auf die Mittäterschaft und die Zuarbeit von Frauen.

Die Mittäterschaft werde durch eine komplexe geschlechtliche Interessensverquickung in patriarchalen Gesellschaften hergestellt, damit Frauen „Männer nicht verraten, bekämpfen oder in ihren Taten behindern". (Thürmer-Rohr 1983: 13)[68] Die Komplementarität der Geschlechter sorge dafür, dass Frauen Männer stützen und für ihre Taten freisetzen. Die Mittäterschaft von Frauen besteht daher vor allem aus dem Erfüllen des weiblichen Sozialcharakters (vgl. Bitzan 2000: 65). In diesem Kontext kritisiert Thürmer-Rohr den Mütterlichkeits- und Weiblichkeitskult der (historischen) Frauenbewegung.

Die feministische Opferthese schrieb ihr zufolge die gesellschaftlich konstruierte Passivität und Unterordnung der Frau fort. Sie sieht darin eine weitere Diskriminierung, die zudem nicht der gesellschaftlichen Realität entspricht, da Frauen an der Konstruktion ihrer eigenen Ohnmacht beteiligt waren.

Frauen tragen nach Thürmer-Rohr (1989a: 12f.) demnach zwar eine Mitverantwortung, ihre Position hängt jedoch immer vom Mann ab. „Mittäterschaft heißt Mit-dem-Täter: Loyalität mit dem Mann und seiner Gesellschaft, Zustimmung zu seiner Herrschaft, auch noch in ihren abgetakelten Formen und in den Formen des Attentats auf alles, was tatsächlich oder vorübergehend zum Untertan gemacht werden kann."

68 Der Patriarchatsbegriff hat sich seit der neuen Frauenbewegung stark verändert. Gegen das monolithische ahistorische und ethnozentrische Verständnis eines weltweiten Patriarchats als übergeordnetes Herrschaftssystem setzten sich differenziertere Sichten durch, die die Verknüpfung unterschiedlicher Herrschaftsverhältnisse und deren komplexe Wirkungsmächtigkeit anerkennen. Patriarchale Strukturen sind folglich wandelbar und nehmen unterschiedliche Formen an. Sie sind kein übergeordnetes Herrschaftssystem, sondern verbinden sich mit anderen und werden von ihnen überlagert (vgl. Cyba 2004: 15ff.).

Kritik an der Mittäterschaftsthese

Der Versuch, die Involviertheit von Frauen aufzudecken und die Opferthese anzuzweifeln, stieß auf erheblichen Widerstand in Teilen der Frauenbewegung, die in den 1970er Jahren das Patriarchat als globales, klassen- und kulturübergreifendes Gewaltverhältnis definierte. Viele kritisierten an der These zunächst, dass sie zu weit ginge und die Schuld von Männern verharmlose.[69]

In der feministischen Forschung der 1990er Jahre zur Beteiligung von Frauen am Nationalsozialismus wurde die Mittäterschaftsthese einer grundlegenden Kritik unterzogen.[70] Das Präfix ‚Mit-' geriet seit Ende der 1980er Jahre vor allem durch die Rassismusvorwürfe an die (weiße) Frauenbewegung in den Verdacht, die Eigenverantwortung weißer Frau-

69 „Auch die Frage nach der ‚Mittäterschaft' von Frauen an den von Männern dirigierten Zerstörungsprozessen und an deren destruktiver Logik stößt zumindest in Kreisen der Frauenbewegung verbreitet auf eisernen Widerstand. Sie ruft Empörung hervor. ‚Mittäterschaft' ist ein Wort, bei dem viele Frauen zusammenzucken. Es klingt unfeministisch, antifeministisch, so als würden neue Schuldige geschaffen und alte Täter entlastet." (Thürmer-Rohr 1983: 13) Die Frage nach der Mittäterschaft von Frauen verstelle, so Alice Schwarzer, den Blick auf den Widerstand von Frauen. Frauen könnten „schlimmstenfalls Komplizinnen in Abhängigkeit" sein, nicht aber gleichberechtigte Täterinnen. Der Begriff der Mittäterschaft könne nur „allzu leicht dazu mißbraucht oder dahingehend mißverstanden werden, dem Opfer die Schuld zuzuschieben". (Horsley/Schwarzer 1988, zitiert nach Mamozai 1990: 18f.)

70 Hinsichtlich der Aufarbeitung des Nationalsozialismus wurde das Modell der Mittäterschaft als verharmlosend und ungenügend kritisiert. In den feministischen Auseinandersetzungen um Täterschaft im Nationalsozialismus stand zunächst der Ausschluss von Frauen aus gesellschaftlichen Machtverhältnissen im Mittelpunkt. Eine Verharmlosung und Verleugnung der eigenen Verstrickung wird anhand der Darstellungen von Frauen als Opfer des Nationalsozialismus, dem „Patriarchat in Extremform", besonders deutlich (vgl. Frauen gegen Antisemitismus 1993). Dass es auch faschistische Frauen gab, wurde zwar nicht verschwiegen, diese wurden jedoch meist als Opfer des im Nationalsozialismus gipfelnden Männlichkeitswahns dargestellt. Eine kritische Aufarbeitung und Anerkennung weiblicher (Mit-)Täterschaft fand nur unzureichend statt: Erst ab Mitte der 1980er Jahre entstanden Studien zur Täterschaft von Frauen im NS (z.B. Ebbinghaus 1987; Gravenhorst/Tatschmurat 1990), und es kamen Zweifel an der „Gnade der weiblichen Geburt" auf (Windhaus-Walser 1988: 102). Die wenigen Analysen der Täterschaft von Frauen enthielten jedoch gleichzeitig deren Entlastung, wie z.B. in dem Buch „Mütter im Vaterland" von Claudia Koonz (1991). Hier reduziert sich die Täterschaft von Frauen auf die „Rolle der Gattin und Hausfrau des NS-Schergen". Der Antisemitismus ‚arischer' Frauen wird nicht benannt, und es ist lediglich von „Systemkonformität" die Rede (vgl. Frauen gegen Antisemitismus 1993: 83).

en zu bagatellisieren. Dadurch würden sie lediglich als Anhängsel des Mannes betrachtet (vgl. Thürmer-Rohr 2004: 87). Das ‚Mit' bezieht sich auf ‚mit dem Mann' und weniger auf die Tat selbst. Das Mittäterschaftsmodell thematisierte gerade nicht die aktive weibliche Täterschaft, sondern beurteilte diese immer nur in Bezug zum Mann bzw. zur patriarchalen Gesellschaft. So wurden unterschiedliche Motive bei Frauen (Unterstützung des Mannes) und Männern (die eigentliche Tat) vorausgesetzt und ein Eigeninteresse von Frauen oder eine Interessensübereinstimmung mit Männern verharmlost. In dieser Logik blieb das patriarchale Geschlechterverhältnis das primäre Unterdrückungsverhältnis, und es wurde verkannt, „dass Frauen auch ihre Wünsche nach Ausbeutung, Unterwerfung und Eroberung haben". (Frauen gegen Antisemitismus 1993: 85) Karin Windhaus-Walser (1988: 112) sieht in der Mittäterschaftsthese eine Reproduktion und kosmetische Variante des alten Opfer-Gedankens: „‚Mittäterschaft' reduziert sich so auf weibliche Korrumpiertheit durch das patriarchale System und seine Ideologie. [...] statt passive haben wir nun sich selbst betrügende, aktive Opfer. Am Konzept von Weiblichkeit als Anpassung aber hat sich im wesentlichen nichts geändert."

Kritisiert wurde das deterministische Menschenbild, das hinter der Vorstellung weiblicher Mittäterschaft und männlicher Vorherrschaft stehe.[71] Zudem eröffne die Kritik am weiblichen Sozialcharakter eine moralisierende, individualistische ‚Ausstiegsmöglichkeit' durch die Verweigerung dieses Weiblichkeitskonzeptes.

„Die weibliche Subjektvorstellung, die Thürmer-Rohr präsentiert, schwankt so zwischen einer deterministischen Festschreibung weiblicher Existenz einerseits, die sich aufgrund des Sozialcharaktermodells ergibt, und einer tendenziell idealistischen Sichtweise andererseits, da sie die unabweisbare Möglichkeit, sich gegen das Konstrukt zu entscheiden, hervorhebt." (Glietsch 2003: 223)

Thürmer-Rohr hat ihren Ansatz inzwischen um das Foucault'sche Machtmodell erweitert. Frauen sind demnach nicht nur einer repressiven äußeren Macht ausgeliefert, sondern ein konstitutiver Teil dieses Machtverhältnisses. Dennoch bleibt die Komplexität der Macht und die vielfältige Einbindung von Frauen unberücksichtigt.

71 Das Konzept der hegemonialen Männlichkeit von Robert Connell (1999) verdeutlicht, dass es verschiedene Männlichkeiten gibt, die durch Machtverhältnisse hierarchisiert sind.

„Der für die Reproduktion der Gesellschaftsstruktur zentrale Sozialcharakter – und damit die individuelle Ebene des sozialen Geschlechts – wird damit gleichsam als allmächtiger wie ohnmächtiger Ausgangs- und Endpunkt eines Veränderungsprozesses festgeschrieben. Das Instrumentarium der Mittäterschaftsthese kann damit die Komplexität der Machtprozesse sowie die spezifische Reichweite weiblicher Verantwortung nicht erfassen. Der Begriff Mittäterschaft, der sich auf die Tragweite von Handlungen im gesellschaftlichen Funktionszusammenhang richtet und keine Auskunft darüber gibt, was im unmittelbaren Einzelfall zu tun ist, siedelt sich deshalb auf einer ethischen Metaebene an. Als Kriterium zur Beurteilung von Handlungen hat er das feministische Analyseinstrumentarium zwar wesentlich erweitert, in seiner analytischen Reichweite ist er jedoch begrenzt." (Glietsch 2003: 225)

In der Auseinandersetzung mit dem Nationalsozialismus forderten daher einige ForscherInnen den Begriff der Täterschaft von Frauen ein. „Angesichts der NS-Untaten scheint mir doch das Wissen um ‚Täterschaft' unmittelbar wichtiger zu sein als das Wissen um die Tatsache, daß es eine patriarchal strukturierte und abhängige Täterschaft, eben Mittäterschaft war." (Gravenhorst 1990: 30; vgl. auch Thürmer-Rohr 2004: 87 und Frauen gegen Antisemitismus 1993)[72]

Thürmer-Rohr (2004: 88) hält jedoch trotz der Einwände am Begriff der Mittäterschaft fest und schreibt damit den Geschlechterdualismus und die vermeintlich ungleiche Schuldfähigkeit fest:

„Seine Ersetzung durch den Begriff gesellschaftlicher ‚Täterschaft' würde die unterschiedlichsten Positionen im Machtverhältnis der Geschlechter verkennen und die unterschiedlichen Bedingungen der Subjektwerdung in einer Welt verwischen, die eben nicht in gleichberechtigter und gleichwirksamer Aktion entstanden ist. Mittäterschaft kennzeichnet die patriarchale Kultur implizit als *Ensemble von Männern und Frauen* und macht auch die leisen Akteurinnen zu Subjekten, die zum Gesamtwerk gehören."

72 Trotz dieser Debatten bestimmen stereotype Weiblichkeitsannahmen bis heute das Verständnis weiblicher Täterschaft. Weibliche Gewalt gilt als besonders skandalös, exzessiv und anormal. In einer Analyse der Hamburger Ravensbrückprozesse, in denen sich sieben Frauen für Misshandlungen und Morde verantworten mussten, die sie in den Frauenkonzentrationslagern Ravensbrück und Uckermark begangen hatten, weist Anette Kretzer (2002: 123ff.) zwei vorherrschende Wahrnehmungsmuster von weiblichen Täterinnen nach: sie wurden entweder als „die Gehilfin" oder als „die Exzesstäterin" gesehen. Diese Stereotype prägen bis in die Gegenwart auch feministische Diskurse, wobei ihnen eine Entlastungsfunktion durch die Ausblendung von Täterschaft ‚ganz normaler Frauen' zukommt.

Die Mittäterschaftsthese im kolonialen Kontext

Die ersten dezidierten Forschungsarbeiten zu weißen Frauen in den Kolonien stammen aus der Reiseliteraturforschung, die jedoch nur zögerlich Eingang in die Opfer-Täter-Debatten fand (vgl. Kleinau 2000: 201). In diesen Forschungarbeiten wurde das Reisen der Frauen oftmals vorschnell mit Emanzipation und einer vermeintlichen Offenheit der Reisenden gegenüber ‚anderen Kulturen' gleichgesetzt. Aus dem Blick geriet dabei, dass diese Frauen trotz der Überschreitung der Geschlechtergrenzen die Infrastruktur der kolonialen Eroberungen nutzten und diese zum größten Teil guthießen.

Marta Mamozai arbeitete als eine der ersten die direkte Beteiligung weißer deutscher Frauen am kolonialen System in Anlehnung an die Mittäterschaftsthese heraus.[73] Sie belegt die Mittäterschaft von Frauen im Kolonialismus auf der konkreten Handlungsebene. „Die Mittäterschaft von Frauen muß bewiesen werden, muß historisch überprüfbar, muß nachvollziehbar sein." (Mamozai 1990: 22) Mamozai untersucht, „wo in einer bestimmten geschichtlichen Konstellation Frauen sich individuell für die Komplizenschaft entschieden haben" und bezieht sich somit nur auf jene „Frauen, die Unrecht nicht nur schweigend dulden, sondern [...] die als konkrete historische Personen Gewalt angewendet, sich freiwillig und als handelnde Subjekte auf die Seite der Täter gestellt haben, aktive Komplizinnen also, die auch die Wahl gehabt hätten, sich anders zu entscheiden – trotz ihrer Abhängigkeit von Männern". (Ebd.) Problematisch ist allerdings der individualisierende Ansatz einer persönlichen Wahlfreiheit und persönlichen Schuld, der nur die direkte Beteiligung erfasst und gesellschaftliche Strukturen und Diskurse ausblendet.

Zudem erklärt Mamozai den Rassismus von Frauen und deren Partizipation an einem Unterdrückungssystem mit der eigenen Unterdrückung und reproduzierte so das Bild der Frau als Opfer der Verhältnisse, auch wenn sie sich selbst gegen den feministischen Opferdiskurs wendet.

„Vielleicht liegt schon hier einer der Schlüssel, mit dem das Problem des Rassismus deutscher Frauen (und von Frauen überhaupt) erschlossen werden kann: Die eigene Unterdrückung unter die ‚Führungskraft des Mannes' ist derart verinnerlicht, daß daneben akzeptiert werden kann, ja natürlich erscheint, wenn auch andere, ja wenn ganze Völker eben dieser Führungskraft

73 Sie untersuchte die Partizipation von Frauen an Rassismus und Kolonialismus in ihrem viel beachteten Buch „Komplizinnen" (1990). Mamozai benutzt dabei vor allem den Begriff ‚Komplizinnen'.

unterstellt werden [...]. Diese Verinnerlichung der eigenen Unterdrückung bei gleichzeitiger (und meist nur scheinbarer) Teilhabe an der Macht führt zu grotesken Verhältnissen: die unterdrückten Frauen verteidigen die Welt der Männer, die unterjochten Völker ihre Eroberer." (Mamozai 1989: 20)

Rassismus und Kolonialismus erscheinen hier als ein Übel des patriarchalen Systems. Frauen verfügen demnach nicht selbst über rassistisches Gedankengut oder koloniale Ambitionen, sondern sind rassistisch, weil das Patriarchat sie ‚verbogen' habe. Rassismus und Sexismus stehen hier in einem so engen Verhältnis, dass Ursache und Wirkung vertauscht werden.

„Indem sie sich aber mit den Zielen und Werten ihrer Herren identifizierten, verdrängten sie nicht nur ihre eigene Unterdrückung, sondern beraubten sie sich außerdem der Chance, den Aufenthalt unter fremden Völkern als Lernprozeß für sich zu nutzen. Stattdessen brachten sie Unheil und Unrecht, machten sich mitschuldig. Und das alles für das bisschen Anerkennung durch weiße Männer, die sie doch hundertfach betrogen." (Mamozai 1990: 81)

Der Beweggrund der weißen Frauen war nach Mamozai die Anerkennung durch die weißen Männer und kein eigenständiges Interesse an Macht, Unterdrückung, Eroberung, nationaler Größe und Vormachtstellung. Sie seien von Männern verformt worden und ließen sich lediglich indirekt dafür ‚missbrauchen', die koloniale, rassistische Herrschaft mitzutragen. Durch diese Argumentationsweise wird die Passivität und Abhängigkeit der Frau vom Mann perpetuiert. Der „Lernprozess" des Reisens, den sich die weißen Frauen selbst genommen hätten, kling zynisch angesichts des rassistischen Gehalts der Reiseberichte sowie der nationalistischen und expansionistischen Kolonialpropaganda der reisenden Frauen. So ließen sich Frauen nach Mamozai (1990: 28)

„zur rassistischen, kolonialen Herrschaftssicherung mißbrauchen [...] – weil dies für sie einen *gesellschaftlichen Aufstieg* und eine *Aufwertung* in den Augen ihrer Männer bedeutete, mit denen sie sich identifizieren und deren Werte sie übernommen haben. Und es bedeutet eine *Teilhabe an der Macht* über die kolonisierten Völker. Wie überhaupt persönliche individuelle (egoistische) Vorteile eine große Rolle für Komplizinnen zu spielen scheinen."

Kerstin Engelhardt betont im Gegensatz zu Mamozai, dass weiße Frauen eigenverantwortliche Täterinnen waren. Frauen müssten daher ihre Täterinnengeschichte anerkennen und sich ihr stellen, denn „in der Verdrängung der eigenen Herrschaftsgeschichte liegt die Gefahr, den eigenen

Rassismus (und Antisemitismus) zu verleugnen und auf diese Weise ungebrochen weiterzutragen". (Engelhardt 1999: 135)

Auch wenn die Mittäterschaftsthese zumindest partiell einen weiblichen Opfer-Status in Frage stellt, zeigt sich deutlich, dass sie nicht ausreicht, um die Komplexität rassistischer Strukturen und kolonialer Herrschaft zu beschreiben. Die Mittäterschaftsthese verharrt auf einer individualisierten Verantwortungsebene und schreibt somit indirekt die kritisierten Opferdiskurse fort. Kolonialistische Diskurse waren fest im gesellschaftlichen Bewusstsein der Öffentlichkeit verankert. Zudem war Rassismus nicht ausschließlich eine Frage der individuellen Entscheidung, sondern strukturelles Merkmal der imperialen westlichen Gesellschaften.

Entscheidende diskursive Grundlagen für die Beteiligung weißer Frauen am Kolonialismus waren nach Lotz (1998: 25) die Vorstellungen von einer westlichen Zivilisation, der sendungsideologische Herrschaftsanspruch und die als ein zentrales Merkmal dieser Zivilisation angesehene westliche Geschlechterideologie. „Generell bedeutete für weiße Frauen das Ausgreifen in fremde Lebenswelten eine Partizipation am westlich-europäischen Herrschaftsanspruch und an seiner Definitionsgewalt. Insofern sind weiße Frauen in der Kolonialsituation als das unterlegenere Geschlecht der überlegeneren ‚Rasse' charakterisiert worden." (Kundrus 1997: 47)

Kundrus kritisiert den Begriff Mittäterschaft als moralisierend und angesichts der Komplexität historischer Zusammenhänge als unzureichend, da er den Ambivalenzen von ‚Rasse', Klasse und Geschlecht nicht gerecht werde. Wie in den bisherigen Ausführungen deutlich wurde, stellten manche weiße Frauen während der Kolonialzeit die Geschlechterhierarchie in Frage und propagierten zugleich eine ‚Rassentrennung', während andere die definierten ‚rassischen' Unterschiede in Frage stellten und dabei zugleich Klassenverhältnisse stützten.

Die komplexen gesellschaftlichen Herrschaftsverhältnisse sowie klassenspezifische Unterschiede zwischen Frauen werden von der Debatte um Mittäterschaft nicht erfasst, ebenso wie sie keine Analyse von Rassismus leistet. „Eine Übertragung dieses Ansatzes als analytisches Modell zum Beispiel auf die Bereiche Rassismus, Antisemitismus und Kolonialismus zeigt jedoch seine Grenzen auf: Er erfasst das Beziehungsgeflecht zwischen Frauen, bestimmt durch Faktoren wie Rechtsstatus, Ökonomie, kulturelle Identität und Rassismus, nur oberflächlich und greift damit zu kurz." (Engelhardt 1999: 135)

Eine generalisierende Rede von den ‚Mittäterinnen' ist nach Kundrus zudem problematisch, „wenn sie konkrete Verantwortlichkeiten für Unrecht umfassen soll, es sich also eigentlich um im juristischen Sinne nur individuell rückführbare Schuld handelt" (Kundrus 1997: 48). Es stellt sich jedoch die Frage, ob die Anerkennung einer weiblichen Täterinnenschaft lediglich in ihrer juristischen Konkretion fassbar sein sollte, oder ob es nicht vielmehr darum geht, dualistische Täter-Opfer-Bilder des Geschlechterverhältnisses aufzubrechen und eine Partizipation von Frauen an nationalistischen, rassistischen und antisemitischen Diskursen und Praxen herauszuarbeiten.

Für den Kolonialismus bedeutet dies, die tatsächlichen Handlungen von Frauen in den Kolonien und im Deutschen Reich zu untersuchen und die Verschränkungen von ‚Rasse', Klasse, Geschlecht und deren relationale Wirkungsmächtigkeit anzuerkennen. Zudem lässt sich nicht von *der* weißen Frau in den Kolonien sprechen, da die koloniale Siedlergemeinschaft keine homogene Gruppe war, ebenso wenig wie die kolonisierte Bevölkerung. „It is not enough to establish *whether* white women were complicitous in or resistant to the crimes commited in the name of colonialism without asking *what they stood to gain* from this actions, and *why* they acted as they did." (Klotz 1994: 158) Insofern geht es darüber hinaus darum, die Schnittstellen von ‚Rasse' und Geschlecht in den Blick zu nehmen und zu untersuchen, an welcher Stelle der Bezug auf ‚Rasse' und Weiß-Sein zu einer Ermächtigung von weißen Frauen führte. Die Debatte um (Mit-)Täterinnenschaft blendet diese diskursive Verstrickung aus. Im anschließenden Kapitel wird daher diese diskursive Überkreuzung mit kolonialistischen und rassistischen Diskursen jenseits der konkreten Handlungsebene untersucht.

In Bezug auf Nation und nationale Identität wurde deutlich, dass in einer diskurstheoretischen Herangehensweise die ‚Mittäterschaft' anders diskutierbar wird, da andere gesellschaftliche Ebenen in den Blick kommen. So zeigte sich, dass Diskurse der (bürgerlichen) Frauenbewegung maßgeblich an der Nationalisierung der Gesellschaft beteiligt waren.

Auch im kolonialen Kontext waren nationalistische, kolonialbegeisterte Frauenverbände bis hin zur radikalen Frauenbewegung an der kolonialen Idee interessiert und an der Produktion kolonialer Diskurse beteiligt. Bürgerliche, auch frauenrechtlerische Frauen spielten eine wichtige Rolle im kolonialen Diskurs und damit für die nationale Identitätsbildung. Sie legitimierten durch ihr Engagement z.B. bei Vorträgen, Veranstaltungen und in Artikeln die koloniale Expansion und verbreiteten rassistisches, nationalistisches imperialistisches Gedankengut. Deutsche Frauen spielten – neben ihrer direkten Partizipation an der Kolonisierung – für die Verbreitung rassistischer Vorstellungen im Deutschen Reich eine wichtige Rolle: Die Schriften von Kolonialautorinnen fanden massenhafte Verbreitung. Diese breite Beteiligung von weißen

Frauen am kolonialen Diskurs lenkt die Aufmerksamkeit auch auf Diskurse der Frauenbewegung und deren konstitutiven Beitrag zur Formierung gesellschaftlicher Verhältnisse. Diese Herangehensweise geht über eine Analyse der direkten ‚Mittäterschaft' oder Täterschaft hinaus.

DEBATTEN DER BÜRGERLICHEN FRAUENBEWEGUNG

Im Folgenden werden Debatten der bürgerlichen Frauenbewegung dargestellt und deren Wirkungsweise im kolonialen Kontext untersucht. Der Fokus liegt dabei auf zwei Themenfeldern, die sowohl für die Frauenbewegung als auch für die kolonialen Debatten von großer Relevanz waren: Zunächst geht es um die Debatten um den Haushalt. Anschließend werden die Sittlichkeitsdebatten im Deutschen Reich dargestellt und ihre Wirkungsweise im Kolonialismus analysiert. Besonders interessant ist in diesem Zusammenhang der *Bund für Mutterschutz und Sexualreform* (BfM), der radikale Positionen in Bezug auf die Geschlechterverhältnisse formulierte und sich zugleich an rassenhygienischen Debatten beteiligte. Dabei wird das Verhältnis der gemäßigten und der radikalen bürgerlichen Frauenbewegung zur Rassenhygiene diskutiert.

Die Schnittstellen zwischen radikalen frauenrechtlerischen Positionen und kolonialen Diskursen werden anhand einer Analyse der Zeitschrift des BfM untersucht. Die Zeitschrift des BfM thematisierte in der Auseinandersetzung um Sexualität, Geschlecht und ‚Rasse' auch die Kolonialdebatten. Von besonderem Interesse ist dabei die Verbindung zu Emanzipationskonzepten.

Der Haushalt

Häuslichkeit als Kern bürgerlicher Ideologie

Mit der Industrialisierung, der Durchsetzung der kapitalistischen Produktionsweise und den daraus resultierenden gesellschaftlichen Entwicklungen dividierten sich im Bürgertum öffentliche und private Sphäre und damit männliche und weibliche Tätigkeitsfelder auseinander. Die Privatisierung der Häuslichkeit schuf die weibliche Sphäre als Hintergrund der bürgerlich-männlichen Öffentlichkeit, als wichtiger Ort der Nationalisierung, Vergeschlechtlichung und Klassifizierung. Die vergeschlechtlichte Arbeitsteilung war begleitet von der Konstruktion eines weiblichen Wesens, das auf Werten der Fürsorge, Mütterlichkeit etc. beruhte.

Die solide und ‚gemütliche Häuslichkeit', die die bürgerliche Frau für ihre Familie herstellen sollte, war zentral für die Konstruktion der bürgerlichen Lebensweise und grenzte u.a. die bürgerliche von der proletarischen Lebensweise ab.[1] Die proletarische Frau musste aus ökonomischen Gründen erwerbstätig und außerhalb der häuslichen Sphäre tätig sein.

Steigende Ansprüche an die Haushaltsführung durch wissenschaftliche und medizinische Erkenntnisse über Ernährung, Hygiene und Sauberkeit erhöhten das Arbeitspensum der bürgerlichen Hausfrau.

Seit 1870 entstanden zur Unterstützung der Hausfrau zahlreiche Vereine für städtische und ländliche Hausfrauen mit eigenen Zeitschriften und Institutionen.[2] Literatur und Vereine trugen dazu bei, die Rolle der Hausfrau zu definieren und zu festigen. Eine wachsende Zahl von Frauen griff auf deren Unterstützung zurück, um sich auf ihre Aufgaben in der Familie vorzubereiten oder sich weiterzubilden.

---

1 Zur Entstehung und Herausbildung von Hausarbeit „als private Form von materieller und psychischer Reproduktionsarbeit" im Zusammenhang mit der Auflösung der agrarischen, vorindustriellen Gesellschaft vgl. Schlegel-Matthies (1995: 14ff.). Sie beschreibt die zwei Entstehungslinien des bürgerlichen und des Arbeiterhaushaltes, die sich nach der Jahrhundertwende annäherten, sodass es zu einer Proletarisierung von bürgerlichen Hausfrauen, die von der Leiterin einer Hauswirtschaft zur unbezahlten Hausfrau degradiert wurden, und zu einer Verbürgerlichung der Arbeiterfrauen kam, die sich bürgerliche Werte und Normen aneigneten.

2 Diese standen in Verbindung zu konservativen bürgerlichen Parteien. Der *Berliner Hausfrauenverein* wurde schon ein Jahr nach seiner von Lina Morgenstern angestoßenen Gründung 1873 zum Zentralverein des neugebildeten *Verbandes Deutscher Hausfrauenvereine* gewählt (vgl. Schlegel-Matthies 1995: 47). Das Vereinsorgan war die *Deutsche Hausfrauenzeitung*, die ab 1874 30 Jahre lang von Lina Morgenstern (1830-1909) herausgegeben wurde. Die durch ihr Engagement für Volksküchen auch „Suppenlina" genannte Protagonistin der bürgerlichen Frauenbewegung versuchte, bei den Vereinsmitgliedern Interesse für die Frauenbewegung zu wecken (vgl. Schlegel-Matthies 1995: 50). Vereinszwecke des *Berliner Hausfrauenvereins* waren vor allem die Wahrung der wirtschaftlichen Interessen der Haushaltsführung wie die Beschaffung billiger Lebensmittel, Belehrung in Wort und Schrift sowie die Vermittlung von weiblichen Arbeitskräften und Dienstboten. 1883 musste das Zentralbüro des Hausfrauenvereins Konkurs anmelden, das Publikationsorgan blieb jedoch bestehen.

In einer Analyse unterschiedlicher Frauenzeitschriften zum Thema Haushalt und Haushaltsführung zeichnet Nancy Reagin in Anlehnung an Benedict Anderson die Konstruktion der bürgerlichen deutschen Hausfrauen als ‚imagined community' nach. In den Zeitschriften wurde darum gerungen, allgemeingültige Standards und Regeln für alle (deutschen) Hausfrauen jenseits ihrer Klassenzugehörigkeit zu etablieren. Die Trennung zwischen einer privaten und einer öffentlichen Sphäre vollzog sich dort eher „prescriptive than descriptive". (Reagin 2000: 199) Reagins Studie unterstreicht, wie politisch das als privat Definierte war und welchen Stellenwert es für die Konstruktion nationaler (bürgerlicher) Identitäten und Werte hatte. „[...] In discussions of national character and identity, the ‚private' household played a role that was ultimately political. Examining the household along with ‚public sphere' manifestations of nationalism underscores how gender worked to structure the vocabulary of nationalism". (Ebd.)

Der Haushalt war einerseits ein Ort der Konstitution der bürgerlichen Klasse, darüber hinaus aber auch ein Ort der Produktion nationaler und imperialer Diskurse. „The home is invoked as national symbol and an index of national progress, and it is an object of government intervention and cultural debate." (Hancock 1999: 157) Sauberkeit und Ordnung stellten zentrale Werte der deutschen Hausfrau dar, die sie nach ihrer Vorstellung auch von anderen unterschied. Keine der in den Zeitschriften beschriebenen Hausfrauen anderer Kulturen arbeitete angeblich so hart wie die deutsche. Die Beschreibungen der deutschen Hausfrau korrespondierten mit den Konstruktionen nationaler Eigenschaften.

> „But what began as a project of class formation became a vehicle for the articulation of national identity as well. Class and national identity were of cause deeply interconnected, since nationalism was originally articulated and promoted by the bourgeoisie. After 1870, this linkage became explicit also in discussions of German domesticity, one of the many projects of nation-building promoted by the German bourgeoisie during this period." (Reagin 2000: 202)

Der Haushalt im Kontext der bürgerlichen Frauenbewegung

Eine wichtige Rolle bei der Konstruktion der Hausfrau und des privaten Haushalts spielte auch die bürgerliche Frauenbewegung, die sich der einer zunehmenden Belastung ausgesetzten Hausfrauen annahm und nach Verbesserungsmöglichkeiten und Erleichterungen suchte. Zugleich erlangte der Haushalt einen größeren Stellenwert in der Ausrichtung der bürgerlichen Frauenbewegung. Seit dem späten 19. Jahrhundert diskutierte die Frauenbewegung über Hausarbeit, Mütterlichkeit, Mutterschutz und -rechte im Kontext weiblicher Emanzipation.

Indem sich die gemäßigte bürgerliche Frauenbewegung im Kontext der ‚geistigen Mütterlichkeit' gegen Ende der 1870er Jahre stärker dem vermeintlich ‚natürlichen Beruf' der Frau zuwandte, erreichte sie mit ihren Forderungen nach Erwerbstätigkeit und Bildung breitere Kreise verheirateter bürgerlicher Frauen. So fühlten sich zunehmend auch konservative(re) Frauen von der bürgerlichen Frauenbewegung angesprochen.

Die Forderungen der Frauenbewegung ließen sich in dieser Ausrichtung mit den scheinbar natürlichen Geschlechtercharakteren und damit auch der traditionellen Arbeitsteilung vereinbaren. „Die Herausstellung einer ‚weiblichen Kulturaufgabe' – formuliert im Prinzip der ‚geistigen Mütterlichkeit' – beeinflußte das Denken über den hauswirtschaftlichen Frauenberuf innerhalb der bürgerlichen Frauenbewegung und prägte gleichzeitig den spezifischen Charakter von Sozialarbeit als ‚weiblicher ‚Berufsarbeit'." (Schlegel-Matthies 1995: 118) Das von Teilen der bürgerlichen Frauenbewegung entwickelte Konzept der sozialen Arbeit bewegte sich im Spannungsfeld von weiblicher Emanzipation, sittlicher Erneuerung der Gesellschaft und weiblicher Arbeit. Die soziale Arbeit als Teil einer weiblichen Emanzipation ließ sich mit dem weiblichen Kulturauftrag und dem Wohl des ‚Volksganzen' legitimieren. Die soziale Arbeit entstand historisch demnach nicht primär als Beruf, sondern als Entwurf gesellschaftlichen Handelns, „das die soziale Verpflichtung des bürgerlichen Mittelstandes, weibliche Emanzipation und wissenschaftlich-fachliche Kompetenz im Umgang mit sozialen Problemen in einem komplexen Spannungsverhältnis zu verbinden suchte, das bis zum Ersten Weltkrieg nicht aufgelöst wurde". (Sachße 2003: 130) Alle Frauen, auch die unverheirateten, sollten der Gesellschaft ihre ‚Mütterlichkeit', d.h. ihre sozialen Kompetenzen jenseits einer eigenen Mutterschaft zu Gute kommen lassen.

Hedwig Heyl, Protagonistin des Haushalts

Hedwig Heyl war neben Lina Morgenstern (1830-1904) und Mathilde Weber (1829-1901) die herausragende Vertreterin der ‚geistigen Mütterlichkeit'. Alle drei setzten sich für unterschiedliche Konzepte weiblicher (hauswirtschaftlicher) Bildung ein: Während Weber im hauswirtschaftlichen Bereich vor allem Erwerbsmöglichkeiten und ehrenamtliche Betätigungsmöglichkeiten schaffen wollte, propagierte Morgenstern die Gründung von Hausfrauenvereinen, um den meist unpolitischen Hausfrauen Ziele der Frauenbewegung näher zu bringen.[3] Heyl betrachtete den Hauswirtschaftsunterricht als eine Möglichkeit der Persönlichkeitsbildung der Frau und wollte diesen systematisch einführen.

„In einer Zeit, da Frauen sich den Zugang zum Studium erkämpften, setzte sich der Frauenbund dafür ein, dass bürgerliche Frauen sich mit einer hauswirtschaftlichen Fachbildung für den unbezahlten Reproduktionssektor qualifizierten. Im Gegensatz zu anderen Frauenaktivistinnen, wie Mathilde Weber oder Lina Morgenstern, sah Heyl die Orientierung auf hauswirtschaftliche Bildung nicht als Erwerbsmöglichkeit oder als Instrument, unpolitische und konservative Frauen an die Frauenbewegung zu binden, sondern lediglich als weibliche Persönlichkeitsbildung.“ (Walgenbach 2004: 179)

Das Engagement der drei Frauen führte zu einem Zulauf von Hausfrauen in die bürgerliche Frauenbewegung, die ihre Ziele nun im Zusammenhang und nicht im Widerspruch zu den Forderungen der Frauenbewegung sahen (vgl. Schlegel-Matthies 1995: 119f.). Die Hausfrauenvereine entwickelten sich schließlich zum mitgliederstärksten Flügel der Frauenbewegung.

1902 gründete Hedwig Heyl mit anderen den *Verband für hauswirtschaftliche Frauenbildung*, dessen Mitglieder der bürgerlichen Frauenbewegung eng verbunden waren. Auch im BDF gewann das Thema Hauswirtschaft an Bedeutung. Nach der Jahrhundertwende dominierte in der bürgerlichen Frauenbewegung die Auseinandersetzung um die Stellung der Frau in der Familie entgegen der vorherigen Ausrichtung auf Bildung und Erwerbstätigkeit unverheirateter Frauen.

3 Lina Morgenstern nahm eine zentrale Rolle in der Konstruktion einer Hausfrauenidentität und -gemeinschaft ein. Neben ihrem Engagement für die Hausfrauenorganisationen gründete sie einige Kindergärten (nach Fröbelscher Pädagogik), trotz des noch herrschenden Kindergartenverbotes in Preußen (1851-1860), das wegen des angeblichen Verderbs der Kinder erlassen worden war (vgl. Allen 1991: 114f; dies. 1997: 116f.). Der Kindergarten stellte die Trennung zwischen häuslicher und öffentlicher Sphäre in Frage. Morgenstern rief zu Beginn des Krieges 1866 zur Gründung von Volksküchen in Berlin auf, die es in anderen Städten Deutschlands bereits gab, und gründete im selben Jahr den *Verein der Berliner Volksküchen*. Sie engagierte sich für die Frauenbildung durch die Gründung von Koch-, Erziehungs- und Krankenpflegeschulen. 1896 berief sie den *Internationalen Frauenkongress* mit ein und wurde 1897 Mitglied im Vorstand der *Deutschen Friedensgesellschaft*. Über die Einbindung der Hausfrauen in die Frauenbewegung hoffte sie auch die der Frauenbewegung ablehnend gegenüber stehenden Männer zu erreichen und somit die Ziele der Frauenbewegung zu verbreiten. Die Integration der Interessen der Hausfrauen in die Frauenbewegung gelang ihr jedoch letzten Endes nicht (vgl. Schlegel-Matthies 1995: 122).

Mit ihren Bemühungen, die Haushaltsführung zum Wohle der Hausfrau zu rationalisieren und systematisieren, nahm Hedwig Heyl eine Schlüsselposition ein.[4] Sie setzte sich dafür ein, die hauswirtschaftlichen Tätigkeiten und damit die Arbeitsfelder bürgerlicher Frauen aufzuwerten.

Das Bild der Hausfrau, das Heyl zeichnete, war von den Ideen der Frauenbewegung geprägt: Ihr Ideal der Hausfrau entwarf sie gegen das traditionell-patriarchale Bild als das einer für ihren Beruf ausgebildeten, denkenden Frau. Die Frau sollte zur Verantwortung für das Leben in der Familie erzogen werden. Grundlagen der hauswirtschaftlichen Erziehung waren Erkenntnisse der Naturwissenschaften, der Ernährungslehre und der Hygiene. Die hauswirtschaftliche Ausbildung bot Heyl zufolge auch eine Grundlage für neue Frauenberufe, allerdings keine statushohen, sondern solche im sozialen und landwirtschaftlichen Bereich.

Die hauswirtschaftlichen Fähigkeiten sollten „unter dem Gesichtswinkel der Frauenbewegung“ (Heyl 1902, zitiert nach Schlegel-Matthies 1995: 123) vermittelt werden. Heyl sprach sich jedoch nicht für eine Entlohnung der Hausarbeit aus. Sie sah die deutsche Frau als „Pflegerin der Volkshygiene“. (*Kolonie und Heimat*, 1911 zitiert nach Walgenbach 2004: 233)[5] Die Prinzipien der Hauswirtschaftskunde bezogen sich vor allem auf die Ernährung, die ‚Kultur‘ in der Wohnung und die Körperpflege in hygienischer und ästhetischer Hinsicht (vgl. Schröder 2001: 261ff.). Diese Aspekte des Haushalts erwiesen sich für die Kolonien als besonders relevant.

Haushaltsführung als soziale Technologie

Auch proletarische Frauen sollten in Techniken der Haushaltsführung unterwiesen werden. Die Vermittlung des bürgerlichen Hausfrauenbildes an Arbeiterfrauen seit den 1880er Jahren war ein wichtiges sozialpolitisches Thema und Teil der sozialen Frage.[6] Um die Jahrhundert-

4 Ihr bekanntes Kochbuch „ABC der Küche“ von 1885, das immer wieder neu aufgelegt wurde, enthielt Regeln für den Einkauf und sollte die Leistungsfähigkeit der Hausfrau steigern.

5 Heyl war später begeistert von der Mütterideologie der Nationalsozialisten (vgl. Meyer-Renschhausen 1989: 134f.).

6 Zur Entstehung der sozialen Frage, die sich durch das Bevölkerungswachstum, die Verarmung breiter Bevölkerungsteile und damit verbundene Seuchen in den Armen- und Arbeiterquartieren zuspitzte vgl. Sachße (2003: 20ff.). Schon mit der Reichsversicherungsgesetzgebung in den 1880er Jahren war die soziale Frage ein wichtiges tagespolitisches Thema geworden; zu Beginn der 90er Jahre erhielt es noch mehr öffentliche Aufmerksamkeit. Schröder (2001: 9f.) weist darauf hin, dass im Kontext der Sozialgesetzgebung eine Gesellschaftsreform von innen nötig wurde

wende wurde das bürgerliche Ideal der Frau als Hausfrau und Mutter universalisiert und als natürliche Bestimmung von Frauen aller Schichten naturalisiert.

Die Vermittlung hauswirtschaftlicher Fähigkeiten an proletarische Frauen nahm einen großen Stellenwert in den Debatten der bürgerlichen Frauenbewegung ein. Diese standen im Kontext gesellschaftlicher Auseinandersetzungen um die Verelendung der Arbeiterklasse. Hauswirtschaftliche Fähigkeiten und häusliche Tugenden sollten zur Lösung der sozialen Frage beitragen. Arbeiterfamilien machten die Mehrheit der Bevölkerung aus, weshalb eine Unterweisung proletarischer Frauen in Haushaltstechniken relevant für die Zukunft der ganzen deutschen Bevölkerung schien. Die Industrialisierung mit der daraus folgenden Verelendung der Arbeiterschaft und der veränderten privaten Hauswirtschaft stellte den Hintergrund dieser sozialpolitischen Maßnahmen dar, die mit der Hoffnung auf soziale Befriedung verbunden waren.[7] Diese sozialpolitischen Bestrebungen waren auch gegen die Sozialdemokratie gerichtet (vgl. Schlegel-Matthies 1995: 80). Die Arbeiterfrauen sollten an die bürgerlichen Tugenden, Familien- und Geschlechterideale herangeführt werden und damit eine befriedende Wirkung auf die Arbeiterhaushalte und eine eindämmende Wirkung auf sozialdemokratische Strömungen in der Arbeiterschaft ausüben.[8] Hedwig Heyl unterwies in

---

und dass die Frauenbewegung ein konstitutiver Teil dieser wohlfahrtsstaatlichen Entwicklungen war. Leitbilder der Sozialreformerinnen waren die soziale Arbeit und die Wohlfahrt. Schröder geht allerdings nicht darauf ein, dass die Sozialgesetzgebung auch gegen die Sozialdemokratie gerichtet war. Die Sozialistengesetze Bismarcks von 1878 erlaubten der Sozialdemokratie zwar eine Beteiligung an den Reichstagswahlen, legten ihr aber viele Restriktionen auf. Die Sozialgesetzgebung war der Versuch, den Sozialismus zu zerstören „by preempting part of its program". (Allen 1991: 112) Alice Salomon (1872-1948) war eine bestimmende Figur der Sozialreformbewegung, der Verein *Frauenwohl* eine ihrer zentralen Organisationen. Die mit der sozialen Arbeit verknüpften Forderung nach Bildung wurde seit den 1890er Jahren ein Fixpunkt der Sozialreformerinnen (vgl. Schröder 2001: 225).

7 1886 war die hauswirtschaftliche Ausbildung von Arbeiterinnen ein wichtiges öffentliches Thema, das auch von der Regierung diskutiert wurde. An der Förderung der hauswirtschaftlichen Bildung armer Mädchen waren unterschiedliche Organisationen und Vereine interessiert, u.a. die deutschen Sittlichkeitsvereine, die Arbeiterorganisation *Concordia*, der Verein *Frauenwohl*, der *Letteverein* und die Landeskirchen. Der Hauswirtschaftsunterricht wurde zunehmend institutionalisiert, z.B. in Mädchenvolksschulen (vgl. Schlegel-Matthies 1995: 81ff.).

8 Eine bessere Haushaltsführung der Arbeiterfrau und das Ideal des ‚gemütlichen Heims' sollten den Gang des Arbeiters ins Wirtshaus, wo ein ‚verwerflicher Alkoholkonsum' stattfand, sowie Partei-, Gewerkschafts- und Vereinsversammlungen, die die Arbeiter politisieren und sie in die Arme

ihren Kochschulen proletarische Frauen in rationaler Haushaltsführung und trug damit zur Verbürgerlichung des Reproduktionssektors bei (vgl. Walgenbach 2004: 304).

Hausarbeit als Beruf?

In der bürgerlichen Frauenbewegung fanden unterschiedliche Debatten über Hausarbeit statt: über ihre Abschaffung, ihre Aufwertung bis hin zu ihrer Bezahlung.[9]

Der BDF diskutierte Konzepte zur Verbesserung der Situation von Hausfrauen, vor allem wie mit der doppelten Belastung von Berufstätigkeit und Hausarbeit, der immer mehr bürgerliche Frauen ausgesetzt waren, umzugehen war. Nach 1900 setzten sich bürgerliche Frauen zunehmend für die Anerkennung der Hausarbeit als Beruf ein (vgl. Reagin 2000: 201). Auch die der radikalen Frauenbewegung zugerechneten Verbände beschäftigten sich mit dem Haushalt. Minna Cauer und Maria Lischnewska als Präsidentin und Sekretärin des *Vereins Fortschrittlicher Frauenverbände* (VFF) betonten die Bedeutung der Hausarbeit für die nationale Ökonomie und wollten sie gesellschaftlich aufwerten. Helene Stöcker forderte 1902 die finanzielle Unabhängigkeit der Frau und Mutter, vermied aber die Forderung nach einer Entlohnung der Hausarbeit. Um die Frage der Hausarbeit gab es scharfe Konflikte im *Bund für Mutterschutz und Sexualreform*, wegen derer Ruth Bré, eine Mitgründerin des BfM, aus dem Verein ausschied. Ihre Forderungen widersprachen ihren Gegnerinnen zufolge den Grundsätzen der Geschlechterversöhnung und des Geschlechterfriedens, die Stöcker und

der Sozialdemokratie treiben könnten, verhindern. Die Unterweisung der Arbeiterfrauen in Haushaltsführung stand daher auch im Zusammenhang mit den Sozialistengesetzen (1878-1890) und der Sozialgesetzgebung des Deutschen Reiches. Die Erwerbstätigkeit der Unterschichtenfrauen stellte das größte Hindernis zur Durchsetzung bürgerlicher Familienideale im proletarischen Familienleben dar. Die Taylorisierung der häuslichen Arbeit stand zudem in enger Verbindung mit der (eugenischen) Rationalisierung und der Hygiene von Sexualität und Fortpflanzung: Insbesondere die Frauen der Arbeiterklasse wurden dazu angehalten, weniger Kinder zu gebären.

9 Die Aufklärer um 1800 hatten die Tätigkeiten beider Geschlechter geschätzt. Im Laufe des 19. Jahrhunderts hatte die Hausarbeit durch die zunehmende Technisierung und Verwissenschaftlichung der Gesellschaft an Relevanz, Wertschätzung und Beachtung verloren, da sie als unproduktiv galt. Die Sozialisten betrachteten sie sogar als ‚feudales Relikt' aus dem Mittelalter und sahen sie in der Zukunft ganz verschwinden. Erst Ende des 19. Jahrhunderts wurde der Wert der Hausarbeit von den Frauenrechtlerinnen wieder entdeckt (vgl. Meyer-Renschhausen 1989: 126).

andere vertraten. Brés Vorstellungen ähnelten denen Käthe Schirmachers, die sich als im VFF Organisierte in die Debatte einschaltete und die keine Skrupel hatte, den „ehelichen Frieden" zu stören (vgl. Stoehr 1991: 214ff.). Sie bestand darauf, dass der männliche Lohn auf der weiblichen Hausarbeit beruhte, und wollte daher die Hälfte des Lohns der Ehefrau geben. Käthe Schirmacher forderte 1905 die Anerkennung der Hausarbeit als gesellschaftlich produktive Arbeit und als Berufsarbeit im ökonomischen, rechtlichen und sozialen Sinne und verband in ihrer Argumentation nationalökonomische und sozialhygienische Aspekte. Sie betonte den ökonomischen und darüber hinaus den kulturellen Wert der Hausarbeit für die ganze Gesellschaft und forderte ihre Bezahlung (vgl. Schlegel-Matthies 1995: 124f; Omran 2000: 229ff.). Dennoch blieb sie der Vorstellung des ‚natürlichen Berufes' der Frau, der aus Mutterschaft und Haushaltsführung bestünde, verhaftet. Darüber hinaus ging sie davon aus, dass die Einbindung des ‚Muttermaterials' in die Ökonomie den Volkskörper gesunden ließen:

„Durch die gerechte Entlohnung der Frauenarbeit würden die physischen und geistigen Kräfte des weiblichen Geschlechts erhalten, das ‚Muttermaterial' geschont, also die Rasse gefördert; die nationale Erziehung gebessert, da schwache, überanstrengte Frauen schlechte Erzieher sind; die nationale Haushaltung gehoben, da die Berufsfrau sich entsprechende Hilfe besorgen könnte; die nationale Arbeit gesteigert, da die weiblichen Berufsarbeiter unter günstigeren Bedingungen mehr und länger arbeitsfähig und wirklich *berufsfreudig* sein werden [...]. Je weniger schwache, kranke und arbeitsunfähige, je weniger ungelernte, verwahrloste und enterbte Individuen eine Gesellschaft aber zu versorgen hat, desto weniger Ballast und Abhub schleppt sie mit sich, desto mehr spart sie auch an Gefängnisspesen, desto weniger Abfall-, Fäulnis- und Sprengstoffe sammelt sie in ihren Kellern." (Schirmacher 1909, zitiert nach Omran 2000: 229)[10]

10 Omran zeigt auf, dass die Debatten der Frauenrechtlerinnen um Hausarbeit und deren Wertigkeit bzw. um weibliche Produktivität in eine politische Diskurstradition eingebunden waren, die den Juden als Personifizierung der Geldsphäre identifiziert. Die weibliche Produktivität wird dabei dem kapitalistischen Wirtschaftssystem entgegen gestellt, das mit dem wurzel- und heimatlosen Juden assoziiert wird. „Dieses pathetische Konzept einer Gesundung des Volkskörpers durch ökonomische Einbindung des ‚Muttermaterials' kann stets auch als eine Frontstellung gegen parasitär erscheinende jüdische Wirtschaftsweisen verstanden werden [...]." (Omran 2000: 250) Die Hausarbeit als wesentlicher Wirkungsbereich der Frau wird in den Versuchen, die Hausarbeit aufzuwerten, der privaten Konsumptionssphäre entgegengesetzt, um den Vorwurf des parasitären weiblichen Wirtschaftsverhaltens zurückzuweisen. Aus diesem Grund wird auch die Produktivität und Wichtigkeit der Hausarbeit für die Nationalökonomie und die Gesellschaft hervorgehoben.

Die Nationalisierung der Hausarbeit ermöglichte Schirmacher zufolge einen gesellschaftlichen Aufstieg der Frau im Rahmen ihrer gesellschaftlich bestimmten Rolle und sicherte den Fortbestand der Gemeinschaft.

Anita Augspurg hingegen formulierte schon damals eine radikale Kritik an der ‚guten deutschen Hausfrau': „The economic blindness of the much-praised German housewife, whose intelligence is limited by the walls of her kitchen and pantry, whose political indifference and incomprehension is counted as a virtue, has largely contributed to this emergency." (Augspurg 1905, zitiert nach Stoehr 1991: 217) Sie forderte die finanzielle Unabhängigkeit von Müttern von ihren Ehemännern und schlug zu diesem Zweck vor, eine 18-monatige staatliche Pension für Mütter einzurichten.

Die Forderung nach einer Bezahlung rückte jedoch allmählich in den Hintergrund, und die Debatten dividierten sich auseinander (vgl. Stoehr 1991: 217).[11] Käthe Schirmacher äußerte sich auf einem Treffen des VFF 1909 in einem Vortrag über die Modernisierung der Hausarbeit durch neue Technik nicht mehr zum Thema Bezahlung der Hausarbeit. Auf demselben Treffen griff lediglich Marie Stritt (1855-1928), die Präsidentin des BDF, alte Forderungen noch einmal auf, wandte sich jedoch gegen eine Bezahlung, da sie die Institution Ehe beschweren würde. Sie sah die Lösung in der Berufstätigkeit der Frau. Während die radikale Frauenbewegung sich nur noch wenig um die Aufwertung der Hausarbeit kümmerte, nahm sich die gemäßigte Mehrheit der bürgerlichen Frauenbewegung dem Sujet an (vgl. Stoehr 1991: 218).

Die rechtliche Verpflichtung zur Entlohnung von Hausarbeit, die englische Frauenrechtlerinnen 1910 als Gesetzesantrag einbrachten, wurde sehr kontrovers und überwiegend ablehnend in der deutschen bürgerlichen Frauenbewegung diskutiert. Der BDF einigte sich 1912 lediglich darauf, dass der Mann einen bestimmten Prozentsatz seines Lohnes an seine Ehefrau abführen sollte, falls diese nicht erwerbstätig war oder über kein eigenes Vermögen verfügte.

Mit der bereits erwähnten Ausstellung *Frau in Haus und Beruf* wollte Hedwig Heyl das Interesse und die Unterstützung des BDF für den hauswirtschaftlichen Beruf und organisierte Hausfrauen wecken. Die Ausstellung verdeutlichte zugleich die veränderte Gewichtung des The-

11 „We must above all clearly separate marriage, homekeeping and childraising as three independent institutions, by showing that each of them exists separately without the others" schrieb die ungarische radikale Feministin Rosika Schwimmer 1907 in einem Pamphlet, in dem sie den zentralisierten Haushalt einforderte (Schwimmer 1907, zitiert nach Stoehr 1991: 217). Der zentralisierte Haushalt sollte die Hausarbeit aus der individuellen Küche in die Gemeinschaft verlagern.

mas Hausarbeit im BDF. Diskutiert wurde in den folgenden Jahren vor allem über Hausarbeit und Erwerbsarbeit, wobei sich die meisten gemäßigten Frauen nur bei absoluter ökonomischer Notwendigkeit für die Erwerbstätigkeit der Frau aussprachen. Die BDF-Frauen wiederum wollten bei den organisierten Hausfrauen ein „emanzipatorisches ‚Berufsbewußtsein'" (Schlegel-Matthies 1995: 129) erzeugen, was auf Widerstände stieß. Die Annäherung des BDF an die Hausfrauenorganisationen gelang zwar, doch die Ressentiments vieler Hausfrauen gegenüber berufstätigen Frauen bzw. gegen die emanzipativen Vorstellungen der Frauenbewegung bestanden fort.

Der Haushalt als Teil der nationalen Kriegsökonomie

Insbesondere in der Kriegsökonomie des Ersten Weltkriegs erfuhr die Hausarbeit eine zunehmende Wertschätzung der gesamten deutschen Bevölkerung (vgl. Omran 2000: 263ff.). Die Bedeutung des privaten Haushalts und der Haushaltsführung wurde bei zunehmender Lebensmittelknappheit deutlich und erfahrbar. Diese Abhängigkeit der Kriegswirtschaft vom privaten Haushalt bot Anknüpfungspunkte für die Frauenbewegung, die versuchte, die Stellung der Frau und der Hausfrau innerhalb der nationalen Kriegsgesellschaft aufzuwerten. Die Tugenden der Hausfrau verbanden dabei das Private mit dem Wohl der Gemeinschaft. Sowohl die bürgerliche als auch die proletarische Frauenbewegung vertraten die Ansicht, der Krieg habe eine modernisierende und emanzipative Wirkung auf die Stellung der Frau (vgl. Schlegel-Matthies 1995: 136). Die Optimierung der Haushaltsführung im Sinne der Kriegswirtschaft, eine ‚kriegsgemäße Haushaltsführung' sowie die Nationalisierung des Konsum- und Kaufverhaltens waren Ziele des patriotischen Engagements der Frauenbewegung und der Hausfrauenorganisationen im *Nationalen Frauendienst*.[12] In diesem Kontext plante der BDF eine reichsweite einheitliche Hausfrauenorganisation, die 1915 auf Drängen Gertrud Bäumers und mit Beteiligung Hedwig Heyls gegründet wurde: Der *Deutsche Verband der Hausfrauen*, der sich später *Reichsverband deutscher Hausfrauenvereine* (RDH) nannte.[13] Sein Ziel war die Ver-

12 Auch radikale und sozialdemokratische Frauen beteiligten sich am *Nationalen Frauendienst* (vgl. Sachße 2003: 151f.).

13 Der Verband änderte mehrfach seinen Namen. Erste Vorsitzende war Martha Voß-Zietz, die aus der Frauenstimmrechtsbewegung kam und im Vorstand des BDF war, jedoch zunehmend radikalnationalistische Positionen vertrat. Hedwig Heyl wurde zur Ehrenvorsitzenden gewählt. Ab Ende 1915 erschien als Verbandsorgan *Die deutsche Hausfrau*. 1915 gehörten dem Verband bereits 65 örtliche Vereine an, und die Mitgliederzahlen stiegen rasant auf 45.000 an.

mittlung von modernem Wissen über die Haushaltsführung sowie von volkswirtschaftlichen, praktischen und erzieherischen Themen. Zudem sollte Interesse für die Erschließung neuer hauswirtschaftlicher Berufszweige geweckt werden.[14] Die Initiative für einen nationalen Zusammenschluss ging von der bürgerlichen Frauenbewegung aus, der RDH wurde Mitglied im BDF. Die Organisatorinnen des *Nationalen Frauendienstes* riefen den RDH ins Leben, um mit dem Reichsverband den ‚Küchenkriegsdienst' zu organisieren. Erfolge und Misserfolge in der Haushaltsführung wurden zunehmend mit den Siegen und Niederlagen im Kriegsverlauf parallelisiert, Hausfrauen waren damit politisch verantwortliche Akteurinnen. Auch der RDH sah Hausarbeit als Beruf an und wollte diese Tätigkeit aufwerten (vgl. Streubel 2003: 8f.). Ein zentraler Aspekt für die Hausfrauenvereine, sowohl die städtischen als auch die Landfrauenorganisationen, war die Konsumpolitik. Die Verbände besetzten, so Reagin (2000: 203ff.), Haushaltsführung und Konsumpolitik mit nationalen, sprich deutschen Werten und Gewohnheiten. Die nationale Kennzeichnung der Hausarbeit verband die Frauenbewegung mit der nationalistischen (Partei-)Politik. Wie der BDF unterstützten auch die Reichsverbände der Hausfrauen eine moderne, rationale Haushaltsführung. Zwar wurden auch Inhalte und neue Geräte nach dem Vorbild des US-amerikanischen *‚scientific management'* übernommen, wichtig blieb jedoch vor allem die nationale Abgrenzung und Eigenkonstruktion als ‚deutsche Hausfrau' mit den daran gekoppelten Attributen Fleiß, Sparsamkeit und Sauberkeit.[15] Die Hausfrauenorganisationen stellten einen Zusammenhang zwischen persönlichen Kaufentscheidungen, also dem Konsumverhalten, und der Volkswirtschaft her. Die nationalisierte Hausarbeit übte auch eine große Anziehungskraft auf rechte Frauen aus und verstärkte deren Mobilisierung in Hausfrauenvereinen.

Das Bild der ‚guten Hausfrau' in der Familie wandelte sich mit den Bemühungen der Frauenbewegung, einen neuen Hausfrauentypus zu schaffen und Hausarbeit zu politisieren, zu dem Bild der staatsbürgerlich gesinnten Hausfrau als tragende Säule des Nationalstaates.[16]

---

14 Zunächst sollte der Verband die Organisierung der Dienstboten durch die Sozialdemokratie verhindern.

15 In der Weimarer Republik unterstützten die Hausfrauenverbände die protektionistische Politik der Agrarverbände. Sie warben in aggressiven Kampagnen für ‚deutsche Waren'. Diese Produkt-Kampagnen wurden während der Wirtschaftskrise in vielen Regionen unter dem Motto *‚Deutsche Wochen'* veranstaltet (vgl. Streubel 2003: 31).

16 Es gelang jedoch nicht, diese Bedeutung der Hausarbeit nach außen zu vermitteln. Ebenso wenig gelang die Einbindung breiter Frauenkreise, die den Zielen der Frauenbewegung fern standen. Nach dem Ersten Weltkrieg entfernten sich die organisierten Hausfrauen zunehmend von den Zielen

Haushaltsführung und weiße Selbstaffirmation

Im kolonialen Kontext war der Haushalt ein wichtiger Faktor zur Durchsetzung einer europäischen, aber auch einer nationalen, weißen Identität. „Hier hat die deutsche Frau Gelegenheit, auf ihrem eigensten Gebiet, auf dem der Hausfrau und Mutter mitzuarbeiten. Nirgends spielt die Hauswirtschaft eine größere Rolle als in einem solchen Siedlungsland." (Maria Karow 1911, weiße Siedlerin in ‚Deutsch-Südwestafrika', zitiert nach Carstens/Vollherbst 2003: 53)

Hedwig Heyl hatte als Vorsitzende des *Frauenbundes der Deutschen Kolonialgesellschaft* einen maßgeblichen Einfluss auf den Export ihrer Haushaltsideologie in die Kolonien. Die Haushaltsideologie bildet eine Schnittstelle zwischen der Kolonialpolitik, die die weiße Herrschaft durchsetzen sollte, und der bürgerlichen Frauenbewegung, die für die Aufwertung der Hausarbeit kämpfte.

Als sich die Anerkennung der Bedeutung weißer Frauen für die Kolonialherrschaft in breiteren Kreisen durchgesetzt hatte, sollte die private Sphäre, also die bürgerliche, deutsche Häuslichkeit, nach Übersee transferiert werden, damit weibliche Werte auch in den Kolonien wirken konnten. „The mission of German women was accordingly to establish German households, to strengthen German family life in the colony, to support the men who were pacifying it and to educate the German children who were growing up there." (Chickering 1988: 178) Die häusliche, private Sphäre diente dabei als Metapher für die deutsche Kultur, die sich in Ordnung, Disziplin, Sauberkeit, Zivilisation und Hygiene manifestierte. „Jede einzelne Berufsfrau [...] kann, [...] durch die blosse Art ihrer Arbeit Achtung vor deutschem Fleiss, deutscher Gewissenhaftigkeit, deutscher Gründlichkeit, – Achtung vor der Kultur und den

des BDF. Der BDF übernahm die in den USA schon lange diskutierten Ideen der Rationalisierungsbewegung (vgl. Schlegel-Matthies 1995: 155ff.). Der BDF und der *Reichsverband Deutscher Hausfrauenvereine* nahmen den Kampf um die Anerkennung der Hausarbeit als Beruf nach dem Krieg wieder auf. Die Weltwirtschaftskrise verschärfte die Differenzen zwischen liberalen und konservativen Frauen im RDH, die 1932 zu einem Austritt aus dem BDF führten. Der *Reichsverband Landwirtschaftlicher Hausfrauenvereine*, die Vertretung der Landfrauen, trat schon früher aus dem BDF aus und setzte den RHD unter Druck, es ihr gleich zu tun (vgl. Streubel 2003: 8f.). Einige BDF-Treuen traten daraufhin aus dem RHD aus. Der RHD und der *Reichsverband landwirtschaftlicher Hausfrauenvereine* zählen zu den ersten Frauenverbänden, die schon im Frühjahr 1933 in die NS-*Frauenfront* eintraten (vgl. Schlegel-Matthies 1995: 227). Die Hausfrauenvereine setzten sich vor allem nach dem Ersten Weltkrieg für die Anerkennung der Hausarbeit als Beruf sowie deren rationellere Organisierung ein (vgl. Schlegel-Matthies 1995: 18).

Bildungsmöglichkeiten Deutschlands beibringen. Jede einzelne Hausfrau, die draussen im fremden Lande ein deutsches Heim schafft, schafft ein Deutschland im Kleinen.“ (Niessen-Deiters 1913: 7)

Hedwig Heyl exportierte ihre Vorstellungen von einer Rationalisierung der Hausarbeit in die Kolonien.[17] Die Rationalisierung der Hausarbeit durch Hygiene bot Anknüpfungspunkte für die Rassenhygiene. Der Haushalt stellte für Heyl eine Miniaturausgabe der nationalen Ökonomie dar, insofern war die weiße Frau ihr zufolge ein wichtiger Teil der kolonialen Ökonomie. Heyl stellte die ‚koloniale Häuslichkeit‘ in eine direkte Verbindung mit der Eroberung und Kolonisierung in Übersee: „Ferne Lande können nicht wahrhaft in Besitz genommen werden, wenn nicht deutsche Hauswirtschaft dort Wurzel fasst. Der erste Schritt, den die Frauen in Südwest wagten, war außer der Krankenversorgung die Begründung deutscher Hauswirtschaft, um die sich alles kristallisieren wird.“ (Heyl auf den Deutschen Frauenkongreß 1912, zitiert nach Wildenthal 2003a: 212) Heyls Glaube an die Wichtigkeit eines effizienten und hygienischen Haushaltes für die Nation bzw. Kolonie korrespondierte mit der Ausrichtung des kolonialen Frauenbundes auf eine Siedlungspolitik in den Kolonien. In der Professionalisierung weiblicher Tätigkeiten sah sie eine Chance für weiße Frauen, sich eine eigenständige Existenz in den Kolonien aufzubauen. In den kolonialen Frauenschulen, wie z.B. im *Heimathaus Keetmanshoop*, wurden Heyls Prinzipien einer rationalen Haushaltsführung umgesetzt.

In ihrer Diskursanalyse der Zeitschrift des *Frauenbundes der Deutschen Kolonialgesellschaft, Kolonie und Heimat*, untersucht Katharina Walgenbach die Thematisierung moderner Haushaltsführung im Kontext weißer Selbstaffirmation. Die Auseinandersetzungen um Ernährung, Gartenbau, Kleidung etc. stellten „Signifikanten weißer beziehungsweise deutscher Kultur“ (Walgenbach 2004: 179) dar. Über die Verhandlung deutscher Haushaltsführung, Sitten und Gebräuche konnte sich die Vorstellung einer zivilisierten, modernen homogenen Kultur herausbilden. Deren Inhalte reichten von der Ernährung über die Hauseinrichtung bis zur Kleidung.[18] Die Konsum- und Lebensgewohnheiten waren Ausdruck der eigenen höherwertigen Kultur, Nationalität und ‚Rasse‘. „Consumption has helped turn bourgeois women into markers of

17 Hedwig Heyl war allerdings selbst nie in den deutschen Kolonien.

18 Mode diente als Distinktionsmerkmal in Bezug auf Klasse, Nation und ‚Rasse‘. In ‚Deutsch-Südwestafrika‘ war allerdings auch die Tendenz zu beobachten, dass über Mode die indigene Kultur vereinnahmt wurde. Im Konzept der deutschen Lebensführung lag einerseits das Potenzial zur Abgrenzung von den kolonisierten Einheimischen, andererseits aber auch die Möglichkeit der Konstruktion einer eigenen Identität, die des ‚Südwesters‘, die Teile der indigenen Kultur absorbierte.

civilizational boundaries (Heavily inflected by class and race), as well as national ones." (Hoganson 2003: 262)

Mittelstandswerte galten als Ideal des Deutschtums; Frauen als deren Träger würden dazu beitragen, ‚Deutsch-Südwestafrika' zu einem neuen Deutschland zu machen.

Die weiße Frau brachte die vermeintlich deutschen Qualitäten in die Kolonien:

„Im Haus beginnt [mit Ankunft der deutschen Frau, A.D.] ein Hämmern und Waschen [...] Mullgardinen und blendende weiße Wäsche geben den Häusern das Gepräge eines deutschen Familienheims in der Südsee. [...] So kommt die Wäsche jetzt doch, zweimal mit Seife tüchtig gewaschen, gekocht, und auf dem Rasen gebleicht, nach dem Rollen und Plätten schneeweiß in den Leinenschrank."[19]

Bürgerliche Tugenden der Reinheit und Sauberkeit standen im Zusammenhang der Nationalisierung und der Rassifizierung der Privatsphäre. Weiße bürgerliche Frauen konnten sich so als Teil des nationalen und kolonialen Projekts gerieren.

„In many ways, this insistence on German cleanliness and thrift was a feminine extension of the discourse on German *Qualitätsarbeit*; this concept was central to the self-definition of Wilhelmine bourgeois writers, who often grounded their nation's identity in her alleged industrial and technical superiority. By emphasizing their own hard work, bourgeois housewives could thus connect themselves to the larger contemporary project of nation-building." (Reagin 2000: 207f.)

Insbesondere afrikanische Frauen wurden in der Zeitschrift *Kolonie und Heimat* als inferiore Hausfrauen dargestellt. Stereotype der Faulheit, Primitivität und Schmutzigkeit beschrieben deren Haushaltsfertigkeiten und standen zugleich im Kontext kolonialer (‚Rassen'-)Politik. „In a colonial context, extreme cleanliness served to define not only Germanness, but also whiteness, and to underwrite German superiority. The ‚woeful' housekeeping of African or mixed-race women was also used to justify the ban on ‚mixed marriages' after 1900." (Reagin 2000: 207) Die kolonialen Untertanen als schmutzig und unhygienisch zu diffamieren, trug zur Selbstinszenierung als weißes Kollektiv und vor allem zur Verfestigung der räumlichen und sozialen Grenzen zwischen Schwarz und Weiß bei. Beschwerden über die schwarzen Dienstboten

19 Emmy Müller 1919, in: *Kolonie und Heimat*, zitiert nach Reagin 2000: 207.

finden sich in Kolonialromanen, Artikeln und Berichten. Sie halfen, eine weiße Kultur hervorzubringen und die eigene Selbstdisziplin darzustellen: Die weiße Hausfrau schuf mit dem Haushalt durch die Pflege der ‚nationalen Eigen- und Wesenheiten' ein Stück ‚Heimat' und eine nationale Verbindung zum Reich. Sie musste im Kleinen die Kontrolle über die imaginierte Natur, die Wildnis und das Chaos der Kolonien erlangen. So sicherte sie die Grenze zwischen Bürgertum und Proletariat, zwischen Schwarz und Weiß. Als Hüterin der häuslichen Ordnung, die das Heim vor dem außen herrschenden Chaos verteidigen musste, verkörperte sie Reinheit und zivilisatorischen Fortschritt.

Hygienevorschriften wie auch Schmutzvorstellungen sind dabei als symbolische Systeme zu verstehen, als Analogien, die die soziale Ordnung zum Ausdruck bringen. Besonders relevant hierfür ist der weiße weibliche Körper; er diente als konkreter Ort dieser sozialen, politischen und rassistisch aufgeladenen Grenzziehungen. In der Selbstkonstruktion der weißen Frau war die kolonisierte Frau eine Gegenfigur. Anne McClintock weist – in einer Analyse britischer Seifenwerbung – auf den Zusammenhang zwischen Hygiene, Körperkonstruktionen, Herrschaft und rassistischen Grenzziehungen hin, die im häuslichen Bereich vollzogen wurden. „Domestic hygiene, the ad implies, purifies and preserves the white male body from contamination in the threshold zone of empire. At the same time, the domestic commodity guarantees white male power, the genuflection of Africans and rule of the world [...] Soap and cleaning rituals became central to the demarcation of body boundaries and the policing of social hierarchies." (McClintock 1995: 32f.) McClintock konstatiert im kapitalistischen britischen Empire einen Übergang von einem wissenschaftlichen Rassismus zu einem „commodity-racism", einem Waren-Rassismus, durch den der (imperiale) Fortschritt für breite Massen vermarktet und konsumierbar wurde. Mit der Rassifizierung der häuslichen Sphäre wurde ihr zufolge der koloniale Raum domestiziert. Seife stand für Hygiene, Reinheit, Zivilisation und spielte im Kult um Häuslichkeit eine tragende Rolle bei der Vermittlung von bürgerlichen Werten (vgl. McClintock 1995: 208).[20]

Im Haushalt wurde eine rassistische Dominanz ein- und ausgeübt, und Techniken der Disziplinierung und sozialen Kontrolle gegenüber der kolonisierten Bevölkerung durchgesetzt. In den Kolonien waren den

20 McClintock betrachtet die Seife als Fetisch. Mit jedem Seifenstück konnte die imperialistische kulturelle Überlegenheit in den einzelnen Haushalt gebracht werden. In der Seifenwerbung waren koloniale *Settings* häufig, bei denen ein Schwarzer Körper durch die Seife weiß wurde (vgl. McClintock 1995: 213ff.). Die Durchsetzung von Reinlichkeit stellt sich als soziale Technologie der Disziplinierung dar.

weißen Frauen nicht nur einheimische Frauen, sondern auch indigene Männer unterstellt, die ihre Befehle annehmen mussten. Damit erlebten die weißen Frauen in den Kolonien eine Verfügungsgewalt und einen Machtzuwachs. „Der koloniale Haushalt wird zu einem Mikrokosmos komplexer Machtbeziehungen, in dem sich die Interdependenzen von Geschlecht, Ethnizität und Klasse (re-)produzieren. Damit muss er auch als ein Ort der Produktion Weißer Geschlechtsidentität gesehen werden." (Walgenbach 2004: 211) Diskurse der Hygiene formten Alltagspraxen und schufen Vorstellungen von weißen, reinen (bürgerlichen) Lebensweisen, sowohl in den Kolonien als auch in der Metropole. Diese Vorstellungen bezogen sich sowohl auf den individuellen als auch auf den Volkskörper, der mittels Hygiene rein und weiß gehalten wurde.

Der koloniale Haushalt

Studien zu Häuslichkeit und zum familiären Bereich verdeutlichten die Relevanz dieses als privat definierten Bereiches für die Durchsetzung modernisierender Regimes (vgl. Burton 1999a, 8). Häuslichkeit steht daher auch im Mittelpunkt der Konstruktion moderner imperialer Herrschaft. John L. und Jean Comaroff (2002: 248ff.) betonen – bezogen auf Debatten um Häuslichkeit im kolonialen England des 19. Jahrhunderts – den Zusammenhang zwischen der Ideologie der Häuslichkeit und dem Kolonialismus. Der Export westlicher Familienideologie und Lebensweise diente der Legitimation eines missionarischen Kulturauftrags. Häuslichkeit als Teil des Modernitätskults und Kern der bürgerlichen Ideologie stand im Kontext des Strebens nach (kultureller) Hegemonie. Die Doktrin der Häuslichkeit erleichterte einerseits die Durchsetzung neuer Produktionsweisen und europäischer Kulturtechniken, andererseits die Verankerung von Strukturen der Ungleichheit, Kontrolle und Disziplin. Die kulturelle (Selbst-)Definition und Distinktion impliziert die Herstellung des Anderen und die Konstruktion einer imaginierten zivilisatorischen und kulturellen Überlegenheit. Konzepte der Hygiene waren zentral für den modernen, bürgerlichen Haushalt und die Durchsetzung kolonialer Häuslichkeit. In der Zeitschrift des *Bundes für Mutterschutz und Sexualreform* wurde Hygiene als „zukünftige Religion" bezeichnet.[21] Im selben Artikel wird die Herrschaft der ‚zivilisierten Völker' legitimiert. Geulen (2004: 270) bezeichnet Hygiene als die „neutral, technisch und alltäglich gewordene Form des Rassenkampfes".

21 „Bericht über die englische Malthusianische Frauenliga in London", in: „Zeitungsschau", *Mutterschutz*, Jg. 1, Heft 3, 1905: 119-132, hier 124.

Nayan Shah (1999: 20) untersucht Konzepte von Hygiene und Häuslichkeit in Chinatown von San Francisco von 1875 bis 1900 und kommt zu dem Schluss, dass „white middle-class women contrasted the ideal of healthy home life against the problematic sexuality and domestic habits of immigrant Chinese women". Das Ideal körperlicher Gesundheit und Hygiene war somit nationalistisch aufgeladen. Häuslichkeit erscheint dabei als zentraler Ort der Modernität. In San Francisco, das als Kontaktzone zwischen Metropole und Empire gesehen werden kann, wurden Konzepte kolonialer Häuslichkeit auf die Metropole übertragen, um ‚das Fremde' innerhalb der Nation zu domestizieren, zu regulieren und zu reformieren.[22]

Debatten um die ‚richtige' Haushaltsführung waren zentral für die Herausbildung der bürgerlichen geschlechtsspezifischen Räume und Geschlechtscharaktere sowie der bürgerlichen, weiblichen nationalen Identität. Sie boten nicht nur Anknüpfungspunkte für die bürgerliche Frauenbewegung im Kampf um die Aufwertung der als weiblich konnotierten Sphäre, sondern dienten der Ausgrenzung von Frauen anderer Schichten, Nationen und ‚Rassen'. In diesem Sinne entwickelte sich der Haushalt zu einem Austragungsort unterschiedlichster Aushandlungsprozesse und Kämpfe. Über die Konstruktion eines ‚deutschen Haushalts' wurden auch im kolonialen Kontext vergeschlechtlichte, nationale und rassifizierte Identitäten abgesichert. Die getrennten Sphären der bürgerlichen Geschlechterideologie beruhten also nicht nur auf getrennten Räumen der Geschlechter, sondern beinhalten zugleich die Abgrenzung von als fremd Konstruierten und waren daher nationalistisch und rassistisch aufgeladen. Weiße Frauen hatten einen zentralen Anteil an der Konstruktion weißer – nationalisierter und rassifizierter – Häuslichkeit (vgl. Shah 1999: 29f.).

Eng mit den Debatten um Häuslichkeit, Hygiene, bürgerliche Werte und Moral verbunden waren die Sittlichkeitsdebatten im Deutschen Reich. Auch hier finden sich Motive bürgerlicher Selbstaffirmation über eine regulierte Sexualität. Sexualität ist der gesellschaftliche Ort, an dem die Disziplinierung des individuellen Körpers und die Regulierung des Gesellschaftskörpers zusammentreffen.

22 Eine zentrale Bedeutung hatte die Vermittlung des bürgerlichen heterosexuellen, monogamen Familienmodells mit den dazugehörigen Werten. Kampagnen richteten sich daher auch gegen die Prostitution von chinesischen Einwanderinnen; Geschlechtskrankheiten galten als Grund für Degeneration und Bevölkerungsabnahme.

Sittlichkeitsdebatten der bürgerlichen Frauenbewegung

Die Sittlichkeitsdebatten kreisten um gesellschaftliche Moral, Körperlichkeit und Sexualität und stellten neben dem weiblichen Stimmrecht, der Haus- und Erwerbsarbeit und der Bildung eines der zentralen Felder der bürgerlichen Frauenbewegung dar (vgl. Wischermann 2003: 59). Themen der Sittlichkeitsdebatte waren Prostitution, eheliche und uneheliche Geschlechterverhältnisse, Mutterschutz, Mädchenhandel, Sexualmoral und Bevölkerungspolitik. In der Sittlichkeitsbewegung, die sich im Deutschen Reich in den 1890er Jahren breiter formierte, existierten unterschiedliche und sich widersprechende Positionen, die zu neuen Koalitionen führten: Sie setzte sich aus dem *Jüdischen Frauenbund*, dem *Deutsch-evangelischen Frauenbund*, dem *Katholischen Frauenbund*, der bürgerlich-interkonfessionellen Frauenbewegung und sozialdemokratischen Frauenrechtlerinnen zusammen (vgl. Wobbe 1989: 29). Dieses breite Spektrum verfolgte unterschiedliche Strategien im Umgang mit Sexualität: Forderungen nach einer stärkeren Reglementierung existierten neben einer erwünschten Liberalisierung im Sinne einer gleichberechtigteren Sexualität beider Geschlechter.[23]

Konsens innerhalb der Sittlichkeitsdebatten war die Forderung nach einer sozial verantwortlichen, regulierten Sexualität. Straffreie Prostitution (und Mädchenhandel) wurde als moderne Form der Sklaverei betrachtet und als „weiße Sklaverei" bezeichnet (vgl. Mamozai 1989: 250; Bublitz 2000: 273).[24] Im Kontext der Debatten um Sittlichkeit verbanden sich heterogene bevölkerungswissenschaftlich-nationalökonomische Diskurse mit sozial- und sexualhygienischen, ethischen und medizinischen Diskursen um die moralisch ‚richtige' und ‚normale' Lebensform, wobei es in den unterschiedlichen Flügeln der Frauenbewegung trotz aller Unterschiede erstaunlich viele Parallelen gab (vgl. Wischermann 2003: 87).[25]

23 Der rechte, antisozialistische Flügel der deutschen Sittlichkeitsvereine forderte drastische Maßnahmen gegen Prostituierte, wie z.B. das später beschriebene *Lex Heinze* (vgl. Evans 1979: 252f.).

24 vgl. dazu die Ankündigung eines Romans „Weiße Sklavin", *Neue Generation*, Jg. 4, Heft 10, 1908: 188-189.

25 Die Sozialdemokraten übernahmen die Kritik an der Prostitution und doppelten Sexualmoral und setzten sich für sexuelle Freiheit und Erfüllung ein. Sie waren die einzige politische Partei, die sich für die Legalisierung der Homosexualität einsetzte. Allerdings vertraten sie in Fragen der Ehe, Familie, Erziehung und Sexualität unklare Positionen (vgl. Evans 1979: 255).

Eine Motivation der in der Sittlichkeitsbewegung organisierten Frauen war der Schutz der bürgerlichen Frauen vor dem Verdacht der Prostitution und der Erhalt ihrer Sittlichkeit. Denn die Sittenpolizei des Deutschen Reiches verhaftete ‚verdächtige' Frauen auf der Straße und konnte eine Zwangsuntersuchung auf Geschlechtskrankheiten verordnen. Diese Praxis wurde immer wieder von Frauen(verbänden) öffentlich gemacht und skandalisiert, denn verdächtigt wurden auch bürgerliche Frauen. Die Debatten um Prostitution und Sittlichkeit führten zur Thematisierung männlicher und weiblicher Sexualität. Elisabeth Meyer-Renschhausen (1989: 243) ordnet sie daher in den Kontext der sexuellen und körperlichen Selbstbestimmungsbestrebungen von Frauen ein und sieht Verbindungen zur heutigen Frauenbewegung. Die Frauenrechtlerinnen kritisierten die Doppelmoral des wilhelminischen Deutschlands. Als Gefahr für die gesamte Gesellschaft wurde die unregulierte männliche Sexualität ausgemacht, die ursächlich beteiligt sei an einer Krise der ‚Kultur', Moral und Gesellschaft, was sich z.B. in der Verbreitung von Geschlechtskrankheiten äußerte.

Die Sittlichkeitsbewegung

Bereits in den 1880er Jahren stürzte in England eine überwiegend von Frauenverbänden getragene *purity campaign*, die die viktorianische Moral restituieren wollte, die im kolonialen Kontext zugelassene kontrollierte Prostitution. Männliche Sexualität galt nicht mehr als Privatangelegenheit, sondern unterstand der Öffentlichkeit als moralische und disziplinierende Kontrollinstanz (vgl. Grosse 2000: 156). Im deutschen Kontext bahnte sich eine ähnliche Entwicklung an. Der Beginn der Rezeption der Sittlichkeitsdebatten fällt mit der deutschen Kolonialpolitik zusammen.

Eine breitere Rezeption der Sittlichkeitsdebatten begann im Deutschen Reich erst Ende der 1890er Jahre. Gertrud Guillaume-Schack (1845-1903) gründete 1880 den *Deutschen Kulturbund,* einen deutschen Ableger der 1875 von der englischen Feministin Josephine Butler initiierten *Internationalen Abolitionistischen Föderation*, und versuchte vergeblich, Butlers Ideen in Deutschland zu verbreiten.[26]

Hanna Bieber-Böhm (1851-1910) griff die Ideen der Sittlichkeitsbewegung mit der Gründung des Vereins *Jugendschutz* im Jahre 1889 wieder auf. Der Verein vertrat bis 1899 die Mehrheit der bürgerlichen Sittlichkeitsbewegung. Er forderte eine rigorose Bestrafung von Pros-

26 Bezeichnenderweise ist der Begriff ‚Abolitionismus' der Sklavenbefreiung in den USA entlehnt.

tituierten und stieß mit dieser Positionen auch auf Interesse seitens der Behörden. Der BDF schaltete sich 1894 mit einer Resolution an den Deutschen Reichstag gegen die gewerbsmäßige ‚Unzucht' und Doppelmoral in die Debatte ein.[27] Mit den Debatten um das *Lex Heinze*, das 1898 im Reichstag verhandelt wurde und das die Maßnahmen gegen Prostituierte noch verschärfen sollte, geriet die Sittlichkeitsfrage stärker in die Öffentlichkeit; auch die Auseinandersetzungen zwischen der gemäßigten und der radikalen Frauenbewegung spitzten sich zu (vgl. Lüders 1925: 114).[28] 1899 gründeten Lida Gustava Heymann und Anna Pappritz die ersten deutschen Zweigvereine der *Internationalen Abolitionistischen Föderation* (IAF) in Hamburg und Berlin und forderten umfassende soziale Reformen, um die gesellschaftlichen Ursachen der Prostitution zu beseitigen. Die IAF trat für die Abschaffung aller Formen der staatlichen Reglementierung von Prostitution ein, weil so gewerbliche Sexualität legitimiert werde. Sie sprach sich für sexuelle Enthaltsamkeit, Selbstdisziplin und Sittlichkeit von Männern und Frauen aus. Heymanns und Pappritz' Positionen – die denen der IAF entsprachen – setzten sich ab 1902 auch in der Sittlichkeitskommission des BDF gegen die konservative Position Bieber-Böhms und des Vereins *Jugendschutz* durch (vgl. Omran 2000: 130, Fn. 87; Herrad-Schenk 1990: 33). Die Abolitionistinnen entwickelten sich zum Kern des entstehenden radikalen Flügels der bürgerlichen Frauenbewegung. Ende der 1890er Jahre verknüpften die Abolitionistinnen, meist jüngere bürgerliche Frauenrechtlerinnen unterschiedlicher Konfessionen, die Frage der Sittlichkeit mit Rechtskämpfen, sozialpolitischen Forderungen und liberal-individualistischen Argumenten. Die abolitionistische Strategie von Heymann und Pappritz setzte sich folglich als offizielle Position des BDF durch; die einseitige Bestrafung von Prostituierten wurde kritisiert. Bekämpft wurde vor allem auch das ungleiche Verhältnis zwischen den Geschlechtern.

27 In der Petition forderte der BDF, die gewerbliche Prostitution abzuschaffen, da sie hauptverantwortlich für Geschlechtskrankheiten und moralische Gefährdung sei. Frauen sollten vor der Gefahr der Übertragung von Geschlechtskrankheiten durch ihre (polygamen) Männer geschützt werden.

28 Minna Cauer und Anita Augspurg gelang es, Hanna Bieber-Böhm aus dem Vorstand des Vereins *Frauenwohl* zu verdrängen, der zunächst Bieber-Böhms Positionen zur Prostitution vertrat. Ab 1899 wurde *Frauenwohl* politisch von den Positionen der radikalen Frauenrechtlerinnen bestimmt (vgl. Herrad-Schenk 1990: 34). 1898 reiste sie zum Kongress der *Internationalen Abolitionistischen Föderation* nach London. Bieber-Böhm grenzte sich von den Positionen der Föderation ab.

Prostitution, Doppelmoral und die Geschlechterverhältnisse

Die Prostitution stand unter polizeilicher Reglementierung: Die Prostituierten unterlagen der Pflicht, sich bei den Behörden zu melden und sich einer regelmäßigen ärztlichen Zwangsuntersuchung zu unterziehen. Diese Maßnahmen waren gesellschaftlich umstritten, da sich viele den Untersuchungen entziehen konnten. Zudem wurden Zweifel an der Wirksamkeit der Zwangsuntersuchung für die Eindämmung von Geschlechtskrankheiten geäußert. Die bürgerliche Frauenbewegung kritisierte, dass die Reglementierungspraxis die gesellschaftlich vorherrschende Doppelmoral festschreibe. Ein zentraler Kritikpunkt der Frauenbewegung an den sittlichen Verhältnissen im Reich war die Doppelmoral, die die Prostituierten verfolgte und bestrafte, die männlichen Freier aber nicht; der Bordellbesuch von Männern war gesellschaftlich akzeptiert. Die Abolitionistinnen betrachteten Prostituierte als Opfer von Armut und sexueller Ausbeutung von den Männern. Im Gegensatz zu den meisten gemäßigten Frauen sahen sie in den Prostituierten ‚zu Fall gebrachte' und nicht ‚gefallene Mädchen'. Für die Positionen von Prostituierten interessierten sich die Protagonistinnen der Sittlichkeitsdebatten jedoch nicht, vielmehr handelte es sich um eine Stellvertreterbewegung, die sich vor allem um das Wohl der Gesellschaft sorgte.

Prostituierte galten den Abolitionistinnen einerseits als Opfer männlicher Unmoral, andererseits aber auch als ihrer „ursprünglichen weiblichen Natur völlig entfremdet" und daher als „unrettbar verloren" (Omran 2000: 135). Sie sahen Prostitution als Schandfleck und nicht zuletzt wegen der Geschlechtskrankheiten als Gefahr für die Gesellschaft: sie wollten daher alle Formen der Prostitution abschaffen.[29]

29 Der Mädchenhandel war eines der wichtigsten Themen der Abolitionistinnen. Omran (2000: 142ff.) arbeitet heraus, dass das Bild des Mädchenhändlers dem Bild des Wucherers, das im modernen Antisemitismus zentral ist, gleicht. Insbesondere seitens des *Deutschen Nationalkomitees zur internationalen Bekämpfung des Mädchenhandels*, mit dem die Abolitionistinnen organisatorisch verbunden waren, gab es zahlreiche Bezüge auf antisemitische Stereotype. Käthe Schirmacher war eine der Protagonistinnen, die auf vermeintliche Verbindungen zwischen dem Mädchenhandel und dem Judentum aufmerksam machte und dafür Zustimmung von Antisemiten erhielt. Auch Anna Pappritz, selbst Jüdin, zeigte in ihrem Buch „Der Mädchenhandel und seine Bekämpfung" (1902) die Beteiligung von Juden am Mädchenhandel auf. Die Sittlichkeitsbewegung wies eine Schnittmenge mit antisemitisch geprägter Zivilisations- und Großstadtkritik auf und hatte daher Anschlüsse zum modernen Antisemitismus. Im Kontext der Prostitution herrschte das Bild der jüdischen Prostituierten vor. Abolitionistinnen bezogen sich in ihrer Auseinandersetzung z.B. auch

Prostitution galt als Zeichen der Erkrankung des ‚Volkskörpers'. Der „polygam lebende Mann" war für viele Abolitionistinnen ein „sozialer Schädling" der Gesellschaft (Schirmacher 1905, zitiert nach Omran 2000: 131). Die Debatten um Prostitution waren eng mit der Angst vor Geschlechtskrankheiten verknüpft. Die Seuche wurde dabei als ‚Volksfeind' identifiziert, der den ‚Gesellschaftskörper' bedrohe. Die Syphilis diente als Symbol für den degenerierten (großstädtischen) Körper, sowohl individuell als auch gesellschaftlich. Um die Gesundung des ‚Volkskörpers' voranzutreiben, schufen Frauenrechtlerinnen gesellschaftliche Normen der Fortpflanzung, Sexualität und Lebensform. Die monogame Ehe galt – selbst den radikalsten Abolitionistinnen – als Inbegriff einer stabilen und sittlichen Lebensweise, während Prostituierte den Kulturverfall repräsentierten. Die gebildete bürgerliche Frau stand für eine höhere Moral und sollte mit ihrer Lebensweise und ihrem Erbgut den kulturellen und biologischen gesellschaftlichen Fortschritt sichern. An dieser Stelle deutet sich ein Bezug zum Degenerations- und Auslesediskurs an, der zwischen Konstruktionen des ‚Minderwertigen' und ‚Höherwertigen' unterscheidet; dieser lässt sich in allen Flügeln der Frauenbewegung nachweisen.[30]

Die Abolitionistinnen traten der 1902 gegründeten *Deutschen Gesellschaft zur Bekämpfung der Geschlechtskrankheiten* bei. Von der Thematisierung von Geschlechtskrankheiten erhofften sie sich, dass niemand mehr unwissentlich an ihnen erkranken würde. Dadurch wurde die Krankheit zum Ausdruck eines bewusst unsittlichen und schuldhaften Verhaltens. „Gerade dies ist der entscheidende Effekt jener ‚Namhaftmachung', die die Abolitionistinnen betreiben: Die Geschlechtskrankheiten erhalten die Funktion einer Benennung, durch die, jenseits aller Doppelmoral, eine *moralische* Endemie bezeichnet, isoliert und als Bedrohung für den ‚Volkskörper' unschädlich gemacht werden kann." (Omran 2000: 164f.) Die Abolitionistinnen sahen es als wichtige politische Aufgabe an, die Erziehung zu sexueller Hygiene gesellschaftlich durchzusetzen, insbesondere beim Mann. Im Rahmen der Sittlichkeitsbewegung formierten sich unterschiedliche Vereine für soziale und moralische Erneuerung, Wohlfahrtsverbände, eine Vielzahl von Beratungsstellen zu Fragen der Hygiene, Gesundheit, Körper, Sexualität usw., bis

auf orientalische Städte (z.B. Kairo) als Zentren des moralisch-kulturellen Verfalls und griffen orientalistische und rassistische Diskurse auf (z.B. über den Harem). So wurde die Prostitution auf das Andere verschoben.

30 Nicht nur Helene Stöcker und der *Bund für Mutterschutz und Sexualreform* argumentierten degenerationstheoretisch, sondern auch Abolitionistinnen wie Anna Pappritz. Zum Degenerationsbegriff bei Anna Pappritz vgl. Omran (2000: 160).

hin zu Programmen zur (Zwangs-)Erziehung für ‚moralisch schädliche‘, ‚gefallene‘ oder geschlechtskranke Frauen und Männer (vgl. Bublitz 2000: 295).

Damit stand die Sittlichkeitsdebatte auch im Kontext von Normierungs- und Normalisierungsdiskursen, die die Grenze zwischen ‚gesund‘ und ‚krank‘ sowie ‚normal‘ und ‚degeneriert‘ herstellten.

„Indem die Frauenrechtlerinnen nicht in erster Linie aus gesundheitspolitischen Erwägungen zur Bekämpfung der Geschlechtskrankheiten aufrufen, sondern ihnen dieser Kampf als exemplarische und stellvertretende Auseinandersetzung um den moralischen Zustand der Gesellschaft dient, leisten sie in besonderer Weise einer Perhorreszierung Vorschub, die notwendig an bestimmten als abweichend gekennzeichneten Bevölkerungsgruppen ihre Objekte finden muß.“ (Omran 2000: 176f.)

Um Geschlechtskrankheiten und Prostitution bildeten sich kriminalistische, psychiatrische, medizinische, juristische und pädagogische Diskurse heraus, in denen Prostituierte als unverbesserliche, anti-soziale Elemente dargestellt wurden. Erziehungsprojekte und Kontrollmaßnahmen wurden entworfen, um den Kampf gegen Geschlechtskrankheiten aufzunehmen. Die Gegenmaßnahmen gegen unsittliche, bedrohliche Lebensweisen produzierten das Muster einer ‚gesunden‘ Heterosexualität (vgl. Wobbe 1989: 97). Die Medikalisierung von Prostituierten korrespondierte mit der Hygienisierung anderer gesellschaftlicher Bereiche.

Im Zuge der Gesellschaftskritik ging es auch um weibliche Selbstbestimmung – über den eigenen Körper und die eigene Sexualität. Sie war jedoch auch verbunden mit einem normierenden moralischen Sittenkodex, der über Selbstdisziplin und sexuelle Enthaltsamkeit (für Männer und Frauen) eine heterosexuelle eheliche Reproduktion einforderte sowie zentrale bevölkerungspolitische Themen berührte (vgl. Wischermann 2003: 65). Viele Abolitionistinnen forderten sexuelle Enthaltsamkeit gegen die Syphilis, die als Zeichen nervöser sexueller Überreiztheit in der Großstadt interpretiert wurde (vgl. Omran 2000: 168ff.). Das ethische und kulturelle Konzept sozialer Mütterlichkeit diente dazu als positiver Gegenentwurf.

„Dabei werden die Diskursfiguren der Frau als sexuell-asketische Mutter und der fortpflanzungsorientierten Sexualität zum Inbegriff eines höher stehenden Kulturideals, während Prostitution und Homosexualität den Kulturverfall repräsentieren. Dieser wird im sexualethischen Diskurs der Frauenbewegung als Ausdruck der Ungleichheit der Geschlechter und der Rechtlosigkeit von Frauen betrachtet.“ (Bublitz 2000: 290)

Die Kritik an einer unregulierten männlichen Sexualität war verbunden mit der Sorge um den gesunden ,Volkskörper'. Die höhere Sittlichkeit der Frau verschaffte ihr einen gesellschaftlichen Kulturauftrag, sowohl im Deutschen Reich als auch in den Kolonien. Entwürfe bürgerlicher (weißer) Weiblichkeit basierten auf Tugendhaftigkeit, Reinheit und Sittlichkeit. Die moralische Erneuerung der Gesellschaft verankerte die Kultur im Biologischen und verband Kultur mit einer ,rassischen' Reproduktion. „Gesundheitskontrolle und -fürsorge und die Kontrolle und Regulierung des Geschlechts- und Sexuallebens werden damit unmittelbar zu Kulturfragen, die sich strukturell als Frage des ,Überlebens' und der Höherentwicklung der ,Kultur-Rasse' artikulieren." (Bublitz 2000: 314) Die Debatten bilden „diskursive Ereignisse im Kontext einer sittlich-moralischen Konstitution des ,Volkskörpers'". (Ebd.: 287) Fraugen der Geschlechterdifferenz und Sexualität verbanden sich in der Sittlichkeitsdebatte der Frauenbewegung mit Fragen der Bevölkerungspolitik und -kontrolle sowie solchen der Sexual-, Sozial- und Rassenhygiene, wie sich insbesondere beim 1905 gegründeten *Bund für Mutterschutz und Sexualreform* zeigt.[31] Er verband frauenrechtlerische Forderungen (z.B. nach einer freieren weiblichen Sexualität) mit bevölkerungspolitischen, neomalthusianischen, evolutionstheoretischen und rassenhygienischen Diskursen. Helene Stöcker, die spätere Erste Vorsitzende des Bundes, betonte explizit den engen Zusammenhang zwischen der individualistischen Bevölkerungspolitik der Mutterschutzbewegung und dem Neomalthusianismus, der Rassenhygiene und Kulturkritik.

Die Sexualethik Helene Stöckers

Alle Fraktionen der Frauenbewegung knüpften an die Auseinandersetzung mit Prostitution ihre jeweilige Sexualethik. Während die Gemäßigten vor allem auf die Disziplinierung, Enthaltsamkeit und Sittlichkeit des Einzelnen setzte, wollten die Radikalen insbesondere in der sich Anfang des 20. Jahrhunderts entwickelnden ,neuen Ethik' Helene Stöckers eine größere Selbstbestimmung für die Frau ermöglichen.

Helene Stöcker versuchte, ihre Vorstellungen einer neuen Sexualethik bei den Abolitionistinnen einzubringen und durchzusetzen. Ihre Positionen, die sie auf Kongressen und in Zeitungsartikeln vor allem im Rahmen der entstehenden Sexualreformbewegung formulierte, stießen immer wieder auf heftige Kritik aus allen Reihen, auch von Seiten der

31 Ab 1909 beteiligen sich die unterschiedlichen Flügel der Sittlichkeitsbewegung, der Verein *Jugendschutz*, die Abolitionistinnen und die Mutterschutzbewegung verstärkt an den intensiver werdenden bevölkerungspolitischen Debatten (vgl. Wischermann 2003: 72).

Abolitionistinnen. Die ‚neue Ethik' entwickelte sie u.a. in Anlehnung an Friedrich Nietzsches Philosophie, Freuds Sexualitätslehre bzw. seine Annahme der Schädlichkeit einer Sexualverdrängung und in Auseinandersetzung mit den entstehenden Sexualwissenschaften.[32] Stöcker stellte tradierte Geschlechternormen grundlegend in Frage. Sie forderte eine Sexualreform und eine ‚neue Ethik' zwischen den Geschlechtern. Damit trat sie der Forderung nach weiblicher Enthaltsamkeit, wie sie von einem Großteil der Frauenbewegung erhoben wurde, entgegen. Sie polarisierte mit ihren radikalen Positionen – vor allem in Bezug auf eine freiere Sexualmoral und den § 218 – sowohl innerhalb der Frauenbewegung als auch in der allgemeinen Öffentlichkeit. Die Ideen Stöckers wurden von radikalen Frauenrechtlerinnen wie Minna Cauer, Anita Augspurg, Lida Gustava Heymann und anderen Abolitionistinnen unterstützt, fanden aber auch erbitterte Gegnerinnen wie Helene Lange, Paula Müller und Gertrud Bäumer.

Die Suche Stöckers nach einer ‚neuen Ethik' zwischen den Geschlechtern forderte nicht mehr nur die sexuelle Enthaltsamkeit von Männern, sondern thematisierte die Genussfreude und sexuelle Selbstbestimmung der Frau. Damit wurde das bisherige Sittlichkeitsverständnis der Frauenbewegung in Frage gestellt.

Die herrschende (doppelte) Sexualmoral kritisierte Stöcker als patriarchal. Sie formulierte das Ideal einer gleichberechtigten, auf intellektueller und kameradschaftlicher Nähe basierenden Partnerschaft, die die Frau als Subjekt mit eigenen (sexuellen) Bedürfnissen anerkennt. Erst mit der Entfaltung der Persönlichkeit der Frau sei diese Form der Partnerschaft möglich, weshalb für die ‚neue Ethik' zwischen den Geschlechtern die Emanzipation der Frau, ihre wirtschaftliche Autonomie sowie die rechtliche Gleichstellung Grundvoraussetzungen seien. Das Recht auf sexuelle Selbstbestimmung wollte sie u.a. durch freie Beziehungen bzw. eine ‚freie Ehe' verwirklichen; zudem wollte sie die Ehescheidung erleichtern. Dabei strebte sie jedoch keinesfalls ‚zügellose, egoistische Sexualität' an, wie ihr vor allem gemäßigte Frauenrechtlerinnen wie Gertrud Bäumer vorwarfen, sondern eine kontrollierte Sexualität, die eugenisch verantwortlich gelebt werden und zur ‚Rassenhebung' – der Hebung der Nachkommenschaft – beitragen sollte. Voraussetzung für die ‚Hebung der Rasse' sei die Emanzipation der Frau, die ihren Ehemann so selbstbestimmt und nach rationalen (eugenischen) Kriterien auswählen solle bzw. könne.

32 Zum Bezug auf Nietzsches „Zarathustra" bei der Suche nach einer neuen „rassenveredelnden Moral" vgl. Helene Stöcker: „Von neuer Ethik", *Mutterschutz*, Jg. 2, Heft 1, 1906: 1-11.

Die Sexualethik Helene Stöckers stützte sich u.a. auf Erkenntnisse der Rassenhygiene und formte diese maßgeblich mit. Sie wollte, dass

„die Zeugung eines neuen Menschen, nicht länger dem blinden Zufall, nicht länger dumpfen Affekten überlassen bleiben sondern nur einem durch klare Erkenntnis gezügelten, bewußten Willen zur Höherentwicklung unterstellt werden darf, – ohne diese Erkenntnis ist kein Kulturfortschritt, ist auch kein Mutterschutz in höherem Sinne möglich.“[33]

Sexualität betrachtete Stöcker im Anschluss an Freud als ein dem Menschen angeborener Trieb und nicht mehr als zu bekämpfende, böse Macht.

Die Trennung von Fortpflanzung und Sexualität, die sowohl die ‚neue Ethik‘ als auch die Rassenhygiene anstrebten, beinhaltete einerseits eine gewisse Liberalisierung der Sexualität bei gleichzeitiger (eugenischer) Sittlichkeit und Kontrolle, andererseits den Ausschluss bestimmter, als ‚minderwertig‘ angesehener gesellschaftlicher Gruppen von der Fortpflanzung, wie z.B. Alkoholkranke, geistig Behinderte oder chronisch Kranke.[34]

Die Entstehung des Bundes für Mutterschutz und Sexualreform

Auf der Tagung des *Verbandes fortschrittlicher Frauenvereine* 1903 führten Helene Stöckers Forderungen nach einer ‚neuen Ethik‘ zu heftigen Kontroversen innerhalb der radikalen Frauenbewegung. Selbst progressive und in ihrer Kritik an der herrschenden Gesellschaftsmoral weitgehende Abolitionistinnen wie Anna Pappritz distanzierten sich von ihren Forderungen (vgl. Herlitzius 1995: 148).[35] Auf einer Vorstands-

33 Helene Stöcker: „Vom IV. Neomalthusianerkongreß in Dresden“, *Neue Generation*, Jg. 7, Heft 11, 1911: 470-482, hier 470.

34 Stöcker und später der *Bund für Mutterschutz und Sexualreform* forderten z.B. ein Gesundheitszeugnis, das vor der Eheschließung vorgelegt werden sollte, um ‚kranken‘ Nachwuchs und die Ansteckung des Ehepartners zu vermeiden. Sie setzten sich für die Gleichstellung der freien Ehe und deren Nachkommen mit der gesetzlichen Ehe ein und sprachen sich dennoch für monogame Beziehungen auf der Grundlage der Rassenhygiene aus (vgl. „Bericht über die erste Generalversammlung“, *Mutterschutz*, Jg. 3, Heft 2, 1907: 76-80.

35 In der Zeitschrift des BfM finden sich immer wieder (polemische) Auseinandersetzungen mit Stöckers Positionen und der Kritik Pappritz’ bzw. der Frauenbewegung am BfM (vgl. „Zeitungsschau“, *Mutterschutz*, Jg 1, Heft 3, 1905: 119-132, hier 120ff.). Anna Pappritz wird hier als „Arm in Arm“ mit der früher von ihr kritisierten *Lex-Heinze*-Richtung beschrieben. Pap-

sitzung 1904 wurde abermals versucht, eine Kommission einzurichten, die die Themen Liebe, Ehe und Elternschaft behandeln sollte. Dieser Versuch scheiterte, da sich die Abolitionistinnen auf die Bekämpfung der Reglementierung von Prostituierten konzentrieren wollten. Helene Stöcker und Maria Lischnewska gründeten daraufhin 1905 einen eigenen Verein – den *Bund für Mutterschutz und Sexualreform* (BfM) –, der diese Themen aufgreifen und sich an der entstehenden Sexualreformbewegung orientieren sollte. In diesen Kreisen fanden sie weitere MitstreiterInnen wie z.B. Ruth Bré und Walter Borgius.[36] Langwierige und harte Kontroversen über die Ausrichtung und Zielsetzung begleiteten die Konstituierungsphase des neu entstehenden BfM. Unterstützung bei der Gründung erhielten sie von Persönlichkeiten aus der Frauenbewegung, von ÄrztInnen, SexualreformerInnen, RassenhygienikerInnen, SoziologInnen und anderen Intellektuellen (vgl. Herlitzius 1995: 149).[37] In der Zeitschrift des BfM publizierten namhafte Persönlichkeiten und Wissenschaftler der Zeit, wie Sigmund Freud, Magnus Hirschfeld, Friedrich Naumann, aber auch führende Rassentheoretiker wie Ernst Haeckel, Alfred Ploetz, Wilhelm Schallmayer sowie die Ärztin und Rassenhygienikerin Agnes Bluhm als einzige Frau aus dem Umfeld des *Archivs für Rassen- und Gesellschaftsbiologie*.[38]

Mit dem Bezug auf sexualpolitische Themen stellte der BfM die bürgerlichen Moralvorstellungen in Frage. Wissenschaftler wie Sigmund Freud, Max Weber, Magnus Hirschfeld und unterschiedliche Politiker begrüßten und unterstützten den Vorstoß des BfM. Auch für führende Persönlichkeiten der Rassenhygiene wie Wilhelm Schallmayer und Alfred Ploetz bot die Programmatik des Bundes Anknüpfungspunkte; sie gehörten zu den ersten Mitgliedern.

---

pritz frühere Kritik an den Positionen Bieber-Böhms, so der/die Autor/in, habe er/sie immer für einen Zufall gehalten.

36 Der Gründungsaufruf des BfM wurde von der radikalen Frauenrechtlerin und Sozialdarwinistin Ruth Bré verfasst. Sie hatte bereits 1904 einen provisorischen Bund gegründet und die Formulierung ‚Mutterschutz' geprägt. Brés Forderungen nach der Wiedereinführung des Mutterrechtes, einem agro-sozialistischen Siedlungsprogramm und der Beschränkung der Fürsorge auf gesunde Mütter sorgten für Auseinandersetzungen, in denen sich Bré nicht durchsetzen konnte.

37 Helene Stöcker wurde erste Vorsitzende. Nach Brés Ausscheiden wurde Maria Lischnewska zweite Vorsitzende. Ferner stellten der Arzt Max Marcuse, Walter Borgius, der Soziologe Werner Sombart, Lily Braun und Frieda Duensing den Vorstand (vgl. Herlitzius 1995: 160).

38 Agnes Bluhm forderte bereits vor dem Ersten Weltkrieg eine rasche staatliche Umsetzung der eugenischen Fortpflanzungsselektion. Sie erhielt 1941 von den Nationalsozialisten den Goethepreis.

Der BfM brachte erstmals Debatten über Sexualität in breite Kreise der Bevölkerung. Er setzte sich für die freie Ehe und für uneheliche Mütter und deren Kinder ein und forderte die Abschaffung des § 218. Die Verbesserung der rechtlichen Lage unehelicher Mütter und deren wirtschaftliche Selbstständigkeit wollte der BfM z.B. durch die Einrichtung von Mütterheimen und die Forderung nach einer allgemeinen Mutterschaftsversicherung erreichen. Mutterschaft sollte generell gesellschaftlich höher bewertet werden, unabhängig von einer Ehe.[39] Lily Braun sah die Mutterschaft als „Gipfel allen Frauentums“[40].

Großen Raum in der Zeitschrift des BfM nahm die Debatte um uneheliche Kinder ein, gefordert wurde ihre Gleichstellung mit ehelichen Kindern. Die hier vertretenen Positionen waren im Vergleich zum gesellschaftlichen *Mainstream* sehr progressiv.[41]

Regelmäßig erschienen Artikel über ‚Rassenverbesserung‘, Eugenik, ‚sexuelle Zuchtwahl‘, ‚Mischehen‘ (in den Kolonien, aber auch interkonfessionell) und andere rassenhygienische Fragen. Viele Ansichten des BfM deckten sich mit rassenhygienischen Diskursen, wenngleich sie radikale Positionen des *Archivs für Rassen- und Gesellschaftsbiologie* kritisierten.[42] Im BfM dominierte eine positive Eugenik.[43]

Von Anfang an geriet der Bund in die Kritik; auch innerhalb der Frauenbewegung wurde er angefeindet. Bäumer interpretierte die Mut-

39 vgl. Stöcker: „Zeitungsschau“, *Mutterschutz*, Jg. 1, Heft 1, 1905: 90.

40 „Die Mutterschaftsversicherung“, *Mutterschutz*, Jg. 2, Heft 2, 1906: 69-76, hier 72.

41 Angeblich gab es aber auch Überlegungen, diese Kinder zur Aufbauarbeit in die Kolonien zu schicken (vgl. Geulen 2004: 235).

42 1908 gab es eine Spaltung zwischen dem *Bund für Mutterschutz und Sexualreform* und dem Arzt Dr. med. Max Marcuse wegen der inhaltlichen Ausrichtung der Zeitschrift. Daher gründete der BfM 1908 die *Neue Generation*, während Max Marcuse die Zeitschrift *Mutterschutz* übernahm. Er wollte aktuelle sexualpolitische und sexualwissenschaftliche Fragen kritisch beleuchten, und zwar weniger abstrakt-philosophisch als Helene Stöcker und der BfM. Ab 1908 gab Max Marcuse die Zeitschrift unter dem Namen *Sexual-Probleme. Zeitschrift für Sexualwissenschaft und Sexualpolitik* heraus. Ab 1909 war sie auch die Fortführung der *Zeitschrift für Sexualwissenschaft.*

43 Immer wieder aber konnten RassenhygienikerInnen und MalthusianerInnen unkommentiert ihre Positionen darlegen, selbst wenn sie radikale rassenhygienische Standpunkte vertraten: „Die Auslese aber bedeutet das Überleben der besser angepassten Individuen, die Ausmerzung der Minderwertigen [...]. Wir wollen aber die Auslese nicht der Natur überlassen. Wie alle Naturgesetze wollen wir auch die Selektion kennen lernen, damit wir dann die Gesetze nach unsern Zwecken anwenden. Wir müssen es also lernen, die Selektion selber in die Hand zu nehmen.“ Dabei spricht der Autor auch von ‚entarteten‘ Körpern. (Dr. Med. J. Rutgers-Haag: „Rassenverbesserung“, *Neue Generation*, Jg. 3, Heft 1, 1908: 24-28, hier 25ff.).

terschutzbewegung sogar als ‚Entartungsphänomen'.[44] Die Debatten um Sexualität und Doppelmoral innerhalb der Frauenbewegung radikalisierten und polarisierten sich mit der Gründung des BfM. Auch der BfM kritisierte die gesellschaftliche Doppelmoral, thematisierte jedoch die sexuellen Bedürfnisse der Frau als denen des Mannes gleich(wertig). Die Frau sollte ebenso das Recht haben, diese auszuleben. Um die freiere Sexualität kontrollieren zu können, setzte sich der BfM für Kontrazeptiva ein. Dennoch betrachtete der BfM die monogame, wenn auch gelockerte Ehe als Ideal. Auch wenn einige Forderungen kompatibel mit Positionen der gemäßigten Frauenbewegung waren oder später sogar von ihr übernommen wurden, wie Stöcker immer wieder polemisch in der Zeitschrift des Bundes berichtete, empörten sich insbesondere Helene Lange und Gertrud Bäumer über die vom BfM formulierte Kritik an der Ehe. Der BDF wandte sich überwiegend gegen die ‚neue Ethik' Helene Stöckers. Die Aufnahme des BfM wurde 1910 vom BDF abgelehnt, da sich die Zielsetzungen nicht entsprächen. Gertrud Bäumer stellte innerhalb der Frauenbewegung eine Art Konterpart Helene Stöckers dar; ihre Kritik an der ‚neuen Ethik' war paradigmatisch für die Sicht der Majorität der Frauenbewegung, die die Institutionen Familie und Ehe schützen und die weibliche Sittlichkeit erhalten und fördern wollte. Einige der Gemäßigten bestritten sogar die Zugehörigkeit des BfM zur Frauenbewegung (vgl. Weller 2002: 69, Fn. 74). Eine weibliche Genussfreude, wie sie die ‚neue Ethik' thematisierte, galt ihnen als Symptom der Moderne und der Auflösung traditioneller Orientierungen. Geulen (2004: 233) beschreibt daher den BfM als einen

> „Transmissionsriemen der Modernisierung feministischer Kritik [...], der die im 19. Jahrhundert strikt bürgerlichen Formen weiblichen Engagements in eine politische Kritik übersetzte, die nicht mehr nur einen Platz der Frauen in der bürgerlichen Gesellschaft beanspruchte, sondern deren geschlechterhierarchische Struktur selber in den Blick nahm und die Emanzipation der Frauen als eine Bewegung zur Reform des Geschlechterganzen ansah."

Auch in der allgemeinen Öffentlichkeit stieß das Konzept der ‚neuen Ethik' des BfM auf Widerstand und löste harsche Kritik und Gegenwehr aus.

---

44 Der BfM machte diese Anfeindungen und Kritik transparent. In seiner Zeitschrift *Mutterschutz* bzw. ab 1908 *Neue Generation* gab es eine eigene Rubrik, in der Zeitungsartikel, Reden o.ä., die sich mit den Positionen des BfM auseinander setzten, dokumentiert wurden. Zur Kritik am BfM innerhalb der Frauenbewegung vgl. Omran (2000: 394ff.).

„Sind viele Zeitgenossen schon von der abolitionistischen Bewegung geschockt, weil sie sich mit einem Thema wie dem außerehelichen Geschlechtsverkehr befaßt, so empfinden sie die ‚neue Ethik' als noch viel ungeheuerlicher. Der Abolitionismus war – trotz der toleranten Beurteilung der Prostituierten – in der sexuell restriktiven Moral des 19. Jahrhunderts verwurzelt; ihm unterlag die Überzeugung, daß Männer sexuell triebhafter seien als Frauen, daß es sie weit mehr Anstrengung und Tugend koste, sich zu zügeln. Abschaffung der Doppelmoral hieß für die Abolitionisten demnach, daß die Männer sich am Verhalten der Frauen orientieren sollten." (Herrad-Schenk 1990: 35)

Obwohl der BfM nie eine Massenbewegung wurde und nur 4.000 Mitglieder hatte, erlangte er große öffentliche Aufmerksamkeit. Er vernetzte sich mit zahlreichen anderen progressiven Reformbewegungen wie der *Gesellschaft für Soziologie*, der *Zentrale für Jugendfürsorge*, der *Deutschen Gesellschaft zur Bekämpfung der Geschlechtskrankheiten,* dem *Internationalen Monistenbund* und trat 1912 dem *Kartell der freiheitlichen Vereine* bei. Zudem arbeitete der BfM mit der progressiven Sexualreformbewegung, mit NeomalthusianerInnen, aber auch mit RassenhygienikerInnen zusammen.[45] Der BfM versuchte, die Diskurse der eugenischen Bewegung mitzuformen und für seine eigenen Zwecke zu nutzen. Manche Autorinnen sprechen sogar von einer feministischen Rassenhygiene (vgl. Weller 2002; Herlitzius 1995).

In der Zeitschrift des BfM spielte die Auseinandersetzung mit der Eugenik von Anfang an eine wichtige Rolle. AutorInnen sprachen sich für eine ‚Rassenverbesserung' aus und wollten eine generative Ethik etablieren. Bis 1908 überwogen pronatalistische Konzepte und Forderungen einer eugenischen Reform der Familienpolitik. Weller (2002: 71) konstatiert einen Anstieg rassenhygienischer Stellungnahmen in der *Neuen Generation* zwischen 1908 und 1914. 1910 wurde darin sogar dezidiert eine noch stärkere Auseinandersetzung mit rassenhygienischen Positionen angekündigt.

Bereits 1911 organisierte sich der BfM internationalistisch als *Internationale Vereinigung für Mutterschutz und Sexualreform*.[46] Seine Kon-

45 1911 stellte der Bund den Antrag, korporative Mitglieder in die *Internationale Gesellschaft für Rassenhygiene* entsenden zu dürfen. Eine Antwort der RassenhygienikerInnen liegt der Forschung nicht vor (vgl. Herlitzius 1995: 162, Fn. 297).

46 Nach den diversen Kongressen der Sexualreformbewegung 1911 (Hygieneausstellung, Internationaler Kongress des BfM, 4. Neomalthusianer-Kongress) wurde ab 1912 die *Neue Generation* auch zum Publikationsorgan des *Deutschen Neomalthusianer-Komitees* sowie der *Internationalen Vereinigung für Mutterschutz und Sexualreform*. „Den radikalen Sexualreformerinnen kam in diesem Kontext die Rolle zu, einen maßgeblichen Impuls zur rassenhygienischen und erbparadigmatischen Erweiterung des

zepte basierten zunehmend auf Darwins Evolutionstheorie und eugenischen Diskursen, was vor allem der erste Internationale Kongress des BfM in Dresden 1911 verdeutlicht (vgl. Wurms 1982: 60).

Dennoch blieb neben der eugenischen immer auch eine sozialpolitische Ausrichtung erhalten. „Sie reduzierten ihr Reformprojekt [...] nicht auf biologische, selektionstheoretische Lösungsansätze, sondern entwickelten komplementäre sozialpolitische Maßnahmen, die eine gleichberechtigte Teilhabe aller an gesellschaftlichen Ressourcen, eine größere Freiheit der einzelnen intendierten." (Herlitzius 1995: 165) Sozialpolitische und biologistische Ausrichtungen standen im BfM nebeneinander und rangen miteinander. Trotz der Zustimmung zu grundlegenden rassenhygienischen Positionen lehnte der BfM eine klassenspezifische Einteilung in ‚höherwertig' und ‚minderwertig' und damit die Vorstellung der Vererbung aller menschlichen Eigenschaften ab und setzte sich für einen klassenübergreifenden Mutterschutz ein.

Nachdem der BfM anfänglich die Kriegshandlungen des Ersten Weltkriegs hinnahm, entwickelte er nach und nach einen radikalen Pazifismus und setzte sich für ‚Menschenschutz' statt Mutterschutz ein.[47] Auch im BfM wurden biologistische Polaritätskonzepte einer weiblichen friedfertigen Natur und eines männlichen Gewaltprinzips vertreten (vgl. Wawrzym 2000: 186). Mütterlichkeit als Gegenpol zur zerstörerischen Männlichkeit sollte dem Wohl der Gesellschaft zugute kommen, allerdings im Kontrast zur gemäßigten Fraktion nicht im Sinne einer Unterstützung des Krieges, sondern einer internationalen Verständigung. Dieser positive Bezug auf die Qualität des Mütterlichen betraf auch die Rezeption der Rassenhygiene: Das Streben nach einer Verbesserung der ‚Rasse' sei der auf den Nachwuchs konzentrierten Mutter natürlich gegeben. „Indem AutorInnen der ‚Neuen Generation' Frauen die ‚natürliche' Fähigkeit zur eugenisch begründeten Familienplanung zuschrieben, konnten sie männlich dominierte Konzepte einer quantitativen Bevölkerungspolitik, die primär auf Erhaltung der militärischen Stärke abzielten, als defizitär charakterisieren." (Weller 2002: 77) Mit der zunehmend pazifistischen Einstellung des BfM ging eine Ablehnung restriktiver eugenischer Maßnahmen einher. So sprach er sich gegen Eheverbote aus. Nach dem Krieg verschärften sich das Vokabular und die öko-

geburtenpolitischen Diskurses zu liefern." (Herlitzius 1995: 221) Sie verbanden folglich in ihrem Programm verstärkt neomalthusianische und rassenhygienische Elemente.

47 1914 erschien in der *Neuen Generation* ein Aufruf an alle lokalen Organisationen des BfM zum Beitritt zum *Nationalen Frauendienst*. Alle Mitglieder sollten sich beteiligen (vgl. „Mitteilungen des BfM und der Internationale Verein für Mutterschutz und Sexualreform", *Neue Generation*, Jg. 15, Heft 8, 1914: 457-466).

nomische Zielsetzung der eugenischen Positionen im Kontext der aufkommenden Euthanasie-Debatte wieder. In den 1920er und 30er Jahren erfolgte eine weniger intensive Auseinandersetzung mit rassenhygienischen Konzepten, die nun nur auf individueller, freiwilliger Basis umgesetzt werden sollten.

Rassenhygienische Diskurse der bürgerlichen Frauenbewegung

Lange galt Helene Stöcker als eine Vorkämpferin des Selbstbestimmungsrechts der Frau über ihren Körper und ihre Sexualität, als eine Vorreiterin im Kampf für die Abschaffung des § 218 und einer Liberalisierung der Sexualmoral. Ihr Bezug auf die Rassenhygiene und rassistische, degenerations- und selektionstheoretische Ansätze wurde häufig unterschlagen (vgl. Herlitzius 1995: 346ff.). Ebenso ausgeblendet wurde in der (vor allem feministischen) Rezeption, dass die in der ‚neuen Ethik' geforderte freiere Sexualität nicht primär dem weiblichen Lustempfinden galt, sondern vor allem positiv auf die Gesundheit, Bevölkerungspolitik und ‚Rassenhebung' einwirken sollte.[48]

Die Bewertung der rassenhygienischen Argumentationen des BfM und der gesamten Frauenbewegung ist ebenso wie die Einordnung der ‚geistigen Mütterlichkeit' und die von einigen HistorikerInnen konstatierte konservative Wende der bürgerlichen Frauenbewegung nach 1908 umstritten.

Meist werden strategische Überlegungen und Motivationen als Grund für die Bezugnahme der Frauenbewegung auf rassenhygienische Denkfiguren angeführt. Weller begründet die Emotionalität dieser Debatte damit, dass eugenische Diskurse als Wegbereiter des Nationalsozialismus gelten.[49] Die Beteiligung der Frauenbewegung an eugenischen

48 Einen der ersten Aufsätze zur radikalen Frauenbewegung und Eugenik schrieb A.T. Allen 1988. Die erste systematische Untersuchung zur radikalen Frauenbewegung mit Schwerpunkt auf dem BfM und Helene Stöcker veröffentlichte Anette Herlitzius 1995. Susanne Omran zeigte 2000 auf, dass die Eugenik nicht nur bei den Radikalen eine Rolle spielte, sondern auch bei den Gemäßigten ein fester Bestandteil des Politikverständnisses war. Einen der wenigen Vergleiche zwischen dem radikalen und dem gemäßigten Flügel anhand der Publikationsorgane *Die Frau* und *Mutterschutz* bzw. *Neue Generation* legte Katja Weller in einem Aufsatz von 2002 vor.

49 T. Wobbe kritisiert die von Greven-Aschoff (1981: 105) vertretene These, die Mutterschutzbewegung sei Wegbereiterin des NS gewesen. Wobbe sieht in der vielfältigen und inflationären Verwendung des Rassenbegriffs der Mutterschutzbewegung keinen Rassismus, sondern ein neues histo-

Diskursen wirft daher zugleich die Frage nach einer Verstrickung der Frauenbewegung in den Nationalsozialismus auf (vgl. Weller 2002: 53).[50]

A.T. Allen z.B. kritisiert die politische Bewertung der Frauenbewegung, die die Entwicklung ab 1908 und den Bezug auf Diskurse der Rassenhygiene als Kapitulation vor der reaktionären politischen Entwicklung im Deutschen Reich einstuft oder sie sogar als Vorreiter der nationalsozialistischen Politik sieht.[51] Ute Gerhardt (1990) wehrt den Bezug auf Rassentheorien durch den BfM sogar so weit ab, dass sie ihn ausschließlich den männlichen Autoren der Zeitschrift zuschreibt und eine Trennung zwischen Frauenrechtlerinnen und Rassenhygienikern vornimmt (vgl. Geulen 2004: 234, Fn. 48). Es hat sich jedoch gezeigt, dass der rassentheoretische Diskurs von Anfang an ein integraler Bestandteil der ‚neuen Ethik' war und sowohl in der gemäßigten wie auch der radikalen Frauenbewegung verhandelt wurde.

Auch wenn die rassenhygienischen Argumentationen der Frauenbewegung – wie Allen zu recht kritisiert – allzu schnell als präfaschistisch kategorisiert werden, scheinen die Versuche, die Komplexität der Gründe für die Beteiligung an eugenischen Diskursen in den Vordergrund zu rücken, dennoch wie der Versuch einer Ehrenrettung des Feminismus, der selbst auf gewissen Ausblendungsmechanismen beruht. Immer wieder wird auf die strategischen Motive nationalistischer, biologistischer, rassistischer Argumentationsweisen der Frauenbewegung verwiesen. Damit sie sich überhaupt artikulieren konnten, mussten sie angeblich „often speak in a male-defined idiom simply in order to be heard. Arguments for reproductive rights and familial reform based

risches Denken über schwangere und gebärende Frauen (Wobbe 1989: 140f.). Dass ein inflationär gebrauchter Rassebegriff keinen Rassismus transportiere, erachte ich als verharmlosend. Er verdeutlicht vielmehr die weite Verbreitung des Rassenbegriffs und seine Anknüpfungspunkte auch für politische Reformkräfte des Deutschen Reiches.

50 A.T. Allen (1988: 52) weist darauf hin, dass die Nationalsozialisten später viele eugenische Elemente, allerdings die der *Mainstream*-Eugeniker um das Archiv für Rassenhygiene, aufgriffen und dass die feministischen Positionen des BfM mehr und mehr verdrängt wurden, sodass z.B. Stöcker das Land verlassen musste. Damit versucht Allen zu belegen, dass die Mutterschutzbewegung bzw. Teile der Frauenbewegung nicht als direkte Vorläuferinnen des Nationalsozialismus betrachtet werden können. Dennoch waren sie an der Formierung eugenischer Diskurse beteiligt.

51 Auch Geulen kritisiert Evans Diagnose eines Umschlags der Frauenbewegung nach rechts, da sich dieser auf der Ebene der inhaltlichen Forderungen nicht wiederfinden ließe. Allerdings wird in der Analyse Wellers deutlich, dass ab 1908 der Bezug auf rassenhygienische Argumentationen zunimmt. Insofern stellt sich die Frage, wie die Rechtsentwicklung inhaltlich genau definiert werden kann.

solely on the rights of women as individuals were rejected or repressed in Wilhelmine Germany. Arguments that used the collectivist rhetoric of the eugenics movement had a much greater chance of being heard.“ (Allen 1988: 50) Auch wenn Allen selbst die Grenzen dieser These aufzeigt und vom Interesse der Frauenrechtlerinnen an einer von den männlichen Vorurteilen befreiten Eugenik spricht, reproduziert sie die beliebte These der strategischen Vorgehensweise der Frauenbewegung und blendet das eigenständige Interesse der Frauenrechtlerinnen an der Eugenik aus, das sich besonders deutlich beim BfM zeigte. Damit wird eine Opferrolle der Frau bzw. ein Opfer-Täter-Dualismus zementiert. Dieser reduktionistische Blick schreibt nicht nur die Passivität der Frauen fest, sondern geht davon aus, dass die Protagonistinnen der Frauenbewegung kein eigenes politisches Interesse gehabt hätten, sich an gesellschaftlich relevanten Diskursen zu beteiligen und diese mitzuformen. Ausgeblendet wird, welchen aktiven Part die Frauenbewegung an der Formierung gesellschaftlicher Verhältnisse jenseits ihrer gesellschaftlichen Benachteiligung und Ausgrenzung hatte. Das Hauptargument für die präfaschistische Tendenz der Frauenbewegung, die Befürwortung der Sterilisierung bestimmter Menschen, weist Allen mit dem Argument zurück, dass diese nicht in der Tradition des deutschen Rassismus stünde, sondern sich am amerikanischen Vorbild orientiert habe und eher als progressiv angesehen worden sei.[52] Dieses Argument überzeugt jedoch nicht, sondern macht lediglich darauf aufmerksam, dass die Diskurse nicht auf den deutschen Kontext beschränkt waren.

Allen betont, der Bezug des BfM auf Rassenhygiene könne nicht nur auf eine reaktionäre Erscheinung reduziert werden. Vielmehr verfolgte der BfM ebenso wie andere sozialreformerische, linke Kreise durchaus progressive Absichten damit.

„[...] I argue that these cannot be dismissed as simply or chiefly a right-wing deviation. [...] In using the language of the male-dominated eugenics movement, moreover, the feminists did not (as some of their modern interpreters imply) simply succumb to a dangerous patriarchal fashion, but attempted to revise and reshape prevailing interpretations of eugenic theory to reflect the interests and values of women.“ (Allen 1988: 32)

Die Autorin unterscheidet daher zwischen einer rechten bzw. einer Hauptströmung der Rassenhygiene[53] und einer sozialreformerischen lin-

52 Damit bezieht sie sich auf die damalige Praxis in einigen Staaten der USA, auf die ich später noch zu sprechen komme.

53 Die Strömung formierte sich vor allem um die Zeitschrift *Archiv für Rassen- und Gesellschaftsbiologie* und die Organisation *Deutsche Gesell-*

ken eugenischen Bewegung und macht auf diverse Unterschiede beider Strömungen aufmerksam: Erstere befürwortete in Einklang mit rechten Politikern hohe Geburtenraten für die militärische und nationale Stärke Deutschlands, beschäftigte sich jedoch eher mit einer qualitativen als einer quantitativen ‚Verbesserung' der Bevölkerungssituation. Die Vertreter der Hauptströmung der Rassenhygiene betrachteten sich selbst als progressive Bewegung.

„[...] when they spoke of ‚racial' improvement, they referred to a whole of a given population rather than to the ethnic groups defined by contemporary ‚racist' theories, of which most eugenicists were contemptuous. Nonetheless, the identification of ‚quality' with middle-class wing politicians to respond to the threat of population decline with moralizing and coercive pressure on the middle-class – and especially on middle-classe women – rather than with social reforms intended to reduce infant mortality or to support childrearing among the poor." (Allen 1988: 34)

Auch wenn sich der Begriff der ‚Rasse' tatsächlich oft auf die gesamte Bevölkerung bezog, ist Allens Sichtweise verkürzt: Implizit ist mit ‚Rasse' immer die weiße oder gar deutsche ‚Rasse' gemeint, wie auch die Veröffentlichungen des BfM belegen, die Allen dem progressiven Flügel zurechnet, und wie die Analyse des Verhältnisses des BfM zum Kolonialismus zeigen wird.

Die Hauptströmung der Rassenhygiene um Alfred Plötz und Willhelm Schallmayer vertrat antifeministische Argumentationen und trug dazu bei, eine rechte Opposition gegen den Feminismus zu formieren: Sie bezichtigten den Feminismus, zur gesellschaftlichen Degeneration und zum Geburtenrückgang vor allem in der Mittel- und Oberschicht beigetragen zu haben. Diese galten als Trägerinnen ‚guter Erbanlagen'. Der seit der Jahrhundertwende konstatierte Einbruch der Geburtenrate wurde u.a. dem Einfluss der Frauenbewegung auf das Sexualverhalten der Frau zugeschrieben. Auch der BfM ging von den ‚guten Erbanlagen' von Mittel- und Oberschichtsfrauen aus. Ihren Kampf gegen das verordnete Zölibat von Lehrerinnen und anderen berufstätigen Frauen, das immer wieder in ihrem Publikationsorgan kritisiert wurde, begründeten sie u.a. damit, dass diese Frauen der Reproduktion verloren gingen.[54] Den antifeministischen Tendenzen der Rassenhygieniker setzten die Autorinnen der *Neuen Generation* Vorschläge entgegen, die auf einer weib-

schaft für Rassenhygiene, die beide 1904 von Alfred Ploetz gegründet wurden.

54 Vgl. „Lehrerinnenzölibat und Rassenhygiene", *Neue Generation*, Jg. 13, Heft 2, 1912: 102-103.

lichen Selbstbestimmung als Voraussetzung für eine ‚Hebung der Rasse' beruhten. RassenhygienikerInnen wie z.B. Schallmayer durften ihre Positionen im Vereinsorgan des BfM veröffentlichen, auch wenn diese dem BfM widersprachen, indem sie z.B. eine selbstverantwortliche weibliche Geburtenregelung und Verhütung ablehnten. Die gesellschaftlichen Verdienste der Rassenhygieniker wurden vom BfM immer wieder lobend hervorgehoben.[55]

Die nach Allens Definition linke reformerische Strömung der eugenischen Bewegung legte die Rassenhygiene anders aus. Sie vertrat ein progressiveres Frauenbild und bezog sich weniger auf das Prinzip der Konkurrenz als auf das der Kooperation. Diese Strömung wollte die Bevölkerung qualitativ steigern; Frauen sollten dabei die freie Wahl der Reproduktion und der Partner haben. Weibliche Bildung, die dadurch erlangte Selbstständigkeit und ein gesteigertes Verantwortungsgefühl ließe die Wahl der Frau im eugenischen Sinne zwangsläufig positiv und qualitätssteigernd ausfallen.

Rassenhygieniker stellten mit ihrem Programm zur ‚Verbesserung des Volkskörpers' die Reproduktionsfähigkeit der Frau und damit den Frauenkörper in den Vordergrund. Die unterschiedliche Ausrichtung der verschiedenen Strömungen der Eugenik wird auch an ihren Positionen zur Reproduktion deutlich.

Der radikale Rassenhygieniker Christian von Ehrenfels, der für das *Archiv für Rassen- und Gesellschaftsbiologie* schrieb, wollte die Monogamie abschaffen und kollektive Familienstrukturen einführen, innerhalb derer ausgewählte Männer ausgewählten Frauen zugeführt werden sollten, um den besten Effekt auf die Bevölkerungsentwicklung zu erlangen.[56] Die Zeitschrift *Mutterschutz* kritisierte, er wolle auf anachronistische Weise, verdeckt mit einem modernen Mäntelchen, das Recht des Mannes auf möglichst viele Frauen durchsetzen und degradiere die Frau als Mittel zum Zweck der männlichen Lust.[57] Wilhelm Schallmayer und Alfred Ploetz vertraten Zwischenpositionen in dieser auf die weibliche Reproduktionsfähigkeit ausgerichteten Eugenik. Helene Stöcker hinge-

55 In der Todesanzeige Schallmayers heißt es in der *Neuen Generation*, Jg. 21, Heft 4/5, 1920: 156: „Wir konnten weite Strecken mit ihm zusammengehen. Unser Weg trennte sich da, wo es sich um ein größeres Verständnis und eine zustimmende Würdigung der Notwendigkeit absoluter, sittlicher Selbstbestimmung der Frau, in bezug auf die Geburtenregelung, handelte." Helene Stöcker würdigt ihn als führenden rassenbiologischen Forscher und Pazifisten.

56 Er entwarf später das Lebensborn-Projekt der Nationalsozialisten (vgl. Klotz 2003).

57 Vgl. „Rassenveredlung durch Polygamie", *Mutterschutz*, Jg. 1, Heft 10, 1905/06: 385-389.

gen kritisierte die Ausbeutung der Frau in diesen Modellen und wollte ihre Rolle stärken. Im Rahmen ihrer eugenischen Argumentation forderte sie die Anerkennung der weiblichen Position in der Gesellschaft sowie der Mutterschaft. Sie setzte in Bezug auf die Bevölkerungsentwicklung auf Qualität statt Quantität und sah dieses Ziel nur durch die ebenbürtige Ehefrau erreichbar. Ruth Bré, die Mitgründerin des Bundes, forderte im Gegensatz zu Christian von Ehrenfels staatlich unterstützte Mütterheime für unverheiratete Mütter und deren Kinder. Sie vertrat weitgehende eugenische Positionen, da sie diese Mütterheime nur für ‚gesunde' Mütter vorsah.

Ein großer Konfliktpunkt zwischen den unterschiedlichen eugenischen Strömungen (den ‚feministischen' Eugenikerinnen und VertreterInnen der eugenischen Hauptströmung wie Ploetz), aber auch mit anderen Frauenrechtlerinnen betraf die Frage der Vereinbarkeit von Mutterschaft und Beruf, für die sich ein Großteil der radikalen Frauenbewegung einsetzte. Eine der größten Kampagnen des BfM war der Kampf für eine Mutterschaftsversicherung, die die Mutter ökonomisch unabhängig vom Ehemann machen sollte. Diese Kampagne bot Anknüpfungspunkte für die gemäßigte Frauenbewegung und für SozialdemokratInnen.[58] Eugeniker wie Schallmayer und Plötz wandten sich gegen diese Form sozialer Versicherungen, da sie die von ihnen als ‚minderwertig' Angesehenen mehr unterstütze als die ‚Höherwertigen'.

Maria Lischnewska entwarf dazu ein im BfM umstrittenes Programm, das neomalthusianische, rassenhygienische und feministische Elemente vereinte und zugleich nationalistische Ideologeme mit der Mutterschutzthematik verwob: Der Mutterschutz sollte den Weltmachtstatus des Deutschen Reiches garantieren. Lischnewska argumentierte zu den Themen Mutterschutz, Fortpflanzung und Bevölkerungspolitik zunehmend rassenhygienisch: „Heute holen wir uns in Massen Russen, Polen, Kroaten, Tschechen, Italiener etc. ins Land, welche unsere Rasse verderben und unsere Kultur herabziehen; die Kinder des eigenen Volkes aber lassen wir zu Tausenden verderben."[59] Sie wendet sich folglich gegen ‚Rassenmischung' und sieht die „kraftvoll aufstrebende Weltmacht" durch Übervölkerung bedroht. „Lischnewska trug eine am weltmachtpolitischen Denken orientierte nationalistisch-chauvinistische Komponente in die bevölkerungspolitisch funktionalisierbare Mutterschaftsversicherung hinein. [...] Lischnewskas Entwurf ließ neben der ange-

58 1907 reichte der BfM eine Petition in den Reichstag ein, die diese Form des Mutterschutzes als hilfreich für die militärische Stärke des Deutschen Reiches bezeichnete, da diese durch den Eintritt von verarmten Arbeiterkindern ins Militär geschwächt würde.

59 „Mutterschutz", *Neue Generation*, Jg. 4, Heft 5, 1908: 169-181, hier 178.

strebten Herrschaftskonsolidierung durch Volksvermehrung auch imperialistische und expansionspolitische Aspekte anklingen." (Herlitzius 1995: 196f.) Sie setzte ihren Entwurf in Bezug zu einer Siedlungspolitik im Osten (vgl. auch Stoehr 1991: 225).

Umstritten waren auch die Forderungen des BfM nach Kontrazeptiva und Abtreibung. Er setzte sich für eine Geburtenkontrolle und die Freiheit zur Reproduktion als individuelles Recht der Frau ein. Schallmayer betrachtete Geburtenkontrolle hingegen als „nationalen Selbstmord" und wollte Verhütungsmittel vom Markt nehmen und verschreibungspflichtig machen.[60] Nur für vermeintlich ‚Minderwertige' sollten sie zur Verfügung gestellt werden (vgl. Allen 1988: 42).

Überschneidungen beider Flügel, die Allen in der Rassenhygiene ausmacht, gab es vor allem im Kampf gegen Geschlechtskrankheiten, die als eine Gefahr für die Qualität der Bevölkerung angesehen wurden. Der BfM sowie die Abolitionistinnen publizierten viel dazu und forderten eine Gesundheitsuntersuchung vor der Eheschließung nach dem Vorbild einiger US-amerikanischer Staaten, sowohl im Interesse der Frau als auch dem der ‚Rasse'.[61] Breite gesellschaftliche Unterstützung erhielt der Vorschlag, auch im Deutschen Reich bestimmte Bevölkerungsgruppen von der Reproduktion auszuschließen: Sowohl von den Hauptströmungs- als auch von den sozialreformerischen Eugenikern und der (radikalen) Frauenbewegung. Opposition dagegen formierte sich eher von konservativer und christlicher Seite. Diese Vorschläge gingen bis hin zu Euthanasie-Vorschlägen, wie eine Aussage Lida Gustave Heymanns verdeutlicht. Nach dem Besuch eines Behindertenheims in Hamburg äußerte sie sich im *Hamburger Echo* 1907:

60 Die Geburtenkontrolle in Form von Kontrazeptiva ermöglichte für die radikalen Frauenrechtlerinnen die Verfügungsgewalt der Frauen über ihre Körper und damit die Selbstbestimmtheit weiblicher Lebensentwürfe. In dieser vom Neomalthusianismus wissenschaftlich unterlegten Kontrolle der Frau über ihren Körper sah Stöcker eine potenzielle Befreiung der Welt von Hunger und Krankheiten.

61 In einigen Staaten der USA konnten 1914 bestimmte Menschen wie Alkoholiker, geistig ‚Minderbemittelte' und Kriminelle sterilisiert werden. Der BfM berichtete darüber z.B. in dem Artikel „Sozialhygienische Kastration", *Neue Generation*, Jg. 5, Heft 10, 1909: S. 424-431. In dem Artikel wird die Praxis befürwortet und es werden unterschiedliche Fälle beschrieben. Ein Bericht über die Praxis der Eheverbote in den USA findet sich in: „Ehe und Rassenverbesserung", *Neue Generation*, Jg. 12, Heft 6, 1911: 248. Über die Unfruchtbarmachung von ‚Minderwertigen' in den USA und der Schweiz berichtet der BfM in dem Artikel „Rassenhygiene", *Neue Generation*, Jg. 26, Heft 4/5, 1925: 123-124.

„Gesetze für die Vernichtung körperlicher und geistiger Krüppel müssen geschaffen werden [...] In Hamburg besteht eine Anstalt für 200 Krüppel. Viele sind nur Fleischmassen [...], denk- und fühllose Fleischmasse [...] Man darf sich nicht davor scheuen, Gesetze zu erlassen, um solche Fleischmassen aus der Welt zu schaffen." (Zitiert nach Wawrzym 2000: 187)

Der BfM hatte ein ambivalentes Verhältnis zu antinatalistischen Forderungen. Auf der einen Seite setzte er sich immer wieder für eine individuelle, selbstbestimmte Geburtenregelung ein, auf der anderen Seite befürwortete er restriktive Maßnahmen gegen vermeintlich ‚Minderwertige', denen kein verantwortliches Handeln zugetraut wurde. Seit 1909 proklamierten zahlreiche Artikel die Sterilisation ‚Minderwertiger' (vgl. Weller 2002: 75f.).

Eugenische Argumentationen finden sich nicht nur beim BfM oder in der radikalen Frauenbewegung, sondern auch bei gemäßigten Frauenrechtlerinnen.

Die gemäßigte Frauenbewegung und Eugenik

Im Publikationsorgan des BDF *Die Frau* wurden vor allem nach 1908 eugenische Konzeptionen diskutiert (vgl. Weller 2002: 58). Es wurde zwar eine feministische Kritik an der Rassenhygiene geübt, das Weltbild der Rassenhygieniker aber grundsätzlich anerkannt. Neben den rassenhygienischen Maßnahmen sollte die Bildung und Berufstätigkeit der Frau sichergestellt werden. „Dem gesellschaftlich immer wirkungsvoller werdenden rassenhygienischen Diskurs wurde Anerkennung versichert, die Kompatibilität zwischen Ideen der Frauen- und der Rassenhygienebewegung betont, gleichzeitig wurde jedoch versucht, sich gegen die frauenfeindliche Ausrichtung abzugrenzen." (Weller 2002: 60) Gertrud Bäumer vertrat die Ansicht, zahlreiche traditionelle Betätigungsfelder der Frauenrechtlerinnen, die alle der hygienischen Verbesserung der ‚Rasse' dienten, ließen sich unter den Begriff der Rassenhygiene subsummieren: „Seit Jahrzehnten gilt ein Teil der Bestrebungen der Frauen der körperlichen Ausbildung, der Reform der Kleidung, dem Kampf gegen Alkoholismus, der Sittlichkeitsfrage, der besseren hauswirtschaftlichen Schulung: kurz, der Rassenhygiene im weitesten Sinne."[62]

Mit Kriegsbeginn nahm der Bezug auf die Eugenik für kurze Zeit ab. Zwischen 1915 und 1917 folgte jedoch wieder eine intensive Phase der Auseinandersetzung, die im Zusammenhang mit der wachsenden Kooperation von Bevölkerungspolitikern und Rassenhygienikern auf staat-

62 „Sentimentale Wissenschaft", *Die Frau*, Jg. 17, Heft12, 1909: 705-711, hier 706.

licher Ebene stand. „Die forcierte Veröffentlichung propagandistischer rassenhygienischer Texte in den Kriegsjahrgängen der *Frau* entsprach einer zunehmenden Befürwortung eugenischer Forderungen auch auf Seiten ‚gemäßigter' Frauenrechtlerinnen, die personell nicht der Rassenhygiene-Bewegung angehörten." (Weller 2002: 65) In diesen Kriegsausgaben wurden verstärkt emanzipative bzw. partizipative und rassenhygienische Argumente miteinander verbunden. Dies äußerte sich in einem Mutterkult, der die Bedeutung der Frau bzw. ihrer Reproduktionsfähigkeit für den ‚Volkskörper' betonte. Während in den unmittelbaren Nachkriegsjahren die Bezugnahme auf rassenhygienische Argumentationen wieder abnahm, intensivierte und radikalisierte sich die Debatte in *Die Frau* ab 1922 insofern, dass zunehmend auch auf antinatalistische Maßnahmen und eine negative ‚Auslese' rekurriert wurde.

Agnes Bluhm vom *Archiv für Rassenhygiene* war die energischste Vertreterin eugenischer Ideen in der *Frau*. Sie verband den eugenischen Diskurs mit einer spezifisch weiblichen staatsbürgerschaftlichen und generativen Verantwortung der Frauenbewegung für die Qualität des Volkskörpers. „Die Frauenbewegung greife die eugenischen Probleme nicht nur zur Gewissensberuhigung, sondern zur Mitarbeit auf und scheue nicht davor zurück, auch dort die Konsequenzen zu ziehen, wo diese für sie selbst Grenzpfähle bedeuten. Damit entwaffnet sie nicht nur ihre Gegner, sondern sie erfüllt damit ihren höchsten Zweck: mitzubauen an der Zukunft der Nation." (Agnes Bluhm, 1913/14, zitiert nach Weller 2002: 62) In der *Frau* erfolgte keine Distanzierung von den Beiträgen der überzeugten Rassenhygienikerin oder ihren restriktiven antinatalistischen Forderungen – wie sonst üblich bei einer Nichtübereinstimmung mit Positionen der Redaktion. Dies sowie die jahrelange Publikationstätigkeit Bluhms für die *Frau* lassen darauf schließen, dass es eine grundsätzliche Übereinkunft mit ihren Positionen gab.

Die Frauenbewegung im Kontext von Rassendiskursen

Im Gegensatz zu den Autorinnen der *Frau*, die rassenhygienische Positionen eher rezipierten und diskutierten, verstanden sich die Autorinnen der *Neuen Generation* selbst als Rassenhygienikerinnen. Nach Weller (2002: 80) lagen der Einschreibung der radikalen wie der gemäßigten Frauenrechtlerinnen in den rassenhygienischen Diskurs komplexe und widersprüchliche Motive zugrunde. Beide Lager hatten dabei ähnliche Argumentationsmuster, Menschen- und Geschlechterbilder: Beide teilten die Angst um eine Degeneration der Gesellschaft und wollten den Volkskörper durch eine qualitative Bevölkerungspolitik ‚heben'. Beide versuchten, antifeministische Tendenzen der Rassenhygiene mit eigenen

Vorschlägen umzudeuten und näherten sich dabei rassenhygienischen Inhalten immer weiter an. Beide vertraten zudem die Unterordnung des Individuums unter das Wohl der Gemeinschaft. Zwangssterilisierungen, Euthanasie-Maßnahmen oder andere radikale rassenhygienische Forderungen trugen die beiden Flügel der Frauenbewegung allerdings nur am Rande mit. Den Frauenbewegten stellte sich die Verknüpfung von emanzipatorischen mit restriktiven ausgrenzenden Forderungen nicht als Widerspruch dar. Sie entwickelten ihre Positionen in der Auseinandersetzung mit rassenhygienischem Denken.

Auf den Punkt bringt dieses Verhältnis der Artikel in der *Neuen Generation:* „Die Eugenik (Rassenhygiene) und ihre Bedeutung fürs weibliche Geschlecht" von Dr. Hermann Rohleder.[63] Darin beschreibt er, dass die Frau an „den modernen, eugenischen, rasseverbessernden Bestrebungen das größte Interesse" (344) hätte, denn dadurch würde die „Hebung der Rasse" erreicht. Die Führerinnen der Frauenbewegung hätten das längst erkannt und die Eugenik dementsprechend bewertet. „Aber gerade die Frau und die moderne Frauenbewegung ist berufen, an der Hebung der menschlichen Rasse mitzuwirken wie kein zweiter." (Ebd.)

Die ‚frauenspezifische' evolutionstheoretische Analyse von Ehe, patriarchaler Geschlechterbeziehungen und Gesellschaftsordnung stellte „den zentralen Vermittlungsfaktor rassenhygienischer/eugenischer Deutungsmuster und Lösungsansätze" dar (Herlitzius 1995: 188). Die Konzepte weiblicher Autonomie, die die Radikalen in ihren frühen sozialpolitischen Konzepten noch stärker vertraten, standen im Zuge der Annäherung an die Rassenhygiene zunehmend hinter bevölkerungspolitischen Deutungsmustern zurück. Anita Augspurg legte die Evolutionstheorie Darwins besonders prägnant aus, um ihre Emanzipationsvorstellung wissenschaftlich zu fundieren und die ‚widernatürliche Machtstellung des Mannes' zu kritisieren. „Eine besondere Akzentuierung der ‚sexuellen Auslese' oder ‚Zuchtwahl' eröffnete ihr ein spezifisch weibliches Verständnis, eine ‚Feminisierung' der Degenerationsthese." (Herlitzius 1995: 191) Herlitzius kommt daher zu dem Ergebnis „hochgradiger Übereinstimmung" zwischen Rassenhygiene und radikaler Frauenbewegung. Sie geht jedoch davon aus, dass „auch die Frauenbewegung nicht die Personifizierung, nicht Produzentin bestimmter Wissenssysteme" war. „Ihre rassistischen oder sozial-segregierenden ökonomistischen Denkstrukturen transportierten vielmehr eine gesell-

63 Heft 10/11, 1915: 334-344. Rohleder setzte sich sowohl für eine positive als auch für eine negative Eugenik ein. Er pries die eugenischen Vorteile der künstlichen Befruchtung (vgl. Kratz 2003). Hermann Rohleder war Arzt, Sexualforscher und Mitbegründer der Sexualmedizin.

schaftlich produzierte Leistungs- und Verwertungslogik.“ (Herlitzius 1995: 326)

Eine klare Trennung zwischen progressiven und rechten EugenikerInnen, wie sie Allen vornimmt, erweist sich bei genauerer Betrachtung als problematisch. Die Positionen beider Flügel widersprachen sich zum Teil, wiesen aber auch große Schnittmengen auf.

Auch Geulen betont, dass die Verbindungen zwischen den unterschiedlichen Strömungen so eng gewesen seien, dass sich die rassenhygienischen Vorstellungen von Wilhelm Schallmayer und Alfred Ploetz nicht grundsätzlich von denen der Neomalthusianer oder einiger AutorInnen der *Neuen Generation* unterscheiden ließen. Es wird deutlich, „in welch umfassender und vielfältiger Weise dieser Diskurs die in den Jahrzehnten vor dem Ersten Weltkrieg wichtigste und vielleicht einzige Sprache bereitstellte, sich jenseits und quer zu politischen Fraktions- und sozialen Klassengrenzen über die gemeinsame politische Gestaltung der Gesellschaft auseinander setzen zu können“. (Geulen 2004: 244) Für ihn beweisen diese Verbindungen weniger eine antimoderne Ideologie in der Frauenbewegung, sondern die Tatsache, dass der Rückgriff auf biologistische Deutungsmuster ein „Instrument der Modernisierung sozialer Beziehungen und sogar der Plausibilisierung demokratischer Partizipationsansprüche“ war (Geulen 2004: 245). Der Rassendiskurs war demnach ebenso funktional für Reformkräfte im Deutschen Reich wie auch für die Frauenbewegung. Sexualität stellte nicht mehr nur die gesellschaftliche Reproduktion sicher, sondern wurde in den unterschiedlichen Ansätzen wie Neomalthusianismus, der Psychoanalyse etc. die „eigentliche Determinante des sozialen, kulturellen und politischen Schicksals von Völkern und Nationen“. (Ebd.) Der Bezug auf Rassenhygiene muss innerhalb eines rassistischen biologistischen Paradigmas betrachtet werden, das sich auf alle gesellschaftlichen Bereiche erstreckte. Die rassenhygienischen Akteure verfolgten dabei unterschiedliche politische Zielsetzungen. Der gemäßigte und der radikale Flügel der Frauenbewegung hatte jeweils eigene Zielsetzungen, die sich mit den Rassendiskursen verbanden. In ihren Schriften wurde hauptsächlich die gesellschaftliche Position der Frau in einem rassistisch definierten Kollektiv verhandelt.

„In den Schriften der Frauenbewegung wurde die gesellschaftliche Stellung der Frau und ihr kultureller Auftrag in einer Weise reformuliert, die nicht zuletzt auf die Sorge um den Erhalt der Gattung, um die hygienischen Verhältnisse gemeinschaftlichen Lebens und um die gesunde Entfaltung ‚artgemäßer‘ Kulturformen ausgerichtet war. Dergestalt wurde eine Emanzipationsperspektive des weiblichen Geschlechts entworfen, die sich durch ihre Übereinstimmung mit den Belangen der ‚eigenen Rasse‘, durch den ihr innewohnenden

‚tieflebendigen Rasseninstinkt' legitimierte." (Omran 2000: 14, mit Zitat von Gertrud Bäumer 1904/05 aus *Die Frau*)

Die bürgerliche Frauenbewegung verband die postulierte ‚geistige Mütterlichkeit' und den daran gekoppelten Kulturauftrag der Frau mit ihrer Innerlichkeit und Individualität. Frauen sollten ihre Persönlichkeit entwickeln können und so ihre biologischen und sozialen Qualitäten der Gemeinschaft zugute kommen lassen.

„Diese Gleichzeitigkeit der politischen Anliegen mit der individuellen Persönlichkeitsentfaltung wird durch das Verständnis der Frau als eines Gattungswesens möglich, welches für die Gemeinschaft einen doppelten Befruchtungsvorgang zu leisten vermag. Lebensspendend im biologischen wie im sozialen Sinn, erhält die Frau die Macht, durch ihre sozialen Tätigkeiten die Gemeinschaft gleichsam mit einem schützenden mütterlichen Leib zu versehen." (Omran 2000: 81f.)

Die Konzepte der Frauenbewegung wie z.B. die ‚geistige Mütterlichkeit' stellten damit nicht nur gesellschaftliche Partizipationsmöglichkeiten in Aussicht. Sie boten zugleich Anschlussmöglichkeiten für rassistische Diskurse, wie den einer rassifizierten Mütterlichkeit, und brachten diese selbst mit hervor. Auch die Debatte über Sittlichkeit trug dazu bei, eine ‚rassisch' aufgeladene Vorstellung des Volkskörpers zu generieren.

Trotz der konträren politischen Zielsetzungen der unterschiedlichen Flügel der Frauenbewegung einte sie die Konzeption von Weiblichkeit im Zusammenhang mit einer rassistischen Reproduktionslogik und der Vorstellung eines ‚reinen' Volkskörpers.

„Wie unterschiedlich die Positionen der Frauenbewegung auch sind: Es geht im Diskurs um eine Höherentwicklung der kulturellen Sittlichkeit um die Verknüpfung von (Sexual-)Moral, entweder als Moral einer asketischen Mutterschaft oder als Ethik freigewählter Liebesbeziehungen gedacht, und um die kulturelle Gleichberechtigung der Geschlechter, um die Vereinigung des Geschlechts- und Sexuallebens mit dem geistigen Vermögen der Geschlechter und seiner Funktion für die Höherentwicklung der Kultur(menschen); angenommen wird ein Kausalzusammenhang zwischen (Sexual-)Moral und ‚Hebung der Rasse'." (Bublitz 2000: 312)

Die Sittlichkeitsdebatten stellen einen Kreuzungspunkt der Auseinandersetzung über gesellschaftliche Moral und Sexualität, der Geschlechterverhältnisse sowie dem Zustand der Nation bzw. ‚Rasse' dar. Der *Bund für Mutterschutz und Sexualreform*, so haben die bisherigen Ausführungen gezeigt, war dabei eine besonders interessante Schnittstelle weitreichender emanzipativer Positionen bezüglich des Geschlechterverhältnisses und rassenhygienischer, degenerationstheoretischer Positionen in Bezug auf die ‚Hebung' der ‚Rasse'. Wie äußern sich die Sittlichkeitsdebatten im kolonialen Kontext? Nach einer Einbettung in die Kolonialpolitik wird dieser Frage insbesondere anhand einer Analyse der Zeitschrift des *Bund für Mutterschutz und Sexualreform* nachgegangen.

Weiße Sittlichkeit – rassifizierte Körper

Die Sittlichkeitsdebatten im Deutschen Reich verbanden die Problematisierung der Geschlechterdifferenz, des geschlechtlichen Begehrens und der Sexualität mit Fragen der Bevölkerungs- und Gesundheitskontrolle, der Sexual-, Sozial- und Rassenhygiene. Die Sittlichkeitsdebatte erfährt ihre besondere Relevanz im kolonialen Kontext durch eben diese Verzahnung mit Bevölkerungs- und Rassendiskursen und -politiken. Hierbei zeigen sich Parallelen zur bereits dargestellten ‚Mischehendebatte': Auch hier wurde von unterschiedlichen politischen ProtagonistInnen eine unkontrollierte männliche Sexualität kritisiert. Daher werde ich die Frage um die ‚Mischehen' erneut aufgreifen, allerdings nur, um die Positionen der Frauenrechtlerinnen zur Frage der ‚Rassenmischung' darzulegen.

‚Mischehendebatten' in Frauenverbänden

Die Frauenrechtlerinnen im Deutschen Reich beschäftigten sich auch mit den Fragen von Sittlichkeit und weißer Reproduktion in den Kolonien. Dort wurde die von kolonialen Frauenverbänden und der bürgerlichen Frauenbewegung geforderte Kontrolle der Sexualität zentral, um einerseits die Partizipation weißer Frauen am kolonialen Projekt zu begründen und andererseits die weiße Herrschaft dauerhaft zu sichern. Die Prävention von ‚Mischehen', ‚Mischlingen' und ‚Rassenmischung' war der Hauptgrund dafür, dass der *Frauenbund der Deutschen Kolonialgesellschaft* ein Auswanderungsprogramm für weiße Frauen in die Kolonien initiierte. Auch die gemäßigten und radikalen Frauenrechtlerinnen unterstützten u.a. deswegen die Auswanderung weißer Frauen in die Kolonien und stellten sich zunehmend gegen eine ‚Rassenmischung'.[64] In den Debatten um männliche und weibliche Sexualität und um die Re-

64 Die Aufgabe der weißen Frau sei nicht nur, der „Mischlingsgefahr entgegenzutreten", sondern im Fall ‚Deutsch-Südwestafrikas' auch der „Verburung und Verengländerung" (Niessen-Deiters 1913: 60).

produktion der Gesellschaft spiegelte sich der Kampf um eine Selbstbehauptung und -affirmation der bürgerlichen weißen Frau.

Die Auseinandersetzungen um Prostitution, Sexualität und Geschlechtskrankheiten spielten eine zentrale Rolle bei der Etablierung kolonialer Rassenkonstruktionen und einer Rassengesetzgebung. Der Schwarze Körper diente als „Zielscheibe diskursiver und disziplinierender Signifikationen" (Tischleder 1995: 57), wie sich u.a. in den Stereotypen einer Schwarzen Sexualität ablesen lässt. Der Schwarze, weibliche Körper diente als Bild des Anderen und wurde zum Inbegriff ‚sexueller Entartung'. Gilman (1986: 225) weist auf Parallelen in der Konstruktion der Schwarzen Frau und der Prostituierten hin: Der als degeneriert und minderwertig dargestellte Schwarze Frauenkörper diente der Begründung einer weißen Überlegenheit und weißer Schönheitsideale. „Die Pathologisierung der Anatomie des schwarzen Frauenkörpers bildet eine Analogie zu einer anderen ‚Abnormität' weiblicher Sexualität: der Prostitution. Hervorstehende Hinterbacken und verformte Genitalien galten nicht nur als typische Merkmale schwarzer Frauen, sondern auch als solche von Prostituierten." (Tischleder 1995: 58; vgl. Gilman 1986: 225ff.) Diese imaginierte anatomische Analogie brachte die Schwarze Frau mit moralischer Korruption in Verbindung. Die Anatomie der Schwarzen Frau wurde als anders konstruiert, um die Differenz zwischen Schwarz und Weiß zu belegen.

Die Versuche seitens kolonialer Akteure, darunter auch der kolonialen Frauenverbände, im Rahmen der ‚Mischehendebatten' in den Kolonien eugenische Kriterien vor die bürgerliche sexuelle Autonomie der Männer zu setzen, entsprachen den Zielsetzungen der Frauenbewegung, die

> „seit der Jahrhundertwende zunehmend auf die Gesetzesberatungen einwirkte mit dem Ziel, die selbständige Staatsangehörigkeit der Ehefrau durchzusetzen. Stritten die Frauenverbände für eine Verbesserung der individuellen Rechtsstellung der Frau, forderten die Verfechter des Rassegedankens, die patrilineare Vererbung der deutschen Staatsangehörigkeit einzuschränken, um den ‚deutschen Volkskörper' rassisch rein zu erhalten." (Gosewinkel 2004: 242)

Gosewinkel (2004: 250) kommt zu dem Schluss, dass der koloniale Rassismus der kolonialen Frauenverbände „nicht in der Intention, wohl aber in der Wirkung mit emanzipatorischen Bestrebungen zur Aufhebung des patrilinearen Prinzips im Staatsangehörigkeitsrecht zusammen" fiel. Darüber hinaus ergaben sich weitere Parallelen im Engagement sowohl gemäßigter als auch radikaler Frauenrechtlerinnen in der ‚Rassenfrage' und ihren ebenso rassistischen Motiven für eine Unterbindung von

‚Mischehen'. Nach 1909 tauchten in den Zeitungen der Sittlichkeitsbewegung im Zusammenhang mit dem Thema Prostitution erstmals Kritiken an den Gewaltverhältnissen in den Kolonien auf, in denen Vergewaltigung und Prostitution an der Tagesordnung waren (vgl. Wischermann 2003: 73). Dem ist allerdings hinzuzufügen, dass diese keineswegs den Kolonialismus an sich hinterfragten, sondern nur die herrschende Form, die parallel zu den Verhältnissen im Reich auf der Ausbeutung von Frauen beruhe. Die Kritik an der Sexualität der Männer und daran, wie sie in den Kolonien ausgelebt wurde, beinhaltete daher rassistische, kulturalistische und kolonialistische Argumente.

Aufschluss über die Debatten um Sittlichkeit in den Kolonien verspricht eine themenzentrierte Analyse der Zeitschrift des *Bundes für Mutterschutz und Sexualreform*, in der sich zwar nicht viele Artikel direkt mit den deutschen Kolonien und der deutschen Kolonialpolitik beschäftigen, die aber dennoch auf eine komplexe Art und Weise Diskurse von Sexualität, Geschlecht und ‚Rasse' mit weiblicher Emanzipation verbanden. Im Folgenden wird der Frage nachgegangen, wie sich die Positionen des BfM äußerten, die in einem Spannungsverhältnis zwischen sozialen und eugenischen Maßnahmen zur ‚Hebung' der Gesellschaft und der Emanzipation der Frau im kolonialen Kontext standen. Dabei wird, an diskurstheoretischen Überlegungen Foucaults orientiert, untersucht, wie sich der BfM zu den Fragen der ‚Rassenmischung', Prostitution und zur männlichen Sexualität in den Kolonien positionierte.

Die Kolonien im Bund für Mutterschutz

Der *Bund für Mutterschutz und Sexualreform* gab von 1904-1908 die Zeitschrift *Mutterschutz* heraus. Nach der Trennung vom Mitherausgeber Dr. Max Marcuse 1908 bis zum letzten Erscheinungsjahr 1932 erschien die Zeitschrift unter dem Namen *Neue Generation.*

Bis zum Verlust der Kolonien finden sich keine klaren Stellungnahmen zum Kolonialismus an sich, sondern lediglich eine inhärente Auseinandersetzung mit und Kritik an der herrschenden Kolonialpraxis. Zahlreiche Artikel beschäftigen sich mit rassenhygienischen Ansätzen zur ‚Hebung der Rasse', von der Säuglingspflege bis zur Sexualität, und nehmen nur indirekt Bezug auf eine weiße ‚Rasse' bzw. ‚zivilisierte Völker'. Auf diese Artikel wird an dieser Stelle nicht weiter eingegangen, da sie bereits in die Auseinandersetzung mit dem frauenrechtlerischen Bezug auf die Rassenhygiene eingeflossen sind. Verschiedene AutorInnen aus unterschiedlichen politischen Spektren äußerten sich zur kolonialen Frage, weshalb eine klare Redaktionslinie nur schwer zu erkennen ist. Vielmehr stellte die Zeitschrift eine Plattform für unterschiedliche Positionen dar. In der exemplarischen Analyse werden lediglich die Artikel berücksichtigt, die sich dezidiert mit dem deutschen Kolonialismus und der Frage der ‚Rassenmischung' beschäftigen. Die unterschiedlichen politischen Spektren der AutorInnen bringen dabei widersprüchliche Positionen mit sich; der politische Kontext verdeutlicht jedoch zugleich den spezifisch frauenrechtlerischen Zugang.

Von 1907 bis 1916 beschäftigten sich neun Artikel direkt mit der deutschen Kolonialpolitik. Acht Artikel erfüllen die Auswahlkriterien, da sie sich mit den Themen ‚Mischehen', Sexualität in den Kolonien, ‚Mischlinge' und ‚Rassenmischung' befassen. In den ausgewählten Artikeln steht die Schnittstelle zwischen den Diskursen über Geschlecht, Sexualität und ‚Rasse' im Vordergrund. Von besonderem Interesse sind die spezifisch frauenrechtlerischen Positionen zu ‚Rasse' und Kolonialismus und vor allem die daran geknüpfte emanzipative Perspektive. Die Artikel werden chronologisch und themenzentriert diskutiert, sie werden, falls für das Verständnis nötig, in den historischen und politischen Kontext eingebettet.

Erst nach dem Ersten Weltkrieg äußerte sich der BfM eindeutig antiimperialistisch, dieser Wandel wird anhand der Positionen des *Bundes für Mutterschutz und Sexualreform* zur ‚Rassenfrage', zur ‚Schwarzen Schmach' und zum Imperialismus konkretisiert.

‚Rassenmischung' und Doppelmoral

Als sich die deutsche Öffentlichkeit im Zuge der Kolonialdebatten im Reichstag über die außerehelichen Verhältnisse und den Geschlechtsverkehr des Gouverneurs von Kamerun, Jesko von Puttkammer, entrüsteten, schaltete sich auch die Zeitschrift *Mutterschutz* ein und verwies auf die Heuchelei und Doppelmoral dieser Empörung, vor allem von Seiten der politischen Rechten. Einerseits kritisiert ein Artikel von 1907 über die „Sexuelle Moral im Reichstag und auf der Bühne"[65], dass außerehelicher Geschlechtsverkehr oder Beziehungen im Reich eine gängige Praxis seien und im Deutschen Reich niemand von den Männern ein Leben ohne Frauen erwarten würde. Damit verdeutlicht der/die AutorIn auch die rassistische Grundlage des Skandals. Auf der anderen Seite jedoch stimmt er/sie in die Kritik an der ‚Rassenmischung' ein:

> „Man missbilligt, und schon aus rasse-hygienischen Gründen *wohl mit Recht*, die Verbindung von weißen Männern mit schwarzen Frauen, man lässt zum großen Teile keine verheirateten Beamten in die Kolonien gehen und kann

65 Ohne AutorInnenangabe, , *Mutterschutz*, 3. Jg., Heft 6, 1907: 225-229.

sich dann nicht genug tun in Beschimpfungen, wenn die Beamten mit Frauen leben, die freiwillig den Aufenthalt in den Kolonien mit ihnen teilen." (Herv. A.D., 226)[66]

Ein zentrales Problem stellt dem Artikel zufolge die „Rohheit und Unbildung" auf sexuellem Gebiet dar. Der/die AutorIn fordert eine „Verfeinerung der Auffassung", um das „sexuelle Problem" (227) der Gesellschaft zu lösen. „Solange unsere Gegner den eigentümlichen Mut besitzen, andere zu einer Bescheidenheit aufzufordern, zu der sie selber sich nicht verpflichten, werden wir nicht aufhören, für gesundere Lebensbedingungen der Frau und für eine Verfeinerung unserer sexuellen Moral zu kämpfen." (229) In dem Artikel werden die Auseinandersetzungen um Sexualität in den Kolonien damit in den Kontext der Sittlichkeitsdebatten bzw. der fehlenden Sittlichkeit im Reich gestellt. Zudem wird kritisiert, dass die Forderung nach einer Enthaltsamkeit der weißen Männer in den Kolonien die Frage nach der Sittlichkeit im Reich ausblende. Der Schutz von weißen Frauen und die damit verbundene Gefährdung der Gesellschaft werde vergessen. Nur ein grundsätzlicher Wandel der Sexualmoral könne demnach eine Lösung des ‚Problems' der ‚Rassenmischung' sein. An dieser Stelle wird der Kampf für den Schutz und die Selbstbestimmung der (weißen) Frau bekräftigt. Die Lösung der ‚Mischehenproblematik' sei eine veränderte Sexualmoral, die auch in den Kolonien ein generatives Verantwortungsgefühl bei den weißen Männern erzeugen und die ‚Rassenmischung' damit beenden würde.

Die ‚Mischehenfrage': Die Sanktionierung weißer Männer

Zur Frage der Ehen zwischen weißen Männern und kolonisierten Frauen berichtete die Zeitschrift *Mutterschutz* in Anlehnung an Berichte anderer Zeitungen, dass sich bislang kaum Gedanken über die Folgen dieser Ehen gemacht wurde. Obwohl dem Artikel „Rassenfrage und Ehefreiheit in den Kolonien"[67] zufolge in den spanischen und portugiesischen Kolonien schon lange „das Elend des Mestizentums" deutlich geworden sei, würde das „Unwesen", das auf Samoa und in ‚Südwestafrika' am meisten grassiere, nicht verhindert, obwohl schon erste Warnungen erfolgt seien. Das vermeintliche Elend der Nachkommen aus

66 Verheiratete Beamte meldeten sich dem Artikel zufolge viel seltener für den Kolonialdienst als unverheiratete.

67 Ohne AutorInnenangabe: *Mutterschutz*, 3. Jg., Heft 11, 1907: 458-459. Hier bleibt unklar, ob es sich um einen nachgedruckten Artikel aus der *Kolonialen Zeitschrift* handelt, oder ob dieser von der Zeitschrift *Mutterschutz* selbst verfasst wurde.

Verbindungen zwischen weißen Männern und Schwarzen Frauen stellt einen beliebten Topos der (europäischen) bürgerlichen Frauenbewegung dar, die sich im Kontext der entstehenden sozialen Arbeit den ‚Mischlingen' zuwandte und diese aufgrund ihrer vermeintlichen Wurzellosigkeit und Identitätslosigkeit bedauerte.[68] Die „Rassenverschlechterung" wird als „eine natürliche Folge derartiger Verbindungen" begriffen. Die rechtliche Aufwertung der Kolonisierten durch die Ehe bedeute für die „Gesellschaft der Weissen [...] eine schwere Gefahr", daher habe sich die „schwarze Frau [...] außerhalb dieser zu bewegen." Der/die AutorIn spricht sich deshalb für eine strikte Trennung der Schwarzen und weißen Bevölkerung aus, was Konsequenzen für die Beurteilung der ‚Mischehenfrage' mit sich bringt: „Wir sind daher verpflichtet, den Satz aufzustellen, dass das Eherecht zwischen Schwarz und Weiß nicht das gleiche sein darf, dass der farbigen Frau die gesetzlichen Rechte aus einer Ehe mit dem Weissen nicht zugesprochen werden können." (458) In dem Artikel wird dafür plädiert, dass Weiße keine Ehe mit „Kanaken" oder *„Halfcasts"* eingehen dürften, wie dies vor allem auf Samoa geschehe, auch nicht aus materiellen Gründen wie einer Mitgift. Eine Ehe mit einer Samoanerin, die hier noch negativer bewertet wird als die mit einer *„Halfcast"*, solle sanktioniert werden. Der betroffene weiße Mann solle keine Anstellung beim Gouvernement erhalten. Die in dem Artikel formulierte Ablehnung einer vermeintlichen „Rassenverschlechterung" durch ‚Rassenmischung' verbindet sich hier mit der u.a. von der Frauenbewegung erhobenen Forderung nach einer Regulierung der männlichen Sexualität bzw. mit Sanktionen des männlichen Sexualverhaltens. Die Forderung ist ein Ausdruck der Wirkungsmächtigkeit rassenhygienischer und degenerationstheoretischer Diskurse im Deutschen Reich und in der Mutterschutzbewegung.

68 „European feminists took up the protection of abandoned mixed-blood children as their cause, condemning the irresponsability and double standards of European men, but so too did colonial officials who argued that these concobinary relations were producing a new underclass of European paupers [...]." (Stoler 1997: 206) Die Kinder galten als kulturell und moralisch verwahrlost und politisch gefährlich. Dem *Frauenbund der Deutschen Kolonialgesellschaft* zufolge litten die Kinder selber am meisten an ihrer Existenz. Wegen ihres Herausfallens aus der ‚rassischen' Ordnung lebten sie dem kolonialen Frauenbund zufolge in sozialem Elend (vgl. Walgenbach 2004: 222).

‚Höherzüchtung' der ‚weißen Rasse'

Bereits in einem Bericht über den Kongress der Deutschen Naturforscher und Ärzte stellte sich die *Neue Generation*[69] hinter die Positionen des Arztes Dr. Paul C. Franze, der in seinem Referat über die „Höherzüchtung des Menschen auf biologischer Grundlage" das Ziel „all unserer Bestrebungen" zusammenfasste. Mittels einer „zielbewusste[n] Gattenwahl" wolle er den „Übermenschen" realisieren (495). Der Bericht endet mit der Ankündigung eines Artikels in der Zeitschrift. In diesem Artikel, „Der wissenschaftliche Weg zur Verwirklichung der neuen Generation"[70], beschäftigt sich Franze dann mit der „Höherzüchtung" des Menschen bzw. der Schaffung einer „neuen und höheren Rasse" (182) auf biologischer Grundlage. Der radikal rassenhygienisch argumentierende Artikel geht in der Formulierung des Ziels einer ‚höheren Rasse' auch auf die dafür notwendigen Bedingungen ein, dabei fallen Begriffe wie „Material", „Reinzucht", „Auslese", und „Zuchtwahl". Franze zufolge dürfe eine „Blutmischung mit niederen bzw. fernstehenden Elementen" nur ganz vereinzelt stattfinden und müsse „dann von strengster Reinzucht gefolgt werden" (183), die „Kreuzung" mit „bedeutend tiefer stehenden Rassen" sowie „intellektuell-sittlich niederen Menschen" (188) sollte ganz vermieden werden. Diese Ablehnung einer ‚Rassenmischung' mit vermeintlich niederen ‚Rassen' stellt einen Bezug zur Frage der ‚Rassenmischung' in den Kolonien her. Franz zufolge bestehe darin eine Gefährdung der ‚Qualität' der weißen ‚Rasse'. Die Qualität der Persönlichkeit, Gesundheit, die „Wohlgestalt" sowie der „geistig-sittliche Hochstand" qualifiziere eine Person für die „Reinzucht" (189).

Dabei fordert er die Sterilisation „von Schwachsinnigen, Gewohnheitsverbrechern und ähnlichen" (ebd.) bis hin zur „Ausmerzung" der geistig und körperlich „Minderwertigen", die nicht ‚wettbewerbsfähig' seien. Der „Kampf ums Dasein" solle ihm zufolge unter den „höheren Völkern" vermieden werden. Sein rassenhygienisches Konzept soll vor allem die soziale Lage im Deutschen Reich verbessern. Im direkten Anschluss des Artikels erfolgt keine Distanzierung seitens der Redaktion. Allerdings erscheint im nächsten Heft eine kurze kritische Anmerkung, die Franze vorwirft, statt Rassenhygiene „Rassenegoismus"[71] (255) zu betreiben und einfordert, „den niedrig Stehenden, den Minderwertigen, den erblich Belasteten, den Heruntergekommenen, den Verzweifelten rettend" entgegenzukommen (254). Diese sollten dem Autor zufolge

69 Ohne AutorInnenangabe: „Rundschau über Kongresse", *Neue Generation*, 10. Jg., Heft 11, 1909: 495-497.

70 Dr. Paul C. Franze: *Neue Generation*, 6. Jg., Heft 5, 1910: 179-194.

71 Dr. J. Rutgers: „Rassenhygiene", *Neue Generation*, 6. Jg., Heft 6, 1910: 254-255. Rutgers war in der *Neomalthusianischen Liga* der Niederlande.

darin unterwiesen werden, wie sie die Zahl ihrer Nachkommen beschränken können. In diesem Kommentar zeigt sich deutlich das Konglomerat sozialpolitischer, reformpolitischer und biologistisch-rassenhygienischer Argumentationen der Mutterschutzbewegung.

Debatten um Syphilis, Prostitution und ‚Rassenmischung'

Zwangsuntersuchungen von Schwarzen Frauen in Gefangenenlagern im Kontext der kriegerischen Auseinandersetzungen in den Kolonien waren eine gängige Praxis, angeblich um die Verbreitung von Syphilis zu verhindern. Schwarze Frauen waren somit medizinischer Kontrolle unterworfen. „Die Angst vor ansteckenden, angeblich durch afrikanische Frauen verbreitete Krankheiten, ist Bestandteil eines medizinischen Diskurses, der sich nicht allein auf physische Aspekte erstreckt. Im Zentrum der medizinischen Diskussionen und Maßnahmen stand der *weibliche* Körper, denn die Zwangsmaßnahmen erstreckten sich weder auf die deutschen Soldaten noch auf die Herero-Männer." (Krüger 1999: 144) Vergewaltigungen und Zwangskonkubinate spielten in den Debatten um Syphilis als tatsächliche Gründe für deren Ausbreitung keine Rolle. Der (hygienische und medizinische) Diskurs der Gefahr einer Ansteckung durch kolonisierte Frauen verband sich mit einem Diskurs kultureller und moralischer ‚Kontamination', der durch eine räumliche Separation zwischen Weiß und Schwarz sowie ein Beharren auf der eigenen vermeintlichen Reinheit als Imperativ weißer Herrschaft abgewehrt werden sollte. Dieser Imperativ äußerte sich vor allem in den Debatten um ‚Mischehen' und ‚Rassenmischung'. Zudem zeigen sich hier Verbindungslinien zur Sittlichkeitsdebatte, in der Moral, Hygiene und Reinheit den Volkskörper, der durch Prostitution, Syphilis und Unmoral in Gefahr war, schützen und erhalten sollten. Die bereits im Abschnitt zur Krankenpflege in den Kolonien erwähnten medizinischen Zwangsuntersuchungen aller Schwarzen Frauen in Gefangenen- und Sammellagern im Zusammenhang mit dem Kolonialkrieg in ‚Deutsch-Südwestafrika', die mit der Eindämmung und Kontrolle der Syphilis begründet wurden, lösten Protest seitens des *Deutschen Frauenvereins vom Roten Kreuz für die Kolonien* aus. Sie drohten in einem Brief, mit der Veröffentlichung einen Skandal auszulösen, und forderten, die entwürdigende Untersuchung nur auf Prostituierte zu beschränken. Die Zwangsuntersuchungen gelangten tatsächlich an die Öffentlichkeit.

Die Frauenbewegung inklusive der *Neuen Generation* beschäftigte sich mit den Vorschlägen, die im Kontext mit der Eindämmung der Syphilis, der Frage nach sexuellen Kontakten und den daraus hervorgegangenen Kindern in den Kolonien formuliert wurden. Der Sozialist Dr. James Broh setzte sich in seinem Artikel „Die neue Generation in unseren Kolonien"[72] mit den Debatten des Landesrats von ‚Südwestafrika', einer Art Kolonialparlament, auseinander:[73] Der Landrat problematisierte die Zunahme der ‚Mischlinge' und empfahl verschiedene Gegenmittel zur Reduzierung der Zahl der ‚Mischlingskinder' und zur Eindämmung der Syphilis:

„1. Bordelle mit ‚unverbesserlichen' schwarzen Weibern auf den Truppenplätzen zu eröffnen, zugleich mit einem Avis an die Missionen, hiergegen nicht zu wirken.
2. Die betreffenden Weißen (d. h. nicht diejenigen, die die Bordelle aufsuchen, sondern die, die schwarze ‚Konkubinen' haben) gesellschaftlich zu boykottieren, ja sie direkt schlecht zu behandeln, wie der Vorsitzende empfahl.
3. Die Bastardkinder den Müttern wegzunehmen und in Anstalten zu erziehen." (235)[74]

Diese Vorschläge kritisierte die Abolitionistin Katharina Scheven im *Centralblatt des Bundes Deutscher Frauenvereine*, dem Publikationsorgan des BDF:

„Man findet schwer Worte, um seiner Empörung Ausdruck zu geben, wenn man mit kaltem Blute die Errichtung von ‚Bordellen mit unverbesserlichen schwarzen Weibern auf den Truppenplätzen' empfehlen hört [...]. Schon in zivilisierten Ländern ist der Verkehr in Bordellen die demoralisierendste und entwürdigendste Art des illegitimen Geschlechtsverkehrs für beide Geschlechter. In kolonialen Ländern wird er auf die denkbar tiefste Stufe der Bestialität herabgedrückt durch die in der Rassenverschiedenheit begründete, nie ganz zu besiegende Aversion des Weißen gegenüber den niedriger stehenden Farbigen, die wohl durch die geschlechtliche Gier für Momente unterdrückt wird, sich aber um so mehr in rohester Behandlung des unglücklichen Opfers äußert. Aus der Tatsache, daß es früher unter den schwarzen Frauen für eine Schande galt, sich mit Weißen einzulassen, während jetzt dieser Verkehr zunimmt, geht zwar hervor, daß der gesunde Rasseninstinkt im Abnehmen ist und daß durch die Berührung mit der Kultur auch das europäische Laster um sich greift; un-

72 *Neue Generation*, Jg. 6, Heft 6, 1910: 234-337.

73 Dr. James Broh war Jurist, Jude und engagierte sich in der SPD. Er arbeitete für verschiedene sozialistische Zeitschriften und gründete die sozialistische Jugendorganisation *Die arbeitende Jugend* sowie eine gleichnamige Wochenzeitschrift. Er trat schließlich in die USPD ein und war während der Novemberrevolution Generalsekretär des Berliner Arbeiter- und Soldatenrates. Anschließend zog er sich aus der Politik zurück. Er trat als Verteidiger in vielen großen politischen Prozessen auf und ging nach dem Reichstagsbrand 1933 ins Exil.

74 Auf der Landesratssitzung forderte der Farmer Carl Schlettwein 1910, die Kinder den Müttern zu entziehen und sie auf Kosten der Väter staatlich zu erziehen (vgl. Kundrus 2003: 256).

verbesserlich brauchen aber jene Weiber deshalb durchaus nicht zu sein." (1910, zitiert nach Mamozai 1989: 251f.)[75]

Die empörte Reaktion zeugt von einem in der Frauenbewegung verbreiteten Konglomerat aus Rassismus, kolonialem Maternalismus und Zivilisationskritik im Sinne eines moralischen Verfalls der Gesellschaft. Die Prostitution als Form des „illegitimen Geschlechtsverkehrs" ist der Autorin zufolge im kolonialen Kontext noch schlimmer, da hier noch die „Rassenverschiedenheit" hinzu komme. Die Brutalität von weißen Männern an Schwarzen Frauen wird zwar bedauert, aber eben mit der dieser Verschiedenheit zugrunde liegenden „Aversion", die nur durch die „geschlechtliche Gier" kurz unterdrückt werden kann, begründet und damit naturalisiert und legitimiert. Zugleich ist dieser Artikel einer der wenigen, der Schwarze Frauen überhaupt thematisiert, hier als Opfer weißer männlicher „Gier" und Brutalität, aber zugleich als „niedriger Stehende", als Teil einer ‚unzivilisierten' Kultur. Scheven beklagt zugleich, dass der „gesunde Rasseninstinkt" auch bei den Schwarzen Frauen schwinde, da sich die negativen Auswirkungen der europäischen Zivilisation, wie der moralische Verfall, auch in den Kolonien verbreite. Der Verweis darauf, dass die Schwarzen Frauen trotz ihres Einlassens auf weiße Männer nicht zwangsläufig „unverbesserlich" seien, knüpft an aufklärerische Motive der Erziehung, zugleich mit dem Bezug auf „gesunde Rasseninstinkte" auch an biologistische Rassendiskurse an.

Einige Monate später antwortete Hedwig Heyl als Vorsitzende des *Frauenbundes der Deutschen Kolonialgesellschaft* (FDK) im *Centralblatt* auf Schevens Artikel, bagatellisierte die von ihr kritisierten Vorschläge auf einen „Meinungsaustausch" und wies die Kompetenz der Autorin mit der Begründung zurück, das „wohl berufene Organ für die Frauenfragen in den Kolonien" sei der FDK (Heyl 1911 im *Centralblatt*, zitiert nach Mamozai 1989: 252). Zudem verkenne Scheven die Stimmung in der Kolonie, die ein Zusammenleben der ‚Rassen' nicht toleriere. Scheven zog ihre Kritik daraufhin zurück.

In der *Neuen Generation* kommentierte der Autor Dr. James Broh in seinem bereits zitierten Artikel „Die neue Generation in unseren Kolonien" die verhandelten Vorschläge ironisch: „Man wird zugeben müssen, daß diese Mittel sämtlich den Geist der Religion der Liebe atmen und sich durch die gleiche tiefe und wahre Sittlichkeit auszeichnen, die hier im Mutterlande den Stützen der Gesellschaft eigen ist." (235) In-

75 Katharina Scheven (1861-1922) gründete 1902 den Dresdener Ableger der *Internationalen Abolitionistischen Föderation* und war 1904 Mitbegründerin und erste Vorsitzende des deutschen Zweiges. Sie engagierte sich auch im *Verband Fortschrittlicher Frauenvereine*.

teressanterweise hinterfragt Broh als einer der wenigen die Kritik an der ‚Rassenmischung' generell und provokativ, da er keinen Schaden für das Deutsche Reich oder die weißen Kolonisten erkennen könne. Er sieht die Nachkommen der Verbindungen zwischen Weißen und Schwarzen als eine Art „Dolmetscher" und „Brücke" zwischen den Kulturen und Interessen. Sie könnten sogar eine „höhere Kultur" unter den Kolonisierten verbreiten. Diese grundlegende Kritik an den Mischehenverboten und der verbreiteten Angst vor ‚Mischlingen' ist dennoch mit einem rassistischen Paternalismus und der Ansicht von einer kulturellen Überlegenheit der Weißen durchsetzt. Dies zeigt sich in seinen weiteren Ausführungen noch deutlicher: Mit der kulturellen ‚Hebung' der Kolonisierten durch eine ‚Vermischung' entstünde eine „Klasse intelligenter Arbeiter für die Bearbeitung der Rohstoffe und den Export [...], während andererseits die Steigerung der Bedürfnisse fördernd auf den Import von Kulturerzeugnissen wirken muß." (336) Seine Verbindung rassistischer Stereotype (des faulen, dummen afrikanischen Arbeiters und der hohen Reproduktionsrate der kolonialen Untertanen) mit einer ökonomischen Nutzbarmachung entspricht den Prinzipien des Dernburg'schen Reformprogramms. In seinen Ausführungen bezieht sich Broh auch auf den bereits zitierten Artikel von Dr. Franze[76], der eine generelle ‚Heraufzüchtung' forderte, die ‚Rassenmischung' jedoch verhindern wollte. Broh setzt sich im Gegenzug dafür ein, auch die Kolonisierten in diese ‚Höherzüchtung' mit einzubeziehen, um die vermeintlichen Gegensätze nicht unüberbrückbar werden zu lassen. Er fordert daher die „Kreuzung der höheren mit der niederen Rasse, hier also der Weißen mit den Schwarzen", durch die „eine Höherzüchtung erreicht wird, nämlich der niederen Rasse" (337). Dadurch würde zugleich die Zahl der kolonialen Untertanen reduziert: „Die Negerweiber, die jetzt die Kinder von weißen Vätern gebären, würden sonst die schwarze Rasse vermehren helfen. Wenn die höhere Rasse ein Interesse daran hat, die niedrige auf unserer Erde zu verdrängen, so ist jedenfalls diese Methode die humanste und friedlichste." (Ebd.) Broh greift hier die Argumente, die im Kontext der ‚Rassenmischung' und der Akklimatisierungsdebatte vor allem vor den Kolonialkriegen kursierten, wieder auf: Eine ‚Mischung' hätte dieser zufolge positive Auswirkungen. Broh äußert zugleich ein Interesse an der Verminderung der kolonialen Untertanen durch die Steigerung der Geburtenraten von ‚Mischlingskindern'. Der sozialdarwinistische ‚Kampf zwischen den Rassen' sollte nach Broh ‚humanistisch' und ‚friedlich' mit der gesteuerten Reproduktion für die ‚weiße Rasse' entschieden werden. Auch das vom Sozialisten Broh formulierte Plädoyer für eine

76 *Neue Generation*, Jg. 6, Heft 5, 1910.

‚Rassenmischung' ist folglich durchdrungen vom Glauben an die Höherwertigkeit der Weißen – und damit beispielhaft für progressive, reformpolitische Organisationen der damaligen Zeit wie z.B. den BfM.

Die Kolonien als „Versuchsland" der Emanzipation

In dem Artikel „Koloniale Sexualpolitik" von Iros[77] aus dem Jahre 1912 wird die gesetzliche Lösung der ‚Mischehenfrage' als „für unsere Kultur von größter Bedeutung" (316) eingeschätzt. Die Reichstagsdebatten zur ‚Mischehenfrage' belegen laut Autor/in die Doppelmoral der Gesellschaft. „In diesen Debatten des Reichstages [...] spiegelt sich, wie an einem Schulbeispiel, die ganze Halbheit, Unklarheit und Unlogik unserer offiziellen *sexuellen Moral* wieder. [...] Wenn irgend etwas wieder einmal den Beweis liefern könnte, daß nur eine *Emanzipation der Frau* auf diesem elementarsten Lebensgebiet die Grundlage für eine vernunftgemäße sachliche Behandlung dieser gewiß nicht leicht lösbaren Rassenprobleme zu schaffen vermag, dann haben es diese Verhandlungen bewiesen." (Ebd.)

Interessanterweise wird die Lösung der ‚Problematik' in der Emanzipation der Frau gesehen. So deutlich wie in diesem Artikel wurde dieses Bestreben der Frauenbewegung äußerst selten formuliert. Iros macht sich zugleich lustig über das Verständnis, das die Abgeordneten den weißen Männern in den Kolonien entgegenbrachten und das den Kolonist als Opfer der Verhältnisse dastehen lasse: Aufgrund des Mangels an weißen Frauen könne der weiße Mann nicht anders und sei eine ‚Vermischung' nicht zu vermeiden. Zugleich, so mokiert sich Iros weiter, empörten sich die Abgeordneten über die weißen Frauen, die sich mit kolonisierten Männern einließen. „Das war mit einem Male die ärgste ‚Perversion', da gab es gar nicht Worte genug, um diese Frauen zu degradieren und abscheuerregend zu machen – da war die vorher einmütige ‚Unvermeidlichkeit' der Rassenmischung ebenso einmütig – in Vergessenheit geraten." (317) In der ungleichen Bewertung der männlichen und weiblichen Sittlichkeit trat Iros zufolge die gesellschaftliche Doppelmoral und Machtverteilung unverhüllt zu Tage. An dieser Stelle nennt Iros Zahlen der Nachkommen aus Beziehungen zwischen Kolonisten und Kolonisierten, die zu 99 Prozent aus nicht-ehelichen Verbindungen stammten und daher durch Eheverbote nicht bekämpft würden. Die Verbote seien daher ungeeignetes Mittel, um die „Vermehrung der Mischlinge zu steuern". (Ebd.)

In den Reichstagsdebatten diskutierten die Abgeordneten Möglichkeiten zur Verhinderung der ‚Vermischung'. So kam auch Kastration als

77 *Neue Generation*, Jg. 8, Heft 6, 1912: 316-323.

einzig wirksames Mittel zur Sprache, die aber nicht anwendbar sei. Dr. Carl Julius Braband von der *Deutschen Fortschrittlichen Volkspartei* wandte sich zudem gegen die Verwendung von Kontrazeptiva. Diese Haltung provozierte den Protest des BfM, denn Kontrazeptiva seien, „wenn denn schon die Vermischung ‚unvermeidlich' und das Entstehen einer Mischlingsbevölkerung kulturell so schädigend und unerwünscht ist, doch das kleinere Übel". (319) Wenn nun Staatssekretär Wilhelm Solf neben den Konkubinaten auch noch die Eheschließung auf Samoa untersage, so befürchtet Iros, bliebe als letzte Möglichkeit für sexuelle Kontakte das Bordell, das sogar der katholische Präfekt als das kleinste Übel bezeichnet habe.[78] Diese Haltung interpretiert der BfM als Zeichen der „absoluteste[n] Erniedrigung und Schutzlosigkeit der Frau" (ebd.) und weist sie schon aufgrund der Gefahr von Geschlechtskrankheiten zurück. Iros thematisiert auch den in den Reichstagsdebatten bemängelten „Rassenstolz" der weißen deutschen Kolonisten, der z.B. in England und Amerika eine stärkere „Zurückhaltung gegenüber den fremden Frauen" (320) gebracht hätte. Der nationalliberale Freiherr von Richthofen hoffte sogar, über die Eheverbote in den Kolonien ein solches ‚Rassengefühl' zu erzeugen, so dass es nicht mehr zu sexuellen Kontakten zwischen weißen Männern und kolonisierten Frauen käme. Iros widerspricht dieser Einschätzung in Anlehnung an den Sozialdemokraten Dr. Eduard David: Das „Rassengefühl" werde bei elementareren Gefühlen außer Kraft gesetzt. Zudem seien die ‚Rassen' verschieden, und in der Reichstagsdebatte sei deutlich geworden, „daß die Samoaner zu einer hervorragend schönen und gesunden Rasse gehören, durch die mancher Weiße seine Nachkommenschaft vielleicht nicht degradieren, im Rassensinne wenigstens, sondern aufbessern könne". (318) Dr. David fordere Verantwortung in der sexuellen Handlung und „für die Güte der Nachkommenschaft" (318) und kritisiere, dass „planlos Mischbevölkerung erzeugt wird". (318) Iros schließt sich dieser Position im Namen des BfM an und fordert eine solche generative Verantwortung ganz im Sinne der dargestellten Positionen der Mutterschutzbewegung ebenso fürs Deutsche Reich. Iros wendet sich im Anschluss an Dr. David jedoch gleichzeitig gegen die Stigmatisierung der unehelichen Kinder ihrer Mütter.

Der Abgeordnete Richthofen habe, so berichtet der Artikel weiter, auf die Gefahr hingewiesen, dass bei der Erlaubnis einer Ehe zwischen einem weißen Kolonisten und einer kolonisierten Frau auch ein Schwarzer Mann auf die Idee kommen könne, eine weiße Frau zu heiraten. Da-

78 Dr. Wilhelm Solf, vormals Gouverneur von Samoa, ab 1911 Staatssekretär des Reichskolonialamtes.

mit würde zugleich der Respekt vor der deutschen Frau schwinden. Dies schien die größte Gefahr zu sein, woran deutlich wird, dass es bei diesen Debatten nicht nur um die Kolonien ging, sondern auch um die vor dem Ersten Weltkrieg zugespitzte Debatte um die (rassenpolitische) Definition der Nation, bei der die Gleichsetzung von deutsch und weiß festgezurrt wurde. Der Artikel in der *Neuen Generation* macht für den größeren ‚Rassenstolz' in England und Amerika die höhere Stellung der Frau in der Gesellschaft verantwortlich – im Sinne einer „gerechten Verteilung der sexuellen Rechte und Pflichten, der sexuellen Freuden und Lasten" (320) – und kritisiert die diesbezüglich noch rückständigen Verhältnisse in Deutschland.

„In den Kolonien müssen die jungen Männer, zum Schaden der Kultur, sich ‚unvermeidlich' mit fremden Frauen vermischen, und es wird dadurch ein gefürchtetes Mischlingsgeschlecht herangezogen, während in der Heimat Hunderttausende von blühenden jungen Frauen um Liebes- und Mutterglück betrogen werden. Auf der einen Seite haben wir die Frau im Bordell, wo sie als Ausgestoßene, Verworfene, Paria nur der Geschlechtslust des Mannes zu dienen verpflichtet ist, – auf der anderen Seite die ‚anständige' Frau, die die Stillung des menschlichsten aller Bedürfnisse mit ihrer bürgerlichen Ehre bezahlen muß, wenn ihre wirtschaftlichen Verhältnisse ihr eine Ehe nicht gestatten." (320)

Die ‚Missstände' in den Kolonien – dass weiße Männer sich ‚zwangsläufig' wegen der Abwesenheit weißer Frauen mit Schwarzen Frauen einlassen müssten – und die Angst vor dem „gefürchteten Mischlingsgeschlecht" werden in Zusammenhang mit den ökonomischen und sittlichen Missständen gebracht, denen Frauen im Deutschen Reich ausgesetzt waren. Zudem wird die Problematik der bürgerlichen Geschlechtermoral thematisiert, innerhalb derer die Frau entweder als Prostituierte sexuell vom Mann ausgebeutet oder völlig entsexualisiert und ihrer Bedürfnisse entledigt werde. Die Stärkung der weißen deutschen Frau, die der BfM forderte, würde auch den im Deutschen Reich vermissten ‚Rassenstolz' heben. Die MutterschutzvertreterInnen verbanden somit in ihrer Auseinandersetzung mit der Kolonialpolitik die Debatten um Sittlichkeit und eine neue Ethik mit rassenhygienischen Diskursen und rassistischen Positionen, die eine Politik der Dissimilation etablieren und durchsetzen könnten. Die Mitwirkung von Frauen an der kolonialen Gesellschaft und Herrschaft hat folglich Priorität vor einer Kritik der kolonialen Praxis: „Wenn es der Regierung und den sie unterstützenden Parteien um die Eindämmung einer Mischlingsrasse im Ernste zu tun ist, warum gibt man dann nicht den weißen Frauen dort solche Gesetze, solche Rechte, daß es auch sie locken kann, dort an der Kolonisierung und Kultivierung, auch unter den erschwerten Verhältnissen mitzuarbeiten?" (320) Auch hier taucht das Motiv des „Versuchslandes" auf, wie bereits bei Minna Cauer und dem Verein *Frauenwohl*, demzufolge die Emanzipation der Frauen und die völlige Gleichberechtigung auf politischer Ebene zum ‚Test' in den Kolonien eingeführt werden sollte, um das ‚Rassenproblem' zu lösen. „Vielleicht könnte man dort schon, als in einem Versuchslande, den Frauen die völlige Gleichberechtigung auch auf politischem Gebiete geben, die man ihnen im Vaterlande zu geben heute noch zögert." (320)

Obwohl sich die Frauen der radikalen Frauenbewegung für das koloniale Projekt anboten und hofften, eine Emanzipation über die in den Kolonien herrschende Rassenpolitik zu erreichen, hinterfragt Iros dennoch die rassistischen Stereotype gegenüber Schwarzen. Er/Sie weist die Vergewaltigungen weißer Frauen von Schwarzen Männern als Mythos zurück und rückt stattdessen die Ausbeutungs- und Vergewaltigungspraxis weißer Männer in den Kolonien in den Vordergrund. Hierbei kommt es jedoch weniger zu einer Solidarisierung mit den Schwarzen Frauen, sondern die Verbreitung von Geschlechtskrankheiten und die Sittlichkeit stehen im Mittelpunkt der Kritik. Erst die weißen Männer hätten das Problem der Geschlechtskrankheiten in die Kolonien gebracht, und die Problematik verschärfe sich weiter, da die sexuellen Kontakte in den Kolonien immer stärker auf die Prostitution verschoben würden. „Gerade das schwierige Problem der Rassenmischung bringt die ungeheure Bedeutung der sexuellen Frage und der gewaltigen Umwälzung, die eine Reform der sexuellen Moral bedeutet, wieder aufs Schärfste zum Bewusstsein." (322) Daher kritisiert der/die AutorIn die Mehrheit der Frauenbewegung, die die vom BfM geforderte Reform nicht mittrage, und übt auf der einen Seite radikale Kritik an weißen Männern und ihrem verantwortungslosen Verhalten in den Kolonien (wie auch im Reich). Auf der anderen Seite führt Iros die Hierarchisierung der ‚Rassenkonstruktionen' von SamoanerInnen, Schwarzen und Weißen, die an der Spitze stünden, weiter fort, wie sich in der unterschiedlichen Bewertung der verschiedenen ‚Mischungen' zeigt.

Um die Verbreitung der Geschlechtskrankheiten in den Kolonien anzuprangern, bezieht sich die *Neue Generation* auf einen Bericht Dr. Paul Rohrbachs aus Kamerun, den sie als den „bekannten wissenschaftlichen Verfechter des deutschen Imperialismus" bezeichnet. Dieser berichtet von der „grauenerregenden Zunahme der Geschlechtskrankheiten unter den Eingeborenen“ (327)[79] und beklagt den damit einhergehenden Bevölkerungsrückgang. Er schildert, ganz im Einklang mit kolonialer Propaganda, wie leichtfertig sich die Schwarzen Frauen verkauften bzw. sogar von ihren Männern verkauft würden. Rohrbach begründet die „zunehmende Verseuchung“ (328) mit der behaupteten Leichtfertigkeit der Schwarzen Frauen und der Geldgier der schwarzen Männer und verschiebt damit die Verantwortung von den weißen Männern bzw. der Kolonialpolitik auf die kolonisierte Bevölkerung.

Rohrbachs Bedauern über den Rückgang der kolonisierten Bevölkerung knüpft an Diskurse um ‚Rasse‘ und Geschlecht sowie körperpolitische Diskurse über die kolonisierte Bevölkerung an, u.a. an den der ökonomischen Nutzbarmachung der kolonisierten Bevölkerung.

Die wissenschaftliche Betrachtung der ‚Rassenmischung‘

Noch 1914 beschäftigt sich ein Artikel der *Neuen Generation* mit der „Rassenmischung und Mischehenfrage.“[80] Der Autor Freiherr von Reitzenstein, Abteilungsleiter des Hygiene-Museums in Dresden, setzt sich für eine rein wissenschaftliche – statt der bisherigen, seiner Meinung nach politischen – Auseinandersetzung mit der ‚Rassenmischung‘ ein. Deren Folgen könnten nicht durch Reiseberichte, sondern nur durch jahrhundertelange Beobachtungen erfasst werden. Er lehnt die Vorstellung von ‚reinen Rassen‘ bis auf einige Ausnahmen ab. Obwohl er zugesteht, dass jede ‚Rasse‘ in bestimmten Merkmalen unterlegen und in anderen überlegen sei, fügt er hinzu, „daß der Sprung von Weißen zu Negern ein großer“ (241) sei und dass sich nicht jede ‚Mischung‘ sofort ‚bewährt‘. Gleichzeitig grenzt er sich von „zu leichtfertigen Rassenvorurteilen“ ab (316). Solche Nachkommen seien nicht schlechter als andere Individuen. Er macht soziale Gründe für die bestehenden Unterschiede verantwortlich, die u.a. durch das rücksichtslose Vorgehen der Kolonialisten geschaffen und aufrechterhalten worden seien. Seine Kritik an der kolonialen Praxis und leichtfertigen ‚Rassenvorurteilen‘ sowie seine zustimmende Haltung zur ‚Rassenmischung‘ hindern von Reitzenstein jedoch nicht daran, Weiße als höherwertig und überlegen darzustellen.

Von Reitzenstein setzt sich im Weiteren mit der Reproduktionsfähigkeit der ‚Mischlinge‘ auseinander. Er nimmt Bezug auf die Untersuchungen Eugen Fischers, der die „wertvolle Bastardisierung“ in den

79 Ohne AutorInnenangabe: „Sexualleben in den Kolonien“, *Neue Generation*, Jg. 9, Heft 6, 1913: 327-328.

80 *Neue Generation*, Jg. 10, Heft 5, 1914: 239-306 sowie die Fortsetzung in Heft 6, 1914: 307-324. Das Hygiene-Museum wurde 1912 im Anschluss an die 1. Internationale Hygiene-Ausstellung 1911, zu der fünf Millionen BesucherInnen nach Dresden kamen, gegründet.

Kolonien beschrieben habe, und überträgt den Begriff der „Veredelungskreuzung" auf den Menschen. Diese hätte eine positive Wirkung auf die Kolonien. Fischer geht im Gegensatz dazu davon aus, dass „die Mischehen zur Aufnahme von minderwertigem Blut in ‚unser Volk' führen". Von Reitzenstein erwidert pragmatisch: „Wenn eben unser Volk als reines nicht zu erhalten ist, dann muß eben auch hier das Gute die Stelle des Besseren vertreten." (323) ‚Mischlinge' seien widerstandsfähiger als Weiße, die nach den Erkenntnissen der Akklimatisierungsdebatte nicht dauerhaft in den Tropen leben könnten. Ängste, dass diese „Mischlinge zu unbequemen Führern der Eingeborenen werden können" (320), weist von Reitzenstein mit dem Argument zurück, dass das „Mischlingsindividuum [...] aber genau dasselbe Erziehungsobjekt wie ein Kind" (320) sei. Den aufklärerischen Erziehungstopos verbindet er mit dem Argument der ökonomischen Nutzbarkeit. Abschließend plädiert von Reitzenstein dafür, aus den Kolonisierten „eine bodenständige Bevölkerung zu schaffen, die dann, [...] für unsere Kolonien wertvoll sein wird und Arbeitskräfte liefert". (322) Da die untere Verwaltungsebene mit Einheimischen aus den Kolonien besetzt werden könne, sei es besonders wichtig, diese zu ‚heben'. „Ist nun aber die Rassenmischung als solche nicht schädlich, dann kann es natürlich die Mischehe auch nicht sein, um so weniger als durch die Ehe unter den heute gegebenen Verhältnissen das Milieu der Kinder gehoben wird." (323f.) Von Reitzenstein entwickelt seine Positionen mit Bezugnahme auf soziale und rassenhygienische ‚Lösungen' und Erklärungsmuster für die sozialen Probleme der Gesellschaft. Dies entspricht durchaus der Herangehensweise des BfM. Seine ungewöhnliche Offenheit gegenüber der ‚Mischehe' steht im Kontext einer Rationalisierung der Kolonialpolitik sowie einer Kritik an der bisherigen Kolonialpolitik und schreibt die Höherwertigkeit der weißen ‚Rasse' jedoch zugleich fest.

Zur Legitimität unterschiedlicher ‚Mischehen'

Der Artikel „Was heißt Mißheirat"[81] beschäftigt sich mit der Frage, welche Ehe gesellschaftlich unziemlich sei, wie z.B. die zwischen Angehörigen unterschiedlicher Klassen.

„Die politischen Parteien urteilen über die Mesalliance auch sehr verschieden. Die konservativen Adligen nennen jede Verbindung mit einer bürgerlichen Deutschen oder einer wenn auch adligen Polin so. Die Sozialdemokraten wiederum verneinen ganz diesen Begriff, wenigstens in der Theorie. Alles was Menschenanlitz trägt, ist ihnen gleichberechtigt. Sie haben daher auch gegen das Verbot der Mischehen zwischen Kaukasiern und Negern in unseren Kolo-

81 Dr. Walter Peters: *Neue Generation*, Jg. 12, Heft 5/6, 1916: 142-147.

nien gestimmt, als im Reichstag eine dahin zielende Vorlage zur Verhandlung stand.“ (143)

Diese Haltung der Sozialdemokraten kritisiert der Autor und wertet ‚Mischehen‘ je nach Herkunft der Ehepartner unterschiedlich.

„Es wäre eine Übertreibung des nationalen Prinzips, die Vermischung der Deutschen mit den innerhalb unserer Grenzen lebenden Polen, Dänen, Elsässern und Juden zu mißbilligen, denn das Deutschtum hat in unserem Reiche ein so starkes Übergewicht, daß solche Mischehen ihm keinen Abbruch tun können. Dagegen ist die eheliche Vereinigung eines Deutschen mit einer Negerin oder Hottentottin in unseren Kolonien eine ausgesprochene Mesalliance. Denn die Eingeborenen in unseren Schutzgebieten stehen auf einer so niedrigen geistigen Stufe, daß mit ihrer Bildungsfähigkeit nicht ernstlich gerechnet werden kann.“ (146f.)

Der Autor Dr. Peters glaubt im Gegensatz zu von Reitzenstein nicht an die Möglichkeit einer ‚Hebung‘ von Schwarzen und hält an einem unüberwindlichen Gegensatz von Weiß und Schwarz fest. Im europäischen Kontext glaubt er an die Übermächtigkeit des ‚Deutschtums‘, weshalb ‚Mischehen‘ mit nationalen Minderheiten nicht gefährlich seien. Er schreibt damit den Gegensatz zwischen Europa und Afrika als grundlegend fest.

Nationaler Blutmangel

Eine ‚interessante‘ These zum Thema ‚Mischlinge‘ bringt die Rezension von Dr. Ernst Herrmann über „Die Seele der Völkischen“ von Brunold Springer in die Diskussion ein.[82] Springer stellt in seinem Buch die Frage, warum z.B. Juden die größten Antisemiten und Polen die größten Deutschnationalisten sein könnten. Dies liege seiner Meinung nach an ‚rassischen‘ Gründen:

„Die Nationalisten überkompensieren einen nationalen Defekt, einen Blutmangel, einen Geburtfehler durch Geschrei und Gepränge. [...] Er [der Autor Springer, A.D.] führt den Nachweis, daß die Nationalistenführer in allen Ländern fast ohne Ausnahme Mischlinge, ganz oder teilweise unechtes Blut sind. Damit ist ein biologisches Gesetz gefunden. Jede Überbetonung des sogenannten völkischen Geistes ist das sichere Zeichen für die Herkunft aus einer fremden Rasse.“ (63)

---

82 *Neue Generation*, Jg. 23, Heft 2, 1927: 63-64.

Herrmann kritisiert und pathologisiert das übertrieben Völkische und verknüpft zugleich die ‚Nation' mit ‚Blut'. Ein ‚nationaler Blutmangel' führe zur Überkompensation. Die Kritik am übermäßigen Nationalismus wird mit einer Kritik an der ‚Rassenmischung' untermauert.

Der Bund für Mutterschutz nach dem Verlust der Kolonien

Im folgenden Abschnitt geht es um die Argumentationen des *Bundes für Mutterschutz* nach dem Verlust der Kolonien. Dabei stehen die Positionen zu ‚Rassen', dem Kolonialismus bzw. Imperialismus und dem Zusammenhang zum Geschlechterdiskurs im Vordergrund. Besonders interessant erweist sich eine Auseinandersetzung mit der Debatte um die sog. ‚Schwarze Schmach', da diese ein wichtiges Moment der Reformulierung kolonialrassistischer Bedrohungsszenarien war. An der Debatte beteiligten sich verschiedene Frauenverbände wie auch die Frauenbewegung, daher wird dieser Debatte ausführlicher nachgegangen bzw. im breiteren historischen Kontext dargestellt; die Verknüpfung von Rassediskursen mit Geschlechterdiskursen brachte Konstruktionen weißer Weiblichkeit hervor.

Doch zunächst zu einem beispielhaften Zitat Helene Stöckers zum Ersten Weltkrieg, um die Kontinuität rassenhygienischer, sozialdarwinistischer Deutungsmuster aufzuzeigen, die sich mit Rassendiskursen verknüpften. Im Ersten Weltkrieg waren sozialdarwinistische Deutungsmuster prominent, um die Auswirkungen des Krieges zu beschreiben und kritisieren. So argumentiert Helene Stöcker in einem Vortrag vor der *Berliner Gesellschaft für Rassenhygiene* noch 1917, dass

„[...] der Krieg der kontraselektorische Faktor par excellence ist, daß er nicht nur im ungeheuerlichsten Maße die guten, tüchtigen, hoffnungsvollsten Elemente innerhalb einer Nation vernichtet, sondern daß dieser Krieg der weißen Rassen untereinander außerdem *die Herrschaft der weißen Rasse der gelben und schwarzen gegenüber* außerordentlich gefährdet. Wenn wir schon vor dem Kriege so oft von den Gefahren der gelben Rasse hören konnten, so hat sich seitdem diese Gefahr noch ungeheuer vermehrt." (Helene Stöcker 1917, zitiert nach Herlitzius 1995: 277, Herv. von Herlitzius)

Die sozialdarwinistische Begründung ihrer Kriegskritik beklagt die Schwächung der Nation und der weißen ‚Rasse', womit die weiße Herrschaft in Gefahr sei. Die imperiale Herrschaft der ‚weißen Rasse' und ihre vermeintliche Überlegenheit stellt demnach auch Helene Stöcker nicht in Frage.

Nach dem Krieg positioniert sich der *Bund für Mutterschutz* eindeutig gegen Rassismus und Imperialismus. Das Beispiel der ,Schwarzen Schmach' erweist sich als besonders interessant, um nicht nur die Positionen der Mutterschutzbewegung, sondern von Frauenverbänden unterschiedlichster politischer Ausrichtung herauszuarbeiten, und damit das Spannungsfeld zwischen Geschlecht und ,Rasse' zu beleuchten.

Bereits während des Ersten Weltkrieges begann der Propagandafeldzug gegen die Kolonialsoldaten der Alliierten, die diese, anders als die deutsche Kriegspartei, in Europa einsetzten (vgl. Koller 2001; Maß 2006:76ff.). Für gefangen genommene Schwarze Soldaten bekamen die deutschen Truppen Sonderprämien, während zugleich die angebliche Bestialität der Schwarzen in den deutschen Medien verbreitet wurde (vgl. El-Tayeb 2001: 158). Die Bemühungen der deutschen Seite, die nichtweißen Kolonialsoldaten aus den Besatzungstruppen ausschließen zu lassen, blieben erfolglos. Erst ab 1920 erfuhr die Präsenz der Kolonialtruppen eine breite öffentliche Aufmerksamkeit in der deutschen Bevölkerung (vgl. Koller 2001: 207). Nach dem Abschluss des Versailler Vertrages besetzten französische Truppen das linke Rheinufer sowie Frankfurt und Kehl.[83] Diese Besatzung war auf 15 Jahre angesetzt, dabei wurden Schwarze Kolonialsoldaten auf deutschem Boden stationiert. Dies stellte für die deutsche Bevölkerung eine Provokation dar, vor allem nach dem Verlust der eigenen Kolonien. Frauenverbände beteiligten

83 Alle Parteien außer der radikalen Linken lehnten den Versailler Vertrag ab, vor allem, weil Deutschland darin als Verursacher des Weltkriegs festgeschrieben wurde, des weiteren wegen der Reparationszahlungen und Gebietsabtretungen. Der Vertrag wurde sogar als „Vergewaltigung" oder als „Vernichtungsfrieden" bezeichnet (Maß 2006: 73). Aus heutiger Sicht des Forschungsstandes der Geschichtswissenschaften gilt der Versailler Vertrag als Kompromisslösung. Die offizielle Anerkennung des Vertrages war begleitet von einer breiten nationalistischen Mobilisierung. Von deutschen Reichsstellen gelenkt, entstand eine von antidemokratischen, konservativen und sozialdemokratischen Kräften getragene Propagandabewegung, die den Friedensvertrag revidieren und die Anerkennung der deutschen Kriegsschuld zurücknehmen wollte. Diese war zugleich, trotz der Beteiligung von Sozialdemokraten, gegen sozialistische und kommunistische Strömungen und Tendenzen ausgerichtet. Der Vertrag von Versailles spielte im politischen Engagement rechter Frauen eine wichtige Rolle. Sie organisierten z.B. Protestkundgebungen gegen den Vertrag und kämpften im Bündnis mit vielen Frauenverbänden wie z.B. dem BDF gegen die Kriegsschuldthese, die im Versailler Vertrag festgeschrieben worden war (vgl. Süchting-Hänger 2002: 217ff.). Der 1921 gegründete *Deutsche Frauenausschuß zur Bekämpfung der Schuldlüge* war die oberste Koordinierungsinstanz der Proteste. Ihm waren 52 bürgerliche Frauenvereine angeschlossen. Parallel zur sog. Kriegsschuldlüge wurde auch die sog. Kolonialschuldlüge zurückgewiesen, nach der die deutsche Kolonialmacht sich als unfähig zur Kolonialherrschaft erwiesen habe.

sich massiv an der rassistischen Hetze gegen die Kolonialsoldaten und radikalisierten sie.

Im Mittelpunkt der Propaganda gegen die Schwarzen Soldaten standen angebliche Vergewaltigungen weißer Frauen, sog. Lustmorde, sowie Bordelle, in denen weiße Frauen Schwarze Soldaten empfangen würden bzw. die Zunahme der Prostitution und von Geschlechtskrankheiten. Auseinandersetzungen über ‚Rassenmischung' blieben daher in der deutschen Öffentlichkeit präsent und richteten sich gegen die Kolonialtruppen.

Frauen hatten, so ist entgegen früherer Forschung mittlerweile belegt, einen erheblichen, wenn nicht sogar überwiegenden Anteil an der Kampagne und der Propaganda gegen die ‚Schwarze Schmach' (vgl. Maß 2006: 89). Auf Initiative der deutschen Regierung gründete sich eine Frauenorganisation für den politischen Kampf: 1920 wurde Margarete Gärtner beauftragt, unter dem Dach der *Rheinischen Frauenliga* die führenden Vertreterinnen der Frauenbewegung zusammenzuführen.[84] Die Liga sollte, obwohl der Reichskanzlei unterstellt, als unabhängiger und – aufgrund der hohen Mitgliederzahlen der großen Frauenvereinigungen – als mächtiger Protest der Frauenbewegung in der Öffentlichkeit erscheinen. Die in den folgenden zwei Jahren organisierte rassistische Kampagne wurde vom Staat finanziert und von einem breiten Spektrum von Frauenorganisationen, Parlamentarierinnen und Vertreterinnen der Frauenbewegung unterstützt.[85] Die auch vom Krupp-Konzern finanziell unterstützte *Rheinische Frauenliga* druckte schon vor der Gründungsversammlung im Juni 1920 die in den folgenden Jahren populärste Propagandabroschüre „Farbige Franzosen an Rhein und Ruhr. Ein Notschrei deutscher Frauen". Sie beinhaltete Aufzählungen von allen vermeintlichen sexuellen Übergriffen und Gewalttaten an weißen deutschen Frauen und der rheinischen Bevölkerung. Die Broschüre wurde mit Hilfe des Auswärtigen Amtes in verschiedene Sprachen übersetzt und ins Ausland verschickt (vgl. Koller 2001: 114ff.). Sie inszenierte die weißen deutschen Frauen als Opfer der Schwarzen Soldaten mit ihrer ungezügelten Sexualität. Der vergewaltigte weiße Frauenkörper wurde darin mit dem Bild des ‚vergewaltigten Deutschlands' in eins gesetzt. Unzählige Veranstaltungen und öffentliche Kundgebungen wurden organisiert, Reden gehalten und Pressearbeit koordiniert. Ebenfalls im Jahre 1920 beschloss der *Bund pfälzischer, saarländischer und rheinisch-westfälischer Frauenvereine* eine Protestresolution, die im bayri-

84 Gärtner hatte vorher u.a. als Sekretärin im Reichskolonialamt gearbeitet.

85 Mit dem *Deutsch-Evangelischen Frauenbund*, dem *Katholischen Frauenbund Deutschlands* und dem BDF wurden Konferenzen abgehalten, um die Propagandaarbeit zu koordinieren.

schen Landtag und in der Nationalversammlung debattiert wurde. Die Debatte um die Kolonialsoldaten 1920 in der Nationalversammlung wurde vor allem von Parlamentarierinnen getragen, alle Parteien außer der USPD verurteilten dabei die Verwendung der Kolonialsoldaten als ‚Schmach' und sahen dies als Gefahr für Frauen und Kinder an (vgl. Maß 2006: 91f.). Der Einsatz der Kolonialsoldaten seitens der Franzosen wurde vor allem von den Parlamentarierinnen als besondere Demütigung und Herabsetzung weißer Frauen gebrandmarkt, die Franzosen seien demnach Schuld an dem entstehenden Rassenhass.[86] Dabei wurde eine ‚natürliche' Gegnerschaft von Frauen zu den Kolonialsoldaten konstruiert.

Die *Neue Generation* reagierte mit einem Artikel auf einen Aufruf gegen die ‚Schwarze Schmach'.[87] Darin protestieren 20 deutsche Frauenvereinigungen „gegen die stetig zunehmenden Sittlichkeitsvergehen farbiger Truppen in den besetzten Gebieten" (216). Sie appellierten besonders an die Unterstützung der Schweizer Frauen vom Völkerbund. Die *Neue Generation* druckte kommentarlos die abschlägige Antwort aus dem *Schweizer Frauenblatt* ab, denn der Appell

> „entbehrt der überlegenen Güte von Mensch zu Mensch, die wir ganz besonders gern als weibliches Charakteristikum ansprächen, läßt auch Haß und Verachtung reichlich durchschimmern, einer Verachtung der farbigen Rassen, die international fühlenden Frauen fremd sein sollte. So sehr wir also Leid und Empörung der deutschen Frauen Verständnis entgegenbringen und so dringend wir die Notwendigkeit einer Abhilfe einsehen, so verhindern uns doch jene nationalistisch gefärbten Gefühle daran, daß wir uns völlig mit dem Aufruf einverstanden erklären könnten." (Ebd.)[88]

Allerdings äußerten die Schweizer Frauen in ihrer Antwort Mitgefühl: „Sie werden mit den deutschen Frauen wünschen, daß die Besetzung

---

86 Die Sozialdemokratinnen konnten so ihre Beteiligung an der rassistischen Kampagne legitimieren, die dem Parteiprogramm der Sozialdemokraten eigentlich widersprach.

87 Ohne AutorInnenangabe: „Die Völkerversöhnung und die Geschlechter. Weiße Frauen", *Neue Generation*, Jg. 21, Heft 6/7, 1920: 216-217.

88 Auch international wurde über die Kampagne verhandelt. In Italien und Schweden schloss man sich der Empörung gegen den Einsatz Schwarzer Soldaten an, in den USA und in den Niederlanden gab es zunächst auch Unterstützung gegen die ‚Schwarze Schmach'. Die amerikanische Frauenbewegung wandte sich schließlich unter Einfluss der Afro-Amerikanerin Mary Church Terell, die eine leitende Funktion in der amerikanischen Sektion der *Women's International League for Freedom and Peace* inne hatte, gegen die Kampagne. Die niederländische Frauenbewegung lehnte die Kampagne als deutsch-nationalistisch ab (vgl. Maß 2006: 83ff.).

deutschen Gebietes vom ethischen und nicht zuletzt vom hygienischen Standpunkt aus zu würdigeren Formen gelange", wobei mit dem Begriff ‚hygienischer Standpunkt' wohl die Anwesenheit Schwarzer Soldaten und die potenzielle Gefahr einer ‚Vermischung' und der vermeintlichen Verbreitung von Krankheiten gemeint war.

Auch AutorInnen der *Neuen Generation* distanzierten sich z.T. von den Kampagnen gegen die ‚Schwarze Schmach'. So wird ein Artikel aus der *Freiheit* zitiert, in dem vor allem über die sittlichen Verfehlungen der weißen deutschen Frauen berichtet und die behauptete Gewalt der Schwarzen Männer zurückgewiesen wird.[89] Einerseits wird die ‚Schwarze Schmach' damit als Mythos zurückgewiesen, andererseits werden die weißen Frauen aber dafür kritisiert, dass sie sich mit Schwarzen Männern einließen oder sie im Bordell empfingen. Dies erfülle mit Scham und Ekel (vgl. 165). Die Redaktion der *Neuen Generation* merkt dazu an, dass auch das Gebaren der Männer, die solche Häuser besuchten, also das der Schwarzen Männer, zu kritisieren sei. Sexuelle Beziehungen und Kontakte zwischen weißen Frauen und Schwarzen Männern lehnten sie scheinbar weiterhin ab.

Käthe Schirmacher wollte die Besatzung des Rheinlandes sogar auf dem Anti-Sklaverei-Kongress 1921 in Rom behandeln, sie sah weiße Deutsche als von den Schwarzen Soldaten versklavt an (vgl. Maß 2006: 130). Nur wenige Frauen widersetzten sich der rassistischen Propaganda. Mitglieder der USPD störten öffentliche Kundgebungen der *Rheinischen Frauenliga*, auch linke und pazifistische Frauen stellten sich gegen die Kampagne, wie die beiden Mitglieder der deutschen Vertretung der *Women's International League for Freedom and Peace* Lilli Jannasch und Anita Augspurg. Jannasch gab die Broschüre „Schwarze Schmach, schwarz-weiß-rote Schande" heraus, die die Kampagne scharf kritisierte. Auch Jannasch stimmte jedoch mit in die Kritik an der Stationierung der Schwarzen Soldaten ein, die für beide Seiten zutiefst bedauerlich sei. Die weißen Frauen, die Verbindungen mit Schwarzen Männern eingingen, bezeichnete sie als „weiße Schmach" und „widerwärtig" (Maß 2006: 95). Hier zeigt sich, dass selbst die kritischsten Stimmen tief im Rassendiskurs verankert waren und sich für eine als natürlich angesehene Trennung zwischen Schwarz und Weiß einsetzten. Auf dem Kongress der *Women's International League for Peace and Freedom* in Den Haag 1922 protestierten einige deutsche Delegierte gegen die Anwesenheit der Kolonialtruppen im Rheinland (vgl. Koller 2001: 114ff.).

89 Der Bericht über die Besatzung in Speyer und die sittliche Verfehlung weißer Frauen wird in dem Artikel „Die weiße Schmach", *Neue Generation*, Jg. 22, Heft 5/6, 1921: 165-166, zitiert.

Der Einmarsch französischer und belgischer Truppen ins Ruhrgebiet 1923 stieß in allen politischen Lagern auf Empörung und weckte die Hoffnung auf eine einigende, nationale Erhebung. Die Proteste gegen die Besatzung wurden zunächst von der Regierung initiiert, schon bald aber von einem breiten gesellschaftlichen Spektrum getragen: von Parteien, nationalistischen Vereinen, Berufs- und Frauenverbänden bis hin zu Kirchen und der Großindustrie.

„Die nationale Resolidarisierung sollte die soziale Entsolidarisierung überdecken und überbrücken. Auch unter den bürgerlichen Frauenorganisationen kam es wiederum zu breit angelegten Gemeinschaftsaktionen. Die konservativen Frauen stellten die Hilfsaktionen, in denen es vor allem darum ging, Kinder aus dem Ruhrgebiet zu bringen, unter das Motto eines ‚Kinderkreuzzuges' [...]." (Süchting-Hänger 2002: 231)

Die Propaganda schürte den Hass gegen die Kolonialsoldaten als vermeintliche Vergewaltiger; konservative und gemäßigte Frauen engagierten sich für die ‚bedrohten Schwestern' in den besetzten Gebieten. El Tayeb betont die pornographische Ausrichtung der völkischen, nationalistischen und rassistischen Propaganda, die von Übergriffen auf weiße Frauen in den besetzten Gebieten und vermeintlichen Gräueltaten berichtete. „Auch hier waren es Metaphern der Körperlichkeit, die den Frauen Leid und Elend der besetzten Gebiete versinnbildlichen sollten." (Süchting-Hänger 2002: 232)

Auch Helene Stöcker empörte sich über die Rheinlandbesetzung 1923 und bezieht sich auf Gandhis Gewaltfreiheit als mögliches Vorbild, um gegen die Besatzung aktiven, aber waffenlosen Widerstand zu leisten.[90] Vor allem kritisiert sie die einseitige Schuldzuweisung nach dem Ersten Weltkrieg und fordert, vielmehr den Militarismus und die Kriegsbegeisterung in ganz Europa zu untersuchen und zu hinterfragen. Ein Aufruf zum gewaltfreien Widerstand vieler Friedensgruppen, u.a. des *Bundes für Mutterschutz und Sexualreform*, richtet sich jedoch zugleich gegen Angriffe und Ausschreitungen gegen Ausländer:

„Jeder, der Ausländer in Deutschland drangsaliert und boykottiert, begeht eine grenzenlose Torheit; denn er zerstört ausländische Sympathien, verjagt vielleicht die Leute, die wir dringend brauchen, beschwört Vergeltungsmaßnahmen herauf gegen eine viel größere Zahl von Deutschen im Auslande [...]." (35)[91]

---

90 Helene Stöcker, „Ruhrbesetzung und waffenloser Widerstand", *Neue Generation*, Jg. 24, Heft 1/2, 1923: 1-5.

91 Flugblatt zur Ruhrbesetzung, *Neue Generation*, Jg. 24, Heft 1/2, 1923: 34-36.

Mitte der 1920er Jahre verlor die Debatte um die ‚Schwarze Schmach' an politischer Integrationskraft. Die ‚Schmach' blieb jedoch präsent durch die afrodeutschen Kinder, die sog. ‚Rheinlandbastarde', die in Folge von Beziehungen oder sexuellen Kontakten weißer Frauen mit Schwarzen Soldaten geboren wurden. Diese Kontakte verweisen auf eine heterogenere Einstellung der Bevölkerung zur Anwesenheit Schwarzer Truppen, als die Kampagne zur ‚Schwarzen Schmach' glauben lässt (vgl. Campt 2004: 31ff.). Beziehungen zwischen weißen Frauen und Schwarzen Männern erfüllten dabei die schlimmsten Befürchtungen der seit langem geführten (kolonialen) Debatten über ‚Rassenmischung': Die Penetration des weißen Frauen- als Volkskörper. Die afrodeutschen Kinder wurden systematisch erfasst. Später erleichterte diese Registrierung die Zwangssterilisierung von Afro-Deutschen unter den Nationalsozialisten (vgl. El-Tayeb 2001: 169).[92] Zunächst gab es Pläne, diese Kinder nach Frankreich auszuweisen oder zu Missionsgesellschaften mit Niederlassungen in Afrika zu schicken. Diese Pläne scheiterten jedoch, da die meisten dieser Kinder unehelich waren und daher die deutsche Staatsbürgerschaft besaßen. In der zweiten Hälfte der 1920er Jahre erfolgten im Reichstag immer wieder Anfragen bezüglich der Zahl der afrodeutschen Kinder. Ab 1927 wurde in deutschen Behörden über ihre Zwangssterilisierung nachgedacht.

Sandra Maß (2006) sieht in der Kampagne der ‚Schwarzen Schmach' ein Beispiel dafür, wie über die Verknüpfung von ‚Rasse' und Geschlechterkonstruktionen versucht wurde, Kriegsgewalt, Niederlage und Verlust der Großmachtstellung zu bearbeiten. Durch die Propaganda der ‚Schwarzen Schmach' konnte sich das Deutsche Reich vom Aggressor des Ersten Weltkrieges in ein Opfer verwandeln. Man setzte auf eine weiße ‚Rassensolidarität', die das schlechte Bild des Deutschen Reichs im europäischen Ausland allmählich revidierte. Die rassistische Kampagne gegen die Kolonialtruppen betrieben alle politischen Parteien außer der radikalen Linken.[93] Die Kampagne der ‚Schwarzen Schmach' hatte weitreichende Folgen für in Deutschland lebende Schwarze, ihre Lebensbedingungen verschärften sich und sie waren stärker rassistischen Übergriffen ausgesetzt.

Ab Mitte der 1920er Jahre wandten sich insbesondere Helene Stöcker und die *Neue Generation* gegen die westliche Vorherrschaft in der

---

92 Die Verfolgung Schwarzer Deutscher im Nationalsozialismus wurde lange nicht thematisiert (vgl. El-Tayeb 2000: 200; Campt 2004).

93 Zu den Kampagnen der SPD, die sich massiv an der Hetze gegen die Kolonialsoldaten beteiligte, vgl. Koller (2001: 214ff.). Selbst antimilitaristische und antiimperialistische Kreise beteiligten sich an der rassistischen Propaganda.

Welt.[94] Die *Neue Generation* gab sich radikal antimilitaristisch, antiimperialistisch und antirassistisch. 1927 schreibt William Pickens, ein US-amerikanischer Schwarzer Professor für die *Neue Generation* über „Der sexuelle Komplex im Amerikanischen Rassenproblem.“[95] In seinem Artikel wendet er sich gegen die Annahme von ‚Rassen‘ und wies diese als unwissenschaftlich zurück. Zugleich beschreib er die wirtschaftliche Hintergründe und Interessen als zentral für die Aufrechterhaltung rassistischer, separatistischer Systeme. „Der Wunsch, auszubeuten und vom Schweiße anderer Menschen zu leben, sucht heute Zuflucht im Begriff der Klasse oder in einem noch weiter gespannten und noch gefährlicheren Begriff, dem der ‚Rasse‘, ein neues schreckliches Ungeheuer, millionenfüßig, hydraköpfig und mit mehr Armen als der multiplizierte Briareus“ (384). Gesetze gegen die ‚Rassenmischung‘ verurteilte er, da sie einzig durch eine Aufrechterhaltung der Ausbeutung motiviert waren. „Die fundamentalen Ursachen der Beziehungen zwischen einer stärkeren und einer schwächeren Gruppe und ihr Verhalten zueinander sind wirtschaftlicher Natur“ (388).

Die *Neue Generation* verortete sich mit solchen Artikeln in einer antikolonialen, antirassistischen Bewegung. Kritisiert wurden die Folgen des Kolonialismus, der verantwortlich für die desaströsen Zustände in den Kolonien sei. Mit Ausnahme des Artikels von Pickens blieb gleichzeitig jedoch ein Glaube an die Überlegenheit der weißen ‚Kultur‘ und ‚Zivilisation‘ bestehen. Meist blieb die Existenz von ‚Rassen‘ eine unhinterfragte Voraussetzung.

In den 1930er Jahren nahm Helene Stöcker an einer Tagung der *Berliner Gesellschaft für Rassenhygiene* über die Einführung von sog. Ehetauglichkeitszeugnissen teil.[96] In ihrem Redebeitrag bekennt sie sich klar

94 Die Zeitschrift berichtete z.B. über die Gründung der *Liga gegen Kolonialgräuel und Unterdrückung* 1926, eine internationale Organisation mit Sitz in Berlin (vgl. Martin 2005). Diese veranstaltete 1927 einen Internationalen Kongress gegen koloniale Unterdrückung in Brüssel, an dem Vereinigungen aus westlichen und nichtwestlichen Ländern teilnahmen, die gemeinsam gegen eine westliche Vorherrschaft vorgehen wollten. Der zweite Kongress fand 1929 in Frankfurt/Main statt. Helene Stoecker berichtete in der *Neuen Generation* (Jg. 27, Heft 7, 1926: 203-204) ausführlich darüber. Der Bericht erschien auch in Die Frau im Staat. Stöcker leitete zudem den Verband radikalpazifistischer Gruppen Deutschlands *Linkskartell* mit.

95 *Neue Generation*, Jg. 31, Heft 12, 1927: 383-388. William Pickens (1881-1954) war Professor, Autor mehrerer Bücher, Journalist und Aktivist der Bürgerrechtsbewegung. Er war zudem Direktor der *National Association for the Advancement of Colored People* (NAACP).

96 Diese Ehetauglichkeitszeugnisse wurden ein wichtiges Element der nationalsozialistischen Rassenpolitik.

zur ‚rassischen' Ungleichheit und zur Hegemonie und Überlegenheit der ‚weißen Rasse' (vgl. Herlitzius 1995: 347).

Koloniale Sittlichkeit

Bei der Untersuchung der ‚Mischehendebatten' in der Zeitschrift des *Bundes für Mutterschutz und Sexualreform* wurde deutlich, dass diese Teil der Sittlichkeitsdebatten waren, die sexuelle Enthaltsamkeit nach ‚rassischen' und eugenischen Prinzipien forderten, um eine ‚gefährliche Mischgeneration' zu verhindern und die vermeintliche Homogenität und Überlegenheit der ‚weißen Rasse' und damit zugleich die weiße Vorherrschaft zu sichern. Eine eindeutige Position des BfM in der Mischehendebatte ist allerdings nur schwer auszumachen. Dennoch lassen sich bestimmte Deutungsmuster der Mutterschutzbewegung erkennen, die eine ‚Rassenhygiene' propagierte, die weiße Frauen stärken und schützen und für die ‚Hebung der Rasse', des ‚Volkskörpers' und der Sittlichkeit sorgen sollte.

Der BMF publizierte in seiner Zeitschrift höchst unterschiedliche Positionen, die von der Ablehnung einer ‚Mischung' bis hin zum Vorschlag der ‚Rassenmischung' zur ‚Hebung' der kolonialen Untertanen reichten. Allen Artikeln bzw. Positionen – abgesehen die des Schwarzen Bürgerrechtlers William Pickens aus den USA – lag jedoch der Glaube an die Existenz und die Suprematie der weißen ‚Kultur' und ‚Rasse' und damit an eine Hierarchie der ‚Rassen' zugrunde. Die kolonisierten Männer und Frauen werden in der Auseinandersetzung weitestgehend ausgeblendet und bleiben auch in kolonialkritischen Artikeln Objekte einer weißen, u.a. frauenrechtlerischen Sprecherinnenposition. Zugleich zeigen sich die unterschiedlichen Zielsetzungen der AutorInnen, die jeweils ein bestimmtes politisches Spektrum repräsentierten: Dr. Broh war Sozialist, Freiherr von Reitzenstein Vertreter der Hygienebewegung, Dr. Franze postulierte radikale rassenhygienische Positionen und die Artikel der Mutterschutzbewegung[97] nahmen eine frauenrechtlerische Perspektive ein. Die Artikel, insbesondere die der Mutterschutzbewegung, verdeutlichen das Spannungsfeld zwischen Rassenhygiene, Rassismus, Sittlichkeit und der gesellschaftlichen Position bzw. Emanzipation der Frau. Die Sittlichkeit und die geteilte Verantwortlichkeit beider Geschlechter für die weiße heterosexuelle Sexualität und Reproduktion sollten die ‚Probleme' in den Kolonien – ‚Rassenmischung', Geschlechtskrankheiten und Prostitution – durch eine bewusste Partnerwahl und zum Wohl

97 Dazu rechne ich die Artikel ohne AutorInnenangabe, die von Iros und die von Helene Stöcker.

der weißen Gemeinschaft verhindern. Eine Voraussetzung dafür war für den BfM allerdings eine Verbesserung der gesellschaftlichen Position der weißen Frau, denn nur eine selbstbewusste Frau suche sich ihren Ehepartner nach bewussten – rassenhygienischen – Kriterien aus. Rassenhygienische Kriterien sorgten nach Meinung des BfM für einen Schutz der weißen Frau, die dadurch weniger durch das Sexualverhalten der Männer gefährdet sei. Das Wohl der Nation bzw. ‚Rasse' war aus dieser Sicht von der Sittlichkeit abhängig. Insofern hatte die Mutterschutzbewegung ein eigenes Interesse an der Etablierung eugenischer, rassistischer Diskurse und formte sie zu ihren Zwecken mit. Mit der Hebung der Sittlichkeit der gesamten Gesellschaft würde sich schließlich auch der weiße Mann seiner generativen Verantwortlichkeit bewusst. Eine Kritik an der gesellschaftlichen Doppelmoral wurde für die Kolonien reformuliert: Die einseitige Kritik an sexuellen Beziehungen weißer Männer mit kolonisierten Frauen und die daran anschließende Forderung nach einer sexuellen Abstinenz würde das grundsätzliche Problem der unkontrollierten männlichen Sexualität und ihre Folgen im Reich ausblenden.

Die kolonialen Sittlichkeitsdebatten der radikalen Frauenbewegung stehen somit im Kontext eines kolonialen biopolitischen Diskurses, der rassifizierte Körperkonzepte produzierte. Besonders bedeutsam war in diesem Zusammenhang der weiße weibliche Körper, der die symbolische Grenze zwischen Schwarz und Weiß repräsentierte und mit dem Volkskörper in eins gesetzt wurde – auch von Seiten der Frauenrechtlerinnen.

Die Position der weißen Frau war für alle kolonialen ProtagonistInnen ein umkämpftes Feld. Die Zentrierung um die weibliche weiße Reproduktion und Sittlichkeit sicherte die Partizipation weißer Frauen an den Kolonien im weitesten Sinne. Die frauenrechtlerische Sittlichkeitsdebatte war insofern erheblich daran beteiligt, die symbolische Gleichsetzung des weißen Körpers der Frau mit dem Volkskörper zu verstärken.

An den Artikeln der *Neuen Generation* nach dem Verlust der Kolonien lässt sich das ambivalente Verhältnis des BfM und Helene Stöckers zu ‚Rassen' ablesen: Trotz der antiimperialistischen, pazifistischen Positionen, die der BfM schon durch seine Artikelauswahl unterstreicht und die sich auch in der Beteiligung an politischen Initiativen und Appellen zeigt, bleibt der Glaube an unterschiedliche ‚Rassen' und die Höherwertigkeit der weißen ‚Rasse' und ‚Kultur' bestehen. Das verdeutlicht die Wirkungsmächtigkeit rassistischer und kolonialer Diskurse, die auch dem Engagement und dem Weltbild politischer Reformkräfte zugrunde lagen.

Differenzen und Parallelen der kolonialengagierten Frauen

Die Positionen der Frauenverbände haben sich als sehr unterschiedlich erwiesen; dennoch gab es einige Parallelen und Übereinstimmungen. Die vermeintliche ‚Schädlichkeit' der ‚Rassenmischung' war weitgehend Konsens unter kolonialengagierten Frauen. Daher stellten sie sich gegen ‚Rassenmischung' und ‚Mischehen'. Lediglich im BfM waren widersprüchliche Aussagen vertreten: Der Sozialist Dr. James Broh setzte sich für ‚Rassenmischung' ein, um die Schwarze Bevölkerung zu ‚heben' und sie zugleich ‚human' zu dezimieren. Iros stellte in ihrem/seinem Artikel zwar deutlich heraus, dass sie/er an die ‚Schädlichkeit der ‚Rassenmischung' glaubt, fragt sich jedoch, ob bei einer ‚Mischung' mit SamoanerInnen, die ‚hervorragend', ‚schön' und ‚gesund' seien, tatsächlich eine ‚Verschlechterung' bei allen Angehörigen der weißen ‚Rasse' zu befürchten sei oder ob sie dies nicht in einigen Fällen zumindest ‚rassisch' heben würde – eine ‚kulturelle Hebung' hält sie wohl für unmöglich. Von Reitzenstein fordert wiederum eine wissenschaftliche Herangehensweise an die ‚Rassenmischung' und spricht sich im Fall ihrer Unschädlichkeit für ‚Mischehen' aus, die die Kolonisierten ‚heben' könnten.

Alle kolonialengagierten weißen Frauen bezogen sich auf Vorstellungen einer rassifizierten Reproduktion und vertraten kulturimperialistische Positionen eines ‚weiblichen Kulturauftrags'. Sie forderten einen größeren Einfluss der weißen Frau auf Staat und Gesellschaft und eine Teilhabe an der Nation und am Kolonialismus. Der Bezug auf die Rassenhygiene wie auch der Glaube an die Ungleichheit der Menschen war in den Frauenverbänden weit verbreitet.

Kundrus (2004: 234) macht die Unterschiede zwischen den imperialen Frauenverbänden und der liberalen Frauenbewegung, also dem BDF, daran fest, dass erstere als Filialvereine von männlich geprägten Verbänden agierten, dass ihre Mitglieder zu bürgerlich-adligen Gesellschaftsschichten gehörten und dass sie eine nationale Zielrichtung verfolgten. Zwar habe sich auch die bürgerliche Frauenbewegung als national verstanden, den Flottenbau unterstützt und den *Frauenbund der Deutschen Kolonialgesellschaft* in ihren Reihen aufgenommen, sie sei aber seit dem Beitritt 1897 zum *International Council of Women* (*ICW*) international ausgerichtet gewesen (vgl. Schaser 2000: 255). Die internationale Einbindung stellt m.E. die national(istisch)e Ausrichtung jedoch nicht in Frage. Vor allem im Ersten Weltkrieg war eine internationalistische Organisierung bis auf wenige Ausnahmen im radikalen Flügel verpönt. Der BDF und die imperialistischen Frauenorganisationen teilten Kundrus zufolge ein bürgerlich-liberales Nationsmodell, demzufolge Partizipation kein Menschenrecht, sondern eine Belohnung für die nationale Einsatzbereitschaft darstellte. Der BDF oszillierte zwischen Konzepten der Differenz und Gleichheit, während die imperialen Frauenverbände Gleichwertigkeit in der Differenz postulierten. „Die imperialistischen Frauenverbände des Wilhelminismus und mit ihnen die politische Rechte hatten sich offenbar vor dem Ersten Weltkrieg gerade auch über die Imaginationsfläche der Kolonien und eines ‚deutschen Weltreiches' so weit radikalisiert, dass der Begriff Egalität aus den politischen Ordnungsvorstellungen rundweg verbannt worden war." (Kundrus 2004: 235) Damit sieht Kundrus die imperialen Frauenverbände des Deutschen Reichs im Gegensatz zum britischen *organised imperial feminism*, der ähnliche Strukturen und Erscheinungsformen aufwies, sich aber durch offenere Fremdheitskonstruktionen und einen emanzipativeren Ansatz auszeichnete (vgl. Streubel 2003: 8). Allerdings führt Burton (1992) aus, dass auch die britischen Feministinnen zutiefst vom imperialistischen Denken geprägt waren und von ihrer ‚rassischen', kulturellen und religiösen Überlegenheit ausgingen. Ihr Engagement insbesondere für indische Frauen empfanden sie zwar als besondere Verantwortung, als „*White Woman's Burden*". Dieses diente den weißen Frauenrechtlerinnen jedoch vor allem als Folie zur Konstruktion ihres eigenen ‚Fortschritts' und ihrer ‚Modernität' und für eine Partizipation am imperialistischen Projekt (vg. Burton 1992: 137ff.). Darin ähnelten sie durchaus den deutschen Frauenrechtlerinnen.

Das Konzept der Gleichheit war innerhalb der bürgerlichen Frauenbewegung zu Zeiten des deutschen Kolonialismus durch den Bezug auf die ‚geistige Mütterlichkeit' und das Differenzdenken in den Hintergrund gedrängt worden. Kundrus geht davon aus, dass die Aufwertung der deutschen Frau über das Konzept der ‚Rasse' mit der Abkehr vom bürgerlichen Gleichheitsversprechen und einer Absage an den Universalismus erkauft wurde. Diese Gleichheit war jedoch von Anfang an nur für den bürgerlichen, weißen Mann vorgesehen. Auch die Frauen der gemäßigten Frauenbewegung glaubten überwiegend an ihre Gleichwertigkeit in der Differenz statt an ihre Gleichheit. Insofern diente die Kategorie ‚Rasse' m.E. implizit und explizit der sozialen und politischen Aufwertung der weißen Frau.

Der Unterschied zwischen den kolonialengagierten Frauen zeigt sich vor allem auch am Ausmaß der geforderten Partizipation. Während sich die rechten, konservativen Frauen bis hin zum BDF auf den kulturellen Einfluss und die weiße Reproduktion beschränkten und nur in seltenen Ausnahmen ein Mitspracherecht jenseits der Vereinsgrenzen einforderten, verbanden Protagonistinnen der radikalen Frauenbewegung wie Cauer und Stöcker konkrete Emanzipationsforderungen mit der Partizipation am Kolonialismus. Teile der bürgerlichen Frauenbewegung hatten ein eigenständiges Interesse an der Kolonialpolitik und versuchten, sich in Entscheidungsprozesse um die Ausgestaltung der Kolonialpolitik einzubringen. Diese Partizipationsversuche äußerten sich in einer partiellen Zusammenarbeit mit imperialistischen Frauenorganisationen wie dem kolonialen Frauenbund. Zudem hofften einige Frauenrechtlerinnen auf eine Umsetzung von politischen Forderungen in den Kolonien, die im Reich nicht gelang. Sie knüpften daran Phantasien einer kolonialen Ermächtigung. Die Kolonien stellten somit ein ‚Versuchsland' für sie dar, in dem die Emanzipation der weißen Frau vorangetrieben, vorweggenommen und eingeübt werden konnte, so lange es im Deutschen Reich keine Fortschritte dahingehend gab.

In der Darstellung des *Frauenbundes der Deutschen Kolonialgesellschaft* hat sich allerdings gezeigt, dass dieser eine emanzipative Rhetorik gebrauchte, die weißen Frauen ein besseres Leben als im Deutschen Reich versprach, um sie zur Ansiedlung in ‚Deutsch-Südwestafrika' zu bewegen. Vertreterinnen imperialer Frauenverbände sorgten für die Auswietung des weiblichen Handlungsspielraums, behielten dabei aber meist konservative polare Geschlechterbilder bei. So blieb die gesellschaftliche Position des weißen Mannes unangetastet. Die weiblichen Mitglieder dieser Verbände stellten innerhalb ihrer Organisationen weitreichendere Partizipationsforderungen, als ihnen von den männlichen Vereinsmitgliedern zugestanden wurden. Walgenbach zufolge wendete der *Frauenbund der Deutschen Kolonialgesellschaft* feministische Diskurse inversiv und besetzte sie konservativ. Dennoch bezogen sich die Autorinnen der Zeitschrift *Kolonie und Heimat* auch auf emanzipative Bilder, z.B. auf das der mutigen Farmerin in den Kolonien. Auch sie versprachen den Frauen ein besseres Leben in den Kolonien als im Reich; es bestanden also durchaus widersprüchliche Positionen nebeneinander. Die konservativen Geschlechterentwürfe des kolonialen Frauenbundes wiesen viele Überschneidungen mit denen des BDF auf, was sich z.B. in der Debatte um den Haushalt (insbesondere am Beispiel von Hedwig Heyl) gezeigt hat. Das Motiv der Frauenbefreiung fand sich in der Zeitschrift *Kolonie und Heimat* nur bei der Beschreibung von als rückständig dargestellten Gesellschaften. Diese dienten jedoch eher der Bestätigung der eigenen ‚Zivilisiertheit' und ‚Überlegenheit' und legitimierten die westliche Expansion und Dominanz. Diese Projektion von patriarchaler Unterdrückung auf andere Gesellschaften bezeichnet Walgenbach (2004: 172) als „kolonialen Maternalismus"; verhandelt werde dabei die Stellung der weißen, bürgerlichen Frau gegenüber kolonisierten, aber auch proletarischen Frauen. Dieser „koloniale Maternalismus" findet sich jedoch auch in der bürgerlichen Frauenbewegung, sowohl im gemäßigten als auch im radikalen Flügel, und ist bis heute ein beliebter Topos weiblicher Emanzipation. In ihrer Analyse zum Verhältnis der bürgerlichen Frauenbewegung zu asiatischen Frauen von 1894 bis 1933 stellt Lotz (1998: 194) fest, dass das Schreiben über sie „als Mittel zum Entwurf und zur Durchsetzung hiesiger frauenbewegter Interessen diente. Es ging nicht primär um die beschriebenen Frauen, sie wurden für die Ziele deutscher bzw. westlicher Frauen instrumentalisiert." Die Auseinandersetzung mit kolonisierten Frauen diente der Frauenbewegung als Folie eigener Projektionen und zur Durchsetzung eigener Ziele, wie auch die Auseinandersetzung mit der bürgerlichen Frauenbewegung und der Mutterschutzbewegung im Besonderen gezeigt hat.

Walgenbachs Versuch, die Emanzipationsbestrebungen der weißen Frauen in den Kolonien auch an ihrem Verhältnis zu den kolonisierten Frauen zu messen, halte ich für problematisch. Dies würde voraussetzen, dass weiße Frauen in ihren Emanzipationsbestrebungen rassistische Verhältnisse mitdenken. Forderungen nach einer weiblichen Emanzipation sind nicht automatisch herrschaftskritisch, sondern werden in einem herrschaftsförmigen Raum erhoben. Zwar, so hat sich in der Analyse gezeigt, gab es Bestrebungen, ‚Mischlingskinder' und deren Mütter nicht zu diskriminieren und ihnen nicht die Schuld an der ‚Rassenmischung' zu geben. Dies implizierte aber noch lange keine Solidarisierung mit den kolonisierten Frauen. Zentral blieb in diesem Zusammenhang das Pochen auf die generative Ethik und die Verantwortung der weißen Männer für den Schutz der weißen Frau und der gesamten weißen Gemeinschaft. Die Radikalität, mit der einige (zumeist) radikale Frauen die Geschlechterverhältnisse in Frage stellten, sagt wenig über ihr antirassistisches Potenzial aus, denn auch die Emanzipationsvorstellungen der radikalen Frauenbewegung waren in rassistische Einstellungen und Projektionen verstrickt. Dies zeigt, dass es eine ‚reine Emanzipation' nicht gibt, sondern dass eine Emanzipation, die sich nur auf die Geschlechterverhältnisse bezieht, auf Kosten anderer durchgesetzt wird, in diesem Falle der kolonisierten Männer und Frauen. Emanzipationskonzepte können auf rassifizierten Ausschlussverhältnissen beruhen bzw. mit rassifizierenden Praxen verknüpft sein.

Doch auch ein dezidiert rassistisches, antisemitisches und kolonialistisches Denken schließt eine emanzipative Einstellung zu den Geschlechterverhältnissen nicht aus, wie besonders an den Beispielen Frieda von Bülow, Agnes Bluhm und Käthe Schirmacher deutlich wurde. Klotz spricht im kolonialen Kontext von einem „colonial privilege" und einem „gender empowerment" (Klotz 1994: 182), wodurch die Schnittstellen von ‚Rasse' und Geschlecht in den Blick kommen und deutlich wird, an welcher Stelle Weiß-Sein bzw. ‚Rasse' zu einer Kategorie der

Ermächtigung für weiße Frauen wird. In der Analyse der Debatten der Frauenbewegung und deren Korrespondenzen mit kolonialen Diskursen wurde deutlich, dass Diskurse der bürgerlichen Frauenbewegung einen Anteil daran hatten, weiße Herrschaftspositionen und Privilegien zu begründen und zu verteidigen, und zwar genau an diesen Schnittstellen. Emanzipationskonzepte sind daher immer auch von Herrschaftsverhältnissen durchzogen. Fraglich ist, ob der Emanzipationsbegriff in diesem Kontext überhaupt das komplexe Verhältnis der verschiedenen Kategorien beschreiben kann.

Emanzipation der weißen Frau über den Kolonialismus?

Die eindeutige Bewertung einer Emanzipation von weißen Frauen im kolonialen Kontext ist schwierig, da z.T. widersprüchliche Positionen des kolonialen Frauenbundes und der bürgerlichen Frauenbewegung in Bezug auf die Stellung der Frau in den Kolonien bzw. in der Kolonialpolitik nebeneinander standen. Zudem nahmen weiße Frauen in den Kolonien zwar eine vom Geschlechterverhältnis her subordinierte, in Bezug auf Rassenkonstruktionen jedoch dominante und privilegierte Position ein, die zudem von Klassenverhältnissen durchzogen war.

Die Kolonien dienten für Frauen unterschiedlicher politischer Positionen als Projektionsfläche: Das Bild der unabhängigen, selbstständigen Farmerin in der Kolonie war sowohl für Frauenrechtlerinnen attraktiv als auch für konservative Frauen, die die Geschlechterverhältnisse nicht grundlegend in Frage stellten, sondern damit die Utopie eines ‚Neuen Deutschlands' jenseits der sozialen und politischen Probleme des Deutschen Reiches verbanden. Diese Utopie war antimodernistisch und verklärte das einfache Leben auf dem Land als Rückkehr zu den eigentlichen ‚deutschen Tugenden'. Die Bilder einer vermeintlichen Freiheit in den Kolonien wirkten aufs Reich zurück und riefen auch die Hoffnungen von Frauenrechtlerinnen auf Emanzipation wach.

Das koloniale Projekt brachte emanzipative Momente im Sinne eines Machtzuwachses und Privilegien für weiße Frauen aller Klassen in den Kolonien mit sich. Allerdings ist strittig, ob dieser Machtzuwachs und die Vorstellungen von einem freieren Leben in den Kolonien mit dem Begriff der Emanzipation gefasst werden können.

Walgenbach (2004: 155), die eine Emanzipation der weißen Frau in den Kolonien verneint, versteht unter Emanzipation, „dass sich die sozialstrukturellen Faktoren des hierarchischen Geschlechterverhältnisses verändern bzw. aufheben. Mit anderen Worten geht es um die Verbesserung der sozialen Stellung der Frau in der Gesellschaft und ihre Befreiung aus politischen, sozialen und juridischen Machtverhältnissen."

Sie legt demnach ein heutiges Verständnis von Emanzipation zugrunde, das sich, wie sie selber eingesteht, nicht mit den Emanzipationsbegriffen der damaligen Frauenbewegung deckt und das über die partielle Erweiterung der Handlungsspielräume, die sie konstatiert, hinausgeht. Der heutige Emanzipationsbegriff wird meist im Sinne eines liberalen Feminismus verwendet, der den Zugang zu gesellschaftlichen Ressourcen und politische Partizipationsmöglichkeiten als Schlüsselelemente betrachtet, aber keine grundsätzliche Umstrukturierung der Gesellschaft anstrebt. Meines Erachtens ist es jedoch problematisch, den heutigen Emanzipationsbegriff auf die historische Frauenbewegung zu übertragen. Zudem lässt er sich historisch nicht vereinheitlichen, da die verschiedenen Strömungen der Frauenbewegung aufgrund ihrer unterschiedlichen sozialen Lebensrealitäten jeweils verschiedene Vorstellungen von Emanzipation hatten: Die sozialdemokratischen Frauen verknüpften ihre Emanzipation primär mit der Klassenfrage, also mit ökonomischen Verhältnissen und erst sekundär mit den Geschlechterverhältnissen. Die gemäßigte bürgerliche Frauenbewegung hingegen verband Emanzipation zunehmend mit Konzepten der Gleichwertigkeit in der Unterschiedlichkeit. Nur wenige radikale Frauenrechtlerinnen forderten eine politische und rechtliche Gleichstellung der Geschlechter.

Auch der heutige Emanzipationsbegriff ist keineswegs einheitlich. Insbesondere nach den Rassismusvorwürfen an die eurozentrische, weiße, mittelständische Frauenbewegung und der Infragestellung von ‚Frau' als einheitliche Kategorie wird der positive Bezug auf eine kollektive Emanzipation der Frau vom Einsatz für Partialinteressen abgelöst (vgl. Heinrich 1999: 859ff.). Aus einer identitätskritischen, poststrukturalistischen Perspektive heraus ist die Emanzipation ‚der Frau' unrealisierbar aufgrund der Unmöglichkeit, das Subjekt ‚Frau' zu bestimmen und einen Ort außerhalb der Macht einzunehmen, weil dieser Ort immer bereits Teil des Machtapparats ist (vgl. Heinrichs 2001: 141).

Ich halte den Begriff der kolonialen und rassistischen Ermächtigung im Zusammenhang mit der Position von weißen Frauen in den Kolonien für passender, um den sozialen Aufstieg und die erweiterten Handlungsspielräume der Frauen zu beschreiben. Ein universeller Emanzipationsbegriff stößt sowohl in der historischen Analyse als auch in der Gegenwart an seine Grenzen.

Die emanzipativen Prozesse im kolonialen Zusammenhang sollten vielmehr an den damaligen Vorstellungen der Protagonistinnen gemessen werden. Immerhin haben sich die Vorstellungen sowohl der Mitglieder des *Frauenbundes der Deutschen Kolonialgesellschaft* als auch die der radikalen Frauenbewegung zumindest teilweise durchgesetzt. Lediglich der Wunsch nach einer politischen Gleichstellung, die die radikalen

Frauen forderten, realisierte sich nicht. Auch wenn keine grundsätzliche Veränderung der Geschlechterverhältnisse durchgesetzt wurde, haben sich die weißen Frauen in den Kolonien als weiße Subjekte etabliert und sich auf Kosten und über die Abwertung der kolonisierten Bevölkerung einen Machtzuwachs und Privilegien verschafft. Die privilegierte Position weißer Frauen in den Kolonien beruhte auf der Ausbeutung der Arbeitskraft kolonisierter Männer und Frauen. Sie imaginierten sich als Teil einer höherwertigen Kultur, Nation und ‚Rasse'. Diese weiße Positionierung und Privilegierung wirkte auch auf das Deutsche Reich zurück.

Der Bezug rechter, konservativer und kolonialbegeisterter Frauen auf frauenrechtlerische Diskurse und Motive führte zwar einerseits zu einer nationalistischen Wendung der emanzipativen Rhetorik (vgl. Walgenbach 2004: 169), stellte andererseits jedoch auch einen produktiven Eingriff dar. Die kolonialbegeisterten Frauen haben die frauenrechtlerischen Diskurse mitgeformt, ebenso wie der Rückgriff gemäßigter bis radikaler Protagonistinnen der bürgerlichen Frauenbewegung auf nationalistische und kolonialistische Diskurse diese prägte.

Die organisatorischen und diskursiven Schnittstellen der kolonialen und der frauenrechtlerischen Politik sind ein Hinweis für die herausgearbeitete Verknüpfung von Emanzipationskonzepten mit der Geschichte des Rassismus und mit Positionen weißer Frauen, die bisher noch nicht für die Geschichte der Frauenbewegung analysiert und anerkannt worden sind. Anhand einer Analyse von Diskursen der bürgerlichen Frauenbewegung hat diese Studie aufgezeigt, wie emanzipative Diskurse an der Produktion gesellschaftlicher Ungleichheit beteiligt waren. Gerade an Emanzipationskonzeptionen zeigen sich gesellschaftliche Ausschlussmechanismen. Es stellt sich immer die Frage, wer implizit oder explizit nicht mitgedacht und mitgemeint ist. Frauenrechtlerische Diskurse der Selbstbestimmung und Emanzipation sind damit ein Teil der rassistischen und kolonialen Herrschaftsgeschichte, so wie die bürgerliche, weibliche weiße Selbstbestimmung mit Abwertung, Ausgrenzung und einer rassifizierten Hierarchie verschränkt ist. Dieser Aspekt wurde in der Forschung weiblicher Partizipation an Herrschaftsverhältnissen bisher wenig berücksichtigt.

FAZIT UND AUSBLICK

Das Vorhaben dieser Arbeit war es, eine postkoloniale Perspektive für den deutschen Kontext, insbesondere für die bürgerliche deutsche Frauenbewegung zu eröffnen. Mit einer Darstellung des Konstruktionscharakters von nationaler Identität, die sich in Abgrenzung zu einem inneren und äußeren Anderen entwirft, rücken der Kolonialismus bzw. die Kolonialpolitik als Momente der Nationsgründung in den Blick. Es wurde deutlich, dass der deutsche Kolonialismus über die reale Kolonialherrschaft von 30 Jahren hinausgeht. Kolonialphantasien standen in einer engen Beziehung zu Kolonialisierungsambitionen und -versuchen, die sich seit Anfang der europäischen Expansion nachweisen lassen und die koloniales Denken und koloniale Spuren in Deutschland hinterließen. Deutsche waren an der Erforschung, am Aufbau, Ausbau und an der Durchsetzung der europäischen Expansion beteiligt, ebenso wie am transatlantischen Sklavenhandel. Mit der Unterwerfung der ‚Neuen Welt' waren Hoffnungen auf eigene koloniale Besitzungen einzelner deutscher Länder und Handelshäuser verbunden. Transatlantische Kolonien und eine Kontinentalexpansion nach Osten blieben konkurrierende Ziele kolonialer Ambitionen. Die Forderung nach eigenen Kolonien stand in einem engen Zusammenhang mit nationalistischen Bestrebungen, eine einige und mächtige Großmacht zu werden. Der Zustand und die Größe der Nation wurden somit an Kolonialbesitz geknüpft. Nicht nur die (gescheiterten) kolonialen Ambitionen, sondern auch die Kolonialphantasien, die in Romanen, Kolonialschriften usw. verbreitet wurden, haben dazu beigetragen, eine nationale Identität herzustellen und ein koloniales Denken hervorzubringen.

Die westliche Expansion ging mit der Entstehung des modernen Rassismus einher. Die postulierte Ungleichheit der ‚Rassen' war mit dem Denken der Aufklärung vereinbar und wurde durch die aufkommenden Wissenschaften festgeschrieben. In Rassentheorien wurden unterschiedliche ‚Rassen‘ definiert, hierarchisiert und mit bestimmten körperlichen Merkmalen verknüpft. Sklaverei und Kolonialismus konnten durch die Hierarchisierung und Kategorisierung von Menschen legitimiert werden.

Insbesondere die entstehende Bio-Macht biologisierte den Rassenbegriff und verschränkte über ihren Eingriff in die Sexualität und Reproduktion das Individuum mit der Gesellschaft. Die ‚Hebung‘ des vergeschlechtlichten, klassifizierten und zunehmend rassifizierten Volkskörpers stand im Mittelpunkt der politischen Bemühungen. Sexualität und ‚Rasse‘ traten über die Konstruktion eines Volkskörpers in ein enges Verhältnis und wurden auch im deutschen Kolonialismus ein zentraler Aushandlungsort rassifizierter Praxen. In den Auseinandersetzungen um Sexualität und ‚Rassenmischung‘ in den Kolonien wurde die koloniale Rassenpolitik zur kolonialen Biopolitik, wodurch Konzeptionen eines weißen Kollektivs und weißer Körperlichkeit geschaffen wurden.

Auf unterschiedlichen Ebenen und Feldern der Kolonialpolitik wurden Rassenkonstruktionen etabliert. Am Beispiel der Arbeitspolitik, dem Topos der Erziehung und den Debatten über ‚Rassenmischung‘, ‚Mischehen‘ und ‚Mischlinge‘ zeigte sich, dass die Konstruktionen des rassifizierten Anderen immer auch eine rassifizierte, weiße Selbstkonstruktion beinhaltet. Daher stand die koloniale Rassenpolitik mit der Konstruktion einer eigenen nationalen, klassisierten, geschlechtlichen und ‚rassischen‘ Identität in einer Wechselbeziehung. Die deutsche Kolonialherrschaft trug dazu bei, den bislang unklaren Rassenbegriff genauer zu definieren bzw. ihn an bestimmte kulturelle und körperliche Merkmale zu binden. In der Kolonialpolitik wurden klarere rechtsgültige Konzeptionen dieser Ordnungskategorie nötig, um die kolonisierte Bevölkerung von den weißen SiedlerInnen zu trennen und die weiße Herrschaft abzusichern. Eine weiße Identität musste demnach politisch, juristisch und sozial erst hergestellt werden. Die Konzeptionen weißer Identität oszillierten dabei zwischen ‚Rasse‘ und ‚Kultur‘. Insbesondere die ‚Mischehendebatten‘ und die daran geknüpfte Frage der ‚Rassenmischung‘ trugen dazu bei, die Kategorie ‚Rasse‘ zu definieren und zu etablieren. Dabei waren sowohl kulturalistische als auch rassenhygienische Deutungsmuster wirkungsmächtig. Die Versuche einer klaren Definition von ‚Rassen‘ scheiterten jedoch, da die unterschiedlichen ProtagonistInnen der kolonialen Rassenpolitik sich nicht auf einheitliche Kriterien einigen konnten. Vielmehr vervielfältigten sich die Kriterien bei genauerer Betrachtung. Es gelang daher nicht, sich auf einen rechtsgültigen Rassenbegriff festzulegen.

Die koloniale Politik wirkte auch auf die Politik in der Metropole zurück: Die Sozialreformen im Deutschen Reich korrespondierten mit den Kolonialreformen, und die Ausarbeitung des Konzepts der Staatsbürgerschaft stand unter dem Eindruck der Kolonialdebatten um ‚Rassenmischung' und die daran geknüpften Bestrebungen, die Kategorie ‚Rasse' nicht nur in den Kolonien, sondern auch im Deutschen Reich zu etablieren. Die Einführung der Kategorie ‚Rasse' in das deutsche Recht scheiterte jedoch. Alle Kolonialdebatten wurden auch im Deutschen Reich verhandelt: Die Skandale und Berichte aus den Kolonien, die Kolonialkriege und der antikoloniale Widerstand hinterließen ihre Spuren in der deutschen Gesellschaft.

Der europäische resp. deutsche Kolonialismus stellte eine wichtige Strukturierung für die Herausbildung des deutschen Nationalstaates und die Vorstellung eines nationalen homogenen weißen Raumes dar. Eine vorgestellte deutsche Identität sowie die Konstruktionen einer weißen ‚Rasse', deutschen Kultur und deutschen Moderne in Abgrenzung zu einer afrikanischen ‚Un-Moderne' haben sich u.a. im Kontext des Kolonialismus herausgebildet. Der Kolonialismus schlug sich in den unterschiedlichsten gesellschaftlichen Bereichen wie der Wissenschaft, der Gesetzgebung, dem Film, der Literatur und der Werbung nieder – und damit auch im Alltag und im Selbstverständnis der deutschen Gesellschaft. Über den Kolonialismus entstanden und verstärkten sich die Vorstellungen von ‚deutsch' als ‚weiß'.

Konstruktionen von Geschlecht waren eng mit der Konstruktion von ‚Rassen' und der Kolonialpolitik verwoben. In diesem Zusammenhang zeigt sich der historische und strukturelle Zusammenhang moderner Geschlechterverhältnisse mit modernen Rassismen. Weiße Frauen und ihre Positionierung innerhalb einer rassifizierten Gesellschaft werden in der Kolonialismus- und Rassismusforschung oft ausgeblendet: Doch auch sie definierten sich über das koloniale Projekt als Teil der als überlegen imaginierten weißen ‚Rasse'. Die imperialen Frauenverbände und die bürgerliche Frauenbewegung mit ihren jeweiligen Geschlechterkonzeptionen und ihren Motiven für ein koloniales Engagement stellen einen Bereich der Geschlechtergeschichte des Kolonialismus dar, der bislang nur ansatzweise erforscht war. Zudem wird dieser Teil der Geschichte der bürgerlichen Frauenbewegung – ihr Anteil am Rassendenken und an der Kolonialpolitik – nur selten anerkannt. Die Schnittstelle von Rassismus und Geschlecht ist in aktuellen feministischen (Rassismus-)Debatten zentral, ihrer Historizität wird jedoch nur wenig Aufmerksamkeit gewidmet.

Diese Aspekte der Geschichte des deutschen Kolonialismus und der bürgerlichen Frauenbewegung wurden in dieser Arbeit herausgestellt:

Weiße Frauen mit unterschiedlichen politischen Hintergründen, von Mitgliedern der imperialen Frauenvereine bis hin zu Anhängerinnen der radikalen Frauenbewegung, wollten die Kolonialpolitik aktiv unterstützen und gestalten und drängten auf eine direkte Partizipation weißer Frauen am Kolonialismus. Diese Partizipation legitimierten sie mit einem ‚weiblichen Kulturauftrag' und einer ‚rassisch' begründeten weißen Reproduktion, um die koloniale Herrschaft abzusichern. Die bürgerliche weiße deutsche Frau wurde so zu einem wichtigen Bestandteil der Kolonialpolitik und der Herrschaftssicherung, sie stilisierte sich zur Retterin der deutschen ‚Kultur' und ‚Rasse'.

Die koloniale Partizipation der Frauen war an unterschiedliche, miteinander konkurrierende Geschlechtermodelle gebunden. Auf Seiten der gemäßigten Frauen des *Bundes Deutscher Frauenvereine* und den konservativen Frauen des *Frauenbundes der Deutschen Kolonialgesellschaft* blieben die Partizipationsvorstellungen meist der bestehenden Geschlechterordnung verhaftet; diese wurde nicht grundsätzlich in Frage gestellt. Dennoch finden sich auch bei ihnen Geschlechtergrenzen überschreitende bis emanzipative Motive. Anhängerinnen der radikalen Frauenbewegung vertraten Emanzipations- und Gleichheitsvorstellungen, die über den Umweg der Kolonien auf das Deutsche Reich wirken sollten. Der moralische und kulturelle Einfluss der weißen Frau sollte die koloniale Herrschaft zugleich ‚zivilisieren'.

Der Versuch radikaler Frauenrechtlerinnen, eine weibliche Emanzipation mit dem Umweg über die Kolonien als „Versuchsland" auch für das Deutsche Reich durchzusetzen, scheiterte in Bezug auf eine politische Partizipation. Einige ihrer Vorstellungen wie z.B. die Partizipation weißer Frauen am Kolonialismus, die vermehrte Auswanderung bürgerlicher weißer Frauen in die Kolonien oder die Verbesserung der Vertragsbedingungen der auswandernden Frauen konnten schließlich durchgesetzt werden.

Weiße deutsche Frauen erweiterten über ihr Engagement für das ‚Wohl' der Nation und der Kolonien jenseits politischer Differenzen ihre Handlungsspielräume; sie prägten koloniale- und Rassendiskurse, verfestigten Vorstellungen von einer weißen, superioren ‚Rasse' und fanden über die Kolonien und die Kolonialpolitik Formen der Ermächtigung. Die privilegierte Position weißer Frauen in den Kolonien beruhte auf der Ausbeutung der Arbeitskraft kolonisierter Männer und Frauen und der „rassischen Privilegiengesellschaft" (Zimmerer).

Anhand von Debatten der bürgerlichen Frauenbewegung um Haushalt und Sittlichkeit wurden darüber hinaus Korrespondenzen zwischen Diskursen der Frauenbewegung und kolonialen Diskursen herausgearbeitet. Der Haushalt war im Deutschen Reich einerseits ein Austragungsort unterschiedlicher frauenrechtlerischer Positionen, andererseits eine Möglichkeit der Integration von Frauen in die Nation und der Aufwertung der weiblich konnotierten Sphäre. Er wurde als ein grundlegender Bestandteil der nationalen Gemeinschaft betrachtet, an den Konstruktionen bürgerlicher Weiblichkeit und spezifischer ‚deutscher' Qualitäten gebunden waren. Im kolonialen Kontext zeigt sich der Haushalt als eine Herrschaftstechnologie, mit der eine weiße Häuslichkeit als Ausdruck weißer Kultur und Identität konstruiert wurde, die die weiße Herrschaft absichern sollte. Die weiße Häuslichkeit drückte sich durch bürgerliche Tugenden, Vorstellungen einer ‚deutschen Kultur' und einer weißen ‚Rasse' aus und brachte zugleich Konstruktionen weißer Weiblichkeit hervor.

Reinlichkeits- und Sittlichkeitsdebatten der bürgerlichen Frauenbewegung korrespondierten mit den kolonialen Debatten um ‚Rassenmischung'. Frauenverbände bis hin zur radikalen Frauenbewegung übten Kritik an der unkontrollierten männlichen Sexualität in den Kolonien, die koloniale Herrschaft schien durch die ‚Rassenmischung' in Gefahr. Die geforderte Anwesenheit von weißen Frauen in den Kolonien sollte die Sexual- und ‚Rassenmoral' der weißen Männer stärken. Das weiße weibliche Geschlecht stellte das ‚moralische Geschlecht' dar und bekam eine zentrale Bedeutung für die Aufrechterhaltung der weißen Kultur, Herrschaft und Sittlichkeit in den Kolonien zugewiesen.

Die Analyse der Zeitschrift des *Bundes für Mutterschutz und Sexualreform* ergab, dass die Lösung des ‚Problems' der ‚Rassenmischung' von Protagonistinnen der radikalen Frauenbewegung in der Stärkung der Position der weißen Frau gesehen wurde. Die Emanzipation der weißen, bürgerlichen Frau wurde demnach direkt mit der ‚Rassenfrage' in Verbindung gesetzt.

Das Bild ‚weißer Reinheit', das u.a. in den Sittlichkeitsdebatten hergestellt bzw. reproduziert wurde, entwickelte sich zu einem zentralen ideologischen Moment der kolonialen Herrschaft, das die Position von weißen Frauen aufwertete. Diskurse der bürgerlichen Frauenbewegung korrespondierten mit den kolonialrassistischen Konstruktionen weißer Weiblichkeit und verbanden mittels der Thematisierung von Sittlichkeit, Sexualmoral und Hygiene die Sorge um den gesunden ‚Volks'- und ‚Gesellschaftskörper' mit sozialdarwinistischen und rassenhygienischen Motiven.

Die Diskurse der bürgerlichen Frauenbewegung produzierten demnach Vorstellungen von weißer Weiblichkeit bzw. rassifizierter Geschlechtlichkeit. Der Körper als Knotenpunkt der Macht war ein zentraler Bestandteil kolonialer Politiken und kolonisierender, rassifizierender Praktiken. Vergeschlechtlichte und rassifizierte Identitäten werden durch

Prozesse negativer Differenzierung hervorgebracht und materialisieren sich im Körper. Die Körper der rassifizierten Anderen wurden u.a. mit ungezügelter Sexualität assoziiert, diese galt als Bedrohung der modernen Zivilisation. Der weiße Körper war eine zentrale Kategorie der bürgerlichen Selbstkonstitution und wurde zum Träger von ‚Zivilisation' und ‚Kultur'.

Die Rassifizierung des weißen Frauenkörpers zeigt sich generell im Engagement weißer Frauen in der Kolonialpolitik und in den Kolonien. Mit dem Eintritt weißer deutscher Frauen in die Kolonialbewegung verstärkte sich die Ideologie der ‚rassisch' begründeten Reproduktion, die sich um den symbolträchtigen weißen Frauenkörper etablierte. Der weiße Frauenkörper wurde zum Symbol für die Reinheit und Vorherrschaft einer vorgestellten weißen ‚Rasse'. Er symbolisiert die Grenzen einer imaginierten Gemeinschaft. Folglich spielen Frauen eine zentrale Rolle für den Erhalt und die Reproduktion vorgestellter Gemeinschaften.

Bislang analysierten feministische Theorien hauptsächlich den gesellschaftlichen Ausschluss und die Abwertung von Frauen über ihre Reduktion auf Körperlichkeit und eine damit verbundene Naturhaftigkeit. Dieser Ausschluss ist historisch jedoch nicht länger haltbar. Frauen haben sich sowohl auf unterschiedlichsten Ebenen am kolonialen Projekt beteiligt, als auch dazu beigetragen, den weißen Frauenkörper diskursiv als Symbol für Reinheit und Vorherrschaft einer vorgestellten weißen ‚Rasse' hervorzubringen. In der Auseinandersetzung mit dem deutschen Kolonialismus und Rassismus wurde deutlich, dass Körper niemals nur vergeschlechtlicht, sondern auch als weiß oder nicht-weiß hergestellt werden. Diese Konstruktionen von Weiß-Sein sind brüchig und nicht naturgegeben. Sie müssen daher immer wieder performativ hergestellt und abgesichert werden.

An der Schnittstelle von Sexualität und ‚Rasse' entwickelte sich unter Einflussnahme frauenrechtlerischer Diskurse eine koloniale Biopolitik, die Vorstellungen von weißer Weiblichkeit, Körperlichkeit, Sexualität und Begehren hervorbrachte und den weißen Körper politisch und symbolisch für die Etablierung einer Rassenpolitik besetzte. Diskurse um Hygiene, Sexualität, weibliche (weiße) Kultur und Sittlichkeit trugen zu einer Distinktion und zur Herstellung einer weißen Überlegenheit bei.

Die untersuchten Emanzipationsvorstellungen der bürgerlichen Frauenbewegung beruhten auf rassifizierten Geschlechterkonstruktionen, Abwertungen und Ausschlusspraxen; sie waren daher eng verwoben mit den gesellschaftlichen Herrschaftsverhältnissen. Dies verdeutlicht die Notwendigkeit einer kritischen Hinterfragung und Situierung von Emanzipationskonzepten: Sowohl am Beispiel der Aufklärung als auch an der

Geschichte der Frauenbewegung lässt sich die Involviertheit emanzipatorischer Konzepte in die Herrschaftsgeschichte nachweisen.

Diese Aspekte haben in den Rassismus-Diskussionen der Frauenbewegung und in der feministischen Forschung bislang wenig Raum eingenommen; sie stoßen weitere kritische Selbstreflexionen an. Eine postkoloniale Perspektive und der Blick auf die weißen Subjekte des Rassismus mit Hilfe der *Critical Whiteness Studies* verdeutlicht die Verstrickung weißer Frauen und ihrer Emanzipationskonzepte in historische wie aktuelle rassistische Strukturen. Diese Erkenntnisse erfordern eine kritische Hinterfragung von Grundannahmen feministischer Theoriebildung. Auch heute noch beruht die Emanzipation weißer Frauen in den westlichen Industrieländern auf der internationalen Arbeitsteilung: Reproduzierende und häusliche Tätigkeiten werden zunehmend von Migrantinnen übernommen. Gayatri Spivak schlägt als Interventionspraxis das ‚Verlernen' von Privilegien vor. Diese Privilegien seien nicht nur als Gewinn zu betrachten, sondern auch als Verlust, da sie von der Ausbeutung der Arbeitskraft anderer abhängig seien (vgl. Castro Varela/ Dhawan 2005: 61). Diese Privilegien zu verlernen bedeutet jedoch zunächst, sich ihrer bewusst zu werden.

Zur Reproduktion dieser Strukturen trägt auch die immer noch vorherrschende Privilegierung der Kategorie Geschlecht in der Geschlechterforschung und in feministischen Auseinandersetzungen bei, mit der eine Fortschreibung und Unsichtbarmachung rassifizierter Verhältnisse verbunden ist. Die Sichtbarmachung weißer Positionen verdeutlicht die daran gebundene Privilegierung und die ihnen zugrundeliegenden Herrschaftsverhältnisse. Das gesellschaftlich Unmarkierte zu markieren, ermöglicht eine Analyse und Dekonstruktion hegemonialer Repräsentationsregimes und Wissensstände sowie die Infragestellung von auf einer weißen Vorherrschaft basierenden Gewaltverhältnissen. Ein Schritt in dieser Auseinandersetzung war, die koloniale Vergangenheit und postkoloniale Gegenwart der bundesdeutschen Gesellschaft und ihre Zusammenhänge mit der Geschichte der Frauenbewegung innerhalb eines rassistischen Paradigmas sichtbar zu machen. Der Blick auf aktuelle Repräsentationen (post-)kolonialer weißer Weiblichkeiten u.a. in den Medien verdeutlicht die Relevanz dieser Auseinandersetzung.

LITERATUR

AG gegen ‚Rassenkunde' (2001): „Herrschaftsbiologie. Am Beispiel des Instituts für Humanbiologie der Universität Hamburg", in: Arndt, Susan (Hg.), Afrikabilder. Studien zu Rassismus in Deutschland. Münster, S. 372-380.

AG Gender-Killer (2005) (Hg.): Antisemitismus und Geschlecht. Von ‚maskulinierten Jüdinnen', ‚effeminierten Juden' und anderen Geschlechterbildern, Münster.

AG Gender-Killer (2005a): „Geschlechterbilder im Nationalsozialismus. Eine Annäherung an den alltäglichen Antisemitismus", in: Dies. (2005) (Hg.), Antisemitismus und Geschlecht. Von ‚maskulinierten Jüdinnen', ‚effeminierten Juden' und anderen Geschlechterbildern, Münster, S. 9-67.

Ahmad, Aijaz (1992): In Theory. Classes, Nations, Literatures, Oxford.

Albrecht-Heide, Astrid (1991): „Militär und Partiarchat", in: Jahrbuch für Friedens- und Konfliktforschung, 18, S. 109-131.

Alder, Doris (1992): Die Wurzel der Polaritäten: Geschlechtertheorie über Naturrecht und Natur der Frau, Frankfurt am Main.

Aldrich, Robert (2003): Colonialism and Homosexuality, London/New York.

Allen, Ann Taylor (1988): „German Radical Feminism and Eugenics, 1900-1908", in: German Studies Review, Vol XI, Nr. 1, Februar.

Allen, Ann Taylor (1991): Feminism and Motherhood in Germany, 1800-1914, New Brunswick/New York.

Allen, Ann Taylor (1997): „Feminism and Motherhood in Germany and in International Perspective 1800-1914", in: Herminghouse, Patricia/ Mueller, Magda (Hg.), Gender and Germanness. Cultural Productions of Nation, Oxford, S. 113-128.

Altena, Thorsten (2004): „‚Etwas für das Wohl der schwarzen Neger beitragen‘ – Überlegungen zum ‚Rassenbegriff‘ der evangelischen Missionsgesellschaften“, in: Becker, Frank (Hg.), Rassenmischehen – Mischlinge – Rassentrennung. Zur Politik der Rasse im deutschen Kolonialreich, Stuttgart, S. 54-81.

Amesberger, Helga/Halbmayr, Brigitte (2005): „Race/‚Rasse‘ und *Whiteness* – Adäquate Begriffe zur Analyse gesellschaftlicher Ungleichheit?“, in: L'Homme 16/2, Wien, S. 135-143.

Anderson, Benedict (1998): Die Erfindung der Nation. Zur Karriere eines folgenreichen Konzepts, Frankfurt am Main.

Anzaldúa, Gloria/Moraga, Cherríe (1983) (Hg.): This Bridge Called my Back: Writings by Radical Women of Colour, New York.

Appelt, Erna (1999): Geschlecht, Staatsbürgerschaft Nation. Politische Konstruktionen des Geschlechterverhältnisses in Europa, Frankfurt am Main.

Arendt, Hannah (1986): Elemente und Ursprünge totaler Herrschaft. Antisemitismus, Imperialismus, totale Herrschaft, München/Zürich.

Arndt, Susan (2001) (Hg.): AfrikaBilder. Studien zu Rassismus in Deutschland, Münster.

Arndt, Susan (2001a): „Impressionen. Rassismus und der deutsche Afrikadiskurs“, in: Dies. (Hg.), AfrikaBilder. Studien zu Rassismus in Deutschland, Münster, S. 11-68.

Arndt, Susan (2004): „Kolonialistische Mythen und Weiß-Sein. Rassismus in der deutschen Afrikaterminologie“, in: Büro gegen Diskriminierung (Hg.), The Black Book. Die Enthäutung der deutschen Gesellschaft. Frankfurt am Main/London, S. 112-124.

Assmann, Aleida (1998): „Die Gleichzeitigkeit des Ungleichzeitigen. Nationale Diskurse zwischen Ethnisierung und Universalisierung“, in: Bielefeld, Ulrich/Engel, Gisela (Hg.), Bilder der Nation. Kulturelle und politische Konstruktionen des Nationalen am Beginn der europäischen Moderne, Hamburg., S. 379-400.

Austen, Ralph A./Smith, Woodruff D. (1992): „Private Tooth Decay as Public Economic Virtue: The Slave-Sugar Triangle, Consumerism, and European Industrialization“, in: Inikori, Joseph E./Engerman, Stanley L. (Hg.), The Atlantic Slave Trade. Effects on Economies, Societies, and Peoples in Africa, the Americas and Europe, London, S. 183-204.

Aveling, Nado (2004): „Disrupting the Normativity of Whiteness With Teacher Education Students: Challenges and Possibilities“, in: Balayi: Culture, Law and Colonialism, Vol. 6, S. 82-93.

Axter, Felix (2005): „Die Angst vor dem *Verkaffern* – Politiken der Reinigung im deutschen Kolonialismus“, in: Werkstatt Geschichte 39, S. 39-53.

Ayim, May (2001): „Die afro-deutsche Minderheit“, in: Arndt, Susan (Hg.) AfrikaBilder. Studien zu Rassismus in Deutschland, Münster, S. 71-86.

Bade, Klaus J. (2002): Europa in Bewegung. Migration vom späten 18. Jahrhundert bis zur Gegenwart, München.

Badenberg, Nana (2004): „Die Bilderkarriere eines kulturellen Stereotyps. 14 Juli 1894: Mohrenwäsche im Leipziger Zoo“, in: Honold, Alexander/Scherpe, Klaus R. (Hg.), Mit Deutschland um die Welt. Eine Kulturgeschichte des Fremden in der Kolonialzeit, Stuttgart, S. 173-182.

Bader, Veit-Michael (1995): Rassismus, Ethnizität, Bürgerschaft. Soziologische und philosophische Überlegungen, Münster.

Baer, Martin/Schröter, Olaf (2001): Eine Kopfjagd. Deutsche in Ostafrika. Spuren kolonialer Herrschaft, Berlin.

Balibar, Etienne (1990): „Die Nation-Form: Geschichte und Ideologie“, in: Ders./ Wallerstein, Immanuel (Hg.), Rasse Klasse Nation. Ambivalente Identitäten, Hamburg/Berlin, S. 107-130.

Balibar, Etienne (1990a): „Gibt es einen „Neo-Rassismus?“, in: Ders./ Wallerstein, Immanuel (Hg.), Rasse Klasse Nation. Ambivalente Identitäten, Hamburg/Berlin, S. 23-38.

Ballantyne, Tony (2003): „Rereading the Archive and Opening up the Nation-State: Colonial Knowledge in South Asia (and Beyond)“, in: Burton, Antoinette (Hg.), After the Imperial Turn. Thinking With and Through the Nation, Durham, S. 102-124.

Bandau, Anja (1999): „Gender – Race – Sexuality. Identitätskategorien im Verhältnis“, in: Welche Zukunft? Perspektiven der Frauen- und Geschlechterforschung in den Disziplinen. Potsdamer Studien für Frauen- und Geschlechterforschung, Jg. 3, Heft 1, S. 27-35.

Barrett, James/Roediger, David (2005): „Inbetween Peoples. Rasse, Nationalität und die ‚New Immigrant‘-Arbeiterklasse in den USA“, in: Werkstatt Geschichte 39, S. 7-34.

Becker, Felicitas/Beez, Jigal (2005) (Hg.): Der Maji-Maji-Krieg in Deutsch-Ostafrika 1905-1907, Berlin.

Becker, Felicitas/Beez, Jigal (2005a) „Ein nahezu vergessener Krieg“, in: Dies. (Hg.), Der Maji-Maji-Krieg in Deutsch-Ostafrika 1905-1907, Berlin, S. 11-13.

Becker, Frank (2004) (Hg.): Rassenmischehen – Mischlinge – Rassentrennung. Zur Politik der Rasse im deutschen Kolonialreich, Stuttgart.

Becker, Frank (2004a): „Einleitung: Kolonialherrschaft und Rassenpolitik“, in: Ders. (Hg.), Rassenmischehen – Mischlinge – Rassentrennung. Zur Politik der Rasse im deutschen Kolonialreich, Stuttgart, S. 11-26.

Becker, Thomas (2005): Mann und Weib – schwarz und weiß. Die wissenschaftliche Konstruktion von Geschlecht und Rasse 1600-1950, Frankfurt am Main/New York.

Benninghoff-Lühl, Sibylle (1984): „‚Ach Afrika! Wär' ich zu Hause!‘ Gedanken zum deutschen Kolonialroman der Jahrhundertwende“, in: Harms, Volker (Hg.), Andenken an den Kolonialismus. Eine Ausstellung des Völkerkundlichen Instituts der Universität Tübingen, Tübingen, S. 13-29.

Benthien, Claudia (1999): Haut. Literaturgeschichte – Körperbilder – Grenzdiskurse, Reinbek bei Hamburg.

Bereswill, Mechthild/Wagner, Leonie (1998) (Hg.): Bürgerliche Frauenbewegung und Antisemitismus, Tübingen.

Bergmann, Anna (1992): Die verhütete Sexualität. Die Anfänge der modernen Geburtenkontrolle. Hamburg.

Bergmann, Anna (1997): „Töten, Opfern, Zergliedern und Reinigen in der Entstehungsgeschichte des modernen Körpermodells“, in: metis, 6. Jg., Heft 11, S. 45-64.

Berman, Nina (1996): Orientalismus, Kolonialismus und Moderne. Zum Bild des Orients in der deutschsprachigen Kultur um 1900, Stuttgart.

Berman, Nina (1998): „Orientalism, Imperialism, and Nationalism: Karl May's *Orientzyklus*“, in: Friedrichsmeyer, Sara/Lennox, Sara/Zantop, Susanne (Hg.), The Imperialist Imagination. German Colonialism and Its Legacy, Ann Arbor, S. 51-68.

Berman, Nina (2004): Impossible Missions? German Economic, Military and Humanitarian Effords in Africa, London.

Berman, Russel A. (2003): „Der ewige Zweite. Deutschlands sekundärer Kolonialismus“, in: Kundrus, Birthe (2003a) (Hg.), Phantasiereiche: Zur Kulturgeschichte des deutschen Kolonialismus. Frankfurt am Main/New York, S. 19-34.

Besser, Stephan (2004): „Die hygienische Eroberung Afrikas. 9. Juni 1898: Robert Koch hält seinen Vortrag Ärztliche Beobachtungen in den Tropen“, in: Honold, Alexander/Scherpe, Klaus R. (Hg.), Mit Deutschland um die Welt. Eine Kulturgeschichte des Fremden in der Kolonialzeit, Stuttgart, S. 217-225.

Bhabha, Homi (1990) (Hg.): Nation and Narration, New York/London.

Bhabha, Homi (1990a): „Introduction: Narrating the Nation“, in: Ders. (Hg.), Nation and Narration, New York/London, S. 1-7.

Bhabha, Homi (1994): The Location of Culture, New York/London.

Bhabha, Homi (1996): „Postkoloniale Kritik. Vom Überleben der Kultur“, in: Das Argument 215, S. 345-359.

Bhabha, Homi K. (2000): Die Verortung der Kultur, Tübingen.

Bhabha, Homi K. (2000a): „DissemiNation. Zeit, narrative Geschichten und die Ränder der modernen Nation“, in: Ders. (2000), Die Verortung der Kultur, Tübingen, S. 207-254.

Bielefeld, Ulrich/Engel, Gisela (1998) (Hg.): Bilder der Nation. Kulturelle und politische Konstruktionen des Nationalen am Beginn der europäischen Moderne, Hamburg.

Bitzan, Renate (2000): Selbstbilder rechter Frauen. Zwischen Antisexismus und völkischem Denken, Tübingen.

Bland, Lucy (2005): „White Women and Men of Color: Miscenegation Fears in Britain after the Great war“, in: Gender and History Vol. 17, Nr. 1, S. 62-92.

Blom, Ida/Hagemann, Karen/Hall, Cathrine (2000) (Hg.): Gendered Nations. Nationalisms and Gender Order in the Long Nineteenth Century, Oxford/New York.

Blumentritt, Martin (o.A.): Rassenhygiene, Nationalsozialismus, Euthanasie, auf: http://martinblumentritt.de/agr265s.htm, Zugriff 6.4.2005.

Böhlke-Itzen, Janntje (2005): „Die bundesdeutsche Diskussion und die Reparationsfrage. Ein ,ganz normaler Kolonialkrieg‘?“ in: Melber, Henning (Hg.), Genozid und Gedenken. Namibisch-deutsche Geschichte und Gegenwart, Frankfurt am Main, S. 103-120.

Böttger, Jan Henning (2004): „‚Es (wird) aber schwieriger sein, sich ihrer zu entledigen als es jetzt ist, sie von dem Schutzgebiet fernzuhalten‘ – Kolonialdiskursive Bedingungen rassenpolitischen Handelns am Beispiel der verhinderten ‚Einfuhr‘ eines Chinesen nach Deutsch-Südwestafrika (1906)“, in: Becker, Frank (Hg.), Rassenmischehen – Mischlinge – Rassentrennung. Zur Politik der Rasse im deutschen Kolonialreich, Stuttgart, S. 124-137.

Boukrif, Gabriele/Bruns, Claudia/Heinsohn, Kirsten/Lenz, Claudia/Schmersahl, Katrin/Weller, Katja (2002): „Einleitung“, in: Dies. (Hg.), Geschlechtergeschichte des Politischen. Entwürfe von Geschlecht und Gemeinschaft im 19. und 20. Jahrhundert, Münster, S. 1-18.

Brehl, Medardus (2004): „‚Diese Schwarzen haben den Tod verdient.‘ Der Genozid am Volk der Herero in Deutsch-Südwestafrika vor hundert Jahren im Spiegel der zeitgenössischen Literatur“, in: Frankfurter Rundschau, 10.8., S. 7.

Brockhaus in Text und Bild (2005) (elektronische Version)©, Bibliographisches Institut & F. A. Brockhaus AG, Mannheim.

Bronfen, Elisabeth/ Marius, Benjamin (1997): „Vorwort“, in: Dies./ Marius, Benjamin/Steffen, Therese (Hg.), Hybride Kulturen. Beiträge zur anglo-amerikanischen Multikulturalismusdebatte, Tübingen.

Brückmann, Thomas (2006): „‚Rassische‘ Gene. Über die Aktualität von Rassismus und Rassifizierung in den Genwissenschaften“, in: Jungle World Nr. 48, S. 30.

Brunotte, Ulrike (2004): Zwischen Eros und Krieg. Männerbund und Ritual in der Moderne, Berlin.

Bublitz, Hannelore (2000): „Die Gesellschaftsordnung unterliegt dem ‚Walten der Naturgesetze‘: Sozialdarwinismus als Schnittstelle der Rationalisierung von Arbeit, Bevölkerungspolitik und Sexualität“, in: Dies./Hanke, Christine/Seier, Andrea (Hg.), Der Gesellschaftskörper. Zur Neuordnung von Kultur und Geschlecht, Frankfurt am Main, S. 236-324.

Bublitz, Hannelore (2000a): „Einleitung“, in: Dies./Hanke, Christine/-Seier, Andrea (Hg.): Der Gesellschaftskörper. Zur Neuordnung von Kultur und Geschlecht, Frankfurt am Main, S. 10-18.

Bublitz, Hannelore (2003): Diskurs, Bielefeld.

Bublitz, Hannelore/Hanke, Christine/Seier, Andrea (2000) (Hg.): Der Gesellschaftskörper. Zur Neuordnung von Kultur und Geschlecht, Frankfurt am Main.

Budde, Gunilla/Conrad, Sebastian/Janz, Oliver (2006) (Hg.): Transnationale Geschichte. Themen, Tendenzen und Theorien, Göttingen.

Burton, Antoinette (1992): „The White Woman’s Burden. British Feminists and „The Indian Woman“, 1865-1915“, in: Chaudhuri, Nupur/-Strobel, Margaret (Hg.), Western Women And Imperialism. Complicity and Resistance, Bloomington/Indianapolis, S. 137-157.

Burton, Antoinette (1999) (Hg.): Gender, sexuality and colonial Modernities, London/New York.

Burton, Antoinette (1999a): „Introduction. The unfinished business of colonial modernities“, in: Dies. (Hg.), Gender, sexuality and colonial Modernities, London/New York, S. 1-16.

Burton, Antoinette (2003) (Hg.): After the Imperial Turn. Thinking With and Through the Nation, Durham.

Burton, Antoinette (2003a): „Introduction: On the Inadequacy and the Indispensability of the Nation“, in: Dies. (Hg.), After the Imperial Turn. Thinking With and Through the Nation, Durham, S. 1-26.

Buschmann, Nikolaus (2003): Einkreisung und Waffenbruderschaft. Die öffentliche Deutung von Krieg und Nation in Deutschland 1850-1871, Göttingen.

Bussemer, Herrad-Ulrike (1985): Frauenemanzipation und Bildungsbürgertum. Sozialgeschichte der Frauenbewegung in der Reichsgründungszeit, Weinheim/Basel.

Butler, Judith (1997): Körper von Gewicht, Frankfurt am Main.

Campt, Tina M. (2004): Other Germans. Black Germans and the Politics of Race, Gender, and Memory in the Third Reich. Michigan.

Carstens, Cornelia/Vollherbst, Gerhild (2002): „‚Deutsche Frauen nach Südwest!' – Der Frauenbund der Deutschen Kolonialgesellschaft", in: van der Heyden, Ulrich/Zeller, Joachim (Hg.), Kolonialmetropole Berlin, Berlin, S. 50-56.

Castro Varela, María do Mar/Dhawan, Nikita (2005): Postkoloniale Theorie. Eine kritische Einführung, Bielefeld.

Cavalli-Sforza, Luca und Francesco (1994): Verschieden und doch gleich, München.

Cernovsky, Zach Z. (1997): „Pseudowissenschaftliche ‚Rassenforschung' der Gegenwart", in: Mecheril, Paul/Teo, Thomas (Hg.), Psychologie und Rassismus, Reinbek bei Hamburg, S. 73-92.

Chakrabati, Dipesh (2002): „Europa provinzialisieren. Postkolonialität und die Kritik der Geschichte", in: Conrad, Sebastian/Randeria, Shalini (Hg.), Jenseits des Eurozentrismus. Postkoloniale Perspektiven in den Geschichts- und Kulturwissenschaften, Frankfurt am Main, S. 283-312.

Chauchuri, Nupur/Strobel, Margaret (1992) (Hg.): Western Women And Imperialism. Complicity and Resistance, Bloomington/Indianapolis.

Chauchuri, Nupur/Strobel, Margaret (1992a): „Introduction", in: Dies. (Hg.), Western Women And Imperialism. Complicity and Resistance, Bloomington/Indianapolis, S. 1-18.

Chickering, Roger (1984): We Men Who Feel Most German: A Cultural Study of the Pan-German League, 1886-1914, Boston.

Chickering, Roger (1988): „‚Cacting their gaze more broadly.' Women's patriotic activism in imperial Germany", in: Past&Present 118, S. 156-185.

Ciarlo, David M. (2003): „Rasse konsumieren. Von der exotischen zur kolonialen Imagination in der Bildreklame des Wilhelminischen Kaiserreichs", in: Kundrus, Birthe (2003a) (Hg.), Phantasiereiche: Zur Kulturgeschichte des deutschen Kolonialismus. Frankfurt am Main/New York, S. 135-179.

Comaroff, John (1997): Images of Empire, Contests of Conscience: Models of Colonial Domination in South Africa, S. 163-197.

Comaroff, John/Comaroff, Jean (1992): Ethnography and the Historical Imagination, Boulder.

Comaroff, John/Comaroff, Jean (2002): „Hausgemachte Hegemonie“, in: Conrad, Sebastian/Randeria, Shalini (2002) (Hg.), Jenseits des Eurozentrismus. Postkoloniale Perspektiven in den Geschichts- und Kulturwissenschaften, Frankfurt am Main, S. 247-282.

Connell, Robert W. (1999): Der gemachte Mann: Konstruktion und Krise von Männlichkeiten, Opladen.

Conrad, Sebastian (2004): „‚Eingeborenenpolitik‘ in Kolonie und Metropole. „Erziehung zur Arbeit“ in Ostafrika und Ostwestphalen“, in: Ders./Osterhammel, Jürgen (Hg.), Das Kaiserreich transnational. Deutschland in der Welt 1871-1914, Göttingen, S. 107-128.

Conrad, Sebastian/Osterhammel, Jürgen (2004) (Hg.): Das Kaiserreich transnational. Deutschland in der Welt 1871-1914, Göttingen.

Conrad, Sebastian/Osterhammel, Jürgen (2004a): „Einleitung“, in: Dies. (Hg.), Das Kaiserreich transnational. Deutschland in der Welt 1871-1914, Göttingen, S. 7-28.

Conrad, Sebastian/Randeria, Shalini (2002) (Hg.): Jenseits des Eurozentrismus. Postkoloniale Perspektiven in den Geschichts- und Kulturwissenschaften, Frankfurt am Main.

Conrad, Sebastian/Randeria, Shalini (2002a): „Einleitung. Geteilte Geschichten – Europa in einer postkolonialen Welt“, in: Dies. (2002) (Hg.), Jenseits des Eurozentrismus. Postkoloniale Perspektiven in den Geschichts- und Kulturwissenschaften. Frankfurt am Main, S. 9-49.

Cyba, Eva (2004): „Patriarchat: Wandel und Aktualität“, in: Becker, Ruth/Kortendiek, Beate (Hg.), Handbuch Frauen- und Geschlechterforschung, Wiesbaden, S. 15-20.

Dann, Otto (1996): Nation und Nationalismus in Deutschland: 1770-1990; 3. überarbeitete und erweiterte Auflage, München.

Davin, Anna (1997): „Imperialism and Motherhood“, in: Cooper, Frederick/Stoler, Anne Laura (Hg.), Tensions of Empire. Colonial Cultures in a Bourgeois World, Berkeley/Los Angeles/London, S. 87-151.

Der Spiegel (2004): „Die Peitsche des Bändigers“, Nr. 3, S. 102-109.

Deutsch, Jan-Georg (2000): „Slavery Under German Colonial Rule in East Africa, 1860-1914“, Habilitationsschrift Humboldt-Universität zu Berlin.

Diederichsen, Diedrich (1996): Politische Korrekturen, Köln.

Dietrich, Anette (2000): Differenz und Identität im Kontext Postkolonialer Theorien. Eine feministische Betrachtung, Berlin.

Dietrich, Anette (2005): „Konstruktionen weißer Körper im Kontext des deutschen Kolonialismus“, in: Maureen Eggers, Maisha/Kilomba, Grada/Piesche, Peggy/Arndt, Susan (Hg.), Mythen, Masken und

Subjekte. Kritische Weißseinsforschung in Deutschland, Münster, S. 363-376.

Dietze, Gabi (2005): „Postcolonial Theory“, in: von Braun, Cristina/ Stephan, Inge (Hg.), Gender@Wissen. Ein Handbuch der Gender-Theorien, Böhlau, S. 304-324.

Dietze, Gabriele (2006): „Critical Whiteness Theory und Kritischer Okzidentalismus. Zwei Figuren hegemonialer Selbstreflexion“, in: Tißberger, Martina/Dietze, Gabriele/Hrzán, Daniela/ Husmann-Kastein, Jana (Hg.), Weiß – Weißsein – Whiteness. Kritische Studien zu Gender und Rassismus, Frankfurt am Main, S. 219-247.

Dirlik, Arif (1997): „The Postcolonial Aura. Third World Criticism in the Age of Global Capitalism“, in: Padmini Mongia (Hg.), Contemporary Postcolonial Theory. A Reader, London, S. 294-321.

Djomo, Esaië (1992): „Des Deutschen Feld, es ist die Welt!“ Pangermanismus in der Literatur des Kaiserreichs, dargestellt am Beispiel der deutschen Koloniallyrik. Ein Beitrag zur Literatur im historischen Kontext, St. Ingbert.

Doane, Woody (2003): „Rethinking Whiteness Studies“, in: Dies./ Bonilla-Silva, Eduardo (Hg.), White Out. The Continuing Significance of Racism, New York/London, S. 3-18.

Douglas, Mary (1985): Reinheit und Gefährdung. Eine Studie zu Vorstellungen von Verunreinigung und Tabu, Berlin.

Drescher, Seymour (1992): „The Ending of the Slave Trade and the Evolution of European Scientific Racism“, in: Inikori, Joseph E./Engerman, Stanley L. (Hg.), The Atlantic Slave Trade. Effects on Economies, Societies, and Peoples in Africa, the Americas, and Europe, Durham/London, S. 361-396.

Drummond, Elizabeth A. (2000): „‚Durch die Liebe stark, deutsch bis ins Mark‘: Weiblicher Kulturimperialismus und der deutsche Frauenverein für die Ostmarken“, in: Planert, Ute (Hg.), Nation, Politik und Geschlecht. Frauenbewegungen und Nationalismus in der Moderne, Frankfurt am Main, S. 147-164.

Dyer, Richard (1997): White, London/New York.

Ebbinghaus, Angelika (1987) (Hg.): Opfer und Täterinnen. Frauenbiographien des Nationalsozialismus, Frankfurt am Main.

Eckert, Andreas (1997): „Sauberkeit und ‚Zivilisation‘: Hygiene und Kolonialismus in Afrika“, in: Sowi 26, Heft 1, S. 16-19.

Eckert, Andreas (2003): „Namibia – ein deutscher Sonderweg in Afrika? Anmerkungen zu einer internationalen Diskussion“, in: Zimmerer, Jürgen/Zeller, Joachim (Hg.), Völkermord in Deutsch-Südwestafrika. Der Kolonialkrieg (1904-1908) in Namibia und seine Folgen, Berlin, S. 226-236.

Eckert, Andreas/Peseck, Michael (2004): „Bürokratische Ordnung und koloniale Praxis. Herrschaft und Verwaltung in Preußen und Afrika“, in: Conrad, Sebastian/Osterhammel, Jürgen (Hg.), Das Kaiserreich transnational. Deutschland in der Welt 1871-1914, Göttingen, S. 87-106.

Eckert, Andreas/Wirz, Albert (2002): „‚Wir nicht, die Anderen auch.‘ Deutschland und der Kolonialismus“, in: Conrad, Sebastian/Randeria, Shalini (Hg.), Jenseits des Eurozentrismus. Postkoloniale Perspektiven in den Geschichts- und Kulturwissenschaften, Frankfurt am Main/New York, S. 372-392.

Eggers, Maureen Maisha/Kilomba, Grada/Piesche, Peggy/Arndt, Susan (2005) (Hg.): Mythen, Masken und Subjekte. Kritische Weißseinsforschung in Deutschland, Münster.

Eggers, Maureen Maisha/Kilomba, Grada/Piesche, Peggy/Arndt, Susan (2005a): „Konzeptionelle Überlegungen“, in: Dies. (2005) (Hg.), Mythen, Masken und Subjekte. Kritische Weißseinsforschung in Deutschland, Münster, S. 11-13.

Ehringhaus, Sybille (1996): Germanenmythos und deutsche Identität. Die Frühmittelalter-Rezeption in Deutschland 1842-1933, Weimar.

Eichhorn, Cornelia (1994): „Im Dienste des Gemeinwohls. Frauen und Nationalstaat“, in: Dies./Grimm, Sabine (Hg.), Gender Killer. Texte zu Feminismus und Politik, Berlin, S. 77-92.

Eigler, Friederike (1998): „Engendering German Nationalism: Gender and Race in Frieda von Bülow's Colonial Writings“, in: Friedrichsmeyer, Sara/Lennox, Sara/Zantop, Susanne (Hg.), The Imperialist Imagination. German Colonialism and Its Legacy, Ann Arbor, S. 69-86.

Ellerbrock, Dagmar (2004): „Körper-Moden – Körper-Grenzen“, in: Neue Politische Literatur, Jg. 49, Frankfurt am Main, S. 52-84.

El-Tayeb, Fatima (2001): Schwarze Deutsche. Der Diskurs um ‚Rasse‘ und nationale Identität 1890-1933, Frankfurt am Main.

Engel, Gisela (1998): „Einleitung“, in: Bielefeld, Ulrich/Dies. (Hg.), Bilder der Nation. Kulturelle und politische Konstruktionen des Nationalen am Beginn der europäischen Moderne, Hamburg, S. 10-39.

Engelhardt, Kerstin (1999): „Weiße deutsche Frauen: Kolonistinnen in der Vergangenheit, Rassistinnen in der Gegenwart. Das Beispiel Namibia“, in: Ayim, May/Hügel, Ika/Lange, Chris, (u.a.) (Hg.), Entfernte Verbindungen. Rassismus. Antisemitismus. Klassenunterdrückung, Berlin, S. 118-137.

Ernst, Christina/Tischer, Sabine (1984): „Die Darstellung der Kolonialisierten in der europäischen Kunst“, in: Harms, Volker (Hg.), Andenken an den Kolonialismus. Eine Ausstellung des Völkerkundlichen Instituts der Universität Tübingen, Tübingen, S. 30-51.

Essner, Cornelia (1992): „‚Wo Rauch ist, da ist auch Feuer'. Zu den Ansätzen eines Rassenrechts für die deutschen Kolonien", in: Wagner, Wilfried (Hg.), Rassendiskriminierung, Kolonialpolitik und ethnisch-nationale Identität, Münster/Hamburg, S. 145-160.

Essner, Cornelia (1997): Zwischen Vernunft und Gefühl. Die Reichstagsdebatten von 1912 um koloniale ‚Rassenmischehe' und ‚Sexualität', in: Zeitschrift für Geschichtswissenschaft, Jg. 45, Heft 6, S. 503-519.

Essner, Cornelia (2002): „Das ausgebliebene Kolonialgericht", in: van der Heyden, Ulrich/Zeller, Joachim (Hg.), Kolonialmetropole Berlin, Berlin, S. 41-45.

Estel, Bernd (2002): Nation und nationale Identität. Versuch einer Rekonstruktion, Wiesbaden.

Evans, Richard J. (1976): The Feminist Movement in Germany 1894-1933, London/Beverly Hills.

Evans, Richard J. (1979): Sozialdemokratie und Frauenemanzipation im deutschen Kaiserreich, Berlin/Bonn.

Evans, Richard J. (2005): Das Dritte Reich. Band I. Aufstieg, München.

Fanon, Frantz (1985): Schwarze Haut, weiße Masken, Frankfurt am Main.

Ferdinand, Ursula (1999): Das Malthusische Erbe: Entwicklungsstränge der Bevölkerungstheorie im 19. Jahrhundert und deren Einfluß auf die radikale Frauenbewegung in Deutschland, Münster.

Fesser, Gerd (2005): Deutsche Weltpolitik. Der Traum des Kaiserreichs vom „Platz an der Sonne", in: Jungle World Nr. 46, S. 28.

Fink-Eitel, Heinrich (1994): Die Philosophie und die Wilden. Über die Bedeutung des Fremden für die europäische Geistesgeschichte, Hamburg.

Foucault, Michel (1977): Der Wille zum Wissen, Frankfurt am Main.

Foucault, Michel (1983): Der Wille zum Wissen. Sexualität und Wahrheit, Frankfurt am Main, Bd. 1.

Foucault, Michel (1999): „Die Maschen der Macht", in: Engelmann, Jan (Hg.), Michel Foucault. Botschaften der Macht. Der Foucault-Reader. Diskurs und Medien, Stuttgart, S. 172-187.

Foucault, Michel (2000): „Die Gouvernementalität", in: Bröckling, Ulrich/Krasmann, Susanne/ Lemke, Thomas (Hg.), Gouvernementalität der Gegenwart. Studien zur Ökonomisierung des Sozialen, Frankfurt am Main, S. 41-67.

Frankenberg, Ruth (1993): White Women. Race Matters. The Social Construction of Whiteness, London.

Frankenberg, Ruth (1997) (Hg.): Displacing Whiteness. Essays in Social and Cultural Criticism, Durham/London.

Frankenberg, Ruth (1999): „Introduction: Local Whitenesses, Localizing Whiteness“, in: Dies. (Hg.), Displacing Whiteness. Essays in Social and Cultural Criticism, Duke University Press, Durham/London, S. 1-34.

Frauen gegen Antisemitismus (1993): „Der Nationalsozialismus als Extremform des Patriarchats. Zur Leugnung der Täterschaft von Frauen und zur Tabuisierung des Antisemitismus in der Auseinandersetzung mit dem NS“, in: Beiträge zur feministischen Theorie und Praxis 35, S. 77-89.

Frederickson, George M. (2004): Rassismus. Ein historischer Abriss, Hamburg.

Frevert, Ute (1985): „‚Fürsorgliche Belagerung‘: Hygienebewegung und Arbeiterfrauen im 19. und frühen 20. Jahrhundert“, in: Geschichte und Gesellschaft 11, S. 420-446.

Frevert, Ute (1996): Nation, Krieg und Geschlecht im 19. Jahrhundert., in: Manfred Hettling (Hg.), Nation und Gesellschaft in Deutschland: Historische Essays, München, S. 151-170.

Frevert, Ute (2001): Die kasernierte Nation. Militärdienst und Zivilgesellschaft in Deutschland, München.

Frevert, Ute (2003): Eurovisionen. Ansichten guter Europäer im 19. und 20. Jahrhundert, Frankfurt am Main.

Friedrichsmeyer, Sara/Lennox, Sara/Zantop, Susanne (Hg.) (1998): The Imperialist Imagination. German Colonialism and Its Legacy, Ann Arbor.

Friedrichsmeyer, Sara/Lennox, Sara/Zantop, Susanne (1998a): „Introduction“, in: Dies. (1998) (Hg.), The Imperialist Imagination. German Colonialism and Its Legacy, Ann Arbor, S. 1-29.

Fuhrmann, Malte (2006): Der Traum vom deutschen Orient. Zwei deutsche Kolonien im Osmanischen Reich 1851-1918, Frankfurt am Main.

Geiss, Immanuel (1988): Geschichte des Rassismus, Frankfurt am Main.

Geiss, Immanuel (1991): „Kontinuitäten des Imperialismus“, in: Reinhard, Wolfgang (Hg.), Imperialistische Kontinuität und nationale Ungeduld im 19. Jahrhundert, Frankfurt am Main, S. 12-17.

Gelbin, Cathy S./Konuk, Kader/Piesche, Peggy (Hg.) (1999): Aufbrüche. Kulturelle Produktionen von Migrantinnen, Schwarzen und jüdischen Frauen in Deutschland, Königstein.

Gellner, Ernest (1991): Nationalismus und Moderne, Hamburg.

Geoff, Eley/Blackbourn, David (1984): The Pecularities of German History. Bourgeois Society and Politics in Nineteenth-Century Germany, New York.

Geulen, Christian (2003): „,The Final Frontier…‘ Heimat, Nation und Kolonie um 1900: Carl Peters“, in: Kundrus, Birthe (2003a) (Hg.), Phantasiereiche: Zur Kulturgeschichte des deutschen Kolonialismus, Frankfurt am Main/New York, S. 35-55.

Geulen, Christian (2004): Wahlverwandte. Rassendiskurs und Nationalismus im späten 19. Jahrhundert, Hamburg.

Ghose, Indira (1994): „Frauen und Imperialismus: Reiseberichte von englischen Frauen in Indien im 19. Jahrhundert“, in: Nestvogel, Renate (Hg.), ‚Fremdes‘ oder ‚Eigenes‘? Rassismus, Antisemitismus, Kolonialismus und Rechtsextremismus aus Frauensicht, Frankfurt am Main, S. 70-85.

Gilman, Sander L. (1986): „Black Bodies, White Bodies: Toward an Iconography of Female Sexuality in Late Nineteenth-Century Art, Medicine, and Literature“, in: Gates, Henry Louis (Hg.), ‚Race‘, Writing, and Difference, Chicago, S. 223-261.

Gilman, Sander L. (1992): Rasse, Sexualität und Seuche. Stereotype aus der Innenwelt der westlichen Kultur, Reinbek bei Hamburg.

Glietsch, Susanne (2003): Mittäterschaft und Selbstentwurf. Eine feministisch-theologische Auseinandersetzung mit Christina Thürmer-Rohr, Königstein/Taunus.

Goltermann, Svenja (1998): Körper der Nation. Habitusformierung und die Politik des Turnens 1860-1890, Göttingen.

Goltermann, Svenja (2001): „Identität und Habitus. Konzepte zur Analyse von ‚Nation‘ und ‚nationalem Bewußtsein‘“, in: Fureit, Ulrike (Hg.), Politische Kollektive. Die Konstruktion nationaler, rassischer und ethnischer Gemeinschaften, Münster, S. 81-100.

Gosewinkel, Dieter (2004): „Rückwirkungen des kolonialen Rasserechts? Deutsche Staatsangehörigkeit zwischen Rassestaat und Rechtsstaat“, in: Conrad, Sebastian/Osterhammel, Jürgen (Hg.), Das Kaiserreich transnational. Deutschland in der Welt 1871-1914, Göttingen, S. 236-256.

Gouda, Frances (1993): „Das „unterlegene“ Geschlecht der „überlegenen“ Rasse. Kolonialgeschichte und Geschlechterverhältnisse“, in: Schissler, Hanna (Hg.), Geschlechterverhältnisse im historischen Wandel, S. 185-203.

Gravenhorst, Lerke (1990): „Nehmen wir Nationalsozialismus und Auschwitz ausreichend als unser negatives Eigentum in Anspruch? Zu Problemen im feministisch-sozialwissenschaftlichen Diskurs in der Bundesrepublik Deutschland“, in: Dies./Tatschmurat, Carmen (Hg.), TöchterFragen, NS-Frauengeschichte, Freiburg, S. 17-38.

Greven-Aschoff, Barbara (1981): Die bürgerliche Frauenbewegung in Deutschland 1894-1933 (Kritische Studien zur Geschichtswissenschaft, Bd. 46), Göttingen.

Griffin, Gabriele/Braidotti, Rosi (2002): „Whiteness and European Situatedness“, in: Dies. (Hg.), Thinking Differently. A Reader in European Women's Studies, London/New York, S. 221-238.

Grimm, Sabine (1997): „Postkoloniale Kritik“, in: Die Beute, Nr. 14, S. 48-61.

Groebner, Valentin (2003): „‚Weiß sind nur sehr wenige von uns.‘ Die Gechichte der Hautfarben: ‚complexiones‘ und ihr Zusammenhang mit der europäischen Expansion“, in: Frankfurter Rundschau vom 26. August, S.11.

Grosse, Pascal (1997): „Psychologische Menschenführung und die deutsche Kolonialpolitik“, 1900-1940, in: Mecheril, Paul/Teo, Thomas (Hg.), Psychologie und Rassismus, Reinbek bei Hamburg, S. 19-41.

Grosse, Pascal (2000): Kolonialismus, Eugenik und bürgerliche Gesellschaft in Deutschland 1850-1918, Frankfurt am Main.

Gründer, Horst (2000): Geschichte der deutschen Kolonien, Paderborn.

Gründer, Horst (2002): „Der ‚Wettlauf‘ um Afrika und die Berliner Westafrika-Konferenz 1884/85“, in: van der Heyden, Ulrich/Zeller, Joachim (Hg.), Kolonialmetropole Berlin. Eine Spurensuche, Berlin, S. 19-23.

Gründer, Horst (2004): „Zum Stellenwert des Rassismus im Spektrum der deutschen Kolonialideologie“, in: Becker, Frank (Hg.), Rassenmischehen – Mischlinge – Rassentrennung. Zur Politik der Rasse im deutschen Kolonialreich, Stuttgart, S. 27-41.

Günzel, Stephan (2005): Symposium „Topologie. WeltRaumDenken“. Einführung: spatial turn, topographical turn, topological turn, auf: http://www.geophilosophie.de/Material/Guenzel_Topologie-Einfuehrung.pdf, Zugriff: 16.03.2006.

Gürtler, Christian (2003): Vereine und nationale Bewegung in Breslau 1830-1871. Ein Beitrag Breslaus zur Bewegung für Freiheit und Demokratie in Deutschland. Frankfurt am Main.

Gutiérrez Rodríguez, Encarnación (1999): Intellektuelle Migrantinnen – Subjektivitäten im Zeitalter von Globalisierung. Eine postkoloniale dekonstruktive Analyse von Biographien im Spannungsverhältnis von Ethnisierung und Vergeschlechtlichung, Opladen.

Gutiérrez Rodríguez, Encarnación (2000): Fallstricke des Feminismus. Das Denken ‚kritischer Differenzen‘ ohne geopolitische Kontextualisierung. Einige Überlegungen zur Rezeption antirassistischer und postkolonialer Kritik, in: polylog. Forum für interkulturelles Philosophieren 4. http://them.polylog.org/2/age-de.htm, Zugiff: 16.03.2006.

Gutiérrez Rodríguez, Encarnación (2003): „Repräsentation, Subalternität und postkoloniale Kritik“, in: Steyerl, Hito/Dies. (Hg.), Spricht die Subalterne deutsch? Migration und postkoloniale Kritik, Münster, S. 17-37.

Gutiérrez Rodríguez, Encarnación (2004): „Postkolonialismus: Subjektivität, Rassismus und Geschlecht“, in: Becker, Ruth/Kortendiek, Beate (Hg.), Handbuch für Frauen- und Geschlechterforschung, Wiesbaden, S. 239-247.

Ha, Kien Nghi (1999): Ethnizität und Migration, Münster.

Ha, Kien Nghi (2003): „Kolonial-rassistisch – subversiv – postmodern: Hybridität bei Homi Bhabha und in der deutschsprachigen Rezeption. Interkultureller Transfer und nationale Auslegung“, in: Habermas, Rebekka/von Mallinckrodt, Rebekka (2004) (Hg.), Interkultureller Transfer und nationaler Eigensinn. Europäische und angloamerikanische Positionen der Kulturwissenschaften, Göttingen.

Hacker, Hanna (2005): „Nicht Weiß Weiß nicht. Übergänge zwischen *Critical Whiteness Studies* und feministischer Theorie“, in: L'Homme, 16/2, S. 13-27.

Hagemann, Karen (2000): „‚Deutsche Heldinnen‘: Patriotisch-nationales Frauenhandeln in der Zeit der antinapoleonischen Kriege“, in: Planert, Ute (Hg.), Nation, Politik und Geschlecht. Frauenbewegungen und Nationalismus in der Moderne, Frankfurt am Main, S. 86-112.

Hagemann, Karen (2000a): „A Valorous *Volk* Family: The Nation, the Military, and the Gendered Wars, 1806-1815“, in: Blom, Ida/Dies./-Hall, Catherine (Hg.), Gendered Nations. Nationalisms and Gender Order in the Long Nineteenth Century, Oxford/New York, S. 179-206.

Hall, Catherine (2000): „The Rule of Difference: Gender, Class and Empire in the Making of the 1832 Reform Act“, in: Blom, Ida/-Hagemann, Karen/Dies. (Hg.), Gendered Nations. Nationalisms and Gender Order in the Long Nineteenth Century, Oxford/New York, S. 107-135.

Hall, Stuart (1994): Rassismus und kulturelle Identität, Hamburg.

Hall, Stuart (2002): „Wann gab es ‚das Postkoloniale‘? Denken an der Grenze“, in: Conrad, Sebastian/ Randeria, Shalini (Hg.), Jenseits des Eurozentrismus. Postkoloniale Perspektiven in den Geschichts- und Kulturwissenschaften, Frankfurt am Main/New York, S. 219-246.

Hancock, Mary (1999): „Gendering The Modern. Women and Home Science in British India“, in: Burton, Antoinette (Hg.), Gender, Sexuality, and Colonial Modernities, London, S. 148-160.

Hanke, Christine (2000): „Zwischen Evidenz und Leere. Zur Konstitution von ‚Rasse‘ im physisch-anthropologischen Diskurs um 1900“, in: Bublitz, Hannelore/Dies./Seier, Andrea (Hg.), Der Gesellschaftskörper. Zur Neuordnung von Kultur und Geschlecht um 1900, Frankfurt am Main/New York, S. 179-235.

Harding Leonhard (1995): „Die deutsche Diskussion um die Abschaffung der Sklaverei in Kamerun“, in: Heine, Peter/van der Heyden, Ulrich (Hg.), Studien zur Geschichte des deutschen Kolonialismus in Afrika. Festschrift zum 60. Geburtstag von Peter Sebald, Pfaffenweiler, S. 280-308.

Hark, Sabine (2001): „Feministische Theorie – Diskurs – Dekonstruktion. Produktive Verknüpfungen“, in: Keller, Reiner/Hirseland, Andreas/Schneider, Werner/Viehöver, Willy (Hg.), Handbuch Sozialwissenschaftliche Diskursanalyse, Band 1: Theorien und Methoden, Opladen, S. 353-371.

Harms, Volker (1984) (Hg.): Andenken an den Kolonialismus. Eine Ausstellung des Völkerkundlichen Instituts der Universität Tübingen, Tübingen.

Härtel, Insa/Schade, Sigrid (2002) (Hg.): Körper und Repräsentation, Opladen.

Härtel, Insa/Schade, Sigrid (2002a): „Einleitung: Nation und Körper“, in: Dies. (2002), Körper und Repräsentation, Opladen, S. 73-76.

Harvey, Elisabeth (2003): Women and the Nazi East. Agents and Witnesses of Germanization, New Haven/London.

Harvey, Elisabeth/Abrams, Lynn (1996) (Hg.): Gender Relations in German history. Power, Agency and Experience From the sixteenth to the Twentieth Century, London.

Harvey, Elisabeth/Abrams, Lynn (1996a): „Introduction: Gender and Gender Relations in German History“, in: Dies. (Hg.), Gender Relations in German History. Power, Agency and Experience From the Sixteenth to the Twentieth Century, London, S. 1-38.

Haupt, Heinz-Gerhard/Langewiesche, Dieter (2001): „Nation und Religion – zur Einführung“, in: Dies. (Hg.), Nation und Religion in der deutschen Geschichte, Frankfurt am Main, S. 11-32.

Haupt, Heinz-Gerhard/Langewiesche, Dieter (2004) (Hg.): Nation und Religion in Europa. Mehrkonfessionelle Gesellschaften im 19. und 20. Jahrhundert, Frankfurt am Main.

Heinrich, Gisela (1999): „‚Frauenemanzipation'", in: Haug, Wolfgang Fritz (Hg.), Historisch-Kritisches Wörterbuch des Marxismus, Band 4, Hamburg, S. 859-868.

Heinrichs, Gesa (2001): Bildung, Geschlecht, Identität. Eine (postfeministische) Einführung, Königstein.

Heinsohn, Kirsten (2000): „Im Dienste der deutschen Volksgemeinschaft: Die ‚Frauenfrage' und konservative Parteien vor und nach dem Ersten Weltkrieg", in: Planert, Ute (Hg.), Nation, Politik und Geschlecht. Frauenbewegungen und Nationalismus in der Moderne, Frankfurt am Main, S. 215-233.

Held, Thomas (1984): „Kolonialismus und Werbung", in: Harms, Volker (Hg.), Andenken an den Kolonialismus. Eine Ausstellung des Völkerkundlichen Instituts der Universität Tübingen, Tübingen, S. 114-124.

Heldhuser, Urte/Marx, Daniela/Paulitz, Tanja/Pühl, Katharina (2004): under construction? Konstruktivistische Perspektiven in feministischer Theorie und Forschungspraxis, Frankfurt am Main.

Hentges, Gudrun (1999): Schattenseiten der Aufklärung: die Darstellung von Juden und „Wilden" in philosophischen Schriften des 18. und 19. Jahrhunderts, Schwalbach/Taunus.

Herb, Guntram H. (2005): „Von der Grenzrevision zur Expansion: Territorialkonzepte in der Weimarer Republik", in: Schröder, Iris/Höhler, Sabine (Hg.), Welt-Räume. Geschichte, Geographie und Globalisierung seit 1900, Frankfurt am Main, S. 175-203.

Hering, Rainer (2003): Konstruierte Nation. Der Alldeutsche Verband 1890-1939, Hamburg.

Herlitzius, Anette (1995): Frauenbefreiung und Rassenideologie. Rassenhygiene und Eugenik im politischen Programm der „Radikalen Frauenbewegung" (1900-1933), Wiesbaden.

Herminghouse, Patricia/Mueller, Magda (1997) (Hg.), Gender and Germanness. Cultural Productions of Nation, Oxford.

Herrad-Schenk, Ulrike (1990): Die feministische Herausforderung. 150 Jahre Frauenbewegung in Deutschland, München.

Hervé, Florence (Hg.): Geschichte der deutschen Frauenbewegung, Köln.

Hirsch, Joachim (1995): Der nationale Wettbewerbsstaat. Staat, Demokratie und Politik im globalen Kapitalismus, Berlin.

Hobsbawm, Eric (1989): Das Imperiale Zeitalter. 1875-1914, Frankfurt am Main/New York.

Hoerder, Dirk (2003): „‚Nützliche Subjekte' – Fremde – Mittler zwischen den Kulturen: Migration und Transkulturalität in Europa 1600-1914", in: Sozial.Geschichte, 18/3, S. 7-34.

Hoffmann, Lutz (1991): „Das ‚Volk'. Zur ideologischen Struktur eines unvermeidbaren Begriffs", in: Zeitschrift für Soziologie (Jahrgang 20), Heft 3, S. 191-208.

Hoffmann, Lutz (1994): Das deutsche Volk und seine Feinde. Die völkische Droge, Köln.

Hoffmann, Lutz (2001): „Der Antisemitismus als Baugerüst der Nation", in: Arbeitskreis Kritik des deutschen Antisemitismus (Hg.), Antisemitismus – die deutsche Normalität. Geschichte und Wirkungsweise des Vernichtungswahns, Freiburg/Breisgau, S. 43-58.

Hoganson, Kristin (2003): „The Fashionable World: Imagined Communities of Dress", in: Burton, Antoinette (Hg.), After the Imperial Turn: Thinking with and Through the Nation, Durham, S. 260-278.

Holz, Klaus (2001): Nationaler Antisemitismus. Wissenschaftssoziologie einer Weltanschauung, Hamburg.

Honold, Alexander (2002): „Nach Bagdad und Jerusalem. Die Wege des Willhelminischen Orientalismus", in: Ders./Oliver Simons (Hg.), Kolonialismus als Kultur. Literatur, Medien, Wissenschaft in der deutschen Gründerzeit des Fremden, Tübingen/Basel, S. 143-166.

Honold, Alexander (2004): „Der Exot und sein Publikum. Völkerschau in der Kolonialzeit", in: Becker, Frank (Hg.), Rassenmischehen – Mischlinge – Rassentrennung. Zur Politik der Rasse im deutschen Kolonialreich, Stuttgart, S. 357-375.

Honold, Alexander (2004a): „Ausstellung des Fremden – Menschen- und Völkerschau um 1900. Zwischen Anpassung und Verfremdung: Der Exot und sein Publikum", in: Conrad, Sebastian/ Osterhammel, Jürgen (2004) (Hg.), Das Kaiserreich transnational. Deutschland in der Welt 1871-1914, Göttingen, S. 170-190.

Honold, Alexander/Scherpe, Klaus R. (2004) (Hg.): Mit Deutschland um die Welt. Eine Kulturgeschichte des Fremden in der Kolonialzeit, Stuttgart.

Honold, Alexander/Simons Oliver (2002) (Hg.): Kolonialismus als Kultur. Literatur, Medien, Wissenschaft in der deutschen Gründerzeit des Fremden, Tübingen/Basel.

Honold, Alexander/Simons, Oliver (2002a): „Einleitung: Kolonie als Kultur?", in: Dies. (2000) (Hg.), Kolonialismus als Kultur. Literatur, Medien, Wissenschaft in der deutschen Gründerzeit des Fremden, Tübingen/ Basel, S. 7-15.

hooks, bell (1994): Black Looks. Popkultur – Medien – Rassismus, Berlin.

hooks, bell (1992): Black Looks: Race and Representation, Boston.

Horkheimer, Max/Adorno, Theodor W. (1993): Dialektik der Aufklärung. Philosophische Fragmente, Frankfurt am Main

Hügel-Marshall, Ika (1998): Daheim unterwegs. Ein deutsches Leben, Berlin.

Hund, Wulf D (1998): „Die Wirklichkeit der Rassen“, in: AG gegen Rassenkunde (Hg.), Deine Knochen - Deine Wirklichkeit. Texte gegen rassistische und sexistische Kontinuität in der Humanbiologie, Münster.

Hunt, Nancy Rose (1997): „‚Le Bébé en brousse‘: European Women, African Birth Spacing, and Colonial Intervention in Breast Feeding in the Belgial Congo“, in: Cooper, Frederick/Stoler, Ann Laura (1997) (Hg.), Tensions of Empire. Colonial Cultures in a Bourgeois World, Berkeley/Los Angeles/London, S. 287-321.

Husmann-Kastein, Jana (2003): Schwarz-Weiß-Konstruktionen im Kontext des Rassismus. Zur Bedeutung von Farbsymbolik in den historischen Anfängen der Rassentheorie und sozio-politischer Identität. Unveröffentlichte Magisterarbeit, Humboldt-Universität zu Berlin.

Ignatiev, Noel (1995): How the Irish Became White, New York.

Jacobson, Matthew Frye (1998): Whiteness of a Different Color: European Immigrants and the Alchemy of Race, Cambridge/Massachusetts/London.

Jaguttis, Malte (2005): „Koloniales Unrecht im Völkerrecht der Gegenwart“, in: Melber, Henning (Hg.), Genozid und Gedenken. Namibisch-deutsche Geschichte und Gegenwart, Frankfurt am Main, S. 121-140.

Jansen, Sarah (2003): „Schädlinge.“ Geschichte eines wissenschaftlichen und politischen Konstrukts 1840-1920, Frankfurt am Main.

Jeismann, Michael (1992): Das Vaterland der Feinde. Studien zum nationalen Feindbegriff und Selbstverständnis in Deutschland und Frankreich 1792-1918, Stuttgart.

Jungwirth, Ingrid (2004): „Zur Auseinandersetzung mit Konstruktionen von ‚Weiß-Sein‘ – ein Perspektivenwechsel“, in: Herzfeld, Hella/-Schäfgen, Katrin/Veth, Silke (Hg.), Geschlechterverhältnisse. Analysen aus Wissenschaft, Politik und Praxis, Berlin, S. 77-91.

Kamath, Rheka (2000): „Indien mit der Seele suchend. Deutsche Indienreisende der frühen Moderne“, in: Honold, Alexander/Scherpe, Klaus R. (Hg.), Das Fremde. Reiseerfahrungen, Schreibformen und kulturelles Wissen, Berlin, S. 267-284.

Kattmann, Ulrich (1999): „Warum und mit welcher Wirkung klassifizieren Wissenschaftler Menschen?“ in: Saller, Christian/Kaupen-Haas, Heidrun (Hg.), Wissenschaftlicher Rassismus. Analysen einer Kontinuität in den Human- und Naturwissenschaften, Frankfurt am Main/New York, S. 65-83.

Keller, Reiner (2004): Diskursforschung. Eine Einführung für SozialwissenschaftlerInnen, Opladen.

Kerchner, Brigitte (1999): „Der Körper als politische Metapher", in: femina politika 2, S. 61-78.

Kipper, Rainer (2002): Der Germanenmythos im deutschen Kaiserreich. Formen und Funktionen historischer Selbstthematisierung, Göttingen.

Klein, Thoralf (2004): „Rasse – Kultur – soziale Stellung: Konzeptionen des ‚Eingeborenen' und koloniale Segregation in Kiautschou", in: Becker, Frank (Hg.), Rassenmischehen – Mischlinge – Rassentrennung. Zur Politik der Rasse im deutschen Kolonialreich, Stuttgart, S. 304-328.

Kleinau, Elke (2000): „Das Eigene und das Fremde. Frauen und ihre Beteiligung am kolonialen Diskurs", in: Lohmann, Ingrid/Gogolin, Ingrid (Hg.), Die Kultivierung der Medien. Erziehungs- und sozialwissenschaftliche Beiträge, Opladen, S. 201-218.

Klotz, Marcia (1994): „Memoirs from a German Colony: What Do White Women Want?" In: Siegel, Carol/Kibbey, Anne (Hg.), Eroticism And Containment. Notes from the Flood Plain, New York/-London.

Knoll, Arthur J. (1995): „Geman Africa and the German Pacific: Continuity and Contrast", in: Heine, Peter/van der Heyden, Ulrich (Hg.), Studien zur Geschichte des deutschen Kolonialismus in Afrika. Festschrift zum 60. Geburtstag von Peter Sebald, Pfaffenweiler, S. 341-349.

Koch, Angela (2004): „Von männlichen Tätern und weiblichen Räumen. Geschlechtercodes in antipolnischen Diskursen in Deutschland nach dem Ersten Weltkrieg", in: Gehmacher, Johanna/ Harvey, Elisabeth/Kenlein, Sophia (Hg.), Zwischen Kriegen. Nationen, Nationalismen und Geschlechterverhältnisse in Mittel- und Osteuropa, Osnabrück, S. 201-226.

Kohn-Ley, Charlotte/Korotin, Ilse (1994) (Hg.): Der feministische „Sündenfall"? Antisemitische Vorurteile in der Frauenbewegung, Wien.

Koller, Christian (2001): „Von Wilden aller Rassen hingemetzelt". Die Diskussion um die Verwendung von Kolonialtruppen in Europa zwischen Rassismus, Kolonial- und Militärpolitik (1914-1930), Stuttgart.

Koltermann, Till Philip (1999): „Zur brandenburgischen Kolonialgeschichte: die Insel Arguin vor der Küste Mauretaniens", in: Brandenburgische Entwicklungspolitische Hefte, Heft 28.

Koonz, Claudia (1991): Mütter im Vaterland. Frauen im Dritten Reich, Freiburg.

Kratz, Peter (2003): Mit Hirschfeld für Schröder! Wieder gelesen: Die Vorträge der eugenischen „Ersten Internationalen Tagung für Sexualreform“ in Berlin 1921, auf: http://home.snafu.de/bifff/IfSw3.-htm#(2), Zugriff: 14.08.2006.

Kretzer, Anette (2002): „She who Violates the law of war. Hauptkriegsverbrecherinnen im Hamburger Ravensbrück-Prozess 1946/47“, in: Harders, Cilja/Roß, Bettina (Hg.), Geschlechterverhältnisse in Krieg und Frieden, Opladen, S. 123-141.

Kroboth, Rudolf (1984): „Anhang: Der deutsche Kolonialismus im Spiegel der historiographischen Debatte“, in: Harms, Volker (Hg.), Andenken an den Kolonialismus. Eine Ausstellung des Völkerkundlichen Instituts der Universität Tübingen, Tübingen, S. 148-168.

Krüger, Gesine (1999): Kriegsbewältigung und Geschichtsbewusstsein. Realität, Deutung und Verarbeitung des deutschen Kolonialkriege in Namibia 1904 bis 1907, Göttingen.

Krüger, Gesine (2003): „Bestien und Opfer: Frauen im Kolonialkrieg“, in: Zimmerer, Jürgen/Zeller, Joachim (Hg.), Völkermord in Deutsch-Südwestafrika. Der Kolonialkrieg (1904-1908) in Namibia und seine Folgen, Berlin, S. 142-159.

Kühl, Stefan (1997): Die Internationale der Rassisten. Aufstieg und Niedergang der internationalen Bewegung für Eugenik und Rassenhygiene im 20. Jahrhundert, Frankfurt am Main/New York.

Kundrus, Birthe (1997): „‚Weiß und herrlich.‘ Überlegungen zu einer Geschlechtergeschichte des Kolonialismus“, in: Annegret Friedrich (Hg.), Projektionen. Rassismus und Sexismus in der Visuellen Kultur, Marburg, S. 41-50.

Kundrus, Birthe (2003): Moderne Imperialisten. Das Kaiserreich im Spiegel seiner Kolonien. Köln.

Kundrus, Birthe (2003a) (Hg.): Phantasiereiche: Zur Kulturgeschichte des deutschen Kolonialismus, Frankfurt am Main/New York.

Kundrus, Birthe (2003b): „Die Kolonien – ‚Kinder des Gefühls und der Phantasie‘“, in: Dies. (2003a) (Hg.): Phantasiereiche: Zur Kulturgeschichte des deutschen Kolonialismus. Frankfurt am Main/New York, S. 7-18.

Kundrus, Birthe (2003c): „Von Windhoek nach Nürnberg? Koloniale ‚Mischehenverbote‘ und die nationalsozialistische Rassengesetzgebung“, in: Dies. (2003a) (Hg.), Phantasiereiche: Zur Kulturgeschichte des deutschen Kolonialismus, Frankfurt am Main/New York, S. 110-134.

Kundrus, Birthe (2004): „Weiblicher Kulturimperialismus. Die imperialistischen Frauenverbände des Kaiserreichs“, in: Conrad, Sebastian/Osterhammel, Jürgen (Hg.), Das Kaiserreich transnational. Deutschland in der Welt 1871-1914, Göttingen, S. 211-235.

Kundrus, Birthe (2004a): „Grenzen der Gleichsetzung. Kolonialverbrechen und Vernichtungspolitik“, in: iz3w 275, S. 30-33.

Kundrus, Birthe (2005): Rezension zu Becker, Frank (Hg.), Rassenmischehen – Mischlinge – Rassentrennung. Zur Politik der Rasse im deutschen Kolonialreich, Stuttgart, in: Archiv für Sozialgeschichte – Online 46, http://library.fes.de/fulltext/afs/htmrez/80679.html Zugriff: 20.01.2006.

Kunstmann, Antje (1973): Frauenemanzipation und Erziehung, Starnberg.

Küster, Sybille (1998): „Wessen Postmoderne? Facetten postkolonialer Kritik“, in: Knapp, Gudrun-Axeli (Hg.), Kurskorrekturen. Feminismus zwischen Kritischer Theorie und Postmoderne, Frankfurt am Main/New York, S. 178-215.

Langewiesche, Dieter (1995): „Nation, Nationalismus, Nationalstaat: Forschungsstand und Forschungsperspektiven“, in: Neue Politische Literatur Jg. 40, S. 190-236.

Laqueur, Thomas (1992): Auf den Leib geschrieben. Die Inszenierung der Geschlechter von der Antike bis Freud. Frankfurt am Main.

Lemke, Thomas (2003): „Rechtssubjekt oder Biomasse? Reflexionen zum Verhältnis von Rassismus und Exklusion“, in: Stingelin, Martin (Hg.), Biopolitik und Rassismus, Frankfurt am Main, S. 160-183.

Lennox, Sara (1995): „Devided Feminism: Women, Racism, and German National Identity“, in: German Studies Review, 18. Jg., Heft 3, S. 483-502.

Lewis, Bernard (2000): „The Question of Orientalism“, in: Macfie, Alexander Lyon (Hg.), Orientalism. A Reader, Edinburgh, S. 249-270.

Lewis, Reina (1996): Gendering Orientalism. Race, Feminity and Representation, London/New York.

Linke, Uli (1999): Blood And Nation. The European Aestetics of Race, Philadelphia.

Linne, Karsten (2004): „‚Weiße Arbeitsführer‘ – der nationalsozialistische Traum vom sozialen Aufstieg in Afrika“, in: SozialGeschichte, 19. Jahrgang, Heft 3, S. 6-27.

Loomba, Ania (1998): Colonialism/Postcolonialism, New York.

Lorey, Isabell (2003): „Biopolitische Gouvernementalität: Weiße Herrschaftstechniken“, in: Frauen Kunst Wissenschaft 36, Marburg, S. 9-15.

Lorey, Isabell (2006): „Der weiße Körper als feministischer Fetisch. Konsequenzen aus der Ausblendung des deutschen Kolonialismus“, in: Tißberger, Martina/Dietze, Gabriele/Hrzán, Daniela/Husmann-

Kastein, Jana (Hg.), Weiß – Weißsein – Whiteness. Kritische Studien zu Gender und Rassismus, Frankfurt am Main, S. 61-84.

Lotz, Alexandra (1998): Die „orientalischen Schwestern“. Asiatische Frauen in der Presse der deutschen bürgerlichen Frauenbewegung. Darstellung, Funktion und Wandel 1894 bis 1933, Pfaffenweiler.

Lüders, Else (1925): Minna Cauer. Leben und Werk; dargestellt an Hand ihrer Tagebücher und nachgelassenen Schriften, Gotha/Stuttgart.

Lutz, Helma (1992): „Rassismus und Sexismus, Unterschiede und Gemeinsamkeiten“, in: Foitzik, Andreas/Leiprecht, Rudolf/Marvakis, Athanasios/Seid, Uwe (Hg.), Ein Herrenvolk von Untertanen, Duisburg, S.57-81.

Macfie, Alexander Lyon (2000) (Hg.): Orientalism. A Reader, Edinburgh.

Macfie, Alexander Lyon (2000a): „Introduction“, in: Ders. (Hg.), Orientalism. A Reader, Edinburgh, S. 1-10.

MacLeod, Roy (2001): Nature and Empire: Science and the Colonial Enterprise, Chicago.

MacLeod, Roy (2001a): „Introduction“, in: Ders. (Hg.), Nature and Empire: Science and the Colonial Enterprise, Chicago, S. 1-16.

Mamozai, Martha (1989): Schwarze Frau, weiße Herrin. Frauenleben in den deutschen Kolonien, Reinbek bei Hamburg.

Mamozai, Martha (1990): Komplizinnen, Reinbek bei Hamburg.

Martenstein, Harald (2004): „Der Erste Weltkrieg in Afrika“, in: Der Tagesspiegel vom 17. Oktober, S. S7.

Martin, Peter (1993): Schwarze Teufel, edle Mohren, Hamburg.

Martin, Peter (2005): „Die ‚Liga gegen koloniale Unterdrückung‘“, in: van der Heyden, Ulrich/Zeller, Joachim (Hg.), „... Macht und Anteil an der Weltherrschaft“. Berlin und der deutsche Kolonialismus, Münster.

Marx, Christoph (2004): „Siedlerkolonien in Afrika - Versuch einer Typologie“, in: Becker, Frank (Hg.), Rassenmischehen – Mischlinge – Rassentrennung. Zur Politik der Rasse im deutschen Kolonialreich, Stuttgart, S. 82-96.

Maß, Sandra (2006): Weiße Helden, schwarze Krieger. Zur Geschichte kolonialer Männlichkeit in Deutschland 1918-1964, Köln.

Mbembe, Achille (2001): On the Postcolony, Berkeley/Los Angeles/ London.

McClintock, Anne (1995): Imperial Leather. Race, Gender And Sexuality in The Colonial Contest, New York.

McIntosh, Peggy (1997): „White Privilege and Male Privilege. A Personal Account of Coming to see Correspondences Through Work in Women's Studies“, in: Delgade, Richard/Stefancic, Jean (Hg.),

Looking Behind the Mirror. Critical White Studies, Philadelphia, S. 291-299.

Mecheril, Paul (1997): „Rassismuserfahrungen von Anderen Deutschen – eine Einzelfallbetrachtung“, in: Ders./Teo, Thomas (Hg.), Psychologie und Rassismus, Hamburg, S. 175-201.

Melber, Henning (1992): „Kontinuitäten totaler Herrschaft: Völkermord und Apartheid in ‚Deutsch-Südwestafrika‘. Zur kolonialen Herrschaftspraxis im Deutschen Kaiserreich“, in: Benz, Wolfgang (Hg.), Jahrbuch für Antisemitismusforschung 1, Frankfurt am Main/New York, S. 91-116.

Melber, Henning (2002): „‚...dass die Kultur der Neger gehoben werde‘ – Kolonialdebatten im deutschen Reichstag“, in: van der Heyden, Ulrich/Zeller, Joachim (Hg.), Kolonialmetropole Berlin. Eine Spurensuche, Berlin, S. 67-72.

Melber, Henning (2003): „‚Wir haben überhaupt nicht über Reparationen gesprochen‘. Die namibisch-deutschen Beziehungen: Verdrängung oder Versöhnung?“ in: Zimmerer, Jürgen/Zeller, Joachim (Hg.): Völkermord in Deutsch-Südwestafrika. Der Kolonialkrieg (1904-1908) in Namibia und seine Folgen, Berlin, S. 215-225.

Melber, Henning (2005) (Hg.): Genozid und Gedenken. Namibisch-deutsche Geschichte und Gegenwart, Frankfurt am Main.

Memmi, Albert (1982): Der Rassismus, Hamburg.

Mertens, Dieter (2004): „Die Instrumentalisierung der ‚Germania‘ des Tacitus durch die deutschen Humanisten“, in: von Beck, Heinrich/-Geuenich, Dieter/Steuer, Heiko/Hakelberg, Dietrich (Hg.), Zur Geschichte der Gleichung „germanisch-deutsch“. Sprache und Namen, Geschichte und Institutionen, (Ergänzungsbände zum Reallexikon der germanischen Altertumskunde 34), Berlin/ New York, S. 37-102.

Meyer-Renschhausen, Elisabeth (1989): Weibliche Kultur und soziale Arbeit. Eine Geschichte der Frauenbewegung am Beispiel Bremens 1810-1927, Köln/Wien.

Miles, Robert (1991): Rassismus. Einführung in die Geschichte und Theorie eines Begriffs, Hamburg.

Mitchell, Timothy (2001): „Die Welt als Ausstellung“, in: Conrad, Sebastian/Randeria, Shalini (Hg.), Jenseits des Eurozentrismus. Postkoloniale Perspektiven in den Geschichts- und Kulturwissenschaften, Frankfurt am Main, S. 148-176.

Möbius, Ben (2003): Die liberale Nation: Deutschland zwischen nationaler Identität und multikultureller Gesellschaft, Opladen.

Mohanty, Chandra Talpade (1991): „Under Western Eyes: Feminist Scholarship and Colonial Discourses“, in: Dies./Russo, Anne/Torres,

Lourdes (Hg.), Third World Women and the Politics of Feminism, Indiana, S. 51-80.

Möhle, Heiko (1999) (Hg.): Branntwein, Bibeln und Bananen. Der deutsche Kolonialismus in Afrika – Eine Surensuche in Hamburg, Hamburg.

Morgenstern, Christine (2002): Rassismus – Konturen einer Ideologie. Einwanderung im politischen Diskurs der Bundesrepublik Deutschland, Hamburg.

Morrison, Toni (1992): Playing in the Dark. Whiteness and the Literary Imagination, New York.

Morrison, Toni (1994): Im Dunkeln spielen. Weiße Kultur und literarische Imagination, Reinbek bei Hamburg.

Mosse, George L. (1976): Die Nationalisierung der Massen. Von den Befreiungskriegen bis zum Dritten Reich, Frankfurt am Main/Berlin.

Mosse, George L. (1987): Nationalismus und Sexualität. Bürgerliche Moral und sexuelle Normen, Reinbek bei Hamburg.

Mosse, George L. (1990): Die Geschichte des Rassismus in Europa, Frankfurt am Main.

Müller, Birgit (1998): „Queer handeln!“, in: Psychologie und Gesellschaftskritik 2-3, S. 44.

Müller, Jost (1995): Mythen der Rechten – Nation, Ethnie, Kultur, Berlin.

Murti, Kamakshi P. (2001): India. The Seductive and Seduced ‚Other‘ of German Orientalism, Westport.

Niessen-Deiters, Leonore (1913): Die deutsche Frau im Auslande und in den Schutzgebieten. Nach Originalberichten aus fünf Erdteilen, Berlin.

Neitzel, Sönke (1999): Weltmacht oder Untergang. Die Weltreichslehre im Zeitalter des Imperialismus, Paderborn.

Noyes, John K. (2003): „Geschlechter, Mobilität und der Kulturtransfer. Lene Haases Roman ‚Raggys Fahrt nach Südwest‘“, in: Kundrus, Birthe (2003a) (Hg.), Phantasiereiche: Zur Kulturgeschichte des deutschen Kolonialismus, Frankfurt am Main/New York, S. 220-239.

Nünning, Ansgar/Nünning, Vera (2003): Konzepte der Kulturwissenschaften. Theoretische Grundlagen – Ansätze – Perspektiven, Stuttgart/Weimar.

Oguntoye, Katharina/Opitz, May (Ayim)/Schultz, Dagmar (1986) (Hg.): Farbe bekennen. Afrodeutsche Frauen auf den Spuren ihrer Geschichte, Berlin.

Omran, Susanne (2000): Frauenbewegung und Judenfrage. Diskurse um Rasse und Geschlecht nach 1900, Frankfurt am Main.

Osborne, Michael A. (2001): „Acclimatizing the World: A History of the Paradigmatic Colonial Science“, in: MacLeod (Hg.), Nature and Empire: Science and the Colonial Enterprise, Chicago, S.135-154.

Osterhammel, Jürgen (2001): Kolonialismus. Geschichte – Formen – Folgen, München.

Pakendorf, Gunther (1995): „‚Kaffern lügen, Lehrer reden die Wahrheit!‘ Zur manichäischen Ordnung des missionarischen Diskurses“, in: Heine, Peter/van der Heyden, Ulrich (Hg.), Studien zur Geschichte des deutschen Kolonialismus in Afrika. Festschrift zum 60. Geburtstag von Peter Sebald, Pfaffenweiler, S. 418-428.

Palm, Kerstin (2002): „Die Krise der Männlichkeit – eine Krise des Lebens? Der biologische Lebensbegriff zur Wende vom 19. zum 20. Jahrhundert“, in: Kuhlmann, Elke/Kollek, Regine (Hg.), Konfigurationen des Menschen. Biowissenschaften als Arena der Geschlechterpolitik, Opladen, S. 95-108.

Parry, Benita (2004): Postcolonial Studies. A Materialist Critique, London/New York.

Paxton, Nancy L. (1992): „Complicity and Resistance in the Writings of Flora Annie Steel and Annie Besant“, in: Chaudhuri, Nupur/Strobel, Margaret (Hg.), Western Women and Imperialism. Complicity and Resistance, Bloomington, S. 158-176.

Pech, Ingmar (2006): „Whiteness – akademischer Hype und praxisbezogene Ratlosigkeiten? Überlegungen für eine Anschlussfähigkeit antirassistischer Praxen“, in: Elverich, Gabi/Kalpaka, Annita/Reindlmeier, Karin (Hg.), Spurensicherung – Reflexion von Bildungsarbeit in der Einwanderungsgesellschaft, Frankfurt am Main, London, S. 63-94.

Pettman, Jan Jindy (1996): Worlding Women: A Feminist International Politics, London/New York.

Pierson, Ruth Roach (2000): Nations: Gendered, Racialized, Crossed with empire, in: Blom, Ida/Hagemann, Karen/Hall, Cathrine (Hg.), Gendered Nations. Nationalisms and Gender Order in the Long Nineteenth Century, Oxford/New York, S. 41-62.

Piesche, Peggy (2005): „Der ‚Fortschritt‘ der Aufklärung – Kants ‚Race‘ und die Zentrierung des *weißen* Subjekts“, in: Maureen Eggers, Maisha/Kilomba, Grada/Dies./Arndt, Susan (Hg.), Mythen, Masken und Subjekte. Kritische Weißseinsforschung in Deutschland, Münster S. 30-39.

Pinn, Irmgard/Wehner, Marlies (1995): EuroPhantasien. Die islamische Frau aus westlicher Sicht. Duisburg.

Planert, Ute (1998): Antifeminismus im Kaiserreich: Diskurs, soziale Formation und politische Mentalität, Göttingen.

Planert, Ute (2000) (Hg.): Nation, Politik und Geschlecht. Frauenbewegungen und Nationalismus in der Moderne, Frankfurt am Main.

Planert, Ute (2000a): „Nationalismus und weibliche Politik: zur Einführung“, in: Dies. (2000) (Hg.), Nation, Politik und Geschlecht. Frauenbewegungen und Nationalismus in der Moderne, Frankfurt am Main, S. 9-14.

Planert, Ute (2000b): „Vater Staat und Mutter Germania: Zur Politisierung des weiblichen Geschlechts im 19. und 20. Jahrhundert“, in: Dies. (2000) (Hg.), Nation, Politik und Geschlecht. Frauenbewegungen und Nationalismus in der Moderne, Frankfurt am Main, S. 15-65.

Planert, Ute (2000c): „Die Nation als ‚Reich der Freiheit‘ für Staatsbürgerinnen: Louise Otto zwischen Vormärz und Reichsgründung“, in: Dies. (2000) (Hg.), Nation, Politik und Geschlecht. Frauenbewegungen und Nationalismus in der Moderne, Frankfurt am Main, S. 113-130.

Planert, Ute (2000d): „Der dreifache Körper des Volkes: Sexualität, Biopolitik und die Wissenschaften vom Leben“, in: Geschichte und Gesellschaft 26, S. 539-576.

Pleitner, Berit (2001): Die ‚vernünftige‘ Nation. Zur Funktion von Stereotypen über Polen und Frankreich im deutschen nationalen Diskurs 1850-1871, Frankfurt am Main.

Plessner, Helmuth, (2001): Grenzen der Gemeinschaft. Eine Kritik des sozialen Radikalismus, Frankfurt am Main.

Pollock, Sheldon (2002): „Ex Oriente Nox. Indologie im nationalsozialistischen Staat“, in: Conrad, Sebastian/Randeria, Shalini (Hg.), Jenseits des Eurozentrismus. Postkoloniale Perspektiven in den Geschichts- und Kulturwissenschaften, Frankfurt am Main, S. 335-371.

Porter, Dennis (1994): „Orientalism and its Problems“, in: Williams Patrick/Chrisman, Laura, (Hg.), Colonial Discourse and Post-Colonial Theory: A Reader, New York, S. 150-161.

Postone, Moishe (1982): „Nationalsozialismus und Antisemitismus. Ein theoretischer Versuch“, in: Merkur, H.1, S. 13-25.

Puschner, Uwe (2000): „Bausteine zum völkischen Frauendiskurs“, in: Planert, Ute (Hg.), Nation, Politik und Geschlecht. Frauenbewegungen und Nationalismus in der Moderne, Frankfurt am Main, S. 165-181.

Puschner, Uwe (2004): „Germanenideologie und völkische Weltanschauung“, in: von Beck, Heinrich/Geuenich, Dieter/Steuer, Heiko/-Hakelberg, Dietrich (Hg.), Zur Geschichte der Gleichung „germanisch-deutsch“. Sprache und Namen, Geschichte und Institutionen,

(Ergänzungsbände zum Reallexikon der germanischen Altertumskunde 34), Berlin/New York, S. 103-129.

Puschner, Uwe (2005): „Völkische Bewegung", in: Schildt, Axel (Hg.), Deutsche Geschichte im 20. Jahrhundert, München, S. 383-399.

Raab, Heike (1998): Foucault und der feministische Poststrukturalismus, Dortmund.

Räthzel, Nora (1997): Gegenbilder. Nationale Identitäten durch Konstruktion des Anderen, Opladen.

Reagin, Nancy (2000): „The Foreign Housewife and the German Linen Cabinet: Household Management and National Identity in Imperial Germany", in: Planert, Ute (Hg.), Nation, Politik und Geschlecht. Frauenbewegungen und Nationalismus in der Moderne, Frankfurt am Main, S. 198-214.

Reagin, Nancy (2007): Sweeping the German Nation. Domesticity and National Identity in Germany, 1870-1945, New York.

Reder, Dirk Alexander (1998): Frauenbewegung und Nation. Patriotische Frauenvereine im Deutschland im frühen 19.Jahrhundert (1813-1830), Kölner Beiträge zur Nationalismusforschung 4, Köln.

Reulecke, Jürgen (1997): „Rassenhygiene, Sozialhygiene, Eugenik – ein Überblick", in: Sowi 26, Heft 1, S. 20-27.

Rich, Adrienne (1979): On Lies, Secrets and Silence, New York.

Roediger, David (1991): The Wages of Whiteness. Race and the Making of the American Working Class, London/New York.

Rogowski, Christian (2003): „‚Heraus mit unseren Kolonien!' Der Kolonialrevisionismus der Weimarer Republik und die ‚Hamburger Kolonialwoche'", in: Kundrus, Birthe (2003a) (Hg.): Phantasiereiche: Zur Kulturgeschichte des deutschen Kolonialismus, Frankfurt am Main/-New York, S. 243-262.

Roller, Kathrin (2002): „‚Wir sind Deutsche, wir sind Weiße und wollen Weiße bleiben' – Reichstagsdebatten über koloniale ‚Rassenmischung'", in: van der Heyden, Ulrich/Zeller, Joachim (Hg.), Kolonialmetropole Berlin. Eine Spurensuche, Berlin, S. 73-79.

Roller, Kathrin (2002a): „Der Rassenbiologe Eugen Fischer", in: Heyden, Ulrich van der/Zeller, Joachim (Hg.), Kolonialmetropole Berlin. Eine Spurensuche, Berlin, S. 130-133.

Roller, Kathrin (2004): „Zwischen Rassismus und Frömmigkeit – Biopolitik aus erfahrungsgeschichtlicher Perspektive. Über die Geschwister Hegner, Mathilde Kleinschmidt und Ludwig Baumann als Nachfahren einer deutsch-afrikanischen Missionarsfamilie", in: Becker, Frank (Hg.), Rassenmischehen – Mischlinge – Rassentrennung. Zur Politik der Rasse im deutschen Kolonialreich, Stuttgart, S. 220-253.

Rommelspacher, Birgit (1995): Dominanzkultur. Texte zu Fremdheit und Macht, Berlin.

Rommelspacher, Birgit (1997): „Fremd- und Selbstbilder in der Dominanzkultur“, in: Friedrich, Annegret (Hg.), Projektionen. Rassismus und Sexismus in der Visuellen Kultur, Marburg, S. 31-40.

Rommelspacher, Birgit (2002): Anerkennung und Ausgrenzung. Deutschland als multikulturelle Gesellschaft, Frankfurt am Main.

Rosaldo, Renato (1994): „Social Justice and the Crisis of National Communities“, in: Barker, Frances/ Hulme, Peter/Iversen, Margaret (Hg.), Colonial Discourse, Postcolonial Theory, Manchester, S. 239-252.

Rosenthal, Angela (2001): „‚Die Kunst des Errötens‘. Zur Kosmetik rassischer Differenz“, in: Uerlings, Herbert/Hölz, Klaus/Schmidt-Linsenhoff, Victoria (Hg.), Das Subjekt und die Anderen. Interkulturalität und Geschlechterdifferenz vom 18. Jahrhundert bis zur Gegenwart, Berlin, S. 95-118.

Rottland, Thomas (2003): Von Stämmen und Ländern und der Macht der Karte. Eine Dekonstruktion der ethnographischen Kartierung Deutsch-Ostafrikas, Berlin.

Rübenstahl, Magdalene (2002): „‚Gedenket unsere Landsleute, die fern von der Heimat krank liegen!‘ – Der Deutsche Frauenverein für Krankenpflege in den Kolonien“, in: Heyden, Ulrich van der/Zeller, Joachim (Hg.), Kolonialmetropole Berlin, Berlin, S. 56-63.

Rürup, Reinhard (1976): „Emanzipation und Krise – Zur Geschichte der ‚Judenfrage‘ im Deutschland vor 1890“, in: Mosse, Werner E. (Hg.), Juden im Wilhelminischen Deutschland 1890-1914, Tübingen, S. 1-56.

Sachße, Christoph (2003): Mütterlichkeit als Beruf. Sozialarbeit, Sozialreform und Frauenbewegung 1871-1929, Weinheim/Basel/Berlin.

Sack, Birgit (2000): „Katholizismus und Nation: Der katholische Frauenbund“, in: Planert, Ute (Hg.), Nation, Politik und Geschlecht. Frauenbewegungen und Nationalismus in der Moderne, Frankfurt am Main, S. 292-308.

Sacks, Karen B. (1999): „How Did Jews Become White Folks“, in: Frankenberg, Ruth (Hg.), Displacing Whiteness. Essays in Social and Cultural Criticism, London, S. 78-102.

Said, Edward W. (1981): Orientalismus, Frankfurt am Main.

Saller, Christian/Kaupen-Haas, Heidrun (1999): Wissenschaftlicher Rassismus. Analysen einer Kontinuität in den Human- und Naturwissenschaften, Frankfurt am Main/New York.

Saller, Christian/Kaupen-Haas, Heidrun (1999a): „Vorwort der Herausgeber“, in: Dies. (Hg.), Wissenschaftlicher Rassismus. Analysen einer Kontinuität in den Human- und Naturwissenschaften, Frankfurt am Main/New York, S. 9-11.

Samulski, Roland (2004): „Die ‚Sünde' im Auge des Betrachters – Rassenmischung und deutsche Rassenpolitik im Schutzgebiet Samoa 1900 bis 1914", in: Becker, Frank (Hg.), Rassenmischehen – Mischlinge – Rassentrennung. Zur Politik der Rasse im deutschen Kolonialreich, Stuttgart, S. 329-356.

Sandkühler, Thomas/Schmidt, Hans-Günter (1991): „‚Geistige Mütterlichkeit' als Nationaler Mytho", in: Link; Jürgen/Wülfing, Wulf (Hg.), Nationale Mythen und Symbole in der zweiten Hälfte des 19. Jahrhunderts: Strukturen und Funktionen von Konzepten nationaler Identität, Stuttgart, S. 237-255.

Sarasin, Philipp (2001): Reizbare Maschinen. Eine Geschichte des Körpers 1765-1914, Frankfurt am Main.

Sarasin, Philipp (2003) „Zweierlei Rassismus? Die Selektion des Fremden als Problem in Michel Foucaults Verbindung von Biopolitik und Rassismus", in: Stingelin, Martin (Hg.), Biopolitik und Rassismus, Frankfurt am Main, S. 55-79.

Schaser, Angelika (2000): „Das Engagement des Bundes Deutscher Frauenvereine für das ‚Auslandsdeutschtum': Weibliche ‚Kulturaufgabe' und nationale Politik vom Ersten Weltkrieg bis 1933", in: Planert, Ute (Hg.): Nation, Politik und Geschlecht. Frauenbewegungen und Nationalismus in der Moderne, Frankfurt am Main, S. 254-274.

Schaser, Angelika (2000a): „Women in a nation of Men: The Politics of the League of German Women's Associations (BDF) in Imperial Germany, 1894-1914", in: Blom, Ida/Hagemann, Karen/Hall, Catherine (2000) (Hg.), Gendered Nations. Nationalisms and Gender Order in the Long Nineteenth Century, Oxford/New York, S. 249-270.

Schatz, Holger/Woeldike, Andrea (2001): Freiheit und Wahn deutscher Arbeit. Zur historischen Aktualität einer folgenreichen antisemitischen Konstruktion, Münster.

Schenk, Herrad (1990): Die feministische Herausforderung. 150 Jahre Frauenbewegung in Deutschland, München.

Schiebinger, Londa (1993): „Anatomie der Differenz. ‚Rasse' und Geschlecht in der Naturwissenschaft des 18. Jahrhunderts", in: Feministische Studien 1, S. 48-63.

Schindler-Bondiguel, Marc (2004): „Die ‚Mischlingsfrage' in französisch Indochina zwischen Assimilation und Differenz (1894-1914) – ‚Rasse', Geschlecht und Republik in der imperialen Gesellschaft", in: Becker, Frank (Hg.), Rassenmischehen – Mischlinge – Rassentrennung. Zur Politik der Rasse im deutschen Kolonialreich, Stuttgart, S. 269-303.

Schlegel-Matthies; Kirsten (1995): „Im Haus und am Herd“: Der Wandel des Hausfrauenbildes und der Hausarbeit 1880-1930, Stuttgart.

Schmitz, Birgit (1997): „Deutschland postkolonial? Über die ‚Bewältigung‘ des deutschen Koloniaismus“, in: Mayer, Ruth/Terkessidis, Mark (Hg.), Globalkolorit. Multikulturalismus und Populärkultur, St. Andrä/Wördern, S. 211-220.

Schmuhl, Hans-Walther (1992): Rassenhygiene, Nationalsozialismus, Euthanasie. Von der Verhütung zur Vernichtung ‚lebensunwerten Lebens‘ 1890-1945, Göttingen.

Schnee, Heinrich (1920) (Hg.): Deutsches Koloniallexikon 1920, Bd III, 606, Leipzig.

Schneider, Jens (2001): Deutsch sein. Das Eigene, das Fremde und die Vergangenheit im Selbstbild des vereinten Deutschland, Frankfurt am Main.

Schneider, Rosa (2003): „Um Scholle und Leben“. Zur Konstruktion von ‚Rasse‘ und Geschlecht in der kolonialen Afrikaliteratur um 1900, Frankfurt am Main.

Schröder, Iris (2001): Arbeiten für eine bessere Welt. Frauenbewegung und Sozialreform 1890-1914, Frankfurt am Main.

Schröder, Iris/Höhler, Sabine (2005) (Hg.): Welt-Räume. Geschichte, Geographie und Globalisierung seit 1900, Frankfurt am Main.

Schröder, Iris/Höhler, Sabine (2005a): „Welt-Räume: Annäherungen an eine Geschichte der Globalität im 20. Jahrhundert“, in: Dies. (2005) (Hg.), Welt-Räume. Geschichte, Geographie und Globalisierung seit 1900, Frankfurt am Main, S. 9-50.

Schubert, Michael (2001): Der Schwarze Fremde. Das Bild des Schwarzafrikaners in der parlamentarischen und publizistischen Kolonialdiskussion in Deutschland von den 1870er bis in die 1930er Jahre, Stuttgart.

Schubert, Michael (2004): „Der ‚dunkle Kontinent‘: Rassenbegriffe und Kolonialpolitik im Deutschen Kaiserreich“, in: Becker, Frank (Hg.), Rassenmischehen – Mischlinge – Rassentrennung. Zur Politik der Rasse im deutschen Kolonialreich, Stuttgart, S. 42-53.

Schulte, Regina (1996): „The Sick Warrior's Sister: Nursing During the First World War“, in: Harvey, Elisabeth/Abrams, Lynn (Hg.), Gender Relations in German History. Power, Agency and Experience From the Sixteenth to the Twentieth Century, London, S. 121-142.

Schwarz, Maria-Theresia (1999): „Je weniger Afrika, desto besser“. Die deutsche Kolonialkritik am Ende des 19. Jahrhunderts. Eine Untersuchung zur kolonialen Haltung von Linksliberalismus und Sozialdemokratie, Frankfurt am Main.

Schwarz, Thomas (2002): „Die Kultivierung des kolonialen Begehrens – ein deutscher Sonderweg?“ in: Honold, Alexander/Simons Oliver (Hg.), Kolonialismus als Kultur. Literatur, Medien, Wissenschaft in der deutschen Gründerzeit des Fremden, Tübingen/Basel, S. 85-103.

Schwarz, Thomas (2004): „Bastards. Juli 1908: Eugen Fischer bringt die ‚Rassenkunde‘ nach Afrika“, in: Honold, Alexander/Scherpe, Klaus R. (Hg.), Mit Deutschland um die Welt. Eine Kulturgeschichte des Fremden in der Kolonialzeit, Stuttgart, S. 373-380.

Seifert, Ruth (1995): „Der weibliche Körper als Symbol und Zeichen. Geschlechtsspezifische Gewalt und die kulturelle Konstruktion des Krieges“, in: Gestrich, Andreas (Hg.), Gewalt im Krieg. Ausübung, Erfahrung und Verweigerung von Gewalt in Kriegen des 20. Jahrhunderts, Jahrbuch für historische Frauenforschung 4, Münster, S. 13-33.

Seifert, Ruth (2002): „Identität, Militär und Geschlecht. Zur identitätspolitischen Bedeutung einer kulturellen Konstruktion“, in: Hagemann, Karen/Schüler-Springorum, Stefanie (Hg.), Heimat-Front. Militär und Geschlechterverhältnisse im Zeitalter der Weltkriege, Frankfurt am Main/New York, S. 53-66.

Shah, Nayan (1999): „Cleansing Motherhood. Hygiene and the Culture of Domesticity in San Francisco’s Chinatown, 1875-1900“, in: Burton, Antoinette (Hg.), Gender, Sexuality, and Colonial Modernities, London, S. 19-34.

Siebert, Ulla (2000): „Im fiktiven Blick der Fremden. Darstellungstechniken interkultureller Begegnung in Reisetexten von Frauen um die Jahrhundertwende“, in: Schlehe, Judith (Hg.), Zwischen den Kulturen – Zwischen den Geschlechtern. Kulturkontakte und Genderkonstrukte, Münster, S. 19-36.

Sinha, Mrinalini (1995): ‚Colonial Maskulinity. The Manly Englishman‘ and the ‚Effeminate Bengali‘ in the Late Nineteenth Century, Manchester/New York.

Sippel, Harald (1992): „Rasse, Recht und ein neues deutsches Kolonialreich in Afrika: Rassendiskriminierung als wesentlicher Bestandteil eines intendierten nationalsozialistischen Kolonialrechts“, in: Wagner, Wilfried (Hg), Rassendiskriminierung, Kolonialpolitik und ethnisch-nationale Identität, Münster/Hamburg, S. 119-133.

Sippel, Harald (2000): „Mission und Gewalt in Deutsch-Ostafrika. Das Verhältnis zwischen Mission und Kolonialverwaltung“, in: van der Heyden, Ulrich/Becher, Jürgen (Hg.), Mission und Gewalt. Der Umgang christlicher Missionen mit Gewalt und die Ausbreitung des Christentums in Afrika und Asien in der Zeit von 1792 bis 1918/19, Stuttgart.

Sippel, Harald (2002): „Kolonialverwaltung ohne Kolonien – Das Kolonialpolitische Amt der NSDAP und das geplante Reichskolonialministerium“, in: van der Heyden, Ulrich/Zeller, Joachim (Hg.) Kolonialmetropole Berlin, Berlin, S. 256-261.

Sippel, Harald (2002a): „Die Kolonialabteilung des Auswärtigen Amtes und das Reichskolonialamt“, in: van der Heyden, Ulrich/Zeller, Joachim (2002) (Hg.), Kolonialmetropole Berlin, Berlin, S. 29-32.

Sippel, Harald (2004): „Rechtspolitische Ansätze zur Vermeidung einer Mischlingsbevölkerung in Deutsch-Südwestafrika“, in: Becker, Frank (Hg.), Rassenmischehen – Mischlinge – Rassentrennung. Zur Politik der Rasse im deutschen Kolonialreich, Stuttgart, S. 138-164.

Smidt, Karen (1995): „Germania führt die deutsche Frau nach Südwest“. Auswanderung, Leben und soziale Konflikte deutscher Frauen in der ehemaligen Kolonie Deutsch-Südwestafrika 1884-1920. Eine sozial- und Frauengeschichtliche Studie, Magdeburg.

Smith, Woodruff D. (1996): „Colonialism and Colonial Empire“, in: Chickering, Roger (Hg.), Imperial Germany. A Historiographical Companion, Westport, S. 430-453.

Smith, Woodruff D. (2004a): „‚Weltpolitik‘ und ‚Lebensraum‘, in: Conrad, Sebastian/Osterhammel, Jürgen (2004) (Hg.), Das Kaiserreich transnational. Deutschland in der Welt 1871-1914, Göttingen, S. 29-48.

Sobich, Frank Oliver (2006): „Schwarze Bestien, rote Gefahr“. Rassismus und Antisozialismus im deutschen Kaiserreich, Frankfurt am Main.

Speitkamp, Winfried (2005): Deutsche Kolonialgeschichte, Stuttgart.

Spitzer, Elke (2002): Emanzipationsansprüche zwischen der Querelle des Femmes und der modernen Frauenbewegung. Der Wandel des Gleichheitsbegriffs am Ausgang des 18. Jahrhunderts, Kassel.

Spivak, Gayatri Chakravorty (1993): Outside in the teaching machine, New York.

Spivak, Gayatri Chakravorty (1999): A Critique of Postcolonial Reason. Towards a History of the Vanishing Present, Calcutta/New Delhi.

Stäheli, Urs (2000): Poststrukturalistische Soziologien, Bielefeld.

Stauth, Georg (1993): Islam und westlicher Rationalismus. Der Beitrag des Orientalismus zur Entstehung der Soziologie, Frankfurt am Main.

Steuer, Heiko (2004): „Das ‚völkisch‘ Germanische in der deutschen Ur- und Frühgeschichtsforschung. Zeitgeist und Kontinuitäten“, in: von Beck, Heinrich/Geuenich, Dieter/Ders./Hakelberg, Dietrich (Hg.), Zur Geschichte der Gleichung „germanisch-deutsch“. Sprache und Namen, Geschichte und Institutionen, (Ergänzungsbände zum Reallexikon der germanischen Altertumskunde 34), Berlin/New York, S. 357-502.

Steyerl, Hito (2003): „Postkolonialismus und Biopolitik“, in: Dies./ Gutiérrez Rodríguez, Encarnación (Hg.), Spricht die Subalterne deutsch? Migration und postkoloniale Kritik, Münster, S. 38-55.

Steyerl, Hito/Gutiérrez Rodríguez, Encarnación (2003) (Hg.): Spricht die Subalterne deutsch? Migration und postkoloniale Kritik, Münster.

Steyerl, Hito/Gutiérrez Rodríguez, Encarnación (2003a): „Einleitung“, in: Dies. (Hg.), Spricht die Subalterne deutsch? Migration und postkoloniale Kritik, Münster, S. 7-16.

Stingelin, Martin (2003) (Hg.): Biopolitik und Rassismus, Frankfurt am Main.

Stingelin, Martin (2003a): „Einleitung: Biopolitik und Rassismus. Was leben soll und was sterben muss“, in: Ders. (2003) (Hg.), Biopolitik und Rassismus, Frankfurt am Main, S. 7-26.

Stoehr, Irene (1991): „Housework and Motherhood: Debates and Policies in the Women's Movement in Imperial Germany and the Weimar Republic“, in: Bock, Gisela/Thane, Pat (Hg.), Maternity and Gender Policies. Women and the Rise of the European Welfare States, 1880s-1950s, London/New York, S. 213-232.

Stoler, Ann Laura (1995): Race and the Education of Desire. Foucaults *History of Sexuality* and the Colonial Order of Things, Durham/ London.

Stoler, Ann Laura (1997): „Sexual Affronts and Racial Frontiers: European Identities and the Cultural Politics of Exclusion in Colonial Southeast Asia“, in: Cooper, Frederick/Dies. (Hg.), Tensions of Empire. Colonial Cultures in a Bourgeois World, Berkeley/Los Angeles/London, S. 198-237.

Stoler, Ann Laura (2002): Carnal Knowledge and Imperial Power. Race and the Intimate in Colonial Rule, Berkeley/Los Angeles/London.

Stoler, Ann Laura (2002a): „Foucaults ‚Geschichte der Sexualität‘ und die koloniale Ordnung der Dinge“, in: Conrad, Sebastian/Randeria, Shalini (Hg.), Jenseits des Eurozentrismus. Postkoloniale Perspektiven in den Geschichts- und Kulturwissenschaften, Frankfurt am Main, S. 313-334.

Stoler, Ann Laura/Cooper, Frederick (1997) (Hg.): Tensions of Empire. Colonial Cultures in a Bourgeois World, Berkeley/Los Angeles/ London.

Stoler, Ann Laura/Cooper, Frederick (1997a): „Between Metropole and Colony. Rethinking a Research Agenda“, in: Dies. (1997) (Hg.),

Tensions of Empire. Colonial Cultures in a Bourgeois World, Berkeley/Los Angeles/London, S. 1-56.

Stötzer, Bettina (2004): InDifferenzen. Feministische Theorie in der antirassistischen Kritik, Hamburg.

Stoyke, Michael (2005): „Suche nach einem Europa *en miniature*: Chinas Städte in den Augen deutscher Reisender um 1900", in: Schröder, Iris/Höhler, Sabine (Hg.), Welt-Räume. Geschichte, Geographie und Globalisierung seit 1900, Frankfurt am Main, S. 147-174.

Streubel, Christiane (2003): „Sammelrezension: Literaturbericht: Frauen der politischen Rechten", in: H-Soz-u-Kult, 10.6.2003, auf: http://hsozkult.geschichte.hu-berlin.de/rezensionen/2003-2-141, Zugriff 19.05.2006.

Süchting-Hänger, Andrea (2000): „‚Gleichgroße mut'ge Helferinnen' in der weiblichen Gegenwelt: Der Vaterländische Frauenverein und die Politisierung konservativer Frauen 1890-1914", in: Planert, Ute (Hg.), Nation, Politik und Geschlecht. Frauenbewegungen und Nationalismus in der Moderne, Frankfurt am Main, S. 131-146.

Süchting-Hänger, Andrea (2002): Das „Gewissen der Nation." Nationales Engagement und politisches Handeln konservativer Frauenorganisationen 1900 bis 1937, Düsseldorf.

Tabili, Laura (2005): „Empire is the Enemy of Love: Edith Noors' Progress and Other Stories", in: Gender and History Vol. 17, Nr. 1, S. 29-61.

Teo, Hsu-Ming (2003): „The Romance of White Nations: Imperialism, Popular Culture, and National Histories", in: Burton, Antoinette (Hg.), After the Imperial Turn. Thinking With and Through the Nation, Durham, S. 279-292.

Terkessidis, Mark (1998): Psychologie des Rassismus, Wiesbaden.

Ther, Philipp (2004): „Deutsche Geschichte als imperiale Geschichte. Polen, slawophone Minderheiten und das Kaiserreich als kontinentales Empire", in: Conrad, Sebastian/Osterhammel, Jürgen (Hg.), Das Kaiserreich transnational. Deutschland in der Welt 1871-1914, Göttingen, S. 129-148.

Thomas Schwarz (2002): „Die Kultivierung des kolonialen Begehrens – ein deutscher Sonderweg?", In: Honold, Alexander/Simons, Oliver (Hg.), Kolonialismus als Kultur. Literatur, Medien, Wissenschaft in der deutschen Gründerzeit des Fremden, Tübingen/Basel, S. 85-103.

Thürmer-Rohr, Christina (1983): „Aus der Täuschung in die Enttäuschung. Zur Mittäterschaft von Frauen", in: Beiträge zur feministischen Theorie und Praxis 8, S. 11-25.

Thürmer-Rohr, Christina (1989a): „Einführung – Forschen heißt wühlen", in: Studienschwerpunkt ‚Frauenforschung' am Institut für Sozialpädagogik der TU Berlin (Hg.), Mittäterschaft und Entdeckungslust, Berlin 1989, S. 12-21.

Thürmer-Rohr, Christina (1989b): „Mittäterschaft der Frau – Analyse zwischen Mitgefühl und Kälte“, in: Studienschwerpunkt ‚Frauenforschung‘ am Institut für Sozialpädagogik der TU Berlin (Hg.), Mittäterschaft und Entdeckungslust, Berlin, S. 87-103.

Thürmer-Rohr, Christina (2004): „Mittäterschaft von Frauen. Die Komplizenschaft mit der Unterdrückung“, in: Becker, Ruth/Kortendiek, Beate (Hg.), Handbuch Frauen- und Geschlechterforschung, Wiesbaden, S. 85-90.

Tischleder, Bärbel (1995): „Hottentotten-Venus und Long Dong Silver: Schwarze Körper und der Fall von Anita Hill und Clarence Thomas“, in: Feministische Studien 2, S. 56-69.

Tischleder, Bärbel (2001): Body Trouble. Entkörperlichung, Whiteness und das amerikanische Gegenwartskino, Basel/Frankfurt am Main.

Tißberger, Martina (2004): „*Verunsicherung* (Uncertainty) as Method: Research on White(ness), Feminism and Psychology in Germany“, in: Balayi: Culture, Law and Colonialism, Vol. 6, S. 124-142.

Tobin, Robert (2002): „‚Venus von Samoa‘: Rasse und Sexualität im deutschen Südpazifik“, in: Honold, Alexander/Simons Oliver (Hg.), Kolonialismus als Kultur. Literatur, Medien, Wissenschaft in der deutschen Gründerzeit des Fremden, Tübingen/Basel., S. 197-220.

Tschapek, Rolf Peter (2000): „Bausteine eines zukünftigen deutschen Mittelafrika. Deutscher Imperialismus und die portugiesischen Kolonien. Deutsches Interesse an den südafrikanischen Kolonien Portugals vom ausgehenden 19. Jahrhundert bis zum Ersten Weltkrieg“, in: Beiträge zur Kolonial- und Überseegeschichte, Band 77, Stuttgart.

Uerlings, Herbert (2001): „Das Subjekt und die Anderen. Zur Analyse sexueller und kultureller Differenz. Skizze eines Forschungsberichts“, in: Ders./Hölz, Karl/ Schmidt-Linsenhoff (Hg.), Das Subjekt und die Anderen. Interkulturalität und Geschlechterdifferenz vom 18. Jahrhundert bis zur Gegenwart, Berlin, S. 19-53.

Usborne, Cornelie (1994): Frauenkörper – Volkskörper: Geburtenkontrolle und Bevölkerungspolitik in der Weimarer Republik, Münster.

Ustorf, Werner (1995): „Im Streit um koloniale Kompetenz. Evangelische Mission und Nationalsozialismus im Spiegel der Missionsarchive“, in: Heine, Peter/van der Heyden, Ulrich (Hg.), Studien zur Geschichte des deutschen Kolonialismus in Afrika. Festschrift zum 60. Geburtstag von Peter Sebald, Pfaffenweiler, S. 562-582.

van der Heyden, Ulrich (1995): „Politisches Kalkül oder doppeltes Spiel? Die koloniale Propaganda als Teil der offiziellen Haltung

Deutschlands im Vorfeld des sogenannten Burenkrieges von 1899-1902“. in: Heine, Peter/Ders. (Hg.), Studien zur Geschichte des deutschen Kolonialismus in Afrika. Festschrift zum 60. Geburtstag von Peter Sebald, Pfaffenweiler, S. 309-330.

van der Heyden, Ulrich (2001): Rote Adler an Afrikas Küste. Die brandenburgisch-preußische Kolonie Großfriedrichsburg in Westafrika, Berlin.

van der Heyden, Ulrich (2003): „Die ‚Hottentottenwahlen‘ von 1907“, in: Zimmerer, Jürgen/Zeller, Joachim (Hg.): Völkermord in Deutsch-Südwestafrika. Der Kolonialkrieg (1904-1908) in Namibia und seine Folgen, Berlin, S. 97-104.

van der Heyden, Ulrich (2003a): „Kolonialgeschichtsschreibung in Deutschland. Eine Bilanz ost- und westdeutscher Kolonialhistoriographie“, in: Neue Politische Literatur, Jg. 48, Frankfurt am Main, S. 401-429.

van der Heyden, Ulrich/Becher, Jürgen (2000) (Hg.): Mission und Gewalt. Der Umgang christlicher Missionen mit Gewalt und die Ausbreitung des Christentums in Afrika und Asien in der Zeit von 1792 bis 1918/19, Stuttgart.

van der Heyden, Ulrich/Zeller, Joachim (2002) (Hg.): Kolonialmetropole Berlin. Eine Spurensuche, Berlin.

van der Heyden, Ulrich/Zeller, Joachim (2005) (Hg.): „‚... Macht und Anteil an der Weltherrschaft.‘ Berlin und der deutsche Kolonialismus“, Münster.

van Laak, Dirk (2003): „‚Ist je ein Reich, das es nicht gab, so gut verwaltet worden?‘ Der imaginäre Ausbau der imperialen Infrastruktur in Deutschland nach 1918“, in: Kundrus, Birthe (2003a) (Hg.), Phantasiereiche. Zur Kulturgeschichte des deutschen Kolonialismus, Frankfurt am Main/New York, S. 71-90.

van Laak, Dirk (2004): „Kolonien als ‚Laboratorien der Moderne‘?“, In: Conrad, Sebastian/Osterhammel, Jürgen (Hg.), Das Kaiserreich transnational. Deutschland in der Welt 1871-1914, Göttingen, S. 257-279.

van Laak, Dirk (2004a): Imperiale Infrastruktur. Deutsche Planungen für eine Erschließung Afrikas 1880 bis 1960, Paderborn.

Volkov, Shulamit (1990): Jüdisches Leben und Antisemitismus im 19. und 20. Jahrhundert: 10 Essays, München.

von Beck, Heinrich (2004): „Vorwort (Germanistik)“, in: Ders., Heinrich/Geuenich, Dieter/Steuer, Heiko/Hakelberg, Dietrich (Hg.), Zur Geschichte der Gleichung „germanisch-deutsch“. Sprache und Namen, Geschichte und Institutionen, (Ergänzungsbände zum Reallexikon der germanischen Altertumskunde 34), Berlin/New York, S. Xii-ix.

von Beck, Heinrich/Geuenich, Dieter/Steuer, Heiko/Hakelberg, Dietrich (2004) (Hg.), Zur Geschichte der Gleichung „germanisch-deutsch". Sprache und Namen, Geschichte und Institutionen, (Ergänzungsbände zum Reallexikon der germanischen Altertumskunde 34), Berlin/New York.

von Braun, Christina (1994): „Zur Bedeutung der Sexualbilder im Antisemitismus", in: Schilling, Sabine/Stephan, Inge/Weigel, Sigrid. (Hg.), Jüdische Kultur und Weiblichkeit in der Moderne, Köln, S. 23-49.

von Braun, Christina (2000): „Und der Feind ist Fleisch geworden. Der rassistische Antisemitismus", in: Dies./Heid, Ludger (Hg.), Der ewige Judenhass. Christlicher Antijudaismus. Deutschnationale Judenfeindlichkeit. Rassistischer Antisemitismus, Berlin/Wien, S. 149-213.

Wachendorfer, Ursula (2001): „Weiß-Sein in Deutschland. Zur Unsichtbarkeit einer herrschenden Normalität", in: Arndt, Susan (Hg.), Afrikabilder. Studien zu Rassismus in Deutschland, Münster, S. 87-101.

Walgenbach, Katharina (2003): „Zwischen Selbstaffirmation und Distinktion: Weiße Identität, Geschlecht und Klasse in der Zeitschrift Kolonie und Heimat", in: Winter, Carsten/Hepp, Andreas/Thomas, Tanja (Hg.), Medienidentitäten. Identität im Kontext von Globalisierung und Medienkultur, Köln, S. 42-58.

Walgenbach, Katharina (2004): Weiße Identität, Geschlecht und Klasse in den deutschen Kolonien. Diskurse des Frauenbundes der Deutschen Kolonialgesellschaft (1907-1914), Dissertation an der Universität Kiel. Erschienen als: Dies. (2005): „‚Die weiße Frau als Trägerin deutscher Kultur' : koloniale Diskurse über Geschlecht, ‚Rasse' und Klasse im Kaiserreich", Frankfurt am Main.

Walgenbach, Katharina (2004a): „Rassenpolitik und Geschlecht in Deutsch-Südwestafrika (1907-1914)", in: Becker, Frank (Hg.), Rassenmischehen – Mischlinge – Rassentrennung. Zur Politik der Rasse im deutschen Kolonialreich, Stuttgart, S. 165-183.

Walgenbach, Katharina (2005): „Emanzipation als koloniale Fiktion: Zur sozialen Position Weißer Frauen in den deutschen Kolonien", in: L'Homme. Europäische Zeitschrift für feministische Geschichtswissenschaft, Jg. 16 Heft 2, Wien, S. 47-67.

Walgenbach, Katharina (2005a): „‚Weißsein' und ‚Deutschsein' – historische Interdepenenzen", in: Maureen, Eggers, Maisha/Kilomba, Grada/Piesche, Peggy/Arndt, Susan (2005) (Hg.), Mythen, Masken und Subjekte. Kritische Weißseinsforschung in Deutschland, Münster, S. 377-393.

Walkenhorst, Peter (2002): „Der ‚Daseinskampf des Deutschen Volkes‘: Nationalismus, Sozialdarwinismus und Imperialismus im wilhelminischen Deutschland“, in: Echternkamp, Jörg/Müller, Sven Oliver (Hg.), Die Politik der Nation. Deutscher Nationalismus in Krieg und Krisen 1760-1960, München, S. 131-148.

Walser Smith, Helmut (1998): „The Talk of Genocide, the Rhetoric of Miscenegation. Notes on Debates in the German Reichstag Concerning Southwest Africa, 1904-14“, in: Friedrichsmeyer, Sara/Lennox, Sara/Zantop, Susanne (Hg.), The Imperialist Imagination. German Colonialism and its Legacy, Ann Arbor, S. 107-124.

Walser Smith, Helmut (2004): „An Preußens Rändern oder: Die Welt, die dem Nationalismus verloren ging“, in : Conrad, Sebastian/Osterhammel, Jürgen (Hg.), Das Kaiserreich transnational. Deutschland in der Welt 1871-1914, Göttingen, S. 149-169.

Walther, Daniel Joseph (2002): Creating Germans Abroad: Cultural Policies and National Identity in Namibia, Ohio.

Warmbold, Joachim (1982): „Ein Stückchen neudeutsche Erd’...“. Deutsche Kolonialkultur. Aspekte ihrer Geschichte, Eigenart und Wirkung, dargestellt am Beispiel Afrikas, Frankfurt am Main.

Wawrzyn, Heidemarie (2000): „Als die ‚Mütter der Nation‘ Abschied nahmen von den Menschenrechten: Über Antisemitismus in den bürgerlichen Frauenbewegungen 1865-1918“, in: Planert, Ute (Hg.): Nation, Politik und Geschlecht. Frauenbewegungen und Nationalismus in der Moderne, Frankfurt am Main, S. 182-198.

Weingart, Peter/Kroll, Jürgen/Bayertz, Kurt (1988): Rasse, Blut und Gene. Geschichte der Eugenik und Rassenhygiene in Deutschland, Frankfurt am Main.

Weiß, Anja (2001): Rassismus wider Willen. Ein anderer Blick auf eine Struktur sozialer Ungleichheit, Wiesbaden.

Weller, Katja (2002): „Gemäßigt oder radikal? Eugenische Tendenzen in den Flügeln der Frauenbewegung“, in: Boukrif, Gabriele/Bruns, Claudia/Heinsohn, Kirsten/Lenz, Claudia/Schmersahl, Katrin/Weller, Katja (Hg.), Geschlechtergeschichte des Politischen. Entwürfe von Geschlecht und Gemeinschaft im 19. und 20. Jahrhundert, Münster, S. 51-82.

Wenk, Silke (2000): „Gendered Representations of the Nation’s Past and Future“, in: Blom, Ida/ Hagemann, Karen/Hall, Catherine (Hg.), Gendered Nations. Nationalisms and Gender Order in the Long Nineteenth Century, Oxford/New York, S. 63-85.

Weschenfelder, Klaus (1984): „Völkerkunde im Heimatmuseum", in: Harms, Volker (Hg.), Andenken an den Kolonialismus. Eine Ausstellung des Völkerkundlichen Instituts der Universität Tübingen, Tübingen, S. 82-94.

Wiegel, Gerd (1995): Nationalismus und Rassismus. Zum Zusammenhang zweier Ausschliessungspraktiken, Köln.

Wildenthal, Lora (1997): „Race, Gender, and Citizenship in the German Colonial Empire", in: Cooper, Frederick/Stoler, Ann Laura (Hg.), Tensions of Empire. Colonial Cultures in a Bourgeois World, Berkeley/Los Angeles/London, S. 263-286.

Wildenthal, Lora (2000): „Mass-marketing colonialism and nationalism: The career of Else Frobenius in the ‚Weimarer Republik' and Nazi Germany", in: Planert, Ute (Hg.), Nation, Politik und Geschlecht: Frauenbewegungen und Nationalismus in der Moderne, Frankfurt am Main, S. 329-353.

Wildenthal, Lora (2001): German Women for Empire 1884-1945, Durham/London.

Wildenthal, Lora (2003): „Notes on a History of ‚Imperial Turns' in Modern Germany", in: Burton, Antoinette (Hg.), After the Imperial Turn. Thinking With and Through the Nation, Durham, S. 144-156.

Wildenthal, Lora (2003a): „Rasse und Kultur. Koloniale Frauenorganisationen in der deutschen Kolonialbewegung des Kaiserreichs", in: Kundrus, Birthe (Hg.), Phantasiereiche: Zur Kulturgeschichte des deutschen Kolonialismus, Frankfurt am Main/New York, S. 172-219.

Williams, Patrick/Chrisman, Laura (1994) (Hg.): Colonial Discourse And Postcolonial Theory. A Reader. New York.

Williams, Patrick/Chrisman, Laura (1994a): „Colonial Discourse and Postcolonial Theory: An Introduction", in: Dies. (Hg.) (1994), Colonial Discourse And Postcolonial Theory. A Reader, New York, S. 1-20.

Windhaus-Walser, Karin (1988): „‚Gnade der weiblichen Geburt?' Zum Umgang der Frauenforschung mit Nationalsozialismus und Antisemitismus", in: Feministische Studien 1, S. 102- 115.

Wippermann, Wolfgang (1999): „Das ‚ius sanguinis' und die Minderheiten des deutschen Kaiserreiches", in: Hahn, Hans Henning/-Kunze, Peter (Hg.), Nationale Minderheiten und staatliche Minderheitenpolitik in Deutschland im 19. Jahrhundert, Berlin, S. 133-143.

Wischermann, Ulla (2003): Frauenbewegungen und Öffentlichkeiten um 1900. Netzwerke. Gegenöffentlichkeiten. Protestinszenierungen, Königstein/Taunus.

Wischermann, Ulla (2003a): „Feministische Theorien zur Trennung von privat und öffentlich – Ein Blick zurück nach vorn“, in: Feministische Studien 1, S. 23-34.

Witte, Patrick (2005): Maji-Maji. Der Aufstand, in: Der Tagesspiegel vom 7.8., S. 7.

Wobbe, Theresa (1989): Gleichheit und Differenz. Politische Strategien von Frauenrechtlerinnen um die Jahrhundertwende, Frankfurt am Main.

Wodak, Ruth/De Cillia, Rudolf/Reisigl, Martin/Liebhart, Karin/Kargl, Maria/Hofstätter, Klaus (1998): Zur diskursiven Konstruktion nationaler Identität, Frankfurt am Main.

Wollrad, Eske (2003): „Der Weißheit letzter Schluß: Zur Dekonstruktion von ‚Weißsein‘“, in: polylog. Forum für interkulturelles Philosophieren 4, http://them.polylog.org/4/cwe-de.htm, Zugriff: 17.09. 2004.

Wollrad, Eske (2004): „Körperkartographien. Konstruktionen von ‚Rasse‘, Weißsein und Geschlecht“, in: Rohr, Elisabeth (Hg.): Körper und Identität. Gesellschaft auf den Leib geschrieben, Königstein/-Taunus, S. 184-197.

Wollrad, Eske (2005): Weißsein im Widerspruch. Feministische Perspektiven auf Rassismus, Kultur und Religion, Königstein/Taunus.

Wollrad, Eske (2005a): „Weißsein und bundesdeutsche Genderstudies“, in: Maureen, Eggers, Maisha/ Kilomba, Grada/Piesche, Peggy/Arndt, Susan (2005) (Hg.), Mythen, Masken und Subjekte. Kritische Weißseinsforschung in Deutschland, Münster, S. 416-426.

Wolter, Udo (1998): „Internationale Hybridität – Perspektiven für einen neuen Internationalismus?“, In: iz3w 229, S. 37-39.

Wolter, Udo (2000): „Postkolonialismus. Ein neues Paradigma kritischer Gesellschaftstheorie?“, In: jour fixe-initiative berlin (Hg.), Theorie des Faschismus – Kritik der Gesellschaft, Münster, S. 92-128.

Wolter, Udo (2003): Das obskure Subjekt der Begierde. Frantz Fanon und die Fallstricke des Subjekts der Befreiung, Münster.

Wolter, Udo (2004): „Zur Kritik des Postkolonialen Antiimperialismus“, in: AStA der Geschwister-Scholl-Universität München (Hg.), Spiel ohne Grenzen. Zu- und Gegenstand der Antiglobalisierungsbewegung, Berlin, S. 191-228.

Wolter, Udo (2005): „Let’s Go Europe!“, In: Jungle World, Nr. 9.

Wolter, Udo/Kaller, Paul (1995): „Deutsches Kolonialrecht – ein wenig erforschtes Rechtsgebiet, dargestellt anhand des Arbeitsrechts der Eingeborenen“, in: Zeitgeschichte für neuere Rechtsgeschichte, 17. Jg., Wien, S. 201-244.

Worboys, Michael (2001): „The Colonial World as Mission and Mandate: Leprosy and Empire, 1900-1940“, in: MacLeod (Hg.), Nature and Empire: Science and the Colonial Enterprise, Chicago, S. 207-220.

Wurms, Renate (1982): „Kein einig Volk von Schwestern: Frauenbewegung 1889-1914“, in: Hervé, Florence (Hg.), Geschichte der deutschen Frauenbewegung, Köln, S. 41-83.

Young, Robert (1995): Colonial Desire. Hybridity in Theory, Culture and Race, London/New York.

Yuval-Davis, Nira (2001): Geschlecht und Nation, Emmendingen.

Zantop, Susanne (1997): „The Beautiful, the Ugly, And the German. Race, Gender, and Nationality in Eighteenth-Century Anthropological Discourse“, in: Herminghouse, Patricia/Mueller, Magda (Hg.), Gender and Germanness: Cultural Production of Nation, Oxford, S. 21-35.

Zantop, Susanne (1999): Kolonialphantasien im vorkolonialen Deutschland (1770-1870), Berlin.

Zeller, Joachim (2000): Kolonialdenkmäler und Geschichtsbewußtsein. Eine Untersuchung der kolonial-deutschen Erinnerungskultur, Frankfurt am Main.

Zeuske, Michael (2002): „Sklavereien, Emanzipationen und atlantische Weltgeschichte. Essays über Mikrogeschichten, Sklaven, Globalisierungen und Rassismus“, in: Arbeitsberichte des Instituts für Kultur und Universalgeschichte Leipzig e.V., 6.

Zeuske, Michael (2004): „Handlanger der Globalisierung. Sklaverei, ‚schwarze‘ Karibik und Globalgeschichte“, in: iz3w 278/279, S. 34-37.

Zimmerer, Jürgen (2001): Deutsche Herrschaft über Afrikaner: Staatlicher Machtanspruch und Wirklichkeit im kolonialen Namibia, Hamburg.

Zimmerer, Jürgen (2002): „Wissenschaft und Kolonialismus – Das Geographische Institut der Friedrich-Wilhelms-Universität zwischen Kaiserreich und Drittem Reich“, in: van der Heyden, Ulrich/Zeller, Joachim (Hg.), Kolonialmetropole Berlin, Berlin, S. 125-130.

Zimmerer, Jürgen (2003): „Der koloniale Musterstaat? Rassentrennung, Arbeitszwang und totale Kontrolle in Deutsch-Südwestafrika“, in: Ders./Zeller, Joachim (2003) (Hg.), Völkermord in Deutsch-Südwestafrika. Der Kolonialkrieg (1904-1908) in Namibia und seine Folgen, Berlin, S. 26-44.

Zimmerer, Jürgen (2003a): „Krieg, KZ und Völkermord in Südwestafrika. Der erste deutsche Genozid“, in: Ders./Zeller, Joachim (2003)

(Hg.), Völkermord in Deutsch-Südwestafrika. Der Kolonialkrieg (1904-1908) in Namibia und seine Folgen, Berlin, S. 45-63.

Zimmerer, Jürgen (2004): „Von Windhuk nach Warschau. Die rassische Privilegiengesellschaft in Deutsch-Südwestafrika, ein Modell mit Zukunft?“, In, Becker, Frank (Hg.), Rassenmischehen – Mischlinge – Rassentrennung. Zur Politik der Rasse im deutschen Kolonialreich, Stuttgart, S. 97-123.

Zimmerer, Jürgen (2004a): „Die Geburt des ‚Ostlandes‘ aus dem Geist des Kolonialismus. Die nationalsozialistische Eroberungs- und Beherrschungspolitik in (post-)kolonialer Perspektive“, in: Sozial. Geschichte, Heft 1, S. 10-43.

Zimmerer, Jürgen (2005): „Rassenkrieg und Völkermord. Der Kolonialkrieg in Deutsch-Südwestafrika und die Globalgeschichte des Genozids“, in: Melber, Henning (Hg.), Genozid und Gedenken. Namibisch-deutsche Geschichte und Gegenwart, Frankfurt am Main, S. 23-48.

Zimmerer, Jürgen/Zeller, Joachim (2003) (Hg.): Völkermord in Deutsch-Südwestafrika. Der Kolonialkrieg (1904-1908) in Namibia und seine Folgen, Berlin.

Zeitschriften der bürgerlichen Frauenbewegung

Die Frau. Monatsschrift für das gesamte Frauenleben unserer Zeit, Organ des *Bundes Deutscher Frauenvereine*, Helene Lange und Gertrud Bäumer (Hg.), Berlin: 1893-1944.

Die Frauenbewegung. Revue für die Interessen der Frauen, Berlin: 1895-1919.

Mutterschutz. Zeitschrift zur Reform der sexuellen Ethik, Publikations-Organ des *Bundes für Mutterschutz*, Frankfurt am Main: 1905-1907.

Neue Generation. Publikationsorgan des *Deutschen Bundes für Mutterschutz und der Internationalen Vereinigung für Mutterschutz und Sexualreform*, Berlin: 1908-1932.

DANK

Diese Arbeit wäre ohne die materielle, wissenschaftliche und emotionale Unterstützung Vieler nicht möglich gewesen.

Meinem Betreuer Prof. Dr. Christoph Wulf und meiner Betreuerin Prof. Dr. Birgit Rommelspacher danke ich ganz herzlich für ihre Unterstützung und wissenschaftliche Begleitung. Prof. Dr. Gerhard de Haan verdanke ich den Anstoß, überhaupt zu promovieren.

Mein ganz besonderer Dank gilt Alexander Schudy für seine jahrelange Geduld, Ermutigung, Hilfsbereitschaft und sein grandioses Korrektorat. Nur mit seiner großzügigen emotionalen, intellektuellen und technischen Unterstützung und der Begleitung durch einen oft anstrengenden Alltag konnte diese Arbeit entstehen bzw. überhaupt fertig werden. Für das sorgfältige und unermüdliche Lesen des Kleingedruckten und die scharfsinnige Kritik allzu blumiger und verschlungener Satzkreationen kann ich mich gar nicht oft genug bedanken.

Mein Dank gilt vor allem Ingmar Pech, in der ich eine unermüdliche, konstruktive und immer ansprechbare Korrekturleserin und ermutigende Begleiterin gefundenen habe.

Mit Andrea Nachtigall verbindet mich ein lange währender, produktiver wissenschaftlicher und weit darüber hinaus gehender Austausch, vielen Dank für die wertvollen Anmerkungen und die freundschaftliche Unterstützung und Begleitung.

Sonja Finck danke ich herzlich für alle Unterstützung, gemeinsame Arbeitszeiten und großartige Feierabende an schönen Orten, sie war eine wichtige Gesprächspartnerin.

Martina Tißberger hat mich über weite Strecken der Arbeit wissenschaftlich begleitet, ihre scharfsinnigen Kommentare waren mir eine große Hilfe.

Mein ganz besonderer Dank gilt Petra Schilling, ihre ermutigende, motivierende und unterstützende Beratung und Begleitung war eine feste Stütze im wissenschaftlichen Alltag und seinen Hürden.

Bettina Fritzsche danke ich für die Jahre währende hilfreiche (wissenschaftliche) Beratung und Unterstützung.

Ina Kerner und Ulf Heidel danke ich für die sorgfältige Textlektüre und anregende Kommentare. Dem Forschungsnetzwerk *deconstruct* und dem Berliner *Whiteness*-Kolloquium von Dr. Susan Arndt verdanke ich produktive Diskussionen und wichtige Anregungen, dabei besonders Jana Husmann-Kastein.

Candida Klinzing danke ich aus ganzem Herzen für ihre umwerfende Sorge um mein seelisches und leibliches Wohl. Ihre liebevolle Unterstützung und Begleitung haben den Alltag erleichtert und versüßt. Die wunderbaren rauschenden Abende mit Susanne Angele, ihre Zuversicht und kreative Zukunftsplanung haben mich gestärkt und beglückt.

Eva Wissings Freundschaft, Wärme und Beratungskünste haben mich durch unterschiedliche Lebensphasen getragen, die Auseinandersetzungen im gemeinsamen Vordiplom haben einen wichtigen Baustein für diese Arbeit gelegt.

Michael Cremers war und ist ein wichtiger Gesprächspartner, der mich immer wieder herausfordert und inspiriert.

Auch allen anderen Freunden und Freundinnen danke ich für die schöne gemeinsame Zeit, ihre Freundschaft und ihre vielfältige Unterstützung, insbesondere André Wiegand, Angela Kalis, Lars Frick, Werner Breinig und Andrea Thiele für alle Feierabendgetränke, Spaziergänge, Torten, wunderbare Abende, Gespräche und vieles mehr.

Ganz herzlich möchte ich mich bei meiner Familie bedanken, die mich in allen Lebenslagen unterstützt. Meiner Mutter Marianne Dietrich danke ich ganz herzlich für ihre bedingungslose und liebevolle Unterstützung, sie ist mir ein wichtiger Halt. Kerstin Dietrich war und ist in emotionalen und finanziellen Engpässen immer für mich da, ich danke ihr für die großzügige Schwesternschaft. Barbara Kupisch danke ich für alle Unterstützung. Meinem Vater Wolf Dietrich danke ich ganz herzlich, dass er mich auf allen Lebens-Umwegen ideell und finanziell unterstützt – er hat mich stets zu kritischem Denken angeregt. Ihm widme ich diese Arbeit.

Sozialtheorie

Patricia Purtschert,
Katrin Meyer,
Yves Winter (Hg.)
Gouvernementalität und Sicherheit
Zeitdiagnostische Beiträge im Anschluss an Foucault
Dezember 2007, ca. 250 Seiten,
kart., ca. 25,80 €,
ISBN: 978-3-89942-631-1

Franz Kasper Krönig
Die Ökonomisierung der Gesellschaft
Systemtheoretische Perspektiven
November 2007, ca. 160 Seiten,
kart., ca. 25,80 €,
ISBN: 978-3-89942-841-4

Johannes Angermüller
Nach dem Strukturalismus
Theoriediskurs und intellektuelles Feld in Frankreich
Oktober 2007, 290 Seiten,
kart., 28,80 €,
ISBN: 978-3-89942-810-0

Tanja Bogusz
Institution und Utopie
Ost-West-Transformationen an der Berliner Volksbühne
Oktober 2007, 354 Seiten,
kart., 29,80 €,
ISBN: 978-3-89942-782-0

Anette Dietrich
Weiße Weiblichkeiten
Konstruktionen von »Rasse« und Geschlecht im deutschen Kolonialismus
Oktober 2007, 432 Seiten,
kart., 32,80 €,
ISBN: 978-3-89942-807-0

Andreas Pott
Orte des Tourismus
Eine raum- und gesellschaftstheoretische Untersuchung
Oktober 2007, 328 Seiten,
kart., 28,80 €,
ISBN: 978-3-89942-763-9

Jörg Döring,
Tristan Thielmann (Hg.)
Spatial Turn
Das Raumparadigma in den Kultur- und Sozialwissenschaften
Oktober 2007, 350 Seiten,
kart., ca. 29,80 €,
ISBN: 978-3-89942-683-0

Daniel Suber
Die soziologische Kritik der philosophischen Vernunft
Zum Verhältnis von Soziologie und Philosophie um 1900
September 2007, 524 Seiten,
kart., 39,80 €,
ISBN: 978-3-89942-727-1

Susanne Krasmann,
Jürgen Martschukat (Hg.)
Rationalitäten der Gewalt
Staatliche Neuordnungen vom 19. bis zum 21. Jahrhundert
September 2007, 294 Seiten,
kart., 26,80 €,
ISBN: 978-3-89942-680-9

Markus Holzinger
Kontingenz in der Gegenwartsgesellschaft
Dimensionen eines Leitbegriffs moderner Sozialtheorie
September 2007, 370 Seiten,
kart., 29,80 €,
ISBN: 978-3-89942-543-7

Leseproben und weitere Informationen finden Sie unter:
www.transcript-verlag.de

Sozialtheorie

Jochen Dreher,
Peter Stegmaier (Hg.)
Zur Unüberwindbarkeit kultureller Differenz
Grundlagentheoretische Reflexionen
August 2007, 302 Seiten,
kart., 28,80 €,
ISBN: 978-3-89942-477-5

Sandra Petermann
Rituale machen Räume
Zum kollektiven Gedenken der Schlacht von Verdun und der Landung in der Normandie
August 2007, 364 Seiten,
kart., zahlr. Abb., 33,80 €,
ISBN: 978-3-89942-750-9

Benjamin Jörissen
Beobachtungen der Realität
Die Frage nach der Wirklichkeit im Zeitalter der Neuen Medien
Juli 2007, 282 Seiten,
kart., 27,80 €,
ISBN: 978-3-89942-586-4

Susanne Krasmann,
Michael Volkmer (Hg.)
Michel Foucaults »Geschichte der Gouvernementalität« in den Sozialwissenschaften
Internationale Beiträge
Juni 2007, 314 Seiten,
kart., 28,80 €,
ISBN: 978-3-89942-488-1

Hans-Joachim Lincke
Doing Time
Die zeitliche Ästhetik von Essen, Trinken und Lebensstilen
Mai 2007, 296 Seiten,
kart., 28,80 €,
ISBN: 978-3-89942-685-4

Anne Peters
Politikverlust?
Eine Fahndung mit Peirce und Zizek
Mai 2007, 326 Seiten,
kart., 29,80 €,
ISBN: 978-3-89942-655-7

Nina Oelkers
Aktivierung von Elternverantwortung
Zur Aufgabenwahrnehmung in Jugendämtern nach dem neuen Kindschaftsrecht
März 2007, 466 Seiten,
kart., 34,80 €,
ISBN: 978-3-89942-632-8

Ingrid Jungwirth
Zum Identitätsdiskurs in den Sozialwissenschaften
Eine postkolonial und queer informierte Kritik an George H. Mead, Erik H. Erikson und Erving Goffman
Februar 2007, 410 Seiten,
kart., 33,80 €,
ISBN: 978-3-89942-571-0

Christine Matter
»New World Horizon«
Religion, Moderne und amerikanische Individualität
Februar 2007, 260 Seiten,
kart., 25,80 €,
ISBN: 978-3-89942-625-0

Thomas Jung
Die Seinsgebundenheit des Denkens
Karl Mannheim und die Grundlegung einer Denksoziologie
Februar 2007, 324 Seiten,
kart., 29,80 €,
ISBN: 978-3-89942-636-6

Leseproben und weitere Informationen finden Sie unter:
www.transcript-verlag.de